河南省“十二五”普通高等教育规划教材

法医学
铁路损伤勘验

FAYIXUE TIELU SUNSHANG KANYAN

王萍　主　编
李伟　副主编

法律出版社
LAW PRESS · CHINA

前　言

《法医学铁路损伤勘验》是河南省“十二五”普通高等教育规划教材。本书在编写过程中坚持法医学知识的系统性和实用性，注重吸收法医学、刑事科学技术领域的新方法和新技术，本着“小理论、大实践”的编写原则，使内容更加科学和实用。本书涵盖了法医学基础知识和法医学铁路损伤勘验的内容，使学生在学习法医学铁路损伤勘验的内容和方法之前对法医学基本知识、基本理论和基本技能有一定深度的了解，有助于学生对专业知识的理解和把握，使其更加契合铁路警务人才培养的实际需求。

本书共二十四章。第一章由铁道警察学院王萍教授编写，第二、三、四、五、六、七、八、九、十、十一、十二、十三、十四、十五、十六、十七章由铁道警察学院李伟副教授编写，第十八章由铁道警察学院胡萌副教授编写，第十九章由铁道警察学院范光耀讲师编写，第二十章由铁道警察学院廖鹰讲师编写，全书王萍、李伟两位老师负责统稿。

本书邀请郑州大学医学院副院长闫红涛教授、呼和浩特铁路公安局刑事科学技术处处长侯丽文主任法医师审稿，并吸收了宝贵的修改建议。同时，本书还引用了一些学者的研究成果和公安机关的经典案例资料，在此一并表示衷心的感谢。

由于编者的理论视野有限，书中可能存在不足甚至错误之处，恳请广大读者批评指正。

编者

2017 年 5 月

目录

上篇　法医学基础知识

上篇　法医学基础知识

第一章 绪 论

第一节 概述

一、法医学的定义

法医学(forensic medicine)是应用医学、生物学及其他自然科学的理论与技术,研究并解决司法实践中有关医学问题的一门医学科学。

法医学的产生基于法律实施的需要,司法机关人员在侦查、检察、审判实践中常会遇到一些医学的问题,如对死亡原因的确定,对损伤程度的判断,对亲权关系的鉴定以及对医疗事故的鉴定等,只有通过法医学检验,为侦查和审判提供科学证据,并为有关法律、法规的制定提供依据。现代法医学分基础法医学和应用法医学两部分:前者研究法医学的原理和基础;后者则运用法医学的理论和方法,解决司法、立法和行政上的有关问题。随着医学及其他自然学科的不断发展,法医学在我国司法实践中将起到更加重要的作用。

二、法医学与医学

法医学属于实践性非常强的应用医学,它需要有广阔扎实的基础医学和临床医学的理论与技术,同时也需要掌握生物学(如人类学、遗传学、动物学、植物学等)、物理学和化学等自然科学知识。这些自然科学的知识与法医学的存在和发展密切相关。如根据遗传学原理解决亲权鉴定问题;应用人类学和解剖学的理论和技术鉴别个体的种族、性别、年龄和身高;应用生物化学、分子生物学、血清学和免疫学技术检验血痕等人体成分,判定其所属个体;应用病理学、生理学的理论和技术进行剖验尸体,以推定死因;应用毒理学和分析化学的理论和技术鉴定中毒以及借助临床医学各学科知识判定损伤与伤残程度等。

法医学作为一门独立的医学学科,有其独特的研究对象、研究目的和需要解决的问题。如针对尸体,主要分析死亡原因、死亡性质、死亡时间、外伤或疾病与死因的关系等;针对人体的损伤,分析损伤成因、性质、形态特征、程度、预后等。

法医学的发展和成就又将进一步丰富医学的内容。如通过对猝死机制的研究,探讨其诱发因素,可有利于预防猝死的发生;通过对医疗纠纷案件的分析鉴定,阐明各种医疗事故可能发生的原因,有助于提高临床医疗质量,避免医疗事故的发生。

三、法医学的分支学科

随着现代科学技术的不断完善和发展,司法实践对法医学检验的广度和深度也提出了更高的要求。使现代法医学逐渐建立了具有不同研究对象、范围和方法的分支学科。

(一)法医病理学

法医病理学(forensic pathology)是研究与法律有关的人身伤亡的发生、发展规律的法医学分支学科。暴力性死亡(因物理、化学或生物学等外来因素的作用导致的人的死亡,亦称非自然死亡)、涉及医疗事故诉讼的死亡、疾病死中的部分猝死(因发病急,常疑为暴力性死亡)等常涉及一些法律、法规问题,需要法医病理学工作者运用其理论与技术通过相关检验对这些问题作出科学结论,为司法、行政部门最终解决问题提供科学依据。

法医病理学研究和检验的对象主要是尸体。应用人体解剖学、病理生理学、病理解剖学及各临床医学的理论与技术研究:①死亡的发生发展过程、表现形式、影响因素;②死亡形成的机制,呼吸功能、心脏功能、脑功能不可逆丧失的条件;③不同原因死亡时病理组织学变化的特征,各种生物学活性物质表达的特点;④死后尸体物理性与化学性变化的规律及法医学意义;⑤死亡与损伤、中毒和疾病的关系等。

法医病理学研究检验的任务是:

1. 确定死亡原因

死亡原因(cause of death)的判定是法医学尸体检验的首要任务。死亡原因是指导致死亡的某一疾病、外伤或其致伤原因。死亡原因的判断对于鉴别暴力死或非暴力死具有非常重要的作用。暴力死的案件往往涉及法律问题,疾病所引起的死亡、衰老死以及无生活能力的新生儿死亡,部分可能涉及医疗纠纷而发生民事诉讼。

(1)死因鉴定必须通过系统全面地尸体解剖方能得出确定结论。仅靠尸表或局部检查进行鉴定,难免会得出错误的结论。在有些特殊情况下,如尸体已经处理,或尸骨不全、白骨化等,根据部分检查结果,结合案情分析与死前经过表现(临床病历记载)等,大多数仅能得出分析性结论。

(2)不能单纯根据尸体解剖与病理所见做出死因诊断,特别是在病理检查结果不能充分说明死因时。即使在尸检中发现致死性所见,因为可能存在其他因素而发生死因竞争,如尸体解剖发现有致死性颅脑损伤,但同时可能存在摄入毒物的情况。因此,常规的生化检测、毒物分析等是十分必要的。

(3)在死因分析时应明确死因及相关的概念,尸体解剖时可发现多种脏器存在病理所见,有时致伤因素复杂,也应分清死亡与相关的各种因素之间的关系。避免将死因与死亡机制、死亡方式混淆,如不能将"某器官功能衰竭"作为死因;避免不同死因概念的混淆,如机械性外力造成机体损伤,引起细菌感染继发败血症死亡时,细菌感染继发败血症是直接引起死亡的原因,为直接死因;而机械性外力是引起死亡的初始原因,为主要死因。又因外力是通过继发感染引起死亡,亦为间接死因。

2. 判断死亡方式

暴力性死亡的死亡方式可分为自杀、他杀及灾害事故。死亡方式的确定可为司法机关在侦查、审理案件时提供必要依据。他杀属于刑事案件,自杀与意外伤害也有涉及刑事案件或民事纠纷的情况,需要进行法医鉴定。

根据尸体解剖检查所见可以为死亡方式的鉴定提供线索,例如损伤的分布特点与形态特征等。但更重要的是要结合对案情的分析。因此,要充分和详细地了解案件发生的背景与过程,认真勘查现场情况(如有无搏斗迹象)。必要时须进行事件的模拟再现,经严密的推理分析,方可得出结论。

3. 推断死亡时间

死亡时间是指人死之后到尸体检验时所经过的时间。通过死亡时间的推测,可以估计死者的死亡时刻,有助于刑侦人员分析案情及判断犯罪嫌疑人是否有作案时间,使无辜者排除嫌疑,缩小侦查范围。

推测死亡时间的指标很多,有形态学、物理学、化学、生物学及分子生物学方法。但人死亡后,尸体在自然环境中所发生的一系列变化,要受到周围环境、人体自身多种因素的影响,有时还存在动物的破坏,因此,用单一指标无法获得准确结论。鉴定时应多种方法结果相互参照,并结合具体情况综合分析。

在法医病理学鉴定实践中,除需推测死亡时间的案例以外,有时还需要推测损伤时间。所谓损伤时间是指从受伤到死亡的时间。损伤时间鉴定的意义在于:①弄清案件发生的时间,以追究责任。如人体遭受暴力作用后未立即死亡,经过一段时间后死亡发生,尸体解剖证明致死原因(病变)与外力有关,通过推测损伤形成的时间,可以证明暴力与死亡的关系。②在濒死期的抢救、死后搬运尸体过程中以及尸体所处的环境(如在流动性水中)也可造成损伤,应根据生活反应等指标仔细加以鉴别。如将此类损伤误判为生前形成,会将案件的侦破工作引向歧途,或导致错案发生。

4. 推断致伤物

致伤物是指造成损伤的物体。致伤物的使用可能有职业或生活习惯特点,可以反映出犯罪嫌疑人的某些特征。在多名犯罪嫌疑人施加暴力的情况下,对于致命伤的致伤物确定,可以为法庭审理案件时对责任程度的认定与量刑提供依据。因此,推断致伤物对判断致死方式,揭露犯罪过程,认定犯罪嫌疑人具有非常重要的意义。

致伤物作用于机体有时会形成具有特征性的损伤,因此,致伤物的认定主要是根据对损伤的形态特征进行分析来完成。但不同性质的致伤物也可造成形态类似的损伤;同一种类致伤物的不同部位也会造成形态各异的损伤。另外,人体不同部位遭受的损伤,或人体遭受外力作用时的体位、活动也可以影响损伤的形态。因此,在推断致伤物时应对损伤作仔细、认真的检查,除损伤的形态特征外,要注意衣着、创口的附着物等,进行综合分析。

致伤物的认定需要比对,如由牙齿形成的咬痕,需观察分析嫌疑人牙齿的特征并与咬痕进行对比;部分致伤物的认定,必要时可做模拟试验观察其重现性;从致伤物及伤口提取的检材,要进行微量元素对比分析;从致伤物提取的人体成分与受害者的组织进行遗传标记的检测对比分析,是认定致伤物最具有意义的方法。

综上所述,进行致伤物的认定,有时需根据损伤的形态特征进行分析,有时需结合伤处附着物的微量物证分析进行综合分析判断,有时还应结合现场勘查和案情调查情况进行分析判断。

5. 个人识别

确定某活体或尸体的身份称为个人识别。对来历不明、高度腐败的尸体,飞机或轮船失事、矿井瓦斯爆炸或火灾等外表毁损严重的尸体,首先必须弄清尸体是谁,即查明尸源。只有弄清死者的身份进而了解其住所、社会关系和死亡前行踪,才能有目的地进行侦查并提高侦查的效率。

法医病理学的个人识别主要是通过分析个人的生理、病理学特征来实现的。如尸体的身高、体重、性别、容貌特征、体表的瘢痕、体内的疾病以及衣着和配饰等。有时必须结合法医物证学检验结果才能确定尸源。

6. 医疗事故的鉴定

医疗事故是指医疗机构及其医务人员在医疗活动中,违反医疗卫生管理法律、行政法规、部门规章和诊疗护理规范、常规,过失造成患者人身伤害的事故。近年来,医疗事故的防范和处理日益引起社会的普遍关注。

法医学工作者参与医疗事故鉴定有三种情况:①由医学会组织的鉴定,在患者死因不明和需要确定患者伤残等级的情况下,按规定应有法医参加;②对于死亡病例,在医学会组织进行医疗事故鉴定前,法医病理学工作者可能接受委托,通过尸体解剖查明死因;③人民法院为了解是否有医疗过失以及医疗过失的参与度等技术问题,可能提请当地医学会进行技术鉴定,或者委托法医病理学工作者进行法医学司法鉴定。

法医技术人员参加医疗事故鉴定,必须做到以下三个方面:首先,必须严格依法办事,遵循《医疗事故处理条例》的规定进行,不能根据个人的经验、对问题的理解去解释相关条款。要严守中立、科学、客观、公正的原则。其次,严格掌握医疗事故的概念。医疗事故必须有人身伤害的后果,这种后果的产生是以过失为前提的,有过失无后果、有后果无过失或后果与过失间无因果关系者,均不构成医疗事故。最后,鉴定必须认真收集全部原始病历,不能将他人整理的资料作为鉴定依据。对患者必须进行全面的临床检查和必要的实验室检验,甄别有无诈病或造作病。死亡病例应在死后尽快进行尸体解剖。

(二)法医物证学

法医物证学又称法医生物学(forensic biology)是对涉及法律问题的生物性检材进行检验,解决个人识别和亲权鉴定问题的法医学分支学科。其研究和检验的对象是源于人体的生物性检材,主要是各种人体成分及其分泌物与排泄物。其中最常见的是血液(血痕),约占法医物证检验的80%以上。其次是精液(斑)、阴道液(斑)、唾液(斑)、毛发、牙齿及骨骼等。物证的生物学检材可存在于发案现场、犯罪嫌疑人、被害人以及致伤物体上。

法医物证鉴定主要是应用血清学、免疫学、生物化学及分子生物学的原理与技术。根据检验和研究内容的不同,法医物证学又分为:①法医遗传学。对生物性检材进行遗传标记的检测分型,确定其个人属性,并根据遗传学原理进行亲权鉴定;②法医人类学。对骨骼、毛发的形态学等检查,确定其所属个体的种属、性别、年龄、身高及民族等;③法医牙科学。通过检测牙齿及口腔结构形态学特征或与生前牙齿检查比对,确定其年龄、性别及个人特征。

所谓物证,往往要在专门检验之后,才能起到证据的作用。例如在嫌疑人衣服上发现红色斑迹,他(她)可以否认是血,也可以说是曾经屠宰某种动物,或是本人的血液(如流鼻血、月经血)。这就需要专门检验进行鉴定,以证明是否与案情有关。法医物证检验,主要有亲权鉴定和个人识别两大任务。

1. 亲权鉴定(identification in disputed paternity),是指应用医学、生物学和人类学的方法检测遗传标记,并依据遗传学理论进行分析,从而对被检者之间是否存在生物学亲缘关系所作的科学判定。在婚生或非婚生子女抚育责任或财产继承;医院产科调错婴儿的纠错;强奸致孕案嫌疑人的认定;碎尸案中的尸源认定;失散亲人的寻找等涉及刑事、民事及行政部门解决有关问题时提供依据。

亲权鉴定是通过遗传标记的检测与遗传关系的分析来完成的，一般情况下应做到：①要选择合适的遗传标记，如遗传性状简单、多态性高、突变率低、检测方法操作简单、检测结果可靠等；②被检测人无特殊疾病、未接受器官移植及近期未接受过输血等。

2. 个人识别（personal identification），是指经过检测判定被检生物学检材属于哪个个体。法医物证学的个人识别是依靠对生物学检材与关系人遗传标记的检测结果对比来实现的。遗传标记的型别不同可以排除同一性；遗传标记的型别相同不能排除同一性；足够的遗传标记型别相同则可以肯定同一性。

在现场或受害人身上提取的生物学检材的检测结果与犯罪嫌疑人具有同一性时，可为案件的侦破、罪犯的确定提供有力的证据。不具有同一性时，可排除嫌疑人，保护其合法权益，避免冤案、错案的发生。

个人识别鉴定对检材的检验有固定的程序：①种类鉴定，确定检材的属性，如是否是血痕、精斑、唾液斑等，以确定检材在案件侦破中的作用，以及是否应做进一步检查。采用的方法是证明检材中是否含有特异性成分。如血痕中的血红蛋白、精斑中的精子或P30等。②种属鉴定，鉴别检材是否是人体成分或是何种动物的成分。对于现场提取的生物检材必须确定其种属，如是否为人血，是人血还是动物血，在诸如非法猎杀保护动物的案件中，检材源于何种动物的认定将成为案件侦破的关键。种属鉴定的原理是证明检材中是否含有动物种属的特异性成分。③遗传标记检测，检材在确定为人的成分之后，则需进行遗传标记的检测，这是鉴定的核心问题，即确定检材的个人属性。

（三）临床法医学

临床法医学（clinical forensic medicine）是应用临床医学和法医学的理论和技术，研究并解决与法律有关的人体伤、残及其他生理病理状态的法医学分支学科。临床法医学检查的对象是活体。通过对损伤所致机体病理状态的产生机制、发展过程及各种临床辅助检查结果的研究分析，对损伤性质、损伤程度、伤残程度、性功能及其他病理状态与损伤的关系作出科学客观的鉴定结论。

1. 损伤鉴定

损伤鉴定包括：损伤的类型、成伤机制、致伤物的推断以及损伤的性质、程度、时间判断等。通过鉴定，为侦查提供方向，为审判提供依据。损伤的鉴定应根据具体伤情进行具体分析。对症状要加以鉴别，要以客观病变与体征为依据，重视临床医学各种检查结果；要以原发性损伤及由损伤引起的并发症或者后遗症为依据，以损伤当时的伤情为主，结合损伤的后果或者结局综合评定；鉴定人要亲自检查患者，避免不加分析地引用"诊断证明书"或病历记载等资料作出损伤程度的评定；要严格掌握鉴定的时机，根据不同情况在伤后立即进行或在临床治疗终结后进行鉴定。

2. 劳动能力及伤残鉴定

主要指与损伤或疾病有关的劳动能力及伤残鉴定。劳动能力鉴定及伤残鉴定为劳动仲裁机构、人民法院处理工伤纠纷或疾病所致劳动能力障碍的赔偿提供依据，为正确处理工伤事故造成劳动能力障碍的福利待遇问题提供依据。劳动能力鉴定必须正确把握好鉴定时机，即事故直接所致的损伤或确因损伤所致的并发症医疗终结时间。

（四）法医毒理学

法医毒理学（forensic toxicology）是研究与法律有关的由毒物所致机体生理、病理损害过程的法医学分支学科。其研究和检验的对象为人体。通过对毒物在体内的代谢过程、造成机体器质性损害和功能障碍的机制及病理改变、临床表现特点的研究和分析。对是否中毒、是否中毒致死及中毒方式、毒物的性质、毒物进入体内的途径等作出鉴定结论,同时要阐明毒物的量与中毒或死亡的关系。

机体中毒后的组织病理学改变缺乏特征性。因此,不能单纯依据解剖的形态学改变及病理变化得出结论。应结合临床症状推测是否中毒、毒物的种类和中毒的程度;详细地进行案情调查,了解毒物的可能来源和种类;根据尸体检查所见推测毒物种类与性质。中毒的最终确证是依据法医毒理学检查与从中毒者体内分离出毒物的性质与含量综合判定。

(五)法医毒物分析

法医毒物分析(forensic toxicological analysis)是研究与法律有关的毒物的分离、定性、定量的法医学分支科学。其研究和检测的对象主要为人体生物性检材。通过对检材中各种化学物质的定性与定量的分析,对检材中是否含有毒物或其代谢衍生物、毒物的性质与毒物的量作出鉴定结论。

(六)司法精神病学

司法精神病学(forensic psychiatry)是研究与法律有关的人类精神疾病和精神状态的法医学分支学科。研究对象为活体。

司法精神病学鉴定的意义在于:①怀疑被告有精神疾病,需要鉴定作案时的精神状态,以确定责任能力;②被告在犯罪后或在施行刑罚的过程中,有无精神异常,以决定刑罚的减免或保外就医;③确定被害人和证人有无精神异常,以确定证词的法律效力等。

法医精神病学鉴定应解决的问题是:①被检者精神是否正常;②如果不正常,患什么类型的精神病;③被检者虽然有精神病,但在作案时是否由病态支配;④被检者对于其违法或违反道德准则的行为有无理解和控制的能力,从而提出有无责任能力的意见。

四、法医学工作者应有的工作态度和职业道德

法医学能够为刑事案件和民事案件的调查、处理和审判提供科学证据,其责任重大。因此,法医学工作者不仅要有较高的业务水平和工作能力,还必须有良好的工作态度和职业道德,在鉴定过程中要做到严谨求实,独立公正,科学规范,准确客观。

(一)树立良好的敬业精神

法医在实际工作中有时会遇到意想不到的恶劣环境,但法医工作者应当正确对待。对各类尸体不论是新鲜或腐败的均应做到不推诿,切不可草率行事,保证鉴定的质量。敬业的另一个方面就是时刻要有证据意识,对能作为重要证据的检材和标本及文字影像资料,如尸检记录、照片、录像、物证检材等都要妥善保存;尸体解剖时取得的内脏器官组织要及时用足量的固定液固定。送上级部门或其他单位复查或咨询者,要收集充分的证据(检材、记录、照片等)材料,要提供足够的原始资料,以资判断死因或死亡方式等。法医工作者在鉴定过程中,必须避免将某一案件与另一案件标本搞错,如因此导致作出错误的结论,将受到相应的行政处罚。

(二)树立良好的职业道德

法医学工作者要做到不受各种人为因素的干扰和腐败思想的侵蚀,严格坚持实事求是的原则进行鉴定工作,不偏不倚,对法律负责。《中华人民共和国刑法》第 305 条规定:“……鉴定人……故意作虚假证明、鉴定、记录、翻译,意图陷害他人或者隐匿罪证的,处三年以下有期徒刑或者拘役;情节严重的,处三年以上七年以下有期徒刑。”第 307 条规定:“……帮助

当事人毁灭、伪造证据,情节严重的,处三年以下有期徒刑或者拘役。司法工作人员犯前两款罪的,从重处罚。”

(三)培养科学思维方法

法医工作者在实际鉴定工作中,应科学客观地分析每一案件,将有关的人、事和物联系起来,进行分析;最后根据案情调查、现场勘查、尸体解剖、物证检验和相关辅助检查结果,综合分析判断解决案件中的问题,得出正确的科学结论,为民事和刑事诉讼提供客观、真实和科学的证据。

五、法医学的任务

法医学是一门社会应用医学,它的基本任务是通过法医学检验鉴定,为刑事案件提供线索,为法庭审判提供科学证据。

(一)为揭露证实犯罪提供科学依据

凡涉及人身伤亡的刑事案件,在其侦破过程中都需应用法医学的理论和技术对其死亡原因、时间、作案手段和方式进行科学的分析,从而推断作案过程,提供侦查线索。通过科学手段发现和收集与犯罪有关的各种物证,采用现代科学的方法进行检验,进一步揭露和证实犯罪。这是法医学的一个十分重要而艰巨的任务。

(二)为正确处理民事纠纷提供科学证据

民事诉讼与纠纷中涉及的人身损伤程度、劳动能力、性功能状态、亲权关系等需进行法医学检验鉴定,辨明是非,明确责任,为司法机关及时妥善处理提供科学的依据。

(三)为处理重大事故提供科学依据

对重大的伤亡事故,协助有关部门查清事故的原因,澄清事故的性质和责任,为善后处理及赔偿提供依据。对重大意外的中毒事件要查明毒物来源、种类,中毒的原因和性质,提供急救方法及预防措施,防止类似中毒事件的发生。

(四)为正确处理医疗纠纷提供科学依据

应用相关的医学知识和其他自然科学知识对医疗纠纷案件进行鉴定也是法医学的任务,通过法医学鉴定或参加医疗纠纷鉴定,可以查明原因,分清责任,为有关部门正确处理医疗纠纷提供科学的依据。

(五)通过法医学检验、研究,促进医学的发展

在法医学检验实践中,对有关的尸体、损伤、物证进行检验,可以查明相关疾病的死亡原因和机制,从而丰富了医学的内容,促进了医学的发展。

(六)对立法提供建设性意见

法医学工作者能以自己的丰富经验对损伤程度评定、法律责任、伤残抚恤、劳动保护、医师法、医疗事故管理法、死亡管理和尸体解剖规则等有关法规的制定提出可供参考的建议。

六、公安院校学生学习法医学的意义

法医学作为一门独立的医学学科,应由具有专门知识和技能的专业人员从事法医学研究和鉴定工作。但其作为应用医学又具有广泛的社会性。公安院校学生毕业后多数会成为人民警察,担负着打击犯罪,保护人民群众人身和财产安全的责任,会经常遇到一些法医学或与法医学有关的问题,因此,公安院校学生了解和掌握一定的法医学知识和技能具有十分重要的意义。

在我国,公安机关承担打击犯罪、保护人民群众人身和财产安全的责任,因此,公安机关十分重视法医学的技术和方法。尤其是在人身伤亡案件的侦破过程中,法医学以其独特的检验方法,为侦查提供线索和方向,有力地打击刑事犯罪,使法医学成为刑事侦查工作中不可缺少的一项重要手段。因此,公安院校学生学习和掌握法医学的基本知识,将对其完成好打击犯罪、保护公民的人身和财产安全这一神圣使命有很大帮助。

法医学检验鉴定在杀人、投毒、强奸等刑事案件的侦破中,可以为刑事侦查人员提供破案的线索。例如,根据尸斑、尸僵、尸冷等现象,可以推测死亡时间,从而勾画出侦查的时间范围;根据尸体外表损伤的特征,可大体推断凶器种类,为查找凶器提供线索;根据尸斑出现的一些特殊颜色,可以判断是哪种毒物中毒;根据特殊的尸体痉挛现象,可推测死者临死时的特殊状态,对于分析死因、推断死亡经过等均有很大的帮助。

公安人员学习法医学,了解法医物证的发现、提取、包装和送检的基本方法,有助于正确地保护现场,发现各种物证,按法医学检验的要求提取检材,妥善包装和送检检材,以保证送检的检材符合检验的条件,这是进行各种实验室检验的前提。

了解法医精神病学知识,对于掌握精神病人的犯罪规律,及时地预防、侦破精神病人犯罪以及识别伪装精神病犯罪等,都有十分重要的意义。

公安人员学习法医学知识,懂得法医学检验所能解决的基本问题和法医学鉴定结论的证据作用,正确地评判和应用法医学鉴定结论,能够充分发挥法医学在侦查破案中的作用。

第二节　法医学的工作内容

法医学工作的主要内容有现场勘查、活体检查、尸体检验、物证检验及书证检验等,通过上述工作为侦查提供方向,为审判提供证据。

一、现场勘查

发生犯罪、事故,发现尸体或遗留犯罪痕迹的地点统称为现场。为了发现与案件相关的线索、查明案件的性质、证实并揭露犯罪行为而在现场实施的一系列侦查行为称为现场勘查(crime scene investigation)。现场勘查一般是由侦查员、法医、痕迹技术员等合作完成的。

在现场勘查前,首先应对一般的情况进行了解。如事件的发生情况,现场的发现及保护情况,现场有无变动等。其次制订一个周密的勘查计划,有步骤地逐项进行勘查。勘查的开始阶段应在保持现场完整性的基础上,就现场的全貌及与周围环境的关系进行观察、绘图、照相或录像,并做详细的记录。最后对现场的每一细节进行详细的勘查,提取物证,并同时做好记录、绘图及拍照。现场勘查的顺序,应考虑案情和现场的特点、范围的大小和物件的位置排列等具体情况,可以由中心开始,也可以由外围开始。

勘查命案现场,首先应检查受害人是否已死亡。如未死亡,则应立即送往医院进行抢救,既可挽救受害者的生命,也有利于迅速破案。

勘查现场时应注意:在现场的周围,特别是通道处有无可疑痕迹,如指纹、足迹、血痕或其他遗留物;门窗是否关闭,家具等各种物品是否有移动;有无异常气味(酒、香烟、火药等);尸体的位置、姿态、衣着、有无移动;要特别注意一些隐蔽的角落,有无凶器、弹头、弹壳、血痕、毛发、痕迹、痰迹、烟头等。

在某些凶杀案件中，现场往往不止一个。杀人处称为第一现场或原始现场，移尸或分尸处称为第二或第三现场。确定第一现场，对于认定犯罪事实，揭露犯罪手段尤为重要。

有时犯罪嫌疑人为了掩盖自己的犯罪行为，扰乱侦查视线，会故意破坏或伪装现场，在现场勘查时应提高警惕，善于辨别。

二、活体检查

我国《刑事诉讼法》第 130 条规定："为了确定被害人、犯罪嫌疑人的某些特征、伤害情况或者生理状态，可以对人身进行检查，可以提取指纹信息，采集血液、尿液等生物样本。犯罪嫌疑人如果拒绝检查，侦查人员认为必要的时候，可以强制检查。检查妇女的身体，应当由女工作人员或者医师进行。"

活体检查主要是对受检者的生理及(或)病理状态、损伤情况、某些特征等进行检查，确定是否有损伤以及损伤的性质、时间、程度、预后、损伤与疾病的关系，推断致伤物和作用方式；个体的性别、年龄、发育状态、血型；性功能、生殖能力、是否被强奸、妊娠、分娩；精神状态、有无责任能力或行为能力；是否诈病、造作病(伤)及匿病、有无虐待等。

活体检查是依据法律规定，在有关部门委托下进行的。一般在司法鉴定机构的活体诊察室或被指定的医院门诊施行。活体检查应注重客观检查结果，对被检者的陈述和自觉症状要认真分析，综合判断。

三、尸体检验

尸体检验是法医学鉴定的最重要内容之一。我国《刑事诉讼法》第 129 条规定："对于死因不明的尸体，公安机关有权决定解剖，并且通知死者家属到场"。卫生部《解剖尸体规则》规定："法医解剖限于各级人民法院、人民检察院、公安局以及医学院校附设的法医科(室)进行。凡符合下列条件之一者应进行法医解剖：①涉及刑事案，必须经过尸体解剖始能判明死因的尸体和无名尸体需要查明死因及性质者；②猝死或突然死亡，有他杀或自杀嫌疑者；③因工、农业中毒或烈性传染病死亡涉及法律问题的尸体"。"病理解剖或法医解剖，一般应在一个月内向委托单位发出诊断报告。如发现其死因属烈性传染病者，应于确定诊断后 12 小时内报告当地卫生主管部门"。另外，诸如在疾病医治过程中死亡而死因不明、发生医疗纠纷而怀疑医疗事故者等，也应进行解剖。

四、物证检验

物证(material evidence)是指对案件的真实情况有证明作用的物品和痕迹。应用物理、化学、血清学、免疫学、分子生物学等方法对物证进行检查，确定其性质、种属及个人特征等即为物证检验。物证是重要的客观证据，根据物证检验结果，在案件的侦查、审理过程中，推断罪犯的罪行、认定罪犯和排除嫌疑人有着重要的意义。

物证的种类很多，法医学检验的物证主要是人体成分在日常生活中所经常接触到的物品上留下的痕迹。如人体组织、分泌物、排泄物，还包括生活用品、食品等。

法医物证属生物性检材，易于腐败变质，因此，法医物证应及时提取、妥善包装、及时送检，且在收集、包装和送检过程中应防止污染。

五、书证检验

对案件的真实情况有证明作用的文字资料称为书证。通过对文字资料内容进行全面细致的分析研究、科学论证，答复委托机关所提出的问题，称为书证检验。与法医学有关的书证包括活体或尸体的检查记录、临床患者的病历、各种检验报告、法医学鉴定书等。单纯根据书证检验下结论必须慎重，应争取进行其他检验，综合分析判断。

第三节　法医学鉴定

一、鉴定与鉴定人

接受司法或行政机关的委托，对送检的有关材料，依据专门的知识与技能进行检验鉴定，就某些专门性问题作出结论并以鉴定书的形式报告委托机关的过程称为鉴定。受指派、聘请、委托进行检验和鉴定的专门人员，称为鉴定人。

委托鉴定人解决的专门性问题，称作鉴定事项。如死亡原因、亲权关系、有无医疗过失等。在接受委托时，应根据鉴定事项，要求委托机关提供与案情有关的全部资料，如果资料不充分，应及时向委托机关说明，并提出如何有利于解决问题的建议。

从事法医学鉴定的专门人员，称作法医学鉴定人。在有些情况下，遇到诸如精神疾病、性交及生育能力等专业性比较强的鉴定问题，或在某些特定的环境下，也可委托具有一定法医学知识的医师进行检验鉴定。

《刑事诉讼法》第 146 条规定："侦查机关应当将用作证据的鉴定意见告知犯罪嫌疑人、被害人。如果犯罪嫌疑人、被害人提出申请，可以补充鉴定或者重新鉴定。"对于提出新的问题或提供新的资料，要求原鉴定人复验、修正内容或补充意见者，称为补充鉴定。如委托机关或当事人及其辩护人对鉴定结论不满意，或出现意见不同的鉴定结论时，将原案材料另行委托他人鉴定者，称作重新鉴定或再鉴定。

在我国目前的司法实践中，鉴定无等级之分，不同鉴定机构出具的鉴定书具有相同的法律效力，最终是否作为证据被采纳，须在法庭上经过质证后由法官决定。

二、法医学鉴定的原则

1. 依法鉴定的原则

法医学鉴定必须依法进行。属于刑事案件的，根据诉讼进程，分别由案件的受理机关如公安机关、检察院、法院决定委托；民事和行政诉讼案件，由法院决定委托；非诉讼鉴定的，如保险赔偿，由保险公司和投保人共同决定委托；医疗纠纷案件的尸体解剖，由卫生行政管理部门决定委托；医疗事故的鉴定也可由人民法院委托。

鉴定必须按法定程序实施；鉴定的步骤和方法必须符合相关的规定与标准；鉴定书的形式和内容必须符合证据要求。

2. 鉴定的客观性原则

鉴定要避免受到案情、人情等因素影响，必须在充分调查研究和反复实验比较的基础上，认识和掌握客观事物的本质属性，尊重科学，实事求是。鉴定的手段和方法必须符合科学原理。鉴定意见要有充分的科学依据。

3. 鉴定的独立性原则

鉴定执行权属于鉴定机构,并由鉴定人独立行使。鉴定结论的得出,不受任何部门、团体及上级领导的影响。由数人进行的联合鉴定,不能以少数服从多数的方式统一鉴定结论,鉴定意见不一致时应分别写出鉴定结论。鉴定结论由鉴定人个人负责。

4. 鉴定的时限原则

在司法诉讼过程中,相关法律规定了诉讼时限,要求鉴定人必须在规定的时间内完成鉴定工作。如有特殊情况不能按期完成时,应提前向委托部门提出延长鉴定时间的申请。部分鉴定的客体如果超过了保持某种稳定特性的时间,将失去鉴定的条件。因此,鉴定应及时进行。

5. 鉴定的保密原则

鉴定人不能泄露其受理的鉴定所涉及的案情和有关人员的个人隐私,也无权将鉴定意见告诉委托机关以外的任何部门和个人。

三、鉴定人的权利与义务

(一)鉴定人的权利

①有权了解全部案情并查阅有关的案卷资料,有权询问案件当事人、证人等相关人员;②有权要求参加勘验现场或进行模拟实验活动;③送检材料不充分或不符合要求时,有权提出补充鉴定相关材料的要求;④在特殊情况下(如业务水平有限、鉴定材料不足、设备条件不充分等),无法完成鉴定项目时,有权拒绝接受鉴定委托;⑤出庭作证时有权拒绝回答与鉴定无关的问题;⑥有权独立得出鉴定结论;⑦在诉讼活动中有权使用本民族的语言文字。

(二)鉴定人的义务

①在规定的时间内完成鉴定任务;②按照委托的要求,出具规范的鉴定文书;③不得遗失、损坏鉴定相关的材料与物品(如病历、X 光片、卷宗等);④根据法律的有关规定,申请回避;⑤根据有关规定出庭接受对鉴定意见的质证;⑥在鉴定过程中不遵守相关法律法规,应承担法律责任。

四、法医学鉴定的分析方法

(一)甄别性分析

1. 法医学鉴定与临床医学诊断对获取的信息采信度存在区别。临床医学工作中的患者为达到疾病痊愈的目的所提供的信息可靠性程度高,而在法医学鉴定中,被鉴定人等当事人提供的信息由于受到鉴定目的的影响,经常不是客观事实的准确反映,如将意外伤害说成被殴打,不提供受伤的真实时间,夸大生理受限程度等。这些主观信息在鉴定中仅供参考。

2. 委托鉴定时提供的资料如病历、临床诊断、检验报告单、影像材料等不能作为得出鉴定意见的唯一依据。对资料的完整性、真实性、可靠性及提供原始资料医疗单位的诊治水平等应认真加以考核。如病历是否有涂改;影像材料是否被调换;临床诊断是否准确,依据是否充足;病历中对损伤的描述是否规范或完整等。

对被鉴定人进行检验时应仔细观察并谨慎确定症状与体征,注意甄别夸大与造作的表现,如某些症状与体征无法用客观存在的病理基础解释。

(二)专业知识性分析

注意法医学鉴定与临床医学诊断内容的区别,法医学鉴定不仅解决有与无及程度的问题,还要分析机制、原因、演变过程等以确定与本次损伤的因果关系,如无因果关系,则与本案件无关。如骨折鉴定,不仅需要确定有无骨折,同时要根据骨折的形态特征分析成伤机制与经过时间以确定与本次外伤的关系。陈旧性骨折不能用新近的外力解释,如新近受过外力则与此无关;压缩性骨折不是直接外力作用于骨折点形成的,如有外力作用于骨折点,则与本例骨折无关。

（三）综合性分析

1. 分清损伤与疾病的关系,当被鉴定人在同一部位患有疾病而又受到损伤并出现功能障碍时,应根据损伤的程度与可能造成的功能障碍的机制结合疾病的性质综合分析。明确功能障碍是否与损伤有关,如有关,其参与程度有多少。不能将最终的后果简单的归结为单一原因。

2. 分析结果产生的诸多影响因素,如治疗结果与原始损伤和治疗措施间是否存在因果关系;个体差异的问题;存在多个损伤时其作用程度的主次关系等。

3. 明确形成鉴定意见的主要依据。如对“失血性休克”的鉴定,尽管体表有多处开放性损伤,脉搏快,血压低,临床已作出“失血性休克”的诊断,在鉴定时要注意:①损伤是否造成（或可能造成）较大血管的破坏;②纠正“休克”的过程中是否采取了足够的输血及补液措施,否则不能得出“失血性休克”的鉴定意见。

五、法医学鉴定意见正确性的保证

鉴定意见必须是客观事实的真实反映,首先要求鉴定人应确信鉴定意见是准确的,但准确性不应以鉴定人的主观意志为依据,必须有客观真实的条件加以保证。

（一）证据间的相互印证

鉴定意见的得出要参考案情调查、现场勘验结果、当事人提供的信息、鉴定人的检查结果等全部信息并形成合理的关系链条。

（二）鉴定人的实践活动

法医鉴定人应亲自进行检验实践,检验的方法必须是可靠并客观的,不能以其他人的检验结果作为依据。必要时应进行实验观察（动物实验、事件模拟重现等）。

（三）客观认识检测结果

必须牢固掌握法医学理论与知识,要客观评价检测结果,准确解释检测所见。要掌握方法学的原理及其局限性。如根据线粒体 DNA 的检测结果,不能得出父子关系的结论;血液（痕）抗 A、抗 B 抗体检测为阴性,不能判定为 O 型。

（四）尊重事实

检验结果不能对鉴定事项提供确定性答案时,避免强行得出定性结论,由于科技水平的局限性、鉴定人水平所限、技术条件的不足而导致获得肯定性结论依据不充分时,允许得出可能性鉴定意见。

（五）坚持法医学鉴定的内涵

法医学鉴定是解决专门性问题的技术性工作,鉴定人必须通过自己的工作获得科学、客观的依据来支持鉴定意见。不能要求当事人提供“反证”并以此作为依据得出鉴定意见。

六、鉴定人出庭作证

根据相关的法律规定,鉴定人有义务出庭作证,出庭作证是鉴定工作的延续,对鉴定意见的质证结果关系到鉴定意见是否会被作为证据而采纳,同时这也是对鉴定工作的考核。

(一)出庭前要做好相应的准备,如鉴定活动中应遵守的相关法律法规;鉴定的程序要求、应遵循的技术标准;与鉴定项目相关的业务知识;鉴定意见依据的理由等。

(二)遵守庭审纪律,衣着得体,语言文明,举止大方。

(三)回答问题精练,避免过多理论讲解,以公认的理论与原理解释鉴定意见。

(四)避免回答与鉴定项目无关的问题。

七、法医鉴定书

法医学鉴定人将鉴定的受理、检验过程、检验结果及经科学分析后得出的鉴定意见汇总后形成的书面报告,称为法医学鉴定书。《刑事诉讼法》第145条规定:"鉴定人进行鉴定后,应当写出鉴定意见,并且签名"。法医学鉴定书必须具有严格的科学性,要准确客观地反映检验结果,结论要明确,依据要充分。

鉴定书的格式并无严格的规定,其内容应包括以下几项:

(一)引言

包括委托日期、机关;案件委托人姓名;检材的名称、数量;检查对象如为活体应注明姓名、性别、年龄、籍贯、职业、住址等;记录检验日期、地点与见证人的姓名及职务等。

(二)案情摘要

对委托单位提供的调查材料、案卷或病历记载的与检验内容有关的部分加以摘录。

(三)检验过程

指明所使用的检验方法,详细记载检验的全部过程,客观地记录所发现的全部事实。

(四)分析说明

针对检验所得的结果,应用科学原理,详细加以分析,以说明得出鉴定意见的依据,并阐明有必要说明的问题。

(五)鉴定意见

根据检验的结果和说明的理由,对委托鉴定的问题,提出简单而明确的结论性意见。

(六)结尾

注明鉴定机构的名称、鉴定人的业务职称、姓名、执业证书编号、完成鉴定书的时间,最后由鉴定人签名并盖章。

八、对法医学鉴定的审查

《刑事诉讼法》第48条规定:"证据必须经过查证属实,才能作为定案的根据"。鉴定意见是重要的法定证据,在刑事案件的侦查和审判过程中是查明事实、认定案件性质的重要依据。法医学鉴定意见作为法定证据的一种,必须经过查证属实后才能作为定案的依据。在实际工作中我们不能要求侦查人员进行专职法医所作的尸体解剖、物证检验等专项工作,但他们必须掌握法医学的基本知识,对法医学鉴定意见进行审查,正确应用法医学鉴定意见来打击犯罪,保护人民。具体而言,对法医学鉴定意见的审查应注意以下几个方面。

(一)对鉴定人资格的审查

法医学鉴定人是指具有从事法医学鉴定资格,接受办案单位的委托,运用法医学专业知识和技能解决诉讼活动中的专门问题的人。一般应符合以下条件:①必须由司法机关指派或聘请。在司法机关内部设立的鉴定机构中的司法鉴定人的资格,由司法机关按照国家有关规定确认。在面向社会服务的司法鉴定机构中从事司法鉴定人的资格，按照国务院司法行政部门的有关规定，经考试或考核合格，取得法医学鉴定人职业资格。②必须具备能解决诉讼活动中有关专门法医学问题的知识和技能。作为法医学鉴定人不仅要有较高理论水平，还要有一定的从事鉴定工作的实践经验，能帮助司法机关或者仲裁机构解决诉讼或仲裁活动中所涉及的专门性问题，这是保证科学鉴定的前提，也是法律对鉴定人的基本要求之一。否则，其鉴定意见不可采信且不具备法律效力。③鉴定人必须是具有专门知识的自然人。鉴定是由实际进行鉴定活动的人根据自己的认识对所鉴定的事项作出判断的过程。完成鉴定工作并能够从根本上对鉴定意见所认定事实是否符合客观存在产生影响的，只能是有专门知识的自然人。从事鉴定工作是个人行为，鉴定人要对鉴定对象出具科学的鉴定意见，而且要出庭作证，对所出具的鉴定意见作出科学的解释，并对各种有关质疑予以答复。④鉴定人必须是与案件无利害关系，能客观公正地作出鉴定意见的人。《刑事诉讼法》专门规定了鉴定人的回避制度，保证了司法鉴定科学、公正、合法。

（二）对鉴定材料的审查判断

鉴定材料以其存在的场所、本身的物质属性、形态结构特征、数量、质量等客观实物的特征起证明作用。但必须审查鉴定材料的真伪，排除虚假材料。同时审查鉴定材料与案件事实是否存在关联性，鉴定材料与案件事实之间的关联越紧密，证明力越强，在诉讼中的作用越大。如果客观存在的事实对案件真实情况没有任何证明力，不能成为诉讼证据。诉讼证据具有不可替换性，不能将与案件无关的证据材料或其他案件的证据材料拿来做鉴定，不具备关联性的证据不得采纳。客观性和关联性都是鉴定材料本身固有的属性。合法性是诉讼证据不能缺少的法律特征，它是指证据的形成、收集、出示和查证都由法律予以规范和调整，作为定案根据的证据必须符合法律规定的采信标准。在刑事诉讼案件中，收集证据和审查证据的时候，不仅要关注证据的客观性和关联性，还要关注证据的合法性。鉴定材料必须具备法定形式，具有合法的来源，才具有证明力。

（三）对鉴定过程的审查

鉴定作为法律性的科学活动，必须在严格的程序下进行。司法鉴定的程序是办案单位就案件中的专门性问题向鉴定机构提出鉴定申请，由鉴定机构指派鉴定人对鉴定材料进行审查，如果认为鉴定材料具有检验性，由送检人填写《鉴定委托书》，鉴定人初步审查后认为可以受理时，双方共同填写《鉴定事项确认书》，确认受理后进行检验、鉴定，作出鉴定意见后出具鉴定书并签名盖章。在审查中，一要审查鉴定程序是否合法，有无私自接受鉴定的情况；二要审查鉴定书，判断其科学的可靠性。鉴定书是鉴定人根据检验、鉴定的经过和结果所写成的书面报告，它是一份具有法律证据作用的文字材料，很多案件将根据它作出法律裁决。所以，必须全面细致地审查它的准确性、可靠性。

第四节　法医学发展简史及展望

一、中国法医学简史

我国最早的法医学检验可以追溯到战国时代（公元前475 年～公元前221 年）。《礼记》和《吕氏春秋》曾记载："命理瞻伤、察创、视析、审断。决狱讼，必端平。"其中瞻、察、视、审，即为法医学检验。

1975 年 12 月,在湖北省云梦县睡虎地秦墓(公元前 217 年)中发掘出大量秦代竹简,被称为《云梦秦简》。秦简中的《法律问答》和《封诊式》与法医学的关系最为密切。其中已规定,不同程度的损伤处以不同程度的处罚。这就要求在司法实践中必须对损伤进行检验鉴定。《封诊式》中有关检验的记载包括活体检验、首级检验、尸体检验、现场检验和法医学检验等。如关于手迹、足迹、膝迹、血迹、工具痕迹的记载;损伤形态的描述与凶器的推定;“不周项”为缢沟的特征;“椒郁色”为生前缢沟的特异表现等。说明早在两千多年前,我国的法医学已取得了惊人的成就。

汉唐时期(公元前 206 年 ~ 公元 907 年)是我国古代法律进一步发展完善的时期。《唐律疏议》(公元 653 年)是我国现存最完整、最早的一部封建法典。它明确地规定了尸体、受伤者及诈病者为实行检验的对象;明确了损伤的定义即“见血为伤”;将损伤分为“手足他物伤”与“刃伤”;提出确定致命伤及进行死因鉴定的重要性。

在同一时期还提出了死亡的两个主征:“脉短、气绝,死。”(《黄帝内经素问,玉版论要篇》)并提出以新棉置口鼻之上证明呼吸是否停止。同时明确了不同程度损伤的定义为“皮曰伤,肉曰创,骨曰折,骨肉皆绝曰断”。(《礼记》)

三国吴末(公元 253 年 ~ 280 年)张举以猪作为实验动物,结合他杀而后焚尸的案例,提出了烧死和焚尸的初步鉴别法:被烧死者口内有灰,被焚尸者口内无灰。(《疑狱集》)同时期还比较正确地指出了自缢的定义,溺死、冻死、饥饿死、中暑死和暴死的发病机制和临床表现。

法医在古代称作“仵作”,“仵作”一词最早见于五代乾祐年间(公元 948 年 ~ 950 年),其主要工作是处理尸体和在验尸官的指令下报告伤害状况。

现存最早的系统法医学著作是南宋提刑宋慈于公元 1247 年所著的《洗冤集录》。该书共分 5 卷、53 条,涉及现代法医学的主要领域,对于尸体现象、损伤、窒息、现场勘验和尸体检查等各方面内容进行了观察、归纳和总结。如尸斑出现的部位与颜色;尸体腐败的征象、影响条件、发展过程;动物毁尸的特征及与生前伤的鉴别;缢死、勒死、溺死的特征等。该书随后被译成荷兰、英、法、德等文字出版,在世界法医学发展史上具有重要的地位。

元代对法医学的重要贡献是“检尸法式”(公元 1304 年)的颁发,以图标的形式记载尸表检验结果,十分简明、扼要。

清代编撰了《律例馆校正洗冤录》作为官书颁行全国。

1912 年,《刑事诉讼律》规定:“遇有横死人或疑为横死之尸体应速行检验”“检验得挖掘坟墓,解剖尸体,并实验其余必要处分。”1913 年颁布的《解剖规则》规定:“警官及检察官对于变死体非解剖不能确知其致命之由者,指派医士执行解剖。”从此,我国法医工作者能公开地研究人体内部疾病及损伤情况,进行法医学鉴定。

林几教授是我国现代法医学的奠基人,于 1930 年在北平大学医学院首建了法医学实验室,正式受理各地法院送检的法医学案件,并培养法医学人才。1932 年在上海设立了法医学研究所。1934 年创办了我国第一部法医学杂志《法医月刊》。

1950 年,卫生部颁布了《解剖尸体暂行规则》,规定了法医学尸体解剖的对象、目的和原则。20 世纪 50 年代初,南京中央大学医学院和中国医科大学先后开办了法医学师资进修班,为各高等医学院校开设法医学必修课培养了师资人才。此后,陆续出版了一批法医学教科书和专著。

1979 年,我国部分医学院校开始招收法医学本科学生。1980 年,第一个地方法医学会——沈阳法医学会成立,同时创办了学会刊物《法医通讯》。1985 年国家决定在医学院校增设法医学必修课,并正式开设法医学专业,1985 年 10 月中国法医学会在河南洛阳成立,1986 年创刊了《中国法医学杂志》。20 世纪 80 年代以来,国内先后出版了数十部法医学专著及教材,并且开始培养法医学硕士和博士。

二、外国法医学简史

在公元前后的巴比伦、埃及、印度、波斯和希腊的一些法典和医学著作中,已有一些关于法医学的内容。14 世纪,法国的法律规定:处理损伤、杀害、奸淫等问题时,需征求外科医师的意见。15 世纪 30 年代,朝鲜翻译出版由我国传入的《洗冤集录》,是在国外最先发行的法医学著作。1532 年德意志皇帝查理五世颁布《犯罪条例》,规定了对于有关杀人、外伤、中毒、缢死、溺死、杀婴、流产等案件进行处理时必须有医师参加,这是法医学鉴定的开始。1598 年,意大利巴勒莫大学教授 Fortunato Fedele 出版了《医师的报告》,这是欧洲第一部全面而系统的法医学著作,其主要内容有创伤、诈病、医疗过失、处女、阳痿、妊娠、胎儿生活能力等,并强调了完整解剖的重要性。1642 年德国莱比锡大学首开系统的法医学讲座。19 ~ 20 世纪以来,随着医学和其他自然科学的飞速发展,欧洲的法医学进步显著。1985 年英国的遗传学家 Jeffreys 首次成功应用 DNA 技术进行了亲子鉴定,给法医学的发展带来了一场深刻的革命。

三、法医学的展望

在法医学研究和实践中,还存在许多亟待解决的问题。例如,关于死亡时间的推断,在传统的尸体现象观察基础上开展了诸如死亡化学、活性物质的免疫组织化学及法医昆虫学研究方法,分子生物学技术可能会开辟一个新的领域;死因竞合中不同因素参与度量化指标的研究,对于某些复杂的死因分析可能会提供更科学的手段;DNA 分析的标准化对于 DNA 数据库,特别是犯罪数据库的建立,以及数据库作用的发挥是一个重要的保证;决定人类个体各项生理、病理状态的基因座的不断发现,以及 DNA 芯片技术的成熟,将会实现对个体的生理画像,使个人识别技术更趋完善;微萃取技术的发展使毒物定性、定量分析趋于微量化;人体生理功能客观检查仪器的开发和应用,将会对于损伤造成的生理功能障碍程度评定更客观和科学。

【思考题】

1. 法医学的研究内容有哪些?
2. 公安院校学生学习法医学知识的意义是什么?
3. 鉴定人的权利与义务有哪些?
4. 法医鉴定的原则有哪些?

第二章 医学基本知识

“生命是蛋白体的存在方式,这个存在方式的基本因素在于它对周围外部自然界的不断新陈代谢”。这决定了生命的特点在于:新陈代谢、生殖、应激性。法医学随着人类社会的发展而出现,并随医学和其他自然科学的进步,逐步由公元前500年开始萌芽,然后形成以人体为主要研究对象的一门学科。要学习法医学,了解人体的物质形态和人体的损害是非常必要的。

第一节 人体的基本形态

人体由无数细胞和细胞之间的物质(细胞间质)所组成;同种细胞和细胞间质结合起来构成组织;几种不同的组织结合起来构成器官;若干器官又结合起来构成系统,以完成某一生理功能;这些系统构成协调统一的人体。

其中,组织可分为上皮组织、结缔组织、肌肉组织、神经组织。器官是能完成单一生理功能的结构,常见器官包括:心、肝、脾、肺、肾等。系统包括:消化系统、呼吸系统、循环系统、神经系统、泌尿系统、生殖系统、内分泌系统、运动系统、感觉器。

一、细胞

细胞是构成人体的基本单位,也是生命活动的功能单位。

(一)细胞的结构

人体细胞的形状多样,一般与其所执行的功能以及所处的环境相适应。例如,游离在血浆中的红细胞,多呈圆形;相互紧密连接的上皮细胞多为扁平形、立方形或柱形;具有收缩功能的肌细胞,多为圆柱形或长梭形;具有感受刺激、传导兴奋功能的神经细胞,多具细长而有分支的突起(图2-1)。人体细胞虽然形态各异,但他们的基本结构相同,均由细胞膜、细胞质和细胞核三部分组成。

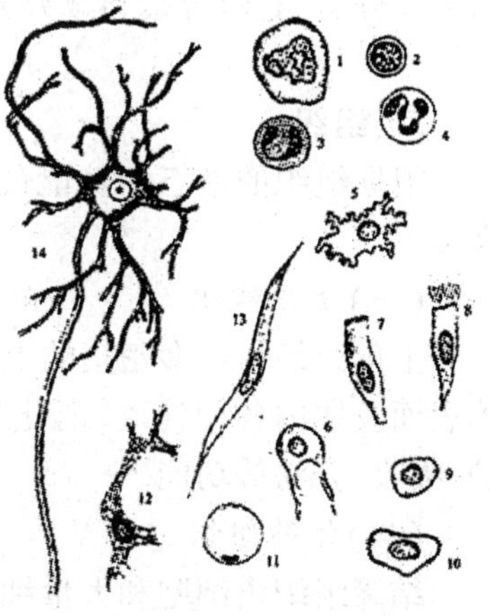

图2-1 各种形态的细胞

1. 细胞膜:是细胞表面的一层薄膜,又称质膜,由类脂质与蛋白质组成。类脂质是构成细胞膜的基本成分。蛋白质有运载其他物质以通过细胞膜的作用,且有高度的选择性和定向性。

2. 细胞质:在细胞膜和细胞核之间的部分称为细胞质,生活状态时为透明的胶状物。细胞质包括:

(1)基质:细胞质内的液态部分,是细胞质的基本成分,主要由蛋白质、糖、无机盐和水组成。

(2)细胞器:分布于基质内,具有一定的形态结构,主要包括线粒体(参与细胞内物质氧化和形成 ATP)、核蛋白体(合成蛋白质的重要结构)、内质网(功能较复杂,参与某些物质的合成与分解)、高尔基复合体(主要参与细胞的分泌活动)、溶酶体(细胞内重要的"消化器官")。

(3)包含物:除细胞器以外的其他有形成分,如脂滴、糖原、色素等。

3. 细胞核:除成熟的红细胞外,人体内所有细胞都具有细胞核。多数细胞只有一个核,少数可有 2 个以上,如骨骼肌细胞。细胞核由核膜、核液、核仁及染色质组成。

(二)细胞的物质组成

1. 水:水是细胞的主要成分,约占细胞重量的 70%。

2. 无机盐:主要有钾、镁、铁、钙和氯等,在水中大部分为离子状态,其作用主要是维持酸碱平衡、调节渗透压等。

3. 糖类:又称碳水化合物,是给细胞提供能量的主要物质。

4. 脂类:主要包括脂肪、磷脂和固醇类,对细胞的代谢起重要作用。

5. 蛋白质:可与糖、脂类等物质结合成化合物,在细胞的功能活动中起重要作用。

6. 核酸:核酸主要有两种,一种是脱氧核糖核酸(DNA),主要存在于细胞核内,在遗传信息的传递和蛋白质的合成过程中起重要作用。另一种是核糖核酸(RNA),主要分布在细胞质内,参与蛋白质的合成。

(三)细胞的功能

首先,细胞最基本的功能是新陈代谢,即从外界获得营养物质,经过消化,合成自己的物质;同时细胞本身的物质又不断分解,放出能量,并将分解产物排出体外。其次,细胞对各种刺激能产生不同的反应,如神经细胞可产生神经冲动,腺细胞能进行分泌等。最后,细胞能以无丝分裂、有丝分裂和减数分裂等方式进行增殖。

二、组织

根据组织的形态和功能的不同,可分为上皮组织、结缔组织、肌肉组织和神经组织四大类。

(一)上皮组织

上皮组织由许多密集的上皮细胞和少量的细胞间质相互连接而成。上皮组织覆盖于身体表面及体内各种管道(消化道、呼吸道和血管)和囊腔(胸膜腔、腹膜腔等)的内面,有保护、吸收、分泌等功能。

(二)结缔组织

结缔组织由细胞和大量细胞间质构成。细胞间质包括基质和纤维两部分。结缔组织分布很广,形态多样。一般所说的结缔组织是包括疏松结缔组织、致密结缔组织、网状结缔组织和脂肪组织。

(三)肌肉组织

主要由肌细胞组成。肌细胞多呈长形,故又称肌纤维。细胞质内含有纵行排列的细丝状肌原纤维,有收缩和舒张的作用。四肢运动、胃肠蠕动、心脏搏动都与肌肉收缩有关。肌肉分为骨骼肌(附着在骨骼上)、平滑肌(分布于胃肠等内脏器官)和心肌(位于心脏)三种。骨骼肌受意志支配,是随意肌。心肌和平滑肌不随人的意志而舒缩,是不随意肌。

(四)神经组织

由神经细胞(神经元)和神经胶质细胞所组成,存在于脑、脊髓和周围神经系统。

三、器官

人体的体腔内有许多器官,如胸腔内有肺、心脏、气管和食道;腹腔内有肝、脾、胃、肠、肾;盆腔内有直肠、膀胱和生殖器官等。内部有空腔的叫作中空性器官,如胃、肠;无特定空腔的叫做实质性器官,如肝、脾、肾等。每一种器官由几种不同类型的组织所组成,具有一定的形态和功能。

四、系统

人体内许多器官相联合而组成八大系统,如运动、消化、呼吸、泌尿、循环、神经、内分泌、生殖系统等。每个系统中的器官共同完成某一生理功能。人体各系统的活动都是在神经系统的调节与控制下进行的,从而使人体成为协调统一的整体。

(一)运动系统

运动系统由骨、骨连结和骨骼肌三部分组成,它们的主要功能是构成人体支架,产生运动,形成颅腔、胸腹腔等以保护脑、心、肺、肝、脾等脏器。

人体以骨骼为支架,构成骨骼的骨通过骨连结而彼此相连,骨骼肌附着在骨面,当骨骼肌收缩时,即可牵引骨通过骨连结而产生运动。

1. 骨

骨是运动系统的重要器官,成人共有206块骨。人在出生前骨即开始发育,直到25岁左右才算发育完成。骨的表面有一层纤维薄膜,血管和神经经骨膜进入骨内,骨膜有保护和营养骨的作用,并有形成新骨的能力。骨骼由柔韧的有机物和坚硬的无机盐类构成。成人骨中两者比例适当,使骨具有很大的硬度和一定的韧性。小儿骨骼因其生长发育的需要,含有机质相对较多;相反老年人骨骼含有机质少,而无机盐类相对较多,遇有暴力容易发生骨折。

按骨的形态,可分为长骨、短骨、扁骨和不规则骨四类;按其在体内的位置,可分为颅骨、躯干骨和四肢的附肢骨三部(图2-2)。

2. 骨连结

骨连结是骨与骨之间的连接装置。有直接连结和间接连结两种形式,前者多位于颅骨及躯干骨之间,后者则多见于四肢骨之间。

直接连结根据组织的不同,分为纤维连结、软骨连结和骨性结合。软骨连结可作轻微活动,纤维连结一般无活动性,且很牢固。

间接连结即一般所谓的关节,能够自由运动,其基本结构包括关节面、关节囊和关节腔。覆于骨端的关节软骨形成关节面。关节囊分两层,外层为致密的纤维层,内层即滑膜层。滑膜分泌滑液于关节腔内,可减少关节运动时的摩擦。此外,某些关节还有一些辅助结构,如

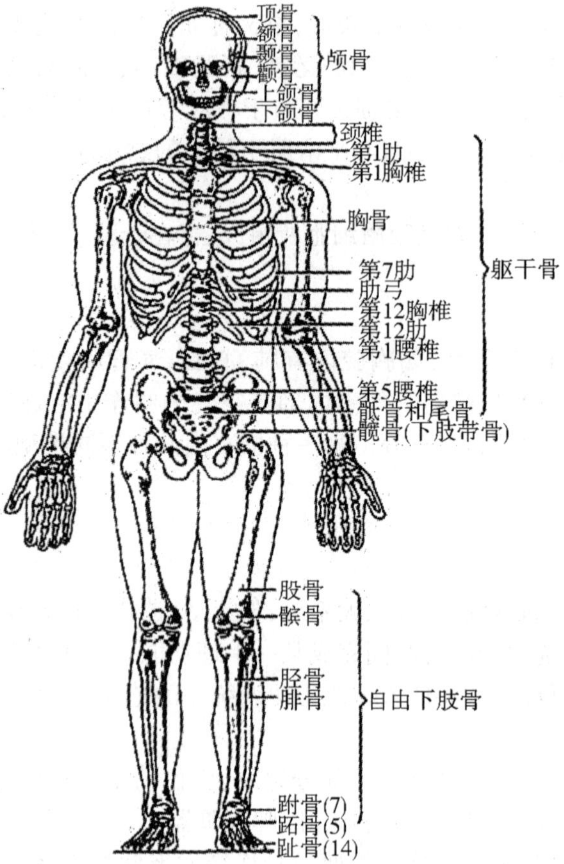

图 2－2　人体骨骼

关节内韧带和关节盘,前者可增加关节的稳固性,后者可增加关节运动的范围。关节的基本运动形式是屈和伸、内收和外展、旋内和旋外,以及环转运动。

3. 骨骼肌

骨骼肌主要分布于躯干和四肢,其大部附着于骨,也称横纹肌。骨骼肌具有收缩迅速、有力、容易疲劳和可随人的主观意志而舒缩的特点。

骨骼肌块数甚多,约占人体总重量的40%。每块肌肉都是一个器官,均具有一定的形态结构,富有血管和淋巴,接受神经支配,并执行一定的生理功能。

(二)循环系统

循环系统是使血液和淋巴液在其内循环的密闭管腔系统,亦即体内的运输系统。根据管内流动的液体成分不同,分为血管系和淋巴系。心脏是循环系统的中心动力器官。

1. 心血管系

(1)大、小循环

血液循环按其途径的不同,分为大循环和小循环(图 2－3)。

大循环也叫体循环。从左心房流入左心室的动脉血,经主动脉及其各级动脉分支,达于全身的毛细血管,把氧和营养物送给组织细胞,并带走新陈代谢的产物和二氧化碳,成为静脉血,再经各级静脉分支,最后经上、下腔静脉返回右心房。

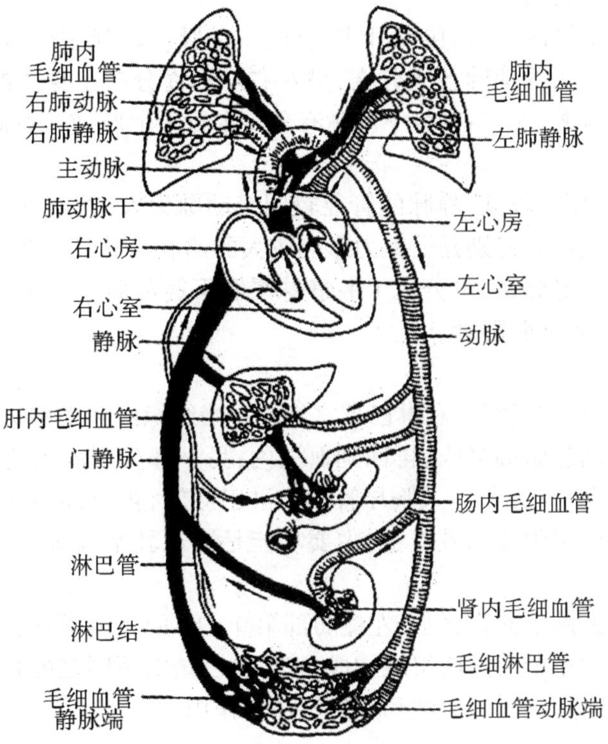

图2-3 血液循环示意图

小循环也叫肺循环。从右心房流入右心室的静脉血,经肺动脉入肺,在肺泡部毛细血管排除二氧化碳,吸收氧气,暗红色的静脉血变成鲜红色的动脉血,后经肺静脉返回左心房。

(2)心脏

心脏位于胸腔中部略偏左,在两肺之间、膈肌之上,前面是胸骨和肋软骨,后面是食管和脊柱,被心包包裹。心脏呈前后略扁的圆锥体,心底朝向后上方,心尖朝向左前下方,对着左前胸第五肋间隙,此区可触及心尖搏动。心壁主要由心肌构成,内衬以心内膜,外包以心外膜。

心脏内有四个腔,分别为左心房、左心室、右心房和右心室。左、右心房之间和左、右心室之间,分别有房间隔和室间隔分隔;左心房、室之间和右心房、室之间,则分别有房室口连通。左房室口上有二尖瓣,右房室口上有三尖瓣,可阻止心脏收缩时血液从心室逆流入心房。左心室的主动脉口边缘和右心室的肺动脉口边缘,均有三个半月状瓣膜,即主动脉瓣和肺动脉瓣,当心室舒张时,可阻止血液逆流入心室。心脏自动地、有节律地跳动,是由心传导系统传导兴奋和调整节律。心脏本身的营养血管是冠状动脉,发自升主动脉的根部。心壁各层的静脉网,最后大都汇合于冠状窦,经冠状窦口入右心房。

(3)血管

血管分动脉、静脉和毛细血管。从心脏运送血液到全身各器官的血管叫动脉;从毛细血管输送血液回流入心的血管叫静脉。心跳存在时,动脉内压力较高,因而其出血多呈喷射状形态,可作为生前出血与死后出血的鉴别依据之一。动脉常与静脉、神经伴引,组成血管神经束。毛细血管是人体器官和组织内物质交换的场所,分布广、数量多、管壁薄、口径细、分支互相吻合形成毛细血管网。

主动脉是体循环的动脉主干,包括升主动脉、主动脉弓和降主动脉,后者又分为胸主动脉和腹主动脉。离开主干的动脉各级分支,呈左右对称性分布于身体的头颈、躯干和四肢,其中颈内动脉上行入颅腔,左、右锁骨下动脉有分支走行于上肢,左、右髂总动脉有分支走行于下肢。

静脉内血流缓慢,压力较低,静脉的管径较同级动脉为大,而属支亦较多。为防止血液逆流,一般中等管径的静脉,特别是受重力影响较大的四肢静脉具有较多的瓣膜结构。汇入右心房的全身静脉除心静脉系,可分成上腔静脉系和下腔静脉系。胸部静脉以上汇入上腔静脉,腹部静脉以下汇入下腔静脉。

2. 淋巴系

淋巴系由淋巴管道、淋巴组织和淋巴器官组成。当组织液和细胞进行物质交换后,一部分组织液被毛细血管的静脉端吸收,再回到血液内;另一部分则渗入毛细淋巴管内,叫作淋巴(液)。淋巴经淋巴管、淋巴干汇入胸导管和右淋巴导管,再分别注入位于颈根部的左、右静脉角内。胸导管起始于腹段的乳糜池,主要功能是输送乳糜入血。淋巴管道是静脉的辅助管道。

脾是人体内最大的淋巴器官,位于左侧肋部第 9 ~ 11 肋骨的深部,质软而脆。其结构与淋巴结相似,也由被膜、小梁及淋巴组织构成,脾与淋巴结的不同之处是没有淋巴窦,而有大量的血窦。脾有贮血、造血、过滤血液和产生抗体的作用。

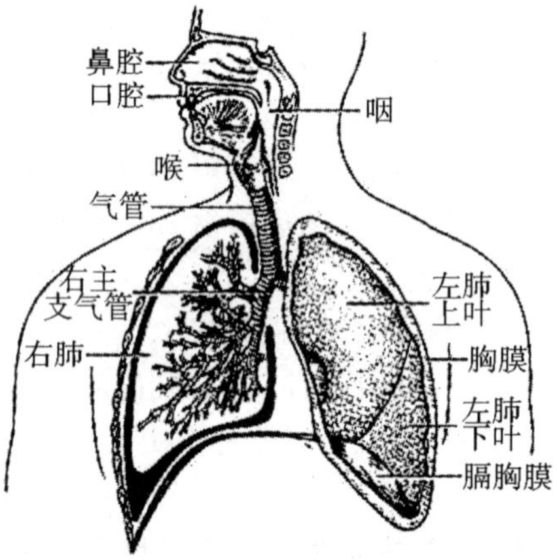

图 2－4 呼吸系统

(三)呼吸系统

呼吸系统(图 2－4)由肺和呼吸道组成。肺是人体与外界进行气体交换的器官,鼻、咽、喉、气管和支气管是气体的通道。一般称气管、支气管为下呼吸道,鼻、咽、喉为上呼吸道。呼吸道的特点是具有软骨支架,黏膜上皮具有纤毛,以保证气流畅通和排除尘埃或异物。

肺脏位于胸腔内,纵膈的两侧,形似圆锥体,左右各一。肺脏外被以胸膜,胸膜的脏层和壁层之间形成密闭的胸膜腔,内含少量浆液,可减少呼吸时的摩擦。肺脏进行呼吸运动有赖于胸膜腔的负压状态。

肺实质是由反复分支的支气管树、肺泡和血管分支等组成。肺先分成肺叶(右肺分为上叶、中叶和下叶,左肺分为上、下两叶),再分成肺段,直至呼吸性细支气管以下才属于肺的呼吸部分。肺泡中的氧与血液中的二氧化碳,可透过肺泡上皮和血管内皮进行气体交换,气体交换的部位在肺泡外表面的毛细血管。

(四)消化系统

消化系统(图2-5)包括消化管和消化腺两部分。消化管起自口腔,延续为咽、食管,穿膈入腹腔膨大为胃,再向下延续为小肠,经大肠入盆腔,终于肛门。消化腺包括三对唾液腺、肝、胰,以及消化管壁上的无数小腺体。消化系统的功能是摄食、消化、吸收和排便。

1. 肝

肝是人体内最大的消化腺,是体内物质代谢和解毒的重要器官。肝脏大部分居右侧肋部和腹上部,成人肝下缘一般不超过右侧肋弓。胆囊位于肝下面的胆囊窝内。

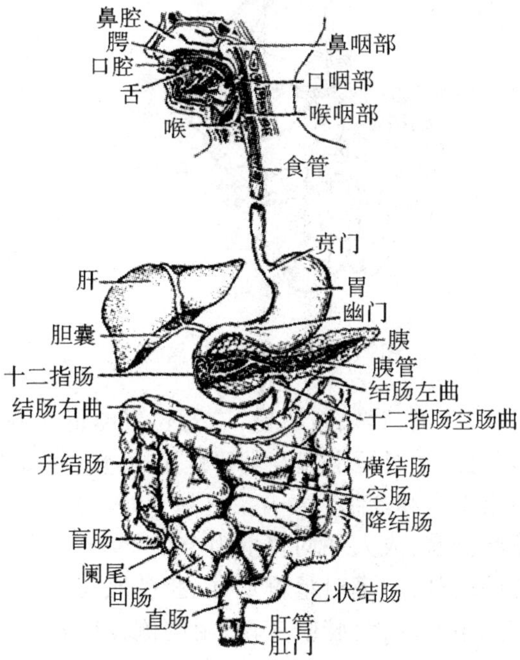

图2-5 消化系统

肝脏是实质性器官。由肝细胞和一系列管道(门静脉、肝动脉、肝管和肝静脉在肝内的分支)等构成。其中门静脉是肝的机能血管,使肝脏发挥代谢、解毒等作用;肝动脉是肝的营养血管,供给肝细胞养分。两者一再分支直至肝血窦(扩大了的毛细血管),然后合成三条肝静脉出肝。肝管在肝内的分支与门静脉、肝动脉相伴而行。肝管收纳由肝细胞分泌、进入胆小管的胆汁,出肝后合成肝总管,再与胆囊管汇合成胆总管,开口于十二指肠。胆囊呈梨形,可容纳胆汁40~60毫升,有浓缩胆汁的功能。

2. 胰腺

胰腺位于胃的后方,是人体内第二大消化腺。胰腺分头、体、尾三部,胰头被十二指肠环绕。胰腺兼有腺泡和导管组成的外分泌部以及由胰岛组成的内分泌部。外分泌部汇集成胰管,自胰尾沿胰长轴右行,开口于十二指肠。内分泌部的胰岛细胞有两种:α 细胞分泌胰高血糖素;β 细胞分泌胰岛素,胰岛素可使血中葡萄糖转化为肝糖贮存起来。

（五）泌尿系统

泌尿系统（图2－6）由肾、输尿管、膀胱和尿道组成。人体的代谢终产物如尿酸、尿素、无机盐及多余的水分，主要通过泌尿器官以尿的形式排出。

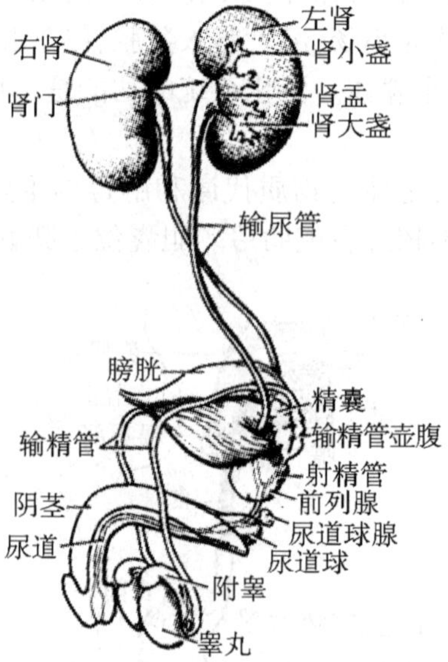

图2－6　泌尿系统（男性）

左、右肾位于腰部脊柱的两侧，紧贴腹后壁，右肾位置略低于左肾。肾是泌尿系统的重要器官，对于维持人体内环境的相对恒定起着重要作用。肾的主要功能包括：维持体内水分平衡；维持血液的碱性；排出毒素和药物。

膀胱是贮尿的肌性囊状器官，成人平均容量为300～500毫升，最大容量可达800毫升。成人的膀胱位于小骨盆腔的前部，空虚时呈锥形体，膀胱底膨大朝向后下方，膀胱尖细小朝向前上方。在膀胱底部有三角形区，为膀胱三角，由两侧输尿管口与尿道内口围成，是结石和肿瘤的好发部位。

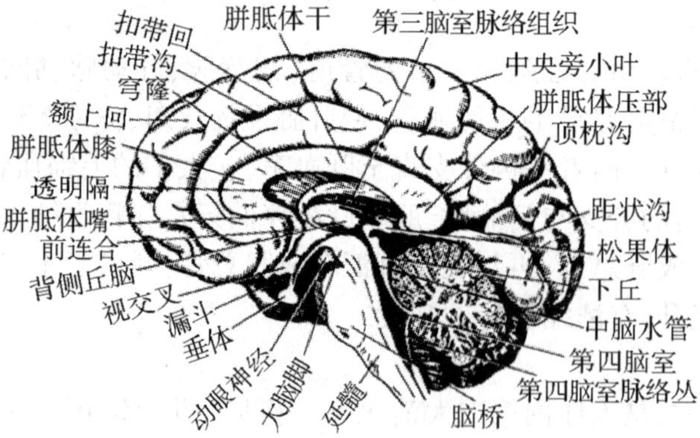

图2－7　脑矢状面

（六）神经系统

神经系统由脑（图2－7）和脊髓以及与其相连的脑神经和脊神经组成，是人体内起主导作用的系统。它一方面协调人体内部各器官、各系统的活动，使其成为一个完整的统一体；另一方面还调整人体，以与外界环境保持平衡。

神经系统按所在的位置和功能，分为中枢神经系统和周围神经系统。前者包括脑和脊髓，分别位于颅腔和椎管内；后者包括12对脑神经和31对脊神经。人脑由端脑(大脑)、间脑、小脑、中脑、脑桥和延髓六部分组成，其中延髓、脑桥和中脑合称脑干。

脑的动脉来自颈内动脉和椎动脉——基底动脉。脑的血液供应非常丰富，其血流量约占全身血流量的20%，耗氧量也占全身耗氧量的20% ~50%。脑对缺血、缺氧极为敏感，大脑皮质缺氧不到15秒，即可发生昏迷和抽搐，缺氧超过6~8分，会发生不可逆的变化。

脊髓占有椎管长度的2/3，成人约平齐第一腰椎下缘。脊髓的中央有一纵行小管，叫中央管，内含脑脊液，向上通第四脑室，中央管的周围是呈“H”形的灰质，灰质的外周是白质。脊髓具有重要的传导功能，并可完成许多简单的反射活动。

(七)生殖系统

生殖系统包括男性生殖器和女性殖器。男、女生殖系统不同，但基本由四部分组成，即生殖腺、生殖管道、附属腺体和外生殖器。前三者因其位于身体内部，又称内生殖器。生殖系统的主要功能是产生和输送生殖细胞，借以繁衍后代，延续种族；此外，还兼有分泌激素的功能。

1. 男性生殖器

男性内生殖器包括睾丸、输精管道(附睾、输精管、射精管和尿道)及附属腺(前列腺、精囊腺和尿道球腺)。睾丸产生的精子先贮存于附睾内，射精时在输精管道内与附属腺分泌的液体组成精液，排出体外。男性外生殖器包括阴囊和阴茎，阴茎具有排尿和排精的双重功能。

2. 女性生殖器

女性生殖器官包括卵巢、输卵管、子宫、阴道、外阴及乳房。正常情况下卵巢每月排卵时，成熟卵细胞(卵子)从卵巢表面排入腹膜腔中，一般一个月经周期(28天)只排一个卵子。卵巢主要分泌雌激素和孕酮，雌激素可刺激子宫、阴道和乳腺生长，以及维持女性第二性征；孕酮使子宫内膜增厚，为受孕卵的植入做准备，同时使乳腺发育以备授乳。

(八)内分泌系统

内分泌系统(图2-8)由内分泌腺和分布于其他器官的内分泌细胞组成，是机体的重要调节系统。内分泌系统由内分泌腺和分布于其他器官的内分泌细胞组成。内分泌腺是人体内一些无输出导管的腺体。内分泌细胞的分泌物称激素(hormone)，大多数内分泌细胞分泌的激素通过血液循环作用于远处的特定细胞，少部分内分泌细胞的分泌物可直接作用于邻近的细胞，称此为旁分泌(paracrine)。内分泌腺的结构特点是：腺细胞排列成索状、团状或围成泡状，不具备排送分泌物的导管，毛细血管丰富。

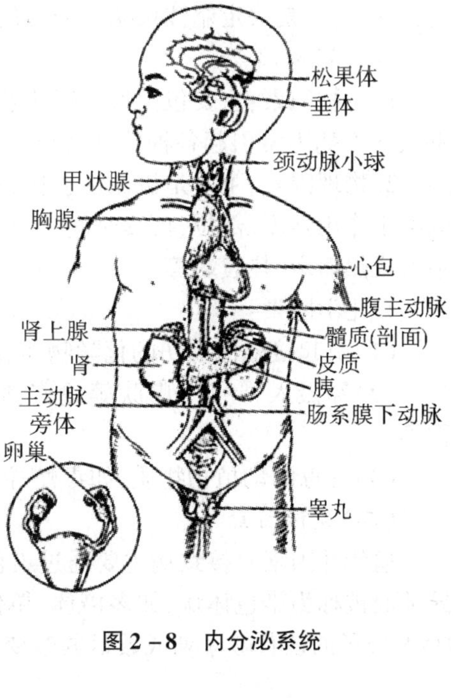

图2-8　内分泌系统

人体的内分泌器官或内分泌腺包括脑垂体、甲状腺、甲状旁腺、肾上腺，以及胰腺中的胰岛、性腺或生殖腺(卵巢内的卵泡和黄体、睾丸内的间质细胞)等。它们所分泌的激素对机体的代谢、生长、发育和生殖起着重要的调节作用。内分泌腺的机能活动与神经系统的机能活动互相调节,互相制约,共同组成神经体液调节系统。

第二节 人体的损害

一、疾病的概念

疾病是相对人类健康而言的,二者是生命过程中的对立统一。长期以来人类为了自身的健康,同疾病进行着不懈的斗争,对健康的理解日趋全面,对疾病的认识不断提高,过去人们认为“不生病”维持,生命保持躯体的完好就是健康。而现在则认识到健康不仅是躯体没有疾病和病痛,而且必须保持身体上、心理上和社会及环境适应上的完好状态。这是从生物医学模式向“生物—心理—社会—环境医学”模式的转变。

疾病是指在人体各种病因作用下,自稳调节发生紊乱,导致异常的生命过程。人体既可因体内生理功能、代谢和形态结构的异常改变,导致躯体性疾病,也可因思维、意识状态的异常,引发心因性疾病。很多时候,躯体疾病不仅表现为相应临床症状和体征的异常改变,也可伴随有相应精神症状。

比如由结核分枝杆菌感染所致的肺结核病,以慢性呼吸道症状和体征异常改变为主,有低热、盗汗、消瘦咳嗽、胸痛,X 光片可查出双侧肺叶上叶有病灶,或伴有空洞,干酪性病灶,慢性后期可为稳定的纤维钙化硬结病灶等躯体症状,同时也可伴随抑郁、焦虑等精神症状。本章主要阐述躯体疾病的病因、转归规律,而心因性疾病的相关内容将在本教材第 13 章中介绍。

二、躯体疾病的原因

躯体疾病发生的原因简称病因。它是作用机体并能引起疾病,使机体出现疾病特征的重要因素,也是决定躯体疾病特异性的重要原因。常见的有下列因素:

(一)环境因素

1. 生物因素:主要包括致病微生物(细菌、螺旋体、支原体)病毒(肝炎病毒)寄生虫(蛔虫),这类病因常引起各种传染性或感染性疾病。

2. 物理因素:主要是机械性创伤,高低温,电流和电辐射,气压等。它们的致病程度主要取决于作用强度、部位、持续时间,而很少和机体本身的反应性有直接关系。如高温可引起中暑或热痉挛、热衰竭等。

3. 化学因素:

(1)引起接触性损伤的化学物质,如强酸,强碱等。

(2)经摄入、呼吸、皮肤等途经进入体内引起人体中毒的化学毒物。如汞、砷、氰化物等。

(3)有毒的动植物物质,如毒蛇、河豚毒、钩吻、夹竹桃等。

(二)遗传因素

遗传性因素直接致病主要通过染色体异常和基因突变而引起作用。前者指染色体数目异常而被称为染色体病,如多倍体、单体、非整倍体和染色体结构畸变等。后者则指基因组 DNA 分子的核苷酸序列或数目的改变,包括基因缺失、点突变、插入和融合。染色体异常引起的疾病达数百种，如畸形、血友病、肿瘤等。

（三）体内因素

1. 营养物质的缺乏或过多：机体的正常生命活动需要有充足的，合理的营养物质来保障。如缺乏糖、脂肪和蛋白质时可引起营养不良，如摄入过多则引起肥胖，从而诱发或并发其他疾病。微量元素摄入过少也可引起疾病如铁含量不足时可引起贫血，碘摄入不足时会引起单纯性甲状腺肿大。

2. 免疫异常：正常的免疫功能对于机体防御疾病发生是有十分重要的作用，当机体的免疫系统对某些抗原刺激发生异常强烈的反应，就会导致组织的损伤和胜利功能障碍，引起变态反应。如个别人对药物青霉素过敏，对花粉食物过敏引起荨麻疹等。

3. 先天性因素：先天性不良因素是指那些有损害于正常胚胎发育的因素。如母体在妊娠早期受到病毒（风疹病毒、麻疹病毒）的影响，可使胎儿患先天性心脏病、无脑儿等。这种先天性性疾病是不会遗传的。但有的先天性疾病是可能遗传的如唇裂、多指（趾）、多囊肾、多囊肝、肺大泡等。

（四）精神、心理、社会因素

疾病本身是一种生物学现象，但是又与人们所处的社会环境、社会关系、社会活动息息相关。以心理社会因素为主要病因或诱因的一类躯体疾病称为心身疾病或心理、生理障碍。研究心身疾病的科学称为心身医学。近年来研究表明，心理社会可引起的躯体疾病占医院就诊病人中的1/3，心理性社会性因素公害病、交通事故、自杀、吸毒、吸烟、酗酒等直接危害人类的健康，正在以难以置信的速度增加。随着医学模式的转变，心身疾病已受到广泛的重视。

三、躯体疾病发病学的规律

躯体疾病发病学规律是指因不同的疾病在发生发展过程中共同存在的基本规律。这些规律是有下列特点：

（一）疾病过程中的损伤与抗损伤反应

损伤与抗损伤反应自始至终贯穿于疾病过程中，它们各自构成矛盾的两个方面，相互依赖，又相互斗争，推动疾病的发展和转归，成为疾病发展的基本动力。如果疾病过程中抗损伤反应占优势，有及时有意义的治疗，则疾病向有利肌体的方向发展，直到痊愈。反之损伤较重，抗损伤的各种措施不足以抗衡损伤反应，又未进行恰当的治疗，则病情恶化，出现创伤性或失血性休克甚至危及生命。

（二）疾病过程中的因果转化

因果转化是指疾病过程中，原始致病因素（因）作用于一定的损伤性变化（果）；在一定条件影响下这种损伤性变化又可作为发病原因引起另一些新的变化，即原始病因引起的后果，在一定条件下转化为另一些变化的原因。可见这种因果互相转化的规律在疾病的发生发展过程中起着推波助澜的作用，如不及时有效地加以阻断，就可形成恶性循环，使病情进一步恶化。

（三）疾病过程中局部与整体关系

任何疾病都有局部表现和全身反应，一方面局部的病变反应可通过神经——体液途径引起机体的整体反应。另一方面机体整体反应也可影响局部病变的发展。所以在疾病过程中局部与整体互相影响，互相制约。例如疖肿是局部的化脓性炎症，一般的进行局部的处理就可以治愈。当疖肿是糖尿病的局部表现时,单纯的局部治疗就不会有明显的效果,必须首先进行糖尿病治疗。总之,正确认识局部与整体的相互关系对疾病的诊断与治疗具有重要的意义,是值得注意的问题。

四、躯体疾病的转归

躯体疾病的转归是指疾病过程的发展趋向和结局,它主要取决于致病因素作用于机体后发生的损伤与抗损伤反应的力量对比和正确及时、有效的治疗。疾病的转归有:完全康复;不完全康复;伤残与死亡。

(一)完全康复(痊愈)

完全康复是指病因去除后,患病机体抗损伤反应,完全消失,机体功能和代谢障碍完全恢复正常,形态结构损害完全修复,临床症状和体征完全消退,机体的自稳调节恢复到正常状态的结果。在临床上,大多数疾病均可完全康复,有的传染病痊愈后还使机体获得特异的免疫力,如天花、麻疹等。

(二)不完全康复

不完全康复是指原始病因消除后,患病机体的损伤性变化得以控制,机体通过代偿性机制来维持相对正常的生命活动,但基本病理改变仍未完全恢复正常。不完全康复的后果,一方面为疾病的复发留下隐患;另一方面则留下某种不可修复的病变或后遗症,如肝炎后肝纤维化;皮肤损伤后留下斑痕;关节损伤后留下残疾等。因此不完全康复的人,实际上仍应作为病人对待,给予适当保护和照顾。

(三)残疾

临床上有多种疾病,虽然原发病因已去除,但留下组织器官的永久性的病理性改变,功能丧失,造成机体的残疾,使病人生活,工作和学习均不同程度的受到影响。如高血压病引起的偏瘫;喉癌病人引起发言障碍;脊髓灰质炎引起的下肢瘫痪等。

(四)死亡

死亡是生命活动的终止,也是生命的必然规律,作为疾病的转归,是疾病转归的最严重的后果。

人体的损害不仅仅对身体产生伤害,同时也涉及社会关系的调整和形成,从而推进社会司法体系的产生。遭受损伤,以及因损伤而导致的疾病,或者因其他过错、故意等行为而导致的伤害,均可获得相应赔偿,这已经成为现代生活中重要的观念之一。而法医学的最根本任务就是为这些与人体有关的调整各种社会关系的法律事务,提供可资参考的医学依据和证据。

【思考题】

1. 简述人体的基本形态。
2. 试分析疾病的转归与法医学鉴定的关系。

第三章　死亡与死后变化

第一节　死亡

一、死亡的概念

死亡(death)是生命活动的终止。呼吸、心跳和脑功能的停止是人体死亡的标志,按照呼吸、心跳和脑功能停止的先后顺序可分为呼吸性死亡、心脏性死亡和脑死亡。

(一)心脏性死亡(cardiac death)

在死亡过程中,心跳停止先于呼吸停止者称为心脏性死亡,是指源于心脏疾病或损伤而致心脏功能严重障碍引起的死亡,包括心外膜、心肌、心内膜、心冠状动脉系统和传导系统的各种病变、损伤以及心律失常等。人们传统的观念认为,个体死亡都是以心跳停止为标志的。只要心脏有跳动,即便跳得极其微弱,仍然认为人的生命还存在着。

(二)呼吸性死亡(respiratory death)

呼吸性死亡是指呼吸停止先于心跳停止的死亡,源于呼吸系统、尤其是肺部疾病或损伤而导致肺功能严重障碍所引起的死亡,也称肺脏性死亡(pulmonary death)。人体为维持其生命活动正常进行,需要由呼吸系统从外界吸入氧气,并将代谢所产生的二氧化碳排出体外。这一过程发生障碍,就会造成呼吸障碍,直至死亡。

呼吸性死亡的特征性病理生理改变是低氧血症、高碳酸血症、酸碱平衡紊乱、组织缺氧和酸中毒。

在法医学实践中,呼吸性死亡最主要的原因是肺或呼吸系统的严重损伤、疾病、机械性窒息、阻碍呼吸功能的毒物中毒、电击及所有能引起呼吸中枢、呼吸肌麻痹等因素。

(三)脑死亡(brain death)

1. 脑死亡的定义

脑死亡是指大脑、小脑和脑干等全脑功能不可逆转的永久性丧失。脑死亡可以分为原发性脑死亡(primary brain death)与继发性脑死亡(secondary brain death)。原发性脑死亡是由原发性脑组织病变或损伤引起的死亡。法医学鉴定常遇到的是因损伤所致的原发性脑死亡。继发性脑死亡是继发于心、肺等脑外器官的原发性病变或损伤所导致的脑死亡。在脑死亡尚未发生之前,如果机体其他器官的疾病或损伤未能或无法得到有效的治疗,则出现继发性脑死亡。

2. 脑死亡标准的发展

长期以来,人们一直把呼吸、心跳的停止作为判断死亡的标准。1951 年美国著名的布莱克法律辞典将死亡定义为:“血液循环的完全停止,呼吸、脉搏的停止。”20 世纪中叶以后,随着现代医学科学技术的发展,使得没有自主呼吸、心脏停止跳动的病人,可以通过仪器的帮助或是采用器官移植的方法,以植物人的状态生存下来,维持“生命”的延续。这就对传统的死亡概念提出了挑战。

1968 年,美国哈佛大学医学院死亡审查特别委员会对死亡的定义和标准提出新的概念,即“不可逆转的昏迷或脑死亡”。这一概念的提出使个体死亡的定义发生了重大的转变。1971 年,芬兰首先以国家法律形式规定脑死亡为人体死亡的标准,1981 年美国通过《脑死亡法》。目前,联合国 189 个成员国中已有 80 多个国家承认脑死亡的标准,全球发达国家几乎无一例外地确认了脑死亡或脑细胞完全死亡是判断人死亡的科学标准,也都通过了《脑死亡法》。我国至今仍一直沿用的是心脏性死亡标准,有关脑死亡的立法正在积极地讨论之中。

3. 脑死亡的诊断标准

根据脑死亡的定义,到目前为止,已经出现了不少于 30 种脑死亡诊断标准,但基本都包括下列指标:①持续深度昏迷(无自主运动,肌肉无张力;深浅反射消失);②有已知原因的不可逆脑损害(排除因低体温、药物、代谢或内分泌异常引起的深昏迷);③无自主呼吸,靠呼吸机维持呼吸;④所有脑干反射消失,包括瞳孔对光反射、角膜反射、头眼反射、眼前庭反射等;⑤经颅多普勒超声、脑血管造影和放射性核素检查,颅内血管的血流终止或逆向血流;⑥脑电图检查呈直线,即等电位脑电图,对任何刺激无反应;⑦体感诱发电位检查,引不出脑干波形。

在所有检查方法中,能证明脑循环停止是确诊脑死亡最可靠的依据。上述各试验在 24 小时后还需要重复一次,并且必须排除低温(32. 2℃以下)、中枢神经抑制剂如巴比妥酸盐中毒、代谢性神经肌肉阻滞剂中毒、休克及 5 岁以下的儿童等情况后,以上指标才有意义。

4. 脑死亡与植物状态

脑死亡与植物状态(persistent vegetative state)并非同一概念,性质上也有根本不同。所谓植物状态是指由于神经中枢的高级部位大脑皮质功能丧失,使病人呈意识障碍或昏迷状态,而皮质下中枢部位(皮质下核和脑干等)的功能仍然存在,此状态的病人仍有呼吸、循环、体温调节、消化吸收、分泌排泄、新陈代谢等功能。处于植物状态的病人只要护理得当,有可能长期生存。尤其值得重视的是,将重度脑损伤而处于持续植物状态的患者错误地当作脑死亡者而放弃抢救和治疗是不合法的。

二、死亡的过程

从生到死是一个逐渐演变的过程,而且个体之间死亡过程也长短不一,除少数暴力性损伤(如颈部断离、头颅被辗轧、高坠所致的全身多脏器破裂出血等)可立即或迅速造成死亡外,一般都有一个开始、经过和终止的过程。医学上将其分为濒死期、临床死亡期、生物学死亡期三个阶段。

(一)濒死期(agonal stage)

濒死期又称临终期(terminal stage),是临床死亡前主要生命器官功能极度衰弱,逐渐趋向停止的时期。濒死期临床表现主要有意识障碍乃至意识丧失,各种反射减弱或迟钝,呼吸减弱、肺活量明显减少，心跳减弱和血压下降，缺氧、无氧代谢增强、酸性产物堆积而出现酸中毒及电解质代谢障碍等。此阶段持续时间长短不一，根据身体健康的情况及死因不同，可从几秒钟到几小时，一般慢性病死亡者濒死期多较长，而严重颅脑损伤、心脏刺创及氰化物中毒等原因死亡者，则濒死期短暂或完全缺如，直接进入临床死亡期。

(二)临床死亡期(clinical death)

临床死亡期(clinical death)是临床上判断死亡的标准，它是指人的个体死亡(somatic death)，是与细胞性死亡相对而言的。按照传统的死亡概念是指呼吸、心跳停止。此时，包括脑的功能丧失、呼吸和心跳停止，但全身各器官组织的细胞并未全部死亡，有些还可存活相当长一段时间，随后细胞逐渐衰退直至全部死亡。

(三)生物学死亡期(biological death)

生物学死亡期是死亡过程的最后阶段，也称细胞性死亡(cellular death)。该过程是由临床死亡期发展而来，呼吸、循环以及脑、心、肺、肝、肾等脏器功能永久性丧失。细胞的死亡是细胞缺氧的结果，细胞的缺氧是肺呼吸和心跳停止所致，因身体各种组织对缺氧的耐受时间长短不一，所以各种细胞的死亡时间也有差异。如大脑皮质神经节细胞缺氧 5～6 分钟即可进入不可逆的死亡；大脑白质缺氧 7～8 分钟死亡，神经系统以外的组织细胞对缺氧的耐受时间更长一些，有的持续数小时，有的持续数天。有些对缺血、缺氧耐受性强的组织器官，如皮肤、黏膜、结缔组织等还有生命功能，并对刺激可发生反应，称为超生反应(supravital reaction)。超生反应对死后经过时间的判断及器官移植具有重要的意义。超生反应的存在表明人死亡后经过的时间不长，是生物学死亡期的早期。到生物学死亡期的晚期，全身所有的组织细胞相继死亡，超生反应消失，并开始出现尸冷、尸斑、尸僵等早期尸体现象。

三、死亡的确定

确定死亡是法医勘查命案现场时要解决的一个首要问题。如受害人已死亡，公安机关有权对尸体进行解剖。如受害人未死亡则应立即进行抢救，在抢救过程中即可询问有关情况。

在法医工作实践中有时会遇到假死的情况。假死是指人体生命功能处于极度微弱状态，从外表看似乎已经死亡，但如积极救治，能暂时地或长期地复苏，这种状态称为假死。处于假死状态的人容易被误认为已经死亡，因此，需要特别加以鉴别。假死者心跳、呼吸是存在的，只是十分微弱不易觉察，可做下列检查进行判断：

1. 呼吸检查

①用听诊器持续置胸前上部或喉头处，有微小气流亦能发现。②将镜面冷却后置于口鼻孔前，如镜面模糊，表明仍有微弱呼吸。③将纤细的绒毛放在口鼻孔前，观察有无被吹动。④将肥皂泡沫抹在鼻孔处观察。呼吸停止必须持续观察 2 分钟以上，如无自主呼吸才能诊断为临床死亡。

2. 心跳检查

①触摸脉搏或心尖部，检查有无搏动，或用听诊器检查有无心音。②心电图检查，显示心脏功能。③X 线检查，观察心脏活动情况。

3. 眼部检查

①用眼底镜检查视网膜血流情况。②用 1% 荧光素钠滴眼，结膜和巩膜当即黄染，如为假死 2～5 分钟后褪色，死亡者经 24 小时也不褪色。③压迫眼球使瞳孔变形，除去压迫后，

瞳孔立即恢复原形者为假死,反之为真死。

4. 对于脑死亡的确定可进行神经反射、脑电图、脑超声波等检查,以确定脑死亡是否发生。

四、死亡分类

法医学根据不同原因所引起的个体死亡,可分为暴力性死亡与非暴力性死亡两大类。

(一)暴力性死亡(violent death)

暴力性死亡是在法医学实践中最常见的一类死亡,也称非自然死亡(unnatural death)或非正常死亡(abnormal death),是由某一种或几种外来的作用因素导致的死亡。非自然死亡根据其死亡方式又可分为自杀、他杀、意外三种。造成暴力性死亡的原因较多,根据其性质可分为三大类:物理性、化学性和生物性,其中以物理和化学性因素引起的死亡为主,尤其是机械性损伤、机械性窒息以及毒物中毒引起的死亡最为多见。此外电击放射性物质所致的死亡也应注意。毒蛇咬人致死以及注射肾上腺素或胰岛素等手段故意杀人致死属生物或生物活性物质所致的暴力性死亡。

(二)非暴力性死亡(non-violent death)

又称自然死亡(nature death),指符合生命和疾病自然发展的规律,没有暴力因素干预时发生的死亡,理论上又可以分为生理性死亡和病理性死亡。

1. 生理性死亡(physiological death)也称衰老死,指由于机体自然衰老,体内各组织器官的生理功能逐渐减退直至衰竭,尤其是脑、心或肺功能的自然衰竭以致不能维持生命而导致的死亡。

实际上纯生理性死亡是极罕见的,随着年龄逐渐增大,全身各个器官的功能都逐渐衰退,抵抗力也逐渐减退,最后多由于某种疾病而死亡,绝大多数人在未达到衰老死之前就已经病死,因此生理性死亡是十分少见的。

2. 病理性死亡(pathological death)指由于各种疾病的发展、恶化而引起的个体死亡。大多数病死者在死亡前接受过一定的临床检查、诊断、治疗和预后估计,死亡经医生证明、解释,一般不会引起纠纷和诉讼。但有些疾病生前病症不明显而导致突然死亡,这类死亡常引起怀疑,需进行法医学鉴定。

安乐死(euthanasia)为既不是暴力死亡又不是自然死亡的特殊类型死亡。随着现代生命科学新成果的广泛应用,人类生命终结的新形式得以产生,使人在生已无望之时,无痛苦地、庄严地死亡。安乐死不仅涉及人的生命及权利,而且涉及人们不同的伦理、道德、宗教乃至哲学观念。“安乐死”一词源自希腊文“euthanasia”,原意为无痛苦死亡、尊严地死亡,中文直译为“安乐死”,在西方有时也译为“无痛苦致死术”。关于安乐死这一概念,其定义比较多,大多学者都倾向于这样一种看法:“患不治之症的病人在危重濒临死亡之状态时,由于精神和躯体的极端痛苦,在病人或亲友的要求下,经过医生认可,用人为的方法使病人在无痛苦状态下度过死亡阶段而终结生命全过程。”可见,安乐死是医生为了减轻濒临死亡病人的痛苦在相关授权下对死亡过程进行的控制和调节。实质上,它所解决的矛盾是“痛苦地或是安乐地死”,而不是“生或是死”的问题;实现的是从“痛苦”向“安乐”的转化,而不是单纯从“生”向“死”的转化。目前,从一般意义上来说,对安乐死最常见的伦理分类就是根据医务人员对濒临死亡的病人的行为不同,分为两大类:主动安乐死与被动安乐死。主动安乐死又称为“积极安乐死”,是医务人员或其他人在无法挽救病人生命的情况下,采取措施(如肌肉注射针剂等)，主动结束病人的生命或加速病人的死亡过程。被动安乐死又称为“消极安乐死”，是在任何医疗措施对某些晚期疾病无能为力的时候，终止维持病人生命的一切治疗措施，任由病人自行死亡。各国的法学界、宗教界、社会学界、医学界及法医学界对安乐死皆有不同看法和分歧意见。目前我国尚无相应立法。1976 年，日本东京召开的国际安乐死讨论会，在宣言中强调应尊重人生的意义和庄严的死。美国加利福尼亚州率先通过《自然死法》，承认死的权利。2001 年 4 月 10 日，荷兰上院通过了“安乐死”的法案;2002 年 11 月 28 日，荷兰下院正式表决通过了该法案，使荷兰成为全球唯一一个安乐死合法化的国家。这项法律规定安乐死可以成为一种帮助患者解脱痛苦的手段。医生需要在三种情况下才能为病人进行安乐死:①病人患有不治之症;②承受不能忍受的疼痛及折磨;③病人在清醒状态及完全同意之下才能接受安乐死。而且荷兰医生并没有决定安乐死的权利，他们必须严格按照法律程序办事。同时，实施安乐死的医生，必须征询另一名负责医生的意见，否则将受到起诉，如果医生没有遵循这个条件，最高可被判刑 12 年。

五、死亡原因

死亡原因(cause of death)是指直接或间接引起死亡的损伤或疾病，简称死因，为导致死亡发生的暴力、疾病或衰老等因素。无论是法医学还是临床医学，都必须进行死因分析。对于临床医学来说，对病例进行死因分析，可以反思在诊断、治疗过程中的经验和存在的问题，从而提高诊疗水平;对法医学来说，死因分析有助于判明案件性质。

人的死因有时简单明确，有时却很复杂，所以要经过详细的法医学检查，并加以综合分析，分清原因的主次及相互关系，这一过程被称为死因分析。死因分析是法医病理学鉴定的核心，关系到当事人(死者或嫌疑人)的名誉，涉及有罪与无罪或承担的责任大小。因此必须在认真检查、掌握大量资料的基础上，分析论证，得出正确的死因分析结论，为有关案件(包括民事案件的调查与处理，刑事案件的侦查与审理)提供科学证据。

1. 根本死因

根本死因(primary cause of death)就是引起死亡的初始原因，是指引起死亡的原发性自然性疾病或暴力性损伤。“原发性”限制是这个定义的关键，许多疾病或病变仅仅是某一疾病或外伤的直接结果时，就不宜作为根本死因。在自然性疾病致死案例中，其主要死因与主要疾病一致，如冠心病心肌梗死致死，动脉粥样硬化脑动脉突发破裂出血致死，心脏动脉瘤破裂急性心包填塞致死等。在暴力性死亡中如机械性损伤致心脏破裂或崩裂性颅骨骨折等，也可以通过某种机制或损伤后继发性病症而致死，如扼颈可立即因窒息而死，也可当时不死而引起喉头水肿或继发肺水肿、肺炎而死，则扼颈为根本死因。

2. 直接死因

直接死因(direct cause of death)是指直接引起死亡的原因。如果根本死因不经过中间环节直接引起死亡，它既是根本死因，又是直接死因。如果根本死因没有立即引起死亡，而由它的继发病或并发症等致死，此时的继发病或并发症为直接死因。在法医学中常见的直接死因有感染、出血、栓塞、中毒、全身衰竭等。

3. 辅助死因

辅助死因(contributory cause of death)是根本死因之外的自然性疾病或损伤，它们本身不会致命，但在死亡过程中起到辅助作用。例如，严重脂肪肝患者因酒精中毒死亡，则酒精中毒为根本死因，脂肪肝则为辅助死因。巨大主动脉瘤患者被人拳击后动脉瘤破裂死亡，动脉瘤是根本死因而拳击是辅助死因。

4. 诱因

诱因(inducing cause of death)即诱发身体原有潜在疾病恶化而引起死亡的因素,包括各种精神情绪因素、劳累过度、性交、吸烟、外伤、大量饮酒、过度饱食、饥饿、气温骤降等。这些因素对健康人一般不会致命,但对某些重要器官有潜在性病变的人,却能诱发疾病恶化而引起死亡。

5. 联合死因

联合死因(combined cause of death)又称合并死因,是两种或两种以上难以区分主次的死因,在同一案例中联合在一起引起死亡而共同构成死因。其中包括:疾病与疾病联合致死;疾病与暴力联合致死;暴力与暴力联合致死。

六、死亡机制

死亡发生的速度不同,法医在实际工作中所遇见的死亡通常较快,有的时候甚至表现为即时死亡。死亡速度的快慢与死因及死亡机制有关。死亡机制(mechanism of death)是指由损伤或疾病引起的、最终导致死亡的病理生理过程,是各种不同的死因通向死亡终点的几条共同通道。常见的死亡机制有心脏停搏、心室纤颤、反射性心脏抑制、严重代谢性酸中毒或碱中毒、呼吸抑制或麻痹、心肺功能衰竭、肝肾功能衰竭、延髓生命中枢麻痹等。所有这些机制最后都会导致心、肺、脑活动停止而死亡。

(一)即时死及其常见死亡机制

损伤或疾病发生后数秒到一分钟之内发生的死亡称为即时死(instantaneous death),在法医学实践中十分常见,它的发生机制是整个机体的毁坏、全脑和/或心脏功能的立即不可逆终止等。

1. 整个机体的毁损

如爆炸、交通事故所致的肢体离断或挫碎,坠入熔化的钢水中等。

2. 全脑或心脏组织结构的严重破坏导致的功能立即丧失

如颅脑崩裂、断颈、心脏破裂、心脏与大血管离断等。

3. 脑干功能的急性麻痹或重度抑制

常见于:①重度脑震荡;②吸入大量的高浓度剧毒气体(如氰化氢、一氧化碳、二氧化碳等);③处于雷击中心或电击时强电流通过颅脑等。

4. 反射性心跳骤停或心室纤颤

常见于:①冠心病急性发作时因心肌缺血所诱发的心室纤颤;②压迫颈动脉窦,直接刺激迷走神经及其分支;③重度心脏震荡;④电击时强电流通过心脏等。

(二)急性死亡及其常见死亡机制

急性死亡(sudden death)指损伤或疾病发作后几小时到24小时内发生的死亡,其机制主要是心、肺或脑功能的急性衰竭。其中,因疾病而发生的急性死亡习惯上称为猝死。

1. 急性心力衰竭

该情况最为常见。心输出量急骤减少,机体来不及发挥代偿作用,多伴有心源性休克。表现为很快发生意识障碍,心节律严重紊乱,因急性肺水肿,口鼻可有泡沫性液体流出。除常见于心脏和进出心脏的大血管的严重损伤外,还可由各种严重的心脏疾病引起,如冠状动脉粥样硬化性心脏病伴有大片急性心肌梗死或心脏破裂、重度心肌炎、心肌病、二尖瓣脱垂、重症心瓣膜病等。

2. 中枢神经系统功能障碍

常见于中枢神经系统损伤或疾病，以及它们的急性并发症。如外伤性或病理性脑内大量出血、急性硬脑膜外或下血肿、重度蛛网膜下腔出血、颅内高压继发的脑疝、脑脊液循环的急性障碍、暴发性脑炎或脑膜炎等，最终都可导致脑干功能障碍致死。

3. 急性循环衰竭

如创伤性休克、急性失血或失液性休克、过敏性休克、感染中毒性休克等。

4. 急性呼吸衰竭

常见于各种机械性窒息、病理性或中毒性窒息等。

5. 重度日射病、热射病引起的中枢神经系统急性功能障碍和心脏节律紊乱；低温引起的心脏传导阻滞伴发心室纤颤。

6. 可导致中枢神经系统、呼吸系统和心血管系统功能障碍的急性中毒，引起的相应器官功能衰竭。

（三）亚急性死亡及其常见死亡机制

亚急性死亡（sub-acute death）指损伤或疾病发生 24 小时后第 2 ~ 3 周内发生的死亡。常见于损伤的并（继）发症和呈亚急性病程的疾病或中毒。与法医学鉴定有关且较常见的如下：

1. 损伤引起器官的迟发性破裂出血

如亚急性硬脑膜下血肿压迫所引起的脑功能障碍，迟发性肝、脾破裂引起的急性失血性休克。

2. 外伤后继发感染

如化脓性脑膜炎或脑膜脑炎、支气管肺炎、化脓性胸膜炎或腹膜炎、败血症、脓毒血症、破伤风、气性坏疽等引起的中枢神经系统、呼吸系统或循环系统的功能衰竭。

3. 外伤后非感染性并发（继发）症

如挤压综合征导致急性肾功能衰竭及成人呼吸道窘迫综合症（ARDS）致急性呼吸功能衰竭，以及各类栓子导致的栓塞继而发生的急性呼吸功能衰竭或急性心功能衰竭、中枢神经系统功能障碍。

4. 因缺氧、中毒、损伤或某些疾病等引起体内水电解质紊乱、酸或碱中毒。

（四）慢性死亡及其常见死亡机制

慢性死亡（chronic death）指损伤或疾病发生 3 周以后发生的死亡，有的可能在几个月、几年甚至更长时间后才死亡，与法医学鉴定有关且较常见的情况如下：

1. 外伤性癫痫大发作

颅脑外伤后继发外伤性癫痫大发作可导致死于急性呼吸功能衰竭。其死亡发生虽快，但一般在伤后几个月甚至几年，才会出现癫痫症状。

2. 迟发性脑出血

颅脑外伤后当时无明显症状或体征，数周、数月甚或数年后却发生脑出血致死，常引起关于出血原因的争论。

3. 代谢紊乱性疾病

下丘脑、垂体的损伤或疾病引起的代谢紊乱性疾病（如尿崩症、糖尿病），死于多器官功能衰竭。

4. 心包腔或胸腔闭塞

心包炎或胸膜炎广泛粘连致心包腔或胸腔闭塞,引起呼吸或循环功能衰竭。

5. 水、电解质紊乱

外伤性胰腺炎、肝胆损伤、胃肠道狭窄或梗阻等引起水、电解质紊乱。

6. 职业中毒和多次小剂量投毒导致重要器官功能的逐渐衰竭。

上述分类是为了便于法医实际工作中进行死因及死亡机制分析时参考,有时死亡案件中其死亡机制可能有多种,因此分类与临床分类不尽相同。

七、死亡方式

暴力死如何得以实现,称为死亡方式(manner of death)。死亡方式的鉴定是法医病理学工作者的重要任务之一,是决定刑事侦查方向、司法审判定罪的重要依据,对民事调解、灾害赔偿同样也具有重要意义。

死亡方式通常有以下几种:

1. 自杀死(suicidal death)指蓄意地自己对自己施加暴力手段终止自身生命的死亡事件。

2. 他杀死(homicidal death)指用暴力手段剥夺他人生命的死亡事件。在法医工作实践又可分以下几种:

(1)非法他杀死(death from murder):即故意杀人,在法医学实践中较为常见。这种他杀触犯了法律的规定,属于非法剥夺他人生命,其行为人构成了故意杀人罪。

(2)合法他杀死(death from justifiable homicide):这是在法律允许范围内的他杀,比如按照法律规定对死刑犯执行死刑;有为了保护自己的生命而进行的正当防卫;也有在追捕持枪拒捕在逃罪犯的过程中,在罪犯危及执法人员生命时将其当场击毙。

(3)过失伤害死(manslaughter):这种杀人有一部分是意图对他人实施伤害行为,没有预谋杀人;另一部分则没有故意伤害的意图,而是由于过失原因或处置不当,最后在客观上造成了他人的死亡。在法医学实践中常见到的有家庭纠纷、斗殴、虐待老人或儿童,以及监狱内工作人员对犯人的伤害等导致的死亡。

3. 意外死(accidental death)指未曾预料到的、非故意的行为所造成的死亡。"意外"指的是没有预见到实施的行为在一般情况下会导致死亡。意外死主要有:①灾害死;②意外事件死;③自伤、自残致死等。

第二节　尸体现象

人体死亡后受物理、化学以及生物学等各种内外因素的作用而发生一系列的变化,称为死后变化(postmortem changes),亦称尸体现象(postmortem phenomena)。其发生和发展过程随温度、湿度、空气流通情况以及死者的体质、死亡原因等情况的不同而有所变化。按照死后经过时间的长短,将尸体现象分为早期尸体现象和晚期尸体现象。

一、早期尸体现象

早期尸体现象(early postmortem phenomena)通常是指人死后24小时以内尸体发生的变化,主要包括超生反应、肌肉松弛、皮革样化、角膜混浊、尸冷、尸斑、内脏器官血液坠积、尸僵、尸体痉挛、自溶和自家消化等。

(一)超生反应(supravital reaction)

生物个体死亡后,其器官、组织和细胞在短时间内仍保持某些活动功能或对外界刺激发生一定反应的能力被称为超生反应。

人和动物死亡后都有一定的超生反应,但不同的个体之间和各个器官组织之间的超生反应的持续时间和程度有别。其中,对刺激发生的这些超生反应只有在出现相应刺激的前提条件下才能发生,没有相应的刺激就不会出现超生反应。

1. 常见的超生反应和表现

(1)瞳孔反应:人死后约 4 小时内,瞳孔对注入结膜囊的药物如阿托品或伊色林有散瞳或缩瞳反应。

(2)断头后反应:头颅自颈部与躯干分离后约十余分钟内,可观察到眼球、口唇及下颌运动,躯干部痉挛,心肌收缩等反应。

(3)骨骼肌反应:人体死后刺激骨骼肌可使其收缩而形成肌隆起。一般在死后 2 小时内,几乎所有的骨骼肌均可发生。肌肉状态良好时死后 6 小时还可呈阳性反应。

(4)心肌收缩:人死后心肌的兴奋性可保持一定时间。剪开心包后,因受到冷空气或金属器械的刺激,心房肌可出现数秒钟的波纹状或蠕动样收缩,而左心室肌收缩的时间较长。如有的心脏移植手术切除的心脏在 20 分钟后仍可见左心室肌不规则地收缩。

(5)血管平滑肌收缩:人死后的血管平滑肌能对缩血管药物起收缩反应。

(6)肠蠕动:死后数小时仍可见到肠蠕动。有的甚至可因邻近肠段松弛扩张而发生肠套叠现象。

(7)发汗反应:死后约 30 分钟内,汗腺对阿托品及肾上腺素等药物仍可有发汗反应。

(8)纤毛运动:死后 10 小时(有时 30 小时)内,气管黏膜柱状上皮仍可观察到纤毛运动。

(9)精细胞活动:死后 30 小时(有时 70 小时,个别报道甚至达到 127 小时)内,精囊内的精细胞仍有活动能力。

(10)死后细胞分裂:人死后对缺血、缺氧的耐受性较强的细胞,如血管内皮细胞、神经胶质细胞和某些上皮细胞等尚可分裂增生。

2. 法医学意义

认识死后发生的超生反应,注意与活体的正常反应相鉴别。同时各器官组织的超生反应持续的时间有一定的差异性,据此可推测死亡时间。

(二)肌肉松弛(muscular flaccidity)

人死后肌张力消失,肢体呈软瘫状,称为肌肉松弛。肌肉松弛是最早出现的尸体现象,它几乎与死亡同时甚至在濒死期就会发生,待尸僵发生后(死后 1~2 小时)即自行消失。

1. 肌肉松弛的表现

尸体发生肌肉松弛后呈弛缓状态。表现为瞳孔散大、眼微睁、口微开,面部表情消失、沟纹变浅、肢体变软、括约肌松弛使大小便和精液外溢等。

2. 法医学意义

发生肌肉松弛的尸体因皮肤和肌肉失去肌张力,在受压部位可形成与接触物体表面形态特征相吻合的压痕。这对帮助推测死后有无移尸和判断尸体死后停放的姿势等具有重要的意义。

(三)皮革样化(parchment-like transformation)

尸表皮肤较薄的局部或因表皮破损导致水分迅速蒸发,干燥变硬,而呈蜡黄色、黄褐色或深褐色的羊皮纸样的变化称为皮革样化,也称局部干燥(local desiccation)。

1. 常见部位

(1)口唇、阴囊、大小阴唇等皮肤较薄的部位(图 3 - 1)。

(2)皮肤皱褶处,如婴幼儿颈项部的皮肤皱褶处。

(3)表皮剥脱区、索沟、烫伤面等损伤处(图 3 - 2)。

发生于巩膜的局部干燥使巩膜下方的脉络膜色素透出,在球结膜上可形成圆形、椭圆形或三角形的黑色斑块,又称巩膜黑斑(图 3 - 3)

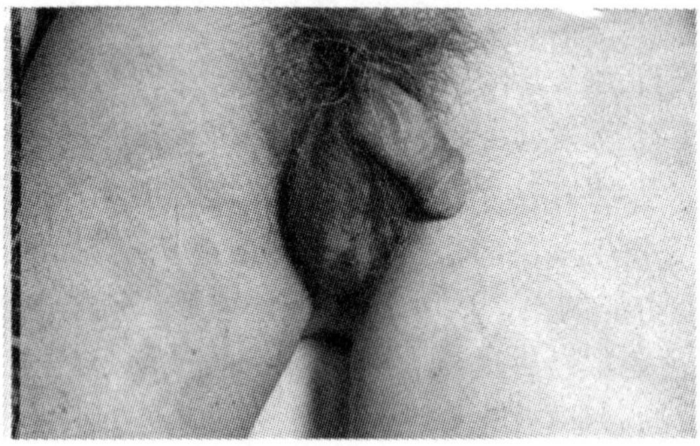

图 3 - 1 阴囊皮革样化

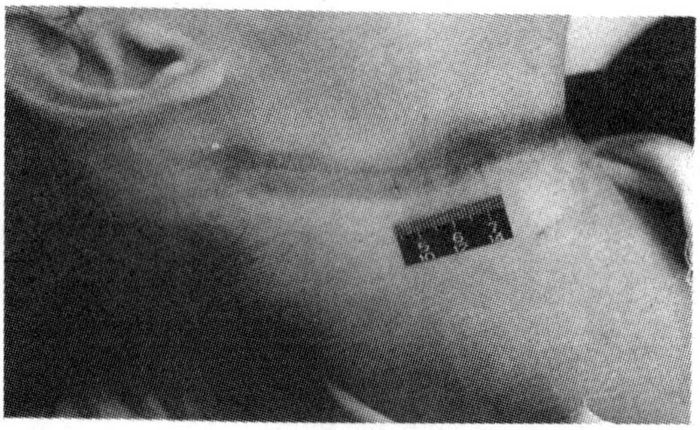

图 3 - 2 索沟处皮革样化

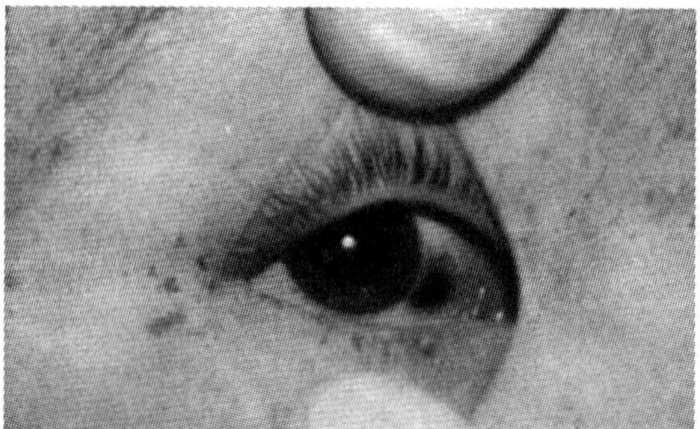

图 3 - 3 巩膜黑斑

2. 影响因素

在空气干燥、温度较高、空气流动较快的条件下，容易形成皮革样化；反之，在空气湿润、温度较低的情况下皮革样化发生较慢。此外，皮革样化还受发生部位的影响，皮肤较薄弱的部位容易发生皮革样化。

3. 法医学意义

(1)皮革样化可使损伤更明显。有的生前损伤在损伤当时或损伤后短时间内形态变化不易被观察到，若在数小时后发生局部干燥、变硬、颜色加深等变化，则易于检见。

(2)皮革样化可保留某些损伤的形态。如机械性窒息死者颈部的绳索花纹，指甲的半月形或类似于半月形的抓痕。

(3)有时皮革样化的数目、分布及形态特征，有助于推测案件的性质和作案人的意图。如强奸案被害人大腿内侧因抓伤而形成特征性的皮革样化。

(4)可帮助推测生前擦伤与死后擦伤。生前擦伤由于容易伤及小血管，皮革样化局部颜色较深，后者颜色较浅。

(四)角膜混浊(postmortem turbidity of cornea)

角膜的透明度减低，直至完全不能透视瞳孔，呈灰白色样外观，称角膜混浊。

1. 影响因素

角膜混浊的形成及其程度主要与粘多糖和水的含量有关，亦与角膜的 pH 值、离子含量和蛋白质的变化等有关。

2. 形态学变化

混浊的角膜外观呈水肿状、灰白色、明显增厚，表面有小皱褶。镜检可见表面鳞状上皮细胞层厚薄不均，有的还会脱落。

3. 法医学意义

角膜混浊的程度可作为推断死亡时间的参考。死后 5 ~ 6 小时，角膜上可出现白色小点；之后斑点逐渐扩大，至 10 ~ 12 小时发展成云片状，但尚可透视瞳孔，为轻度混浊；15 ~ 24 小时呈云雾状、半透明，仍隐约可见瞳孔，为中度混浊；到 48 小时以后或者更长时间，不能透视瞳孔，为高度混浊。可见角膜混浊对推测死亡时间具有重要的法医学意义。在寒冷的环境中，尸体存放 48 小时，角膜仍清晰透明。

(五)尸冷(algor mortis, cooling of the body)

人死后因新陈代谢的停止、无法产生热量，尸体原有热量不断散发，使尸温逐渐下降至环境温度，称为尸冷。

1. 影响因素

①周围环境温度；②空气流通的快慢；③尸体衣着和盖被的情况；④尸体胖瘦；⑤死者年龄和死前状况。

法医实践中常用的是直肠温度测量法。一般在春秋季节，位于室内的尸体经过 3 ~ 4 小时后，手、颜面等裸露部位的尸温与环境一致。经 24 小时，直肠尸温与环境温度大致平衡。体格中等的成年人尸体(体重 65 ~ 70kg)，在春秋季节(16 ~ 18℃)，则尸温每小时平均下降 1℃左右。夏季尸温下降慢，平均每小时下降 0.5℃，如果气温超过 40℃，尸冷不发生。而在严寒季节，通风良好，则尸温下降迅速。处于冰雪环境中的尸体，约经 1 小时可完全冷却。

2. 法医学意义

尸冷是帮助推断早期死亡时间的重要指标之一。从直肠内测定尸温，死后最初 2 ~ 3 小时尸温下降缓慢,以后呈较明显的曲线下降,至尸温接近环境温度时,下降又逐渐变缓。有学者认为,在死后18小时内,尸冷是推断死亡时间最为可靠的尸体现象。晚期由于腐败的作用,内脏温度反而会上升。

(六)尸斑(livor mortis)

尸体血液因重力而坠积于低下部位未受压迫的皮肤血管内,并在该处皮肤呈现出有色斑痕(多为暗红色)称为尸斑。另外与尸斑形成机制相同的还有死后内部器官血液因自身重力坠积于器官低下部位的血管内,称为内脏器官血液坠积(visceral hypostasis)。

1. 形成机制

人体死亡后血液循环停止,血液因重力作用顺着血管流向尸体的低下部位的血管网内,并使之扩张,红细胞沉积于低下部位而形成尸斑。

2. 尸斑的发展

尸斑常自死后1~2小时开始出现,也有的早在死后半小时或迟至6~8小时才开始出现。根据尸斑的发生发展过程和形态特征大致分为坠积期尸斑、扩散期尸斑、浸润期尸斑,三期间无明显的分界,它们之间为一连续过程。

(1)坠积期尸斑:一般指开始出现至死后12小时以内的尸斑。尸斑开始时呈分散的小块或条纹状,经3~6小时融合成片状,逐步扩大,颜色加深呈暗紫红色,周围边界模糊不清。此期尸斑的特点是因下坠的血液局限于血管内,用手指按压尸斑(以按压的手指指甲变色为度)可以暂时褪色(图3-4)。此时若翻转尸体,改变原来的体位或姿势,经过一定的时间,原有的尸斑将逐渐消退,甚至完全消失,而在尸体新体位的低下未受压部位可出现新尸斑,一般在死后4~5小时容易转移。死后8小时以上的尸体若改变体位,则在新的低下部位可形成新的尸斑,而原尸斑不会消失,称为双侧性尸斑。在尸斑坠积期,若切开尸斑处的皮肤,血液可从血管断端流出,易被纱布擦去。

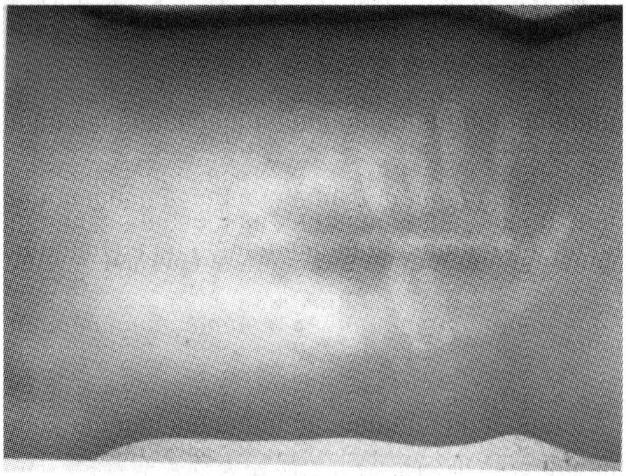

图3-4 坠积期尸斑

(2)扩散期尸斑:一般指死后12~24小时的尸斑。此期尸斑中血管周围的组织液渗透入血管内促进红细胞膜破裂,血浆被血红蛋白染色并被稀释后,又向血管外渗出。尸斑的颜色进一步加深、范围扩大,呈暗红色大片状。用手指按压仅稍微褪色;切开尸斑部位组织可有淡红色血水样液体流出,组织被染色,不能被擦掉。改变尸体的体位后,原有尸斑不会消失,新的低下部位还可形成尸斑,但颜色较浅。

(3)浸润期尸斑:一般为死亡24小时以后的尸斑。被血红蛋白染色的液体不仅渗入组织间隙,而且浸染组织细胞,使之着色,指压不褪色;此时切开尸斑皮肤和皮下组织,切面组织呈暗紫红色,无血液滴出,称为浸润期。此期尸斑完全固定,无论直接按压还是改变体位,原尸斑不再褪色或消失,也不能形成新尸斑。

3. 尸斑的分布

尸斑出现于尸体低下部位的未受压处,呈现的部位依尸体姿势而异。仰卧位时,尸斑见于尸体的背、腰、臀、枕、项部、四肢背侧;俯卧位时,可见于颜面、胸腹、四肢的腹侧面;尸体呈悬位时(如缢死尸体),则尸斑见于双下肢、双手和前臂等。

4. 尸斑的颜色

主要取决于血红蛋白及其衍生物的颜色。正常人血中含氧合血红蛋白而呈鲜红色。人死后血中氧合血红蛋白转变成还原血红蛋白,而呈暗红色。此外,尸斑的颜色还受种族、死因、死亡时间和环境温度等多种因素的影响。

氰化物中毒的尸体,由于血中形成氰化血红蛋白,尸斑也可呈鲜红色。一氧化碳中毒的尸体,因血液中有碳氧血红蛋白,尸斑呈较特殊的樱红色。氯酸钾、亚硝酸盐等中毒死者,因形成正铁血红蛋白,所以尸斑呈灰褐色。

5. 尸斑的影响因素

(1)尸体内在因素:包括种族、死因、死亡时间和临死时的姿势等,主要与死因关系密切。如急性大失血、贫血、多器官功能衰竭或恶病质等死者,尸斑出现晚、程度轻,多呈淡红色或浅淡红色;而猝死、急性中毒和机械性窒息的尸体,因死后血液不凝固,呈暗红色流动性,易于沉积,故尸斑出现早、程度重。

(2)外界环境因素:体表有物体压迫时,因接触处皮肤的毛细血管内的血液被挤压到别处,无血液坠积,如仰卧位尸体的背部和臀部等受压部位常呈苍白色而不见尸斑。水中尸体由于水压作用、水流翻动尸体体位不固定,以及受冷水的刺激,体表毛细血管收缩,则尸斑浅淡。

6. 尸斑与皮下出血的鉴别

尸体现象中最需要与生前损伤或病变鉴别的是尸斑与皮下出血的鉴别(详见表3-1)。

表3-1 尸斑与皮下出血的鉴别

项目	尸斑	皮下出血(挫伤)
形成	死后血液坠积而成	生前外伤所致
部位	尸体低下部位未受压处	体表的任何部位
范围	广泛,境界不清	局限,境界清楚
颜色	主要与死因、环境温度和死后经过时间有关,可提示冻死和某种中毒等死因	与受伤时间和出血程度有关,颜色有一定的变化规律
表面情况	一般无损伤,呈大片状分布;受压处不出现尸斑,可反映所压迫物体的形状	局部肿胀,常伴表皮剥脱;多为片状,有时能反映致伤物的形状
指压变化	早期指压褪色,晚期指压不褪色	指压不褪色
体位改变	早期可消失、并出现新尸斑,晚期无变化	翻动尸体后无变化

续表

项目	尸斑	皮下出血(挫伤)
局部切开	组织内无凝血、出血;早期尸斑血管内有血液流出,用纱布易擦去;扩散期尸斑组织间隙中有浅黄色或淡红色液体滴出	局部组织内有凝血、出血,水冲、纱布擦抹不能除去
镜下所见	早期尸斑,毛细血管和小静脉扩张,充满红细胞;晚期尸斑,血管内皮细胞肿胀脱落,管腔内充满均质红染液体、溶血的红细胞	血管周围有大量红细胞,出血处有纤维蛋白网形成;血管不扩张,管腔内红细胞较少

7. 法医学意义

(1)尸斑的出现可确证死亡。

(2)根据尸斑的发展阶段,可大致推断死亡时间。

(3)尸斑的颜色可提示某些死亡原因。

(4)根据尸斑的位置或分布情况,可判断死亡时的体位姿势及死后尸体是否被翻动。

(5)尸斑能提示停尸环境对尸体的影响,如停尸物体接触面的表面形状等。

(6)尸斑最易与生前皮下出血相混淆,故应注意鉴别。

(七)内脏器官血液坠积(visceral hypostasis)

人死后,内脏器官的血液因自身重力而坠积于这些器官的低下部位的血管内,称为内脏器官血液坠积。在血管内红细胞沉积的同时,发生小血管的被动扩张,这与活体所患炎症时的充血明显不同。

死后血液坠积不仅发生于体表,形成尸斑,同时也发生于尸体的内脏器官,使这些器官内的血量分布不均,上部少而下部多,应当注意勿与生前病变相混淆。

1. 各器官的血液坠积

(1)颅脑:仰卧位的尸体枕部头皮下因血液坠积可致血液积聚,易被误认为钝器伤所致。开颅时可见上矢状窦和横窦的后方充满血液或凝血块。大脑枕叶、顶叶后部、小脑等处软脑膜血管的血液坠积明显,该处的脑实质血管内血液的含量多于其他部位的脑组织。

(2)肺:肺的血液坠积最为明显。仰卧位尸体,靠胸前的肺组织因含血和水分少,呈浅灰色;而靠脊柱的背侧肺组织由于血液坠积则呈暗红色,与肺淤血的改变相似。

(3)心:膈面和侧面的心外膜下静脉扩张充满血液,该处心外膜原有的出血点可因血液坠积而扩大。

(4)胃:胃后壁和胃大弯处的黏膜下血管扩张,树枝状分支更明显,呈暗红色。

(5)肠:小肠的血液坠积多见于各肠曲的下垂部,呈节段性分布,有时易被误认为是出血坏死。

2. 法医学意义

内脏器官的血液坠积,有时容易与生前病变相混淆,特别是肺脏的血液坠积,应注意鉴别。尸检取材和阅读病理切片时必须考虑到血液坠积的影响。

(八)尸僵(rigor mortis,cadaveric rigidity)

人死后各肌群发生僵硬将关节固定而使尸体呈强直状态,称为尸僵(图3-5)。

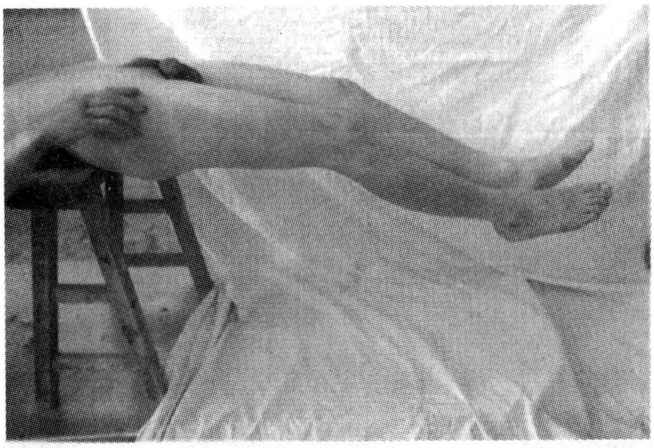

图 3－5　尸僵

1. 发生和缓解的时间

尸僵一般自死后 1～3 小时开始（个别可早在 10 多分钟，晚至 10 多个小时才形成尸僵），先在一些小肌群出现；4～6 小时发展到全身，12～15 小时达到高峰，全身关节僵硬（图 3－5）；到 24～48 小时开始缓解，3～7 天完全缓解。在尸僵的发展过程中，约在死后 4～6 小时内，如人为地将已形成的尸僵破坏，很快又可重新发生，这种现象称为再僵直（re-stiffness）。

2. 尸僵发生的顺序

尸僵发生的顺序与肌群的大小有关，小肌群出现早、大肌群出现较迟。一般分为上行型和下行型两种，尸僵缓解和消失的顺序常与发生的顺序相同。

（1）上行型：尸僵从下肢开始，逐渐向上发展至头面部。

（2）下行型：尸僵自下颌和颈部关节周围的小肌群开始，逐渐向下扩展到全身。

3. 影响尸僵的因素

（1）个体因素：可因年龄、体形和死亡而异。身体健康、肌肉发达者，因肌肉中的糖原、ATP 和磷酸肌酸贮量较多，尸僵出现迟，程度较强，缓解慢。婴幼儿、老人、体弱者的尸僵发生快，强度弱，持续时间短。

（2）死亡原因：外伤和疾病引起的急性死亡者，因肌肉中 ATP 等能量丰富，故尸僵发生迟、程度强。慢性消耗性疾病的死者，尸僵发生早而弱；窒息、失血和砷、汞等中毒的死者，因缺血缺氧、ATP 含量较少，尸僵发生也较迟缓。

（3）环境因素：气温高，尸僵发生早、缓解快；温度低，尸僵出现迟、持续久；冬季尸僵可持续 72 小时或更久；而夏季仅 36～48 小时即可完全缓解。

4. 尸僵发生的机制

首先，关于尸僵发生的机制有众多学说，多数人认为尸僵与死者肌肉内 ATP 的消耗密切相关。活体内肌肉的弹性和收缩性要有足够量的 ATP 提供能量来维持。人死后不能合成新的 ATP，但其 ATP 含量由于细胞超生反应逐渐消耗，当 ATP 下降至正常含量 1/4 时，肌原纤维内肌动球蛋白的分离停止，使肌肉保持僵直凝固状态，形成僵硬的肌动球蛋白凝胶，导致肌肉呈轻度的收缩状态而形成尸僵。

其次，还有乳酸学说（人死后肌肉中的糖原可继续分解产生大量乳酸，使肌纤维中的蛋白质凝固,形成尸僵);神经学说;Ca^{2+}、Mg^{2+}离子学说等。

5. 法医学意义

(1)尸僵可以确证死亡。

(2)尸僵出现的时间、顺序、范围和强度可帮助推测死亡时间和原因。

(3)根据尸僵固定下来的尸体姿势,有助于分析死亡时的状态和尸体有无被移动,有助于判断自杀或他杀。

(九)尸体痉挛(cadaveric spasm, instantaneous rigor)

尸体痉挛是一种特殊的尸僵现象。将死亡发生时刻的姿势和动作(未经松弛阶段)固定下来,直接进入尸体僵硬状态,称为尸体痉挛(图 3-6)。

图 3-6　卧轨自杀死者双手反扣钢轨形成尸体痉挛

1. 发生机制

死前有剧烈的肌肉运动或精神处于高度兴奋或紧张状态,是发生尸体痉挛的重要条件和诱因。尸体痉挛一般是局部的,如溺死者手中紧抓水草或其他异物。其发生速度快、持续时间长,可保持到尸体开始腐败才缓解。

2. 法医学意义

由于尸体痉挛可保持死者生前在死亡瞬间的姿态和动作,对判断、推测自杀或他杀极有价值。如持枪自杀者死后紧握手枪或溺死者死后紧握水草等。

(十)自溶和自家消化(autolysis and autodigestion)

人死后组织、细胞受细胞自身固有的各种酶的作用而发生结构破坏,使组织软化甚至液化,称为自溶。另外,人死后胃、肠壁组织因腔内消化液的直接作用而溶解液化称为自家消化。

1. 自溶的机制

正常的活体组织、细胞具有完善的膜系统作为保护屏障,使其不受自身固有的各种酶的作用。死后组织细胞失去生活功能,胞浆中的溶酶体膜破裂,释放出所含的各种酶类,如组织蛋白水解酶等,产生强烈的水解作用,使组织和细胞中的蛋白质和核酸等高分子化合物以及糖蛋白、糖脂等复合物逐渐降解,组织细胞的形态被破坏,直至完全溶解液化。

2. 自溶的形态变化

自溶的形态变化因不同的器官组织以及自溶的程度而异。一般肉眼观察可见自溶的内脏器官组织变软、失去正常光泽；切面上组织结构不清。光镜下组织结构模糊、细胞肿胀、胞浆嗜酸性染色增强、胞浆内固有的特征性结构（如心肌的横纹、神经细胞的尼氏小体）消失、核染色质凝聚、核碎裂、溶解，有的只见细胞轮廓而无细胞内结构。

组织、细胞的自溶需与变性、坏死等生前病变相鉴别。其鉴别要点是自溶组织变软，外观污垢、无光泽；镜下自溶多呈弥漫性，自溶灶内及周围没有炎性细胞浸润。而变性的组织肿胀，外观红润，坏死组织周围有充血反应带；镜下有炎性细胞浸润，坏死灶较局限。

组织器官的自溶常给死因鉴定带来很大的困难，因此，必须争取尽早进行尸体解剖检验，取出的器官组织用10%福尔马林溶液固定。

3. 内脏器官的自溶及其顺序

由于人体各器官组织细胞的结构和功能不同，故死后自溶发生的顺序不同，而且同一器官的不同部位出现自溶的先后次序也有差别。一般来说，富含消化酶的器官较其他器官自溶早（如消化器官比其他器官自溶发生早）；与外界相通的器官组织较内脏器官组织自溶早；同一器官内实质较间质的自溶早而重。一般情况下，首先最早发生自溶的器官是胰腺（死后5小时），其次是胃肠黏膜，最后是脑、肾上腺、肝、脾、肾等实质器官。

4. 自家消化

胃的自家消化多见于胃体部的胃黏膜，其程度不一，表现为黏膜膨胀、松软、皱襞消失，颜色污垢，有的显示胃底部血管网，严重的自家消化可导致胃的穿孔。穿孔处的胃、肠壁形状不规则、边缘薄、无出血等生活反应；显微镜下可见黏膜上皮细胞的脱落。肠的自家消化较胃的自家消化程度相对较轻。

5. 影响自溶与自家消化的因素

（1）外界环境

主要是温度和衣着情况。夏季环境温度高，自溶开始早、发展快；冬天温度低，自溶发生发展缓慢。低温冷藏尸体自溶变慢，甚至可能暂时停止。

（2）内在因素

肥胖尸体自溶发生快。猝死、机械性损伤、机械性窒息、中毒或电击等急速死亡的尸体，因组织细胞含有大量有活性的酶，自溶发生早而快；而慢性消耗性疾病死亡者，因濒死期较长、体内的酶消耗多，尸温下降迟缓，故自溶较慢。

6. 法医学意义

可以根据不同器官组织与细胞自溶的发生、发展情况，推测死后经过的时间。

二、晚期尸体现象

24小时以后发生的尸体变化称为晚期尸体现象（late postmortem phenomena）。根据尸体保存是否完整，分为毁坏型和保存型两类。

（一）毁坏型晚期尸体现象

1. 尸体腐败（putrefaction）：人死后各种细菌滋生，使蛋白质、脂肪和碳水化合物分解为简单有机物、无机物和腐败气体等，尸体软组织因腐败细菌的作用而逐渐分解和消失的过程称为腐败。

（1）腐败的发展和形态变化：腐败是一个逐渐发展的过程，其发生的早晚与发展的快慢受多种因素影响，因此形态表现也各不相同。主要有：尸臭、尸绿、腐败气泡和水泡、死后"循环"、腐败静脉网、泡沫器官、巨人观、死后呕吐、口、鼻腔血性液体流出、肛门脱出、子宫和阴道脱垂以及死后分娩等。

尸臭(odor of putrefaction):人死后3～6小时,肠管内的腐败细菌开始产生以硫化氢和氨为主的腐败气体,并从口、鼻和肛门排出,具有特殊的腐败气味,称为尸臭。

腐败气体、气泡和水泡:腐败细菌能产生大量腐败气体,使各器官组织胀气,特别是胃和肠管,导致胃、肠壁变薄,腹部膨胀。位于表皮与真皮之间的腐败气体形成大小不等的气泡,称为皮下腐败气泡(图3－7)。当气泡内含有腐败液体时,称为腐败水泡。

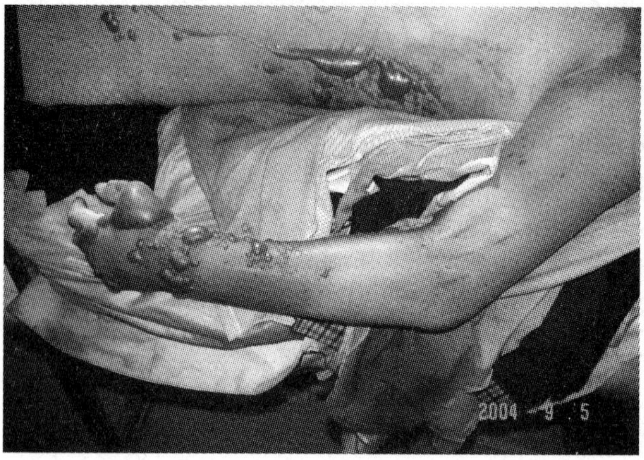

图3－7　腐败水气泡

尸绿(greenish discoloration on cadaver):腐败气体中的硫化氢与血红蛋白生成硫化血红蛋白,透过皮肤呈绿色,称为尸绿。因回盲部细菌多且繁殖较快,故尸绿最先出现于右下腹部。随着腐败的进展,尸绿逐渐扩展到全腹壁,最后波及全身。

死后"循环"(cadaveric circulation):尸体血管内产生的腐败气体,压迫血液使之流动,称为死后"循环"。死后"循环"使腐败细菌随血液的流动散布至各器官,促进腐败的发展。

腐败静脉网(putrefactive networks):死后体内血管中的血液受腐败气体的挤压,使皮下静脉充满腐败血液,在体表呈现出暗红色或污绿色树枝状静脉血管网,称为腐败静脉网(3－8)。

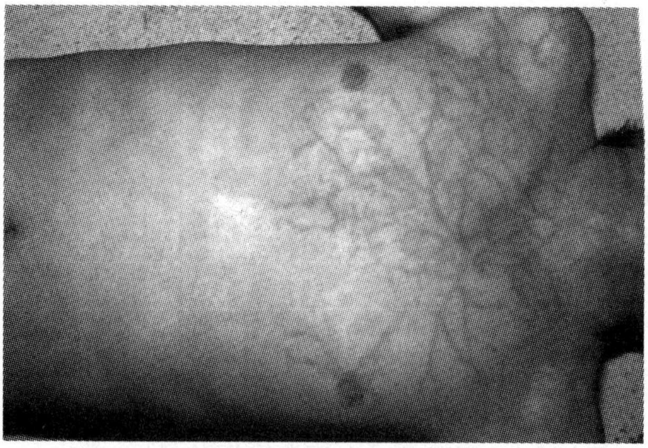

图3－8　腐败静脉网

腐败巨人观(bloated cadaver):尸体腐败扩展到全身时,尸体软组织内充满腐败气体使整个尸体膨胀,体积变大,面目全非,称为腐败巨人观(图3-9)。表现为颜面膨大,眼球突出,口唇外翻,舌尖突出于口外,容貌难以辨认,颈部变粗,胸、腹部显著膨胀隆起,阴茎、阴囊高度肿胀,皮肤呈污绿色,腐败静脉网、腐败气泡多见,皮下组织和肌肉呈气肿状,四肢增粗,有的手和足的皮肤可呈手套或袜状脱落。

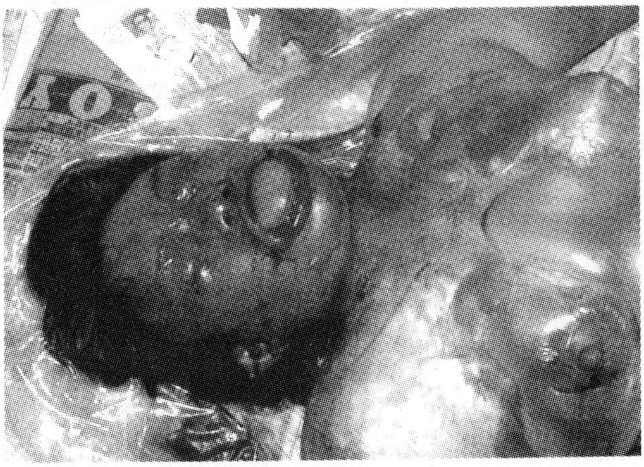

图3-9 腐败巨人观

出现腐败巨人观时由于尸体高度腐败,腐败气体的形成使肝、脾、肾等器官内含有大小不等混有腐败液体的气泡,使器官呈泡沫状,有人称之为“泡沫器官”(foaming organ)。如图3-10所示死后肝内形成大小不等、形状不一的空洞,状如泡沫。

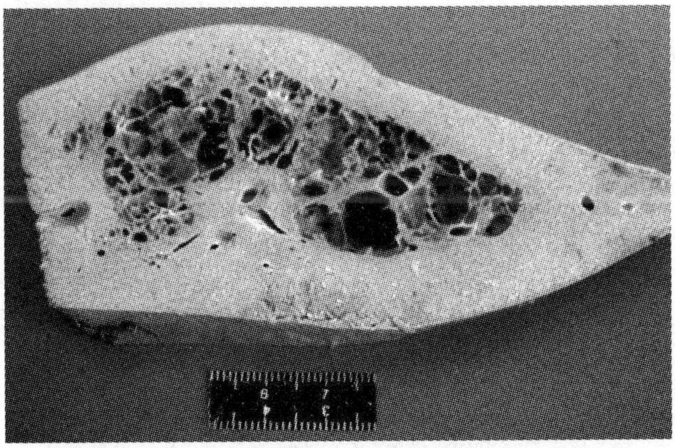

图3-10 泡沫肝脏

口腔、鼻孔、阴道、肛门在巨人观时有污秽血水流出,带有气泡和恶臭。腐败气体的膨胀可使直肠中的粪便排出、肛门脱垂;对于女性可使子宫、阴道脱垂。孕妇死后,胎儿因受腹腔内腐败气体压迫而被压出尸体外称为死后“分娩”。

(2)腐败的顺序:组织结构致密、含水量少的组织与器官腐败缓慢,如皮肤、肌腱、韧带、软骨、前列腺和子宫等;但妊娠期或分娩后的子宫腐败发生早而快。小儿脑组织因含水分的比例大,故腐败较快。生前有细菌存在的器官如肠道和气管腐败快。一般情况下,各器官腐败的顺序大致为肠、胃、气管、肺、肝、脾、脑、心肌、肾、胰腺、膀胱、骨骼肌、子宫和前列腺。

(3)影响腐败的因素:腐败的发生和发展同样受尸体本身和外界环境的多种因素影响。凡有利于腐败细菌滋长的因素均能加速尸体的腐败;反之,则抑制腐败的发生和发展。

尸体内在因素:包括个体差异和死亡原因。肥胖尸体较瘦弱尸体腐败快;幼儿尸体因含水分较成人多,腐败较成人快;老年人尸体腐败最慢;新生儿尸体内细菌很少,腐败较慢。

外界环境:主要与温度、湿度和空气流通等有关。腐败细菌生长繁殖的适宜温度是20~35℃。此时尸体腐败快。温度过高、过低,均可抑制尸体腐败的发生和发展。尸体处于干燥环境时,可因水分迅速蒸发形成干尸,则腐败停止。

(4)法医学意义:①根据尸体腐败的发生、发展程度和规律可推测死后经过的大致时间。②尸体腐败可使沉入水中的尸体产生巨大的浮力,使尸体暴露于水面,有利于揭露犯罪。

2. 霉尸(molded cadaver)

尸体处于适宜真菌生长的环境条件下,在裸露的局部或全身表面滋生出白色霉斑和霉丝称为霉尸。沼泽、池塘、河溪中和冷藏时间较久的尸体容易形成霉尸。

(1)形态表现:霉斑开始多见于颜面部的眼、鼻、口唇周围和颈部及腹股沟等处,随后逐渐扩散。肉眼外观初期为霉斑点或细丝状,进一步发展可融合成片状。光镜下可见大量真菌菌丝与孢子。

(2)法医学意义:霉尸的出现有时可帮助推测尸体所处的环境条件,对案件的分析和侦破有一定的帮助。

3. 白骨化(skeletonized remains)

尸体的软组织经腐败后完全溶解消失,毛发、指(趾)甲脱落,最后仅剩下骨骼,称为白骨化(见图3-11)。

(1)影响因素:尸体发生白骨化的时间主要受所处环境的影响,如温度、湿度及埋葬处土壤的情况等,尸体本身的因素影响较小。一切有利于细菌生长繁殖的因素,都能加速尸体的腐败和白骨化的形成,而不利于细菌生长的因素都能减慢尸体的腐败及延缓白骨化的形成。

在地面旷野的尸体较土葬尸体的白骨化要快得多。暴露于空气中的成人尸体白骨化,在夏季约需2~4周以上,春秋季为5~6周,冬季则需数月以上。一般埋于土中的尸体,经2~3年,软组织变为灰污色,似泥浆状,一经脱落,白骨化过程即告完成,大约10年后尸骨才会完全干涸。经过300年后,尸骨才会变得很轻、易碎。动物对尸体的破坏,可加速尸体白骨化的形成。

图3-11 白骨化

(2)法医学意义:①尸体骨骼上的损伤痕迹可长期保存。②骨髓或骨质内可长久保存某些毒物(如重金属毒物),故仍可做化验检材。③骨骼在个人识别方面具有重要意义。根据骨骼的结构特征,可推测死者的性别、年龄、身高和种族。

(二)保存型尸体现象

1. 木乃伊(mummy),又称干尸。尸体处在干热或通风条件良好的环境中,水分迅速蒸发使尸体呈干枯状态,腐败终止,形成干尸。

(1)形成的条件:①环境条件:干燥、通风和高温环境均可使尸体内的水分迅速蒸发消失,这是形成木乃伊的首要条件。此外,埋葬墓地或裹尸物有强烈的吸水性可使尸体内的水分丧失,腐败细菌滋长繁殖难以进行,尸体迅速干燥,形成干瘪的干尸;②尸体条件:生前体质消瘦或脱水的尸体易形成干尸。新生儿、幼儿、老人的尸体较易形成干尸。砷中毒尸体由于生前大量水分从肠道丧失,又由于砷的防腐作用也易形成干尸。

(2)形成时间和征象:干尸的形成始于尸体的暴露部位,如头面、手和足等,然后逐渐发展到全身。干尸的外形干瘪,体积缩小,体重明显减轻,可比生前减轻70%以上;皮肤和软组织干燥、皱缩、变硬,呈灰色或浅棕色;内部器官也干燥、变硬、包膜皱缩、体积缩小。

(3)法医学意义:①干尸可保持生前的某些损伤,如索沟、刺创、骨折等,对追查尸源、揭露犯罪和分析死因具有一定意义。②干尸可保持某些个人特征,有助于进行个人识别。③干尸可保持生前的某些病变(如动脉粥样硬化、风湿小结、结核结节、寄生虫卵等),有助于分析死者生前健康状况和死亡原因。

2. 尸蜡(adipocere)长时间埋于湿土或浸于水中的尸体,腐败进展缓慢,部分或尸体全身皮下脂肪组织因皂化或氢化作用,形成灰白色或黄白色蜡样物质,称为尸蜡。

(1)尸蜡外观:一般呈灰白色或黄白色较坚实的脂蜡样物,触之有油腻感,可以压陷,但脆而易碎。常见于面部、臀部、女性乳房及四肢等处。

(2)形成机制:形成尸蜡的特定环境条件是尸体处于水或湿土中,腐败变慢或停止。皮肤被水浸软而变疏松,皮下脂肪组织分解成甘油和脂肪酸,甘油溶于水中而流失,部分溶于水的不饱和脂肪酸与水中钙、镁、氨等离子结合,发生皂化作用形成脂肪酸盐皂化物,其余不饱和脂肪酸因氢化作用形成饱和脂肪酸,饱和脂肪酸因不溶于水而沉积下来,形成尸蜡。

局部形成尸蜡大约要3~4个月;幼儿整个尸体形成尸蜡大约6~7周;成年人需要约1年的时间。

(3)法医学意义:①尸蜡可能保存某些生前损伤痕迹,如索沟、扼痕等,对揭露犯罪事实、分析死因有一定的意义。②尸蜡有助于进行个人识别、查找尸源。

3. 泥炭鞣尸(cadaver tanned in peat bog)浸于富含多种腐殖酸和单宁物质的酸性泥炭沼泽中的尸体,因酸性物质的作用,腐败停止发展,皮肤鞣化,肌肉和其他组织蛋白逐渐溶解,骨骼和牙齿脱钙,使尸体的体积明显缩小、重量减轻,形成易弯曲的软尸,这种保存型尸体称为泥炭鞣尸。

泥炭鞣尸可保存某些生前损伤的痕迹,对分析死因和案件性质有一定的参考意义。

4. 浸软(maceration)妊娠8周以上的死胎滞留子宫内不能完全被溶解吸收,而浸泡于无菌的羊水中,发生自溶改变,称为浸软。

(1)浸软程度:根据浸软的部位和范围分为三度。一度浸软:浸软仅见于表皮层内,皮肤表层有黄色或黄褐色水泡形成;二度浸软:浸软累及真皮层,表皮层的水泡破裂或表皮剥脱,露出红棕色真皮;三度浸软:浸软到达深部组织,呈血性胎儿外观,真皮呈暗红褐色,胸、腹腔含血性浆液，内部器官膨胀、软化，关节肌肉迟缓，胎盘肿胀、质软。

（2）法医学意义：①胎儿浸软是判断死胎形态学改变的依据。②根据浸软的程度可帮助推断胎死宫内的时间。

三、昆虫、动物对尸体的毁坏

无论在陆地上或水中的尸体，都有被动物或昆虫毁坏的可能，这种毁坏可形成各种形态的死后损伤。尤其是蝇类对尸体的破坏最为常见。

识别昆虫、动物对尸体毁坏的目的，在于识别它们所造成伤痕的特征，判明损伤性质，掌握某些昆虫（苍蝇等）的生长规律，为推断死亡时间提供依据。哺乳类、两栖类、爬行类或鸟类都可能对尸体造成不同程度的损坏。常见的主要是鼠、犬、豺狼、鸟类、水族动物和各种昆虫。

（一）昆虫

1. 蝇蛆

昆虫对尸体的毁损以蝇蛆最常见。蝇类对尸臭敏感，夏季人死后约 10 分钟，甚至在濒死期即群集于尸表产卵，然后孵化成蛆，蛆虫分泌含有蛋白溶解酶类的液体，消化和破坏尸体软组织，形成污秽灰白色的蜂窝状小洞；继而进入皮下、肌肉和内部器官。根据蝇蛆生长发育情况，在一定时间内可以帮助推测死后经过的时间。

2. 蚂蚁

蚂蚁体小口细，咬食尸体多开始于耳郭、下颌部、颈部、下腹部、四肢屈侧等皮肤柔嫩部位和有表皮剥脱、皮肤创口、索沟、扼痕等损伤处，形成表面呈圆形、类圆形、不规则的组织缺损，创缘内卷或形成潜掘状的表皮剥脱。

（二）鼠类

鼠类对尸体造成的毁坏较常见。鼠咬食尸体多见于鼻尖、口唇、耳郭和其他暴露部位。咬伤处有锯齿状小齿痕，创缘不规则，创口小而浅表，多个创腔的深浅基本一致，现场可发现鼠的活动痕迹和鼠粪。

（三）犬

犬咬食尸体时破坏性较大。轻者呈花环状擦伤或较浅的创伤，重则咬去大块肌肉、肢体离断。创口大小不一，创面、创缘不整齐，呈撕裂状，断端可有血管游离（有时肢体断端较整齐，需与砍伤相鉴别）；骨的断端可留有齿痕，尸表可见犬爪搔痕；若胸、腹腔被咬破，则内部器官可能缺失；现场和尸体上可发现犬毛和犬足痕迹，周围可有被拖散的组织碎块。

（四）鸟类

鹰、猫头鹰和乌鸦等均能噬食尸体，造成皮肤肌肉缺损。创缘不整齐，创面粗糙不平，大小、深浅不一，可见被撕扯痕迹，严重时甚至造成“白骨化”。

（五）水族动物

水族动物中的各种鱼类都可能破坏水中尸体。损伤多位于身体突出的部位，常常先噬食软组织，可以吃掉耳、鼻、口唇和脸部，破坏面部特征，有时可严重破坏躯干和四肢的软组织，仅剩下骨骼；大的鱼类可以破坏肢体，鲨鱼甚至可吞食整个尸体。

四、死后人为损伤

(一)抢救过程中的人为损伤

危重伤病患者在濒死期或死后短时间内,医护人员对其进行抢救,常会造成一些人为损伤。这种损伤容易被误认为是生前伤害,从而导致案件性质的判断错误;也易被误认为是医疗失误而发生医疗纠纷。

1. 胸外心脏按压人为损伤。心肺复苏时对病人进行胸外按压,如用力较大,可致相应部位的皮下出血,肋骨、胸骨骨折,甚至可发生骨折断端刺破软组织、胸膜甚至肺组织。值得注意的是,濒死期和死后由于肋间肌的张力下降,同样大小的力量,肋骨较之生前更易发生骨折。

2. 濒死期急救时所致人为损伤。①由于口对口的呼吸,按压人中等,可形成面和颈部的擦伤和口唇、牙龈的损伤及人中处的指甲印痕;②注射输液可在手腕、肘窝和踝部等处造成皮下出血,需与挫伤鉴别;③心电除颤器或起搏器与心前区皮肤在接触部位可形成皮肤损伤,镜下可见心脏的浅表层心肌肌浆凝集和收缩带坏死;④气管插管时可造成口唇、牙龈、舌和会咽部的损伤,特别是在紧急情况下更易发生;⑤喉镜检查时可致口、腭、咽和喉部的损伤,特别是粘膜的损伤。另外,在濒死期或死后变动体位可使胃内容物反流或进入呼吸道,常被误诊为胃内容物吸入而窒息致死。尤其是婴儿猝死综合征的尸体常在呼吸道内检见胃内容物。

(二)其他死后损伤

1. 尸体在搬运、停放、冷藏等过程中可发生头部、躯干、四肢的皮肤损伤,甚至可发生颈椎和四肢长骨的骨折,尤其是老年人容易发生该损伤。

2. 水中的尸体在漂流的过程中,可与石头、桥墩等水中物体碰撞,也可由于机动船的螺旋桨作用形成严重的死后损伤。

3. 在公路、铁路上发现尸体上的某些损伤,可能是杀人后移尸,伪装成交通事故损伤。

4. 尸检时由于用力不当,可导致心、肺及肝、胃、肠和膀胱等腹部器官组织的损伤。取出颈部器官时由于用力过猛可人为造成舌骨骨折。

五、死后化学变化

人死后,尸体各种组织、细胞和体液因持续分解而发生的一些化学和生物化学变化,称为死后化学变化(postmortem chemical changes)。这些化学变化,如前所述的肉眼和镜下能观察到的各种形态变化一样,是死后变化的重要组成部分,在法医病理学检验鉴定工作中具有主要意义。随着科学的发展、检验技术的进步和各种新型仪器设备的应用,死后化学变化的研究及其相关成分的检验与分析越来越受到人们的重视,其应用也越来越多。

根据死后化学变化发生的部位,分为组织、细胞内的化学变化和体液中的化学变化。前者如各种蛋白质和酶类;后者如血液、玻璃体液、脑脊液、心包液、胆汁、尿液和羊水等;按检测的内容可分为水、电解质成分,微量元素,糖、脂质和维生素,不同的激素、蛋白质和酶类,染色质、核酸和基因等。检测方法包括化学、生物化学、组织化学、酶组织化学、免疫组织化学和分子生物学等方法。

(一)常见死后化学变化

1. 血液

血液的化学组成成分多,是进行尸体化学研究和检测的最常见、最重要的样本之一。用血液作检测死后化学变化的优点是:①采样容易,数量易满足需要。包括采取左、右心室血和外周静脉血;②可检测的项目广泛、内容多,人体内绝大部分项目和内容均可取血进行检查;③虽无死后正常值比较,但可供参考的文献资料和临床资料较多。

用血液作检测死后化学变化也有其不足和难以避免的缺点:①死后血液中有的成分较稳定,有的不稳定,且无一定的变化规律,不具有确定的时间依赖性,故难以判断其正常与否;②易受死后检材取材时间的影响,同一个体死后不同时间采取的样本,其结果可能有较大的差异;③血液易受死后自溶、腐败和污染的影响;④各体生前疾病史和健康状况不同,其血液化学成分变化差异大,影响结果判断。血液中用于检测化学变化的主要内容有:

(1)钾、钠、氯、钙、镁、磷等电解质。

(2)乳酸、尿酸、非蛋白氮、氨基酸氮类。

(3)各种蛋白质和酶类,如白蛋白、球蛋白,淀粉酶、转氨酶、酸性磷酸酶、碱性磷酸酶、乳酸脱氢酶、类胰蛋白酶(tryptase)等。

(4)免疫球蛋白和补体,如IgE、补体C3等。

(5)血糖、激素水平,如胰岛素、肾上腺素等。

(6)染色质和核酸等。

(7)因腐败、蛋白质和碳水化合物的分解产生的醇类、硫化氢或氰化物等。此时应与生前所服毒物、药物相鉴别。

2. 脑脊液

由于脑脊液位置相对固定,受死后变化影响小,故死后化学检测结果较为可靠。但因脑脊液中有些生化成分死后变化快、收集不方便,且易受血液污染,所以脑脊液用作死后生化检测的价值比较有限。其检测项目主要有乳酸、氨基酸氮尿酸、黄嘌呤、氨、单胺类、钾以及是否混有血液等。

3. 玻璃体液

眼玻璃体所处部位受到眼眶的保护,与身体其他部位相对隔绝,因此,玻璃体液的死后变化小而慢,不易受尸体其他部位死后变化和污染的影响,是一种较为理想的死后化学检测样本。然而,由于其量少(约2ml),化学组成成分较少,故用于检测的项目有限,具体项目与脑脊液大致相似。

此外,尿液、胆汁、羊水、肌肉、心包液和胸、腹腔的积液等都可用于不同的死后化学变化的检测与研究。在检测时应注意排除尸碱(ptomaine)的干扰。后者是尸体腐败过程中,因蛋白质降解所产生的多种含氮化合物,亦称动物生物碱。其化学成分与植物生物碱近似,主要包括尸胺、腐氨、尸阿托品和神经碱等。

(二)影响死后化学变化的因素

任何影响死后变化发生发展的因素均可能是影响死后化学变化的因素。但最主要的是采取样本的时间、取材部位和方法以及检测标本的技术和方法。

1. 采取样本时间

由于死后化学变化是随着死后经过时间变化而不断变化的,因此,同一个体在死后不同时间采取样本进行检查的结果会出现明显的差异。如乳酸在成人血液的正常值为1mmol/L;死后1小时含量迅速增加,可上升至20mmol/L;而死后12~24小时可达生前的50倍以上。一般认为,春秋季在24小时内测定的含量有参考价值。

2. 取材部位和方法

人体各个器官组织的化学成分本身存在较大差别。如血清总胆红素含量远比脑脊液中的含量高;死后短时间内,肝是用于检测 DNA 降解的最好组织标本。然而,即使是同一器官的不同部位也可有一定差异,甚至明显不同。如左、右侧眼球玻璃体液,心血和周围静脉血。心血中左心室和右心室的血均有一定差别,有时甚至是显著的差别。如右心腔血中的转氨酶含量较末梢血中的含量高;溺死尸体左、右心血的水、电解质存在明显的差异等。但死后心血和外周血的碳氧血红蛋白饱和度无显著差异。取材方法不当也可影响检验结果。如抽取眼玻璃体液时,应用注射器和 20 号针头从眼球的前外侧方穿刺,轻轻地吸入,快而强的吸入可致视网膜或其他组织碎片的污染、影响检验结果。

3. 检测技术和方法

用于进行死后化学检测的技术和方法也可影响检测结果。这除与表示的单位、衡量的标准不一致外,还可能因检测方法的不同本身就存在差异。如 Coe 应用不同的仪器对玻璃体液中葡萄糖及钾、钠、氯等进行检验,发现结果均有差异。此外,也可能与各人的操作方法和技术水平有关。

(三)法医学意义

1. 有助于推测死后经过时间。对死后化学变化研究与检测的主要目的是用于推测死后经过时间(详见第四章死亡时间推断)。

2. 有助于分析死亡原因。

3. 有助于判断生前所患疾病或损伤。

第三节　死亡时间的推断

死亡时间(time of death)在法医学上是指死后经历时间(the time since death,TSD)或称死后间隔时间(postmortem interval,PMI),即发现、检验尸体时距死亡发生时的时间间隔。

死亡时间推断(estimation of time since death)即推断死亡至尸体检验时经历或间隔的时间。随着科学技术的不断进步,法医学工作者应用物理学、化学、生物化学、组织细胞化学及分子生物学的方法和手段研究尸体变化的规律和体液、组织及细胞的各种指标变化,提出了许多推断死亡时间的方法,旨在为侦查提供线索、划定侦查范围和发案时间,在确定案件性质、作案过程重建等工作中起到了一定的作用。同时,死亡时间推断在财产继承、保险理赔等方面也有一定的意义。

鉴于以上原因,死亡时间推断历来是法医病理学研究的热点问题,中外法医学者提出了许多研究方法或学说,然而迄今为止,问题仍然没有得到很好的解决,目前主要依据死后尸体变化发生的规律粗略推断死亡时间。根据尸体变化发生的先后及法医学实践的要求,将死亡时间推断分为死后早期、死后晚期(腐败)及白骨化尸体死亡时间推断三个阶段。

一、死后早期死亡时间的推断

死后早期是指尸体未出现明显腐败现象的时期。早期死亡时间的推断,实际工作中多以尸体温度(以下简称尸温)的下降规律为基础,结合尸斑、尸僵和其他尸体现象以及胃、肠内容物的消化情况等综合推断。20 世纪 50 年代以来,一些新的推断方法相继提出,如根据超生反应检测、离子检测、酶检测、DNA 降解程度检测等推断死亡时间,到目前为止,这些方法在实际工作中的应用尚有较大问题。近年来,一种以尸温测量为基础,综合多种影响因素的多参数综合推断早期死亡时间的方法在一些国家已得到实际应用。

(一)根据尸温推断死亡时间

1. 原理

人体死亡后,组织细胞并未立即死亡,细胞代谢仍可持续一段时间,表现为死后直肠温度并未立即下降。当环境温度低于尸温时,尸体温度逐渐下降直至达到环境温度。研究表明尸体直肠温度下降规律遵循一定的曲线。

2. 尸体温度的测量方法

直肠温度受环境因素的影响较小,能较好地反映尸体内部温度,测量又相对简便,常作为尸体内部的温度用于推断死亡时间。直肠温度测量方法:将温度计插入尸体肛门 15cm,插入时温度计应尽量远离骨盆后壁,以避免骨盆壁温度较低而造成误差。此外,肝脏是人体最大的实质器官,又位于尸体的中心部位,因此测量肝脏表面温度也能较好地反映尸体内部温度。肝脏温度的测量方法:可从尸体右肋下缘做一小切口,插入温度计达肝表面。

对需要推断死亡时间的尸体,早期现场每隔 1 小时测量一次尸体直肠温度,连续数次测量的结果,能客观反映尸温下降的个体规律。在具体推测时,注意尸温接近环境温度时下降速率改变的特殊情况,还应考虑一些特殊情况如日射、热射病死亡、冻死、死后冷藏、异常气温条件、死后移尸等情况的影响。

对于通过尸温推断死亡时间的方法,国内外学者曾根据各自的研究推导出不同的计算公式,由于所处的环境状况及考虑的影响因素各不相同,因此计算方法也存在差异。事实上,如前所述,由于影响尸温的因素很多,采用单一的计算公式推断死亡时间所得的结果偏差必定很大。国内法医工作者常用的方法为:首先测量尸体直肠温度,根据公式:$T = (37 - \text{所测的直肠温度})/0.83$ 进行计算。式中 T 为死后经过时间,按照该公式计算出来的数据为春秋季节的死后经过时间,如是夏季,则要乘以 1.4;如是冬季,则要乘以 0.7。

我国幅员辽阔,南北温差、湿度差异均较大。尸温下降从气温角度来讲,春秋相似,但春秋湿度又不同。再者,该方法只是考虑了一般规律,未考虑死因等因素对尸温的影响,也未考虑室内、室外、衣着、被盖等对尸温的影响。比如在北方冬季的室内多有暖气,或由于尸体裹有较厚的被褥,尸温可经久不下降。由于以上原因,根据尸温推断死亡时间难以有一个适用于全国各地的统一的方法,必须在各地摸索适用的方法并探讨其规律,并充分考虑死因、死亡方式及周围环境等因素对个案的影响。

(二)根据超生反应推断死亡时间

人体死亡后,许多组织与细胞仍能生存一段时间,这段生存时间称为超生期(supravital period),在此期间,此组织对多种刺激仍可产生反应,称为超生反应。如骨骼肌受钝物敲击时可出现收缩,收缩瞳孔药物可使瞳孔缩小等。另有一些属自发性超生反应,如肠蠕动、精子活动及白细胞游走等。因此,在死后一段时间内检测超生反应及其程度可用于判断早期死亡时间。目前研究较多且具有一定意义的是利用骨骼肌的超生反应推断早期死亡时间。

1. 根据机械刺激后肌肉兴奋性推断死亡时间

根据 1958 年 Dotzauer 研究的结果,机械刺激尸体肌肉的兴奋性可分为三期:第一期:尸体肌肉在机械性刺激后,整个肌肉发生收缩,此期在死后 1.5 ~ 2.5 小时;第二期:尸体肌肉在机械性刺激后,肌肉出现明显的局部隆起,一般在死后约 4 ~ 5 小时观察到。此期肌肉收缩速度仅为 0.2cm/s;第三期:在死后 8 ~ 12 小时刺激尸体肌肉,肌肉局部出现微弱的收缩隆起，并不明显，但可持续存在24小时。

2. 根据电刺激后肌肉兴奋性推断死亡时间

用于推断死亡时间的骨骼肌电兴奋性主要包括两类：一类是电刺激后尸体肌肉的收缩强度；另一类是用于刺激尸体肌肉的电流阈值的变化。

(1)根据电刺激后尸体肌肉收缩性推断死亡时间

电刺激肌肉收缩可通过两种方式，一种是直接刺激肌肉组织引起肌肉收缩，称为骨骼肌的直接电兴奋性(direct electrical excitability of skeletal muscle)；另一种是刺激神经后引起肌肉收缩，称为骨骼肌的间接电兴奋性(indirect electrical excitability of skeletal muscle)。通过人尸体研究表明，骨骼肌的间接电兴奋性在死后最多1.5小时即消失，而直接电兴奋性在死后数小时至26小时才消失。显然，后者对推断早期死亡时间更有意义。

国外学者Popwassilow和Palm根据肌肉收缩程度和其收缩范围，将骨骼肌直接兴奋性分为三级(表3-2)。

表3-2　Popwassilow及Palm的分级标准与死亡时间的关系

电击部位	分级		
	+++	++	+
眼轮匝肌	整个表情肌收缩	眼睑收缩	肌纤维抽搐
口轮匝肌	眼、口轮匝肌、颈肌及眼睑肌收缩	眼、口轮匝肌收缩	肌纤维抽搐
手	整个上肢肌收缩	手及前臂肌收缩	肌纤维抽搐
PMI(h)	0~2.5	1~5	2~6

(2)根据刺激肌肉收缩的电流阈值变化推断死亡时间

实验研究证明，随着死后时间的延长，可引起肌肉收缩的电流阈值也增加。1976年Joachim首先提出了死后时间与刺激肌肉收缩的电流阈值之间存在明显的相关性。1980年Joachim和Feldmann在11具尸体上进一步研究得出了推断死亡时间的计算公式：

$$t=(a^0-a^*)/b$$

式中t：死后时间(分钟)；a^0：首次测定时电流阈值对数；a^*：死亡时的原始电流阈值对数；b：回归斜率。Madea在20具尸体上测得$a^*=-1.748$，$b=0.0129$。其死后时间的95%可信限为±3.3小时。测定中以肌肉明显收缩作为阳性反应。一般检查手指肌肉，如小指屈肌、指总屈肌，因为这些肌肉运动容易观察。该方法可用于推断死后10小时之内的尸体死亡时间。

3. 根据虹膜对药物反应推断死亡时间

死后早期瞳孔对药物仍具有敏感性，如死后2小时内滴以毒扁豆碱，仍可使瞳孔缩小，死后4小时滴以阿托品，仍可使瞳孔扩大。

(三)根据早期尸体现象综合推断死亡时间

人体死亡后所出现的各种尸体现象在时间上具有一定的规律性，根据尸斑、尸僵、角膜混浊程度等各种早期尸体现象，综合推断死亡时间(表3-3)。

表 3-3 根据各种早期尸体现象推断死亡时间

尸体现象		死亡时间
尸冷(10h 内) 尸温每小时下降	瘦型尸体	1℃(环境 16~18℃) 0.4℃(环境 26~31℃)
		不降(环境 >35℃) 1h 内完全冷却(冰雪条件下)
	肥胖型尸体	0.75℃
尸冷(10h 后)	尸温每小时下降	0.5℃(无论胖瘦尸体)
尸斑	开始出现	0.5~2h
	出现,指压褪色	2~4h
	开始融合	3~12h
	强力压迫,指压稍褪色	12~24h
	指压不褪色	24h 以上
尸僵	开始出现	1~4h
	用力破坏后能重新形成	4~6h
	延及全身,达到高峰	6~15h
	开始缓解	24~48h
	各关节容易活动	2~3 天
	完全缓解	3~4 天
角膜改变	轻度混浊	6~12h
	混浊加重,瞳孔可见	18~24h
	完全混浊,瞳孔看不见	48h
	眼球腐败,轻度突出,角膜重度混浊	4 天

(四)根据化学变化推断死亡时间

人死后,体内各组织、血液、尿液、脑脊液、玻璃体液、房水及其他体液中的化学成分发生一系列的变化,称为死后化学变化(postmortem chemical change)。这是继尸体解剖之后逐步发展起来的研究领域,并且已经积累了不少资料,在法医实际工作中推断死亡间和死亡原因具有重要的意义。

1. 根据玻璃体液离子浓度变化推断死亡时间

玻璃体液受外界影响较小,不易遭到污染或发生腐败。因此,玻璃体液是用于尸体化学检验的良好检材。研究认为,玻璃体内部成分的变化与死亡时间的关系相对稳定,从玻璃体液中可测得乳酸、尿素氮、尿酸、镁、钾等含量变化,尤其是玻璃体液钾离子浓度与死亡时间显著正相关。

2. 根据酶的测定推断死亡时间

生物体内存在多种酶,在活体组织中,细胞对各类酶的作用均有其完善的膜保护。死后膜的保护逐渐消失,各种酶释放,导致细胞的自溶。尸体组织与血液中酶活性与死后经过时间存在着一定的相关性。用组织化学和免疫组织化学方法检查死后组织中的酶活性,目前尚处于研究阶段,可有望用于推断死亡时间。

3. 根据 DNA 检测推断死亡时间

根据 DNA 检测推断死亡时间是死亡时间推断的一项新进展。机体死亡后,细胞形态结构崩解,在脱氧核糖核酸酶的作用下,核染色质双螺旋结构的 DNA 崩解为小碎片,由于核膜破裂,DNA 碎片分散于胞浆中,最后染色质中残余蛋白被溶蛋白酶溶解,核便完全消失。因此,细胞核大分子 DNA 的含量随死后时间的延长而减少,与死亡时间呈线性关系,可用来推断死亡时间。

(五)根据胃内容物消化程度推断死亡时间

食物在胃内停留的时间和食糜及食物残渣通过小肠的时间有一定的规律性,根据这一规律性变化,可以推断死亡距最后一次进餐的时间,从而间接推测死亡时间。一般认为,胃内充满食物呈原始状态而没有消化时,为进食后不久死亡;胃内容物大部分移向十二指肠,并有相当程度的消化时,大约为进食后 2 ~3 小时死亡;胃内空虚或仅有少量消化物,十二指肠内含有消化物或食物残渣时,约为进食后 4 ~5 小时死亡;胃和十二指肠内均已空虚,为进食后大约 6 小时以上死亡。

食物在胃肠内的消化和排空,受许多因素的影响,包括食物种类和性状、进食的量、胃肠功能状态和健康状况、个人的精神状态、药物和饮酒等影响。一般来说,流体食物比固体食物排空快,小颗粒食物比大块食物排空快,碳水化合物比蛋白质排空快,蛋白质又比脂肪排空快。在根据胃肠内容物消化程度推断死亡时间时,应充分考虑这些影响因素。

(六)根据膀胱尿量推断早期死亡时间

膀胱内尿量多少与饮水量、个体生活习惯、疾病等有关。在一般情况下,多数人在就寝前要排尿。若膀胱内尿量少,则提示就寝后 2 ~3 小时内死亡;若尿量较多,可以推测为凌晨死亡。但要注意有时在濒死期会发生尿失禁,排空膀胱。

二、死后晚期死亡时间推断

(一)根据各种晚期尸体现象推断死亡时间

根据尸体腐败过程的动态变化规律,可用于推断死亡时间(表 3 –4)。一般情况下,死后 24 ~48 小时,尸体右下腹皮肤出现污绿色斑迹(尸绿)。死后 3 ~4 天,腐败血液沿着静脉丛形成树枝状污绿色的腐败静脉网。死后 5 ~7 天,由于细菌不断生长繁殖,产生大量腐败气体充满各种体腔和组织间隙,导致尸体体积增大、膨胀、眼球突出、舌伸出,皮肤呈污绿色,形成所谓的腐败巨人观。

表 3 –4　根据各种晚期尸体现象推断死亡时间

晚期尸体现象	死亡时间
右下腹部出现尸绿	24h 以上
全腹部尸绿,出现腐败静脉网及腐败气、水泡	2 ~3 天
腐败巨人观	5 ~7 天
腐败充分发展时期	1 个月或更长,甚至 1 年
皮下脂肪蜡化开始(水中)	1 ~2 月,高温 2 ~3 周
皮下脂肪蜡化完成(水中)	2 ~4 月,高温 2 ~3 周

续表

晚期尸体现象	死亡时间
面部浅层某些肌肉蜡化	6 个月
深部肌肉出现蜡化	1 年以上
成人四肢蜡化	3~6 个月
全身尸蜡化(潮湿土中)	约 4 年或更长
尸体干化(干尸)	最早 1 个月,一般 3 个月或以上
地面上尸体白骨化	新生儿几周,成人几个月到 1 年
土中尸体白骨化,软组织消失	3~5 年
土中尸体的韧带和软骨消失	5 年或以上
骨骼上的脂肪消失	5~10 年
骨骼开始风化	10~15 年
骨组织毁坏、脆弱	数十年

(二)根据昆虫生长规律推断死亡时间

应用昆虫生长规律推断死亡时间,可以提高死亡时间推断的准确性。昆虫常常是最早到达尸体的,暴露于野外的尸体,仅数分钟蝇类即可到达,不同种属蝇类到达尸体的先后时间有区别。夏季里数分钟,苍蝇可聚集到尸体上,1 小时左右可在眼角、口角、外耳道、肛门、外阴等处产卵,孵化出的蛆吐出含有蛋白溶解酶类的液体,消化、破坏尸体软组织。婴儿尸体 6~8 天,成人尸体 3~4 周,蛆可吃尽软组织。

昆虫有其生长规律,一般是由蝇→卵→蛆→蛹→蝇的发育顺序,在勘查有蛆虫的现场时可根据蛆虫的生长发育程度(详见表 3-5)推断死者的死亡时间。春秋季节,蛆每日生长约 0.1cm,10~12 天变成蛹,4 周变成蝇。气温在 30℃以上时,蛆每日生长 0.24~0.3cm,4~5 日后成熟。因此,夏季若在尸体旁看到蛹壳,说明尸体至少已经暴露 2 周,在春秋季节则已经暴露大约 4 周。

表 3-5 蛆虫的发育程度

单位:毫米

月	1	2	3	4	5	6	7	8	9	10	11	12
最高气温℃	9.2	10.8	16.1	22.1	25.7	28.5	33.6	33.8	31.6	25.1	20.1	13.7
最低气温℃	-0.8	-0.7	0.8	4.7	10.5	15.0	22.0	22.0	15.6	9.3	3.7	0.2
平均湿度%	72	72	69	67	68	74	76	73	75	74	75	75
半日			卵	卵	卵	卵	2.0	2.0	卵	卵	卵	
1 日			卵	2.0	2.5	3.0	4.0	4.0	3.0	2.0	卵	
2 日			2.0	2.5	3.0	4.0	6.0	6.0	4.0	3.0	2.0	
3 日			2.5	3.0	4.0	5.0	9.0	9.0	6.0	4.0	3.0	
4 日			3.0	4.0	5.0	7.0	11.0	11.0	8.0	5.0	4.0	

续表

月	1	2	3	4	5	6	7	8	9	10	11	12
5 日			4.0	5.0	7.0	9.0	12.0	12.0	10.0	6.0	5.0	
6 日			5.0	6.0	8.0	10.0			11.0	7.0	6.0	
7 日			6.0	7.8	9.0	11.0			12.0	8.0	7.0	
8 日			7.0	8.0	11.0	12.0				9.0	8.0	
9 日			8.0	9.0	11.0					10.0	9.0	
10 日			9.0	10.0	12.0					11.0	10.0	
11 日			9.5	11.0						12.0	10.5	
12 日			10.0	12.0							11.0	
13 日			10.5									11.5
14 日			11.0									12.0
15 日			11.5									
16 日			12.0									

(三)根据植物生长规律推断死亡时间

利用植物推断死亡时间可依据以下三种情况：

1. 尸体周围折断的植物

将植物折断、拔起后用来遮盖隐蔽尸体，被拔或折断后的植物就会停止生长，停顿于那一时间的生长期中，保留其当时的情况，如发芽程度、叶子大小等。

2. 尸体下面被压的植物

被压的植物因无光照作用，颜色会变黄或变白，植物叶绿素的变化规律同样可以作为推断死后经过时间的依据。

3. 树根的生长情况

树根的生长与树干一样，也有年轮。当挖土掩埋尸体时，如破坏了树根分生组织区域，该区域就不会再有木质细胞生成，留下永久的损伤，计算损伤后出现的年轮，即可推断掩埋时间。当根系生长穿入尸体时，则可计算穿透进入尸体的树根年轮。另外，根据树根生长的长度，也可推断掩埋时间。用树根生长情况推断死亡时间，往往只能推断死后最短时间，并且其精确度是以年为单位。

利用植物生长情况推断死亡时间时，要注意现场环境、土质、植被、朝向等因素。该方法对死后经过时间较久者较有意义。当然，在推断死亡时间时也应结合其他能提示死亡时间的因素综合分析，才能较准确地推断死亡时间。

(四)根据现场遗留物推断死亡时间

推断死亡时间也可以参照现场的一些情况综合判断。现场的一些遗留物，如报纸杂志、摔坏的手表、印有日期的食品包装袋等，都可以为死亡时间划定一个界限。

三、白骨化尸体死亡时间推断

白骨化是指腐败细菌作用引起尸体软组织全部崩解，导致尸骨裸露的过程。在法医学实践中，对田野、森林、江河中发现来历不明的尸骨或对高度腐败及完全骨化的尸体，常需推断死亡时间（表3－6）。

表3－6　根据尸体白骨化现象推断死亡时间

形态特征	死亡时间
地面上尸体白骨化	新生儿几周，成人几个月到1年
土中尸体白骨化，软组织消失	3～5年
土中尸体的韧带和软骨消失	5年或以上
骨骼上的脂肪消失	5～10年
骨骼开始风化	10～15年
骨组织毁坏脆弱	数十年

法医学中对土中骨骼残骸，推断死亡时间的方法有以下几种：

（一）形态学观察

软组织液化及白骨化一般需要经过2～3年时间；软骨与韧带腐烂更晚些，为5～7年后；尸骨脱脂需经过5～10年；10～15年后尸骨开始风化；50年以后，尸骨疏松，骨密质薄弱，骨质易剥落而损害，上述变化受温度、掩埋土质、pH值、湿度等影响。注意在特殊环境中尸体可长期保存，如我国曾发现了多具古尸，历经千年而未发生白骨化。

（二）荧光反应

将骨锯断后把骨段置于紫外光下检验，不超过100年的骨骼因含多量有机质，呈明显的蓝紫荧光，如果荧光不完全，或荧光从周围逐渐向中心增加，则为100年以上。荧光完全消失需100～150年。

（三）血清蛋白沉淀反应

用抗人血清蛋白沉淀素与人的骨粉浸出液（生理盐水浸出24小时）进行环状沉淀反应，骨粉的用量因遗骨的存留时间不同而异。根据国内学者试验，入土1年者只需1克，12年者需1.5克，26年者需2.5克；通常，地上尸骨比土中尸骨骨粉用量大，9个月需1.8克，9年需8.0克，40年需20.0克；而土中100年才需10～20克。骨质中的脂肪可影响沉淀反应，最好先用乙醚、丙酮等有机溶剂将其除去。为了使推断死亡时间接近真实，本实验应取已知埋葬时间骨作对照。

（四）骨蛋白与甘油三酯含量测定

Castellano等学者对1～50年尸骨骨质中的铁、锌、磷、镁、脂质、胆固醇、脂酸、甘油三酯和蛋白质的变化进行了研究，用逐步回归分析法确定了与遗骨埋葬日期密切相关的因素主要是蛋白质（X_1），其次是甘油三酯（X_2）。所得回归方程如下：

（1）$Y = 36.7998 - 50.0067\log X_1$

（2）$Y = 36.0678 - 56.9910\log X_1 + 4.60481\log X_2$

式中Y为估计的埋葬时间（年）。X_1及X_2均按（mg/100mg骨粉）计。两式的相关系数分别是0.9761及0.9786，即遗骨时间的推断主要依据蛋白质的减少。其标准估计误差在式（1）为3.49年，在式（2）为3.34年。

（五）骨骼含氮量测定

用杰德海尔（Jedhal K.）法进行微量测定。骨中含氮量随着时间增加而减少。50年以下的骨骼，其含氮量为3.5%～5.0%，而350年或更长时间的骨骼，含氮量下降到2.5%或更少。

（六）牙齿变化

依据牙齿的变化推断埋葬时间，这方面仅有少量报道。塞索耶娃研究了埋葬6个月到70年的尸体牙齿，发现釉质和牙髓随埋葬时间而产生典型的特征变化。牙齿釉质经过8年出现褐色斑纹或黄棕色斑纹；埋葬时间在10年以上，牙齿出现纵向浅表裂缝，牙表面呈棕红色；时间在20～30年者，牙齿变脆，裂缝变深，容易部分剥落；釉质光泽能保持60～70年，透明度可保持到入土50年；牙髓腔3～5年开始分解，10年后被破坏。格拉亚在前人研究的基础上，1984年提出了依据死后牙齿结构与理化性质变化进行综合分析判断埋葬时间。牙齿理化性质的死后变化中，与埋葬时间有明确关系的是牙本质元素系数比（Sr/Na、Sr/Mg、Cr/Cu、Ca/Na）和釉质表面的乃至全层的显微硬度的变化。在推断死后时间时，如将这些定量指标与上述定性指标并用，可以提高推断的准确性至±2年。

（七）毛发变化

毛发耐腐败程度仅次于骨骼，毛发腐败过程是先失去光泽，强度逐渐减弱，弹性变差，最后变脆断裂，一般约50年才消失。毛发强度随入土时间延长而变弱。正常头发一般拉伸强度为48.5～95克，延伸量68～84毫米；埋入土中2年后，抗拉强度变弱为25.4～60克，延伸量为42.8～70毫米；经10年后强度更小，仅为19.5～27克，延伸量为4～45毫米；40年后下降为2.2～3.1克，弹性完全丧失。

【思考题】

1. 脑死亡与植物人状态的根本区别是什么？
2. 死亡方式有哪几种？
3. 尸斑与尸僵各有何法医学意义？
4. 如何根据尸温、尸斑、尸僵等死后改变综合推断死亡时间？
5. 如何根据胃内容物消化程度推断死亡时间？

第四章　机械性损伤

第一节　概述

一、机械性损伤的概念

各种因素作用于人体引起组织或器官结构、功能或代谢的异常称为损伤(injury)。由机械性暴力和机械性动能所造成的机体的损伤称机械性损伤(mechanical injury)。机械性损伤是法医检验中最常见的暴力性损伤，常造成人体伤残或死亡，因而涉及刑事或民事诉讼案件，在法医学检验中占有非常重要的地位。

二、机械性损伤的分类

(一)根据致伤物的性状分为：

1. 钝器伤

包括徒手伤、咬伤、棍棒伤、砖石伤、挤压伤和高坠伤等。

2. 锐器伤

包括切创、砍创、刺创、剪创。

3. 火器伤

包括枪弹创、散弹创、爆炸伤。

(二)根据损伤性质分为：

1. 自伤

受伤者自己采用机械性暴力加害自身引起的损伤。

2. 他伤

受伤者被他人采用机械性暴力加害引起的损伤。

3. 意外伤

自然界灾害或非故意的人为暴力引起的损伤。

(三)根据损伤形态分为：

表皮剥脱、挫伤、创、骨折、关节脱位、内部器官震荡、内脏破裂、肢体离断、体内出血等。

三、机械性损伤的形成机理

机械性损伤是因人体组织和致伤物作相对运动，动能释放到人体上，造成机体组织结构破坏和功能障碍。机械性损伤的形成有三种基本方式：

一是运动的致伤物打击静止的人体,如用棍棒打击处于相对静止状态的人体等;二是运动的人体撞击静止的物体,如人体撞击地面、墙壁等;三是运动的致伤物与运动的人体相撞,如运行中的汽车撞击行人等。

在机械性损伤形成过程中,人体组织、致伤物和力是三个基本因素。致伤物与人体之间的相互作用力即机械力,受力的组织结构不同,受力后的形态结构也不同,如果作用力大并集中,超过了该组织的弹性限度,可致组织结构的完整性或连续性破坏及功能障碍,形成机械性损伤。因此,力是造成机械性损伤的关键因素。

(一)致伤物

能造成机械性损伤的物体称为致伤物。法医学中把致伤物分为钝器、锐器和火器三大类。

1. 钝器

钝器为无刃和尖的钝性物体,种类繁多,大如地面,小如石块;坚硬的如铁棍,软的如手掌,都属钝器范围。

2. 锐器

有刃或有尖的锐性物体称为锐器。可分为:

(1)切器

有锋利的刃部,便于切割,如菜刀、水果刀和刀片等。

(2)砍器

易于挥动的具有一定重量的锐器,如斧、柴刀、锄刀等。

(3)刺器

有尖刃的器械,如小刀、匕首、刺刀,也可为无刃的尖锐的器械,如钉、针等。

(4)剪器

指各种双刃剪刀。

3. 火器

即发火的武器,如枪弹、炸弹、手榴弹、地雷、炮弹及其他雷管、炸药等,具有强大杀伤力。

致伤物作用于人体,往往形成一定的损伤特征。法医学上,可以根据损伤的伤痕特征所反应的致伤物接触面的形态,来推断致伤物的形态、种类、轻重、质地等。

(二)作用力

作用力是致人体受伤的机械力。致伤物体作用于人体或人体撞击到致伤物体都有力的作用。

1. 外力的来源一般有两种:一种是凶手施加的力。致伤物体具有的打击力大小与凶手施加的力大小有直接关系,凶手施力的大小与杀人动机、用力方式、现场环境等因素的有关。另一种是由运动着的人体与相对静止的致伤物体碰撞,被碰撞的致伤物产生反作用力致使人体受伤,多见于自杀、灾害事故等情况。

2. 外力作用的形式。机械力作用于人体的形式可分为直接作用力、间接作用力和震荡作用力。

(1)直接作用力是机械性损伤暴力作用的主要方式,直接暴力造成的损伤最能反映致伤物的性状。其特点是在着力点处发生不同形态、不同程度的软组织损伤。

(2)间接作用力是指传导到作用点周围或相对方向的外力。如高坠者臀部着地造成枕骨大孔周围受力而发生环状骨折。

(3)震荡作用力是机械力引起人体内脏强烈震荡形成的损伤。如外力作用引起的心脏震荡、脑震荡、脊髓震荡、视网膜震荡等。

3. 外力作用人体引起的变形。人体各组织结构不同,受外力形式也多种多样,受力后变形的基本类型有拉伸、压缩、剪切、扭转、弯曲等变形形式,然而在实际生活中,人体的变形往往不是单纯的某种变形,而是两种或更多的变形形式的组合,称为复合变形(详见图4－1)。

(1)压缩变形:作用在人体同一轴线上的两个大小相等、方向相对的外力称为压力,组织受压力作用而短缩,称为压缩变形。如臀部着地,脊椎受到的力是压力,形成的椎体压缩性骨折就是压缩变形。

(2)拉伸变形:作用在人体同一轴线上的两个大小相等方向相反的外力作用所导致的变形力称为拉力。由拉力作用导致的变形即为拉伸变形。物体的拉伸变形和压缩变形是除力的方向外,其作用形式完全相同的受力变形。因此,物体的抗拉伸能力和抗压缩能力是相对的,抗拉伸能力强的物体,其抗压缩能力也强;就力学强度而言,脆性材料的抗压缩能力远大于抗拉伸能力。

(3)剪切:使物体受到大小相等、方向相反,而且不在同一平面上的两个外力作用所引起的变形,其结果是物体的截面发生相对滑动错位。如夹、剪创的形成。

(4)扭转变形:物体两端的横截面上,分别受大小相等、方向相反的力偶作用时,物体即会发生扭转变形。如颈椎和脊椎可因头部突然扭转而发生损伤。

(5)弯曲变形:因物体受到与其轴线相垂直的大小相等、方向相同,又在同一平面上的力偶的作用所引起的变形称为弯曲变形。如肋骨间接性骨折的形成。

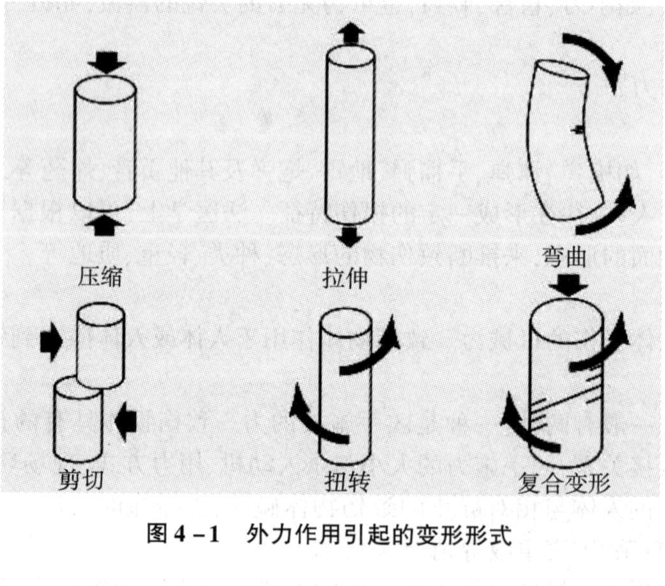

图4－1 外力作用引起的变形形式

(三)人体组织

生物力学研究证实,人体各种组织均具有不同的抗压力、抗拉力、抗冲撞力和抗剪应力。同时,人体受到外力作用时均具有反应性、弹性和收缩性,这些是活体组织所共有的特性。

1. 人体组织结构特性

人体皮肤是外伤的主要对象,但全身不同部位皮肤又各有不同的厚度,不同的角化程度,不同的皮纹方向和不同的皮下组织结构,因而不同部位皮肤上所形成的损伤可能不同。

一般而言,头皮对颅脑损伤具有很强的保护作用,作用于头部的暴力强度,约有35%被头皮吸收,以保护和避免对颅骨和脑的损害。人体颅骨和胸廓对脑和胸腔器官均起到良好的保护作用,在一定程度上可防止或减轻外来暴力对脑、心脏和肺等重要器官的损害。

2. 组织或器官的生物力学特征

机体不同组织和不同器官的成分及其结构不同,其弹性、韧性和张力亦不相同,对外力的抵抗力有很大差异,对暴力的作用和反应亦不同。例如,骨组织虽含水分较少,但仍具有一定程度的弹性和可塑性,只有当暴力强度超过骨的弹性限度时,方可造成骨折。正常的脾脏有一定弹性,脆性亦较小,而有病变的脾脏脆性大、弹性小,因而遭受暴力时,易发生破裂。同样强度的力,作用于胃体充盈者,易导致胃破裂;空胃则不一定破裂。肝、脾、肾等实质器官较空腔器官易破裂。有时,打击腹部,受击部位的局部皮肤可无明显损伤或只有轻微损伤,而内部器官则可发生破裂。

人体组织器官除具有一定的可塑性和弹性外,许多器官尚有一定保护结构,如肾周脂肪、内脏的被膜等,对机械性损伤的形成,皆有一定影响。

3. 机体健康状态、年龄及某些疾病等因素也影响组织对外力的耐受性。如青年人的组织弹性和韧性均比老年人的强;肿大的肝脾易发生破裂;骨质疏松患者易骨折;血液病患者易发生出血等。

(四)影响机械力作用的物理学原理

致伤物运动所产生的动能或形成外力的大小,决定于致伤物的质量和运动的速度。其物理学原理如下:

①$F = ma$,$a = (v - v_0)/(t - t_0)$,致伤物质量(m)和加速度(a)越大,作用时间(t)越短和变化率$(t - t_0)$越快,则力的强度(F)越大,所形成的损伤越严重。

②$E_k = 1/2mv^2$,提示致伤物质量(m)和速度(v)对致伤物能量(E_k)的影响,如质量增加1倍,所受力也增加1倍;而速度增加1倍变为原来的2倍,所受力将增加4倍。因此,在这两个因素中致伤物运动的速度远比其质量更重要。例如,在枪弹射击中,弹头的重量虽轻,但发射后具有极快的速度,能击穿人体造成严重损伤。致伤物的质量不同,损伤的轻重也有差异,金属致伤物在同等条件较木质、塑料棍棒造成的损害严重。有把柄的凶器易于挥动,打击时速度快,能量大,损伤重。

③$Ep = mgh$和$V = 2gh$,重力加速度(g)、高度(h)表明高坠的躯体或致伤物离地面越高,势能(Ep)和速度(V)越大,则造成的损伤越重。

④$P = F/S$,表示作用力相同的条件下,作用面积(S)越小,则压强(P)越大。作用面积(S)越大,压强(P)越小。作用于大面积可致组织均衡运动不发生损伤,作用面积小时,可致严重的损伤。故锋利尖端或具有刃缘的锐器,容易穿破组织造成深部组织器官的损伤。打击面宽的物体较同样性质而打击面小的物体造成的伤害为轻。

⑤$Ft = m_2v_2 - m_1v_1$,可解释致伤物和躯体组织之间的运动状态和方向对创伤产生的影响。在动量相同时,若致伤物与人体呈同向运动,则因受打击部位的顺向移动作用,受力时间延长,使力的强度减小,损伤轻;反之,若两者呈相向运动,则损伤重。

⑥根据力的分解法则,斜向打击时,由于能量斜向散失,形成的损伤比垂直打击轻。组织损伤过程中能量的转移亦符合能量守恒定律。

第二节　机械性损伤的基本形态

机械性损伤时可致机体的解剖结构和生理功能改变，组织的形态和功能紧密相关，不可分割。根据损伤的主要表现不同，可分为形态变化为主的损伤和功能变化为主的损伤两大类。

一、形态改变为主的损伤

以组织器官形态结构改变为主的损伤包括：擦伤、皮下出血、挫伤、创、内脏损伤、骨折和肢体断离等。

（一）擦伤

1. 概念

擦伤（abrasion）是指表面粗糙的致伤物与体表摩擦致表皮层或表皮层与部分真皮层剥脱和缺损，又称表皮剥脱。擦伤多发生于遭受钝器打击、坠落、交通事故等情况下。表皮剥脱可发生在体表的任何部位，但多见于突出部位。其大小不等，形态各异，有条状、片状或片状、条状并存。有时残留的表皮碎屑或游离皮瓣，可借以推断暴力作用方向（图 4－2）。游离缘为力的起始端，附着缘为终止端。表皮剥脱颜色可呈浅棕色、暗棕色、浅红色或暗红色，视血液溢出的多少，伤后或死后经过时间而定。

2. 形成机理

一种是致伤物与人体表面呈切线方向互相擦挫所致；另一种是致伤物打击方向与人体表面近似垂直，挫压皮肤所致（图 4－2）。

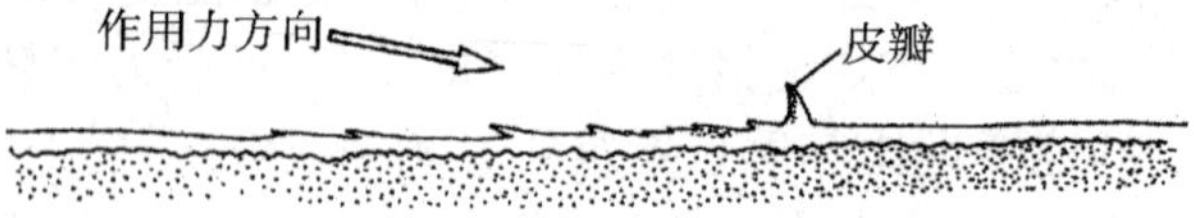

图 4－2　擦伤的形成

3. 表皮剥脱的形态：根据致伤物运动方向及其作用机制的不同，表皮剥脱可将分为以下四种类型：

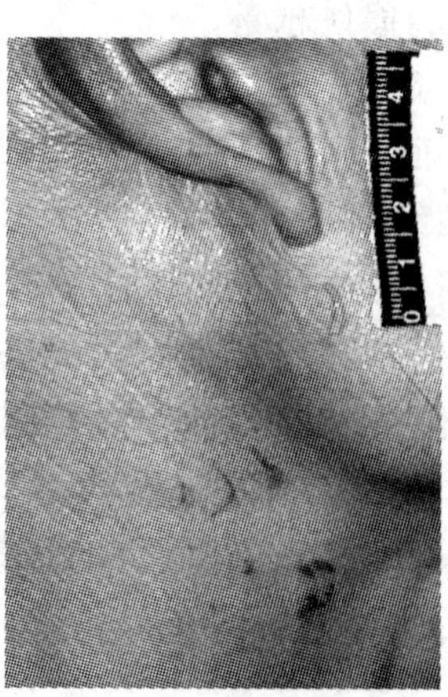

图 4－3　指甲形成抓痕

(1)抓痕(scratches,finger nail abrasion)是由指甲或有尖头的硬物抓擦或划过皮肤表面，形成的弧形的擦伤(图4－3)。在扼死时抓痕多见于面颈部。性犯罪案件抓痕常在受害者的外阴、乳房或股内侧等部位。虐待儿童的抓痕多见于上肢前臂。

(2)擦痕(grazes or brush abrasion)是由体表与粗糙物体或地面摩擦而形成的损伤。多分布在人体较突出部位，呈片状、条状，或片状中带细条状，表面可附着沙粒、泥土等(图4－4)。

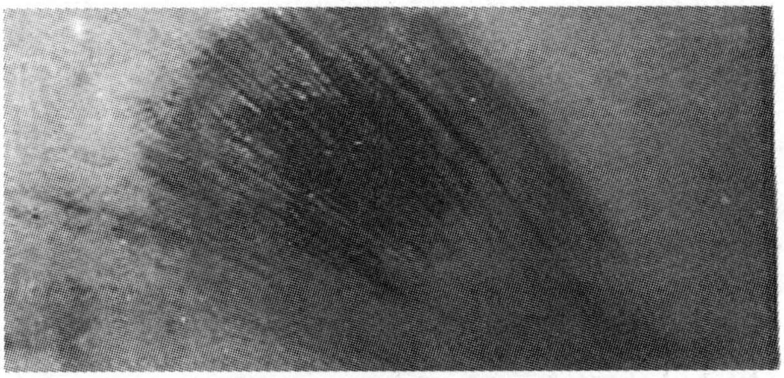

图4－4 皮肤擦痕

(3)撞痕(impact or crushing abrasion)是由致伤物以几乎垂直于体表的方向撞击体表使致伤物陷入皮肤时，其边缘形成的擦伤。此损伤多见于车辆撞击或坠落伤，有时在皮肤上留有特殊印痕，称印痕状擦伤(patterned abrasion)(图4－5)。

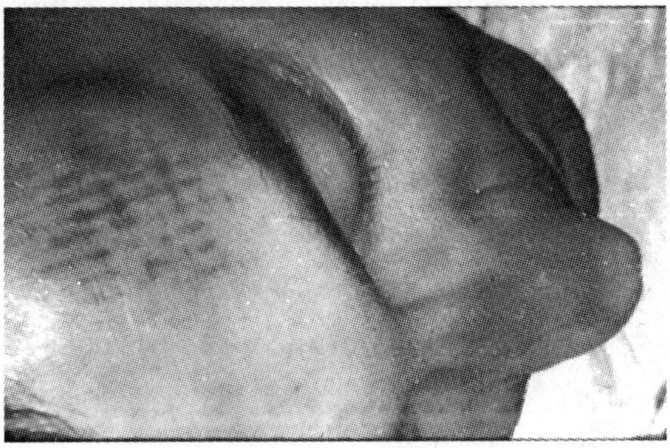

图4－5 撞痕

(4)压擦痕(fiction,pressure abrasion)由表面粗糙的物体，在压迫皮肤的同时，与皮肤表面相摩擦而形成的损伤。压擦伤不仅可伤及表皮、真皮及皮下组织，也因受压而致真皮乳头变扁平、血管受压、局部缺血。压擦伤常见于缢吊、咬伤等。

4.痂皮或血痂的形成：表皮层中无血管，单纯表皮层缺失无出血现象，但在实际工作中常见的表皮剥脱伴有出血现象，是伤及真皮乳头的情况。仅伤及表皮层时，只有体液渗出，干燥结痂，呈黄色或浅棕色。当伤及真皮层时，可见血液渗出。显微镜下，可见血管扩张、出血以及白细胞浸润等炎性反应。擦伤的表面渗出组织液和血液混合，覆盖伤面，形成痂皮，数日后痂皮脱落，伤面愈合，一般不留瘢痕。表皮脱落极少继发感染。其愈合过程，可作为推断损伤经过时间的根据之一。一般伤后3～6小时，可见真皮内毛细血管扩张，形成血管网；12～24小时结痂，3天左右从痂的周边开始剥离；5～7天完全脱落。

5.法医学意义：擦伤对人体的损害轻微，但在法医学中具有重要的意义。

(1)擦伤的部位常标志暴力的作用点。

(2)擦伤的形态特征,可反映暴力作用的方向,致伤物体的形状。

(3)擦伤有组织炎症反应和皮下出血,可证明是生前伤。

(4)擦伤的形态特征、分布、位置和数目,结合其他损伤,可推断事件性质及罪犯的意图。

(5)推断损伤的时间。

(6)推断外力作用方向。

(二)皮下出血

1. 概念:皮下出血(subcutaneous hemorrhage)是指外力的作用使真皮及皮下组织层的血管破裂,血液聚积于皮下组织间隙。如果血液聚积在真皮层内,称为皮内出血(intradermal bruise)。

2. 皮下出血的形态:皮内出血因组织质地致密多局限于受暴力作用的部位,多呈点、片状,能较好地反映致伤物体接触面的形状。眼眶周围、面颊部、乳房、股内侧、会阴等处皮下组织疏松,血管丰富,受力后不仅血管易发生破裂、出血,且出血量较多、范围较广,出血量大时,血液积聚于局部组织间隙内形成血肿(hematoma)(图4-6)。在皮下组织较致密的部位,如背部、臀部、四肢等部位,致伤物体打击的速度可较快形成中空性皮下出血,打击中间部位呈苍白色,两边缘形成两条平行的出血带,称为中空性皮下出血(图4-7)。其形成机理有两种:一是认为钝性物体作用时,皮下组织中的毛细血管突然受压而闭合,血液瞬间流向两侧,使闭合两端的毛细血管内压骤然升高而破裂出血;二是认为当钝性物体作用于皮肤组织时,物体两侧对皮肤组织产生剪切力,从而使两侧毛细血管在瞬间因错位而撕裂出血。实际上这两种机理可能都是构成中空性皮下出血的形成因素。(图4-8)

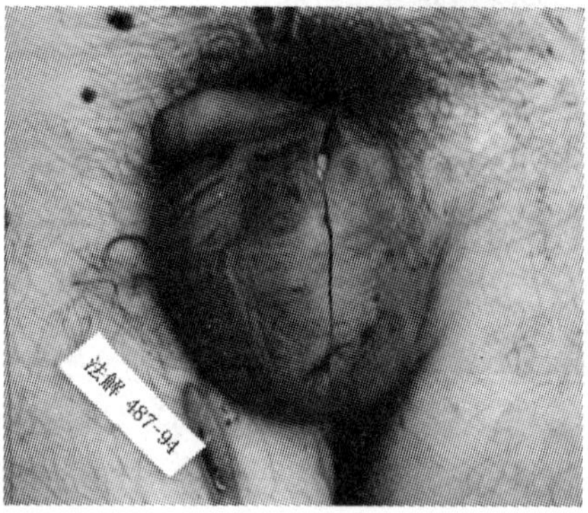

图4-6 阴囊出血形成血肿

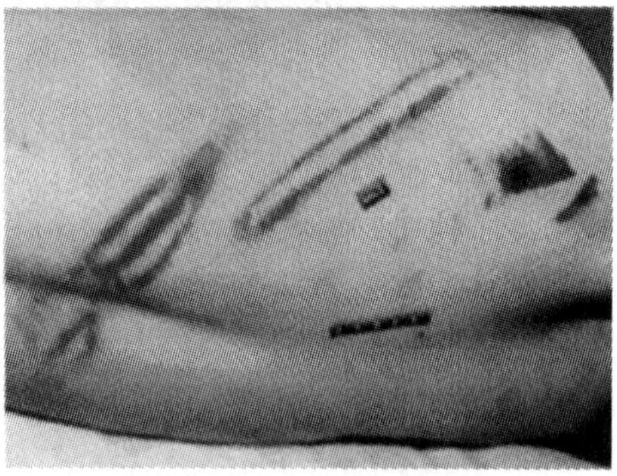

图4-7 中空性皮下出血

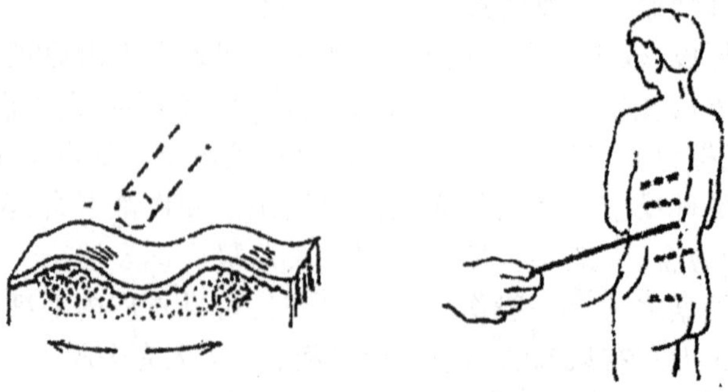

图4-8 中空性皮下出血的形成机理

3. 皮下出血的颜色：决定于血红蛋白分解变化的颜色，伤后皮下出血呈红色，1～3 天后出血灶内氧合血红蛋白转变为还原血红蛋白及正铁血红素，呈青紫色，3～6 天转变为含铁血黄素及胆红素，6～9 天胆红素氧化为胆绿素呈绿色，以后逐渐被吸收变为黄色，2 周后出血部位的颜色完全消失。

皮下出血的颜色与尸斑相似，在法医实践中，常有死者家属把尸斑误认为皮下出血而对死亡原因提出质疑，因此，应将皮下出血与尸斑进行区分（详见第三章表 3－1）。

4. 法医学意义：

（1）皮下出血的部位标志暴力作用点。

（2）皮下出血提示生前受外力作用。

（3）皮下出血形态有时能反映致伤物作用面的形状。

（4）皮下出血颜色变化，可估计伤后经过时间。

（三）挫伤

1. 概念：挫伤（contusion）是指人体软组织受钝力作用，致深层组织挫碎而皮肤全层未断裂的损伤。致伤物体接触面积较大或不十分坚硬，作用于人体软组织较丰满部位或有软物衬垫处，易形成挫伤。

2. 挫伤形态：一般都有外轻内重的特点，外表常表现为表皮剥脱，皮下出血。深部组织表现为严重出血，肌肉、脂肪组织挫碎，内脏破裂、骨折等。易受挫伤的组织有皮下脂肪、肌肉、脑、内脏等。处于收缩状态的肌肉，即使很小的外力便可引起肌纤维断裂，灶性出血，如心脏挫伤（图 4－9）。皮下脂肪挫伤有时可导致脂肪坏死。

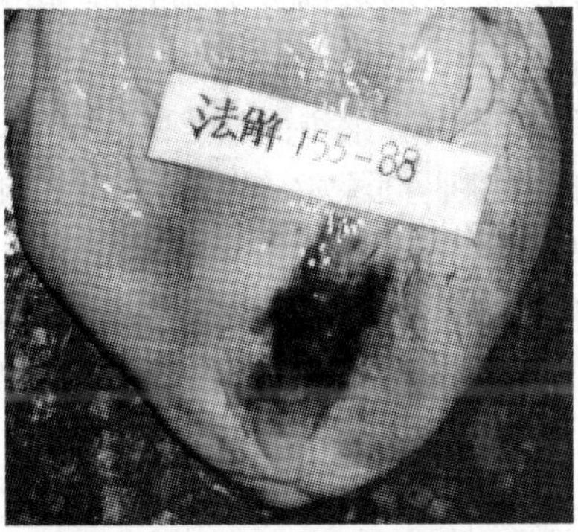

图 4－9 心肌挫伤

3. 法医学意义：

（1）挫伤是外力作用的最好证明，如检验颅内出血的尸体，若发现伴有脑挫伤，即可判断出血与外伤有关，并根据挫伤部位进一步分析外力的作用点。

（2）挫伤常作为生前伤的标志，死后虽然也可发生皮下出血，但无凝血块形成。

（3）挫伤的范围和程度，可反映致伤物的形态及外力的某些特征，据此可判断致伤物作用面的形态。

（4）根据挫伤的部位、数量和形状，有助于分析案情和现场重建。如扼颈死亡者，皮肤挫伤多位于颈部两侧，而性犯罪者皮肤挫伤多位于股内侧。

（四）创

1. 概念：创（wound）是指较强大的暴力作用人体，使皮肤全层及皮下组织层，甚至内脏器官破裂的开放性损伤。

2. 创的构成：创由创口、创缘、创角、创底、创腔、创壁六部分组成（图 4－10）。组织破裂形成的皮肤及深部组织裂口称创口；创口周边皮肤的边缘称创缘，因组织收缩在创口下形成的空腔称创腔；创腔周围的组织断面称创壁；创腔深部未破裂组织称创底；创缘皮肤交界形成的夹角称创角，创壁之间未完全断裂的血管、神经和结缔组织称组织间桥（tissue bridge）。

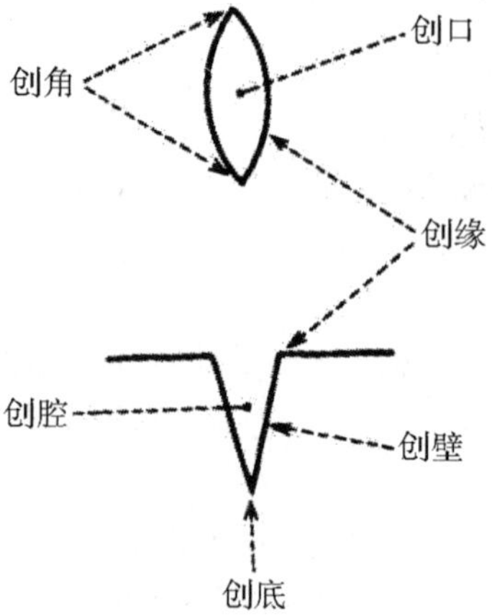

图 4－10　创的基本结构示意图

3. 创的类型：一般根据致伤物的类型将创分为钝器创、锐器创和火器创。

钝器创的基本特点是创口形态不规则，创缘不整齐，伴有表皮剥脱和皮下出血，创角钝圆，创壁粗糙不整齐，创底不平，创腔内有组织间桥。

锐器创的基本特点是创口较规则，创缘整齐无表皮剥脱和皮下出血，创角锐利，创壁光滑，创底较平整，创腔内无组织间桥。

钝器创与锐器创形成的机理不同，钝器形成创口是通过"面"来实现的，皮肤的开裂是因挫压与牵拉所致；而锐器形成的创是通过"线"来完成的，皮肤的开裂则是因切割所致。

4. 法医学意义：

（1）根据创的形态和创内异物，可以判断致伤物体接触面的形状从而认定致伤物。

（2）根据创的大小、部位、方向，分析创的形成和打击的方向，有助于判断案件性质。

（3）根据创的愈合程度，推断损伤经过时间。

（五）骨、关节损伤

1. 骨折（fracture）指骨组织解剖结构连续性和完整性发生破坏。骨折可发生于全身各部位骨骼，以四肢长骨、颅骨、肋骨、椎骨等多见。以软组织是否破裂，骨折分为开放性骨折与闭合性骨折。骨折发生在致伤物着力处称为直接骨折；远离受力点处的骨折称间接骨折。骨折有线形、凹陷、孔状、粉碎等多种形态。在法医学实践中，常见且较有意义的是线形骨折（fissured fracture）、凹陷性骨折（depressed fracture）、孔状骨折（hole fracture, perforated fracture）、粉碎性骨折（comminuted fracture）以及骨质擦痕。法医学中最常见的是颅骨骨折，其次为肋骨骨折、四肢骨骨折、脊椎骨骨折和盆骨骨折。

骨折多见于高坠、交通或灾害事故。在伤害案中，常会造成骨折。老年人骨质疏松，受力时容易发生骨折。此外，一些骨骼疾病亦可造成病理性骨折。

2. 关节损伤

最常见的关节损伤是脱位。即组成关节各骨的关节面失去正常对合关系，称为关节脱位或脱臼。外伤性脱位常合并有骨折。高位颈椎脱位致脊髓损伤有时可致死。

（六）内脏破裂

外界暴力致人体内脏器官解剖学结构完整性的破坏称内脏破裂（rupture of viscera）。斗殴、高坠、交通事故或灾害案件中均可遇到内脏破裂。该损伤可见于实质器官或空腔器官。实质器官破裂是指器官包膜和实质部分被破坏，常见脑、心、肺、肝、脾、肾等；空腔器官，如胃、肠和子宫等的破裂，均可导致功能损坏，出血、感染、低血容量休克、创伤性休克等，直至死亡。病理状态的内脏器官较健康的内脏器官易破裂；充满食物的胃较空虚的胃易破裂。内脏破裂常是机械性损伤的一种死因。

（七）肢体断离

巨大暴力的作用使人体躯干、四肢遭受到严重的破坏和离断称肢体断离（dismemberment）。肢体断离多见于交通事故、爆炸、建筑物倒塌、高坠等案件中，也见于死后碎尸的情况。

二、功能改变为主的损伤

功能改变为主的损伤指引起重要生理功能急剧的致命性变化为主的损伤，而无明显的形态学改变。主要有以下两种：

（一）神经源性休克

神经源性休克（neurogenic shock）是指机体某些部位的神经末梢对机械性暴力的作用非常敏感，受到打击时，可引起严重的反射性自主神经功能紊乱，出现休克并可迅速死亡。人体的太阳神经丛、喉返神经分布区、颈动脉窦区、外阴部和肛门直肠部等属此类敏感区，也称触发区（trigger regions）。对此种情况，应详尽地调查案情和临床症状，并进行全面的尸体剖验和其他实验室检查，以排除其他可能的死因。此外，强烈的疼痛或高位脊髓损伤等，均可通过抑制心血管运动中枢或阻断交感缩血管神经反射，引起休克、循环衰竭或心搏骤停，导致死亡。

（二）震荡伤

震荡伤（concussive injury）由猛烈的变速性外力作用于头部、上颈部或心前区而引起的脑震荡、脊髓震荡、心脏震荡和肺震荡。这类损伤的形态学改变较轻微，常规组织学检查仅见散在的小灶性出血，神经纤维或心肌纤维牵拉性损伤，间质淤血、水肿。脑震荡系较轻的弥漫性轴索损伤。震荡伤可影响神经生命中枢的活动或心肌电生理活动，引起神经源性休克、心源性休克或心搏骤停，从而导致死亡。

第三节　机械性损伤的检查

对损伤进行检查是损伤检验鉴定的关键，对于推测致伤物、确定死亡原因和方式至关重要。因此，损伤的检验和记录是法医工作者的基本技能，损伤的检查应遵循一定的原则，并按一定的步骤进行。

一、机械性损伤检验的原则

（一）仔细观察损伤的形态特征，准确地用文字描述，并且用摄影及绘图记录。

（二）若有多处损伤，应逐一编号，依序逐个地进行仔细检查。每一损伤应分别记录，避免遗漏。

（三）防止人为破坏损伤的原始形态，在尸体搬运过程中应注意保护，防止形成新的损伤。

二、机械性损伤检验和记录的基本方法

损伤的检验和记录应包括损伤的部位、方向、大小、数目、范围、特征、颜色、附着物等方面的内容。

（一）损伤的部位

应用体表的解剖学标志叙述损伤的准确位置，并用其相互关系记录损伤的数目与分布，如胸部标志线（图 4－11）或腹部分区（图 4－12）。

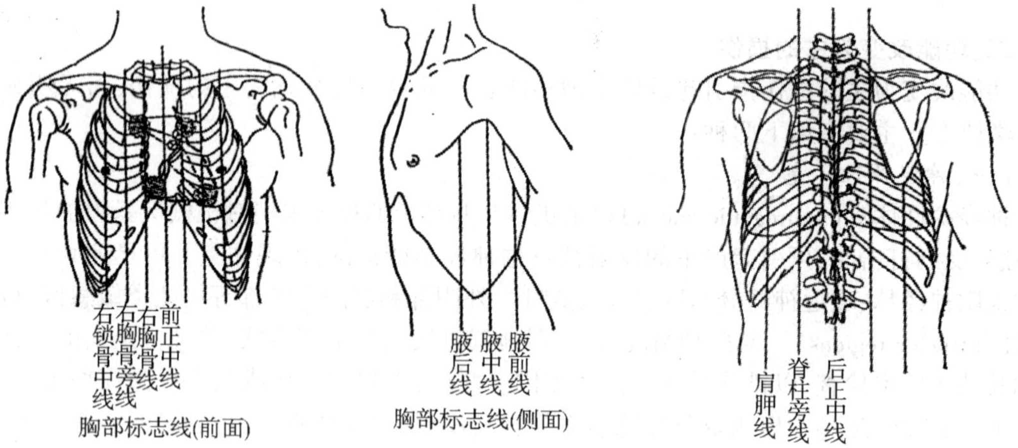

图 4－11　胸部标志线

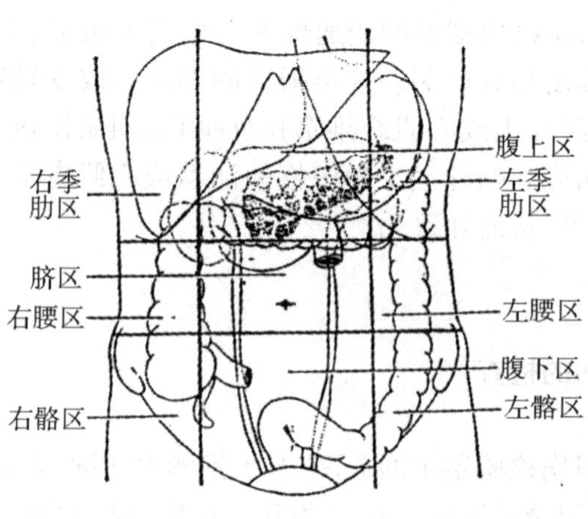

图 4－12　腹部分区

（二）损伤方向

以体表及内脏损伤长轴为标准，区分上下、左右、前后，记录描述，推断暴力作用的方向。

（三）损伤大小

测量损伤的长度、深度要使用国际标准计量单位，如 cm 或 mm。

（四）损伤形状

描述损伤的形状应用几何学术语，如圆形、卵圆形、线形、弧形、星芒状、三角形或用常见的物体名称进行描述。记录损伤形态时要用描述性语言，避免使用诊断性术语。

（五）损伤数目与范围

损伤数目要用明确的数字表明，对于片状、广泛性、散在性损伤，以厘米为单位测量其面积。

（六）损伤特征

对软组织损伤要描述表皮剥脱和皮下出血的形状。根据创的组成观察描述创的特征。对骨折部位、类型进行描述。

（七）损伤颜色

对表皮剥脱和皮下出血、损伤部位的炎症反应要描述颜色变化。

（八）损伤部位附着的异物

如木屑、树皮、泥沙、火药颗粒、烟灰、血迹、毛发等物，应详细检查、记录，然后采集、保存。

（九）应将哆开创口的两创缘合拢检查（图 4－13），观察创缘情况，有无组织缺损，测量创口的长度，这对致伤物的推断亦有帮助。

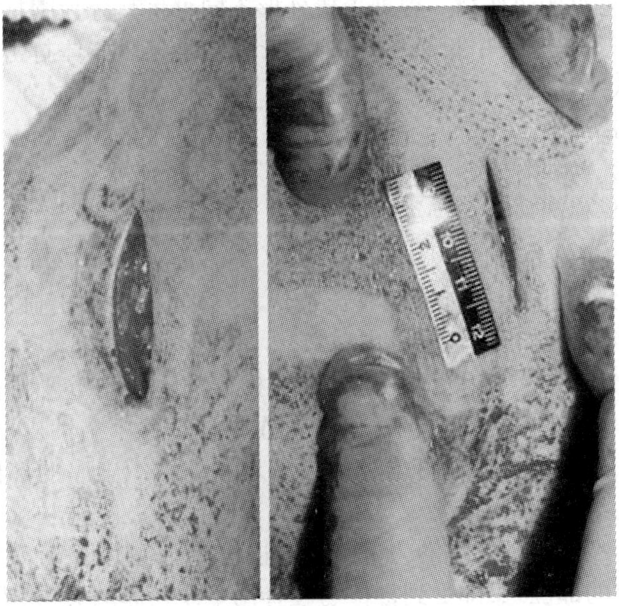

图 4－13　刺创口的检查

检查时将两创缘皮肤向中心挤压，可见创口呈细条状裂开，显示出创角一钝一锐。

三、机械性损伤检验的任务

(一)确定损伤的类型和形成机理。

(二)判断损伤程度、区分致命伤与非致命伤,确定死亡原因。

(三)推断或认定致伤物。

(四)判断损伤是生前伤或是死后伤。如系生前伤,应估计死者伤后存活的时间。

(五)判断致伤方式或死亡方式(自杀、他杀或意外)。

(六)判断致命伤后的行为能力。

(七)如有疾病同时存在,应确定伤、病与死亡原因的关系。

第四节　钝器伤

钝器伤(blunt instrument injury)是由无锋利刃缘和尖端的钝器打击人体造成的损伤。钝器伤常见的为擦伤、挫伤、挫裂创、骨折、内脏破裂以及肢体离断等,其中以擦伤、挫伤、挫裂创最多见。挫伤常与擦伤并存,挫裂创常与擦伤和挫伤相伴。常见的钝器有棍棒、斧锤、砖石,其次为徒手伤(如脚踢、拳击、手扭和口咬形成的损伤)。

一、棍棒伤

棍棒伤(stick injury)是以棍棒或条形硬物等致伤物打击人体造成的损伤。因棍棒易于获取,是伤害案中较常见的致伤物。根据棍棒外形不同可将其分为圆柱形、方柱形及不规则形等。棍棒的基本形态是有一个长条形的体和两个端,常见以棒体打击为多,受伤部位以头部多见,躯干、四肢次之。

(一)棍棒的特征

棍棒的种类繁多,一般有木质、金属、竹片、藤条、塑胶管等。形状有圆柱形、方柱形、不规则形等。因此,棍棒伤的形态多种多样。

(二)棍棒损伤的形态特点

1. 以条形损伤为主。棍棒打击可形成长条状表皮剥脱、皮下出血、挫裂创、骨折。这种条状损伤形态学上表现为与棍棒纵轴方向一致。

2. 中空性皮下出血。中空性皮下出血是木质棍棒类损伤的重要特征,在我国以往的法医学著作中称之为"竹打中空",国外的法医学著作中称这种中空性皮下出血为铁轨样挫伤(railway line bruise),圆形棍棒快速打击身体较平坦和软组织丰厚的部位,易形成中空性皮下出血,呈‖形,中间组织苍白。

3. 条形镶边状挫裂创。棍棒类的另一个重要损伤特征是皮肤组织的镶边状挫裂创。打击在头部有骨质衬垫的部位,头部受到棍棒与颅骨两坚硬物体的夹击,沿着棍棒纵轴方向形成条形挫裂创(图4-14)。其特点是:创口沿棍棒长轴呈条形;创缘不整齐,常呈锯齿状,创缘两侧伴有较整齐的表皮剥脱和皮下出血;创腔内有组织间桥;创角有与受力方向相一致的撕裂以及一定程度的皮下组织挫碎和毛发脱落征象。比较而言,金属棍棒类引起镶边状挫裂创比木质或塑胶棍棒类更多见而且更典型。

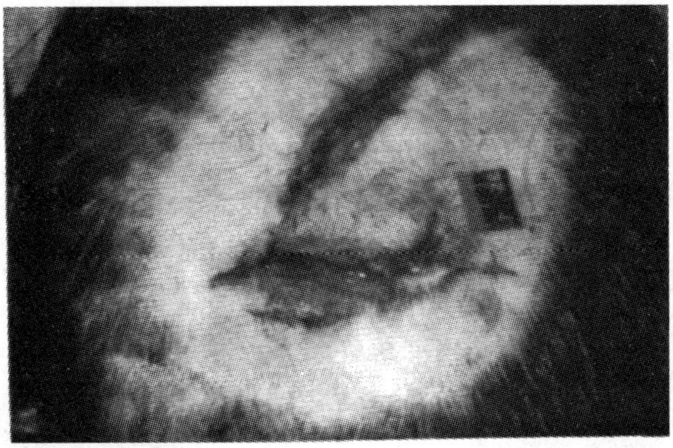

图 4-14　棍棒造成的条形镶边状挫裂创

4. 线状骨折多见。棍棒类钝器引起骨损伤中，线状骨折占 70% 以上，其在人体长骨损伤中占 90% 以上。这是由于棍棒作用面积相对较大，局部受力较小以及自身呈长轴状等因素所决定的。在使用力量较大时有时在颅骨上可形成凹陷性骨折，尤其是金属类棍棒因其质地较骨骼硬，更容易形成塌陷性舟状骨折。

（三）不同形状棍棒伤的特点

圆形棍棒伤皮下出血边界不清，中间重，外侧轻，损伤宽度小于致伤物的直径。创缘双侧有典型的“镶边状”挫伤带；方形棍棒伤皮下出血边界清楚，损伤与致伤作用面的宽度一致，易形成挫裂创，创缘较整齐，仅在内侧出现边界不清的条片状挫伤；不规则棍棒伤的形态复杂，各具特点，须根据现场条件分析损伤的分布规律，进而作出判断，如树枝的分叉、棍棒的金属包头、钩环等。

（四）不同质量棍棒伤的特点

常见的木质棍棒和金属棍棒损伤各有其特点，在法医检案实践工作中应注意区分（详见表 4-1）。

表 4-1　木质类棍棒损伤与金属类棍棒损伤区别

损伤	木质类棍棒	金属类棍棒
皮下出血	出血程度轻，颜色淡，边界不清，多形成中空性皮下出血	出血较重，颜色浓，边界清，一般不出现中空性皮下出血
挫裂创	创缘不整齐，创壁不光滑，创腔组织间桥明显	创缘整齐，创壁光滑，创腔有少量组织间桥
骨质损伤	常见线状骨折，凹陷性骨折边缘无密集平行的骨裂纹，粉碎性骨折碎片少而大	常见凹陷性骨折，边缘有密集平行的骨裂纹，粉碎性骨折碎片多而小，断面可有擦划痕
创内异物	可留有木屑、树皮或其他附着物	常有铁锈、油垢或其他附着物

二、斧背及锤面损伤

在杀人案件中，锤、斧是常见的凶器。这类凶器获取容易，携带方便，打击力量大，且打击的部位多在头部。由于头部各部位有一定弧度，锤面、斧背打击时，通常不易与头部全面接触，伤痕极少反映出凶器的完整形态。但这类凶器独具特征，所以在伤痕上又可留下各自的特征，这对于认定凶器很有意义。

(一)斧锤的特征

斧分斧刃和斧背两部分,斧背有方形、长方形、圆形三种基本形态。斧按其用途不同分木工斧、肉斧、柴斧、消防斧、矿工斧等。

锤分锤击面和锤背面两部分,锤击面有方形、圆形和多角形等多种形态,锤背则根据其形态分奶头状、羊角状、鸭嘴状等。

(二)斧背损伤的基本形态

1. 表皮剥脱和皮下出血:斧背垂直打击在人体较平坦且软组织较丰富的部位易形成方形或长方形表皮剥脱并伴随皮下出血,皮肤及皮下组织损伤的边界一般比较清楚,能基本反映出斧背的轮廓和大小。

斧背偏击在人体平坦的部位或垂直打击在弧度较大的部位时,多形成槽形表皮剥脱和皮下出血,这种皮下出血常反映出斧背的两个直角、一条完整的夹边以及两条不完整的直角边(图4-15),夹边可反映斧背的一侧边长。

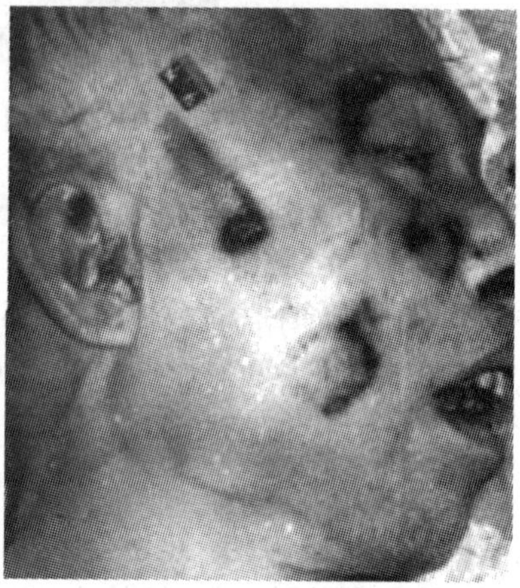

图4-15 斧背形成的直角形皮下出血

斧背垂直打击在头部弧度大的部位时,由于作用面仅仅是斧背的中央部分,因而形成的表皮剥脱和皮下出血多呈类方形或类圆形,不能较完整地反映出斧背的直角和棱边。

2. 挫裂创:斧背偏击头部,如以一个角面着力,易形成直角形或三角形的挫裂创(图4-16);而以其中一侧棱边着力时,则形成条状挫裂创。创口的内侧缘常伴有组织挫灭,外侧缘与正常皮肤的界限比较清楚。

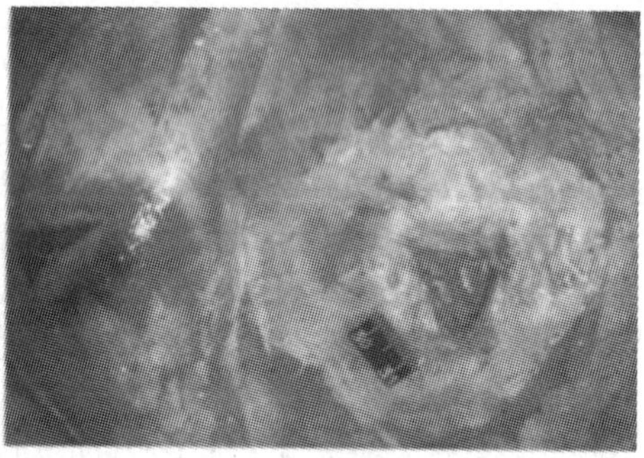

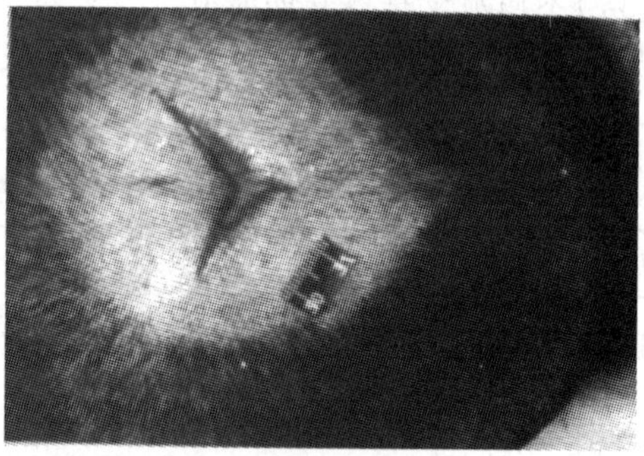

图4-16 斧背一角偏击时形成直角形的挫裂创及三角形骨折

斧背垂直打击在头部突出的部位如额、顶结节、枕外隆突等,因其作用面只是斧背中央部分,故易形成星芒状挫裂创,在挫裂创周围有时可见类方形皮下出血。

斧背垂直快速猛击头部较平坦的部位,头皮等软组织瞬间受强大外力作用而挫灭造成皮肤缺损,露出骨质,其挫灭缺损的范围,常反映出斧背作用面的形状和大小。

3. 骨质损伤:如果力量适中,斧背在颅骨上多在外板骨质上形成与打击接触面相似的骨质压迹,一般骨内板不受损。骨质压迹常可反映出斧背棱角的特征。斧背垂直猛击颅骨,当力量足够大时,一般形成类方形或椭圆形塌陷骨折,骨折的范围等于或稍大于斧背面积,骨折区周围一般钝圆不易反映出斧背的棱边或角的特征;有时骨折区周边上常伴有放射状骨折，如果在颅骨质菲薄部位如颞部则可形成与斧背接触面相关的孔洞状骨折，但此种骨折区一般要大于斧背面积，有时周边能反映出斧背的棱边、棱角的特征。如斧背偏击，一个角顶着力，可形成以斧背角顶为中心的三角形或类圆形塌陷骨折，如果一个角面着力则形成三角形阶梯状塌陷性骨折，这种骨折常能反映出斧背一个角的形态特征（图4－16）。

（三）锤类损伤的基本形态

1. 表皮剥脱和皮下出血。锤击面垂直打击在人体较平坦的部位，一般形成与锤击面形态相类似的表皮剥脱和皮下出血，如圆形、角形、方形等，有时锤面垂直打击在人体软组织丰富的部位，可形成与作用面形态相近的皮下出血，其大小规格多反映出锤击面的大小规格。锤击面偏击人体组织，其作用面只是锤击面的一部分，因此损伤也反映出接触面的一部分，如圆形锤面所反映的半月形表皮剥脱伴皮下出血（图4－17）；多角形锤面所致的单个或连续多个钝角形的表皮剥脱伴皮下出血；方形锤面所致的两角夹一边的槽形表皮剥脱伴皮下出血。

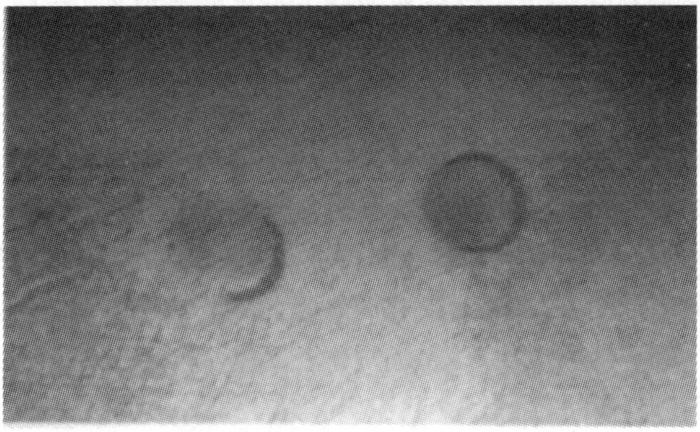

图4－17　圆形锤面偏击时形成的皮下出血

2. 挫裂创。圆形锤击面垂直打击时形成的挫裂创多为两个相对的弧形，两个弧形挫裂创之间可伴有圆形皮下出血，能反映锤击面的形态和大小；圆形锤击面偏击时则形成单条弧形挫裂创，创缘常伴有挫伤区；圆形锤击面垂直打击在头部较突出的位置时易形成星芒状或不规则形的挫裂创。多角形锤击面偏击头部时常可形成单个或多个连续的钝角形挫裂创，创口边缘常不齐整，头皮挫灭现象明显，有时软组织缺损，多个连续钝角出现能帮助人们识别其夹角和夹边的大小。方形锤击面所致的挫裂创与斧背所致的挫裂创相类似。

3. 骨质损伤。圆形锤击面垂直打击头部，可形成颅骨外板半月形、类圆形骨质压迹，从切线方向观察为坑状凹陷，力量大时可形成骨外板弧形、环形或套环形线状骨折或颅骨全层的半月形、类圆形塌陷骨折，力量更大且速度快时可形成类圆形孔洞状骨折，骨折区常伴有放射状骨裂纹，如重复打击则可形成骨折区范围大、周边似“花瓣”状、弧度大小相似的粉碎性骨折。方形锤面打击时常形成方形的挫裂创及阶梯状塌陷骨折（图4－18）。

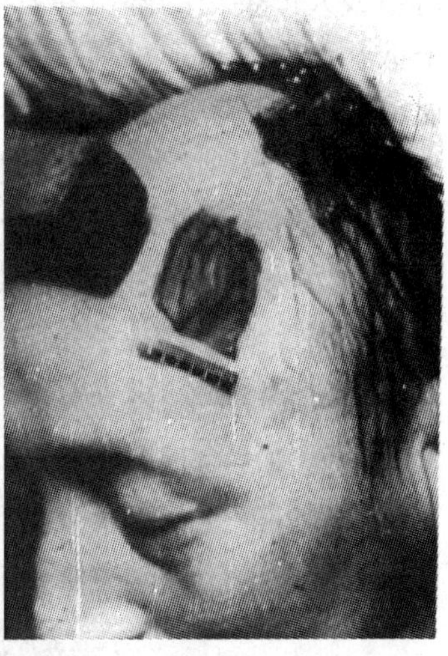

图4－18　方形锤面形成方形挫裂创及阶梯状塌陷骨折

三、徒手伤

徒手伤(bare-hands injury)是指不用任何工具而用人体的某一部位(如手、足、牙齿)作为致伤物造成的损伤。徒手伤属钝器伤,其损伤严重程度不一。轻者可造成表皮剥脱、挫伤或挫裂创,重者可致骨折、体腔内出血、内部器官破裂,甚至造成死亡。

(一)指端所致损伤

手指指端压迫身体表面所致的损伤称为指端损伤(finger tip injury),主要见于扼颈时的损伤。受压处的皮肤呈类圆形或椭圆形的挫伤,指端压迫的前端常有指甲压迫所形成的新月形表皮剥脱。

(二)拳击损伤

拳击损伤(fist injury)多发生于斗殴或作为一种应急的暴力手段。拳击伤可发生于任何部位,但实践中以头面部最为多见。虽然拳击较少产生严重损伤,但在一定条件下亦可产生严重的后果。根据近年来文献报道,拳击可导致几乎所有的损伤类型,如挫伤、挫裂创、骨折等。因拳击导致严重的颅脑损伤、心脏破裂、腹内脏器破裂等已不鲜见,甚至可引起血管内膜裂伤、枕寰关节脱位等罕见的损伤类型。

1. 拳的构成以及特点:拳是指掌屈曲紧握闭合时的状态,形似不规则的球体,拳击时,最常使用的是以背侧指关节突起点作为打击面,其次是掌指关节的撞击作用。拳类似一个外面包裹了一层柔软物的球形钝器,质地不硬而弹性好,冲击力较大。因此,拳击伤总的特点是外轻内重。

2. 拳击伤的形态学特点:

(1)表皮剥脱:拳击导致表皮剥脱的发生率为30% ~50%。一般来说,在人体的突出部位,有骨骼衬垫的部位易形成表皮剥脱,如面部、头部、胸部等,其表皮剥脱无特殊的形态特征。另外,衣着的存在使拳击不易引起表皮剥脱。

(2)皮下出血:拳击主要的体表损伤是皮下出血,其发生率为60% ~80%,在有较硬物衬垫或人体突出的部位易发生,如头部(图4 -19)。最典型的拳击引起的皮下出血为2 ~3个散在而略呈弧形排列、大小不一、轻重不同以及边界不清的直径1cm左右的圆形皮下出血,有时伴有表皮剥脱。

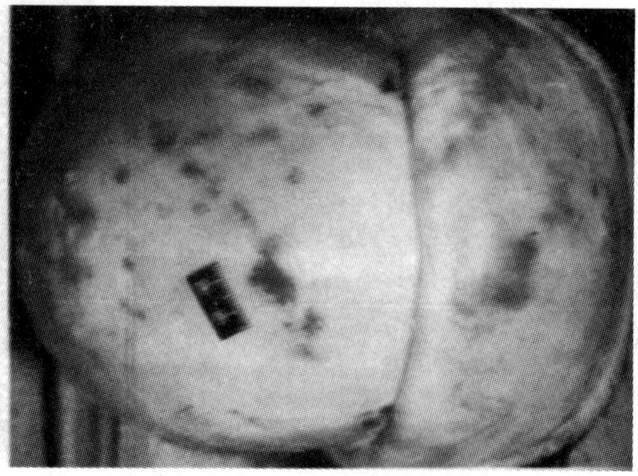

图4 -19　拳击造成的头皮下出血

(3)视力障碍:拳击头面部,容易造成眼睛损伤,轻者眼睛周围的青紫肿胀,眼睑水肿,严重者造成眼睛损伤而致盲。

(4)颅脑损伤:拳击头部可致脑震荡、昏迷、颅内出血,甚至可造成颅骨骨折和颅内出血。拳击下颌部,作用力由下部向上部作用时,可造成颈部过伸引起椎动脉断裂和脑干损伤而死亡。

(5)内脏器官损伤:拳击胸部,可导致心或肺震荡、破裂,肋骨骨折,特别是打击两肋弓下缘处很易发生骨折,以左胸骨骨折最多,特点是以线状横断为多见,如果在一个部位连续多次打击可造成多根肋骨凹陷骨折,刺破肺脏引起血、气胸而死亡。拳击腹上区,可导致肝、脾破裂。拳击某些敏感区域可引起神经源性死亡。

(三)咬伤

咬伤(bite wound)是由人或动物的上、下齿列在人体上咬合造成的损伤。人类的切牙、尖牙与磨牙的锐利程度不同。切牙和尖牙较锐利,咬合时上、下牙列紧压皮肤,在受害人的皮肤上形成两列相对的弧形挫伤、挫裂创,常伴有表皮剥脱。其形态可反映上、下牙列的咬合特征(图4-20)。咬合力强大,被咬合的器官较小时,如耳廓、鼻尖、舌头或乳头等,可因咬断而致组织缺损。仔细观察,创缘仍有齿列的特征。

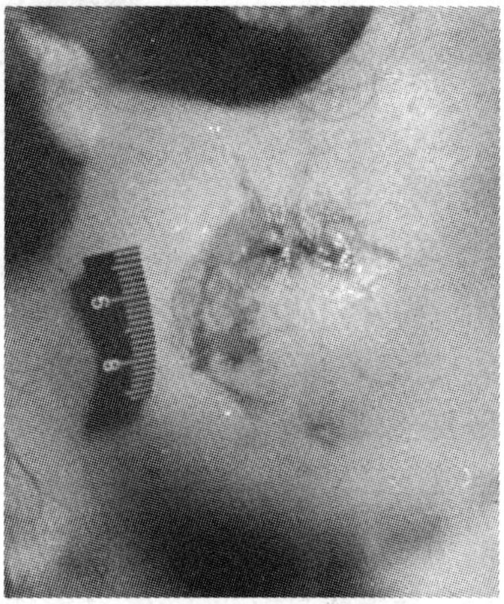

图 4-20 咬伤形成的弧形皮肤挫伤

咬伤常发生在斗殴的情况下,有时与性犯罪有关。咬伤易发生感染,愈合后瘢痕亦可具有特殊的形状。根据咬伤的形状,可与牙列特征进行比较检验。

咬痕的提取与保存,可采用下述方法:发现有咬伤,要及时对咬痕进行检验、固定及提取,因有的咬痕很快会变形或消失。首先要提取咬痕表面的唾液斑,用来做物证检验、个体认定。隔衣物形成的咬伤,应用紫外光检查衣物上有无唾液斑或其他肉眼不能见的痕迹。其次是加比例尺对咬痕进行拍照固定,对于曲面皮肤上的咬痕,应采取立体拍照。再次是用石膏液采集咬痕印,并翻模还原。如为尸体上咬痕,还应取下相应部位皮肤,用10%福尔马林液固定保存,为了防止变形,可将切下的皮肤四角用针固定在硬纸版上,然后放入固定液中。最后,如发现嫌疑人,用甲藻酸盐、橡胶等采集嫌疑人牙模型,以供比对。咬痕的比对,先要确定咬痕的方位、颌的类型以及咬痕特征,再与嫌疑人牙模进行各方面比对、分析,从而作出认定或否定的结论。

在法医学检验中,有时可看到动物咬伤。如襁褓乳婴、沉睡或酒醉的成人,皆可遭鼠类的咬伤。创口多呈类圆形,创缘呈锯齿状、创底不平,有时伴有鼠爪所致的抓伤痕迹。有时,暴露在郊外的尸体,也可看到蚂蚁的咬伤,其特征为创口小而浅,形态不整、创底不平,多个细小的创密集地排列。水中尸体可遭受鱼类、螅类的咬伤等。

(四)踢伤

踢伤(injury by kicking)多发生在受害人身体的下部,如下肢、外阴部、下腹部和臀部。有时亦可发生在躯干部、头面部,其发生部位与受伤当时的体位密切相关。损伤的性状及严重程度与衣着、致伤物的性状及作用力的大小密切相关。硬底鞋可致擦伤、挫伤(图4-21)、挫裂创,甚至骨折,有时可造成内脏破裂,如肝脾破裂。会阴部踢伤常引起疼痛性休克甚至死亡。

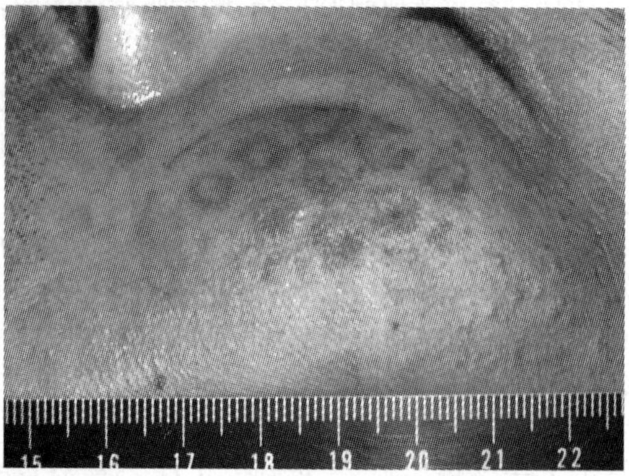

图 4-21　踢伤造成的皮肤挫擦伤

四、砖石伤

砖石伤(brick-stone injury)是由砖石打击人体形成的损伤。砖石伤可分为砖块伤和石头伤。砖石损伤是法医学实践中较为常见的类型。砖石在自然界分布广泛,随手可得,易于就地取材。据统计,在钝器损伤中,砖石伤占15%左右。砖石损伤的形成方式也远较棍棒与斧锤复杂,除了持握砖石打击外,抛击砖石或砖石从高处坠落砸伤人体以及人体撞击静止的砖石也是法医检案实践中较为常见的损伤方式。

(一)砖石类致伤物的特征:

无论砖石的大小、形状、质地以及成分有多大的差异,其共同点是表面粗糙且凹凸不平,即使是鹅卵石也多不例外。因此,砖石损伤的许多特征来自于此。

(二)砖石损伤的形态特点:

1. 头面部擦伤严重:损伤部位最常见于头面部,形成不规则的片状擦挫伤,挫伤区可见粗糙砖石面所致点状擦痕或线条状平行排列、方向一致的梳状擦痕,擦痕由重而轻,有明显的方向性。有时也可形成圆形、条形、三角形表皮剥脱和皮下出血。

2. 一击多伤:由于砖石表面的凹凸不平,作用于人体组织时因受力大小及接触面的不同而引起不同的损伤,尤其是头面部本身结构不平坦,砖石面的拍击常常形成多处甚至多种不同类型的损伤。损伤的特征是常在一次打击下形成多个大小、深浅和性状不同的损伤。头部可形成不规则的片状擦伤,轻重程度不一致。挫裂创多呈不规则形,也可呈条形、菱形、三角形,创口大小不等,深浅不一,创缘不整齐。着力大的部位可形成不规则的孔状骨折或凹陷性骨折。一击多伤有时是鉴别砖石伤的主要依据。

3. 挫裂创不规则:砖石表面形态不规则,形成的挫裂创形态多种多样,如短条形、星芒状或直角状等;在创的类型上形成数种不同性状特点的创口,易被误判为多种物体形成。

4. 创口内的碎屑:由于砖石表面粗糙,在搬运、使用及其打击过程中因震动受力而极易脱落,因此,砖石在形成皮肤挫裂创或骨折的同时,常在创口或创腔内遗留砖石的碎屑或黏附在砖石上的其他成分如石灰、砂土等,这对于鉴定砖石损伤也具有重要价值。

五、挤压伤

挤压伤(crush injury)是由巨大或沉重的物体压迫或撞击人体而造成皮肤和深部组织的

广泛损伤。挤压伤有狭义和广义之分,狭义的挤压伤是指人体肌肉丰满的部位受重物挤压一段时间后,筋膜间隔内的肌肉缺血、变性、坏死、组织间隙出血、水肿。临床表现为受压部位肿胀、感觉迟钝、运动障碍,以及肌红蛋白血症和一过性肌红蛋白尿。广义的挤压伤,指人体被作用面较大的重物挤压所产生的一系列损伤性病理形态学和病理生理学变化。受挤压的部位不限定在肌肉丰满的部位;损伤或死亡机制也不单纯是肌肉的缺血、坏死,可以是重度颅脑等重要内脏损伤、机械性窒息;死亡发生或早或迟。挤压伤多发生于地震、山崩、塌方、爆炸、建筑物、防空洞、矿井倒塌、重型机械挤压的工伤事故及交通事故。

(一)挤压伤的特点

挤压伤的特点是皮肤及软组织广泛损伤,类型多样,程度不一。但与高坠伤相似,表现为外轻内重的特点,体表损伤多为擦伤或挫伤,能反映挤压物的形状特点(如轮胎印痕)。胸腹部挤压伤可引起窒息,伴有骨折时可引起脂肪栓塞。典型的挤压伤体检时可发现受伤肢体在压力最大的部位可有压迹;受伤肢体麻痹无痛觉,神经学检查可见患肢皮肤麻木区域而不能用脊髓神经根或周围神经受损来解释;尿呈棕黑色,患肢发生明显水肿,皮肤青紫发亮。挤压伤如不及时治疗,可发展成为挤压综合征。

(二)挤压综合征

挤压综合征(crush syndrome)是遭受挤压伤的人在挤压解除以后,全身微循环障碍,肾小球滤过率降低,肾小管受阻塞,变性、坏死,出现肌红蛋白尿和急性肾功能衰竭为主要特征的临床症候群。

挤压综合征可见于多种原因,如肢体受挤压、肢体血管损伤、重度烧伤、肢体外伤(如骨折)后处理不当(如包扎过紧、止血带使用时间过长)等。法医检案中遇到最多的是肢体广泛软组织挫伤和肢体被持续较长时间捆绑。这些原因使肢体软组织(主要是肌肉)变性、坏死、出血、肿胀;毛细血管损伤或因缺血、缺氧而使渗透性增加,血浆大量渗入组织间隙,致受伤局部严重肿胀、血液循环(主要是微循环)障碍,组织灌注减少,进一步缺血、缺氧而加重坏死,出现恶性循环;坏死肌肉和组织释放大量肌红蛋白、肌酸肌酐、酸性代谢产物,血管活性物质和组织毒素,被吸收入血后导致全身循环障碍性代谢紊乱,出现氮质血症,代谢性酸中毒、高血钾和高血磷,有毒成分经肾小管排除时使肾小管变性、坏死,肌红蛋白等色素阻塞肾小管形成管型,引起少尿等。随后又出现全身多器官功能障碍的恶性循环,从而出现一系列以代谢性酸中毒、高血钾、氮质血症,肌红蛋白血症和肌红蛋白尿症,少尿等全身循环衰竭和急性肾功能衰竭为主要特征的临床表现和病理变化。如缺乏及时有效的治疗,死亡率相当高。挤压伤可以发生其他并发症,如休克、成人呼吸窘迫综合征(ARDS)等。

尸体检验时可见损伤局部显著出血、肿胀,有时还可见红斑和张力性水泡;肌肉因变性、坏死又呈鱼肉状而且色泽变淡,质脆易碎;肾皮质肾小管上皮细胞变性肿胀、坏死、脱落,髓质小管腔内出现较多以肌红蛋白为主的色素管型和细胞色素管型;血中钾、磷离子升高、钙离子减少,肌酐和尿素氮升高等。

(三)挤压伤的法医学鉴定

挤压伤多为意外事故和自然灾害造成,通过现场勘查,调查受伤经过及全面的尸检一般能进行准确的鉴定。但在检验时应注意排除用其他手段他杀致死后伪装挤压伤死亡的案件。如某男,20岁,砖厂工人,因纠纷在工作时被同事用匕首刺中心脏死亡,犯罪嫌疑人为掩盖其杀人真相,迅速把尸体抛入泥土搅拌机中挤压,伪造意外事故死亡的现场。后经检验,尸体上除有挤压伤外,尚有一处典型刺创,这种损伤在搅拌机中无法形成,排除了意外事故死亡的可能。

检验时,应仔细分析各种损伤的形态、形成机制,注意提取胃内容物,检测有无酒精、镇静剂等存在,对于判定案件性质有一定帮助。对广泛软组织挫伤或肢体持续长时间捆绑而导致的死亡,除有明确的相应外伤史外,尸检见相应的体表和内部的病理变化,尤其是肾内较多肌红蛋白管型的检出都有利于其鉴定。

六、高坠伤

高坠伤(injury by fall from height)是人体从高处坠落与地面或某种物体碰撞发生的损伤。高坠伤多见于意外事故和自杀,偶有他杀后伪装成意外事故者。高坠伤的形态及损伤程度受坠落高度、体重、坠落过程中有无阻挡物、人体着地方式、着地部位以及接触地面的物体性状等因素的影响。

(一)高坠损伤的现场勘查

高坠损伤死亡的案件必须进行现场勘查,注意勘查坠落的环境。现场勘查应以尸体着地点为中心,确定坠落的起点、坠落空间及着地点。

1. 坠落起点

对于坠落起点处应重点勘查死者的遗留物品、触摸痕迹、踩踏痕迹,应仔细寻找,以作为分析死亡方式的重要依据。自杀者常在坠落起点处遗留有烟头、衣物、手指触摸痕迹;意外坠落者常在起点处见到支持物断裂、脱滑痕迹及蹬擦痕迹。

2. 坠落空间

注意观察坠落空间有无障碍物及突出物,以及障碍物、突出物的形状与硬度,坠落时如先遇障碍物再落地者可因势能减小,损伤减轻,有时障碍物可造成新的损伤。若障碍物有弹性,可减缓坠落的速度,从而减轻损伤,若障碍物硬度较大,可能会造成严重的损伤。

3. 着地点

地面的状况直接影响损伤的程度和形态。勘验现场时,应明确尸体是否被移动过。仔细描述着地点的性状、地面上的痕迹及血迹的分布,还应注意着地点与坠落起点的关系,分析自杀与他杀的可能性。要测量坠落的高度和坠落的角度。自杀坠落的角度有大有小,他杀坠落的角度一般较小。

4. 衣物的检查

衣物上的痕迹对于判断高坠案件的性质有一定的意义。高坠时产生的巨大冲力,除造成人体损伤外,还可造成衣服的撕裂或皮带断裂。同时还应注意衣服上的灰尘、泥土与坠落起点处是否一致,对于判断高坠起点及着地部位均有重要价值。

(二)高坠伤损伤特点

高坠伤属钝性暴力损伤,但由于形成条件不同,故有其自身的特点,归纳如下:①体表损伤较轻,内部损伤重;②损伤常较广泛,多发生复合性骨折,内部器官破裂;③多处损伤为一次性暴力所形成,空中障碍物所致的损伤除外;④损伤分布有一定的特征,如损伤集中于身体的某一侧、头顶或腰骶部;⑤多发性肋骨或四肢长骨骨折,甚至肢体横断,为一般人力用工具打击难以形成或不可能形成的损伤。

(三)高坠损伤的法医学鉴定

在高坠伤的法医学鉴定中,确定死因并不困难,难以确定的是死亡方式。法医学鉴定时应解决以下问题:①勘查现场时在坠落的起点可能发现坠落者足印、手印、指纹或本人的遗留物。落地点可发现撞击地面留下的痕迹、血痕及坠落者的物品,这对法医学鉴定极为重要。②尸体剖验和实验室检查要进行系统完整的尸体解剖,解剖所见应结合现场勘查仔细分析。③应注意检查死者所着的衣物、裤子的撕裂和皮带的断裂,是由高处坠落造成,还是其他原因所致。并应判断尸体上的损伤,是否全部是由高处坠落造成的,是否有的是坠落前已有。④应了解死者坠落时意识是否正常,有无因酗酒或服用某些药物而使死者处于意识不清或幻觉的状态。⑤应注意部分高处坠落死亡的尸体,结膜常有出血点或出血斑,颈部软组织中有片状的出血区,双肺表面有出血点,这些改变有可能被误认为是机械性窒息造成的改变。

第五节 锐器伤

锐器伤(sham instrument injury)是指利用具有锋利的刃口或尖端的器具,如刀、斧、匕首、剑、刺刀、剪刀、玻璃碎片等致伤物所致的皮肤、骨骼和内脏不同类型的损伤。锐器一般按其有无刃口,分为无刃刺器(铁钉、铁锥等)和有刃刺器(水果刀、弹簧刀、刺刀、匕首、三棱刮刀等)两大类。根据锐器的种类和着力方式的不同,将锐器创分为切创、砍创、刺创及剪创。

锐器伤的形态学特征有:①皮肤及皮下组织解剖学的完整性遭到破坏,形成开放性创口。②创口哆开,出血较多。创口哆开形态取决于创口周围皮肤、结缔组织和皮下肌纤维走向。当创口与纤维平行时,创口呈裂隙状,垂直时呈梭形,斜向成角时呈斜方形。③创缘整齐,创壁光滑,创底较深,创角较尖锐。④创腔无组织间桥。⑤常伤及深部的组织和器官。

一、切创

切创(incised wound)是用具有锋利刃缘的锐器,压迫皮肤同时沿刃口的长轴方向移动,切割皮肤及皮下组织而形成的创。切创的特点是创口长,创腔呈舟状,创壁光滑,创腔无组织间桥,创角尖锐,常伴有拖刀的划痕(scratch-like extension)(图 4-22)。

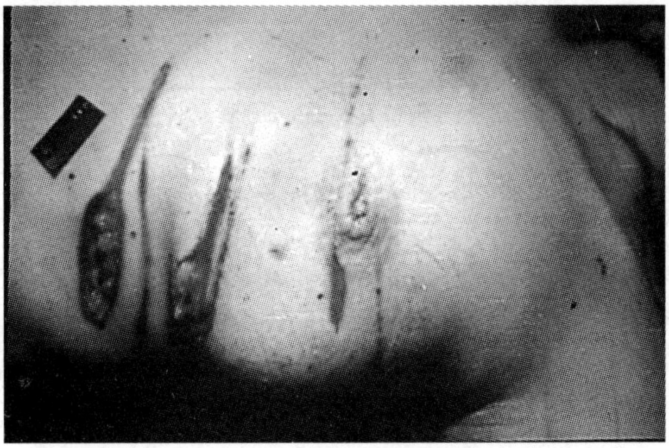

图 4-22 切创的创缘整齐,常伴有拖刀痕

切器的种类甚多,刃缘的长短不一,重量和大小相差悬殊。轻而小又无手柄的切器有刀片、玻璃等,这类锐器不便施加压力,造成的创腔较浅,常切断皮下浅表血管、肌肉和神经等。而较大的有柄的切器,如匕首、菜刀等,易于用力,造成创腔较深,甚至伤及骨骼,可在骨质上形成切痕或缺损。创口长度与切器的刃缘长短无关,而取决于刃锋在切割时移动距离。

切创多见于自杀,他杀较少见。自杀时,切创多分布在颈部、手腕部、肘部或腹股沟部。这些部位的中、小血管较表浅,易达到切断血管的目的,且一般为自杀者的手所能达到的部位。自杀刎颈者,在颈部主创口上缘或下缘出现孤立的、与主切口平行而无连续的浅表、短小的切口,多认为是自杀的试切创(hesitation marks or wounds)(见图4-23)。而他杀时与主切口平行的切创多与主切口连续或是其分叉。他杀切颈者有时颈部创口大而深,有的可在颈椎椎体前出现数条表浅切痕(图4-24)。

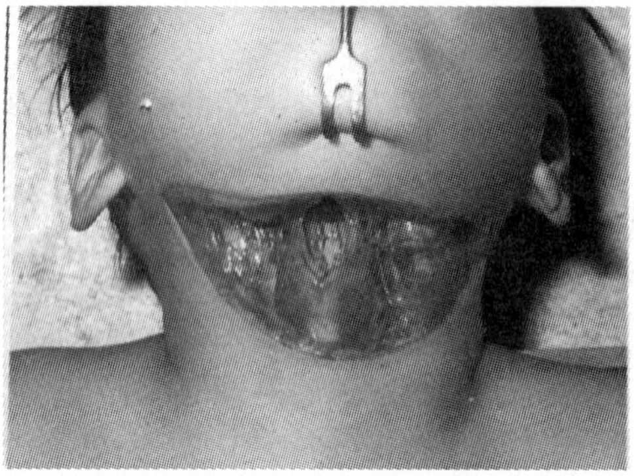

图4-23 自杀切颈创口较浅

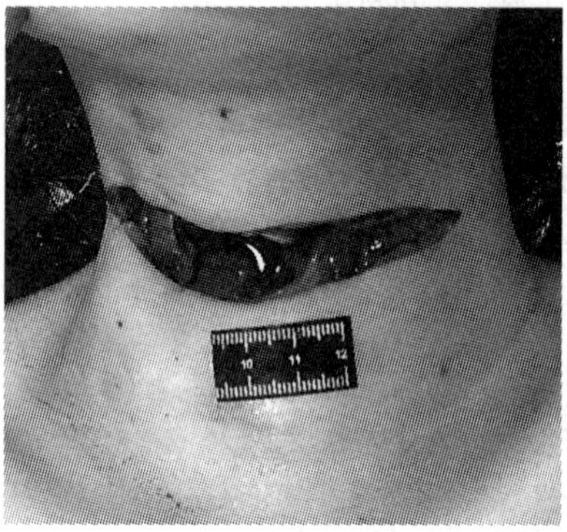

图4-24 他杀切颈创口较深

他杀切颈比自杀切颈少见,尤其是单纯用切颈的手段杀人者更是少见,偶见有切颈杀死熟睡者,应注意二者的鉴别(表4-2)。但有与其他杀人方式联合使用者,如先击伤或砍伤头部致昏迷,或先扼颈致昏迷后再切颈。他杀时,由于被害人的抵抗或防卫,可在手上或上肢前臂外侧形成抵抗伤(defense wound)。

表4-2 自杀切颈与他杀切颈的鉴别要点

自杀	他杀
创口多位于颈前,喉结附近	部位不一定,有时位置较低
损伤较集中,刀切次数较多,轻伤多	损伤分散,范围广,刀切次数较少,重伤多
创口方向多为左高右低,左利手者反之	创口多呈水平或无一定方向
创缘多有小皮瓣及平行浅切痕	少见或无
创角有多个小创角及延续的拖刀痕,有时呈鱼尾状	少见或无
创底颈椎偶见浅切痕	创底颈椎多见深切痕
损伤单一	可伴有多种暴力,如扼颈、头部钝器伤等

二、砍创

砍创(chop wound)是由具有一定的重量便于挥动的锐器以刃缘砍击人体形成的创。锐器砍击人体时，强大的作用力向纵深传递，除伤及皮肤、皮下组织器官外，常损坏软组织下的骨组织。砍创特点是组织损害严重，常可在砍创部位下的骨组织表面留下砍痕或引起舟状或穿孔性骨折。砍创常呈梭形哆开，创壁平滑，无组织间桥，创底较平，有时出血较多（图4－25）。较薄的砍器形成的砍创，创缘整齐，创缘周围表皮剥脱少见；较厚的砍器，创缘周围一侧可伴有表皮剥脱、挫伤。如刃缘全部砍入时，创口长度与砍器刃缘的长度相等，两创角较钝，刃缘牵引移动的作用不明显；非垂直砍击时，创口的长度则小于砍器刃缘，一侧创角较钝，另一侧较锐，创腔呈三角形；砍击时，若砍器沿刃缘长轴拖拉切割，创口长度就可大于砍器刃缘的长度，称砍切创。

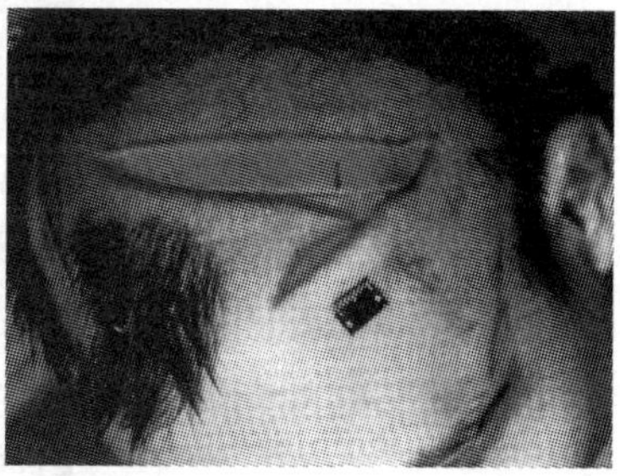

图4－25　头部砍创

可见创缘整齐，创壁平滑，创底平整。

砍创多见于他杀，创多分布在受害人的头面部，常伴有颅骨骨折、脑震荡、颅腔内出血、脑挫伤或脑挫裂伤。砍创也可发生在四肢、胸、背等部位，他杀时被害人前臂和双手常见因抵抗、搏斗形成的砍创，甚至肢体离断，称为抵抗伤。砍创自杀少见，自杀者砍创多集中在头部一定部位，即自杀者本人力所能及的部位。

三、刺创

刺创（stab wound）是用具有锋利尖端的锐器沿纵轴方向刺入体内所致的损伤。常见的刺器可分为：①有刃刺器，也称刺切器，一般由尖、刃、背及柄组成。根据刃的数量可分为单刃刺器、双刃刺器或多刃刺器。②无刃刺器，一般长而有尖端但无刃，尖端有的呈圆锥形，有的呈锥形，有的呈扁平如螺丝刀。

刺创由刺入口、刺创管和刺出口组成，其特点是创口小、创管深，常伤及内脏器官或大血管而危及生命。贯通性刺创，常具有刺入口、刺创管和刺出口。盲管刺创常因刺器短，一般仅有刺入口和刺创管，无刺出口。盲管刺创较贯通性刺创多见，刺入口的形态常与刺器截面形状相似，单刃刺创的创角一钝一锐，可呈菱形或三角形（图4－26）；双刃刺创的创口呈菱形，两创角均较锐（图4－27），三刃刺器的创口呈三角形或“人”字形（图4－28），可根据此推断致伤物。

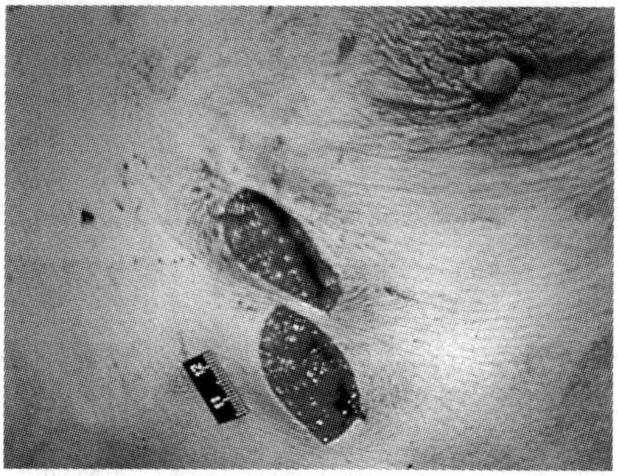

图4－26　单刃刺创

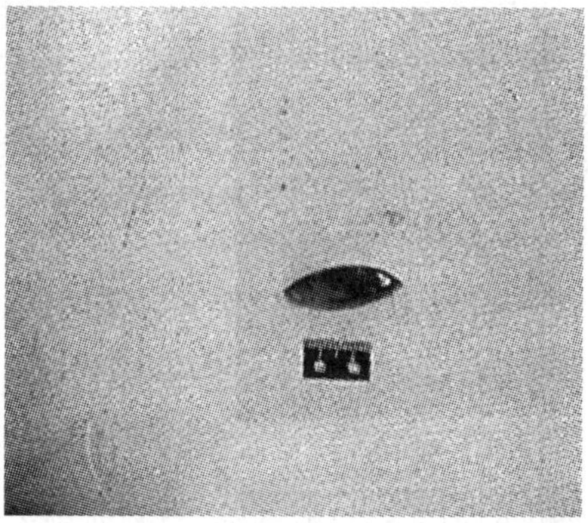

图4－27　双刃刺创

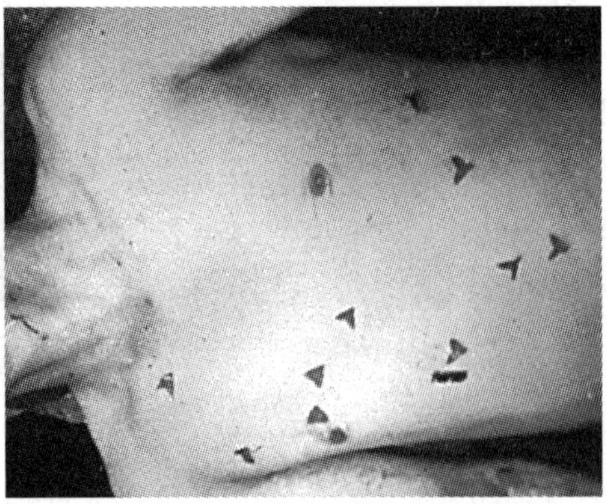

图 4-28　三刃刺创

变异型刺切创：变异型刺切创是指有刃缘的刺器插入人体后，转动刺器或刺入后拔出时刺器方向改变，可形成与刺器横断面差异较大的刺创口（图 4-29）。如单刃刺器可形成两创角皆钝或皆锐，一创角或两创角呈分支、弧形、椭圆形，甚至成为不规则形的刺创；双刃刺器可形成两创角皆钝或一钝一锐、一创角或两创角有分支，甚至形成椭圆形创口；三棱刮刀也可形成不规则形的变异刺入口，亦可出现钝圆的"丁"字形创口（图 4-30）。有的创口则由于在同一部位多次刺入而造成。变异性刺切创以单刃和双刃刺器最常见，并常出现在复合性刺创的尸体上，给推断刺器造成困难，应注意寻找孤立的创口，根据其特征推断刺器的类型。

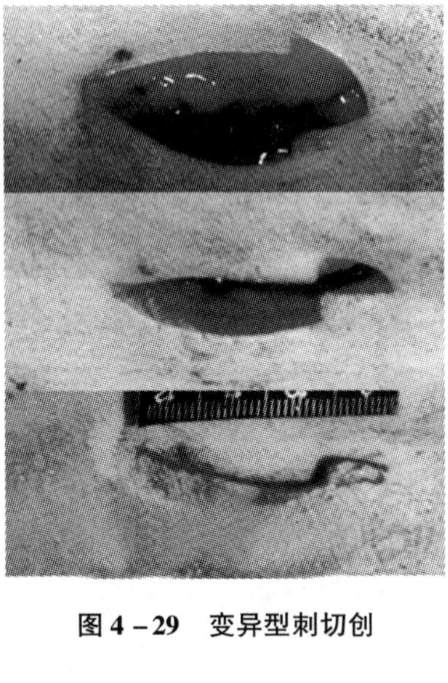

图 4-29　变异型刺切创

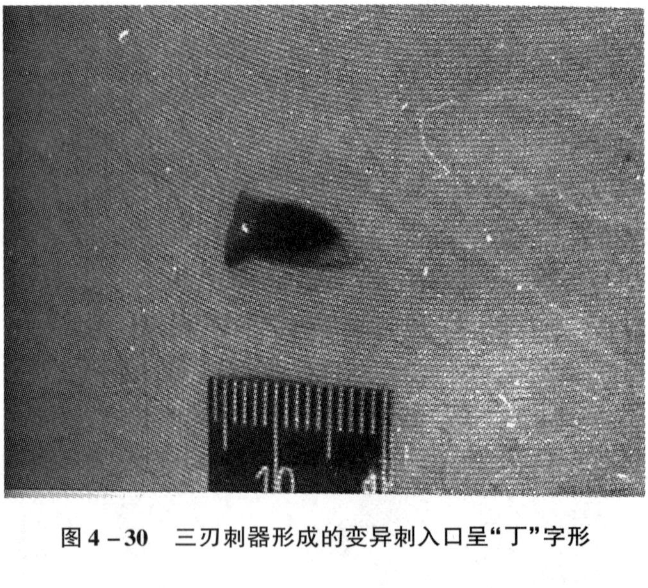

图 4-30　三刃刺器形成的变异刺入口呈"丁"字形

刺创管的方向与刺器刺入的方向一致。当刺器刺入人体后未全部抽出又重复刺入时，则可形成一个刺入口，多个刺创管的现象。刺创管的长度决定于刺器刺入人体内的长度及受伤部位的情况。一般来说，当刺器部分刺入时，刺创管长度短于刺器长度；当刺器全部刺入，而被刺部位软组织无凹陷时，刺创管长度近似于刺器长度；当刺器全部刺入，而被刺部位软组织陷入时，则刺创管长度大于刺器长度。刺创可发生在身体的任何部位，其中以胸、腹、颈部较为常见。

刺创的特点有：①体表损伤轻，内脏器官或大血管的损坏严重，甚至可危及生命；②体腔内脏器官的出血量比创口部出血量多；③刺入口周围常伴有擦伤、挫伤；④有时刺入口形态可反映刺器的形状，并留有刺器柄的形态。

刺创多为他杀，自杀少见，偶见于意外事故。自杀刺创，常在自杀者力所能及的部位，如胸部、心前区，创口多为一个，若有多个亦比较集中，现场可发现刺器。他杀时，刺创可在身体任何部位出现，常为多个且较分散。致命伤常在胸腹部。他杀现场一般找不到凶器。

四、剪创

剪创（scissoring wound）是由剪刀两刃缘绞夹和尖端刺入人体组织形成的损伤。法医学检验中剪创较少见。剪刀两刃皆具有尖端和刃口，当其作为凶器损伤人体时，其作用力包括沿剪刀中轴向前冲刺的力和两刃从根部向尖端合拢时剪切的两种力。根据这两种力配合程度的不同以及被剪部位的解剖组织学特点，剪创可分为刺剪创、夹剪创、剪断创三种。

（一）刺剪创

剪刀双刃合拢后的横断面呈不规则菱形刺入人体形成的刺入口特征与其横断面的形态吻合。如双刃片分开后仅一叶片刺入，则具有单刃刺器刺创的特征（图4－31）。如两刃片张开同时刺入人体未超过两刃结合点时，则形成一对相邻的刺创，两两相对，略呈错位的八字（图4－32）。张开的剪刀两刃同时刺入人体的深度超过两刃的结合点时创口呈S形。

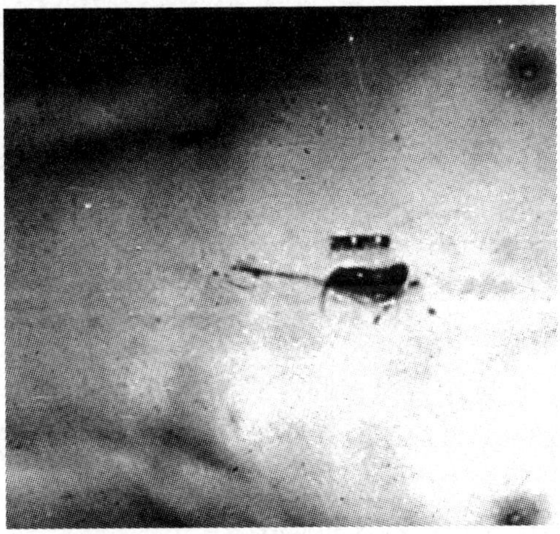

图4－31 剪刀单刃形成的刺剪创

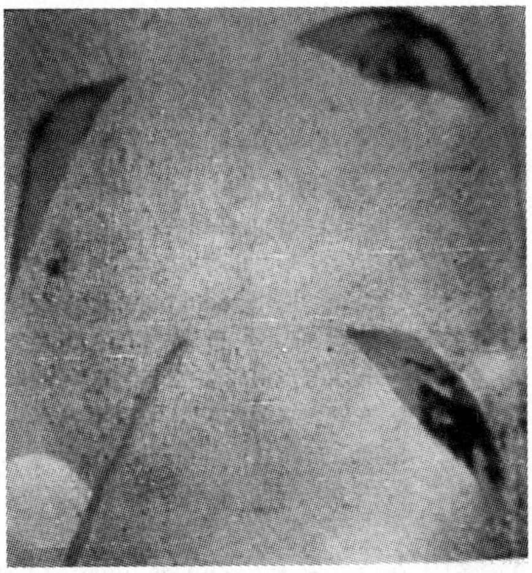

图4－32 剪刀两刃张开时形成的刺剪创

（二）夹剪创

当剪刀的两刃分开并垂直于体表夹剪并两刃合拢时，创口常呈直线形或略带弧形，在两侧创缘的中央部常有两刃交合形成的小皮瓣突起；如夹剪但两刃未合拢时，则形成两个在一条直线上的短条状创口，两创口的内外创角均尖锐；当剪刀的两刃分开，以一定角度倾斜于体表夹剪时，创口则呈“V”形；当夹剪时被剪处的皮肤出现皱褶，则一次夹剪，可形成几个大小不等的“V”字形创口（图4－33）。

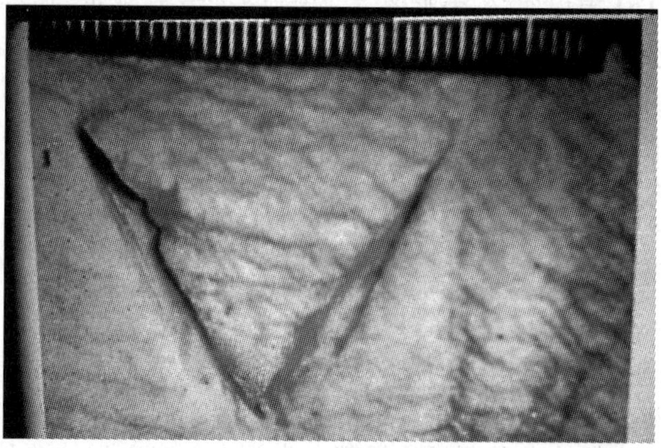

图 4－33　剪刀夹剪形成的"V"形剪创

(三)剪断创

指因夹剪作用而致人体突出部位的组织被剪断的损伤。其有完全和不完全之分,完全剪断创指被剪断的组织完全与身体分离。在身体残留创面的中央可见两刃部交合处形成的嵴状突起。

致命性剪创多系他杀,自杀较少见,意外事故罕见。他杀死者损伤的数目常较多,大小形态较相似。自杀死者常用剪刀在便利部位剪断股动脉、桡动脉或颈部大血管导致大失血而死亡。

第六节　枪弹损伤

枪支在我国虽被严格控制,但由枪弹造成的损伤仍时有发生,枪弹创常见于他杀或自杀,有时会因枪支走火引起意外死亡。

一、枪弹的类型、结构及发射原理和过程

(一)枪械的类型

1. 按使用对象可分为军用枪、警用枪、运动枪、民用枪、自制枪。

(1)军用枪:包括步枪、骑枪、自动步枪、冲锋枪、突击步枪和手枪等,射程远、威力大、命中率高、结构精密、性能良好。

(2)警用枪:包括手枪、自动步枪和步枪等,具有便于隐蔽的特征。

(3)运动枪:指供运动练习的射击用枪支,主要是步手枪,一般不具有杀伤力,为 5.6mm 口径的步手枪。

(4)民用枪:主要是散弹枪,有单、双管之分,使用 4.5 ~ 5mm 长宽的铅粒,打猎用的较大的散弹可达直径 9mm。

(5)自制枪:指民间私人制作或改制的枪械,无特定标准,但可以致人伤害。

2. 按枪支机械性能分为自动枪、半自动枪、转轮枪、气动枪。

(1)自动枪(automatic pistol):是依靠火药气体的压力作用,使子弹自动上膛、发射、退壳,扣动扳机连续射弹的枪支,如"六三"式步枪等。

(2)半自动步枪:扣一次扳机只能发一枚子弹的枪支,如"六四"式手枪等。

(3)转轮枪(revolver):有鼓形弹巢,内装4~7发子弹不等。

(4)气动枪(air rifle):俗称气枪,是用人力操纵机械,使密闭气室内产生较大的气压,将弹丸从枪管中发射。

3. 按枪管内壁不同分为平滑枪管枪、膛线枪管枪。

(1)平滑枪又称滑膛枪(musket):其枪管内膛壁没有膛线,目前使用的这类枪支有散弹枪(shotgun)、信号枪、自造枪。

(2)膛线枪(rifled barrel gun):其枪管内壁有数量不等,旋转方向不同的平行凹凸螺纹,即膛线(rifling),亦称来复线。膛线的数量通常为口径除以2。膛线的旋转方向有左旋、右旋。各种不同的枪支阴阳膛线的宽度各不相同。

(二)枪械的构造

枪支是由许多零件组合构成,构件精度较高,构造比较复杂,主要由枪管(barrel)、枪机(bolt)和枪机匣(feed mechanism)三部分组成(图4-34)。

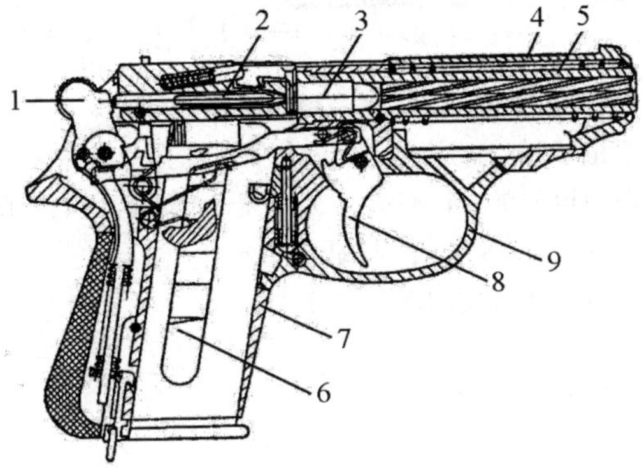

图4-34 手枪内部构造

1. 击锤 2. 击针 3. 弹膛 4. 套管 5. 枪管
6. 弹匣 7. 枪把 8. 扳机 9. 扳机护圈

(1)枪管:枪管是子弹发射的载体,是金属构件,系枪支最基本组成部分,位于枪支前上方。枪管内膛(枪膛)由后至前分为弹膛、坡膛、线膛。膛线内壁直接和弹头发生摩擦,使弹头急速旋转从而增加射速和弹头飞行时的稳定性。

(2)枪机:枪机主要包括闭锁、抛壳、击发三部分,主要部件有闭锁器、击锤、抛壳口、指示杆、保险机钮等。

(3)枪机匣:位于枪把上,一般由弹匣、弹仓(magazine)、扳机(trigger)等组成。

(三)枪弹的种类和结构

1. 枪弹的种类

(1)按配用的枪种分为:步枪弹、冲锋枪弹、手枪弹、猎枪弹、信号枪弹等。

(2)按枪弹用途分为:战斗用枪弹(普通弹、特殊弹)、辅助用枪弹(供教学、操练用的空包弹、教练弹)、测压用枪弹(高压弹、强装药弹、标准弹)等。

(3)按枪弹的形状分为:瓶形弹(有斜肩)和柱形弹(没有斜肩)两类。

(4)按弹壳底边分为:有槽无边、无槽有边两种。

(5)按弹丸分为:回头、平头、尖头三种。

(6)按外壳情况分为:全披甲、半披甲、无披甲三种。

2. 枪弹的结构

枪弹(cartridge)一般是由弹头、弹壳、发射药和底火四个部分所组成,见图4－35 枪弹的构造。

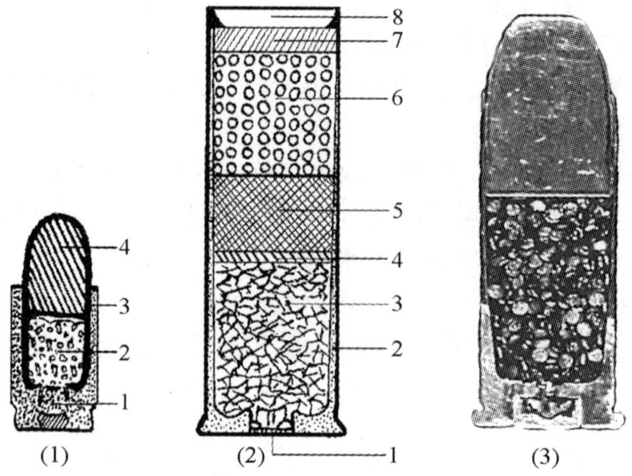

图 4－35　枪弹的构造

(1)手枪子弹　1. 底火　2. 火药　3. 弹壳　4. 弹头

(2)散弹枪子弹　1. 底火　2. 弹壳　3. 火药　4、7. 隔层　5. 弹塞　6. 弹丸　8. 封蜡

(3)手枪子弹实物剖面图

(四)枪弹发射的原理和过程

1. 枪弹发射的原理

枪弹受到击发,底火引爆火药,产生高压气体,迫使弹丸射出枪膛,瞬间由化学能转化为机械能、动能,这个能量转换的过程,称为发射。现代火药燃烧后转化成的气体,容积骤然增加几百倍至几千倍,一般最大膛压可达到 1200～3000kg/cm^2 以上,膛内温度可达 2500～3500℃,整个发射持续时间只有 1～60ms。

2. 枪弹发射过程

击针击发底火后点燃发射药,火药开始燃烧,弹壳内压增大,当压力上升到 250～500kg/cm^{2}时,弹头脱离弹壳,挤入线膛,开始起动。弹头在高温、高压气体作用下,迅速向前运动。弹头尾端离开枪口瞬间的膛压约为 400～600kg/cm^2,即枪口压力。弹头离开枪口后,火药气体随之喷出,此时火药气流速度为 1300m/s 左右,大于子弹初速,推动弹头速度继续增加。弹头底面离开枪口到弹头获得最大速度的这段时间称为后效作用阶段。此期内弹头飞行距离约为枪口外 20～40 倍口径的距离,称为中间弹道。后效作用阶段由枪口喷出的高温、高压、高速的火药气体产生强烈的声响,并且喷射出未燃尽的火药粒、烟尘、金属屑、枪油,它们与空气接触,形成闪光和烟尘。继而弹头飞离火药气团,受空气阻力和重力影响,开始逐渐减速。上述枪弹发射过程对了解枪弹损伤的形态有重要意义。枪弹脱离枪口后,最初其前端沿轴线运行而尾部(或底部)绕轴线旋转,圆圈越来越小,之后很快就进入稳定运行,直至能量消耗殆尽,弹头开始晃动,甚至打筋斗。所以,在不同的距离击中人体,所造成的枪伤很不一样。

二、枪弹伤的损伤机制

枪弹伤是弹头与机体之间相互作用的结果,弹头将一定的或全部的动能传递给机体,其一方面使终点弹道的性能发生变化，另一方面表现为使机体的组织和器官产生各种创伤效应。

（一）弹头直接撞击作用

人体被枪击后，最初遭受的是高速旋转的弹头冲击、碰撞组织造成的撞击损伤，轻者只发生皮肤挫伤，重者造成枪弹创。

当弹头侵入皮肤时，弹头前端顶入皮肤，使皮肤出现锥形拉伸变形，弹头给皮肤的压力是径向压力，从而引起皮肤圆周的张力，而且圆周任意一点上的张力大小基本一致。由于弹头在飞行时旋转前进，造成皮肤表面切线方向的擦伤；当高速旋转的弹头的径向力和侧向力超过皮肤弹性极限时，就造成局部皮肤缺损。人体损伤程度取决于弹头传递能量的大小及传递速度。据研究，在组织厚度相同的条件下，人体皮肤的阻力比肌肉大40%。枪弹引起骨折的最小速度约为90m/s。

当弹头穿透皮肤，进人深层软组织时，弹头对前方组织施予压力，即前冲力，这个力沿着弹道方向使组织撕裂、拉断和击穿，形成原发弹创管，即所谓永久性创道（permanent wound track）。

（二）瞬时空腔效应

高速飞行的弹头进入组织时形成激波，并以很大的压力压缩弹道周围组织，使组织向周围膨胀扩张而发生迅速移位，形成一个比弹头大几倍至几十倍的瞬时空腔（temporary cavity）。这种膨胀扩张作用是由于形成空腔的内部压力与环境压力之间的压差造成的，瞬时空腔内压力最大可达100～200个大气压，持续0.2～2ms后空腔开始收缩，经过反复膨胀、收缩7～8次，空腔内压与环境压力相等，最后留下永久性创道，以及较大范围的组织损伤。整个过程约需5～10ms。这种弹头在机体内形成瞬时空腔而致使创道周围组织和器官受到损伤的效应，称为瞬时空腔效应（temporary cavitation effect）。瞬时空腔的形态各异，可能与弹头的几何形状、飞行速度和状态，以及人体部位和其组织特性有一定关系。一般情况下，对于投射物为弹头所产生的瞬时空腔多为椭圆形、梭形及圆锥形等（图4－36）。

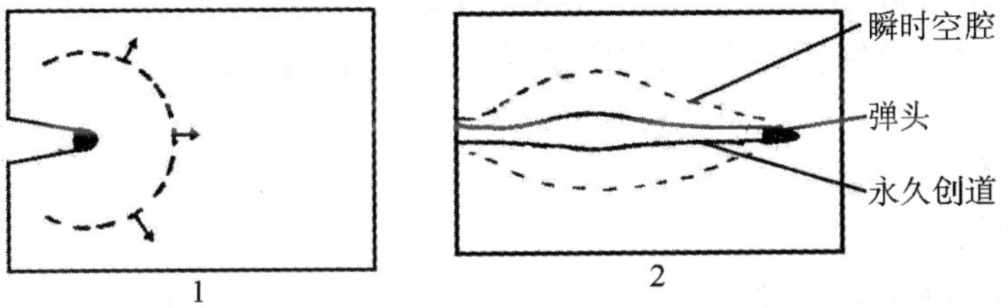

图4－36　瞬时空间效应示意图

1. 高速弹头形成的应力波　2. 高速弹头形成的瞬时空腔

用长3m，断面1m×1m的肥皂作射击实验，X线高速摄影显示，瞬时空腔先有一颈部，继以几个椭圆或锥形、棱形的腹部。子弹飞行速度越大，越不稳定，瞬时空腔就越大。用13%～26%的明胶块，据称效果比肥皂更好（图4－37）。

柔软且富于弹性、含水量高的组织，如骨骼肌产生的瞬时空腔大，但组织弹性较好；肝、脾等实质性器官瞬时空腔也大，但组织较脆，故损伤范围大；因为脑位于颅内，膨胀受限，故瞬时空腔不是很大；肺含气量大、密度低，瞬时空腔小；骨组织瞬时空腔不明显，或出现空腔的同时已发生骨折，只有在松质骨丰富的部位，可产生明显的空腔。

解剖见原发创道周围约10cm范围内有大量坏死组织，其间可夹杂有正常组织。血管损

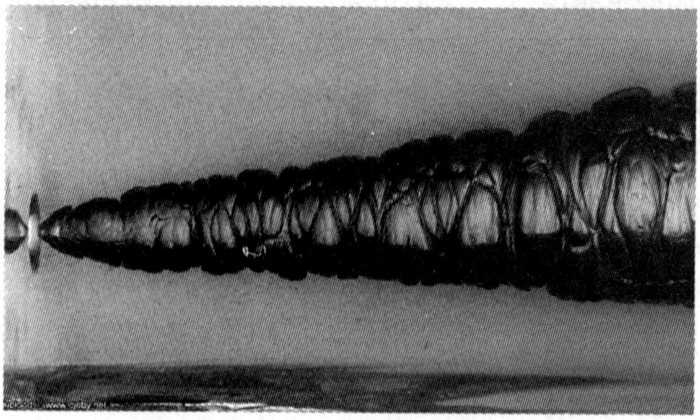

图 4－37　子弹射击明胶块剖面图

伤以内膜破裂、内膜下出血和血栓形成为主。可造成大神经纤维移位，鞘膜下出血、水肿和脱髓鞘。由于反复的空腔膨胀收缩，可使创口外的物质被吸入到空腔的深部（如弹头穿过衣服和皮肤时，可将衣服纤维、皮肤组织带进创内，并可将体外的细菌等物质吸入创道内）。

（三）压力波作用

高速弹头进入人体时，除产生瞬时空腔外，还有一部分能量以波的形式传递给创道周围组织和器官。由于人体的组织结构复杂，具有不同的物理特性，因此波在人体组织不同的介质面上发生反射、折射和叠加产生不同的结果，这种由弹头能量所产生的不同类型强度的波称为压力波（pressure wave）。由于压力波的作用，可使远离创道部位产生损伤和病理改变，称远达效应（remote effect）或远隔损伤。由于压力波的压力突然升高和降低，这种急骤的压力幅度变化，使机体组织和器官拉伸变位而导致严重损伤。

三、枪弹创的类型

枪弹创（bullet wound）是由枪支发射的弹头或其他抛射物击中人体所形成的损伤。枪弹创的形态特征与枪弹类型、射击距离和角度、组织的结构等有关。

（一）按枪的种类分

1. 膛线枪枪弹创

2. 滑膛枪枪弹创

（二）按枪弹入体前的经过分

1. 直射枪弹创

枪弹直接射入人体。

2. 反跳枪弹创（ricochet bullet wound）

枪弹击中地面或其他物体，反跳后射入人体。

3. 具有中间障碍物的枪弹创

枪弹击中障碍物后与障碍物碎片一起射入人体。

（三）按射击距离分

1. 接触枪弹创（contact gun-shot wound）

整个枪口抵住体表射击所形成。

2. 半接触枪弹创（near contact gun-shot wound）

枪口部分紧压人体体表，部分离开人体体表射击所形成。

3. 近距离枪弹创(close range gun-shot wound)

距人体约 30cm 以内射击所形成。

4. 中距离枪弹创(medium-distance gun-shot wound)

来复枪约距人体 1 米以内,滑膛枪约 5 米以内射击所形成。

5. 远距离枪弹创(distant gun-shot wound)

距人体超过以上距离的射击。

(四)按穿透人体的情况分

枪弹创的形态学类型,是指依弹头射中人体后运行的不同状态及导致的不同的损伤形态而人为加以划分。其目的在于通过对这些不同种类枪弹创的认识,更确切地描述弹头致伤的机制、方式及弹道学原理,同时也反映出枪弹创的多样性、多变性。一般枪弹创形态学的变化可有以下几种类型:贯通枪弹创、盲管枪弹创、擦过枪弹创、屈折枪弹创、回旋枪弹创、反跳枪弹创(如图 4-38 所示)。

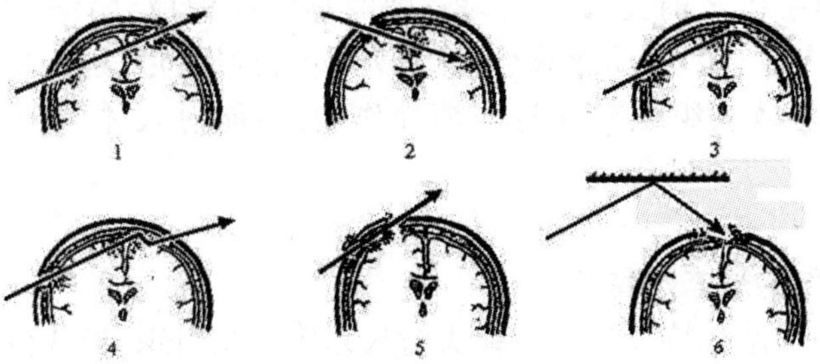

图 4-38 枪弹创的类型

1. 贯通枪弹创 2. 盲管枪弹创 3. 回旋枪弹创
4. 屈折枪弹创 5. 擦过枪弹创 6. 反跳枪弹创

1. 贯通枪弹创(perforating bullet wound)

弹头射入人体后,穿过人体组织形成射创管后并穿出体外形成的损伤,其由射入口(entrance bullet wound)、射创管(bullet wound track)以及射出口(exit bullet wound)三部分构成。贯通枪弹创意味着射击距离较近或弹头具有较大的动能。

2. 盲管枪弹创(penetrating, blind track bullet wound)

弹头射入人体组织后在体内运行逐渐减缓而最终留于体内,只有射入口、射创管两部分组成,而没有射出口的枪弹创。与贯通枪弹创相比,其发生的机制在于弹头具有的动能已不足以穿出机体。即能量较低的弹头射入人体后,受到组织,尤其是骨骼的阻抗,未能穿出人体。有时枪弹创情况复杂,可能先击穿人体某部,例如上臂,穿出的弹头与碎裂的骨片一起又射入胸部,此第二射入口巨大,边缘不整,也可能弹头从头顶射入,下颌穿出,再从胸骨上凹进入胸腔,因冲力减弱,未能贯穿。

3. 擦过枪弹创(grazing bullet wound)

弹头以切线或极小角度擦过体表所形成的开放性条状或沟状的损伤。擦过枪弹创的最主要的特征是不形成射入口、射出口和射创管,或者说三者合为一体,其损伤形态甚至与锐器切割或有棱边的钝器作用极为相似。常表现为条形、椭圆形或三角形的擦伤、挫伤或挫裂创,若射入口与射出口相接,在体表形成边缘不整齐的沟槽时,又称沟状枪弹创(gutter wound)。极少的情况下,弹头能量极低,不足以射入人体,仅在体表形成圆形或椭圆形擦伤、挫伤或挫裂创。所以,擦过枪弹创是枪弹创中一种较为特殊的种类。

4. 屈折枪弹创(deflected bullet wound)

弹头射入人体组织后如遇硬物阻挡,改变方向后继续运行并射出机体外。屈折枪弹创的形成常反映弹头具有的动能较大,由射入口、折射形的射创管及射出口三部分构成,但三者不在一条直线上。

5. 回旋枪弹创(circumferential bullet wound)

弹头射入人体组织后,由于遇到质地较硬的组织(如骨骼)的阻挡,致使其改变飞行方向而形成曲线形的射创管,其中的弹头未能穿出体外。故回旋枪弹创一般也仅由射入口和射创管构成,常见于颅脑的枪弹损伤。但也有动能已减弱的弹头进入人体后碰到骨头,未能穿透骨质,从骨面滑行相当距离后穿出皮肤,例如从前胸射入,沿肋骨滑行至背后射出,同样具有射入口、射创管及射出口。或因弹头动能减弱,形成盲管枪弹创或回旋枪弹创。

6. 反跳枪弹创(ricochet bullet wound)

弹头在射入人体组织之前先击中较为坚硬的物体如钢板、墙壁、水泥地面或石块等以后,弹头反弹后击中人体。因其动能减小,且弹头可能已经变形,射入口就可能呈不规则形。如动能再小,弹头只对体表组织起扑打与擦挫作用,不能射入体内,其损伤以表皮剥脱和(或)皮下出血为主。

四、典型枪弹损伤的形态学特征

典型枪弹损伤的形态学特征是指由弹头射入人体皮肤组织,形成的射入口、弹头在体内运行所形成的射创管以及弹头穿出人体皮肤组织所形成的射出口三部分构成的损伤。

(一)射入口

射入口是指飞行的弹头射入人体时所形成的创口。远距离射击、近距离射击和贴近射击时射入口的形态极不一致。其基本形态呈圆形或椭圆形,与弹头直径相似或略小。最能反映枪弹射入口特征的是创口中心部位的皮肤缺损、挫伤轮(abrasion collar)、污垢轮(grease ring)(图4-39)。

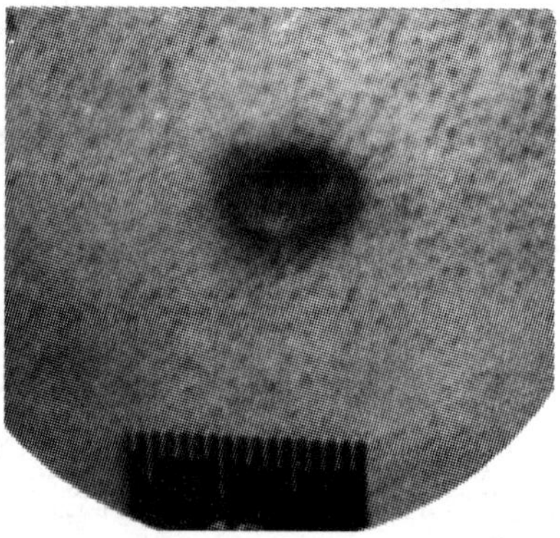

图4-39　射入口的形态

1. 远距离射击:射入口附近皮肤上无射击附加成分附着。射入口常有三大特征,即组织缺损、挫伤轮、污垢轮。

①中心组织缺损,创缘皮肤内卷:弹头击中人体后穿孔而入,皮肤收缩,留下一个有缺损的不能按原状合拢的创缘,呈现蜷缩的破孔。弹头垂直射入时,射入口中心组织挫灭呈圆形或类圆形组织缺损,斜向射入呈卵圆形。头部因解剖结构特点可呈三角形或星芒形,射入口大小一般比弹头直径小。

②挫伤轮:弹头接触皮肤时,与其旋转摩擦,在射入口周围形成一圈深红色的表皮剥脱区。外周部分因皱缩而呈细小锯齿状,活体上的创口呈鲜红色。挫伤轮的形状与射入角度有关:正位时,呈宽度为1~4mm的圆环状;斜射时,一侧较宽,另侧较窄,呈半月形,可据此推断弹头射击方向,挫伤轮较宽的一侧是弹头飞来的方向。

③污垢轮:弹头进入人体时,弹头上黏附的枪油、铁锈、火药渣、灰尘、金属粉屑等污物,擦拭在射入口边缘,形成宽度为1~3mm的灰褐色或黑色的圆形、椭圆形、半月形痕迹。此轮在挫伤轮内面,往往呈卷入状。污垢轮在浅色衣服上清楚易见,在体表上,因有烟晕、血液

等混杂，肉眼难以辨认，需用放大镜或立体显微镜观察。

2. 近距离射击：近距离射击除上述弹头作用的特征外，在射入口周围皮肤上有射击附加成分。典型近距离射入口的形态特征（见图4-40）。

①烟晕：火药燃烧后的灰烬，在射击时随弹头被喷射在射入口周围形成。射击距离越近，烟晕范围越小，色越浓。反之，范围大。射击距离超过30cm，看不到烟晕。

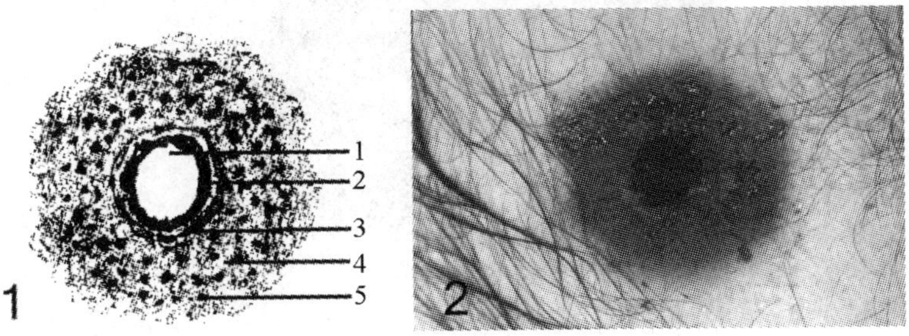

图4-40　近距离射击射入口

左图示1. 中央皮肤缺损　2. 擦拭轮　3. 挫伤轮　4. 火药烟晕　5. 火药颗粒右图示：皮肤射入口照片

②颗粒性灼伤：燃烧不全的火药颗粒，质量重于烟灰，打击在皮肤上有一定的力量，温度较高，常嵌进皮肤，在射入口周围形成密集的小红点状损伤，又称点彩（图4-41）。射击距离超过50cm，看不到灼伤。

③碳氧血红蛋白轮：火药爆炸时可产生一氧化碳，高压冲击射入口周围的皮肤创缘与血红蛋白结合形成鲜红色的碳氧血红蛋白轮。

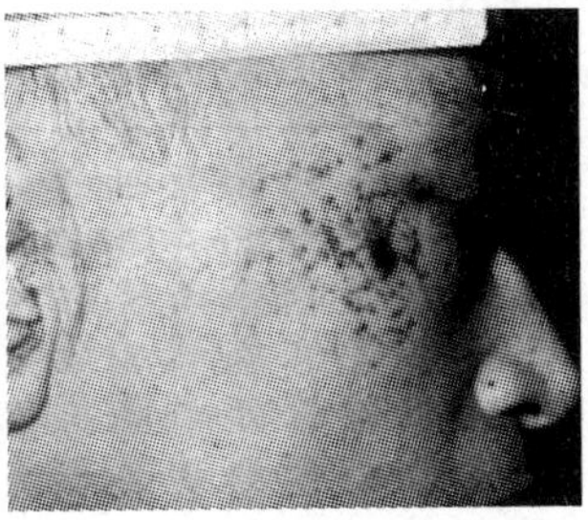

图4-41　火药颗粒所致的灼伤

3. 接触射击：枪口贴近皮肤进行的射击。射入口多呈"十"字形或星芒形，大于射出口，创道内有火药颗粒及大量烟灰附着（图4-42）。枪口紧压在皮肤上发射，在射入口周围可形成枪口印痕，射入口没有撕裂，且小于射出口（图4-43）。

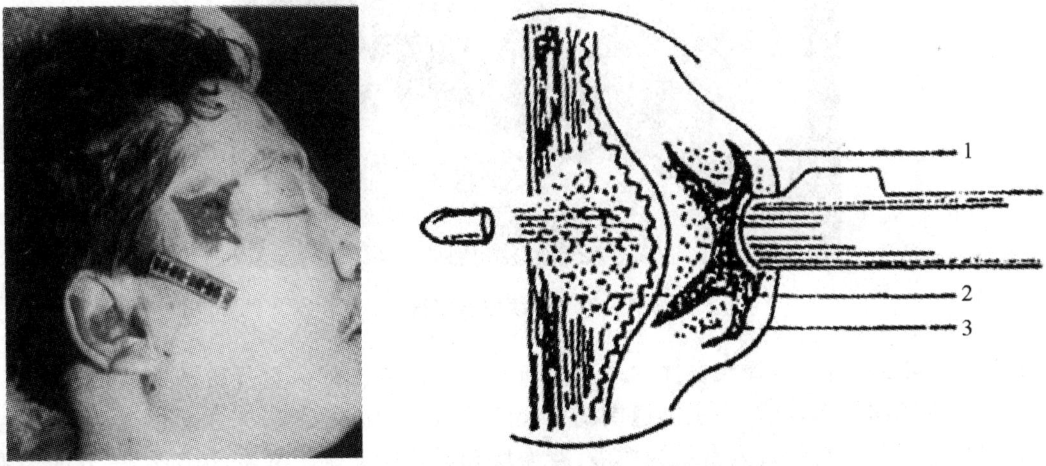

图4-42　接触射击时形成的星芒状皮肤撕裂

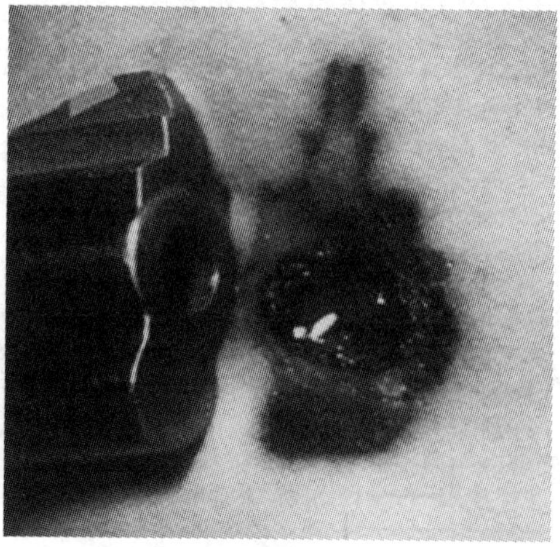

图 4－43　压紧射击时皮肤上形成的枪口印痕，创口无撕裂

（二）射创管

射创管是弹头在体内通过的途径。检验创管及其内含物，常可解决某些创口检验时难以解决的问题，如有时难以区分射入口或射出口，可仔细地检验创管后得出结论。创道要逐层检查，寻找弹道中各器官的碎片、骨片及衣片纤维，直至弹头或金属碎片。注意检查时不宜用探针检查，以免造成损伤，混淆不清。

1. 创管形状：①连续型创管，多数创管呈直线，从射入口不间断地通向射出口（图 4－44）。②截断型创管，可能因软组织、器官依次移位，创管截成数段。③曲线型创管，是由于弹头遇到组织抵抗力改变运动方向的结果。

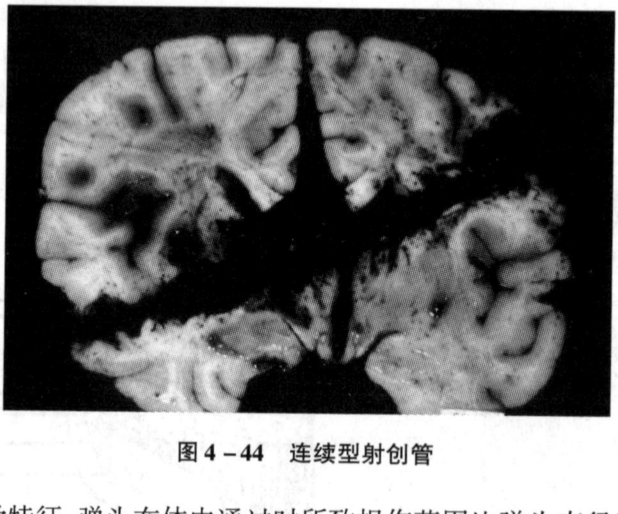

图 4－44　连续型射创管

2. 射创管组织学特征：弹头在体内通过时所致损伤范围比弹头直径所预期的要大得多，其冲击力由弹道向周围辐射，在主创道周围引起圆柱状组织破坏区。离弹道相当远区，可致血管破裂甚至骨折。射创管内常见为血液、凝血块和异物所充填。异物的出现，一方面为弹头本身和经过衣服、皮肤时带入；另一方面亦由于高速弹头穿入人体后，在体内形成带有负压的空腔，于是在创口的衣服碎片、泥沙、毛发被吸入创内。创道周围组织受辐射束的冲击力作用，发生出血、变性和坏死。

射创管各截面的大小和形态的差异甚大，与弹头速度、形状及受伤组织特性有很大关系。当其他条件相同时，弹头的阻力面积越大，射创管的断面越宽。收缩状态下的肌肉被击中时，比松弛时击中的射创管宽。肝的射创管比肌组织宽，并多呈放射状裂开（图4－45）。

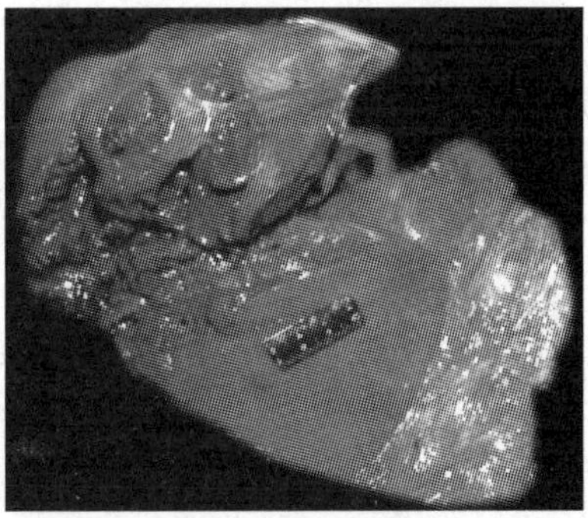

图4－45　肝脏射创管

如弹头击中骨骼，骨碎片可成为继发投射物，从而使后继的射创管扩大，在创壁上可嵌有碎骨片，并可形成盲腔。

射创管近入口处，中间部和近出口处并不等宽，这与投射物的速度和形状以及组织特性有关。实验表明，肌组织的射创管起始部一般为直管形，断面直径略大于弹头直径；中间部扩大；在弹速较低时，出口部可缩小呈管状，若弹速高时则可呈喇叭口状开放。

（三）射出口

进入体内的弹头穿破皮肤飞出体外时形成的创口称射出口。其过程是先将皮肤向外顶出成圆锥状，然后穿孔，飞出体外，故射出口创缘多外翻。由于弹头能量大部分消耗，一般射出口无组织缺损，又因弹头是从皮肤内向外穿出，故射出口周边不伴有表皮剥脱，无挫伤轮（详见图4－46）。

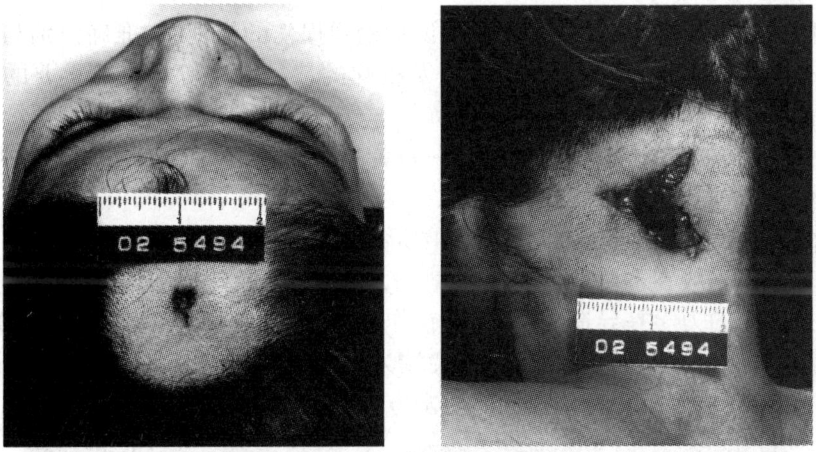

图4－46　射入口与射出口对照

射出口一般较射入口大，这是因为：①弹头穿过身体时遇到组织，尤其是骨组织的抵抗，弹头变扁，直径增大；②弹头在体内遭到抵抗，运行时开始摇晃；③头部或四肢的贯穿枪弹创，骨碎片在会出口处刺破组织但是对于接触射击，由于爆炸气浪冲入组织，射入口爆裂，可大于射出口。

射出口与射入口周围皮肤组织的形态学特征在一般情况下有明显的差异，尤其是在近距离射击形成具有典型形态学特征的射入口时，两者鉴别较为简单（详见表4－3）。

表 4-3 射入口与射出口的鉴别要点

鉴别点	射入口	射出口
创口形态	多为圆形或卵圆形	多为星芒状
创口直径	等于或小于弹头直径	多大于弹头直径
组织缺损	有	多数无
创缘	内陷	外翻
创周出血	轻	重
擦拭轮	必有	无
挫伤轮	必有	无
火药颗粒	近距离射击时有	无
烟晕	近距离射击时有	无
枪口印痕	接触射击时有	无
骨骼贯通创	较小,圆洞状	较大,呈喇叭状
衣服碎片	可有	无
骨骼碎片	无	有

(四)骨质上的枪弹创

当各种因素致使软组织丧失,无法作为识别枪弹损伤的依据时,准确识别与了解骨骼的枪弹损伤特征对推断射击方向、射击顺序以及枪弹的口径大小等均具有重要的价值。颅骨是反映枪弹损伤特征最好的骨骼。

颅骨枪弹损伤的主要形式是颅骨骨折。枪弹所致的颅骨骨折有三种基本类型,即孔状骨折、放射状骨折、锁孔状骨折。

1. 孔状骨折:枪弹使颅骨形成圆形或类圆形孔状缺损性骨折时,常伴有不同程度的内板或外板斜面缺损。一般在入口处形成内板斜面,出口处形成外板斜面。这是由于颅骨板抗压性强和抗拉性弱的力学差异造成的,伴随在作用力方向的对侧骨板产生斜面样缺损。

当子弹穿过颅骨时,断面呈喇叭状,其尖端为子弹飞来的方向,射入口外板小于内板,射出口则相反,此特征对判断头部枪弹创的射击方向和角度极为重要(图 4-47)。

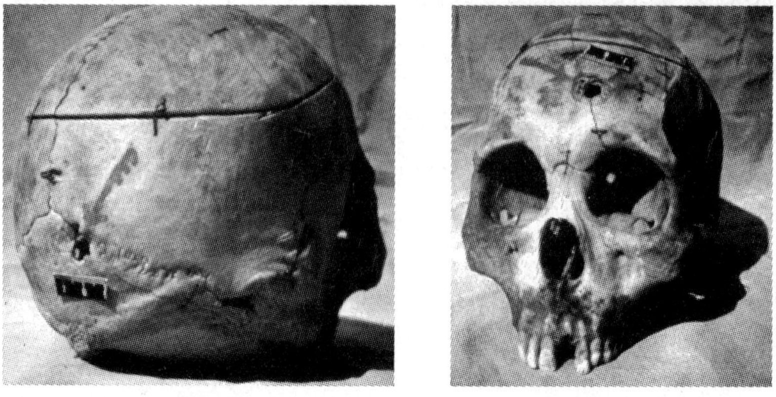

图 4-47 颅骨枪弹创的射入口与射出口

2. 放射状骨折:以孔状骨折处为中心,形成的多条放射的线状骨折(图4-48)。放射状骨折与孔状骨折同步或稍后于孔状骨折。其线状骨折的长度、哆开程度与弹头所具有的能量大小成正比。入口孔状骨折伴发的放射状骨折线较出口处多而长。

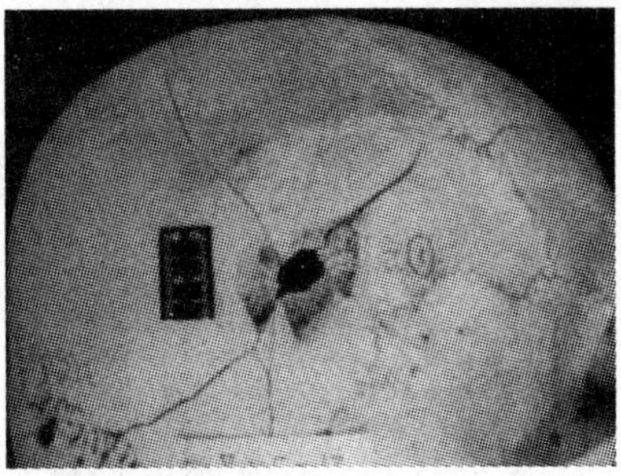

图4-48　放射状骨折

3. "锁孔状"骨折:当弹头以切线方向作用于颅骨时,可见颅骨上形成锁孔样缺损,称为锁孔状骨折(key hole fracture)(图4-49)。其形成机理在于当弹头以切线方向作用于颅骨时,产生垂直和平行的两种作用力,这种垂直的力产生了圆形或卵圆形的颅骨缺损,而水平的力导致类三角形的颅骨缺损发生。

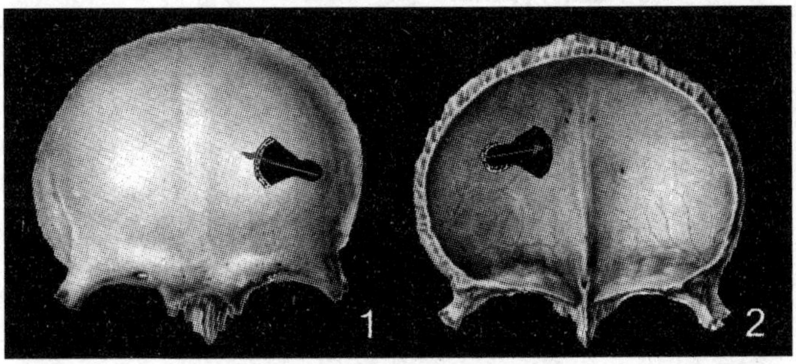

图4-49　颅骨锁孔状骨折(左图为颅外观察,右图为颅内观察)

五、非典型枪弹损伤

非典型枪弹创(atypical gunshot wound)是指因弹头受射入方式的影响而引起枪弹射入口和射出口形态出现非典型变化的一类枪弹创。法医学检验鉴定枪弹创的实际工作中,正确识别非典型枪弹创是非常重要的内容。

(一)弹头穿过中间障碍物所致损伤

中间障碍物(intermediate target)广义上指从枪口射出的弹头在进入人体前遇到障碍物并穿过该物体,以不改变飞行方向射入人体。中间障碍物指此障碍物与人体之间有一定的空间距离或此中间障碍物与人体基本相贴近,是人体的前置物(foreshoting)。常见的中间障碍物如窗、门、树枝等。

1. 致伤机制

(1)弹头穿过中间障碍物后无明显的形态学及弹道学方面的改变

此种弹头损伤与弹头未穿过中间障碍物时所致损伤相似。

(2)弹头变形

弹头穿过较为坚硬的中间障碍物后往往容易发生形态学改变,对于无披甲的弹头,即使是穿过较为柔软的物体,如木质、衣着等时,也可能发生较明显的变形。变形的弹头一般表现为头部膨大,因弹头重心改变,其以后的飞行方式发生变化,呈摇摆状。

(3)继发性"弹头"

弹头在穿过中间障碍物时,同时推动碎裂的中间障碍物体,如玻璃、金属片、木质片等一起射入人体。这些碎裂的中间障碍物体成为继发性的"弹头",同样对人体造成损伤。继发性"弹头"一般发生在中间障碍物与人体相距较近时,且与弹头本身是否变形无关。继发性

“弹头”一般不形成皮肤缺损。

(4)弹头破裂

指弹头穿过中间障碍物后发生碎裂，导致披甲与弹芯分离而形成多个弹头。此时披甲可有一个或多个，具有与弹芯相似或略小的动能。多弹头一般发生于中间障碍物较坚硬（如金属等）时。

弹头穿过中间障碍物后变形损伤，如图4－50所示。

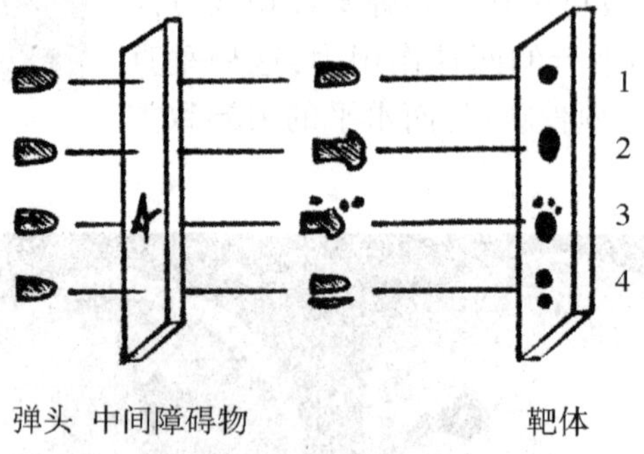

图4－50 弹头穿过中间障碍物后变形损伤示意图

1. 弹头未变形 2. 弹头变形 3. 继发性弹头 4. 多弹头

2. 损伤特征

根据前述的机制，弹头穿过中间障碍物后射入人体的损伤特征主要表现在射入口上，其基本特点为：

(1)射入口创形态不规则：这是由于弹头穿过中间障碍物后有不同程度的变形，致使皮肤组织缺损面积大，创缘粗糙，挫伤轮较宽且不典型。

(2)创周假性火药斑纹：有时多且细，较密集的继发性弹头可造成射入口周围类似火药斑纹的征象，但仔细观察，这种假性火药斑纹有大小不等、分布不均的特点，有时甚至可找到中间障碍物的碎片。

(3)多个射入口：弹头披甲碎裂、脱落，常形成两个或更多的射入口创。往往只有弹芯射入处的创口较为规则，而披甲所致的创口多不典型。

(4)损伤严重：弹头在穿过中间障碍物后所导致的变形，一方面因弹头重心发生改变而致使其飞行方式发生改变；另一方面变形的弹头本身也因其表面积增大而对人体的损伤更为严重。

3. 法医学意义

由于弹头穿过中间障碍物后所致的损伤有其特殊的形态特点，所以对此类枪弹损伤的鉴定就与一般枪弹损伤有所不同。

(1)不典型射入口的认定：射入口的认定直接影响射击方向的认定，在某些理化检验条件缺如的情况下，射入口形态学特征的鉴别尤为重要。由于弹头在穿过中间障碍物后其飞行特点、结构形态等均可能发生较大改变，从而导致射入口变大，形态不规则，创缘有撕裂，尤其在弹头披甲破裂、脱落后，甚至会有多个射入口等现象出现，易与射出口发生混淆。所以这时一方面要求鉴定人员对弹头穿过中间障碍物后引起损伤的特点有较全面的认识，另一方面应结合现场勘查，在尸体检验时要特别注意观察寻找反映射击方向的依据。

(2)射击距离的判断：弹头穿过中间障碍物后常导致射击距离推断的困难。因中间障碍物物体的碎片及弹头披甲的碎片造成假性火药斑纹，因而导致识别不当而将远距离射击判断为近距离射击。真正的火药斑纹分布较均匀，皮肤挫伤大小基本一致；而假性火药斑纹的分布及大小均不一致，仔细检查有时能在创内或创周找到异物（如玻璃、金属、木屑等）碎片；最准确的鉴别仍依据射击残留物理化检验。因中间障碍物的阻隔，使枪弹射入口扩大，在散弹射击时，易将较近距离射击判断为较远距离射击。

（二）跳弹损伤

弹头在飞行过程中以某一角度碰撞物体后又以一定角度反跳射入人体所形成的损伤称为跳弹损伤（图4－51）。其前一角度，即弹头与靶物之间的夹角，称射入角（angle of incidence）；后一角度，即弹头离开靶物时与其之间的夹角，称反跳角（angle of ricochet）。

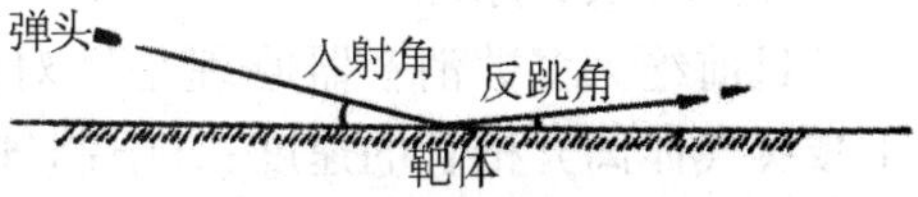

图4－51 跳弹形成示意图

任何投射物，在任何速度时均能产生跳弹；任何物体，无论其质地与性状，只要符合一定的条件，均可作为跳弹形成的靶物。水泥、砖石、各种金属、塑料、木质、水等构成的靶体均能形成跳弹。

1. 跳弹形成的影响因素

（1）靶体的特性：理论上只要弹头不直接嵌入或射透靶体，均有可能产生跳弹。而实际上，由于弹头易嵌入或射透靶体，以及弹头所具有的能量易被弹头嵌入等因素所吸收，故质地坚硬的靶体（如水泥、金属、砖石等）比质地柔软的靶体（如水、木质、泥土）容易形成跳弹。

（2）弹头形态：在其他条件相同时，圆鼻形弹头比扁平鼻形弹头更易产生反跳；有金属披甲的弹头比纯铅或铅合金无披甲弹头更容易发生反跳，其原因可能与弹头碰撞物体后接触面的大小及弹头变形后能量损耗的程度有关。

（3）弹头速度：在其他条件相同时，一般枪弹速度较小更易产生跳弹。当入射角约60°时，反跳角才不受弹头速度的影响。

（4）射入角：射入角是影响跳弹形成及其特征的主要因素之一。质地柔软的靶体，需在射入角较小时才能形成跳弹。

2. 跳弹损伤特征

跳弹损伤的形态学特征受反跳靶体的质地、弹头飞行速度、弹头变形的程度等因素的影响，但其基本的致伤机制与弹头穿过中间障碍物后变形所致的损伤相似。

（1）跳弹射入口一般呈椭圆形，由于弹头反跳后摇摆飞行所致；或呈锁孔状，因弹头反跳后易呈切线方向射入人体而形成。

（2）跳弹射入口一般大于非跳弹射入口，而且形态更不规则。

（3）距人体很近处的反跳，可使弹头的碎片或反跳靶物（如水泥、砖石等）的碎块溅起，进入人体射入口的表皮内，形成假性火药斑纹，因而易与近距离射击征象相混淆。

（4）由于弹头反跳后其速度和能量均有所下降，所以弹头一般易留于体内而形成盲管创。

（5）理论上弹头在其反跳处均会留下不同程度的弹着痕特征。最典型的弹头反跳处具有金属物质的附着和火山口样弹着痕，在软金属和木板墙上，跳弹多留有伸长的半圆（弧）形弹着痕，而在砂、土上弹着痕并不规则。

上述介绍的只是跳弹形成与跳弹损伤的一般规律，在实际工作中，受各种条件的影响，跳弹形成和损伤特征并不完全符合这一规律，有时甚至相反。这就需要结合具体情况，具体进行分析。

（三）带消音器枪的枪弹损伤

消音器（silencer）指消除或减弱声音的装置，消音武器（silenced firearms）则是指安装有这种装置的武器。消音器安置在枪支上已有一百多年的历史，刑事犯罪中，消音武器常起到帮助犯罪分子不被暴露的作用。

1. 消音及其原理

目前绝大多数消音器原理是针对射击时高压气体所产生的声音，消音的主要途径有：①减缓气体离开枪管的速度；②限制气体的急骤扩散；③冷却气体，减小气体离散的体积和压力。根据这三种消音的途径，消音器的基本结构是：①配置口径大于枪管或长度大于枪管的气体扩散室以减缓气体离开枪管的速度；②配置一层或多层气体缓冲板以限制气体的急骤扩散；③通过内衬某些纤维性物质来增加气体的吸收面积或增强吸收气体的能力。

尽管消音装置通过上述途径很大程度地消减了射击时声音的强度，但无法绝对地消除声音。消音器的消音效应依消音器种类及枪支种类而有不同。一般而言，带有消音器将减弱声音约30dB。

2. 消音器对射击弹道学的影响

由于消音装置对枪管内的高压气体产生各种影响，故消音器除了减小发射时的声音外，对弹道学也有不同程度的影响。

（1）弹头速度和能量效应：消音器通过扩大气体接触、冷却面，增加气体吸收以及增加气体运行长度等途径达到消音的同时，也减弱了高压气体对弹头的推进作用，进而降低了弹头的能量。

（2）空腔效应：据实验研究，配置消音器后发射的弹头所致的空腔效应具有发生早、创道变短、空腔直径增大的特点，这是由于带消音器的枪支发射的弹头相对于距离来说，释放能量较早且较大的缘故。

3. 带消音器枪弹损伤的特征

与无消音器的枪支相比，带消音器的枪弹损伤在接触射击时具有挫伤轮不明显，无皮下烟晕侵蚀现象，一般没有皮肤撕裂的特征，同时枪口印痕明显大于枪管内径。在头部常仅发生孔状骨折而少伴有放射状骨折线。在近距离射击时，则表现为烟晕和火药斑纹集中、边缘界线清楚或未发现明显的火药斑纹。

（四）橡胶弹损伤

橡胶弹（rubber bullet）也被称为防暴弹，作为政府用于防暴、防骚乱的武器。从理论上讲，橡胶弹损伤一般只引起人体的疼痛而不造成严重损伤，但近年来有不少报道称，在特定条件下，橡胶弹能导致人体严重损伤，甚至死亡。据文献记载，橡胶弹损伤（人体严重损伤）的发生率为1∶800；使人体残废的发生率为1∶1900；致人死亡的发生率则为1∶16,000。

1991年Missliwetz和Lindermann曾报道4例意大利生产的Fiocchi橡胶弹损伤人体，其中2例在5m左右处射击，部分橡胶弹头穿透皮夹克并在皮肤上留下明显的挫伤，甚至有2颗弹头进入胸腔。1例在1.5m处射击，弹头穿过皮夹克和7cm厚的皮下脂肪层。

一般认为，速度小于50m/s的弹头不能穿透皮肤，但实际上决定能否穿透皮肤的并不仅仅是弹头速度，还取决于弹头的能量。

橡胶弹射入口处也有擦拭轮、挫伤轮、火药斑纹等特征，但不如典型的枪弹创明显。

（五）射钉枪损伤

射钉枪(nail gun)，也称螺栓枪(stud gun)、水泥钉枪(masonry gun)。首次使用于20世纪50年代，它是一种经改装的火药驱动的工具，投射物系金属，呈钉形。火药发射后驱使钉子进入硬质物体(如钢板、水泥墙等)，主要用于建筑行业。

射钉枪外形类似目前广泛使用的冲击钻，但实际上内部装置及发射原理更像手枪。一般用5.38mm到8.8mm口径弹药壳。扳机式触发，其火药击发后可达22N以上的压力以驱动钉、栓或钢针射出，据实验研究，以9.53mm直径、22.7g作标准弹丸的投射物，最大可达393m/s的速度。

射钉枪引起的损伤国内外均有不少报道。其损伤性质绝大多数属意外，如使用操作射钉枪不当、开玩笑、射出的钉子反跳等，偶可见于自杀，利用射钉枪他杀极为罕见。

据McCorkell等人于1986年所做的25例射钉枪损伤报道，56%的伤者是在使用射钉枪过程中发生，44%的属他人操作时所致，其中仅1例有自杀的企图。在25例案件中，有13例系射钉射出后反弹所引起，有4例则是由于射钉穿过物体所致。

由于射钉直径小且发射动能小，所以与枪弹损伤相比，射钉所致的损伤射入口极小，而且射钉易存在于体内，一般不易被识别。所以X线检查是检验射钉枪损伤的主要手段。由于金属射钉反弹后易发生弯曲，而反弹对损伤性质的分析具有十分重要的意义，因而利用多角度X线检查射钉的形态颇为重要。

（六）空包弹损伤

空包弹(blank ammunition)指未装置任何投射物的枪弹，这种枪弹只有弹壳，内有火药及(或)装有为防止火药外漏的软性填充物如纸片、海绵等。主要用于舞台、电影中增加逼真感；还用于实验武器的性能等基础理论性研究。一般人可能认为枪弹无弹头或弹丸，不会产生致伤作用，但事实不然。

空包弹损伤机制：在接触或十分贴近的射距下，枪口冲出的高压气体直接冲击人体(可能还包括高温作用)；另外，填充物的直接作用，尽管这种填充物软且轻，但在高压、高速下，填充物在一定射距内具备了足够的能量致伤人体。除射击距离外，空包弹致伤人体的程度还与火药的性能、数量、填充物的数量以及填充物与火药的紧密程度等因素有关。

（七）气枪弹损伤

气枪(air-powered gun)是指利用压缩气体发射弹丸的装置，它的最大特点是依靠空气泵压缩(air pump compression)而非火药的燃烧推动弹丸。气枪弹有两种形态，一为轴承滚珠(ball bearing)，二为弹丸(pellet)，成分有铅、钢、黄铜、青铜等。气枪一般仅作为儿童玩具，也有人用来作为猎鸟的工具。气枪弹主要有4.4mm、5.38mm和5mm三种口径。气枪的弹丸发射速度在120m/s左右，与小口径手枪相似。

DiMaio等于1982年得出的实验结果表明，4.4mm气枪弹穿透皮肤的速度需大于99m/s，5.38mm口径则需大于74m/s；而穿透骨骼的速度需大于105m/s。所以在近距离射击时，气枪弹同样会导致人体的损伤，涉及重要生命器官时会导致死亡。据美国资料的统计，5年间共有数十人因此而死亡，其中以射穿胸壁造成心脏或大血管损伤者居多，小部分系颅脑损伤死亡。在我国，涉及气枪弹损伤的多系猎鸟误伤，也有死亡的个案报道。

因发射机制及弹头的差异，气枪弹所致的损伤与其他枪弹相比特征不甚明显，也无射击残留物的存在，一般来说，气枪弹多致盲管创。X线探查或手术、解剖找到弹丸是分析鉴定气枪弹损伤的主要依据。

六、散弹创

散弹创(shotgun wound)是由猎枪或土制枪弹丸所造成的枪弹创。猎枪弹有不同的型号和规格,内装弹丸。土枪则用铁颗粒、铁锌颗粒或其他金属碎屑,乃至玻璃碎片等充填。因此可在人体上形成片状多发性、形状各异、大小不同的弹丸创。发射时引爆火药,弹丸呈圆锥形散开,由于弹丸或金属碎屑的能量较小,故多形成盲管枪创。贴近射击或近距离射击,散弹密集在一起,形成大的单个不规则形的射入口,边缘呈锯齿状。射击距离远时,散弹孔呈圆锥形散开。在人体形成的创口亦随射击距离的增大而逐渐散开,在中央一个较大的射入口周围形成多数小的散弹射入口(图 4-52)。距离越远,则小的射入口越多,一般距离 1m 时,可形成直径约 3cm 的集合弹孔区;距离 2m 时,扩散范围约为 7cm;距离 3~4m 时,扩散范围约为 16~18cm。扩散范围除与射击距离有关外,尚与枪支性能、火药种类和弹丸的性质有关。射击距离在 6m 内时,均可在皮肤内发现弹丸或其他充填物,故散弹创多为盲管枪弹创。散弹创因弹丸小、数目多、分布广,手术不易取尽,长时间保留在体内,X 线检查可见多数细小的散弹影(图 4-53)。

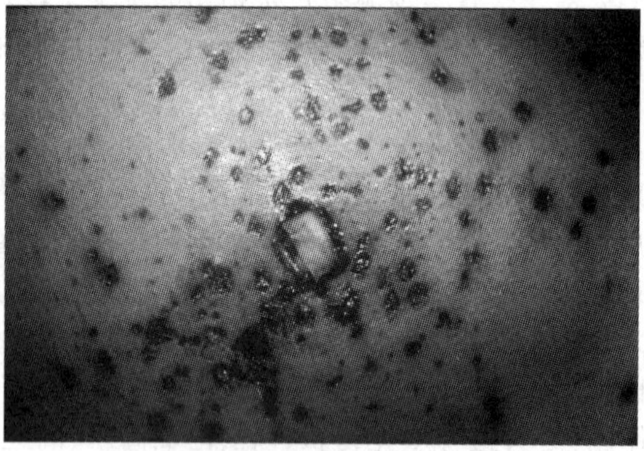

图 4-52　散弹创

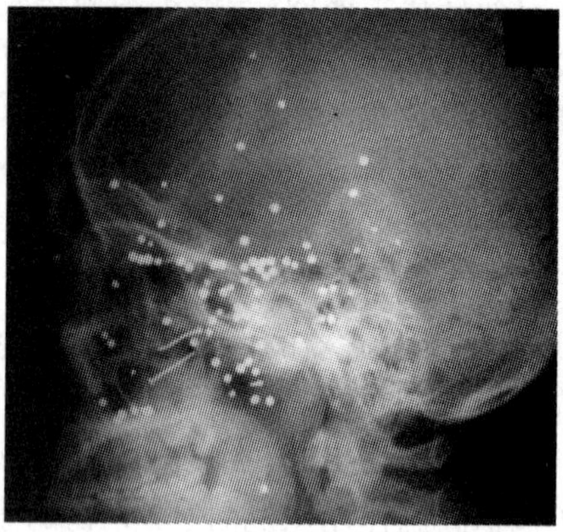

图 4-53　散弹创的 X 线显影

七、枪弹损伤的法医学鉴定

枪弹案件中,法医学鉴定主要任务是射击距离、射击方向、案件性质的判断。

(一)确定枪弹创

典型的枪弹创不难判定,但不典型的枪弹创需要认真检验、全面分析才能得出正确的结论。如擦过枪弹创呈深沟状哆开时,有时可能被误认为是钝器伤。一般情况下可从以下几个方面判断是否为枪弹创:

1. 有前述射入口特征,或近距离射击的痕迹。
2. 在盲管创内有弹头、散弹丸或其碎裂片。
3. 皮肤上创口不大,但内部组织有广泛破坏。
4. 创口呈弧形、椭圆形、近环形或多发性创管。

确定为枪弹创之后,还需进一步判断是否死于枪弹创,所以,法医工作者还要进行系统的尸体解剖检验,必要时做组织学检验和毒物分析,以查明枪弹创是否为致死原因或排除其他死因;判断枪弹创是否为生前形成;确定有无致命性疾病或作为辅助死因的病变或其他暴力致死的可能性存在。

（二）判断射击方向

通常情况下，正确区分射入口和射出口，可以判断射击方向。若单从创口难以确定时，可仔细检查创管，有下述条件之一即可判定。

1. 近距离射击时，有前述近射附加成分的痕迹的是射入口；

2. 远距离射击时，有组织缺损、挫伤轮、污垢轮三大特征的是射入口；

3. 弹头撞击坚硬物体后再进入人体，粘有弹头撞击时附着物的一侧是射入口；

4. 盲管创的单一创口是射入口。几个创口相隔很近，而对侧无创口，除偶为切线枪弹创外，多系射入口；

5. 弹头嵌在骨质上的创口时，弹头顶部通常提示飞行方向；

6. 贯通扁平骨时，喇叭口扩大的方向是弹头飞出的方向；

7. 贯通颅骨时，皮下有碎骨片的一侧常为出口侧；

8. 弹头常将入口处的衣片，创管内的组织碎片带往出口方向，从破损处到遗留处表示弹头飞出方向；

9. 弹头在体内破裂时，产生多发性创管，其单一创管则是射入口；

10. 在区分射入口与射出口时，认为“射出口总比射入口大”是片面的，应该具体问题具体分析。

（三）射击距离的推断

精确地推断射击距离是不容易做到的。一般只能分辨近距离射击和远距离射击以及接触射击。

1. 远距离射击：射击距离是指枪口到枪弹射入口间距离。步枪 1m 以外，手枪 0.5m 以外属远距离射击。射入口具有组织缺损、挫伤轮、擦拭轮三大特征，无火药颗粒形成的烟晕附着。

2. 近距离射击：手枪在 0.5m 以内，步枪 1m 以内属近距离射击。主要根据枪弹的火药附加成分来判断。

3. 接近距离射击：距离 10cm 以内射击，射入口呈不同程度十字形或星芒状爆裂，爆裂越大，说明距离越近。

4. 接触射击：枪贴近射击时，爆炸气体随弹头进入创道，由于气体膨胀造成射入口爆裂略大于射出口，创道内有大量烟灰，射入口几乎无烟灰。枪口紧压在皮肤上射击时，射入口不发生明显爆裂，只出现枪口印痕，表面无烟灰，创道内有大量烟灰。

（四）判断死亡方式

对于枪弹损伤，要判明是自杀伤还是他杀伤有时是比较困难的。必须综合枪弹创的特征，射击距离、方向，死者位置，死亡姿势，现场遗留物等情况，有时还要进行必要的模拟试验，才能做出正确的结论。

一般来说，自杀伤是接触射击，极近距离或近距射击。创口周围留有烟晕、火药颗粒以及其他附着物。从射击方向、角度来看，都是自杀者本人持枪可以达到的部位，并且在现场可见射击过的枪支。枪支上留有自杀伤者握枪留下的指纹。由于自杀射击距离很近，手腕常溅有血迹，并且有烟晕沉着在手上。根据这些情况，结合现场勘查、个人思想因素等，是可以判断出是自杀还是他杀的。他杀伤远、近距离射击都可发生，枪弹创口的位置、方向和距离均与死者本人手活动的范围不符。射入口可在身体任何部，多在在背侧或后枕部位，致命伤可有多处，现场一般无枪支发现，从现场勘查、案件调查中，可以判断案件性质。

八、各种物证的发现、提取和送检

枪弹检验和相关的物证检验是枪弹损伤鉴定的重要步骤，一般应由枪弹检验专家和物证化验人员共同进行。但现场和尸体上的枪弹和生物检材往往是由法医工作者提取的。检材的发现、提取和送检的正确与否直接影响枪弹检验和物证检验的结果，所以法医有必要掌握枪击案中发现、收集和送检各种物证的基本原则和注意事项。

1. 未经专门人员采集指纹前，法医不要触及或移动现场上的枪支。提取枪支后要首先检查弹匣和枪膛内有无子弹，并注意保护枪支上的痕迹和物证。

2. 应仔细寻找和收集可能留在现场上的弹壳和弹头、弹着痕迹。

3. 对留在尸体内的弹头必须全部提取，并进行编号，分别包装，并标明取出部位。取弹头时不得用金属钳夹，以防引爆（爆炸弹）或留下人为的痕迹，干扰弹头的鉴定。有时体内弹头较难寻找，有条件的可用X线摄片帮助定位查找。尸体内散弹枪弹丸较多时，不强求完全取出，但必须取10～20粒有代表性的弹丸送检。

4. 应注意尸体上各种物证的保护。运送尸体时最好用塑料袋包住死者双手；物证提取前不要清洗尸体；衣着上有枪弹损伤或有关痕迹时，要先详细检查记录，然后小心脱下，包装送检，避免衣着上的痕迹物证被破坏。

5. 所有提取的物证要分别包装、编号、标明提取物名称、提取地点部位以及提取时间和提取人姓名等有关情况，贴上封条，派专人送检。

第七节　爆炸伤

一、爆炸的概念

爆炸（explosion）是由爆炸物在极短时间内产生大量的气体或蒸气，体积急剧膨胀，产生高压和巨大能量，向四周释放，使周围介质振动，并产生巨大声响的现象。

由于爆炸后爆点周围的介质中出现突然的压力剧增，因此爆炸也被作为空气中能量迅速释放产生具有有限振幅压力波的过程，因爆炸所致的人体损伤称爆炸损伤。在法医学实践中爆炸损伤多见于意外事故，如矿井瓦斯爆炸，油罐爆炸，易燃品在生产、贮存或使用中意外爆炸，以及生活中的煤气爆炸，烟花爆竹爆炸，瓶装、罐装物爆炸等。但他杀也不少见，特别在恐怖组织活动猖獗的国家和地区尤为突出。在我国则见于各种报复杀人、纠纷以及社会敌视案件中，如偶见飞机爆炸、公共汽车爆炸、列车爆炸、抢劫银行爆炸、建筑物爆炸等。此外，用爆炸方式进行自杀或杀人后自杀的案例也时有发生。爆炸物的来源有盗窃和非法购得、战区遗留或自制等，但更多的是存在于生产和生活环境中的爆炸物。爆炸往往因其破坏力大、造成人员大量伤亡和财物严重损失，而酿成恶性案件，社会危害性极大。人为因素所产生的群体伤亡中，爆炸已是重要的手段之一。据资料统计，目前全球因爆炸而死亡的人数每年已近10万人，因爆炸而受伤者每年已逾50万人之多。

爆炸伤常见于火药、爆竹、化工厂、矿井、锅炉及液化气罐或煤气管道等爆炸时形成，且多见于破坏与意外事故，也见于他杀或自杀。爆炸往往因其破坏性大，造成人员大量伤亡和财物严重损失，而酿成恶性案件，社会危害性极大。

(一)爆炸的类型

根据爆炸的概念,任何能引起气体和能量瞬间释放的物质均属爆炸物质,按爆炸物的不同,可将爆炸分为物理性爆炸、化学性爆炸和原子能爆炸。

1. 物理性爆炸

在一定空间内高气压急骤释放所致的爆炸过程中,只发生物理变化而无化学变化或其他变化,这种爆炸称为物理性爆炸(physical explosion),又称机械性爆炸。如锅炉爆炸、高压气瓶爆炸、轮胎爆炸等,均是由于锅炉中、气瓶中或轮胎中的过热高压水蒸气、高压气体(空气)超过了炉体、瓶体或轮胎承受的压力而引起爆炸。物理性爆炸所致的损伤主要由爆炸容器的碎块(片)及高压气体所形成。

2. 化学性爆炸

因某些物质发生化学反应时,瞬时产生大量气体,体积剧烈膨胀,产生高压气体并同时产生高热、强光作用所致的爆炸称化学性爆炸(chemical explosion)。此类爆炸较为常见,爆炸物也较多,常见的有:

(1)粉尘

粉尘所产生的爆炸最常见于亚麻厂、面粉加工厂、矿井内。任何易燃物质被充分悬浮在空气中,并达到一定的比例,形成尘雾,一旦遇有火星或火焰,则可发生爆炸。

(2)气体

丁烷、丙烷、乙炔、液化石油气(天然气)、煤气等气体易与空气混合,形成爆炸性混合物,遇有火星、高温或静电等引发因素存在,即可发生爆炸。如矿井中的瓦斯(甲烷)爆炸,是由于空气中甲烷气体含量达到5% ~15%时遇火爆炸。

(3)蒸气

易挥发、易燃的有机气体如酒精、汽油、染料等蒸发后与空气混合形成易爆炸混合物,在引发因素(火星、静电等)存在时发生爆炸。

(4)炸药

炸药是能产生化学反应的特殊爆炸物质,一般由化学物质碳、氢、氧、氮四种元素构成。炸药种类较多,炸药爆炸后产生碳、氢被迅速氧化,生成 CO_2、CO、水蒸气等大量气体。炸药爆炸是法医检案中常见的爆炸。

3. 核爆炸

在核裂变或核聚变时突然释放出巨大能量的过程中所引发的爆炸称核爆炸(nuclear explosion)。如原子弹爆炸属于核裂变,而氢弹爆炸是核聚变爆炸。核裂变是指原子核在中子作用下在极短时间发生连锁分裂反应,释放能量的过程;而核聚变则是指较轻的原子核在中子作用下聚合成较重原子核,同时释放巨大能量的过程。核爆炸是释放出核能,其能量比炸药爆炸释放出的化学能量大得多,并形成数百万到数千万度的高温和数百万大气压的高压,同时发出很强的光和热的辐射,以及各种粒子的贯穿辐射,具有比炸药大得多的破坏力。核爆炸所形成的损伤除具有化学性爆炸损伤特点外,主要还有核辐射性损伤。

(二)爆炸的特征

无论何种类型的爆炸,均具有以下几种特征:

1. 快速

指爆炸过程中所需分子间反应的时间短暂性。爆炸物爆炸时化学反应的速度称爆速,广义上也指爆炸后气体传播的速度。一般来说,核爆炸的速度最快,炸药次之,其他气体再次之,物理性爆炸最慢。在炸药量相当的情况下,爆速越快,危害越大。

2. 高压

爆炸后产生的高压是通过产生大量气体实现的。因此,一定体积内的气体越多,压力越高,危害也就越大。

3. 高温

爆炸时产生的高温是分子反应的结果,而高温为高压气体的形成创造了基础。高温和高压同时又构成了爆炸能量的要素。一般炸药爆炸后在其炸点可产生3000℃以上的高温。

二、爆炸损伤的形成机制

爆炸损伤主要由冲击波、高温及爆炸投射物所致,其中重要的是冲击波引起的损伤。高温类似于其他高温损伤(烧伤),爆炸投射物类似于枪弹损伤。

(一)冲击波

冲击波是在介质中传播的一种高速高压波,其介质可以是气体如空气,也可以是液体如水,也可以是固体如金属。冲击波的物理特性在许多方面与声波相似。爆炸产生的高温高压气体借周围介质(如空气、水)迅速向四周膨胀、传播而形成一种超音速的高压波,即冲击波(blast wave)。冲击波传播的速度随爆炸后时间的延长和传播距离的增加而减小。爆炸产物停止膨胀后,冲击波向四周传播。

冲击波形成与传播过程中主要产生超压、动压及负压三种压力形式的变化并引起冲击波效应。

1. 超压的致伤机制

(1)压迫效应:超压作用于体表,一方面压迫腹壁,使腹壁压增加,膈肌上移,引起腔静脉血大量涌入心脏,从而使心、肺血容量急剧增加,严重时可致心肺自里向外爆裂。另一方面超压也压迫胸壁致使胸腔容积缩小,胸腔内压急剧增大,从而使心肺损伤。

(2)内爆效应:超压通过机体时,体内气体因容积被压缩而突然变小,使局部压力明显增大,当解除超压后,受压缩的气体又剧烈膨胀,呈放射状向周围释放能量,从而使组织发生损伤。

(3)碎裂效应:超压从较密的介质向疏松介质传播时,在两者界面上形成反射,产生拉伸波,从而导致较强致密介质表面发生损伤,如肺泡壁出血、心内膜下出血、充盈的胃肠道和膀胱出血等。

(4)惯性效应:超压作用于不同的组织后使其发生因惯性不同而导致运动速度的不同步,从而使有密度差异的组织连接部分发生损伤,如肋骨和肋间组织、肠管和肠系膜等的断裂出血。

(5)压力差效应:超压作用于机体后,肺内含液体的血管和含气体的肺泡压力均上升,但血管内上升更显著,故形成较大的压力差。压力大的微血管易发生撕裂,致使血液进入肺泡;之后因血管内减压,肺泡内压力大的气体又可通过破裂的管壁进入血管形成空气栓塞。

2. 负压的致伤机制

冲击波负压作用于机体后,引起含气组织内气体介质的稀疏和组织结构的扩张变动,因一般组织抗压能力强于抗拉,故易造成含气器官的损伤,特别是胃肠道。因负压是在超压之后,故冲击波负压时对超压的内爆效应起增强作用,损伤更为严重。

3. 动压的致伤机制

动压是爆炸后空气高速流动而产生的冲击力，并通过撞击和抛掷作用损伤机体。

(1)撞击作用：在近距离爆炸时，动压可直接撞击机体而发生局部组织的损伤，如肢体断离等。

(2)抛掷作用：当冲击波作用于机体时，人体朝向爆心侧的体表承受超压和动压的总和，而人体背侧则相当于承受致密区的压力，由于这种压力差，产生了人体位移和向上抛射的冲力，此时人体易受抛掷初期的加速性损伤和抛掷后期的减速性损伤。

(二)高温

高温是爆炸的特征之一，爆炸后高温损伤机制与其他高温损伤相似，只是程度上因爆炸中心区温度高而更严重。由爆炸产物的烧灼作用于人体所造成的烧伤部位多发生在朝向爆炸中心的一侧。1kg 炸药能释放 720 ~ 1360J 热量，在爆炸反应结束瞬间其热量加热爆炸产物，可达 2500 ~ 4500℃ 高温。在冲击波的作用下还可能将炽热的尘埃压进呼吸道，引起呼吸道黏膜烧伤和管腔堵塞等损伤。

(三)投射物

爆炸所产生的投射物有原发性和继发性之分。原发性投射物指炸药本身、炸药内的填充物、包裹炸药的物质，如炮弹弹壳等，其金属等硬物碎片炸入人体组织而形成的损伤。碎片速度能达每秒数百至数千米，具有强大的动能，足以损伤人体。另外，炸药包中的定时装置、遥控装置等爆碎时也能造成人体损伤。继发性投射物则是指爆炸后周围破碎飞散的物质。投射物所致的损伤机制类似于枪弹损伤或钝器损伤。

三、爆炸伤的特征

爆炸释放能量所造成的人体损伤称为爆炸伤(explosion injuries)。爆炸伤以复合性损伤多见，爆炸物引爆时，瞬间释放出巨大的能量和高温，迅速由爆炸中心向四周传播，形成一种超音速的高压波，称为冲击波(blast wave)。人体的损伤与爆炸中心的距离关系极为密切。距离越近，损伤越重，越远则越轻。因爆炸所造成的损伤形态多样，轻重不一，可分为以下几种：

(一)炸碎伤

处于爆心或接近爆心的人体可全部或部分炸碎，可造成人体各式各样的骨折、挫裂创、肢体断离和内脏破裂(图 4 - 54)。肌肉、骨碎片、内脏碎片及各种组织可四方飞散，处于爆炸中心位置，人体可全部或部分炸碎。对炸碎尸体进行个人识别，有时极为困难。

图 4 - 54　炸碎伤

（二）抛射物所致损伤

距爆炸中心越近，由装盛炸药或雷管的金属碎片或其他异物，可造成人体的贯通创、盲管创和各式各样的钝器、锐器样损伤（图4－55）。

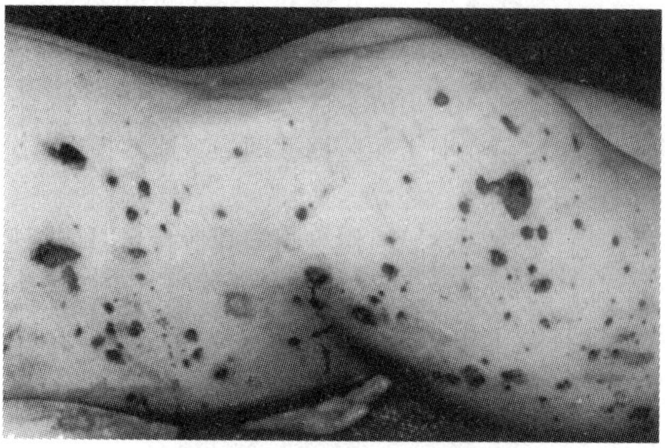

图4－55　抛射物所致损伤

（三）冲击波损伤

冲击损波（blast wave injury）的致伤范围较大，远离爆炸中心的人体可受伤。衣物常被撕裂呈碎片、条索状，并沿冲击波方向外翻，甚至剥离。在朝向爆炸中心侧人体皮肤上可造成大面积片状或波纹状擦伤、皮下出血、挫裂创及皮肤撕脱伤等，撕脱较多时，似衣襟状，常见于腋窝及胸腹部。严重冲击波伤可有多器官损伤，如心肺震荡、肺挫伤、肺破裂、肝脾破裂、颅骨骨折、脑挫伤、颅内出血、鼓膜破裂穿孔、鼓室出血及眼球破裂等。冲击波作用于胸壁，使胸腔内压突然升高，上腔静脉血压骤升，回心血流逆行，可引起脑内小静脉和毛细血管扩张、破裂，导致上腔静脉所辖范围的皮下、黏膜广泛点状出血以及脑组织广泛点状出血。胸腔内因心、肺震荡而造成广泛的肺挫伤，肺表面与肋骨相对应部位形成带状出血，肺破裂而引起的气胸、血气胸，心内膜下或心肌内出血，甚至心肌断裂。冲击波作用于腹部，除肝、脾外还可引起充盈的膀胱破裂。冲击波甚至造成多发性骨折。此外还可造成皮下及粘膜下广泛性点状出血。以上是冲击波直接损伤。冲击波的间接作用使物体破片加速抛掷撞击人体致伤，或使人体撞击别的物体致伤，也可因烟尘暴吹和热作用致伤。

这类损伤常累及许多人。其特点为外表损伤可能不严重，但内脏的损坏甚为严重。强大冲击波和气压可使肺泡破裂，导致气胸、血气胸，肝、脾破裂，脑震荡、脑挫伤、颅内出血、颅骨骨折以及鼓膜破裂（图4－56）等。

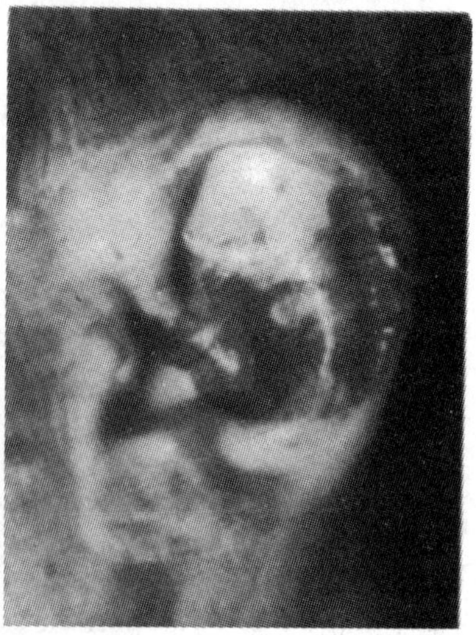

图4－56　冲击波伤致鼓膜破裂出血

（四）烧灼伤

若人体位于爆心或离爆心很近时，爆炸物燃烧产生的高温可使人体朝向爆心的一侧发生广泛的烧伤。若面向爆心，由于强光作用，引起反射性闭眼动作，使眼部周围的鼻根部、眉间及外眦部的沟纹内皮肤无烧伤或烟尘附着，待肌肉松弛后出现白色纹线。此种现象为生前爆炸伤的证明。

(五)其他损伤

建筑物、车辆、电线杆及爆炸中心附近的其他物体倒塌可形成挤压伤、砸伤、机械性窒息;在燃烧现场可导致有毒气体中毒等。

四、爆炸伤的现场的勘验及法医学鉴定

(一)爆炸现场的勘查

爆炸发生后,法医工作者应与爆炸专家、痕迹专家等刑事技术人员和救援人员一起尽快赶赴现场。所有工作必须在现场指挥人员的严密组织下分工进行。首先要抢救幸存者,尸体最好暂留原处,待救援工作完成后,对尸体进行现场检验。现场勘查的主要任务如下:

1. 确定爆炸中心

放置炸药的地点系爆炸的中心。原处于该处的人和物体,毁损程度严重:地面炸成凹坑,墙壁炸穿成洞,人体常被炸粉碎或离断成数块,尸体及衣服上可有黑色烟灰附着。爆炸中心可闻到炸药气味。

需要注意的是,原在爆炸中心的人,有可能被抛离爆炸中心。在人、物拥挤处多为炸点,形成人体炸碎伤之处,多为爆炸中心;此时根据炸碎伤边缘皮肤翻卷的方向可确定炸点的方位。凡是持爆炸装置在公共场所自我引爆炸死、炸伤他人的案犯,多数都有严重炸碎伤、炸裂伤和烧灼伤,再结合其他条件可从炸伤严重的死伤者中找出爆炸事件的制造者。

对炸点的位置、形状、大小、深度、烟痕颜色等均应详尽描述和记录。

2. 搜寻投射物

炸点周围物质,包括爆炸物的包裹材料,人体组织或衣物等,受爆炸的作用而成为碎片被抛向炸点周围。详细检查投射物的分布,有助于确定爆心。被抛离到离爆心最远处的肢体碎块,也应考虑人体可能处于爆心位置。

3. 注意燃烧痕迹

一般低爆速炸药爆炸时常引起燃烧;中爆速炸药不易引起燃烧;高爆速炸药则可引起局部燃烧。有时燃烧先发生,而后使易爆物被引爆,应引起注意,并通过勘查区分不同情况,有助于案件性质的确定。

4. 提取爆炸残留物

包括炸药残留物、引爆器残留物、炸药包装残留物等。

5. 处理现场尸体

要测量尸体与爆炸中心的距离,拍摄全景现场和各尸体姿态和位置的照片,有多具尸体或多个尸块时,还应用表格定位法准确记录它们的位置和相互关系。尸体仅一部分或一侧有损伤者应详细记录其方位。

(二)尸体检验

爆炸案的尸体检验对法医工作者而言有一定危险性,因而要加强自我保护。如尸体检验前要请专家查找和排除尸体上还未引爆的爆炸物,要查明现场有无有毒气体,以及尸体上有无放射性物质或有害化学物质等。若有,要请专业人员先做清除和清洗工作。

尸体的现场检验和解剖检验的具体任务:

1. 个人识别

爆炸案件中往往肢体离断,面目全非,甚至仅存留破碎的组织,仔细收集残缺尸体、尸块

或破碎组织,仔细拼接,确定死亡人数;根据个人识别的原则和方法,即根据解剖学结构特征判定性别,根据牙齿的磨耗程度、骨化核的形成和骨骺的愈合、耻骨联合面的变化、下颌体后缘和下缘所形成角度及颅骨骨缝的愈合等推断年龄,根据长骨长度及颅围大小等推断身高等个体特征,结合血型、毛发、指纹、DNA 等,以及死者的衣物、随身物品及有关证件等,认定尸源。

2. 判定爆炸损伤的类型及程度

通常损伤密集而严重的尸体离爆心最近,而其肢体碎块也可能飞得最远。前已述及,炸碎伤、炸裂伤及烧灼伤均发生在爆炸中心或较近处,弹片及爆炸物伤常发生于距爆炸中心较近处,而冲击波损伤可远离爆炸中心,据此可分析尸体与爆炸中心的关系(图 4－57)。

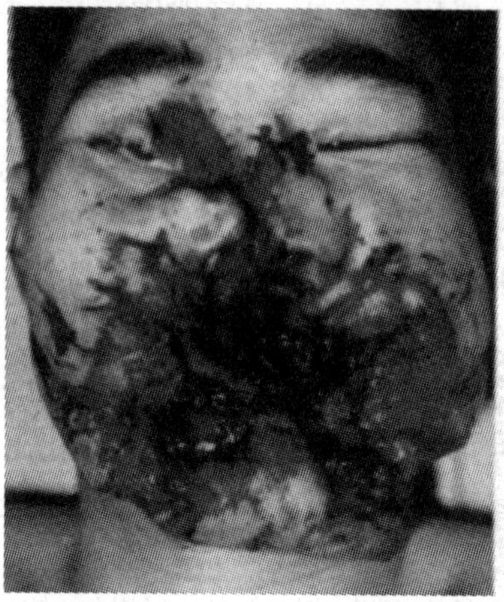

图 4－57　口腔爆炸伤:口唇、上下颌骨及牙齿炸碎

3. 判定爆炸损伤是生前爆炸伤还是死后爆炸伤

检查尸体上的损伤是生前形成还是死后形成,注意检查是否存在爆炸以外因素所引起的损伤,如枪弹损伤以及各种锐器伤、钝器伤、颈部索沟和中毒等,据此查明有无用其他手段杀人后利用爆炸破坏现场,伪造死因和案件性质,甚至毁尸灭迹的情况。并应查明各个损伤是如何造成的。

4. 确定死亡原因

爆炸案导致死亡的原因有多种,同一现场不同受害者的死因可不同。应通过尸体解剖、组织学检验和毒物化验,查明各个死者的具体死因。

5. 确定死亡人员的炸前姿态

爆炸发生时,死亡人员的姿态特别是距爆炸物较近的人员炸前姿态对查明他们与爆炸的关系有重要作用。一般面向爆炸物者爆炸伤主要在面、胸、腹部;背对爆炸物者则爆炸伤主要在背部。另外根据爆炸损伤的部位来查清死伤者在爆炸瞬间的姿势(坐、立、蹲、跪、行等),以判明其有无特异性行为。

6. 判定有无引爆动作

若非定时或遥控引爆,则案犯往往只能直接用手操作,引燃导火索或手动接通电源引爆电雷管促发炸药爆炸。因而手距爆炸物最近,完全处在爆炸物直接作用范围内,形成严重炸碎伤,手指、手掌或前臂被炸碎,并可附有烟熏痕和烧灼痕,是判定该人有引爆动作的重要依据之一。同时结合其他部位损伤特征,即可判断其是否为引爆人。

7. 判断爆炸装置的类型

炸药爆炸若系电引爆的金属雷管或系定时装置或遥控装置引爆，则其装置配件碎片均可造成人体损伤。从创道内提取这些异物对判断引爆装置有重要作用。另外，从创道内提取的其他异物对判断炸药包装物亦有重要作用。

8. 判定案件性质

爆炸案检验最重要的任务是判定案件性质。所以法医应根据尸体的损伤部位、毁坏程度、被抛出的远近以及与爆炸物的关系等，结合现场勘查、爆炸残留物等物证检验结果，分析案件性质是他杀、自杀还是事故。若为他杀和自杀，要判定爆炸者。若为事故，要查明事故原因，追查责任人。

第八节　颅脑损伤

颅脑损伤(carnio-cerebral injuries)是最常见的机械性损伤，在暴力性死亡中占首要位置。颅脑是主要生命器官所在，是受到打击的主要部位，其损伤常是致死的重要原因之一。急性颅脑损伤约占人体各种损伤的21%，颅脑损伤所引起的脑的病理改变有两类，一类是机械性暴力直接引起的损伤，如头皮损伤、颅骨骨折、脑挫伤、脑血管破裂；另一类是颅内血肿等占位性病变引起的脑神经细胞变性、脑水肿和脑病等。颅脑损伤可分为开放性损伤和闭合性损伤。

一、头皮损伤

头皮表面有头发覆盖，特别是长发受到外力的打击具有缓冲作用，可减轻损伤的程度。钝性和锐性外力均可造成的头皮损伤(scalp injuries)，钝性外力造成的有擦伤、皮内出血、皮下出血或挫裂创。如果由锐器造成损伤则可形成切、砍、刺创等损伤，并可见头发被切断或砍断。

1. 擦伤

头皮表面有毛发覆盖，一般不易发生表皮擦伤。钝器打击形成头皮挫裂创时，创缘可伴有表皮擦伤，据此可推断暴力作用的方向。

2. 皮内出血

头皮的真皮层血管丰富，而且胶原纤维层较厚。头皮受到外力作用可造成皮内出血，因头皮组织致密，故头皮皮内出血不易扩散，难以形成血肿，常可反映出暴力打击的部位和致伤物的打击面特征，对致伤物的推断有很大的帮助。

3. 皮下出血

头部受钝物打击时，可以形成皮下出血，由于真皮层较厚，皮下出血不易检出，单纯的皮下出血难以反映出致伤物作用面的性状。常见的头皮下出血有三种：

(1)帽状腱膜下血肿：帽状腱膜由致密的纤维组织构成，因此帽状腱膜本身出血有局限，不易形成血肿，而帽状腱膜下为疏松结缔组织，故该层出血易扩散，出血量大，可蔓延到颅顶大部分区域，形成所谓的“血帽”(图4－58)。帽状腱膜下血肿外观隆起，有波动感。

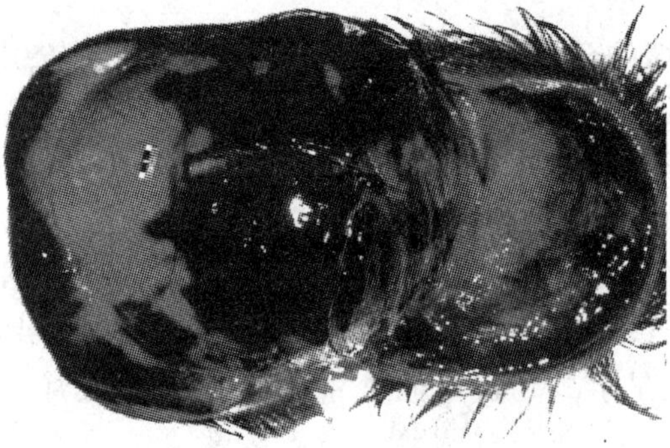

图 4－58　帽状腱膜下血肿

（2）肌肉内出血：颞部肌肉丰厚，伤后容易发生肌肉出血。

（3）骨膜下出血：骨膜仅借少量结缔组织与颅骨相连，但在骨缝处结合紧密，故骨膜下出血常以骨缝为界，范围仅限于该块颅骨范围内（图 4－59）。

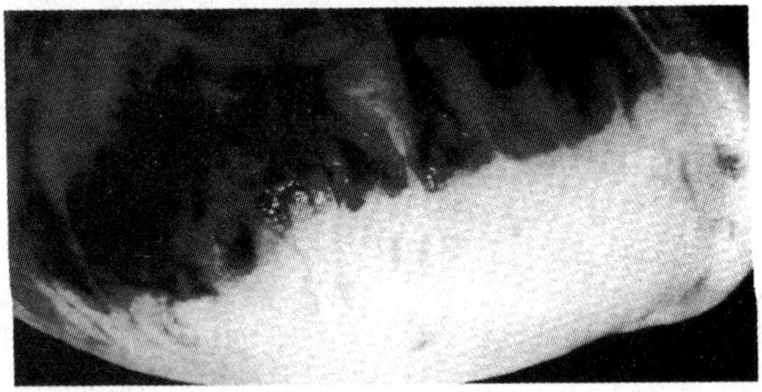

图 4－59　骨膜下血肿的范围仅限于该块颅骨范围内

4. 挫裂创

头皮较厚，有许多毛囊及毛根，脆性较大，加之头皮下有颅骨衬垫，本身血管丰富，在钝性暴力打击时，易造成挫裂创。创口易哆开，出血较多。头皮挫裂创的创缘较整齐，创壁较平整，但仔细检查可见挫裂创边缘表皮剥脱，创口内有组织间桥（图 4－60）。挫断的头发断端不整齐，牵拉扭曲，可与锐器创鉴别，钝性暴力强大时，还可造成头皮组织挫碎，结构不清。

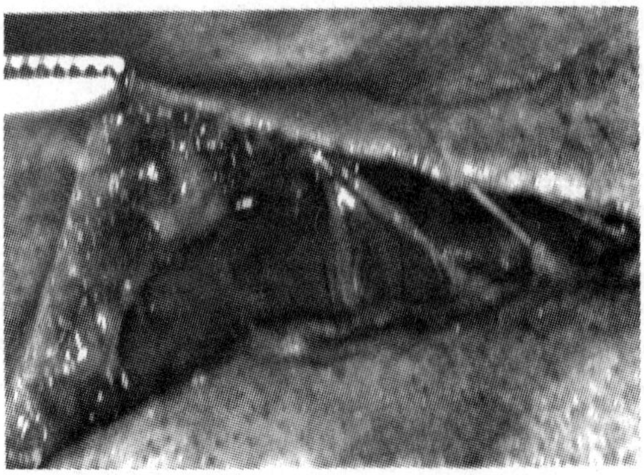

图 4－60　头皮挫裂创的组织间桥

5. 头皮撕脱

当强大暴力牵拉头发时，可使头皮连同帽状腱膜与其下方的疏松结缔组织层分离，造成头皮的广泛性撕裂创。

二、颅骨骨折

（一）颅骨骨折的形成机制

1. 颅骨骨折的两种主要形式

颅骨近似球形，由几块骨板借骨缝互相连接而成，具有一定的弹性和硬度，能耐受一定牵张力和压缩力的作用。当颅骨受暴力作用时，不仅在暴力作用点可发生局部弯曲变形，而且整个颅腔均可发生变形。但是否造成骨折，主要取决于暴力的大小与颅骨弯曲变形的程度。

（1）颅骨局部变形

当颅盖骨受到较局限的暴力作用时，着力部位的颅骨发生局部弯曲变形，颅骨骨板呈圆锥形向颅腔内凹陷，此时着力部位的颅骨外板受压缩力的作用，相应部位的颅骨内板受牵张力的作用，当暴力减弱或消失时，凹陷的骨板可自行弹回恢复原状，在骨板凹陷和恢复原状时均可造成脑损伤和（或）颅内出血；当颅骨骨折凹陷时，若暴力作用持续存在，超过内板的抗牵张强度而未超过外板的抗压缩强度，此时内板中心因力集中而发生内板骨折；若暴力比较强大而持续作用，超过外板的抗压缩强度时，内、外板均发生骨折（图4－61）。内板骨折时，因骨折片向颅内移位可使硬脑膜剥离发生硬脑膜外血肿，或骨折片尖端刺伤硬脑膜或脑组织。因颅骨局部变形引起的骨折，骨折部位为暴力作用点，故为直接暴力损伤的结果，其骨折的类型和范围取决于暴力的大小和致伤物的体积，如体积大而速度慢，常发生线形骨折；如体积大而速度快，则多出现凹陷或粉碎骨折；如体积小而速度快，常发生穿孔骨折。

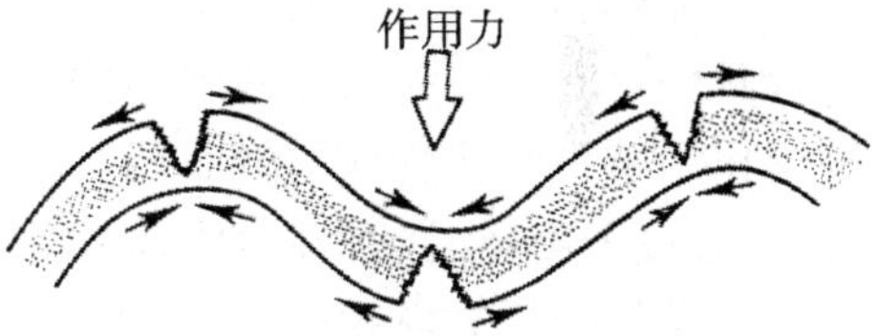

图4－61 颅骨局部受力模式图：颅骨牵张暴力较压缩暴力更易引起骨折

（2）颅骨整体变形

颅骨近似一个具有一定弹性的球状体，当受到暴力作用时，颅骨不但可以发生局部变形，亦可发生整体变形。如头颅侧方受力，可使左右径缩短，同时垂直径与矢状径增大；若头颅前后受力，可使矢状径变短，同时垂直径与左右径增大；若头颅垂直受力，可使垂直径变短，同时矢状径与左右径增大（图4－62）。颅骨整体变形的结果，将使远离暴力作用点的颅骨部分凸出，发生弯曲，当超过其弹性限度时便出现骨折；或暴力传导到颅底，使颅底的薄弱部分骨折，其骨折线多沿着暴力的方向走行。颅骨整体变形引起的骨折出现于非暴力作用点，为暴力传递导致的损伤，骨折类型多为线形骨折。

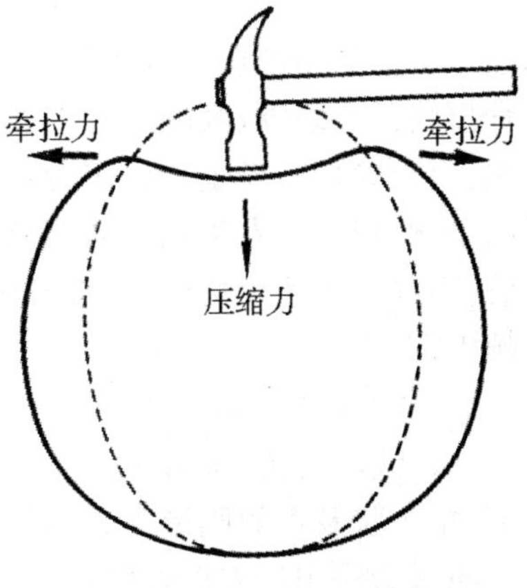

图4－62 颅骨整体变形模式图

2. 影响颅骨骨折的因素

（1）颅骨解剖结构对骨折的影响

颅盖和颅底骨质均有许多增厚部分，构成颅骨的支架，起着支持和保护作用。颅盖的增厚部分有鼻根、额部颧突、乳突及枕外粗隆四个支柱，其间又有眶上缘、颞嵴、上项部及矢状线四个位居前方、侧方、后方及顶部中央的骨弓，形成坚强的拱柱；颅底的增强部分有中份的枕骨斜坡、两侧有蝶骨嵴和岩锥，形成梁架，并与颅盖部支柱相接，结合为有相当韧性和弹性强度的颅腔。当颅骨受到暴力作用时，由于受到这些结构的影响，可使暴力分散或缓冲。骨折常沿着骨质薄弱的部位走行，除非暴力十分强大，骨折一般不跨越这些支架结构，故骨折发生时，骨折线常为曲折或不规则的。

颅骨由多块骨板借骨缝互相连接，当暴力传导于骨缝时，亦会受到骨缝的分散，故骨折一般不跨越骨缝。

颅底的许多增厚的骨架多以蝶鞍为中心向外周呈放射形分布。但蝶鞍位于颅底的中心，当颅骨受暴力作用时常常受到暴力的冲击，同时沿骨架走行的骨折线也多集中于蝶鞍，故蝶鞍亦为颅底骨折的好发部位。

颅骨借环枕关节与脊椎相连，外围有坚韧的环枕韧带，使头部可以完成前屈、后伸、侧屈、旋转等动作。当头部受侧方或前后方向暴力作用时，可沿暴力运动方向有一定程度的活动，从而减轻或避免损伤。

(2)物理因素对骨折的影响

致伤物动能的大小及速度不同可引起不同类型骨折。低动能、低速度而又体积够大的物体作用于头部，除可引起颅骨的局部变形外，还可引起整体变形，以线形骨折最常见；高动能、高速度的物体易致凹陷性、粉碎性骨折，体积较小时常见穿孔性骨折。

3. 颅骨骨折的规律性

暴力作用于颅骨的着力角度或方向、速度和着力面积等对颅骨骨折的影响较大，具有一定的规律性。暴力作用的力轴及其主要分力方向多与骨折线的延伸方向一致，但如遇有增厚的颅骨拱架时，骨折线常折向骨质薄弱部分走行。若骨折线径直横过拱梁结构，或发生骨缝分离，说明暴力强度极大。暴力作用的面积小而速度快时，由于颅骨局部承受的压力较大，常造成孔状骨折；若打击面积大而速度快时，多引起局部粉碎性凹陷骨折；若着力点面积较小而速度较缓时，常引起通过着力点的线状骨折；若着力点面积大而速度较缓时，可造成粉碎性骨折或多处线形骨折。垂直于颅盖的暴力以凹陷粉碎骨折常见；斜行暴力以线形骨折常见，并向力轴的方向延伸，常常折向颅底。

暴力作用部位与骨折的位置有较密切的联系，当暴力作用于前额部，常发生额骨骨折，骨折线延至眼眶，其颅底骨折线可横行越过筛板，并向后通过蝶鞍而达枕骨基部；当暴力作用于顶部时，常发生顶颞部骨折，骨折线向下延伸至颅前窝或颅中窝，或跨越蝶鞍；当暴力作用于颞部时，常发生颞骨鳞部及顶后部的横形骨折，其颅底骨折可穿过颅中窝向内侧跨越斜坡；当暴力作用于枕部时，常发生枕骨骨折，颅底骨骨折线可穿过颅后窝，越过颞骨岩部而至颅中窝。

(二)颅骨骨折的类型

1. 线性骨折(fissured fracture)暴力作用于颅骨造成线状骨折而无凹陷，可呈直线形、弧形、星芒状及不规则形等。多条线状骨折线交叉时相互截断，可推断为多次着力所致，并可推断暴力作用的先后顺序。

2. 凹陷性骨折(depressed fracture)由于骨折部位和凹陷程度的不同，所致脑、血管和神经的损坏程度亦异。凹陷性骨折的形状多为圆锥形、圆形或类圆形。有的凹陷形状可反映致伤物打击面的轮廓，其直径与致伤物作用面的直径相近(图4-63)。

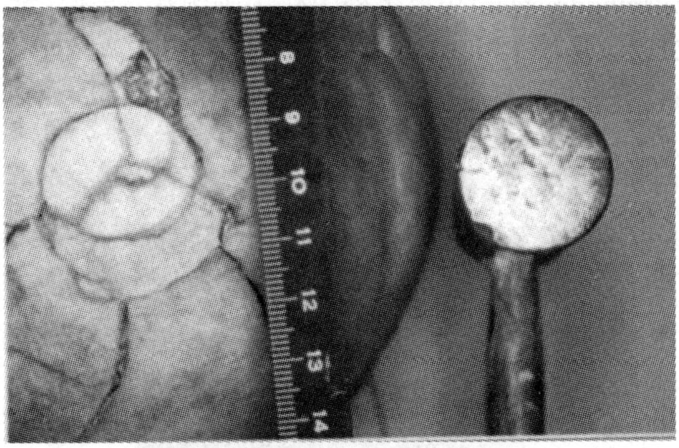

图 4 – 63　颅骨凹陷性骨折

3. 孔状骨折(penetrated fracture)作用面积小而强大的暴力作用于颅骨,使骨折区碎片完全断离进入颅腔,所形成的圆形骨折称孔状骨折,常见于枪弹创、小铁锤或较尖锐的棍棒等。骨折形态常反映致伤物的横断面的形态(图 4 – 64)。

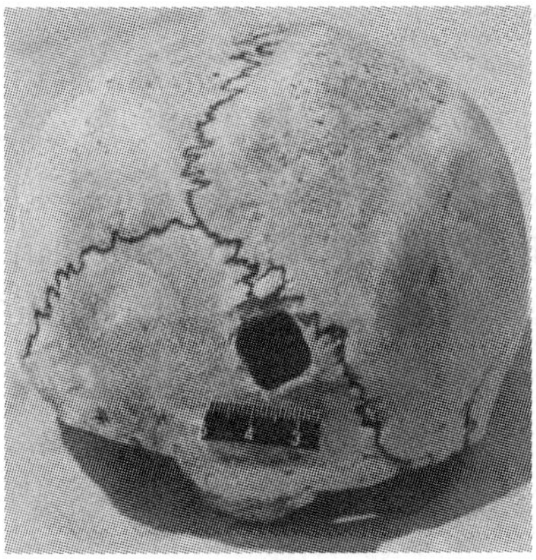

图 4 – 64　颅骨孔状骨折

4. 粉碎性骨折(comminuted fracture)暴力作用于颅骨形成多块碎骨片称粉碎性骨折。骨片大小、形状和数量不等,可以是一次打击形成,也可由多次重复打击所致。有时根据骨折线走行方向及截断关系,可推断出第一次打击部位、打击次数和致伤物的形状(图 4 – 65)。

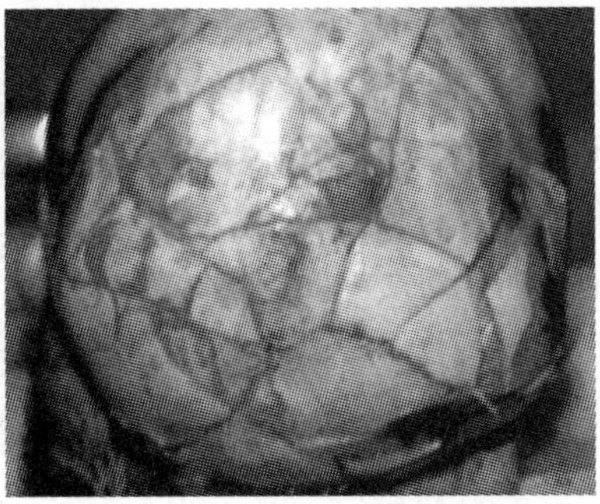

图 4 – 65　颅骨粉碎性骨折

5. 崩裂性骨折(bursting fracture)由巨大外力作用于颅骨,造成广泛、开放的粉碎性骨折(图4-66);如接触性枪伤或爆炸伤,或巨大物体撞击头颅,或从高处坠落,或车轮碾压过头颅。发生颅骨崩裂性骨折者常伴有脑组织外溢,一般均在短时间内死亡。

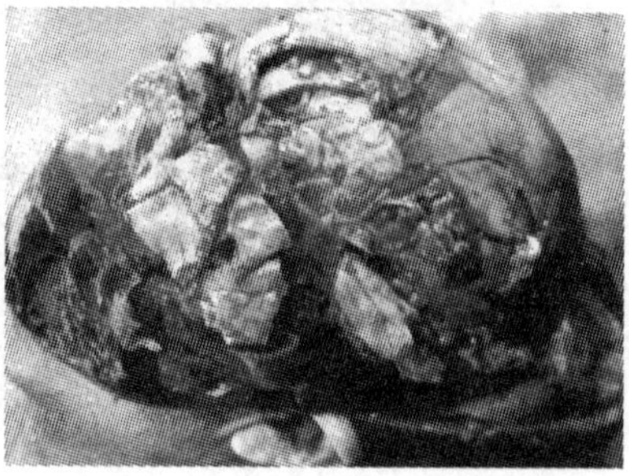

图4-66 崩裂性颅骨骨折

6. 颅底损伤

(1)颅底骨折(fracture of base of skull)暴力作用于颅底时可引起颅底骨折,常呈线状,其行走方向与力的作用方向一致,常见于颅前、中、后凹;有时也可形成粉碎性骨折,多见于高坠时双足着地,力由脊柱传到颅底。

(2)颅盖骨与颅底骨联合骨折(combined fracture of calvarium and base of skull)大的外力作用于颅骨时,可形成颅盖骨和颅底骨联合骨折。常见于高坠伤或交通意外损伤。

(3)对冲性骨折(contre coup fracture of base of skull)外力作用于颅骨时,力传导到远离着力点的部位,在颅底骨较薄弱处造成骨折。如打击头顶部时导致颅底薄弱处骨折,或打击枕部时导致颅前凹的筛骨或眶板骨发生骨折。

三、颅内出血

根据颅内出血位置的不同,将颅内出血分为:硬脑膜外、硬脑膜下、蛛网膜下腔,以及脑实质出血。

(一)外伤性硬脑膜外出血(traumatic extradural hemorrhage)

外伤所致颅骨与硬脑膜之间的血管破裂引起的出血,称外伤性硬脑膜外出血。多由暴力直接作用于头部,引起颅骨骨折并损伤脑膜中动脉及其分支所致;少数可由硬脑膜后动脉、上矢状窦、横窦和板障静脉破裂造成。出血可使硬脑膜与颅骨剥离而形成血肿。硬脑膜沿矢状缝粘着紧密,故硬脑膜外血肿一般只限于矢状缝的一侧,血肿多见于颞部,其次为额顶部、颞顶部或枕部(图4-67)。血肿压迫脑组织引起颅内压升高而致昏迷;压迫中央回而有对侧肢体瘫痪;压迫颞叶引起海马沟回疝而有同侧瞳孔散大。受伤当时可出现一过性原发性昏迷,经过一段中间清醒期后,由于血肿的形成,颅内压增高而再次昏迷,甚至死亡。若及时治疗特别是手术移除血肿可不致死。有些受害人原发性脑损伤较轻微,受伤当时无明显意识变化,伤后数日才因血肿逐渐增大而陷入昏迷。

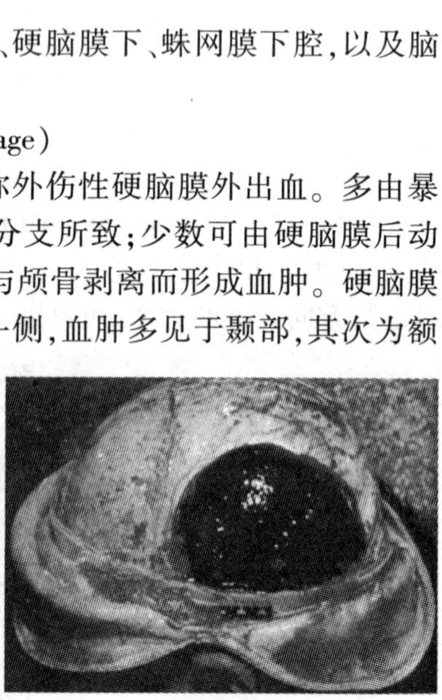

图4-67 左颞部硬膜外血肿

(二)外伤性硬脑膜下出血(traumatic subdural hemorrhage)

外伤所致血液集聚于硬脑膜与蛛网膜之间,称外伤性硬脑膜下出血。硬脑膜下出血根据临床起病缓急可分为急性硬脑膜下出血、亚急性硬脑膜下出血、慢性硬脑膜下出血三类。受伤3天内出现症状为急性,4～14天为亚急性,14天以上为慢性。硬脑膜下出血可发生在着力点或其附近;也可发生在着力点对侧,称对冲性硬脑膜下出血。硬脑膜下出血常见于颞顶部,多为单侧性,偶有双侧性(图4-68)。有时可覆盖整个大脑半球。出血的来源多为脑表面与静脉窦之间的联络静脉。

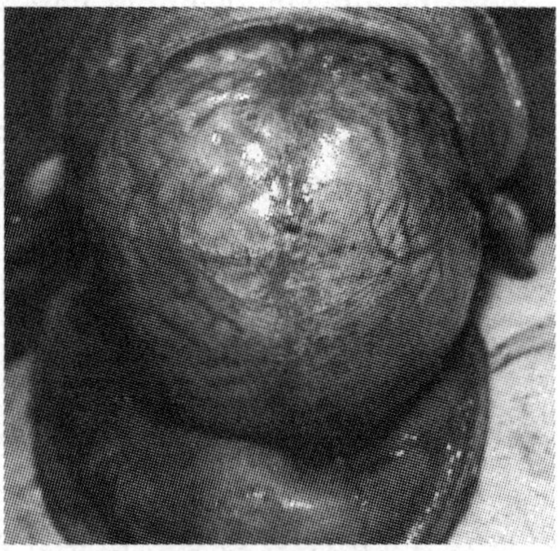

图4-68　硬膜下血肿

外伤性硬脑膜下出血,常伴有脑挫伤,伤后立即出现昏迷,持续较长时间,不一定有中间清醒期,可持续发展为脑疝而死亡。

硬膜外血肿与硬膜下血肿在发生原因、出血来源、与着力部位的关系、出血部位、血肿大小、颅骨骨折、死亡过程等方面有很大的不同(详见表4-4)。

表4-4　硬膜外血肿与硬膜下血肿的区别点

项目	硬膜外血肿	硬膜下血肿
多发年龄	20～30岁多见	50岁以上
发生原因	95%以上由外伤引起	75%以上由外伤引起,部分可因脑动脉瘤破裂
出血来源	脑膜中动脉多见	桥静脉、大脑动脉瘤、脑挫伤区
与着力部位关系	着力侧较多见	多见于着力处的对侧
出血部位	颞部最常见,97%为单侧	额顶部最常见,双侧为主
血肿大小	严重25～50ml 致死75～100ml	严重50ml 致死100ml
颅骨骨折	约占90%	成人占67%,儿童约10%
死亡过程	较短	较长

(三)外伤性蛛网膜下腔出血(traumatic subarachnoid hemorrhage)

外力打击头部和上颈部造成的蛛网膜及脑沟中的血管破裂出血,血液从血管流出,进入蛛网膜下腔,称外伤性蛛网膜下腔出血。损伤破裂的血管多为椎动脉、基底动脉及其分支,或脑表面的小血管。蛛网膜下腔出血常与颅骨骨折和脑皮层挫伤并存。由于血液与脑脊液混合,沿蛛网膜下腔扩散,常覆盖大脑表面(图4-69)。蛛网膜下腔出血可发生在被打击的局部;也可发生在被打击对侧,形成对冲性蛛网膜下腔出血。外伤性蛛网膜下腔出血量较大,呈弥漫分布,颅后凹或脑干周围出血较多,严重时血液可进脑室,可伴有脑挫伤或其他颅内出血,常迅速导致死亡。

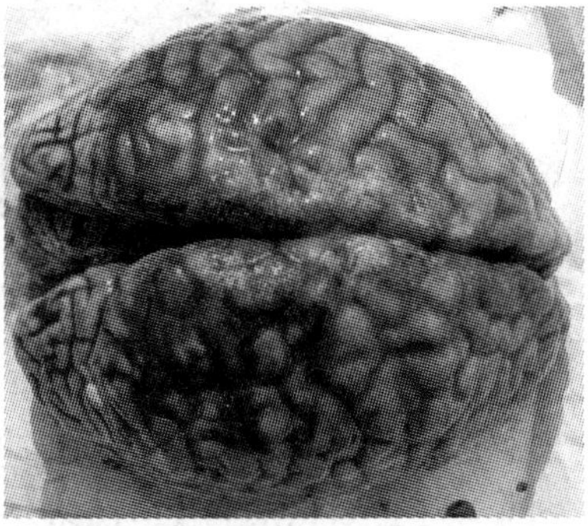

图4-69　外伤性蛛网膜下腔出血

外伤性蛛网膜下腔出血应与自发性蛛网膜下腔出血(spontaneous subarachnoid hemorrage)相鉴别,应认真分析后作出正确判断。自发性蛛网膜下腔出血的原因很多,主要有脑血管疾病以及脑肿瘤、各种感染、出血素质等,最常见的是脑底动脉瘤破裂,出血位于脑底部,通常出血量较多,形成凝血块(图4-70)。

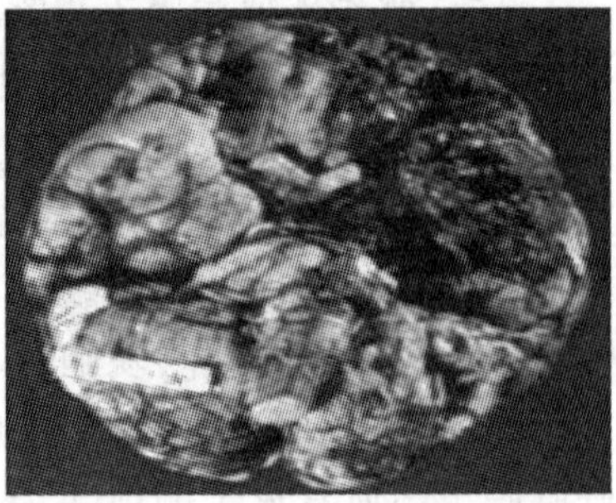

图4-70 自发性蛛网膜下腔出血

四、脑组织损伤

脑组织损伤包括弥漫性轴索损伤、脑挫伤、脑挫裂伤。

(一)弥漫性轴索损伤(diffuse axonal injury,DAI)亦称弥漫性白质损伤,可立即导致持续性昏迷,并伴有脑干受压为主的病征。该损伤由交通事故引起最多,其次为坠落伤。DAI可单独发生,也可伴发各种颅脑损伤,在颅脑损伤中是最常见的致命性损伤。DAI病变以白质的广泛变性为特征,可发生于脑组织任何部位,特别是脑室旁、胼胝体、前联合、内囊及脑干的白质。常规病理学检查,早期无明显改变,但可见散在小灶性出血。用免疫组织化学染色,伤后3小时即可显示此病变。嗜银染色在伤后15~18小时即可见到。轴索断裂后形成的收缩球可存在相当长时间,伤后存活6周后死亡者仍可见收缩球。周围有成堆的小胶质细胞增生、严重者损伤区白质萎缩,胶质瘢痕形成,脑室系统扩张。

(二)脑挫伤(cerebral contusion)是由外力冲击头颅而造成的脑组织出血坏死。脑挫伤形成时,脑组织无断裂,脑外形与软脑膜完整,切面呈楔形,大脑表层挫伤出血,周围脑组织坏死(图4-71)。脑挫伤可分为六种:冲击性脑挫伤、对冲性脑挫伤、中间性脑挫伤、骨折性脑挫伤、滑动性脑挫伤、疝性脑挫伤。

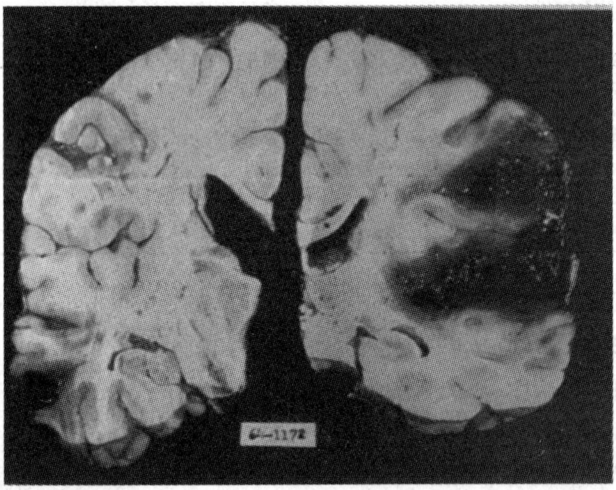

图4-71 脑挫伤切面呈楔形

1.冲击性脑挫伤(coup injury)

头部受外力作用而发生加速运动时,着力处的脑组织发生的脑挫伤称为冲击性脑挫伤(图4-72)。冲击性脑挫伤多见于挥动致伤物打击头部的情况。局部外力大而作用面积小时,形成冲击性脑挫伤的程度较重。

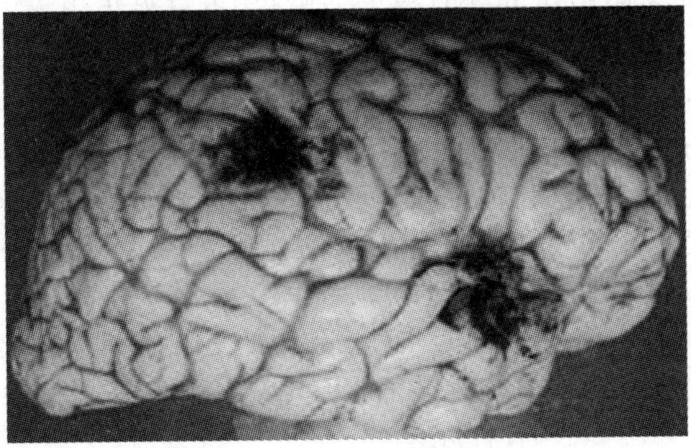

图 4 – 72　冲击性脑挫伤

2. 对冲性脑挫伤(contrecoup injury)

头部受外力作用时,受力的对侧部位的脑组织形成的挫伤称对冲伤性脑挫伤。对冲性脑挫伤多见于跌倒时头颅撞击外界物体而致伤者(图 4 – 73)。

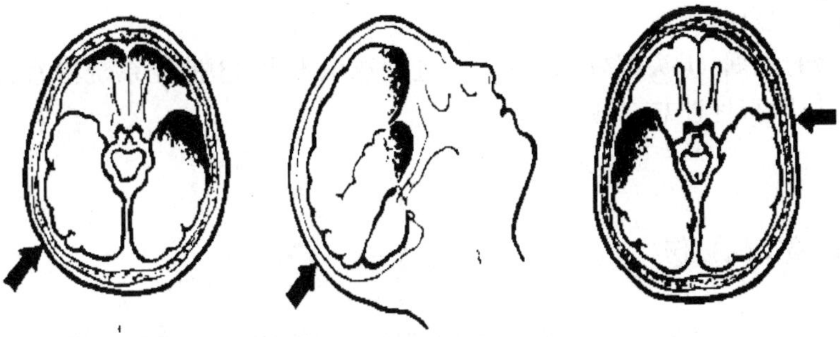

图 4 – 73　对冲性脑挫伤

大脑枕叶紧贴于小脑幕上,其表面光滑且富有弹性,当外力作用于额部或枕部时,枕叶表面虽可滑动,但因颅后窝较光滑而不易造成脑挫伤。相反,颅前窝高低不平,枕部受到减速性外力作用后在额叶、颞叶容易形成对冲性脑挫伤。大脑镰与小脑幕在颅内呈纵横两个方向突起,对脑的移动有一定的限制,但由于其边缘锐利,若外力超过一定的限度,也可造成其毗邻脑组织的对冲伤。

3. 中间性脑挫伤(intermediate coup brain injury)

着力部位与对冲部位之间的脑组织发生的挫伤称为中间性脑挫伤。因其分布不一定在冲击伤和对冲伤的连线上,有学者称之为脑内损伤(inner brain injury)。这些损伤可发生在胼胝体、前连合、视丘、下丘脑及脑干等部位,可呈点状、线状,甚至形成血肿,范围广泛。

4. 骨折性脑挫伤(fracture contusion)

当碎骨片的边缘进入颅内时直接压迫脑表面,可形成骨折性脑挫伤。

5. 滑动性脑挫伤(gliding contusion lindenberg)

由于大脑在颅内滑动时,蛛网膜颗粒牵拉脑组织引起皮质下白质内静脉破裂而发生出血,或额叶、颞叶底面与粗糙的颅骨相互摩擦所造成的脑挫伤,称为滑动性脑挫伤。

6. 疝性脑挫伤(herniation contusion)

头部受暴力作用时,颅内压力突然升高,将小脑扁桃体压向枕骨大孔,可引起小脑扁桃体的挫伤。至于其他颅内压升高时继发的脑疝,也可发生出血,属于继发性疝性脑挫伤。

(三)脑挫裂伤(laceration of brain)是由外力直接引起的脑组织破坏。常伴有头皮、颅骨和硬脑膜的损伤,见于弹头、刀、斧等的打击以及高坠、交通事故等的伤害,外力性质不同所致改变亦异。诊断依据为脑表面有裂痕,其间有破碎的脑组织及出血,神经细胞和胶质细胞破坏,伤者可迅速死亡。损伤较轻者,经坏死、修复过程,最后由瘢痕代替。不少伤者常出现肢体瘫痪、智力受损及外伤性癫痫等后遗症。

(四)脑震荡(cerebral concussion)是指外力致头部受伤后,即刻引起脑功能障碍,而无明显的器质性改变,轻者表现短暂的昏迷,重者伴有记忆力障碍,多可自行恢复,有些可发生后遗症。脑震荡可伴发或不伴发颅骨骨折。

脑震荡的主要原因是脑干网状结构功能障碍。意识丧失与外伤几乎同时发生。苏醒后,患者往往不能回忆受伤当时的情况,或不能记忆受伤后段时间的事情。前者称逆行性遗忘,后者称顺行性遗忘或外伤性遗忘,顺行性遗忘的长短相当于意识丧失的时间,因此,可看作是估计脑震荡严重程度的一个重要指标。

脑震荡无并发症者罕见死亡。轻度或中度脑震荡常无明显的形态学改变,严重者脑组织肿胀、充血和少数点状出血。

诊断脑震荡的根据:①头部外伤史;②一过性意识丧失;③神经系统检查,排除器质性病变;④存在逆行或顺行性遗忘。

第九节 道路交通损伤

交通损伤(transportation injury)指在交通运输过程中发生的各种损伤总称,即指各类交通运输工具和参与交通运输活动中的物体,在运行过程中导致的人体组织器官结构的完整性破坏或功能障碍,甚至死亡。按交通运输方式可分为道路交通损伤、铁路交通损伤、航空交通损伤、船舶交通损伤四类,其中以道路交通事故损伤最为常见。

道路交通事故损伤(injuries in road traffic accidents)包括机动车和非机动车所造成的人体损伤。机动车包括汽车和摩托车。非机动车包括自行车、马车、三轮车等。本节主要介绍汽车所造成的交通损伤。汽车交通损伤主要包括行人损伤和车内人员损伤。

一、损伤类型及特征

(一)行人损伤

汽车碰撞人体所致损伤取决于车的速度、种类、碰撞时人体姿势和接触部位,以及车轮与人的行走方向。同一事故中,可造成多种类型的损伤。常见的损伤有撞击伤、摔跌伤、碾压伤及拖擦伤。

1. 撞击伤(impact injuries):指汽车的某一部分直接撞击人体所致的损伤。这种损伤发生频率高,是车辆致人体伤残或死亡的直接原因。损伤类型有擦伤、挫伤、挫裂创、内脏破裂和骨折等。最典型的是汽车保险杠造成的人体下肢的保险杠损伤(bumper injury)。其损伤形态有时可反映保险杠形状,典型胫骨骨折呈楔状,其尖端提示车轮行驶方向(图 4 - 74)。小轿车保险杠损伤,多发生在小腿。货车、大轿车保险杠损伤,多发生在大腿。

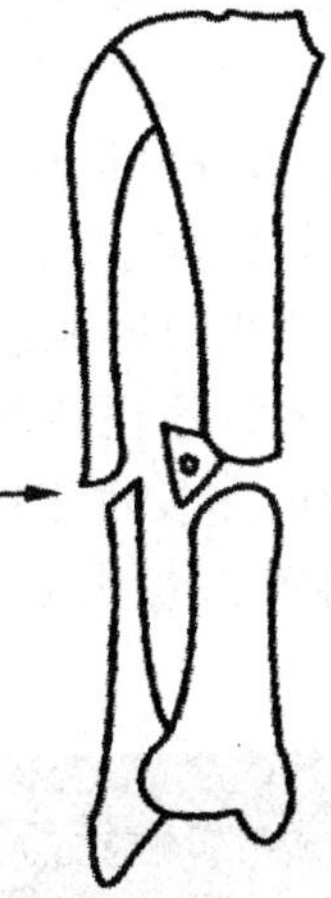

图 4-74 胫骨被汽车保险杠撞击形成楔形骨折示意图

行人所受损伤的严重程度，一方面与车辆的速度、车辆类型及车辆部位有关，另一方面也与行人被撞的部位、撞击时的姿势、行走方向及所穿衣物的厚度有关。如车轮加速时，前保险杠可上移4～5cm，因而人体损伤位置可稍高；紧急制动时保险杠可下移10cm，人体损伤的位置也稍低。散热器或车灯撞击人体时，可造成擦伤及挫伤，并留下特殊的撞痕，有时也可造成较大面积的擦伤、挫伤，甚至骨折。车辆直接撞击胸腹部可造成严重的内脏器官损伤。发生交通事故时的行车速度越快，对行人造成的损伤常愈严重。低速行驶时行人常被撞向车辆运行的前方。中速运行时，行人常被车头铲起，使头面部、肩部撞于挡风玻璃上形成损伤，此后人体又可被抛出后落到地面或其他物体上造成严重的摔跌伤（如颅骨、肋骨、骨盆、四肢骨折），此时若有其他车辆驶过，还可能造成碾压伤、拖擦伤等（图4-75）。

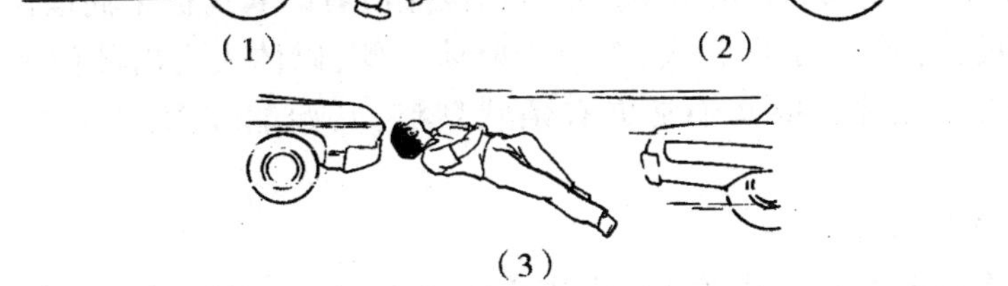

图 4-75 行人被撞击的情况

2. 摔跌伤（injuries sustained by falling）：指人体被车轮撞倒或抛起后又摔下，与地面相撞形成的损伤。摔跌伤极为常见，其严重程度，取决于汽车传递给人体的动能，能量大时可将人体抛出数米。另外，还取决于路面条件和人体落地姿势等因素。常造成减速性的颅脑损伤而致死亡。汽车从人体后面撞击并使之跌倒，摔跌伤分布在头面部、前胸、腹部等部位，常伴有挫伤、内脏器官破裂或骨折。若肩部和头部先着地，则可造成肩关节脱位、锁骨骨折、颅骨骨折和颅内损伤。

3. 碾压伤(injury due to run-over by a car)：指汽车轮胎碾过人体所致的损伤。损伤的严重程度与机动车的类型、载重量及是否刹车等有关。如未刹车，车轮从人体上滚动而过造成表皮剥脱、皮下出血，与轮胎凸起部相对处则形成表皮剥脱，这种特征性印痕称轮胎印痕(tire marks)(图4－76)。刹车时，车轮突然停止转动，因惯性作用车辆继续前进，皮肤被挤压于轮胎与路面之间，造成严重的撕裂伤，多发生于四肢和头颈。碾压伤常引起皮肤与肌肉分离，形成较大的环状或袋状撕裂伤，伴有大量出血或血浆渗出，触之有波动感。碾压也常造成内脏器官破碎和骨折。

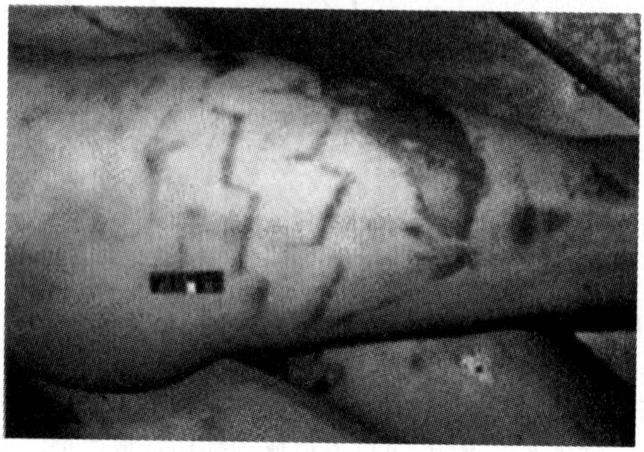

图4－76 碾压伤轮胎印痕

4. 伸展创(extension wound)：指皮肤组织受极大的牵拉，当牵拉力超过皮肤的抗拉极限时，皮肤沿皮纹裂开形成浅小的撕裂创。伸展创多发生在人体四肢与躯干相连部位的屈侧，如腹股沟、腋前、颈部等部位。皮肤表面可见多数微小撕裂群，各撕裂呈断断续续平行排列，其走行方向多与皮肤纹理一致。伸展创的形成见于两种情况，一种情况是汽车自背后撞击人体重心区域时，身体向后仰，过度伸展而形成腹股沟或下腹部的伸展创，此时还可伴发颈椎的脱位和骨折；另一种情况是人体被车轮碾压时，由于车轮旋转产生的巨大牵拉力，造成在碾压部位附近、皮肤菲薄的部位形成伸展创。

5. 拖擦伤(injuries sustained by dragging)：指被撞击者的衣物被车辆挂住，受害人的身体在地面拖拉形成的损伤。一般面积大，多位于躯体一侧，以体表突出部位为重，如关节突起部位、胸廓、臀部等。在片状擦伤中常夹有条状划痕，其始端较深，末端轻浅，可提示拖拉方向。

(二)车内人员损伤

车内人员损伤的致伤机制主要是车内相应的部件碰撞、摔跌、砸压、挤压以及惯性作用而形成的挥鞭样损伤、安全带损伤等(图4－77)。

对车内人员的损伤进行检验，主要目的是区分驾驶员与乘客。近年来，无证驾驶的情况不断发生，故不能仅凭有无驾驶证来判断谁是驾驶员，而要求法医工作者根据损伤情况判断事故发生时人员在车内的具体位置。

人体与车内物体撞击所造成的损伤类型是判断事故发生时人员在车内位置的主要指

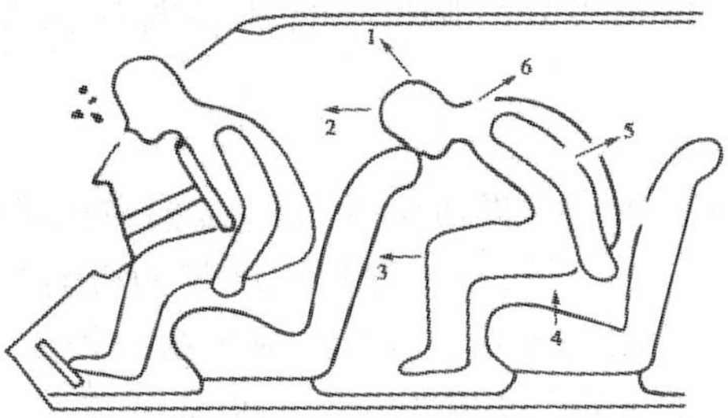

图4－77　车内人员损伤机制示意图

标。驾驶员、前座乘客和后座乘客由于与车内不同装置、不同位置部件相撞击，造成不同的损伤。

1. 驾驶员损伤

（1）四肢骨折：包括手腕、前臂、骨盆、股骨骨折，通常在事故发生的瞬间，司机用手抵住方向盘，可导致腕部或前臂扭伤和骨折；由于紧急刹车，右脚用力踩踏刹车板，可导致股骨或盆骨骨折；

（2）方向盘损伤：紧急刹车可使驾驶员身体前倾，胸廓撞于方向盘上，造成擦伤、挫伤、肋骨多发性骨折、胸廓变形以及严重的心、肺和大血管的损伤。主动脉损伤的典型位置多在于主动脉的起始部，可形成大片的撕裂伤，也可仅出现主动脉内膜多条水平或弯曲的裂痕，主动脉内膜裂伤者，可继发夹层动脉瘤。肝脏、肾脏由于方向盘的撞击而发生损伤，在驾驶员中比乘客中更多见。

（3）头面部损伤：多是因头面部撞在挡风玻璃或边框上所形成。头部是否穿出玻璃窗外，不仅取决于头撞向玻璃的速度，也与玻璃的质地有关。头面部与挡风玻璃相碰撞所形成的损伤呈多发性、方向一致的擦伤，损伤部位或附近的头发内常见有玻璃碎片。

（4）颈部损伤：驾驶员在车辆突然启动或高速行驶的车辆突然刹车、车辆尾部被后面驶来的车辆撞击时，由于惯性作用，头部过度前屈或后伸，常造成寰枢关节脱位，或伴有枢椎齿突骨折，继而引起脊髓损伤。由于这种损伤的形成如同挥鞭一样，故将这种损伤又称为挥鞭样损伤（whiplash injury）（图4－78）。

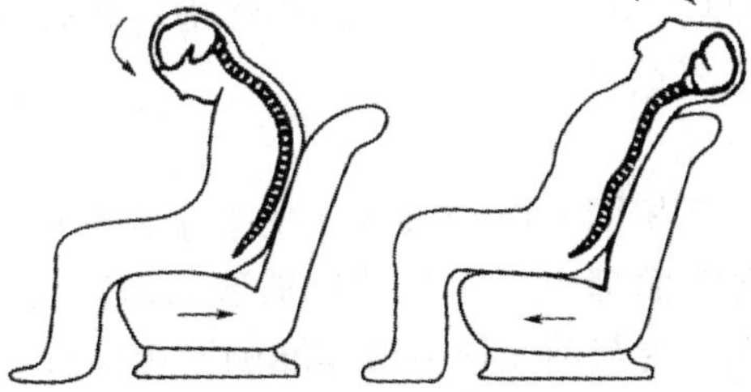
图4－78　挥鞭样损伤的形成

（5）车内部件撞击伤：主要是驾驶员的膝部撞击仪表盘所形成的损伤，这种损伤表明事故发生时车辆处于行驶状态。两膝部常表现为程度相似的损伤，膝部、胫前部可见有擦伤、挫伤、挫裂创，股骨下端可发生骨折，有时还可发生股骨颈骨折、髋关节脱位等。

（6）安全带引起的损伤：车辆常用的安全带有两种，一种是横过腹部的，另一种是从肩部斜过胸腹部的。安全带损伤主要发生在车辆突然减速时，人体因惯性前移而被安全带紧勒所致。可引起擦伤和挫伤，重者可导致胸腹腔内脏器官损伤或第2～3腰椎骨折或椎体滑脱。

2. 车内前座人员的损伤

车内前座人员的损伤与驾驶员的损伤相似，如头部撞在挡风玻璃上所致的损伤，他们因对事故毫无防备，手又无处抓握、支撑，故头撞挡风玻璃的机会比驾驶员更多，程度更重，甚至可能从破碎的挡风玻璃处被抛出车外。也会形成挥鞭样损伤，膝部与仪表盘相撞形成损伤。前座人员与驾驶员损伤的区别是有无方向盘所形成的撞击伤或挤压伤。

3. 后座人员的损伤

当两车迎面相撞或头尾相撞时，后座乘客不会发生与挡风玻璃或仪表盘的撞击伤。后座人员的损伤是由于与前座椅背、车厢侧壁、顶壁的碰撞所形成。有时乘客被抛起后跌落，臀部受力过猛，可引起腰椎骨折或脱位，导致截瘫甚至颅底及脑的损伤。

在道路交通损伤中翻车时，既可造成各种机械性损伤，包括破碎的玻璃造成的刺创、切创，也可因汽油燃烧，造成不同程度烧伤。驾驶员、乘客或行人皆可遭受伤害。

二、道路交通事故损伤的法医学鉴定

道路交通事故损伤属常见损伤，有的情况又十分复杂，其死亡方式多为意外死亡，亦可以是自杀或他杀，因此，法医在进行道路交通事故损伤检验时应解决：①是否为道路交通意外损伤而死亡；②死亡性质；③损伤特点，如直接撞击伤的部位、次数、方向；摔跌伤的着地体位、角度、与地面的性状是否相符；④是生前碾压，还是死后碾压；是单轮还是双轮碾压以及碾压次数；⑤致命伤及死亡原因，死者在交通事故损伤发生的当时是否有醉酒、中毒或疾病的突然发作而造成死亡的现象；⑥注意检验肇事车的特点，如轮宽、轮距、保险杠高度等，在车体上收集可疑的特征，如血、毛发、组织碎片、衣物纤维；⑦区分死者为驾驶员、乘客还是行人；⑧个人识别。

（一）驾驶者

在发生车祸时，车辆如没有翻动、坠落或将车内人员抛出车外，可根据车内的人数及其尸体的位置进行确定。方向盘上的指纹和DNA鉴定亦很重要。在车辆发生碰撞时驾驶者会有胸、腹部撞击方向盘造成的损伤，或头面部与挡风玻璃、车顶相撞而形成的损伤以及前臂损伤等。车内部件上的血痕、组织、毛发及纺织物纤维与死者的血型、损伤、衣物进行比对也对确定是否为驾驶者有重要意义。

（二）乘客

确认的步骤与确认驾驶者相同。由于乘客在发生车祸时的位置不一样，故造成的损伤也不一样。如前排座的乘客头面部也可出现挡风玻璃的擦割伤、膝部与仪表盘相撞形成的损伤。而后排座乘客的损伤多为与前座椅背或车厢侧壁相撞形成头部、面部和胸部的损伤。同时相应的物证检验可以帮助确认乘客。

（三）行人

行人在车外，但发生事故后，现场的死者未必都是行人，亦可是被抛出的车内人员。死者若为行人，一般身上的损伤常符合车外部位造成的损伤形态，如车头撞击小腿可形成胫骨的楔形骨折；撞击腰背而在下腹部或腹股沟造成的伸展创；身上有轮胎印痕、伸展创或广泛的梳状擦伤。身上的损伤与车身上撞击部位的形态相符合，如车灯、散热器的栅栏等。死者与车身的物证交叉转移相符合，如车身撞击掉下的涂料、油漆或碎玻璃屑溅落到死者身上；

死者的血迹、毛发、纤维及组织粘在车身上；死者衣服花纹印在车身的尘土和漆皮上；车身撞击点与死者损伤部位相符合，包括距地面或足底的高度及形态相符合。应该指出的是在公路上的尸体未必就是交通事故致死，也可能是被移尸于公路之上。因此对这类尸体应特别小心，注意损伤特征，包括致命伤的部位、特征及尸体现象。

（四）判断死亡方式

1. 交通事故致死

在公路交通事故损伤死亡中，由交通事故本身造成的死亡占绝大多数。如司机或行人违反交通法规，车辆故障或失控，或因天色黑暗，标志不明显，道路等因素造成的事故伤亡。

2. 自杀、他杀

公路交通损伤中的自杀事件，包括：①行人故意撞向正在行驶中的汽车或钻入轮下；②故意驾车高速驶向障碍物或驶落悬崖或江河等；③自伤后再通过车祸自杀。蓄意谋杀也有几种情况：①驾驶者蓄意将车开向行人或冲撞载人的车辆，将其撞倒、碾压，或将其撞至悬崖下或江河中，或将其撞挤于车头及外界物体之间，导致死亡；②司机故意高速驶向障碍物，或驶落悬崖、江河，与车中人同归于尽；③有人故意破坏汽车机件或偷换润滑剂，致司机在驾驶过程中不能控制汽车而发生车毁人亡。

大多数交通事故，多带有意外的性质。需要特别注意的是，有时罪犯企图伪装交通意外以掩盖谋杀。例如将已打晕或打死的受害者放置公路上让汽车碾过，或将受害者放在驾驶位上使汽车从斜坡滑落发生翻车，亦有灌以毒物后进行上述伪装的。综上所述，道路交通事故损伤的法医学鉴定应认真地进行现场勘验及案情调查，尤其是尸体的位置姿势及血泊、毛发、组织、衣物碎片的分布对认定是否为原始现场很重要。全面系统的尸体解剖，对判断生前伤、死后伤、作用力的方向及死亡原因、死亡性质尤为重要。物证的提取和比对是确认肇事车的重要证据。同时对肇事车司机进行酒精、药物测定，对判定事故性质有重要意义。

第十节 航空事故损伤

飞机失事或航空事故损伤（aviation accident injury）是指飞机在启动后滑出直至着陆后到达规定位置期间，发生的一切事故所造成的航空乘客损伤。它必须是：①航空乘客与飞机或飞机的附属部件直接作用而导致死亡或严重损伤；②飞机受到实质性破坏的情况。而飞机安全且航行无失误，但机上人员有伤亡如因疾病突发死亡等，不属于飞行事故。

一、目前状况和特点

据统计，1980 年以前，全世界每年因航空事故死亡的人数约 700 余人，1980～1990 年增至每年约 1000 余人，而 1994 年全球仅民用航空飞机失事导致的死亡人数已达 1385 人。

与其他交通工具相比，航空事故具有以下特点：①事故死亡率高。虽然飞机失事死亡的总人数在各种交通事故死亡总数中的绝对值小，但飞机失事的事故死亡率却是最高的。平均道路交通事故死亡率为 10%～20%，铁路列车事故死亡率为 50%～60%，而飞机事故死亡率超过 80%。②失事原因复杂且多发生在转瞬之间。就连一只飞翔的小鸟，一个小小的零部件，甚至是飞行员与机场控制中心交通管制员的语言沟通问题，都可酿成机毁人亡的灾难。统计显示，航空事故的原因主要有人为破坏、操作失误、天气恶劣、机械故障等，但人和气候因素是重要原因。③飞机在空中高速飞行具有的巨大能量，坠落时也会产生的巨大冲量，另外，飞机携带的大量燃油，一旦发生坠机，其损毁程度是任何其他交通事故都难以比拟的。因此，严重的撞击伤、坠落伤、吸入高热气体和化学有毒气体等是常见的致死原因。

尽管航空事故的原因复杂，但从飞机正常运行所涉及的“人—机—环境”进行分析，可分为人的因素（机组人员、维护人员、地勤人员）、飞机的因素及环境因素（机内、机外环境）等三大方面的因素。一次飞行事故往往是多种危险因素共同作用的结果。

二、航空事故损伤机制

飞行事故中人体遭受的损伤主要包括机械性损伤、烧伤、气压损伤和低温损伤四种类型。前两种类型发生在飞行的任何阶段，而后两种类型主要发生在飞行过程中。

（一）机械性损伤

航空事故的机械性损伤包括撞击与挤压伤、高坠与弹射性损伤、爆炸伤三种主要形式。

1. 撞击伤与挤压伤：航空事故发生时最常见的损伤类型。飞行撞击伤主要发生在事故发生时的减速和（或）飞机突然停止运动的瞬间，因惯性使人体仍然保持前移而形成一次以上撞击。乘客碰撞前排座椅或邻近的舱壁，造成撞击伤及远离撞击部位的损伤，如膝盖受撞击造成股骨颈、骨盆的损伤，或因飞机剧烈变形造成挤压伤等。值得注意的是，在飞机受撞的瞬间，人体各部位可因惯性减速运动的不均衡而造成损伤，如大腿根部与被安全带固定的躯干分离；心脏与胸前壁碰撞致伤或心脏与大血管因不均衡扭转发生动脉破裂等。

2. 高坠与弹射性损伤：飞机在空中解体和安全带断裂后，人体从飞机中抛出形成高坠伤。弹射损伤主要见于军用飞机，是飞机操纵人员在紧急情况下通过弹射装置脱离飞机时所形成的损伤。其中包括弹射后人体旋转形成的面部损伤，弹射时姿势不正确引起的脊柱骨折等。

3. 爆炸伤：主要见于飞行过程中人为破坏所致的爆炸和飞机失事后撞击地面引起的物理性爆炸造成的爆炸伤。但后者常发生在人体遭受各种机械外力（减速力）损伤之后。

（二）烧伤

烧伤是飞机失事时碰撞摩擦爆炸和燃料起火的结果。据实际事故调查，几乎每次飞机失事都伴有不同程度的燃烧。Moye 统计发现，烧伤在小型飞机碰撞中的发生率高达 92%。1997 年 5 月 8 日，深圳黄田机场 B－2928 客机坠落起火爆炸致 35 人死亡，经检验分析，60% 的死亡是因为烧伤。飞机内壁某些合成材料燃烧产生大量氮氧化物或氰化物、氯化物可导致人体吸入性窒息或中毒死亡。

（三）低压和低温损伤

飞机失事时因飞机舱内人工环境的突然改变或因机身遭到破坏而与自然环境相通，人体受缺氧、减压、低温的影响而损伤。但因这种状态很难在事故发生后维持较长的时间，故一般不会构成飞机失事后人体死亡的单独原因。

三、航空事故损伤特征

飞行事故对机内人员几乎无例外地造成损伤，其中致命伤可超过 80%。航空事故损伤一般具有以下特征：

（一）损伤分布广泛并以复合伤为主

由于航空事故发生在飞机运动状态中，机舱的空间、特殊的舱壁与成排的座椅结构为事故发生时人体的运动和碰撞创造了条件，因此，飞机事故中人体的损伤极少是单一孤立的，常表现为广泛多发、复合存在，碰撞伤、挤压伤、高坠伤、爆炸伤、烧伤等均可出现在同一具尸体上。致命的复合性损伤发生率达70%以上，其中颅脑损伤和四肢骨折，躯干与肝、脾内脏破裂居多，遇难者平均有3.8处损伤。也有学者研究后称颅脑损伤作为死因者可高达60%。

（二）损伤类型复杂

飞机失事所致的损伤类型、严重程度取决于许多因素，如飞行速度、飞机坠落的状态和它与地面的碰撞角度、机舱内部结构、人员所在位置与体位等，其中失事原因、飞行速度和飞机坠落状态是关键。若事故发生是由于人为破坏如炸药爆炸、燃烧，或因他人暴力行为，则会在尸体上表现出这些损伤的存在，而且发生于其他损伤之前。如果飞机以800km/h的速度俯冲坠地，人体因物理性爆炸粉碎成许多碎块，肢体离断，器官挫碎，难以辨认，甚至变成一团肉泥。飞机呈螺旋状坠地时，人体受飞机旋转离心力的作用撞击机舱内物体，同时人体因受重心的作用，造成冲击力由臀部传向头部，形成外阴部、骨盆、头面部的巨大挫裂。飞机呈翻滚状态坠落或滑行中翻滚时，可引起严重的颅骨骨折和变形，以及全身挫碎性损伤。通常高空事故以躯干和肢体离断性毁损为主，低空事故多出现以颅脑损伤为主的多发伤或胸腹腔内脏破裂为主的严重创伤，着陆事故以创伤和烧伤为主，如果事故中有燃烧发生，吸入性损伤与中毒也很常见。

四、航空事故个人识别

航空事故损伤死亡率高，损伤类型复杂，尸体毁损严重，有的面目全非，有的尸骨不全，有的未留下任何遗物，因此，个人识别对空难原因的分析，善后处理及平息境内外影响都有重要的意义。如驾驶员的个人识别是判断驾驶者是否患有导致事故的疾病或有其他事故因素存在的前提。乘客的个人识别则是对社会和家属负责的必须要求，同时可查明其在飞机上的位置，有助于进一步分析飞机上不同位置乘客所受暴力损伤的差异等。

（一）根据现场勘查及尸体检验结果进行个人识别

法医及相应专业技术人员应分组对现场进行勘查，在做好保护现场的同时，首先确定中心现场，清点尸体、保持其位置及遗体上的物证，采用编号的方法进行定位，在原位拍照录像、收集遗物，初步检验尸体，记录衣着、体貌特征、遗物情况等。遗体应逐个连同遗物装入有编号的透明塑料袋内运往验尸处。衣服、衣袋内物品及身上装饰物不能与尸体分开。

在空难尸体检验中，个人识别具有特别重要的价值，因此，在尸体检验时应注意：尸体衣着、体表佩戴物、口袋内容物、尸体附着物或嵌入物，以及遗物特征、体貌特征和损伤情况等。注意尸体某些部分的特征性改变，如先天畸形、假肢、骨关节病变、塑料或金属植入物、义齿。烧焦尸体注意指骨上附着的饰物和衣袋中的烧剩物品。对上述检验所见详细记录拍照，并填写“遇难者识别表”，以便确定遇难者的性别、年龄、身份、损伤程度、死亡原因和死亡时间。

（二）个人识别方法

主要有辨认体貌特征、个人遗物鉴别、指纹比对、牙科识别、血型和DNA检验等。不同国家对上述方法的采用有不同的侧重，如美国以指纹为主，英国以牙齿为主，我国因没有完整的牙齿、指纹档案，主要依据体表特征、衣着和遗物，结合指纹、牙齿和血型进行鉴别。近年来，DNA检验在空难个人识别中越来越受到重视。

不同原因的空难,识别方法不尽相同。如1997年深圳"5·8"空难事故个人识别中,依据体貌特征鉴别的占45.7%,依据遗物(包括衣着、证件、体表佩戴物等)鉴别的占34.3%,其余依据牙齿和血型鉴别的占20%;而1999年温州"2·24"空难事故中61人遇难,47人确认了身份,在47人的个人识别中依据个人遗物(衣着、证件、首饰)进行鉴别的占98%,仅一例以牙齿磨耗完成了个人识别。值得注意的是,将检验时记载的"遇难者识别表"与遇难者家属填写的"遇难者调查表"及生前照片和航空公司提供的乘客资料进行综合辨认,是一个行之有效的重要方法。

五、航空事故法医学鉴定

发生航空事故后,应立即组成有法医参加的现场勘查组。法医学鉴定的主要内容是确定死亡原因、死亡时间和损伤性质(特别要注意发现非事故性暴力损伤的存在)、个人识别,并协助查明事故原因和处理善后事宜。

(一)航空事故的法医学鉴定程序

1. 法医应争取尽快进入事故发生地、巡视和划定现场保护范围,了解与法医学鉴定有关的第一手资料。

2. 一旦救护与灭火工作结束,立刻进入现场勘验、拍照和录像,寻找遇难者,对尸体及遗物进行编号、待检。

3. 对尸体分别拍照、录像、捺指纹、仔细检查衣着,提取遇难者的遗物并装人编号的塑料袋内。

4. 进行尸表检查和尸体剖验,必要时提取牙齿、毛发、血液备查。

5. 详细填写"遇难者识别表",以备同遇难者家属或亲人填写的"遇难者调查表"和照片、航空公司提供的生前乘客资料相比对,查明遇难者身份。

6. 综合上述检验情况和遇难者生前资料,分别就死亡原因、死亡时间、个人识别、损伤性质及死前的生理状态作出鉴定结论,对事故原因进行分析。协助有关部门和遇难者家属处理好善后事宜。

(二)航空事故损伤与其他暴力损伤的鉴别

航空事故损伤具有广泛多发,复合存在,损伤以撞击伤和挤压伤、高坠伤、烧伤、物理性爆炸伤为特征,损伤严重、肢体离断破碎明显,损伤符合一次性形成。而人为暴力形成的损伤以砍、切、刺创及枪弹创为特征,这些损伤多发生在机组人员身上,并多能反映出重复致伤过程,有时可呈炸药性爆炸伤,此时,飞行事故损伤则成为死后伤。认真区别事故性损伤与人为暴力性损伤,特别注意有无人为暴力损伤的存在,对事故原因的分析具有重要价值。

(三)驾驶员和机组人员的病变与损伤特征

在完成驾驶员的身份认定后,应对其遗体进行全面的尸体解剖和病理学检验,必要时作毒物(药物)分析,以明确是否是由于疾病的发作而导致事故的发生。飞机驾驶员常见的可能引发飞行事故的疾病有:冠心病、心肌炎、脑炎、肺炎、蛛网膜下腔出血、自发性气胸、中毒、过敏性病变、感冒引起的前庭功能障碍等,个别因癫痫发作导致事故。

另外,驾驶员的损伤具有一定的特殊性,据此可推断在飞机失事当时,驾驶员是否在控制飞机。如大拇指根部的后脱位或位移性骨折提示手握控制手柄;胫腓骨的向前性粉碎性骨折反映撞击时其足仍触压在控制板上;前臂及腕骨的压缩性或移位性骨折提示驾驶员前臂与仪表盘抵触;机舱底部钢板变形可使在此的跖跗骨骨折等。

（四）损伤分析与事故经过重建的可能性

准确认定航空事故人体损伤的特点，结合现场情况分析，对事故经过的重建具有重要的意义，并有助于事故原因的判断。如飞机残骸中有许多尸体在靠近紧急出口处烧伤，提示紧急出口舱门有故障；尸体上有不同于撞击等造成的损伤如枪弹创、锐器创等，提示有人为破坏的可能；受爆炸伤的尸体远离飞机残骸 1km 以上，提示飞机有空中爆炸的可能。

根据驾驶员的损伤特征，可判断在事故发生当时驾驶员是否在控制飞机。利用乘员乘坐位置、损伤特征进行事故经过重建的方法：在完成个人识别后，按航空公司提供的乘客坐位资料，将每位乘客的损伤特征，按损伤类别标识在遇难飞机座位平面图上，制作成"乘员—座位—损伤分布"图，然后结合案情和现场情况进行综合分析判断。

第十一节 船舶事故损伤

船舶事故损伤（shipwreck injury）泛指在水域中的船只和船上设施对人体造成的损伤，一般是指在水上航行的船舶、船舰因碰撞、触礁、搁浅、台风、浪损、翻船及自沉、失火、爆炸、有毒气体泄漏、人员坠海等情况引起的损伤和死亡。

一、目前状况

我国内河航道据 2006 年统计达 12.34 万公里。据 2001 年至 2005 年统计，在水、陆、空三种运输工具中、船舶事故死亡发生率占 0.3% ~0.4%。船舶事故既可发生在内陆江河湖泊内，也可以发生在海上；既可以是小船只，也可以是万吨巨轮。

二、船舶事故损伤形成机制与特征

（一）倾覆与沉船损伤

由于船舶遇暴风雨，或与暗礁、冰山碰撞，或因劫船破坏等，造成船舶倾覆或沉没。人员可与周围船体部件发生碰撞受伤。但更主要的是船上人员弃船落水，溺死是主要的死亡原因。若落水者长时间得不到救援也可能发生冻伤、脱水（尤其在海中）和饥饿死亡。如果因劫船破坏，则可留下人为的暴力性损伤如锐器创或枪弹创等。

（二）碰撞伤

由于船舶的运行速度较慢，碰撞后的减速力度较小，故碰撞伤一般较轻。

（三）烧伤与爆炸伤

当船只被雷击引起火灾，或船只本身运送的货物自燃，或因易燃品爆炸等，可造成船上人员烧伤、爆炸伤和吸入性损伤。

（四）螺旋桨损伤（propeller injury）

落水人员无论活体或尸体，如果被吸入到船只螺旋桨运转工作区，由于船只的推进器螺旋桨桨叶高速旋转可造成人体的损伤。螺旋桨有 3 ~4 片桨叶，装在一个壳上，近壳部为叶根，远端为梢边，击水的一边为导边，较薄呈弧形，而另一边称随边，厚而平直。螺旋桨每分钟旋转 250 ~750 转不等。导边为压力面，梢边为吸水面，旋转时压力面产生排斥力，将水推开，吸力面产生吸力、把水吸进补充。造成人体损伤的主要是梢边和导边。漂浮于水中的人体，在被螺旋桨的吸引力拉入桨叶工作区后，会被高速旋转桨叶的梢边或导边连续反复地打击成伤,形成具有多条,相互平行、斜向、弧形、间距一致的损伤特征。

由于桨叶的旋转速度、接触人体的角度和其部位不同,以及桨叶作用于人体部位的不同可形成不同的损伤。

1. 表皮剥脱:表现为:①较大面积的条片状表皮剥脱,是由桨叶的近梢边叶面以近切线的位置作用于人体形成;②弧形划擦痕,主要在胸、背较宽阔的部位,呈多道线条状平行排列,带有一定的弧度。它由桨叶梢边以锐角擦过人体形成。

2. 创:表现为:①瓣状创与洞状创,是由叶片梢边以较小的角度切削人体突出部位软组织形成的较大皮瓣,如果是切削在人体胸、腹部,使胸腹壁的一部分被削去而形成窟窿状,称洞状创;②舟状创,是桨叶梢边垂直或近垂直切削人体软组织形成口大底小,创底中部深,两端浅的舟状创;③切断创,由导边垂直角度切削人体四肢、颈部、躯干造成肢体离断。以上各种创均具有钝器所致的特点。

3. 骨折:表现为:①舟状缺损,由桨叶梢边对头颅呈垂直或近于垂直的角度切削,形成舟状骨质缺损,相应软组织也呈舟状创;②长片状缺损,桨叶导边以接近平行的锐角切削四肢,可在长骨上形成两端浅中间深的长片状缺损;③孔状缺损,由桨叶导边以较小角度切削颅骨突出部位,形成孔状缺损,孔状缺损的骨面呈波浪状起伏,没有骨裂线向外放射;④断端不整性骨折,四肢可因衣服被桨叶绞扭而造成闭合性骨折,断端参差不齐。

4. 衣服特征:衣服受桨叶作用,常被撕成条状或破碎缺损,或大部分被绞光,仅剩裤带束在腰间或仅衣领系留在颈部。

三、船舶事故个人识别和法医学鉴定

沉船事故发生后,个人识别的方法步骤与航空事故相似。法医应确定遇难者的死因、死亡方式,并根据损伤类型和特征,结合案情和现场进行事故重建、责任分析,提出改进安全的措施意见等。

第十二节　机械性损伤的法医学鉴定

机械性损伤的法医学鉴定目的是为侦查和审判提供准确、可靠的法医学证据。了解案件情况和对损伤所进行的周密检查、记录是法医学鉴定的基本材料。法医学鉴定主要解决以下五个问题。

一、死亡原因的确定

机械性损伤的死因(cause of death)可分为原发性与继发性两类。原发性外伤死因就是直接致死的外伤。死亡发生迅速,损伤致死无其他因素。继发性外伤死因是在损伤的基础上又继发其他致死的损伤或病症。判断致伤者责任程度时,直接致命性损伤与继发性致命性损伤的责任认定至关重要,两者在法律上承担的责任有所不同。

(一)原发性外伤死因

1. 生命重要器官的严重损伤

指脑、心、肺、肝、肾等生命重要器官的破裂或粉碎,可导致立即死亡。但延脑、脑桥等部位,即使有微小的损伤,亦能使机体的呼吸、循环功能迅速发生障碍而死亡。

2. 出血

机械性损伤造成的血管和心脏破裂引起的急性大出血。正常人血容量每千克体重约为75ml。外出血的后果主要取决于出血量及出血速度，内出血的后果除此之外还与出血部位有关。急性出血量一次达全身总血容量的30%以上，一般成年人出血2000～3000ml即可致死。颅内急性出血一次达100～150ml，可因颅内压升高致死。心包腔出血达200～250ml（缓慢出血450ml）即可压迫心脏致死。

3. 原发性休克

人体遭受损伤时，体表或内脏的外周传入神经受到强烈的机械性刺激，引起交感神经或副交感神经反射功能异常，导致重要生命器官微循环障碍，直至引起死亡。例如喉头、颈动脉窦、外阴、阴囊遭受打击，引起原发性休克或死亡。原发性休克又称急性外伤性神经源性心血管衰竭。迷走神经反应增强，可导致血压下降，心跳过缓乃至停搏而引起死亡。交感神经过度兴奋，可致心律失常，心室纤颤而致死亡。

4. 震荡

严重的脑震荡、心脏震荡、延髓震荡均可导致死亡。

（二）外伤后继发性死因

损伤后因继发并发症造成死亡，一般都不在损伤后立即发生，而是在损伤后几天，几个月甚至几年才死亡。

1. 感染

损伤直接引起细菌感染，如腹部损伤使胃肠道破裂，继发腹膜炎；头部受伤引起脑膜炎或脑脓肿；胸部受伤引起胸膜炎、肺脓肿；皮肤损伤引起蜂窝织炎、脓肿，甚至破伤风或气性坏疽；损伤局部抵抗力降低，从而继发细菌感染，如肝、肾、脾等器官非开放性损伤后发生脓肿；头部非开放性损伤后发生的化脓性脑膜炎或脑脓肿可能与局部毛细血管通透性增高，细菌易于通过有关；局部组织坏死、出血有利于细菌生长。

2. 继发性休克

机械性损伤通过继发的一系列病理、生理的改变，可引起休克。常见的是急性大出血所致的失血性休克。继发性休克的微循环障碍可累及多器官，但各器官损伤程度有所不同，通常以肺、肾、脑受累较著。常见有休克肺、肺水肿伴透明膜形成；低部肾单位肾病或挤压综合征；脑水肿及脑疝。

3. 栓塞

机械性损伤造成粉碎性骨折，脂肪细胞、空气均可通过破裂的血管进入循环系统，造成大血管以及广泛性脑、肺小血管或毛细血管栓塞，引起死亡。另外，机械性损伤导致下肢或骨盆骨折时，在挫伤的肌肉或骨折处易形成静脉血栓，尤其在伤后1～2周内，因损伤可引起血管内皮受损，加之卧床使血液凝固倾向增高，故容易形成静脉血栓。血栓的来源绝大多数是下肢，骨盆较少。若血栓脱落便可在身体其他器官发生血栓栓塞。若肺动脉主干血栓栓塞可反射性引起冠状动脉痉挛而致急性死亡。

4. 吸入性窒息

颅底骨折或伤及颈部血管，大量血液可被吸入呼吸道，造成吸入性窒息而死亡。颈部软组织广泛损伤，引起喉头水肿、气管内出血，导致气道闭塞，通气受阻亦可窒息死亡。此外，气胸特别是高压气胸，亦可引起呼吸功能障碍导致窒息死亡。

5. 愈后过程中的并发症

损伤愈合过程中肉芽组织逐渐变成瘢痕，如在主动脉壁的纤维瘢痕，可因血流冲击而膨出，形成损伤性动脉瘤，在轻微外力作用下可引起破裂死亡；外伤引起的硬脑膜下血肿可继发脑积水死亡。

二、生前伤和死后伤的鉴别

生前伤(antemortem injury)是活体受暴力作用所造成的损伤。当暴力作用于活体时，损伤局部及全身皆可出现一定的组织反应，此反应称生活反应(vital react)或活体反应。人死后受到暴力作用所造成尸体上的损伤称为死后伤(postmortem injury)，死后伤无生活反应。凡尸体上的机械性损伤，均需进行生前伤和死后伤的鉴别。生活反应是诊断生前伤的经典根据。近20年来，法医学领域采用了多种新技术，诸如扫描电镜技术、酶组织化学技术、免疫组织化学技术和组织化学技术、酶标技术、分子生物学技术等，使对生前伤的诊断水平有明显的提高。伤后存活半小时到一小时死亡者，大部分皆可获得明确结果；伤后立即死亡或在濒死期形成的损伤，由于生活反应甚弱，或因腐败等因素的影响，有时不易确定。

(一)诊断生前伤的经典方法

机体受暴力作用后，在损伤局部及全身均可出现一系列的生活反应，生活反应是诊断生前伤的基础。生活反应通常包括肉眼所见和显微镜检查两大部分。

1. 肉眼可见的生活反应

①出血：生前出血，血液向周围组织间隙渗透，若系动脉出血，呈喷射状；静脉出血，呈流注状。出血是各种组织损伤的重要生活反应。②组织收缩、创口裂开：组织收缩，是活体组织受伤断裂后固有的反应。皮肤和皮下组织，血管、神经和各种纤维组织，断裂后皆出现收缩，而使创口裂开，创口越深，收缩现象越明显，创口裂开也越大。③创口周围出现红肿或红晕：由于局部炎症性充血和血管通透性增高，使体液成分渗出所致。通常伤后存活15分钟者，创口周围可有红晕出现。④肉眼可见的异物栓塞：发现吸入或吞咽异物是确定生前伤的特征之一，因为只有活体才具有吞咽及呼吸功能。口、咽或喉部的固体或液体状异物可通过呼吸运动被吸入气管、支气管及肺。在尸体解剖时，若从气管、支气管或肺组织内发现异物，对确定生活反应具有一定意义。⑤痂皮形成：当外力作用于机体造成损伤，局部渗出的液体或流出的血液可逐渐凝固形成痂皮。痂皮的颜色与损伤程度及类型有关。仅表皮剥脱不伴有出血时痂皮呈浅黄色；如伴有出血，痂皮颜色呈棕红色。⑥炎症反应：机体遭受外力作用造成创或表皮剥脱时常有化脓菌随致伤物进入损伤组织，使受损组织发生变性、坏死，从而在损伤局部出现化脓性炎症。表现为炎症细胞浸润，并有不同程度组织坏死和脓液形成。疏松的组织可形成蜂窝织炎，如果炎症局限可形成脓肿。

2. 生前伤组织学改变

①局部淋巴结的边缘淋巴窦扩张，内有散在的红细胞存在，有时可见组织细胞胞浆内吞噬有红细胞；②在外界暴力时血管内膜损伤易形成血栓，故损伤局部发现血栓形成可证明生前伤；③栓塞现象亦为一种生活反应，如骨折或广泛软组织损伤，尸检时在肺内发现有脂肪或骨髓栓塞，则可证明为生前伤；④炎症反应，伤后2～4小时，开始有多形核白细胞游出。8小时后，多形核白细胞浸润明显，大单核细胞出现；⑤机体对外力作用下所形成的缺损将进行修复。各种组织的再生、肉芽组织增生、瘢痕形成等也是重要的生活反应。

3. 濒死伤改变

濒死伤指死亡之前极短时间内形成的损伤。由于损伤后生存时间极短，生活反应可能极不明显，更难发现有诊断价值的形态学改变。可采用检测酶活性或炎症介质含量等方法进行鉴别。

（二）诊断生前伤的新技术

1. 纤维蛋白的测定

皮肤和皮下组织创口部位有纤维蛋白的形成，是诊断生前皮肤和皮下组织损伤的重要标志之一。在扫描电镜下纤维蛋白之间交织有红细胞和血小板残片。损伤 5 ~ 10 秒钟，即可有纤维蛋白形成。伤后存活 3 ~ 5 分钟，创口或创面形成的纤维蛋白网致密、量多。刚死后形成的创口，有时亦可有纤维蛋白形成，但纤维蛋白的量较少、疏松、范围小。纤维蛋白较为稳定，在腐败条件下，创面形成的纤维蛋白网，可保存 3 ~ 5 天，在扫描电镜下清晰可见。沉没在水中的动物标本，纤维蛋白网可保存 4 ~ 7 天。采用免疫荧光技术和免疫酶标技术观察纤维蛋白，更为清晰、灵敏。

2. 炎性介质的测定

测定受伤组织中胺类或肽类炎性介质的含量，可诊断生前损伤。受伤组织中 5 – 羟色胺的含量高于正常组织 2 倍，可证明为生前损伤，死后 5 天仍可测出；受伤组织中组织胺的含量为正常组织的 15 倍，可证明为生前损伤。

3. 纤维连接蛋白的检测

生前受暴力作用，损伤局部组织在损伤后几分钟内纤维连接蛋白就会增多，随时间延长损伤局部纤维连接蛋白也明显递增。对于不同类型的损伤，损伤局部纤维连接蛋白阳性染色的宽度、深度也不一致，创伤越重，阳性反应越强。

4. 白蛋白测定

生前损伤部位组织中的白蛋白含量升高，伤后存活 6 小时含量达高峰，并可保持至 18 小时。

5. 其他

白三烯、血栓素、白细胞介素等炎性介质以及白蛋白、多种酶、糖和核糖核酸等的含量在生前损伤局部组织中均升高。

三、损伤时间的推断

损伤时间的推断要解决的问题是在活体上推测损伤已经有多久。可根据以下几方面推断：

（一）生活反应

擦伤面低于周围皮肤且较湿润，一般未超过 2 小时。如擦伤面已干燥，有血痂形成，则在伤后 3 ~ 5 小时。如伤面已与周围皮肤一样高，在伤后 12 ~ 24 小时或 48 小时之间。如痂的边缘开始与表皮脱开，则在伤后 3 ~ 7 天。结痂完全脱离在伤后 7 ~ 12 天。

皮内及皮下出血处皮肤，通常出血灶内的氧合血红蛋白于 1 ~ 3 天内渐变为还原血红蛋白和正铁血红素，被吞噬细胞所吞噬；3 ~ 6 天转变为含铁血黄素及胆红素或橙色血晶，6 ~ 9 天胆红素氧化成胆绿素并渐被吸收。含铁血黄素还可在局部停留一段时间或被吞噬细胞运至造血器官。故出血灶的颜色早期呈暗紫褐色，以后渐变为绿色、黄色。但也可从紫褐色直接变为黄色后再消退。

创伤处由于炎症反应，在伤后约数小时即见创缘红肿，24 小时左右可有痂皮形成。清洁的创伤 4 ~ 5 天可完全被上皮覆盖，如创伤发生感染，则伤后 36 小时可形成脓液。一旦发生感染，愈合过程延缓，就更难推测所经过的时间。

(二)组织学方法

伤后2~4小时死亡者,组织学检查有一定困难。伤后存活4小时死亡者,组织学检查仅见血管周围有中性粒细胞游出,但仍难以做出确切的推断。存活8~12小时,组织学诊断极有价值;距创缘500μm以内的细胞呈退行性变,濒临坏死。其周围有一层100~200μm的外周区,有较多的中性粒细胞、单核细胞及成纤维细胞层。存活16小时以上,巨噬细胞增加,纤维蛋白染成鲜红色;24小时,中性粒细胞及纤维蛋白达最大值。24~48小时,表皮生长,自创缘向中央移行。伤后24~72小时,在伤后48小时白细胞浸润达高峰;在72小时即肉芽组织形成。伤后存活3~6天者,胶原纤维形成,在坏死物和异物周围可能出现异物巨细胞。伤后10~15天者,肉芽逐渐纤维化,表皮变薄变扁。

(三)组织中酶活性的变化

生前伤早期有酶反应,死后伤则无。皮肤中的三磷酸腺苷酶、脂酶、氨基肽酶、酸性磷酸酶和碱性磷酸酶在伤后8小时以内,酶活性的改变极为明显,且很稳定,因损伤死亡后数日仍能测出。上述各种酶的活性,大致按一定的时间顺序出现。伤后1小时,三磷酸腺苷酶和非特异酯酶的活性开始升高;2小时,氨基肽酶活性增高;4小时,酸性磷酸酶活性增高;8小时,碱性磷酸酶的活性升高。生前损伤严重的创口中心区,由于该部分组织、细胞的坏死,各种酶的活性减低,而在距中心区200~300μm的外周区,各种酶的活性随伤后经过的时间而逐步升高。

(四)免疫组织化学方法

近年来,通过免疫组化方法判断损伤时间常用的有纤维连接蛋白及快速反应基因等。常在损伤后几分钟内在创缘即出现阳性染色,随着损伤时间延长,创缘阳性着色加强,对判断早期损伤时间是有帮助的。现许多法医工作者已开始应用原位杂交分子生物学技术,研究损伤经历的时间,将能更准确确定损伤时间。

(五)炎症介质的生化方法检测

损伤局部主要表现为炎症反应过程,而炎症介质又是炎症反应不可缺少的化学物质。它出现于伤后最早阶段,如组织胺在伤后5分钟含量开始升高,20~30分钟达到高峰。60分钟后,逐渐下降;5-羟色胺在伤后5~10分钟迅速升高至最高峰值,之后稍有下降,伤后40~120分钟,可又出现轻度升高。死后4~5天仍可测出;激肽酶和激肽酶原的活性在伤后立即升高,伤后存活30分钟开始下降。由于许多炎性介质如5-羟色胺、纤维蛋白、纤维连接蛋白等不仅出现于生前损伤,在死后短时间内形成损伤亦可出现,故单凭某一项指标即做出损伤时间的推断较困难,应同时使用几种不同的方法和指标综合评定。

四、致伤物的推断和认定

致伤物的推断和认定是法医学损伤鉴定的重要内容。准确地进行致伤物的推断和认定可以为侦察提供线索,为审判提供证据。尸体现场发现的致伤物,亦应进行致伤物的推断和认定,以确定该工具能否造成尸体上的损伤。认定致伤物,往往需结合实验室的方法,如进行指纹比对、血液遗传标记的测定及创口内存留的异物与致伤物的缺损和化学组成进行比对等。

同一种致伤物,因打击在不同部位,或是打击面和角度的不同,所形成的损伤形态可随之而异。相反,不同的两种致伤物,有时亦可形成形态极为相似的损伤。从损伤形态推断致伤物,有时只能推断致伤物的打击面。法医学推断致伤物的主要依据如下:

(一)根据损伤的形态推断致伤物

首先应区分钝器伤、锐器伤或火器伤。仔细观察各个损伤的部位、大小、排列、数目及形态特征。条件好时可进一步推断出是斧、锤、棍棒类工具形成，还是砍器、切器、刺器形成，甚至还可推断出致伤物的具体特征，如木质棍棒、铁质棍棒形成或为单刃、双刃、三角刮刀形成。

头颅部若有波浪状、星芒状、条状的挫裂创，创周伴有表皮剥脱和皮下出血，两创角呈撕裂状；创口下颅骨有粉碎性、凹陷性或孔状骨折，颅内硬膜外、硬膜下、蛛网膜下腔或脑实质内有出血，符合钝器的作用特征。

头部砍伤，颅骨上常伴有条状砍痕、颅内出血。头皮砍创的长度一般不反映砍器刃面的长度；颈部切创的深度和长度，不反映切器刃缘的长度和厚薄。主创和其附近的试切伤常为同一切器所致。

刺入口形态，常可反映刺器的形态。单刃刺器，刺入口一侧有尖锐创角；另一侧创角钝圆，有时可伴有表皮剥脱。双刃刺器，刺入口两创角尖锐，圆形无刃刺器的刺入口呈圆形，伴有环状表皮剥脱。若刺器为长度较短的刺器，皮肤上可留下刺器柄的挫伤痕迹(图4－79)。

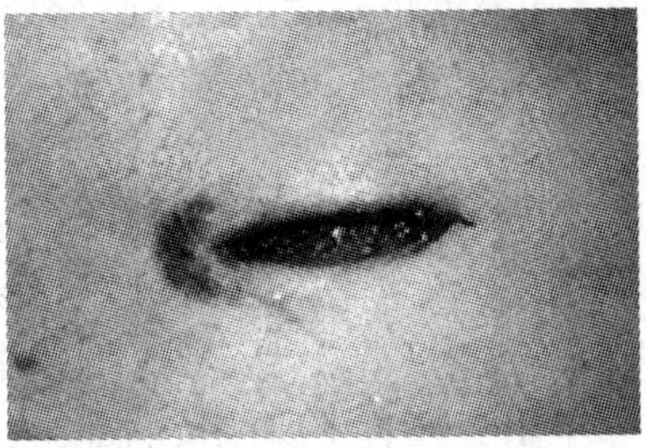

图4－79　刺器柄形成的挫伤痕

具有特殊形态的皮下出血，常常反映致伤物的形态。如皮带扣打击裸露人体的皮肤，可留下相应的皮下出血。竹棍或木棍打击躯体和肢体等皮下组织丰富的部位，可形成中空性皮下出血。

(二)根据组织中残留物推断致伤物

受伤组织中往往可残留致伤物及其碎片或附着物，如刀刃碎片、弹头、砖头或木头碎屑、碎玻璃、油漆碎片及泥土等，因此，清创时应注意留取受伤组织中的残留物，通过相应的物证检验或其他实验室的检验，可为推断凶器提供重要价值。如砍器刃面较薄，可在创口内或颅骨砍缝中留下砍器破损的碎屑，可进行整体分离痕迹的比对检验和化学成分分析，从而帮助推断致伤物。

(三)根据致伤物上附着物和痕迹认定致伤物

致伤物上不同程度地附有伤者组织碎屑、血痕、毛发、衣物纤维，以及犯罪嫌疑人的指纹痕迹。在现场勘查时不要用手直接触摸凶器，妥善保护凶器上的附着物，以备进一步进行血痕或组织碎片的血型、DNA或指纹等实验室检查，帮助认定致伤物。

(四)根据衣服上的痕迹推断

衣服上有时可留下凶器的痕迹。如近距离枪伤，可在衣服上发现烧灼、火药附着及撕裂的痕迹。汽车碾压，亦可留下痕迹。衣服上的附着物与创内外留下的异物，可用能谱、色谱、光谱、质谱测定其化学组成。

五、死亡方式的判断

死亡方式(manner or mode of death)，是指暴力死如何得以实现，即由他人施加或由自己施加暴力,或因某种意外事故造成。死亡方式分为他杀(homicide)、自杀(suicide)及意外(accident)三种。判断死亡方式是法医学鉴定的另一项重要任务,是刑事侦查制定工作方向、司法审判罪与非罪的重要依据,对于民事纠纷、灾害赔偿同样了有重要的意义。死亡方式的推断需要根据尸体检验所见结合现场勘查和案件调查情况进行综合判断。

(一)自杀死(death from suicide)

自杀死是自己对自己施加暴力致死。一般而言,自杀死亡现场无搏斗痕迹,致伤物多留在现场,致伤物上可留有死者指纹,有时可找到遗书,调查材料表明死者有自杀原因或动机。

从尸体上发现,致命伤通常只有一个,而且是分布在死者手所能及的部位。死者手及手臂无抵抗伤。切颈自杀或自己切断腹股沟动脉或桡动脉,其主要创口上下缘,可发现试切痕。有少数切颈自杀案例,在同一部位可能有很深的两个切口,不仅切断颈部血管、气管和食管,并在颈椎前缘留下切痕。因此,不应以发现有两个足以致命的深切创,就轻易否定自杀。用砍器砍击头部自杀时,砍创多集中在头顶前部,创口呈平行分布;刺伤自杀者,刺创多在心前区。采用手枪或长枪自杀,均为近距离射击。高坠死者常见于自杀,判断时也应有充分依据,排除被人推下或失足的可能。

(二)他杀死(death from homicide)

他杀死指被他人施加暴力造成的死亡。他杀现场常有搏斗痕迹,现场零乱。有时,现场虽未发现明显殴斗的迹象,但尸体位置、姿势、损伤部位、数目及血痕分布用自杀难以解释。凶器有时在现场搜索中可以发现,但有时会被犯罪嫌疑人带走。有时尚可发现尸体被移动的征象。

他杀死亡尸体上损伤的分布不限于死者手所能及的部位,致命伤可以有多个,尸体上可发现殴斗痕迹及各种抵抗伤,损伤严重程度往往是死者本人难以形成的。用石块、砖头、斧头打击头部,创口分布零乱,颜面部、后枕骨部、颅顶和两侧颈部均可有多个严重的损伤。刺创可出现在胸腹部、腰背部,常见多处致命伤。有时尚可发现死后伤。

(三)意外死(death from accident)

意外死指由非预料所及的暴力因素损害人体引起的死亡。可发生在各种不同的情况下,常见有以下几种类型:

1. 事故死

最为常见,包括日常生活、工作、生产中发生的意外事故、交通事故所致的死亡。

2. 灾害死

一切自然灾害,如火灾、水灾、龙卷风、雪崩、雷击、地震、火山爆发等造成的死亡。法医学鉴定时要注意尸体上的损伤特征和个人识别。

3. 自伤、自残意外死

自伤、自残者由于某种目的,自己对自己造成伤害,意外超过限度而发生的死亡,由于其并不是以故意结束自己生命为目的,所以也是一种意外死。

【思考题】

1. 机械性损伤的类型有哪些?
2. 如何描述伤口的基本形态?
3. 对损伤的记录应注意哪些问题?

第五章　机械性窒息

第一节　概　述

一、窒息的概念

人类和高等动物的呼吸有内呼吸和外呼吸之别。呼吸的全过程包括：①外呼吸，即肺循环进行着血液与外界环境之间的气体交换；②内呼吸，即体循环进行着血液与组织细胞之间的气体交换；③血液的运输，将从肺内获得的氧气运输到组织细胞，同时将组织细胞的代谢产物二氧化碳运输到肺而排出。三个过程是互相密切联系着的，任何一个过程发生障碍，都能影响气体交换过程的正常进行，势必导致体内缺氧和二氧化碳的潴留，引起组织细胞代谢和生理功能的紊乱，即窒息（asphyxia）。由内呼吸障碍所引起的窒息称为内窒息；由外呼吸障碍所引起的窒息称为外窒息。严重的窒息可危及生命，因窒息而致死亡者称为窒息死（death from asphyxia）。

二、窒息的分类

根据窒息发生的原因，可分为六类：

（一）机械性窒息（mechanical asphyxia）

由机械性暴力作用所引起的呼吸障碍，如压迫颈部或胸腹部、阻塞呼吸道等，妨碍了呼吸，而发生的窒息。

（二）中毒性窒息（toxic asphyxia）

因毒物的作用，使血红蛋白变性；使组织氧化酶的功能减退、丧失；改变了细胞膜的通透性导致氧的扩散障碍等发生的窒息。

（三）电性窒息（electric asphyxia）

由触电或雷击使呼吸肌强直，或电流作用于呼吸中枢使之麻痹而导致的窒息。

（四）空气缺氧性窒息（asphyxia due to low atmospheric oxygen content）

处于密闭的箱柜、室内或头部套在塑料袋中；被困在塌陷的坑道或防空洞内，其空间中的氧气渐被耗竭；例如迅速到达高山之巅或高空中，因空气中氧气稀薄而发生的窒息。

（五）病理性窒息（pathological asphyxia）

如严重的呼吸道疾病、心血管疾病、血液病、尿毒症等疾患，严重者均可能导致窒息。

(六)新生儿窒息(neonatal asphyxia)

由于胎盘供血障碍、脐带受压、胎盘早期剥离等,引起胎儿在子宫内缺氧,娩出后有心跳而无呼吸,即新生儿窒息。

本章仅阐述由外呼吸障碍所引起的机械性窒息,其在法医学中占据相当重要的地位。根据机械性暴力作用的方式和部位的不同(图5-1),又可分为六类:

(一)闭塞呼吸道入口所致的窒息

如用手或柔软物体同时压闭口、鼻部引起的捂死。

(二)压迫颈项部所致的窒息

包括缢死、勒死、扼死等。

(三)异物堵塞呼吸道所引起的窒息

如各种固体异物堵塞咽喉或气道所致的哽死。

(四)液体吸入呼吸器官所致的窒息

如水、羊水、酒、血液或呕吐物等吸入呼吸道和肺泡所引起的溺死。

(五)压迫胸腹部所致的窒息

包括压死、挤死、活埋等。

(六)体位性窒息

因长时间被限制于某种异常体位,使呼吸功能受阻及静脉回流受阻而发生的窒息。

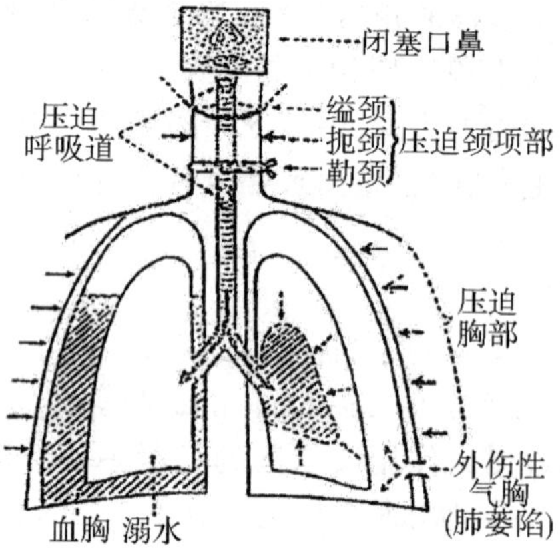

图5-1 机械性窒息暴力作用的方式

三、机械性窒息的过程和表现

从人体受到机械性暴力作用开始直到最后窒息死亡的整个过程中,各器官组织可发生一系列的变化。它取决于机械性外力的性质、作用方式和其发生的速度、程度、持续时间等因素。各系统器官的改变主要包括:①呼吸功能障碍;②中枢神经系统功能失调;③血液循环障碍;④肌肉功能失常。其中以呼吸系统的改变最为严重,表现也最为明显。几乎所有的外窒息都表现为缺氧和二氧化碳潴留而引起的症状。窒息的发生、发展是一个连续的过程,不能截然分开。一般人为地可分为下列六期:

(一)窒息前期(prodromal stage of asphyxia)

呼吸障碍后氧气吸入受阻,但因体内尚有余氧可以利用,所以不显示任何症状。此期约持续半分钟,也可因个体的训练或耐受力不同而有差异,如擅长游泳者可持续1分钟以上。

(二)吸气性呼吸困难期(stage of inspiratory dyspnea)

因体内缺氧和二氧化碳潴留,刺激延髓呼吸中枢,致呼吸深而快,吸气强于呼气,呈喘息样呼吸。此期约持续1~1.5分钟。

(三)呼气性呼吸困难期(stage of expiratory dyspnea)

因体内二氧化碳持续性增多,刺激迷走神经,反射性地引起呼气运动加剧,呼气强于吸气,渐次变为惊厥性呼吸运动,出现全身惊厥,所以本期又称惊厥期。此期较短,约持续数秒钟乃至数十秒钟,不超过1分钟。

(四)呼吸暂停期(stage of apnea)

呼吸中枢由于过度兴奋而转为抑制,出现呼吸暂时停止。此期心脏搏动非常微弱,血压下降,处于假死状态,所以此期又称假死期。持续1~2分钟。

(五)终末呼吸期(stage of irregular respiration)

出现间歇性张口、深呼吸,鼻翼翕动,通常约有数次间歇性深呼吸。瞳孔散大,血压下降,肌肉松弛。此期持续时间长短不定,大约一至数分钟。

(六)呼吸停止期(stage of respiratory)

此期呼吸已停止,但心脏搏动仍存在,其持续时间因人而异,可自数分钟至数十分钟。最后心跳停止而死亡。呼吸停止期所形成的损伤,仍有微弱的生活反应。

上述各期的时间长短和表现明显与否,因个体的年龄、健康状态而异。年老、体弱者,各期持续时间较短。深度麻醉者多不发生惊厥。窒息全过程所经历的时间大约5~6分钟,称为急性窒息死亡。但有时机械性外力的作用并未使气道完全闭塞而仍可呼吸少量空气,或气道闭塞短时间后又缓解,恢复呼吸后再闭塞,从而使窒息死亡经过时间延长者,称为亚急性窒息死亡;若有再延长者,称为迁延性窒息死亡。后者所迁延的时间,有时可长达数小时以上。一般认为,在窒息期的3分钟以内进行人工呼吸急救,可完全复苏。经4~5分钟,仍有救活的可能。若经8~9分钟以后,则难以复苏。但溺水死者在20分钟以内,尚有复苏的例子。如果复苏不完全,多在数日后死亡。

四、机械性窒息死者的尸检所见

机械性窒息尸体征象的强弱,因个体的身体状况和窒息过程的不同而有差异。如窒息各期的表现明显,持续较久,则其征象也就明显。反之,则不明显甚至缺如。

(一)尸体外表征象

1. 颜面肿胀、发绀

颜面肿胀与否,视机械性窒息死的原因而异。如勒死、扼死、压迫胸部等死亡者,头面部静脉因回流受阻而怒张,致颜面部高度淤血而显示肿胀并呈暗紫红色。发绀乃是窒息的共同表现,系因缺氧后血液中的氧合血红蛋白转化为还原血红蛋白所致,以面部、口唇、甲床等处较为明显。但这些征象在死后不久观察到才有意义,如死后已久,可能是死后现象。

2. 淤点性出血

多见于眼睑结膜近穹隆部、球结膜的内外眦部和颜面部皮肤。出血点呈圆形,如针尖至大头针头大小,孤立或群集而融合,淡红色或暗红色。淤点性出血多发生于颈部受压部位以上的皮肤。呼吸道迅速阻塞者淤点性出血更为明显。

3. 尸斑显著且出现较早

窒息的尸体,其血液多不凝固,呈流动状态,故死后不久便可出现广泛而显著的尸斑。

由于窒息缺氧，血红蛋白呈还原状态，透过皮肤，尸斑呈暗紫红色。尸斑色泽的深浅和明显程度与种族有关。白色人种最为明显，黑色人种则不易观察。

4. 尸冷缓慢

窒息时，在呼吸困难期往往发生惊厥，因产热增多导致体温升高，所以尸体冷却较慢。

5. 牙齿出血（玫瑰齿）

窒息死者的牙齿，在牙颈部表面出现玫瑰色（或淡棕红色），经过酒精浸泡后其色泽更为明显。玫瑰齿对于鉴别腐败尸体有无窒息有一定的价值，但并非绝对的指征。

6. 其他

呼气性呼吸困难期发生惊厥时，可致平滑肌收缩或痉挛，常有大小便失禁或精液排出。此外尚可见口涎和鼻涕流出（图 5 -2），有时可呈血色。

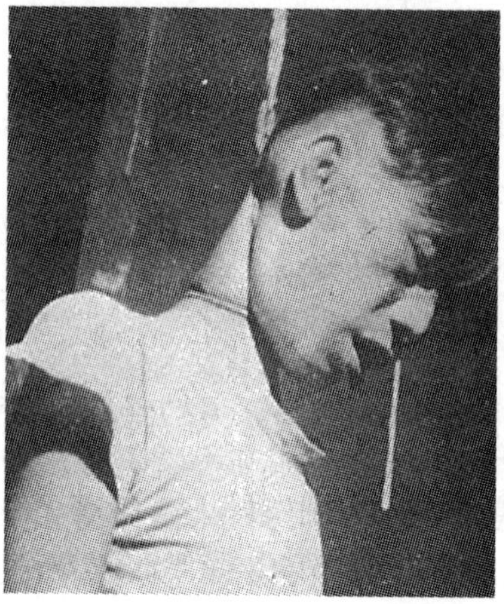

图 5 -2　窒息死的涕涎流注现象

（二）尸体内部征象

1. 血液呈暗红色、流动性

窒息尸体血液因还原血红蛋白而呈暗红色。窒息死者的血液，在死后 0.5 ~1 小时内，尚有凝固倾向，或已出现凝固而后又逐渐溶解，2 ~3 小时后完全呈流动性。此乃由于窒息死者的血液缺氧使血管内皮细胞损伤后，释放出纤溶酶，使纤维蛋白降解，导致血液呈流动性。

2. 内脏淤血

在吸气性呼吸困难期，剧增的胸腔负压，使血管及右心高度淤血，继而静脉系统淤血，各内脏血液难以回流，使肝、肾等器官淤血。尸检时常见右心扩张，充满流动性暗红色血液，而左心较为空虚。

3. 内部器官淤点性出血

机械性窒息死者，淤点性出血最常见于肺胸膜和心包脏层下。淤点性出血点由法国学者 A. A. Tardieu 于 1866 年首先描述，故称为 Tardieu 斑。淤点性出血也见于其他内脏器官，包括胸腺、甲状腺、小肠黏膜等（图 5 -3）。其形状、大小、颜色、数目等，均与结膜下的出血点相似。其形成机制为：①血管痉挛；②缺氧导致血管通透性增高；③肾上腺素分泌增多导致小血管、毛细血管内压升高而发生破裂；④胸腔负压加大，肺膜下毛细血管不能耐受高压而破裂出血。但淤点性出血并非窒息所特有，在猝死、败血症、磷中毒、砷中毒、急性酒精中毒死者中也可见到。

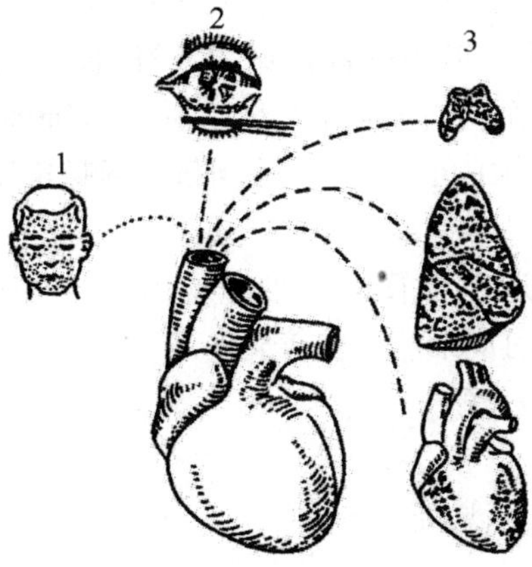

图 5-3　淤点性出血

1. 颜面;2. 眼结膜;3. 胸腺、肺、心

4. 肺气肿或肺水肿

在剧烈的吸气性呼吸困难期,肺扩张,肺泡膨胀,肺前缘可形成局灶性肺气肿。严重者肺泡破裂,发生间质性肺气肿。窒息死者由于肺高度淤血,可导致肺水肿。窒息过程持续时间越长,其水肿也越明显。有时水肿液与空气或呼吸道中的黏液相混合可形成红色的泡沫。

5. 脾贫血

窒息死者的脾脏常因贫血而体积缩小,包膜皱缩、色淡、质韧。窒息时脾脏收缩,是一种代偿性机制,可使大量的红细胞进入血液循。环增加输氧能力。肝、肾等器官淤血与脾贫血的并存,对于窒息死亡者几乎是普遍存在的变化。

(三)机械性窒息的组织学变化

1. 脑

脑对缺氧最敏感,完全缺氧 6~8 分钟,脑神经细胞即可出现不可逆性的退行性改变。大脑皮质第Ⅲ~Ⅴ层锥体细胞、小脑普肯耶细胞显示:细胞肿胀变圆、尼氏小体溶解消失、胞浆液化、脂肪变性或空泡形成。核偏位,核仁消失,有的发生核固缩、核破碎以至消失。神经细胞呈嗜酸性染色,或见细胞吞噬现象。脑细胞和血管周围间隙扩大,小血管和毛细血管扩张充血,并可见出血灶。毛细血管内皮细胞肿胀、脂肪变性而使血管腔变小。窒息死者电镜下最早期的变化为神经细胞染色质凝集在核膜下,之后线粒体、内质网、高尔基复合体、核蛋白体等细胞器出现不同程度的退行性改变。

2. 心肌

心肌对缺氧的敏感性仅次于中枢神经细胞。缺氧 5~6 分钟后,心肌细胞混浊肿胀,核内和胞浆内有空泡形成。核细长固缩,有时因水样变性而肿大。小血管扩张充血,毛细血管内皮细胞肿胀。电镜显示:心肌细胞肿胀,染色质凝集在核膜下;细胞相互离散,胞浆中糖原颗粒消失;线粒体基质密度降低,嵴肿胀,结构不清楚。

3. 肝

肝细胞缺氧 3~10 分钟后,胞浆和核周围出现空泡,其周界清楚,散在性分布,为可逆性改变。电镜观察:在血流阻断 10 分钟后,肝细胞空泡变性,其中含有脂滴,尚可测出铁元素和酸性磷酸酶。30 分钟后,线粒体、内质网膨胀,糖原消失,细胞膜破裂。

4. 肺

窒息死亡者常出现肺气肿。年轻死者常见间质性肺气肿,肺前缘呈大泡型。肺小静脉扩张淤血,肺泡壁毛细血管充血,肺泡内有大量水肿液。肺间质中可见有出血灶。30 分钟至 12 小时迁延性死亡者的肺泡中可出现大单核细胞、吞噬细胞和多核巨细胞。

5. 肾

肾组织淤血,间质水肿。近曲小管上皮细胞空泡变性,但不如心肌和肝细胞的变化明显。电镜显示:肾小球血管袢内皮细胞空泡变性。

第二节 压迫颈部所致的窒息死

一、缢死

缢死(death from hanging)是以绳索状物套绕在颈(项)部,利用全部或部分自身体重的下垂作用,使绳索压迫颈(项)部而引起的窒息死亡,俗称吊死。条索状物件、套压在颈(项)部、自身体重下坠是缢死的三要素。

缢死可在悬位或立、蹲、跪、坐、卧等任何体位姿态下发生(图 5 -4)。由于缢死的体位和姿态不同,其局部所承受体重的压力大小也各有不同。一般认为,悬位缢死者承受 100% 的体重压力,蹲位缢死者为体重的 70% ~80%,卧位者约为体重的 20%。缢死的现场以室内者居多,若发现缢吊者体温尚存,应迅速解救,进行人工呼吸或送医院抢救。

图 5 -4 缢死的体位和姿态

(一)绳套和缢型

1. 绳套

缢吊所用的绳索,多系日常生活中常见的物品,如电线、围巾、毛巾、尼龙丝袜、麻绳、棕绳、草绳、尼龙绳、皮带等。缢吊时必须将绳索做成套,并将绳索的一端固定在高处。绳套的式样较多,可依绳结的固定与否而分为固定绳套(又称死套)和滑动绳套(又称活套)。固定绳套又依其周径大小而分开放式和闭锁式。滑动绳套则易呈闭锁式。绳套的圈数常见者有单套和双套,三套或多套者较为少见。

绳结是在绳套上所打的结扣。结扣有活结、死结、帆结、瓶口结、牛桩结、领带结、外科结等各式各样的形式(图5－5)。在现场勘验时,应将绳结作为物证原样保留,不能破坏。此外,缢死者也有不用绳套的,仅将其颈部压在桌椅的横档上、木板的边缘或树杈上,这些均可达到缢死的目的。

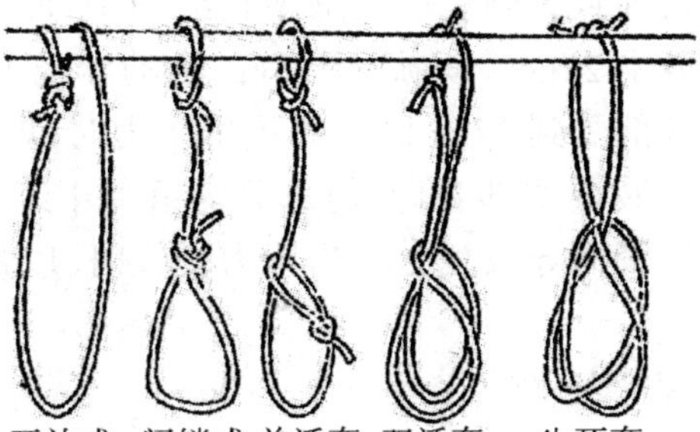

图5－5　缢吊绳套和绳结

2. 缢型

一般根据缢绳着力的部位不同可分为前位、侧位和后位三类缢型(图5－6)。

(1)前位缢型:当缢绳的着力部位在颈前部,多在甲状软骨与舌骨之间,绕向颈部左右两侧,斜行向后上方,沿下颌骨角,经耳后越过乳突,升入发际至头枕部上方而形成提空(古称"八字不交"),最后将绳索系在枕后上方的固定点处。此型最为常见。

(2)侧位缢型:绳索的着力处是在颈部左或右侧,相当于甲状软骨水平线的下颌骨角下、耳部、乳突等部位,绕颈项而斜行向上,在其对侧形成提空,头部偏倾于着力处的一侧。

(3)后位缢型:绳套的着力处主要在项部,绕过两侧下颌骨角,在颈前正中线上方提空。结扣在尸体颈前部上方,死者头向后仰。

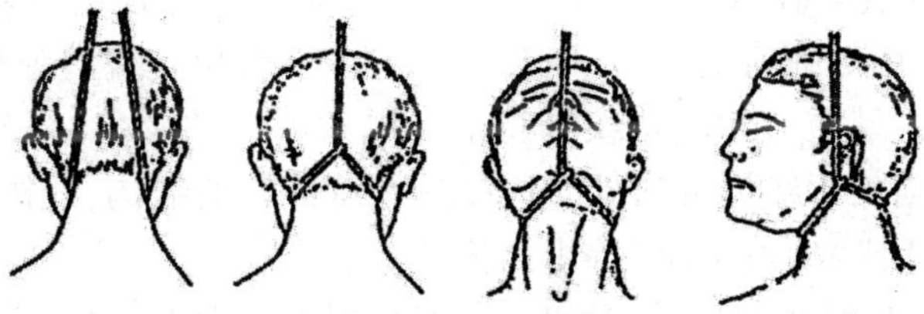

图5－6　缢死的三类缢型

根据缢颈者的躯体是否悬空又将缢死分为完全性与不完全性两类。完全性缢死者的躯体完全悬空,全身体重经缢绳而压迫于颈项部;不完全性缢死系部分肢体与地面或与其他物体接触,故仅有部分体重经缢绳而压迫于颈项部,如半立位(足尖着地)、蹲位、坐位、卧位等。

(二)缢死的机制

1. 呼吸道的闭塞致呼吸障碍

一般绳索位置多在舌骨与甲状软骨之间,颈部受力迫使舌根向后上方挤压,从而使其紧贴于咽后壁及软腭的后部,导致咽腔气道的闭塞,同时又使会咽盖住喉头而完全闭塞呼吸道,为前位缢型所见。绳索直接压迫喉部和气管而闭塞呼吸道,为侧位缢型死者所见。绳索压迫颈部而使颈椎向前突出,间接压迫气道,为后位缢型死者所见。上述的各类缢型,均可压迫呼吸道而发生窒息死亡。实验结果表明,闭塞呼吸道需要15kg重量的压力。

2. 颈部血管受压致脑部血供障碍

绳索压迫颈项部的血管,诸如颈静脉、颈动脉和椎动脉,可使脑部血液循环障碍而迅速发生脑淤血、脑贫血、脑缺氧,导致大脑皮层及脑干相继抑制,神经细胞营养障碍,意识随之丧失。实验结果表明,颈静脉受2kg、颈动脉受3.5kg、椎动脉受16.6kg的重量压力,即可使血管完全闭塞。因此,只要颈部受到17kg以上的重量压力时,就可闭塞供应脑部的全部血流。半卧位缢吊者,虽然其下肢及臀部着地,但部分体重加于缢绳上的压力尚有20~40kg左右,足以压闭颈部血管和气管而导致死亡。当压力较轻时,以颈静脉受压为主,若压力较重则动静脉同时受压。

3. 颈部神经受压导致反射性心跳停止

绳索牵引和压迫颈部时,可以刺激迷走神经及其分支,并压迫颈动脉窦,引起反射性的心跳停止。喉上神经受刺激后尚可引起反射性的呼吸停止。此外,绳索也可压迫颈部的感觉神经而引起大脑皮层的抑制。

4. 脊椎和脊髓的损伤

见于缢刑(绞刑)死者。受刑者颈部套上绳索,站在离地2m的高架踏脚板上,突然抽去踏脚板,受刑者迅速下坠而悬空,其颈项部因猛烈牵拉而使2/3或3/4颈椎互相脱离,甚至颈椎骨折碎裂,脊髓撕伤,意识立即丧失。

缢死常常是因呼吸道、颈部血管和神经或颈动脉窦同时受压,所以意识丧失甚为迅速,缢吊者不可能发生自救行为。缢死意识丧失虽快,一般并不立即死亡,死亡常发生在缢吊后5~20分钟。因此,及早抢救或可复苏。

(三)缢死尸体的征象

1. 颈部改变

缢死的形态学变化,主要是颈部的损伤。

(1)缢沟的特征:缢沟(furrow, groove)是缢吊时绳索压迫颈部皮肤所形成的沟状痕迹。缢沟的性状往往与所用的绳索的性质、绳套、绳结、着力点和其缢型等相互适应,它能反映缢绳的位置、方向、数目、性质、粗细、花纹等特征。绳索着力的部位,绕沟最深,其两侧逐渐向上斜行而变浅,最后消失于缢绳悬吊处。这种具有特征性的缢沟,我国古典法医学书籍中曾用"八字不交""不周项""项痕不匝"等术语描述。

①缢沟的位置和方向:缢沟的位置和方向因缢型不同而有差异。前位和侧位缢型,缢沟常见于舌骨和甲状软骨之间。后位缢型的缢沟常位于项的中部。缢沟的方向,在着力部位大致呈水平线状,其两侧斜行上升,最后互相接近或提空。

②缢沟的数目:缢沟的数目并不完全反映缢绳绕颈的圈数,只能反映缢绳绕颈后牵引着力时直接压迫皮肤的绳圈数。一条缢沟常由单一绳套形成。双绳套如全部平行着力压迫颈部时可形成双条缢沟。若双绳套互相重叠,则重叠处形成一条缢沟。两条以上的缢沟,呈分离、平行或交叉等形状,常能反映双绳套或多绳套的平行、重叠或彼此相压等状况。

③缢沟的宽度和深度:缢沟的宽度和深度与缢绳的性状、压力强度和悬吊时受压着力的时间长短有关。宽而浅的缢沟,一般由宽而软的束带(如围巾等)所形成,不一定有表皮剥脱,称为软缢沟。深而窄的缢沟常由细而硬的缢绳(如电线等)所形成,常发生表皮剥脱,称为硬缢沟。若局部与缢绳之间有衣物垫衬,则缢沟浅淡或不明显。前位缢型死者,其颈前部着力处的缢沟最深,而颈两侧较浅,越近绳结缢沟也逐渐变浅,甚至消失。其他侧位和后位

缢死者,以此类推。此外,缢沟的深浅度,与缢吊的时间长短呈正相关,即缢吊时间越长,其缢沟也越深。反之亦然。肥胖体重者的缢沟比瘦弱体轻者深。

④缢沟的颜色与皮损:缢沟的颜色与颈部皮肤受损的程度密切相关。若缢吊时间短暂,皮损较轻,则缢沟初呈苍白色,以后因皮损处渗出液蒸发而逐渐干燥,颜色也随之而变深。粗糙质硬的缢绳,可摩擦颈部皮肤而出现程度不同的表皮剥脱和出血,以后逐渐干燥,颜色变深而明显,呈浅褐色或暗褐色,宛如羊皮纸样(parchment)的外观,故名羊皮纸样变。缢沟的上缘和缢沟间隆起的皮肤处,可见暗红色细线样的充血,但其下缘则少见或不明显。缢颈者如被及时解救复苏,其缢沟充血明显,呈暗红色,伴有出血点。这是由于受压处发生贫血后导致充血之故。此外,局部皮肤因压迫而损伤,遂有出血点的出现。

⑤缢沟的印痕附着物:在缢沟的表面,有时可显示花纹样的印痕。这是缢绳表面花纹复制于缢沟上的印痕。检查时用侧光或放大镜仔细观察。不同质地的缢绳可复制出不同形的花纹印痕,勘验时,若缢绳不在现场,可借以追查缢绳。当缢绳在现场时,应验证是否与缢沟花纹样印痕相符合。若缢绳的线缝中夹杂有尘粒或色粒等异物时,缢沟中也可有相应的异物附着。

⑥缢沟缘有水泡形成:缢沟间的皮肤,受绳套的挤压,血液向上下两缘(或两侧)排挤,血浆渗透毛细血管而聚集在表皮下,形成许多水泡,状如粟米大小,含有淡黄色或血性液体。绳套解除后水泡自行消散。

(2)缢沟的组织学改变:缢沟处的皮肤因被缢绳擦伤,其角化层缺损,其他表皮各层细胞因压力而致密变薄,细胞紧密,并与表面平行排列。真皮层呈致密、贫血、嗜碱性,真皮乳头变平。缢沟间的皮肤,包括表皮和真皮,呈小嵴状突起,伴点状出血,可出现含有血浆成分和少量红细胞、中性粒细胞的水泡。缢沟边缘区的皮肤内和皮下组织也可见出血灶。弹力纤维染色,生前缢沟组织弹力纤维排列紊乱,因收缩而变得较为粗短,断端呈钝圆或团块状,有时呈螺旋状。死后所形成的缢沟,弹力纤维呈直线状,排列规则,或呈网状,其断端不见上述的变化。用苦味酸靛胭脂红染色法染色,生前缢沟皮肤染成黄绿色。正常皮肤组织的表皮层呈淡红色,真皮层结缔组织呈蓝色。用改良 Poley 酸性复红 - 甲基绿染色,受压皮肤的表皮及真皮结缔组织呈粉红色(阳性反应);正常皮肤呈绿色(阴性反应)。

缢沟皮肤的生物化学测定结果显示:生前缢沟皮肤的组织胺总量并不增高,但游离组织胺和 5 - 羟色胺的含量较正常者显著增高。死后缢沟皮肤两者的含量均不增高。

扫描电镜下,缢沟皮肤的主要形态改变有:①鳞状上皮排列紊乱、松懈、细胞翻卷、折叠和移位变形;②表皮局灶性剥脱,在压平(或压陷)的细胞间嵌有成群(或单个)剥脱的表皮细胞;③在表皮损伤处或裸露的真皮层有散在性或成团的红细胞,并有纤维蛋白和血小板残片附着其间;④表皮细胞剥脱处可见裸露的血管和纤维;⑤在表皮损伤或裸露的真皮表面可见毛发的倒伏、折裂、脱落。在这些形态改变中,以缢沟皮损处的表皮和真皮内附有纤维蛋白和血小板碎屑的红细胞团块,对诊断生前缢沟具有重要价值。

(3)缢沟深部组织的改变:颈部肌肉,如胸锁乳突肌、胸骨舌骨肌、甲状舌骨肌、肩胛舌骨肌等因缢绳的压迫,可出现压陷痕迹,也称内部缢沟。肌肉有局限性挫伤出血,还可见因挫压而出现的玻璃样变性。缢沟附近组织中的血管和神经周围可见出血。有时在胸锁乳突肌起始部可发现微小的出血点。缢沟深部的脂肪组织,因挫伤而呈乳化状,并可出现脂肪微粒。位于喉头上方的缢沟,从着力部位至舌根间的组织往往有出血。

(4)颈动脉损伤:颈总动脉在颈内和颈外动脉分支处下方的内膜,因缢绳的牵拉作用可发生1~2条横向断裂,并伴有内膜下出血。这些横断裂纹约占缢死者的5%。牵拉力较大时,颈动脉中膜也可破裂,动脉本身可见出血。颈动脉的这些改变,在老人缢吊尸体上较为多见。

(5)舌骨骨折:位于颈部喉结上方的缢绳,可将舌骨大角和甲状软骨舌骨角推压至颈椎前面而发生骨折,并有出血。舌骨大角骨折,可为单侧性,也可为双侧性。舌骨和甲状软骨同时骨折的以40岁以上的人居多。这是由于舌骨关节已硬化,甲状软骨骨化,骨质变脆之故。甲状软骨和环状软骨的骨折较为少见。

2.缢吊尸体的其他征象

(1)颜面部表现

①面色:缢死者颜面部的色泽取决于颈部动、静脉是否受压和其闭塞的程度。前位缢型的尸体,由于颈部动静脉全部受压而闭塞,颜面部血液量并不增加,所以面色苍白。侧位缢型尸体,因为一侧的颈动脉、颈静脉完全被压闭,而另一侧仅静脉受压,血液回流受阻,面部血量增多,所以面部肿胀,呈青紫色。此外眼结膜和表面皮肤,常有散在性的点状出血。眼结膜出血点的出现率,对非典型缢死者略大于典型缢死者,其概率相差8%~10%,数量也较多。

②口、鼻腔涕涎流注:缢吊时,缢绳的压迫可刺激颌下腺使之分泌增多。又因前位缢型时,头面部前倾,所以口涎常流注到胸前。同时鼻腔分泌也增多,有时涕涎流注现象在死后悬尸伪装自缢者也可出现。少数缢吊尸体还可见鼻腔流血,这是因为鼻中隔前下部位的黏膜下层,有很丰富的血管丛,当头部高度淤血时,该处血管容易破裂而引起出血。

③舌尖露出牙列外:舌尖是否露出牙列之外,与缢绳压迫颈部的位置有关。若缢绳压在喉结的上方,则舌抵牙而不伸出。如压迫在甲状软骨下方,此时舌根被推向上方的,而舌体被挤向前上方,舌尖因之而露出牙列之外达1~2cm。也称为舌尖挺出。舌尖上可出现牙齿的压痕。侧位缢死者,舌尖常斜向露出,并伸向着力侧的对侧颈部。

(2)体表及手足损伤:自缢死者的体表和手足很少有损伤。但在缢吊过程中,有时缢吊者可发生阵发性痉挛或缢绳的扭转而使身体摆动,与附近的硬物体相互碰撞而出现表皮剥离、皮下出血或表浅的挫裂创。同时应注意与他杀损伤的鉴别。

(3)尸斑及尸僵:由于血液下沉,悬吊缢死的尸体,在四肢的下垂部位,即手足、前臂和小腿等处可出现暗紫红的尸斑,还可发现散在性的出血点。在裤带压迫以上部位也可以出现围腰带状尸斑,但裤带压迫处呈苍白色。他杀后立即伪装自缢的尸体,尸斑分布与自缢者相类似。两足离地悬空缢死的尸体,其足尖下垂,尸僵发生后,足尖仍保持原来的下垂姿态。缢死者可有大小便流注或精液排出。

(4)内脏器官变化:因缢型不同,缢吊尸体的内脏改变也有差异。前位缢型死者的脑膜和脑组织贫血。侧位缢型的尸体,其脑膜和脑组织、垂体前叶均有不同程度的淤血,脑实质可有出血,心、肝、肺、肾及胃肠淤血水肿,浆膜下有淤点性出血。久悬者,因血液下沉,也在各器官低下部位有明显的血液坠积(尸斑)。

(四)缢绳的物证意义

缢吊者所用的绳索,具有重要的法医学物证意义。如前所述,缢绳性状有软、硬之别,绳套有固定和滑动之分,而其圈数则每案不同,绳结更是各式各样。因此在尸体检验时必须注意:

1.收集并保留现场的缢绳,拍照记录在案,留作物证。

2.检查现场缢绳的性状、绳套及其圈数等与颈部缢沟的性状、条数、印痕、提空等皮损互相对比,观察两者是否完全相符。若相符合,则此缆绳应为作案的工具。若不相符,则应进一步追寻缢绳。

3. 保留绳结。绳结常能反映作案人的职业性质和其日常生活中最熟悉、最习惯的结绳方法。在现场勘验取下颈项部的绳索时,不应解开绳结,最好在结扣的对侧或其侧面剪断绳索。在取下缢绳后,再用细线连接其两个断端。(详见图 5 – 7)。

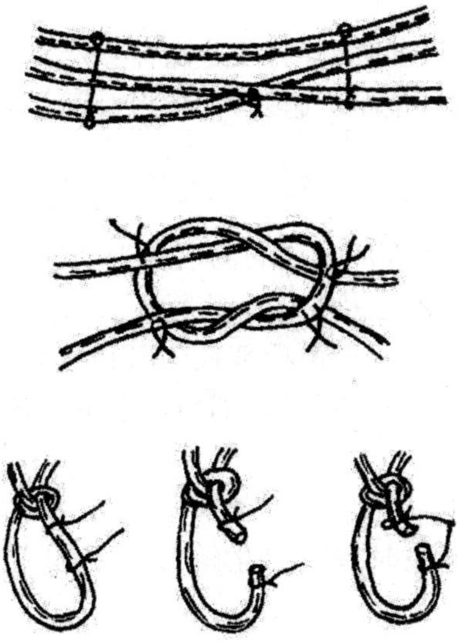

1　　2　　3

图 5 – 7　缢绳绳结的保留方法

4. 用放大镜检验缢绳纤维中的附着物(如粉类、油污、金属屑等)是否与缢沟上的相符合。

(五)缢死的法医学鉴定

缢死多为自杀,他杀者少见,意外性的多见于儿童。也有他杀后伪装自杀的案例。在检验尸体之前,应首先了解案情,再仔细勘验现场的情况,是紊乱还是平静,有无可疑的物品或遗书。其次注意尸体的体位、姿态、缢绳性质和其结扣的形式等,并详细记录、照相。在检验和解剖尸体时应详察:①有无窒息死亡的一般征象,以确定是否为窒息死亡;②颈项部缢沟的性状与现场缢绳的性状是否互相符合;③根据体位、缢沟、结扣以及有无抵抗和暴力痕迹等,鉴别是缢死还是勒死;④根据缢死者的体位、姿态、缢沟以及有无抵抗伤、碰撞伤或暴力痕迹等鉴别是自杀还是他杀;⑤详察缢沟皮损处有无生活反应,鉴别是缢死还是死后悬尸;⑥根据尸体现象等推断缢死者的死亡时间。

二、勒死

勒死(strangulation by ligature)是以绳索环绕颈项部,用自己的或他人的手或某种机械作用,使绳索勒紧而压迫颈项部导致的窒息死亡。勒颈时所用的绳索称为勒索。常见有麻绳、电线、布条、皮带、尼龙绳或尼龙袜、毛巾、围巾等,一般常用的是半硬半软的绳索。

(一)勒死的死亡机制和过程

1. 压迫呼吸道

勒颈时绳索的位置一般在甲状软骨或其以下,使气管受压,但因施加力量常较缢死为小,所以气管常常不能完全被压闭,故其窒息过程也随之而延长。

2. 压迫颈部血管

颈部静脉容易被压闭,但动脉不能完全压闭。特别是椎动脉在颈深部经过颈椎横突上升,更不容易压闭,故血液仍可流向大脑,加之被害人的抵抗挣扎,颈部受力不均匀而勒索时松时紧。所以勒颈死亡者的意识丧失较慢,窒息过程较长,死亡较迟缓。

3. 压迫颈部神经

当绳索置于喉头上方猛烈绞勒时,可刺激迷走神经及其分支喉上神经引起呼吸抑制,或刺激颈动脉窦引起反射性心跳停止而迅速死亡,或因血压下降引起休克致死。

(二)勒死尸体的征象

1. 颈项部改变

(1)勒沟的特征:勒索压迫颈部所形成的沟痕称为勒沟。勒沟是勒死的重要依据。勒沟能反映勒索的硬度,勒索表面的形态及其他一些特征。

①勒沟的位置和方向:勒沟可位于颈项部任何部位,但在喉头下方较为多见,常为闭锁形式。勒沟呈水平方向,完全环绕颈项部,宛如"O"字形。若在勒索与颈部之间有衬垫物,衬垫处勒沟可能不明显或间断。

②勒沟的数目:勒沟多为1~2圈,多圈者少见。勒沟的数目应与缠绕颈项部的绳圈数相一致。但也应注意到,由于缠绕时绳圈的互相重叠,因此勒沟的数目,有时也不一定能完全反映绳圈数目。

③勒沟的宽度和深度:勒沟的宽度与勒绳的粗细相适应。勒沟的深度比较一致,但绳结处较深,形成凹陷的压痕。如果勒绳之下尚有软质物体衬垫,则勒沟的深浅宽窄均不甚明显,或者间断而不连续。

④勒沟的颜色和出血点:勒沟的上下边缘可有散在性的点状出血。有时还可出现水泡。由于受害者的抵抗和挣扎,容易形成表皮剥脱和皮下出血,故其颜色较深,呈黄褐色或暗褐色的皮革样变。死后时间稍久,因尸体干燥,皮革样化更为明显。冷冻后再化冻的尸体,勒沟上下缘的点状及小片状出血也因溶血化开而更加明显。

⑤勒沟的印痕:绞勒时由于绳结压迫于颈项部,在局部常可发现相应的压痕。如用电线、铅丝等硬绳索拧紧而勒死者,常在拧结处的皮肤上留有拧扭的痕迹。勒沟表面上的花纹印痕,可以反映勒绳的花纹。

(2)勒沟深部组织的改变:勒沟的皮下组织及肌层常有出血,但肌肉断裂者较少见。甲状腺、扁桃体及舌根部均有明显的淤血和出血。颈总动脉内膜常无横向裂伤。

勒颈时因颈前部受到重力的绞压,甲状软骨和环状软骨常发生骨折和出血。如勒绳在颈项部高位(甲状软骨以上)时,舌骨大角可发生骨折和出血。当勒绳在颈项部低位(甲状软骨以下)时,可出现气管软骨的骨折。此外如用强烈暴力绞勒颈项部时,尚可发生颈椎棘突的骨折。

2. 勒死的其他征象

(1)颜面:由于绞勒时,颈静脉回流受阻,而颈动脉、椎动脉尚未完全闭塞,因此颜面部明显淤血。又因窒息过程较长,缺氧明显,故颜面青紫肿胀。眼结膜及勒沟以上的颈、面部的皮肤,常可出现散在性的点状出血。眼球突出明显。当绞勒绳索位于甲状软骨处或其下方时,其舌尖常露于牙列之外,有时舌尖会被咬破出血,舌尖表面常留有齿痕。口鼻部可有血性泡沫状涕涎流出。

(2)体表及手足损伤:由于受害者的抵抗、挣扎,被勒死者的体表和手足等部位常遗留伤痕,手中可有异物。

(3)尸斑:勒死者的尸斑分布,常因死者的体位和姿态而有所差异。

(4)内脏改变:勒死者脑膜淤血,脑组织淤血并有点状出血。肺气肿、肺水肿明显,可见出血灶。气管内常有血性泡沫状液体,可以涌出口腔和鼻孔。胸膜和心外膜出现散在性的出血点。内脏器官的其他窒息征象,均较缢死尸体的表现更为明显。

(三)勒死的法医学鉴定

勒死者多为他杀,自勒少见,偶见意外性勒死,如颈部披有头巾、围巾等而误被机器缠绕颈部而勒死。

1. 他勒

现场紊乱,常有搏斗遗迹。室外现场多于室内,并留有他人足迹,勒索很少留在现场。被害人身上常可发现抵抗伤或防卫伤等外伤,如表皮剥脱、皮下出血,甚至有较为严重的其他外伤。受害者的手中常抓有加害者的毛发、布片、纽扣等,指甲缝中可能嵌有加害者的血迹、皮肉等组织。因加害者唯恐受害者不死,常以勒绳紧紧地缠绕颈部很多圈后打成死结。因此,勒沟数目较多,勒沟深而明显,皮下组织出血严重,喉头软骨常骨折。

2. 自勒

尸体一般仰卧位,肘关节弯曲。颈部勒沟较少,因用力勒颈时,是先紧后松,所形成的勒沟也有深浅之分。勒绳结扣多位于颈前方,有时死者的手中尚握有绳索。自勒者有时在颈部垫以衬垫物,因此,可出现勒沟中断或深浅不一的现象,自勒者因其死亡过程较长,窒息的征象常比他勒明显。现场在室内多于室外,常有自杀的迹象或遗书,现场一般较为安静,室内物品陈列尚整齐,门窗却常紧闭。有时偶见个别人或精神异常者采用反常的方式进行自勒,须详查分析,慎重的作出推断和鉴定。

(四)缢死与勒死的鉴别(详见表5-1)。

表5-1 缢死与勒死的鉴别

项目	缢死	勒死
索沟位置	多在舌骨与甲状软骨之间	多在甲状软骨或其下方
索沟方向	着力处水平,两侧斜行向上提空	全颈项都呈环形水平状
索沟闭锁	多不闭锁,有中断现象	一般完全闭锁而不中断
索沟深度	着力部最深,两侧渐浅渐消失	深度均匀,结扣处有压痕
索沟出血	缢沟多不出血,上下缘和缢沟间隆起处有出血点	勒沟处多出血,故颜色较深
颈部软组织损伤	肌肉多无断裂或出血,颈部总动脉(分叉下部)内膜有横向裂伤	肌肉多有断裂和出血,颈总动脉无明显损伤
颈部骨折	舌骨大角、甲状软骨上角可有骨折	甲状软骨、环状软骨纵向骨折
颅脑淤血	脑组织、脑膜淤血不明显	脑组织、脑膜淤血明显伴出血
舌尖外露	舌尖多不外露	舌尖多露出
颜面征象	颜面苍白,眼结膜出血点不明显	颜面青紫、肿胀,眼睑常伴有出血点

(五)自勒与他勒的鉴别(表5-2)

表5-2 自勒与他勒的鉴别

项目	自勒	他勒
现场	多在室内,一般较整齐,无搏斗抵抗痕迹,常留有勒索	野外多于室内,较混乱,有搏斗痕迹,常见勒索
勒沟	较浅,表皮剥脱轻微,边缘整齐,出血较少,常为完整的环形	较深,表皮剥脱严重,边缘不整齐,出血较多,常为间断的环形
尸体姿态	常为仰卧,两臂屈曲,两手上举,绳端在握在手中	体位不定
损伤	无四肢的抵抗伤,骨折少见,勒沟下软组织出血轻微	常有抵抗伤,甲状软骨、舌骨骨折多,偶有胸肋骨折,勒沟下软组织出血轻
窒息征象	颜面窒息征象严重	颜面窒息征象较轻

三、扼死

扼死(manual strangulation)用单手或双手扼压颈部而引起的窒息死亡,又称掐死。有时也可用肘部、前臂或器械压迫颈部致死。扼死只见于他杀,自扼死亡几乎是不可能的,因为自己用手压迫颈部至呼吸困难期即意识丧失,此时四肢肌肉松软,不可能继续压迫,呼吸即恢复。

(一)扼死的死亡机制及过程

扼死的死亡机制与勒死相似,主要为窒息死亡。由于被害人的挣扎抵抗,颈部气管和血管不易完全被压闭,尤其椎动脉不能被阻塞,所以被害人窒息过程较长,意识丧失与死亡发生均较迟缓。喉上神经受压刺激可导致反射性呼吸停止。而颈动脉窦区受压可反射性引起血压下降发生休克。有时猛烈用手压迫颈部,可刺激神经和颈动脉窦而引起反射性的心跳、呼吸停止,这时则无明显的窒息过程。扼死过程的长短,取决于呼吸道被压闭塞的程度。有时也因扼颈时将舌骨、喉头或气管推向后上方,堵塞咽后壁而发生呼吸障碍致死。决定死亡速度的重要因素是扼颈力量的大小和扼颈的部位。

(二)扼死的形态学改变

1. 外表征象

(1)扼痕:扼压颈项部,可形成手指和指甲压痕,称为扼痕(throttling mark),是扼死尸体最重要的征象。扼痕为指腹所致的圆形或椭圆形的擦伤和挫伤及指甲所致的新月形或短线状的挫伤。扼痕一般多在喉头两侧。如单手扼压颈部时,则在一侧颈部皮肤上留有四个扼痕(与四指相适应),而对侧有一个扼痕(与拇指相适应)。如用双手扼压时,颈部两侧各有4~5个扼痕。经12~14小时后可形成明显的羊皮纸样变,呈褐红色。

(2)颜面:扼死者的颜面显示发绀而肿胀,呈青紫色。在较疏松的皮肤处及眼结膜和口腔黏膜出现散在的点状出血。舌尖有时微露于牙列之外,有咬伤。当颈部严重损伤时,口、鼻孔可有出血。若扼颈时伴有捂嘴还会造成被害人口唇周围软组织损伤、出血以及口腔黏膜的损伤。

(3)手足及体表损伤:受害者因挣扎抵抗,在其胸、背部和四肢,常可发现伤痕(图5-8)。有些扼死的案件,罪犯扼颈后或同时实施强奸,会造成被害人会阴部以及大腿内侧的损伤。还有些案例,罪犯在实施扼颈前已用其他暴力使被害人失去反抗能力,常见的有颅脑损伤及胸腹部的损伤。此外，在受害者的手中往往抓有加害人的毛发、衣片、纽扣等，指甲内抓有皮肤碎屑、血痕等。

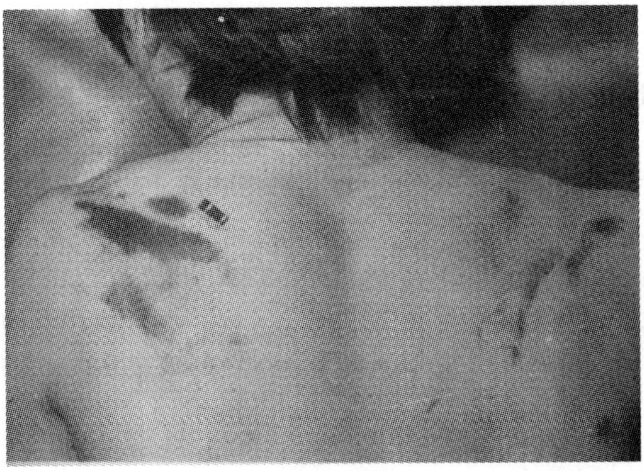

图 5-8　扼颈时在双侧肩胛部形成皮肤挫擦伤

2. 内部征象

（1）皮下及肌肉出血：手指和指甲扼压部位的皮肤有皮下出血。颈部的胸锁乳突肌、胸骨舌骨肌、肩胛舌骨肌等常有出血。有时合并甲状腺、唾液腺、喉头黏膜出血。有时也可见声门水肿，下颌舌骨肌、舌根部和舌下疏松组织内有出血。

（2）骨折：在扼死案例中，由于凶手扼颈时用力较大，甲状软骨、环状软骨往往发生骨折，甲状软骨骨折多发生在上角，尤以右上角为多，约占 50%。舌骨大角有时也见骨折，约占 35%。

（3）内脏变化：内脏器官淤血，脑膜和脑实质可见淤血、水肿及点状出血；肺有气肿、水肿并伴灶状出血；浆膜面有点状出血；口鼻孔可有血性泡沫状液体涌出。

（4）勒死与扼死的鉴别（表 5-3）。

表 5-3　勒死与扼死的鉴别

项目	勒死	扼死
颈部骨折	甲状软骨、环状软骨纵向骨折	甲状软骨上角骨折、舌骨大角骨折
颈部痕迹	勒痕	扼痕
死亡性质	他杀多见，偶有自杀及意外勒死	他杀，自杀几乎不可能
死亡机制	因呼吸道受压、颈部血管、神经受压综合因素致死	主要因呼吸道闭塞发生呼吸障碍致死
窒息征象	一般较为明显	明显

（三）扼死的法医学鉴定

扼死均为他杀，现场多见搏斗痕迹，被害人的尸体呈特殊姿态，手足和头面部常有暴力伤或抵抗伤，衣着散乱破碎。被害人如系醉酒、沉睡或昏迷中被扼死，常无抵抗伤痕。如系女性尸体，应注意有无被强奸征象。详细检查现场留有的指纹、足印、血迹和死者手中抓取的物证。但罪犯作案后常对尸体和现场进行伪装，会给鉴定工作带来一定的困难。因此，尸体检查尽早进行,应注意对尸体的原始状况以及全身状况,尤其是对颈部的检查特别要仔细。

第三节　压迫胸腹部所致的窒息

压迫胸腹部所致的窒息又称挤压性窒息死,是指胸部或胸腹部受到强烈挤压,严重妨碍胸廓和膈肌的呼吸运动所致的窒息死亡。这类窒息多发生于灾害或意外事故,如房屋倒塌、矿井塌陷、车辆翻覆、坑道坍塌、雪崩以及人群挤压时的胸腹受压,也见于熟睡中母亲手臂或小腿压在婴儿胸腹部。挤压死并不都是窒息死。头部挤压可致严重的颅脑损伤死亡;挤压胸腹部可引起主要脏器、器官损伤(如肺、心、肝、脾等)的破裂死亡。胸腹部受压引起窒息致死只是死亡的原因之一。

一、死亡机制和过程

重物压在胸腹部可妨碍胸式或腹式呼吸运动。一般成人胸腹受到40~50kg,健壮者受到80~100kg的压力时,即可窒息死亡。一侧胸廓受压经30~50分钟后也可引起窒息死亡。若为儿童、婴儿仅需成人的手或前臂搁置在胸部,即可引起窒息而死亡。胸腹部同时受压比单纯胸廓受压更易引起窒息。

二、尸体征象

(一)外表征象

可因死者的身体大小、胖瘦、强弱、年龄以及产生外力压迫物体的硬软、轻重和作用方式的不同而有不同的压痕和窒息征象。如被褥、厚重衣服、棉絮等柔软物体裹压婴儿而致死者,体表可无明显的压痕,但窒息征象明显。颜面和颈部淤血、发绀,肿胀、皮下和结膜下有出血点。如硬而重的物体压迫胸腹部时,可发生表皮剥离,皮下和肌层出血,甚至出现挫裂伤和重物压陷痕迹。

(二)内部征象

表现为一般的窒息变化。重物压迫时,常有肋骨、胸骨骨折,心、肺、肝、肾、脾等器官的破裂,脑膜和脑组织有显著的淤血或出血现象。如死亡过程较慢,则发生肺水肿,心、肺表面可见有点状出血。

三、法医学鉴定

挤压死的法医学鉴定要确定是否为挤压死,并确定是灾害意外死亡还是他杀。鉴定挤压死需注意身体各部位所受的损伤是否符合挤压伤的病理形态特征;现场状况,如建筑物的倒塌、塌方、翻车与挤压损伤形成特点是否一致。

在鉴别灾害性挤压死与他杀时应注意:损伤特征与挤压伤是否相一致;死者有无抵抗伤;有无明显的窒息征象;有无伪装现象;生前伤与死后损伤的鉴别等。

第四节 堵塞呼吸道所致的窒息死

一、捂死

捂死(smothering)是以柔软物体同时压迫、堵塞口腔和鼻孔,妨碍呼吸运动,影响气体交换,导致意识迅速丧失而发生的窒息死亡。

(一)捂死的方式

1. 用手压捂口、鼻孔。

2. 用毛巾、衣被等软质的物体压捂口、鼻孔。

3. 面朝下,将口鼻压在被褥、泥土等较软的物体上。

4. 用塑料袋套住头颈部等。

(二)捂死的死亡机制

捂死主要是因为口、鼻孔道被压闭后,阻断了气体交换。捂死是典型的缺氧窒息死,其机制比较单一,因而比缢死、勒死、扼死的致死过程相对较长。

(三)捂死的形态学改变

1. 口、鼻部的改变

用手掌强行捂压被害人的口、鼻部,常在受压部位出现皮肤的擦伤、出血、指甲抓痕及轻度口鼻歪斜或压扁迹象。口唇、口腔黏膜、牙龈处可有挫伤出血,严重者牙齿可松动或脱落。用较柔软的物体捂压时,被害人的面部常不遗留任何痕迹。有时可能在口腔内及鼻孔周围粘有较多的泥土或沙粒。

2. 捂死的窒息征象

死者颜面部及四肢皮肤青紫(发绀)。眼球结膜及口腔黏膜有散在针尖大小的出血点。分离口、鼻部的皮肤,有时可发现手掌压迫形成的片状或椭圆形皮下出血。口、鼻部肌肉如咬肌内可见出血。全身静脉及毛细血管扩张、淤血、实质性器官内出血,肺组织可见散在灶性出血,脑组织淤血水肿,心包脏层、肺膜点状出血等。

(四)捂死的法医学鉴定

捂死的鉴定重点是在尸体上查出捂死的确凿证据,如口、鼻部的捂压痕,口、鼻歪斜和塌陷,以及口、鼻部粘有软性物体的碎片及纤维等。还需排除哽死、一氧化碳中毒以及其他缺氧导致的窒息。捂死以他杀多见。多发生于无抵抗能力的婴幼儿或年迈老人,以及醉酒、昏迷、沉睡或无力抵抗(如手足被捆绑、病倒在床)者。对健康成人则难达到杀害的目的。灾害或意外事故者次之。如婴儿面部伏在柔软枕头、被褥上、母亲喂乳熟睡时乳房紧贴婴儿口鼻腔、幼儿玩耍时将塑料薄膜或塑料袋罩在头面部等。同时用以自杀者较为罕见。

二、哽死

哽死(choking)是由于异物堵塞呼吸道,妨碍气体交换,而引起的缺氧性窒息死亡,也称噎死。

(一)哽死的方式

1. 婴幼儿喂奶时,因哭闹、说话、将乳汁吸入呼吸道内,或儿童将花生米、纽扣、玻璃球、硬币放在口中,不慎吸入呼吸道。

2. 颅脑严重外伤昏迷或麻醉的患者,将胃内呕吐物吸入呼吸道,或胃出血、肺大咯血的患者将血液、血凝块吸入呼吸道。

3. 犯罪嫌疑人用一些软性物体如纱团、布团、泥团、纸团等，强行塞入被害人的咽喉，导致被害人呼吸道堵塞致死等。

（二）哽死的死亡机制

哽死的死亡机制主要是由于异物完全堵塞或部分堵塞呼吸道，使气体交换受阻，造成人体急剧的缺氧、窒息而死亡。呼吸道堵塞致死的其他因素还包括堵塞物刺激喉头、气管、支气管黏膜，使喉头水肿，气管、支气管反射性痉挛致使呼吸障碍，加速窒息死亡的进程，以及堵塞物刺激喉上神经导致反射性心搏骤停而致死。

（三）哽死的形态学改变

尸检时应注意呼吸道内是否有异物及其存在的部位。在咽喉、气管、支气管，甚至细支气管以至肺泡内可检出异物，有时肉眼难以发现，需要借助镜检才能发现。

（四）哽死的法医学鉴定

哽死的法医学鉴定主要是依据在呼吸道内发现异物。生前的吸入，异物可达细支气管；濒死期吸入，异物仅在气管或大支气管。哽死的鉴定结论的得出要结合具体案情、尸体征象，经过详尽的分析，排除其他死因。

第五节　溺死

溺死（drowning）是由于大量液体吸入呼吸道所引起的窒息死亡，俗称淹死。吸入的液体多为河水、江水、井水、塘水、湖水，少数为酒、油、尿、羊水、血液等。通常所谓的溺死，是以全身浸没在液体内为主要条件，其实只需头部甚至仅口鼻孔淹没在液体内即能溺死。如酒醉或癫痫发作者跌倒后不能转动身体，仅其口鼻孔同时浸在水潭、水盆内，也能致死。

一、死亡机制和过程

（一）溺死的过程

水中溺死的过程类似机械性窒息过程。溺死过程所经过的时间，大约 6 分钟，但由于死者生前身体状况、精神状态、年龄、水性、水温、溺液的性质等因素的不同，溺死的过程长短不一。

（二）溺死的机制

1. 窒息

溺液进入呼吸道和肺脏后，影响气体交换，导致体内缺氧和二氧化碳潴留，而发生窒息死亡，这是典型的溺死；由于冷水刺激，声门痉挛引起呼吸道闭塞而发生窒息死亡，属非典型溺死。

2. 心力衰竭和呼吸衰竭

淡水因盐分低，吸入的溺液迅速进入血液循环中，血液容量急剧增加，导致红细胞溶解，释放出大量钾，可引起心力衰竭；海水因其盐分较高，体液从血液循环渗入肺泡引起严重肺水肿，血液浓缩而致呼吸衰竭。此两种情况的病理、生理基础都是缺氧和酸中毒。

3. 心脏骤停和原发性休克

由于冷水刺激，迷走神经被抑制，反射性引起心脏骤停和原发性休克，也属非典型溺死。

4. 其他因素

极少数溺水者被抢救复苏后经过一段时间而死亡，称为迟发性溺死(delayed drowning)，死亡原因多为继发性肺水肿、支气管肺炎或肺脓肿等。

二、尸体征象

溺死者都是窒息死亡，故均呈现一般窒息征象，诸如血液不凝固，眼结膜和浆膜、黏膜出现出血点，静脉淤血怒张等。除此之外，尚有溺死的特有征象。

(一)外表征象

1. 尸斑浅淡

尸体在水中常随水流漂浮翻滚，体位多不固定，皮肤血管遇冷水刺激而收缩，因此尸斑出现缓慢且不明显。由于水温较低，血液内的氧合血红蛋白不易分解，再者尸斑部位的皮肤血管扩张，水中氧气渗入血管，形成氧合血红蛋白。所以溺死者的尸斑浅淡，有时呈淡红色，尸斑部位以外的皮肤为苍白色。

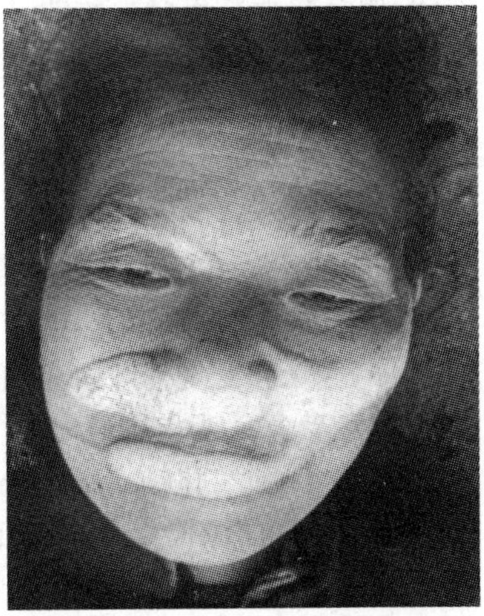

图5-9　溺死者口鼻部蕈形泡沫

2. 口鼻部泡沫

在溺死过程中，冷水溺液刺激气管黏膜，使之黏液分泌大量增多。由于剧烈的呼吸运动，使黏液、空气及溺液互相混合搅拌，进而形成细小均匀的白色泡沫。这些泡沫因富有黏液，故极为稳定，不易破灭。随后逐渐涌出附着在口鼻孔和其周围，宛如白色棉花团堵塞呼吸道孔。也称蕈形泡沫(图5-9)。尸体虽在水中浸泡，此类泡沫不易消失。夏季可保持1~2天，春、秋季可保持2~3天，冬季3~5天，抹去后还可再次形成。如混有血液时，泡沫可染成浅红色。蕈形泡沫是生前形成的，是一种生活反应，对确认是否为溺死具有一定的意义。

3. 鸡皮样皮肤

皮肤受冷水刺激，立毛肌收缩，毛囊隆起，毛根竖立，故皮肤呈鸡皮状。以两臂外侧和两股外侧处较为明显。死后不久抛入水中的尸体也可见到此种征象。

4. 手中抓有异物

手中常抓有水草、树枝、泥沙或其他物品。指甲内嵌有泥沙，系落水后拼命挣扎及尸体痉挛所形成，是确认溺死的指征之一。

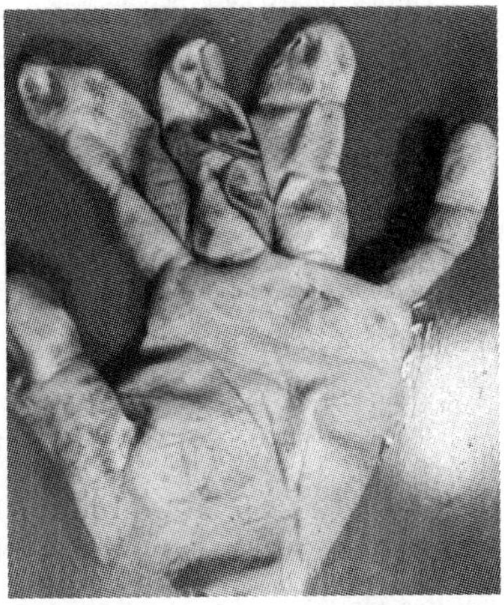

图5-10　溺死者手足部皮肤套状脱落

5. 皮肤膨胀、皱缩、脱落

尸体在水中长期浸泡后，皮肤的表皮部即逐渐发白、肿胀、皱缩。这类变化，以手、足部皮肤尤为显著，在水中浸泡一定时间后，手、足部的皮肤脱落，宛如手套和袜子样(图5-10)。皮肤的这些变化并非溺死者特有的征象，任何尸体较长时间地浸泡在水中也可出现。

6. 尸体的浮沉和腐败

人体的比重，在呼气后为1.057，比淡水稍重，吸气后为0.967，比淡水稍轻。当吸入溺液后，比重超过水，故沉入水底。发生腐败产生气体后，比重减小，尸体浮于水面，俗称浮尸。浮尸一般高度膨大，呈巨人观。此外，因男女骨盆的形状大小、全身重心等略有不同，男子全身重心偏向前方，故浮尸多呈俯卧状态；女子全身重心偏向后方，故浮尸多呈仰卧状态。但身上系有重物者，则属例外。

7. 其他变化

溺水时因受冷水刺激，皮肤和肌肉容易收缩。如男性阴囊、阴茎皱缩，阴茎也可因血液流注而勃起。女性阴唇和乳房因肌肉收缩而形成皱折或僵硬。尸体温度较低。口唇、指端发绀，眼结膜点状出血。此外，尸体在水中漂流时，头部与水中硬物可能相撞，头皮、皮肤、头发和肌肉往往脱落而露出颅骨。尸体表面还可能留有生前、濒死期或其他因素所致的损伤痕迹，应注意鉴别。

（二）内部征象

溺死的诊断，仅依靠外表征象尚不易判明，必须根据内部征象才能证明。其中最重要的是肺组织的溺液和发现其中的异物。

1. 上呼吸道和肺部所见

（1）气管和支气管腔内充满与口鼻孔相同的白色或血性泡沫液，可发现吸入的异物如泥沙与水草等。

（2）水性肺气肿（aqueous emphysema）是确定溺死的重要证据之一，表现为两肺体积膨大，充满胸腔，前缘覆盖心脏，表面有肋骨压痕，边缘钝圆，触之有揉面感，指压形成凹陷。肺重量增加，约为正常肺的两倍。切开肺时，流出大量泡沫状液体，可带血色。在溺死尸体中约80%个体呈水性肺气肿改变，以青壮年溺死者较为明显。水性肺气肿是因溺水者剧烈呼吸使溺液、黏液、空气三者在气道内混合而成泡沫，又因吸气力量大于呼气力量，泡沫状溺液被吸入肺泡而不易呼出而形成。水性肺气肿是一种生活反应，是生前溺死的主要征象之一。

（3）溺死斑

两肺表面湿润，光泽感强，颜色较淡，呈浅灰色，其中夹杂有淡红色出血斑块。此出血斑是肺泡壁破裂出血并溶血形成的，也称作帕氏斑（Paltauf 斑），多见于肺叶之间及肺下叶。

2. 心血管的改变

静脉一般淤血怒张，右心淤血，为暗红色不凝固的血液。肺由于溺液充盈而循环受阻，故右心淤血比一般淤血更为明显。左心淤血程度不一，在淡水中溺死者，左心腔的血液成分比右心稀释，其血黏度、比重、血红蛋白量、红细胞数比右心低；在海水中溺死者则相反。淡水溺死造成的溶血，可使心内膜和主动脉内膜红染。

3. 消化道溺液及异物

溺液被吸入肺脏的同时，也可吞咽入胃，再转入小肠。死后被抛尸入水者，若水压较大时，可有少量溺液进入胃和直肠内，但不能进入小肠。如果小肠内没有溺液，说明死者可能不是溺死或者溺死发生得非常迅速。胃肠溺液应与现场液体分别进行化验从而判断是否为同一液体。

4. 器官中有浮游生物

浮游生物为水中的小生物（硅藻、水藻及其他单细胞或多细胞生物）。溺死者吸入肺内的溺液经肺循环转入左心，再随体循环而分布全身。因此，在心、肝、肾、脾、骨髓、牙齿等均能发现溺液中的浮游生物。在内脏器官查见硅藻,对鉴定溺死有重要价值。

5. 颞骨锥体出血

溺死者约有 2/3 尸体可见到颞骨岩部有出血,乳突小房内充满红细胞。出血原因主要是由于溺液从外耳道或咽鼓管进入,锥体受压而发生,也可由溺死过程中窒息缺氧所引起。

6. 肌肉出血

溺水过程中,因发生剧烈挣扎和惊厥,可致呼吸辅助肌出血,如胸锁乳突肌、斜角肌、胸大肌、背阔肌的肌束间有点状、条状或片状出血,多为双侧性。肌肉出血约占溺死的 10%。有时口腔底也可发生出血,应与扼颈所造成的损伤相区别。

7. 颅脑、颜面部淤血

溺死在水中的尸体,因头部较重下沉,体内血液向头部坠积,引起颜面部肿胀、发绀。脑膜及脑组织瘀血明显。神经细胞出现缺氧性改变。

8. 器官内溺液外渗

溺死尸体发生自溶或腐败时,进入内脏的溺液因水分下坠而逐渐外渗。如肺内溺液渗入胸腔,胃肠内的液体可进入腹腔。尸体捞出水面后,体内溺液即又渗出体外。

三、溺死的实验室检验

(一)硅藻的检验

在法医检案实践中,时常会遇到溺死案件的硅藻检验鉴定。因此,在鉴别生前入水还是死后抛尸入水的鉴定中,特别是水中腐败尸体的死因鉴定中,依赖硅藻的实验室检验有时就显得尤为重要。

硅藻(diatom)亦称矽藻,多数是水域中生存的浮游单细胞生物,少数为群体或丝状物。就溺死尸体进行硅藻的检验大约始于 19 世纪末,那时所用的方法就是用肺切面印记或取其刮下物进行显微镜检查,也可用肺的火棉胶切片进行检查。自 1904 年以来,Revenstorf 在诊断溺死上有了重大进展,他首次证实了水中的各种浮游生物可深入至肺边缘区,从肺切面上挤出液体,直接放置在显微镜下就可以检查出这些生物。之后,许多法医学工作者在溺死者尸体上证实,硅藻可随水吸入肺内,并通过大循环到全身各内脏器官中。因此,可通过检查肺及其他内脏器官中的硅藻来确定是否生前溺死。但有些学者的实验发现溺死者体内不能检出硅藻,反之,也有长期生活在富含硅藻灰尘的非溺死者,可通过生前空气吸入,内脏器官也可检出硅藻,且其内脏器官硅藻可存留数年之久后仍可检出阳性。况且,目前检出硅藻的方法难以避免污染,因此,部分学者对硅藻在诊断是否生前溺死上的意义持怀疑态度。尽管如此,目前欧美、日本及我国学者仍主张通过内脏多器官内硅藻的定性、定量检查判断是否生前溺死以及溺死的地点。

1. 硅藻的形态和结构

硅藻种类繁多,大约有 15,000 余种。但其共同特征是细胞壁由无结晶的不易破坏的含水硅酸盐($SiO_2 \cdot H_2O$)构成(也有报告由二矽酸钠构成 $Na_2Si_2O_5$ 构成)。其壁的强弱,可因含硅量的多少而异。细胞壁含硅多者可占细胞体重 50%,少者仅占 4%。硅藻细胞宛如细菌培养皿一样,由上下两个半壳套叠而成,上下两面称壳面,上下两个半壳侧面相互套合的部分称壳环。根据壳面上花纹的排列可分为中心目和羽文目,各目下又分为许多种。硅藻广泛分布在淡水、海水或陆地湿润的地方,海水中以中心目为多,淡水中或陆地上以羽纹目为多见。春秋两季硅藻大量繁殖。壳面上有辐射状对称花纹的硅藻为中心目硅藻,花纹左右对称的为羽纹目硅藻。中心目硅藻呈圆形，少数呈三角形、多边形、椭圆形、卵圆形等（图5-11），羽纹目则一般呈线形、舟形、新月形、S形、棒形等（图5-12），硅藻细胞壁因为抵抗力强而不易被破坏，硅质含量高者，即使用浓硫酸、浓硝酸煮沸甚至高温灼烧也不被破坏。由于硅藻有此特异性，因此在尸体高度腐败时也能保持其原形，有利于溺死的诊断。

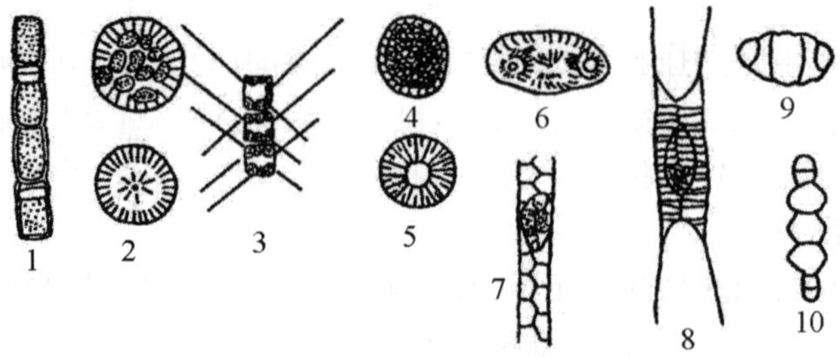

图5-11　圆心硅藻目模式图

1~6 圆筛藻　7 根管藻　8~10 盆形藻

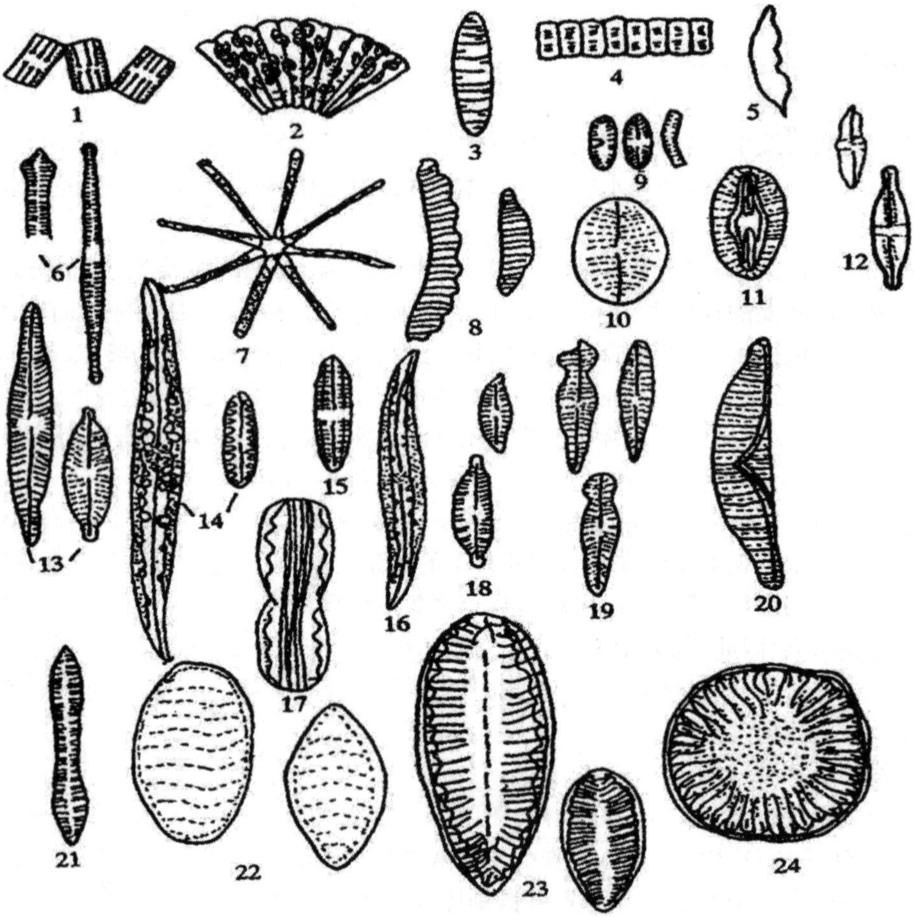

图5-12　羽纹硅藻目模式图

壳体多为线形、舟形、披针形、棒形左右对称，羽纹状细胞，双极，有脊

1~7 无壳缝藻　8 拟壳缝藻　9~10 单壳缝藻　11~24 双壳缝藻

2. 检材的采取

在自然界硅藻分布广泛，淡水、海水、空气及食物中普遍存在。因此，在硅藻检验过程中必须严防污染，否则会出现假阳性而导致错误的结论，取材所用的器械和试剂等均应无硅藻污染。尸体解剖取材时应先腹腔后胸腔，其原因是防止肺源性污染造成其他器官污染。切开腹壁后用血管钳提起皮肤，换用干净的刀剪进入腹腔，取出心、肾及完整的长骨送至实验室后再剥离包膜，取出组织。取牙齿以完整的上中切牙或磨牙为佳。原则上提取每一组织器官检材时均应换用干净的器械，切记在提取检材时一旦污染就无法洗净。取出的组织应立即放入干净的广口瓶或新塑料袋内，不加任何固定剂。按常规瓶外应贴上标签，写明死者的姓名、性别、年龄、检材名称，发现尸体的时间、地点等。未知名尸体的组织应予以编号，并注明发现尸体的时间和地点。

3. 检验方法

硅藻检测方法很多，不同组织根据不同需要采用不同的方法。现介绍常用的几种方法：

(1)化学消化法：称检材20g切碎后放至烧杯内，在通风橱内加入热的分析纯硝酸(发烟硝酸效果更佳)，待组织完全液化，至检材溶液清亮、冷却后离心沉淀。用双蒸馏水稀释沉淀物，以防止酸腐蚀微孔滤膜。用滤膜过滤沉淀物并干燥后，透明、封固、镜检并在显微镜下计数。此法是最常用的定量方法，并常用于检查耐酸硅藻及定量。

M. Funayama等于1987年报告了一种测定血中硅藻的改良方法。穿刺提取溺死者左心血标本，加十二烷磺酸钠使之溶血，用直径47mm、孔径5um的硅酸纤维膜过滤。当遇到腐败血液时，因容易阻塞滤膜孔需要更换2～3块滤膜，这些滤膜用发烟硝酸消化，加双蒸馏水稀释，再用25mm的滤膜过滤，将滤膜浸在油中，可在显微镜下见到硅藻。

(2)浸渍法：取2～3cm见方的组织数块，置于100ml蒸馏水中浸渍数小时或过夜；或用硝酸钠处理浸渍液，置37℃培养箱中24小时，然后离心沉淀。取残渣滴在载玻片上封固、镜检，用方格测微器作定量计数。此法虽简单易行，但硅藻检出率不高。

(3)硅胶梯度离心法：取肺组织或其他器官组织块50g左右，分别用匀浆机匀浆后离心机离心(3000转/分)，组织细胞碎片将被悬浮在硅胶液体的上面(低密度带)，硅藻沉淀在离心管的底部(高密度带)。此种方法避免了强酸的消化，可使溺死者组织中的浮游生物完整的分离出来，提高诊断率。K. Teragawa和T. Takator在1980年将此方法应用到Hokkaado海滨发现一位妇女溺死案例的鉴定中，从尸体外表检验及解剖看显然是溺死，用强酸消化法处理肺组织20g，没有找到硅藻，但用硅胶梯度离心法，用5g肺组织匀浆、离心，在沉淀物中找到了硅藻碎片。

(4)焚灼法：将20g检材置于3.0cm×5.0cm大小的石英坩埚上，在通风橱内逐渐加热至灰化为止。用数滴硝酸溶解，加入蒸馏水，过滤后镜检。

各器官组织中硅藻含量分布依次为：肺、肝、脾、骨髓。蒋培祖报道的各器官硅藻检出率为：肺100%、肝100%、心血50%、肾32.5%、心27%、脾14.3%、骨髓14.3%～20.8%。

(5)酶消化法：硅藻除具有前面提及的细胞结构不同外，其最外层的壳壁化学成分也不同，通常有两种，即无机硅藻其壳壁含硅藻盐成分较多，使用浓酸或高温处理也不太会被破坏；有机硅藻其壳壁含硅藻盐成分较少，即使在稀酸中也可被溶解。目前国内大多采用传统的强酸消化法仅能检出无机硅藻，而使大量的有机硅藻被破坏。事实上，在法医实践中，理想的硅藻检验方法应该是：操作简单、安全；所需设备和试剂经济、便宜；硅藻检出率高、消化时间短。鉴于此，目前国内有些学者在推广使用酶消化法。有学者曾做过研究：用四种蛋白酶(胰蛋白酶、糜蛋白酶、胃蛋白酶、蛋白酶K)检验器官内的硅藻,以胰蛋白酶的消化能力和检出率较优,且操作简单、使用方便、经济实用、安全可靠,适合基层实际办案中使用。胰蛋白酶消化法检验硅藻的步骤是:①对送检的每个器官用双蒸水反复冲洗后取10g组织剪碎(如是送检的骨骼,锯去骨的两端,用小勺刮取骨髓);②将上述组织分别置入不同的洁净试管中,加0.01mol/L Tris-HCL缓冲液20ml;③分别在不同的试管中加入胰蛋白酶0.4g,使其浓度为20mg/ml;④置50℃恒温箱内6h后,观察其液体近透明,离心后,弃去上清液沉渣涂片镜检。此方法的优点为:①胰蛋白酶消化法的硅藻检出率均大于强酸消化法;②操作简单安全,所需设备少,对人体和环境造成的危害较小。

4. 硅藻检出结果的评价

硅藻检验技术简单易行,稳定可靠,只要没有污染,加之准确的硅藻计数,在大多数情况下可以鉴定溺死。如遇肢解和腐败尸体,也可取骨髓作硅藻检验。

(1)阳性结果的评价:目前在利用硅藻检验结果鉴定生前溺死中所持的原则是:凡是肺组织(一般取肺膜下肺组织)检出硅藻为阳性,肝、肾、牙齿和骨髓等器官也有硅藻,且硅藻种类与实地水样一致,即可诊断为溺死。Shikata和Nagano在1983年强调,如能在各器官检出硅藻就可作为溺死的确实诊断依据。国内有些学者指出,在肺、心、肝、肾、骨髓和牙齿等同时发现浮游生物—硅藻,才具有诊断生前溺死的价值。特别是高度腐败的尸体,各种尸表征象已不存在,内脏器官也腐烂如泥,这时如在骨髓和牙齿中检出硅藻,是鉴别生前溺死与死后抛尸入水的最好方法。另外,单独肺内检出少量硅藻,不能证明为溺死,原因是空气中也有硅藻。硅藻阳性检出的注意点:①在硅藻检验的全过程中没有外界污染。②生前没有因灌胃或误吸而将硅藻吸入肺内。

(2)阴性结果的评价:内脏器官没有检测到硅藻为非溺死,但有时还多见于死后抛尸入水或水中休克死或溺液中并无硅藻的存在等。硅藻阴性检出的注意点:①检验操作准确无误,检材量足够,操作过程没有过多的破坏和消耗;②现场水样中硅藻密度大,数量不少,不可能吸入了此溺液而硅藻检测不出来,如有这种情况发生要检查是否实验操作有误;③在排除溺死时,要结合现场勘查、尸体解剖、毒物化验后再定性。

综上所述,硅藻与溺死之间的关系,即在诊断生前溺死时一定要多器官检出硅藻;反之,如在水中尸体的器官中找不出硅藻,也不能确定不是溺死。因此在根据硅藻检验结果来判断是否溺死时,必须慎重。

(二)叶绿素a的检验

硅藻、甲藻、绿藻等藻类中都含有大量的叶绿素a,叶绿素a是强荧光物质,这种色素在荧光显微镜下可产生淡红色的荧光。含有这种色素的浮游生物作为红色荧光而被认出。故日本冈田健夫在1983年指出,检查出肺中的叶绿素a就可鉴定溺死。国内也有一些实验报告,他们认为在溺死者脏器中含有叶绿素a的浮游生物,经紫外线激发后,可以在肺内清晰的观察到这种红色的颗粒。1986年国内学者在实验中验证了这种说法,即5只溺死家兔肺中检出鲜红色荧光浮游生物,另一只死亡家兔未检出同样形态的浮游生物。1990年国内学者通过实验结果发现,26只溺死家兔及一例溺死的人肺内叶绿素a呈阳性,而死后入水家兔、陆地死亡的人肺中叶绿素a绝大多数为阴性,仅2例死后入水家兔肺内叶绿素a呈阳性,但含量明显低于溺死组。因此,他们认为,叶绿素a检测法对诊断溺死具有快速方便、选择性强、灵敏度高及检材需要量少等优点。

（三）花粉（pollen）的检验

1994 年国内学者将家兔浸入池塘水中溺死，然后取其肺、肝、肾三种器官，经醋酸酐破机，反复洗涤去酸，将沉淀液置于载玻片上镜检有无花粉。结果显示：肺的检出率为 100%，定量结果为每克肺组织约 500 粒花粉，肝检出率为 50%，肾为 33%，死后入水的家兔内脏器官内未检出花粉。实验还发现花粉具有抗腐败的优点。

（四）血液化学的检验

随着生物化学的进展及其在法医病理学上的应用，解决了许多溺死鉴定中实验室检查的难题，提高了溺死诊断的能力。

1. 左、右心血氯离子浓度的测定

Gettler（1921 年）用微量化学分析法测定左、右心房血液中氯离子浓度诊断溺死，认为凡淡水溺死者左心腔氯离子浓度较右心低 17.0mmol/L 以上；海水溺死者相反，左心腔氯离子浓度较右心多 17.0mmol/L 以上；抛尸入水者左、右心血氯离子浓度相等。但他的实验样本数量不大，20 世纪 70 年代许多学者认为必须在死后短时间内检测才有意义，有的学者认为溺死多数不可能在死后迅速检测，故此法无实际意义。

2. 心血和脑脊液中渗透压和钾、钠离子的测定

1976 年 Rammer 等研究了左、右心血清、脑脊液和玻璃体液的渗透压和钾、钠离子的浓度。他们认为淡水中溺死时左心血的渗透压比脑脊液低；同时，左心血的钾、钠离子的浓度也比脑脊液中的浓度低。

3. 心房尿钠肽（atrial natriuretic peptide，ANP）测定

1990 年 Lorente 等提出将心房尿钠肽作为溺死诊断的新指标。ANP 于 1981 年首先被 Bold 等发现，是由心脏产生及分泌的一种激素，由 28 个氨基酸组成，是一种与血容量和电解质平衡有关的激素。当血容量增加、心房过度舒张时，由心房合成。Bold 等比较了淡水和海水中溺死实验动物血浆 ANP 含量，以非溺死者作为对照，结果发现：对照组血浆 ANP 基础浓度为 79pg/ml；淡水溺死组血浆 ANP 浓度为 358 pg/ml；海水溺死组血浆 ANP 浓度为 190pg/ml，三者有显著差异（$P<0.001$）。同时，淡水溺死组 ANP 浓度与海水溺死组 ANP 浓度也有显著差异（$P<0.001$），证明 ANP 具有诊断溺死的能力，可区分淡水和海水溺死。

4. 其他

①近年来国内学者通过动物实验研究发现，在含氟离子（fluorine）浓度高的水域内溺死的动物，其血液中氟离子含量比实验前明显升高（可高出生前 5 倍左右），而抛尸入水动物血液中氟离子含量不但不升高，反而有所下降，以此可作为高氟区水域溺死诊断方法之一；②1985 年Abdallah 提出测定左、右心血锶（strontium）含量可以诊断溺死和鉴别淡水或海水溺死。1991 年国内学者提出测定肺锶含量可以诊断溺死；③若江河等水域被工业废物中某些化合物污染，在溺死过程中这些化合物可进入身体，检测尸体组织中这些化合物将有助于溺死的诊断和落水地点的推定。

总之，近几十年来许多学者先后用比较左、右心血中镁离子、钾离子、钠离子、血液导电度、比重、血红蛋白含量等方法来诊断溺死。对死亡历时较久，高度腐败的尸体，由于死后血液的扩散作用以及腐败气体引起死后循环，左、右心血的任何差异已无实际意义，化学检验受到较多的条件限制，因此，检查硅藻诊断溺死较为可靠。

四、水中尸体死亡时间的推断

落水死亡时间主要是根据尸体现象的发展程度和尸体解剖所见来推测。这与水的温度、水的深度和尸体在水中的深浅位置等因素有关。对于新鲜尸体,从胃中食物和消化状态可推测饭后大约多少时间入水。溺水尸体若沉于40m深度的水底,因其水温常年维持4℃左右,不易腐败,故难推测落水时间。因我国幅员广大,南北的四季气温差异悬殊,很难有一个较为统一的溺死时间推测数据,因此应在不同地区,不同季节,不同条件下,获得有规律的数据。兹将溺死尸体在水中的变化及其死后经过的时间列出(详见表5-4)。

表5-4 溺水尸体的死后变化及其经过时间

季节	夏	春秋	冬
月份	7~9	4~6 10~12	1~3
平均气温(℃)	28.4	20.9 19.7	11.1
平均水温(℃)	24.5	17.1 15.5	7.7
角膜轻度混浊	7~12小时	12小时	1~2日
角膜中度混浊	12~24小时	1~2日	2~3日
角膜完全混浊	24小时	约2日	约3日
手掌变白	3~9小时	5~6小时	12小时
皮肤肿胀皱缩	12小时	12~24小时	1~2日
手足皮肤容易剥脱	2~3日	3~4日	10~12日
手足皮肤脱落	3~4日	5~7日	2周~1个月
尸僵缓解	2~3日	4~5日	5~7日
巨人观	2~3日	4~5日	7~10日
头发容易脱落	3~4日	5~7日	10~14日
头发完全脱落	4日~1周	1~2周	20日~1个月
颅骨部分露出	2周	3周~1个月	1~1.5个月
水苔附着	4~5周	1周	2周
部分尸蜡化	1个月	1个月	1个月

五、法医学鉴定

溺死法医学鉴定时主要解决的问题有:①尸体的个人识别;②确定是否溺死;③落水的情况;④自杀、他杀或意外灾害。

(一)水中尸体的个人识别

溺死者常为无名尸体,新鲜尸体从体表特点即可查明,若尸体已腐败,检查时除应注意搜集死者的衣裤、鞋袜、衣袋中物品、随身携带的手表、发夹、项链等物品外,尚需注意发现有无特别的瘢痕、畸形、头发颜色等,并取下死者的下颌骨、耻骨等法医人类学检材,以备作牙齿特征及其年龄的判断。

(二)是否为溺死

一般要解决的是生前溺水死亡或抛尸入水,并排除其他死亡原因。新鲜尸体可根据尸体剖验结果做出判断。尸体已腐败或尸体软组织已破坏者,多依赖体循环的各内脏器官或骨髓、牙齿中硅藻的检出。尸体软组织已破坏者,则要依靠从骨髓和牙齿中检出硅藻。尸体上主要改变的鉴别要点详见表5-5。此外,还应取材进行毒物化验。对落水尸体身上的损伤,必须仔细区别生前或死后损伤,正确评价损伤与溺死或其他死因的关系。

(三)落水情况的判断

要确定落水的地点,一方面依据现场勘验;另一方面可参照从尸体检出的硅藻种类及其他物质与现场及上游水中的成分对比,将有助于判断或有参考价值。确定落水的情况和地点,要全面深入地进行调查研究,将溺死尸体检验的结果与调查资料结合起来进行综合分析,方能得出符合实际的判断。

表5-5　生前溺水和死后入水的鉴别

	生前溺水	死后入水
口鼻孔	可有白色泡沫团或蕈形泡沫	无
呼吸道	全部呼吸道和肺泡内有溺液、泡沫和异物	仅上呼吸道有少量的溺液、异物。若水压较大,可达下呼吸道,但不会有泡沫
肺	水性肺气肿,肺表面有肋骨压痕、溺死斑,切面有溺液流出	无
心	左心血液比右心稀薄,各成分减少(淡水溺死)	左、右心血浓度、成分相同
胃肠	多有溺液、水草、泥沙等异物	仅胃内有少量溺液,一般不进入小肠
内脏器官	脑、肝、肾等器官淤血,但脾贫血呈收缩状	不一定有淤血等改变
手中	可握有水草或泥沙	无
硅藻检查	肺、大循环各器官、骨骼、牙齿中均可检出相当数量的硅藻	内脏器官、骨骼、牙齿中硅藻检查阴性,有时仅在肺中检出少量

(四)自杀、他杀或意外灾害

溺死多见于自杀或意外、灾害事故,他杀者少见。灾害事故根据灾情和现场勘验,可以找到线索。意外的溺水死者屡见不鲜,常见原因是游泳不慎、沉船、小儿或不会游泳的成人偶尔失足落水,酒醉者或癫痫发作者跌入水中。自杀者女性多于男性。自杀溺水死者常是一人,也有两人相抱或捆绑在一起投水溺死者。有些自溺者将自己的手足绑住,或将重物系在身上而后投水。检查时必须认真注意绳索捆绑方式,绳结和松紧程度,并结合其他情况分析判定。有的是先用别的方式自杀未死(如用锐器、服毒等),而后投水的,要注意审慎鉴别。

他杀溺死的案例中,单纯被推落水的少见。他杀多见于先用暴力加害后再抛入水中,如尸体上发现有生前致命性损伤,就可认为是他杀。此外,尚有打昏后或捆绑,或投给药物使受害者失去行动能力等后投水溺死者。

第六节　性窒息

性窒息(sexual asphyxias,sex-associated asphyxias)是性心理和性行为变态者,在隐蔽处

用一种特别的窒息方式，刺激并增强其性快感所进行的一种反常的性行为活动，但由于实施过程中的措施失误或过度，意外地导致窒息死亡。性窒息者多为未婚青壮年男性，偶有女性、年老者或已婚者性窒息的报道。

一、性窒息的现场

死者所在的现场常是隐蔽而僻静场所，如自己的卧室、浴室、地下室等处，常反锁门窗，或选择人迹罕至之地，如树林深处、库房、废弃的厕所等，这些地方死者可独自进行预期的性行为活动而不易被人发现或干扰。在现场有时可发现色情画报或色情书刊、自照的小镜子、女性的发辫、胸罩、花布、女性用品、各种绳索、塑料薄膜袋等。死者有裸体者，但多为奇装异服，如着女性花衬衣、内裤，假造女性乳房，梳长发或者扎女性发辫，使用女性物品，打扮装束怪模怪样。同时还可以发现以往多次进行类似性窒息活动的痕迹，如绳索摩擦的印痕等，说明死者不止一次进行过类似的活动。

二、死亡机制与方式

窒息方式多种多样。最常见的是用各种绳索、长袜、围巾、头巾等缢吊，常引起“性”缢死（“sex”-hanging），或用绳索缠绕身体，捆绑手足，结成奇特绳套而进行绞勒；也有用塑料袋罩笼头面部而致缺氧。由于这种满足性欲的活动，深怕人知，只能秘密进行。为了不使颈部遗留印痕，常在颈项部与绳索间垫有柔软的毛巾、围巾、衣服等物。性窒息致死的机制与所采取的窒息方式有关。采用缢、勒颈的方式者，死亡机制与缢、勒死相同。性窒息的本意并非寻死，只是企图在低氧状态中求得性的满足。其死亡的发生，乃由于死者疏于防范或窒息的措施过度，如滑套偶尔拉紧、脚底下打滑、两腿发软、坐凳或垫在脚下的物体因故倒下，终以缢颈或勒颈窒息死亡。

三、尸体征象

尸体多为全裸或半裸体，裸露生殖器，并以手接触呈摆弄状。有的阴茎上系以绳索或头上套上塑料袋。阴茎部位常有精液。尸体一般无明显暴力性损伤或抵抗伤，但在身体的突出部位，如头皮、肩、肘等处有时可见表皮擦伤或挫伤。尸体的颜面窒息征象较明显，如颜面部的青紫，眼结膜及口腔黏膜的点状及小片状出血，口鼻内的血性分泌物，少数死者可因舌骨根部受压迫导致舌外伸。有些性窒息者在颈部与缆索之间衬有柔软物体以减轻疼痛，所以颈部的索沟可不明显。性窒息致死者内脏器官的主要病理改变与缢死相同。

四、法医学鉴定

死者之所以采取这种奇异的窒息手段，是性心理和性行为变态的一种异常反映。其心理活动是复杂的，目前尚未完全明了。其目的一般认为系窒息条件下，可在脑贫血而短暂缺氧的状态下，增强性快感和性反应。

性窒息因其特异的绳套而常被认为是他杀。此外，死者虽然是自己所为，但其目的不是寻死，而只是在窒息过程中求得性的满足，因此不同于自杀。性窒息者常秘密进行，父母、亲友对其死亡提不出任何情况或线索；若死亡发生在自己家中，其亲人发现后可能竭力掩盖，移去现场许多女性用的物品，这会给勘验带来一定困难。因此对性窒息死者，一定要深入调查，认真勘验，仔细剖检，掌握性窒息的特点，如死者多系青壮年男性；现场多在偏僻场所；死者常全裸或半裸体;现场常有女性用品或淫秽物品;无自杀或他杀的证据;死者有性变态的历史等,进行综合分析,明辨死因,作出正确的鉴定。

第七节 体位性窒息

体位性窒息(positional asphyxia)是因长时间被限制于某种异常体位,使呼吸功能受阻及静脉回流受阻而发生窒息死亡。

一、死亡机制和过程

将被害人的上肢、一下肢或双下肢捆绑,悬挂在某一高度,并持续一段时间;亦见于长时间的头部向下屈曲或长时间将两上肢水平伸展并固定在一定的位置上。由于重力的作用胸廓被动下拉,使呼吸肌长时间处于吸气或呼气的状态,导致呼吸肌的疲劳,肺换气功能障碍,呼吸运动逐步减弱。头下垂体位可使呼吸道受阻,可影响呼吸道的通畅,呼吸运动不能正常进行,使机体内缺氧,二氧化碳潴留,可引起呼吸性酸中毒,血浆中氢离子增多并向细胞内转移,使细胞内钾离子外移,血浆内钾、钙离子升高,从而使心肌动作电位失调,发生心律失常,实验证明在这些情况下过氧化物歧化酶(SOD)活性明显下降,丙二醛(MDA)含量明显升高,氧的利用率降低,使组织内产生大量自由基并在体内蓄积,使代谢发生障碍。

二、尸体征象

体位性窒息因没有机械性暴力直接作用于颈部和口鼻部,所以,没有颈部和口鼻部的损伤,其中包括颈部血管、气管及其他软组织损伤,在一些被强制人员(犯罪嫌疑人或罪犯)中发生体位性窒息者,常见肢体被捆绑的痕迹以及身体其他部位被殴打所致的损伤。在一些因颈部屈曲或身体屈曲导致发生体位性窒息者中,暴力损伤不明显。在大多数体位性窒息者中,窒息的尸体征象常较为明显,如全身淤血、发绀,黏膜、浆膜以及皮肤出血点、内脏器官的淤血水肿等。

三、法医学鉴定

因体位性窒息而发生死亡的案件并不少见,但其致死的机制和过程较复杂,鉴定时应持慎重态度。尸体上有明显的体表及内部器官的窒息征象及有长时间固定在某一特定体位的现场事实。排除呼吸系统、心血管系统疾病致死,排除中毒致死。体位性窒息多为意外致死,他杀或自杀者罕见。

【思考题】

1. 窒息死亡的常见机制。
2. 窒息死亡的一般尸体所见。
3. 缢死和勒死的鉴别。
4. 溺死的法医学鉴定要点。

第六章　高温、低温及电流损伤

第一节　烧伤及烧死

以火焰、高温固体、强度辐射、电火花等热源导致的局部损伤，称为烧伤（burning injuries），因烧伤而死亡者称烧死（death from burning）。一般而言，由火焰等引起的损伤称为烧伤，由高温液体或气体（如开水、蒸汽）等引起的损伤称为烫伤（scalding injuries），烫伤引发死亡称烫死（death from scalding）。此外，临床工作中还可见到化学性灼伤，而法医学实践中遇到最多的此类案例当属烧伤（死）。

一、烧（伤）死的征象

（一）外表征象（external findings）

烧死尸体的体表可因与热源接触时间和热源温度的差异而出现不同的征象，接触时间长、温度高造成的体表损伤重。

1. 烧伤的程度（degree of burning）

法医学上常常采用四度分级法，与外科学分法略有不同。皮肤烧伤常伴发充血、出血、水肿等重要的生理反应。

一度烧伤（红斑）：热作用仅限于表皮层，局部表皮可见红斑、肿胀，基底层完整，镜下见小动脉和毛细血管扩张，尤以真皮乳头层明显。有疼痛和烧灼感，皮温升高。此度烧伤，应注意与死后坠积期尸斑相鉴别。前者的红斑可发生在身体皮肤的任何部位，而后者仅发生于尸体的低下未受压部位。

二度烧伤（水泡）：表皮细胞坏死，细动脉和毛细血管扩张，皮肤组织通透性增强，大量血浆外渗，使真皮和表皮分离而形成水泡。水泡液中含有多种血液成分，如各种细胞、纤维蛋白、电解质等。水泡周围组织充血、水肿，显微镜下可见白细胞浸润。此度烧伤有剧痛感，容易发生感染。如无继发感染，可以痊愈，否则愈合后会形成瘢痕。

三度烧伤（坏死）：热作用伤及皮下组织甚至深达肌肉、骨骼，皮肤全层组织凝固性坏死、脱落，创口严重充血、水肿及炎性渗出，表面形成黄褐或灰色的焦痂，触之如皮革，皮肤感觉消失，皮温低。此期极易发生感染，愈合缓慢。

四度烧伤（炭化）：长时间高温作用形成炭化，完全破坏了皮肤及深层组织。组织中水分丧失，蛋白破坏，色黑或黑褐，质脆无结构。在全身炭化时，肌肉受高热作用而凝固收缩，由于屈肌强于伸肌，所以，四肢常呈屈曲状(flexion)，类似拳击比赛中的防守状态，故称拳斗姿势(pugilistic/boxer/fencer attitude)(图6-1)。有时高温作用下的皮肤组织，发生顺皮纹的破裂，形成梭形创口，形态上类似于切创，称为破裂创(heat rupture)(图6-2)，严重时可形成高温性骨破裂。

图6-1　斗拳状姿势

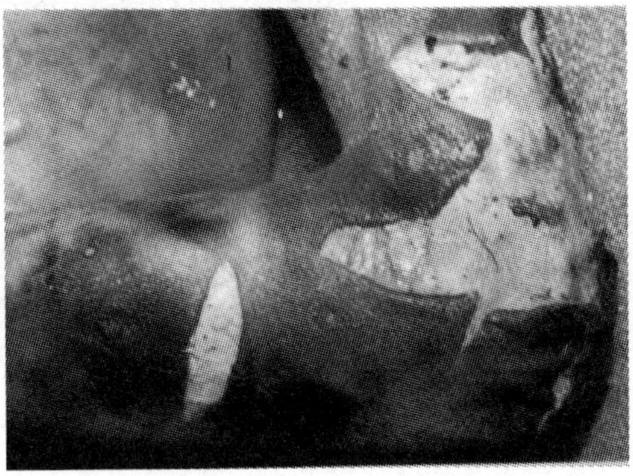

图6-2　烧伤形成的破裂创

2. 眼部征象

火场中由于烟雾刺激，受害人反射性闭眼，因而在外眼角形成未被熏黑的"鹅爪状"反应，称外眼角皱褶，皱褶处有时可见炭末。因双眼紧闭，睫毛仅尖端被烧焦，内睫毛残留，称为睫毛征候，同时眼角膜和结膜囊内可能无烟灰，这是烧死的有力证据(图6-3)。

图6-3　生前烧伤的睫毛征候

3. 衣着残片

在火势不太严重的火场中，尸体与地面接触部位往往存有衣着残片，衣兜中有不易燃伤的物品存留，这些是认定死者身源的重要证据。

(二)内部征象(internal findings)

1. 呼吸道改变

火烧现场中活着的人体具有呼吸功能，热作用于呼吸道产生损伤的征象反映了生前火烧的证据。现场燃烧产生的烟灰与炭末可沉积于呼吸道黏膜的表面，如口、鼻、喉、气管等处(图6-4)；火场中的热气体、火焰、烟雾和刺激性气体，可引起呼吸道及呼吸器官的烧伤反应，喉头、会厌及气管黏膜充血、出血、坏死，甚至出现白喉样假膜；肺部明显充血、水肿甚至出血，重量显著增加，富含蛋白性液体。上述系列改变称为热作用呼吸道综合征（heat induced respiratory tract syndrome），但需要注意的是，火烧现场飞扬的烟灰、炭末可进入尸体呼吸道浅部。

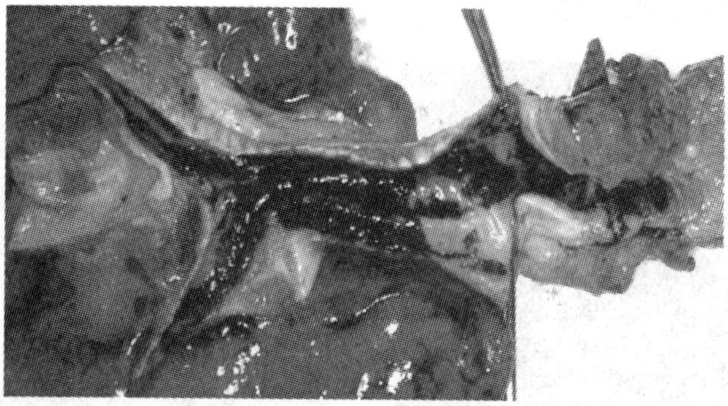

图 6－4　呼吸道内炭末及烟灰附着

2. 心血管及血液的改变

烧死者尸检可见右心房及上腔静脉内充满红色流动性液体，心内外膜可见瘀点状出血，血液中含高浓度碳氧血红蛋白，呈樱红色或鲜红色。

3. 其他内脏器官改变

被迅速烧死者，肝、脾、肾、消化系统及中枢神经系统的改变往往是急性休克的后果。胃肠内检见被吞咽下的炭末是烧死的重要证据。

4. 神经系统改变

头部受火焰高温作用，脑及脑膜受热后凝固、收缩，与颅骨内板分离，形成间隙，同时，由于硬脑膜及颅骨板障内血管破裂，渗出的血液聚集于该间隙形成血肿，即硬脑膜外热血肿（extradural heat hematoma），一般多发于颞顶交界处（图 6－5）。脑组织明显水肿，神经细胞肿胀、均质化或空泡变性，以小脑普肯耶氏细胞、脑桥及大部分大脑皮质神经元表现较为明显，在丘脑头部和尾部调节中枢处神经元相对稀少。

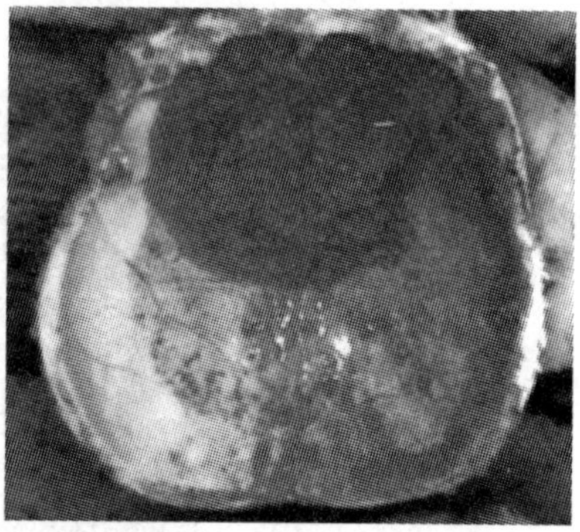

图 6－5　硬脑膜外热血肿

在尸检时，硬脑膜外热血肿易与外伤性硬脑膜外血肿相混淆，二者坚韧鉴别详见表 6－1。但应注意的是，当机械性暴力与高温共同作用于头部时，鉴别的难度增加。

表 6－1　热血肿与外伤性硬脑膜外血肿的鉴别要点

	硬脑膜外热血肿	外伤性硬脑膜外血肿
形成原因	高温作用、多为死后形成，无生活反应	外伤作用，均为生前形成，有生活反应
血肿部位	多在颅顶部	血肿部位不定，多在双颞部
范围与形态	范围较大，重达 100g 以上，新月形边缘锐利	血肿常较局限，多为纺锤形

续表

	硬脑膜外热血肿	外伤性硬脑膜外血肿
血肿颜色	多为砖红色	均为暗红色
血肿结构	血肿松软,内含脂肪及气泡而呈蜂窝状	血肿致密而坚硬
与颅骨关系	血肿与颅骨紧贴,但不致密	与硬脑膜紧密相连
伴发情况	头部无外伤,颅骨外板有烧焦、炭化	头部有外伤痕迹,颅骨无烧痕,常伴有颅骨骨折

5. 颅骨骨折

死后受高温作用颅盖骨可发生骨折,主要是因颅内热气体的极度膨胀所致。这种骨折常见于颞骨,骨片呈放射状向外膨出,也可见于头部骨缝的裂开,应注意与生前钝性暴力打击所致的骨折相鉴别。

二、死亡机制

(一)休克

体表广泛烧伤,体液大量外渗,剧烈疼痛等可造成创伤性休克,也可能因感染引起休克。

(二)窒息

火场中有毒气体、刺激性气体、灼热气体和烟雾使受害者不能呼吸,同时,气管、支气管黏膜严重变性、坏死、水肿、渗出以及肺组织的充血、水肿、炎症,加重了窒息的发生。

(三)中毒

火场中会产生大量一氧化碳和其他有毒气体,特别是室内装修所使用的合成建筑材料、油漆、塑料制品及其他化学制品产生大量含氯、磷等有毒气体,这些气体的吸入可导致中毒死亡。

另外,严重烧伤时红细胞破坏释放出钾离子,高血钾可导致急性心功能不全或心脏骤停。火场中屋梁、屋柱、墙壁等重物倒塌或死者跳窗引起的严重机械性损伤和窒息均可致死,这些损伤易被检查者误认为他人故意所为,鉴定时应特别注意。

三、法医学鉴定

(一)烧死与焚尸的鉴别

在法医学鉴定工作中,鉴别烧死和焚尸是最重要的问题,必须对尸体详细检验,进行实验室检查后才能得出正确的结论。

鉴定烧死的主要依据是生活反应。应仔细检查尸体上各种损伤痕迹,以甄别有无生前遗留的机械性损伤。鉴别要点见表6-2。

表6-2　烧死与焚尸的鉴别

鉴别内容	烧死	焚尸
皮肤烧伤局部	有生活反应	无生活反应
眼睛	有睫毛症候和鹅爪状的改变	一般无此改变
气管、大支气管内	可见烟灰、炭末	烟灰、炭灰仅在口鼻部沉着

续表

鉴别内容	烧死	焚尸
呼吸道表现	为热作用呼吸道综合征	呼吸道无高温作用的表现
肺	典型的休克肺改变	无此改变
心及深部大血管血液	查出致死量的一氧化碳	无一氧化碳或含量极低(吸烟者)
烧伤周围组织酶活性	增高	不增高
其他死亡原因	无其他可死亡原因	有其他死亡原因

破裂创、拳斗姿势、骨破裂及硬脑膜外热血肿,均无确证烧死的法医学意义,但应注意与损伤相鉴别。

(二)烧伤时间推断

主要依据炎症反应程度及痂皮形成过程。烧伤后 1 小时,烧伤部位开始有少量的中性粒细胞浸润;4 ~8 小时,炎细胞浸润明显;24 ~72 小时,组织发生坏死;若继发感染,36 小时可出现化脓。

一般创口血浆渗出后 12 ~24 小时,渗出物及坏死组织干燥、凝结;48 ~72 小时,形成痂皮;浅表烧伤 1 ~2 周后,痂皮脱落;深度烧伤痂皮脱落所需的时间较长。

(三)死亡方式的鉴别

烧死者绝大部分属于意外(90% 左右),其次是自杀,单独用烧死方式杀人比较少见,而利用火烧焚尸灭迹以掩盖其杀人罪行者较多。助燃剂的使用在自杀和他杀中较常见。

自杀者常利用汽油、煤油等易燃液体从头部向下浇洒,然后点火自杀,此类烧伤特点是:上半身因燃料多而损伤重,下半身损伤轻。事件多发生在公共场合,由于迷信、陋俗或政治目的,也有其他一些特殊情况。

火灾前已经死亡或有证据证明死因是机械性暴力或中毒死,而非烧死,则应考虑到他杀,但同时也应注意区分火场中形成的机械性损伤。

灾害性烧死中常有清晰的案情,如森林着火、油库燃烧或伴有着火的交通事故等,多造成群体性死亡。个别意外情况,多见于老人和儿童,因无能力将火扑灭,无法逃离火场而被烧死。醉酒或在某种抑制中枢神经系统药物影响下,熟睡中的人均有可能发生灾害性烧死。

(四)个体识别

严重变形的尸体识别可根据残存的牙齿、骨骼、组织以及其他物品(如饰物、配件)来推断死者年龄、性别、身高。骨骼和牙齿两种组织及牙齿修复材料耐焚烧,是个体识别较好的依据。

其他体表特征、内部器官缺失、假肢、起搏器等均有助于个体识别。血液及组织尤其是硬组织中所包含的生物学信息,根据 DNA 遗传标记的检测可鉴别个体身份。

第二节　冻伤及冻死

人体局部组织因低温导致一系列的病理改变,称为冻伤(frostbite,exposure to cold)。较长时间暴露于温度较低的环境中,人体产热中枢调节功能丧失,严重影响物质代谢与生理功能等引起的死亡称为冻死(death from exposure to cold)。冻伤或冻死常系意外事件。

一、冻死的征象

(一)外表征象

1. 冻伤的程度

局部冻伤临床上按损伤程度分四度,在冻融前,伤处皮肤苍白、温度低,麻木有刺痛,不易区分深度,复温后不同程度的创面表现不同:

一度冻伤(红斑):伤及表皮层,皮肤受寒冷刺激后,皮下毛细血管反射性收缩,继而血管麻痹扩张充血,局部血液淤滞,形成红斑,并有肿胀。初时发热、痒、刺痛,之后因神经末梢麻痹,丧失痛觉。

二度冻伤(水泡):血液淤滞加剧,损伤达真皮层,局部红肿较明显。血管通透性增强,形成水泡,内为血清状液体或稍带血性。若无感染,局部成痂,两周脱痂愈合。组织学上不易与高温损伤水泡区别。

三度冻伤(坏死):血液循环障碍严重,局部组织缺氧,真皮层坏死,可达皮下组织。创面由苍白变黑褪色,周围形成炎症分界线,局部知觉消失,若无感染,坏死组织干燥成痂,形成肉芽创面,缓慢愈合。

四度冻伤(坏疽):冻伤深达肌肉、骨骼等组织,呈干性坏疽,多由三度冻伤并发感染所致,周围有明显的炎症反应。若继发厌氧菌感染,可引起组织腐败,发生湿性坏疽。

2. 冻死者衣着单薄,尸体呈蜷曲状,也有在冻死中脱去衣服,全身裸露,或将衣服翻起,暴露胸部,或仅穿内裤,称为反常脱衣现象(paradoxical undressing)。反常脱衣形式各异,程度不一,其发生的机制有调节障碍学说和幻觉学说。寒冷环境中,皮肤血管收缩,反射性体温调节中枢的全身反应使人体产热增加而散热减少以达到御寒目的,但当低温继续存在,血管和体温调节中枢产生抑制,引起肌肉血管因麻痹扩张,扩张血管使皮肤体表充盈较高温度的血液,从而使人一方面对寒冷刺激麻木,另一方面使人体产生幻觉热感,造成了反常脱衣现象。寒冷刺激后机体肾上腺分泌增强,肾上腺素和肾上腺皮质激素增加,致使人产生燥热的幻觉,其实质是中枢调节受到障碍致使机体对寒冷的刺激失去反应所致。冻死的面部表现似笑非笑,称为苦笑面容。全身皮肤苍白或粉红,外露肢体由于竖毛肌收缩呈鸡皮样改变。尸斑鲜红或淡红色,发生迟,消失慢,腐败明显延迟。

(二)内部征象

各器官充血、灶性出血,脑组织淤血水肿,颅内积液量多,若颅内容物冻结,容积膨胀,可发生颅骨骨缝裂开。尸体冰冻后,也可发生颅骨骨缝裂开。右心房扩张、充血,还可见凝血块、腔静脉淤血、心外膜下点状出血、心肌纤维呈空泡变性、脂肪变性及灶性坏死。心肌间质毛细血管中有微血栓形成,气管与支气管腔中有血性泡沫状液体。肺实质充血、出血、水肿,常并发支气管肺炎。肝、脾充血,肝细胞空泡变性,肝糖原含量减少或消失。肾小管上皮细胞变性、坏死,有血红蛋白管型形成。肾小球内脂质沉积,肾上腺皮质细胞类脂质脱失。甲状腺充血,滤泡内胶质吸收,上皮脱落。胰腺周围有不同程度的脂肪坏死,常出现急性胰腺炎。具有特征性的改变是心腔内血液呈鲜红色,胃黏膜糜烂,胃黏膜下有弥漫性斑点状出血,沿血管排列,颜色暗红、红褐或深褐,这种胃黏膜下出血斑,称为维湿涅夫斯基斑。十二指肠、回肠与结肠有时也会发生类似病变,食管黏膜糜烂或坏死脱落。

二、影响冻死的因素

(一)个体因素

1. 衣着

添加衣物,可使人体产生的热量被阻挡于衣着内,不易散失热量。

2. 年龄

冻死多发生于老人和婴幼儿,这些人群体温调节的能力低,对温度极为敏感,冻死率相对较高。

3. 活动及血循环

一般而言,活动之后,血液加速,机体产热增加,不活动的肢体血液循环差,血液分布少,易发生冻伤。

4. 机体状况

饥饿或营养不良者、慢性病患者以及因疲劳等无法维持足够的热量代谢,产热能力下降,对寒冷的抵抗力下降从而导致冻伤。适量饮酒,可起一过性御寒;饮酒过量,皮肤血管扩张,散热增强,同时对寒冷反应迟钝,亦易冻伤(死)。

(二)环境因素

1. 温度

气温寒冷为冻死的主要条件,冻死最常发生在寒冷地区或严寒季节。

2. 湿度

潮湿可使空气热传导增加,散热加快,潮湿空气的水分子更易使皮肤组织冻伤。如全身浸在冷水中,体温丧失的速度比暴露于同样温度的干燥空气中快3倍。人在22℃的水中,可以保持体温的平衡;若水温降至16℃时,调节体温平衡的机制即可遭破坏,全身浸在5℃的冷水中约数小时即可引起死亡,浸在0℃的水中,半小时即可冻死。

3. 风速

气流加速热的对流,加快散热速度。本来不易引起冻伤的低温,由于风速增大可致冻伤。如在我国北方地区,冬季气温常在零下20~40℃,若风雪交加,再加上疲劳等因素,冻死便极易发生。

三、死亡过程及机制

冻死是全身体温过低的最终后果,这是一个循序渐进的过程,机体的体温调节中枢、神经中枢以及心血管系统等均在此过程中发生改变。

(一)人体体温调节系统

人体热交换分三层,即浅层(包括皮肤及皮下组织)、中层(肌层)和深层(体腔),各层之间正常情况下保持一定的温度差。温度过低时,浅层温度很快下降,形成大的温度差,致中层甚至深层向浅层进行热传导,同时通过血管舒缩和肌肉收缩增加产热以维持平衡。

(二)神经系统

体温过低引起两大神经系统效应,脑血流的减少和耗氧量的下降,神经传导速度变慢,其本质是缺氧的结果。神经传导速度的迟缓直接影响人体自身的调节反应,表现为痛觉消失、意识模糊、幻觉以及反射迟钝。

（三）心血管系统

体温下降，心血管的反应表现为心率减慢，心肌耗氧减少，输出量下降等情况，血压出现先升后降的趋势。体温达到心脏停止跳动的温度是10℃，但实际上机体往往在高于10℃时已经发生死亡。

（四）其他系统

机体受低温作用，随体温下降表现为下述过程：

1. 兴奋增强期：体温下降初期，出现进行性寒战，体温降至35℃时尤为剧烈。心跳和呼吸增快，血压上升，代谢增高，进行代偿适应。

2. 兴奋减弱期：体温继续下降，血液循环和呼吸功能逐渐减弱，血压降低，呼吸及脉搏减慢，意识障碍，出现幻觉，运动能力低下。

3. 完全麻痹期：体温降至25℃以下，体温中枢功能衰竭，陷入昏迷，反射消失，心跳、呼吸抑制，很少有恢复的可能。

冻死的死亡机制并非是单一的，其主要机制是在低温下，血管扩张、麻痹、血流缓慢乃至停止所造成的后果。在此之前可发生心室纤颤，若未发生心室纤颤者，心脏功能也会逐渐衰退，最终组织缺氧，包括脑缺氧后血管运动中枢及呼吸中枢麻痹而死亡。

四、法医学鉴定

冻死大多数为意外死亡，自杀或他杀均极为罕见，平时受虐待的老人、妇女和孩子及久病衰弱者，应考虑有无他杀的隐情。由于冻死环境是完好保存尸体的有利条件，暴力痕迹易于鉴别。冻死的法医学鉴定，应从以下几方面进行：

（一）尸体所处的地理环境

冻死一般发生在寒冷地区和冬春季节，应当详细调查当时的气象资料，记录现场的温度、湿度及当时的风速。

（二）死者身份与机体状况

平日受虐待的老人、妇女和婴幼儿容易发生冻死，乞丐、流浪者也易发生冻伤和冻死；死者生前失血或处于醉酒状态，更易在户外冻死。同时，应注意抛尸伪装成冻死的可能性。

（三）尸检所见

冻死者表现苦笑面容、红色尸斑、冻伤、反常脱衣现象和腰肌出血具有参考价值。冻死尸体的血液中保持较高的含氧量，有助于低温死亡的诊断。维湿涅夫斯基斑在人体及动物胃肠中检出率达91%，是冻死的较特殊征象，也是法医学鉴定冻死的主要依据之一。

（四）实验室检查

冻死尸体解剖后，应常规检验毒物，以排除中毒死亡。冻死尸体检验应注意以下几个问题：

1. 不能把反常脱衣现象，特别是女性所呈现的暴露性器官的现象误认为是性犯罪或性变态。
2. 身体突出部位的擦伤或皮下出血，应分析是否惊慌失措中跌倒所致，不要误认为他人伤害。
3. 如现场有带血的呕吐物，应考虑到胃黏膜出血的原因。

第三节 电流损伤

电流是导体内带电粒子在电场力作用下有规则移动的结果，电流通过人体引起可感知的物理效应称为电击。人体与电流接触（无论直接或是间接）引起的损伤称电流损伤（current injury）或电击伤（electricity injury），因电击损伤而死亡的称电击死（death from electricity，electrocution）。

现代社会电力的广泛应用，电击损伤或死亡案件日益增多。在法医学实践中，电击死亡多见于意外，但也有利用电流自杀或他杀者，或用其他手段他杀后伪装成电击现场者。

一、影响电流损伤的因素

电流损伤的前提是电流通过人体形成闭合回路才可能使人体产生损伤效应。人体成为电流回路的一部分有两种形式：一是机体直接与低压或高压电源接触，从而使自己成为电流通路的一部分；二是在高压电或超高压电的电场中，机体虽未直接接触电源，但机体已成为电流闭合回路的一部分。

电流经过人体所引起的损伤机制主要是电流作用和热作用。

（一）电流作用

电流作用导致人体损伤机制并未完全明了，但可能与下列因素有关：

1. 电流使人体主要的生物电发生器官心脏和脑组织发生短路，引起急性心脑功能衰竭。
2. 电流经过人体时，电能转化为机械能，从而造成机械性损伤。
3. 电流造成人体组织细胞内离子分离，发生电泳、电解、电渗现象，从而使细胞极化或组织成分发生分解，影响组织器官的功能。
4. 电流通过组织时，局部电场作用于脂质双分子层，引起细胞膜破裂和细胞溶解。

（二）热作用

电流进入机体，由于人体皮肤（黏膜）组织有电阻，使电能转化为热能，从而导致机体组织凝固、焦化或炭化等损伤。

（三）电流损伤的条件

影响电流损伤的条件很多，如电压、电阻、电流性质、电流的作用时间和机体的状态等。

1. 电流性质

电流有交流电和直流电之分，交流电比直流电危险。在电压相同的情况下，人体对交流电比直流电敏感4～6倍。低电压时，直流电仅仅引起肌肉松弛，而交流电则引起肌肉的收缩导致不能松开电源，50～60Hz的交流电危险性尤大，这恰恰是工业与生活常用交流电的频率。其损伤机制为：①细胞内的离子随着交流电的频率往返运动的速度正好在细胞内来回一次，使细胞受到破坏；②此频率与机体组织（特别是神经、肌肉组织）的生物电节律相符，能引起心肌纤维颤动与骨骼肌纤维强直性收缩。超过160Hz后，随着频率的增高，电击的危险性减小。

2. 电压

150V以下的电压对人体相对比较安全，1000V以上的电压引起的损伤多为电休克，较易救治，而介于二者之间的电压则比较危险。从生物学影响而言，高压电引起的休克比低压电引起的损害容易救治，这是由于高压电选择性地作用于神经系统和呼吸器官，通过有效的人工呼吸可以治愈。低压电作用于心脏的传导系统，往往引起致命性心室纤颤。交流电致死电压为25～300V，触电休克后死亡多发生在电压为220～250V者。高压电的危险性在于皮肤与电源之间形成电弧，使衣服燃烧，组织烧伤。焦耳热可达4000℃，以致严重烧伤致死。20V、24V低电压电击致死者，其发生的前提是接触时间长，接触部位电阻低。

3. 电流作用于机体的时间

电流作用时间和损伤程度成正比，电流作用的时间越长，通过人体的电流量越大，则后果越严重。如高压电流作用于机体的时间小于0.1秒钟时，不会引起死亡；但作用1秒钟，可能引起死亡。10,000V时电流作用半秒钟无危险，或仅引起惊惧，但200~300V时电流较长时间作用却能致死。从局部讲，人体皮肤不是良导体，电流作用受皮肤电阻的阻抗，经一段时间后电流击穿皮肤，电流量增大，而电热作用致皮肤和皮下组织发生凝固性坏死，对电流又起到了抵抗，最后一旦皮肤和皮下组织发展为炭化，则又提高了导电性。低电压所致局部损伤的程度也取决于接触时间的长短，随着时间的延长，可致电流斑或水泡，甚至炭化，以致露出肌肉和骨骼。

4. 电流通过机体的途径

电流的入口与出口之间即为电流通路，电流以最短的距离流过，不一定沿电阻最弱处，电流通过脑、心、肺时最危险。触电后电流通过机体的途径大都由一个肢体进入，另一肢体逸出，约占80%。其中最常见的是由手入，从足出。电流由下肢至上肢或由上肢至下肢（特别是由左上肢至右下肢）均可通过心脏，所以十分危险。电流由下肢至下肢，由于不通过心、脑等重要器官所以危险性较小。单极性接触时，电流通过机体入地，机体成为接电入地的导体，其电流效应决定于身体接触地面的情况。如干燥土地、胶鞋或木板能阻止电流通过，防止电流作用，危险性小。相反，如赤足、鞋底有铁钉或铁后跟则能促进电流通过，危险性大。

大多数意外触电为单极性接触，自杀或他杀多为双极性接触。但两极间距离很近时，如电插头、电警棍等接触人体，由于作用于人体的电流回路很短，一般不致引起电击死。

5. 电源导体接触机体的情况

主要指机体与电源接触的紧密程度和接触面积的大小。接触越紧密，电流进入机体时的电阻就小，电流就大，对人体的损害也就大，即使是低电压也可引起死亡，高电压则更危险。如果接触不紧密，电阻大，电流小，损伤就小。电源导体不与机体直接接触也可发生电击死，主要见于机体处于高压电场、电弧或电流火花的范围内，或在水中，通过水导电而造成。

电阻与接触面积成反比，若导体表面积大而平坦，又与机体接触紧密，电流产生的损伤就大，但此时局部的损害因为单位面积电流密度小，局部产生的热量不大，故体表的单位面积电流很小，仅有极轻度的损伤，甚至完全没有损伤；若体表面积很小，极有可能在局部产生小孔烧伤，甚至达深部组织，但进入体内的电流量不足以引起生理功能紊乱。

6. 电流强度

电流强度是单位时间内通过已知截面的电量，它是影响电流损伤最重要的因素。一般认为，电流强度越大，引起机体的损害越严重。实验表明：健康男性青年，能耐受21.6mA，8.8~9.4mA可使其紧握电源。女性耐受力稍差，能耐受的最大电流强度为14mA，6mA就可使其紧握电源。通常直流电电流强度达到100mA时，交流电电流强度达到70~80mA时可致命，强度为100mA，频率为60Hz的交流电可立即引起死亡。

7. 电阻

电阻与电流强度成反比，所以人体组织的电阻对触电后果起重要作用。干燥的皮肤电阻达1,000,000~2,000,000Ω；出汗使电阻减小，可减为30,000~25,000Ω；水或盐水浸湿的皮肤，电阻可减至1200~1500Ω。当皮肤电阻为1200Ω时，110V的交流电可以引起死亡。电流损害皮肤后，电阻可减为380Ω，但是烧伤致凝固性坏死，皮肤电阻又上升，可使电流中断。如果组织炭化，又能导电，因此影响触电的因素主要是组织的导电性。人体各部位皮肤电阻不一,脚掌最大,大腿内侧最小,平均电阻为 500 ~ 10,000Ω。血管丰富部位,如颊部电阻小。黏膜的电阻仅 1500 ~ 2000Ω。骨电阻约为 900,000Ω,生成的焦耳热可高达数千度,可使骨质熔化,形成骨珍珠。血液是极好的导体,大部分电流沿血管通过。人体各种组织的导电性能由大至小为:血液、肌肉、皮肤、肌腱、脂肪、骨。

8. 机体状态

电流引起人体损伤的程度与机体健康状态亦有很大的关系。受热、受冷、失血、疲劳、兴奋、恐惧、情绪低落、过敏体质、某些内分泌与心血管系统疾病等均能使机体对电刺激敏感性增高,而睡眠、麻醉能使机体敏感性减低。另外,抢救的时间和方法对预后很重要,触电后能否抢救成功,多取决于触电者能否迅速脱离电源。

二、电流损伤的征象

(一)外部征象

体表皮肤的电流损伤可有电流入口(表现为电流斑)及出口,皮肤金属化、电烧伤等。

1. 电流斑

又称电流印记(electric mark),是电流在皮肤的出入口部位形成的损伤,其形成机制是皮肤的高电阻作用,电流在穿透皮肤通过人体时产生高热及电解作用所致。皮肤角质层厚的地方电阻大,产生热量高,易形成典型电流斑,电流斑常为一至两个,也可为多个。常见于手指、手掌,其次是足底部等。典型的电流斑外观呈口小底大,中央凹陷,边缘隆起的火山口样圆形或椭圆形皮肤损伤,直径多在 0.6 ~ 1.0cm,凹陷中心可为黑色炭化区,底部可附有熔解的金属碎屑组织,周围呈灰白色的凝固性坏死,分界清楚,质地坚硬、干燥(图 6 - 6)。坏死周围组织在活体上可见充血的红晕。电流斑周围表皮可出现水泡,切面处有表皮和真皮的分离,有时整个肢体发生电流性水肿。电流在人体出口处的电流斑总体上与入口相似,有时更严重,出口处电流一般呈热爆裂(电流击穿)性的损伤或者由于电火花的穿凿而发生小炭化孔,但在出口处没有金属化现象。出口处的衣服和鞋也可被击穿。

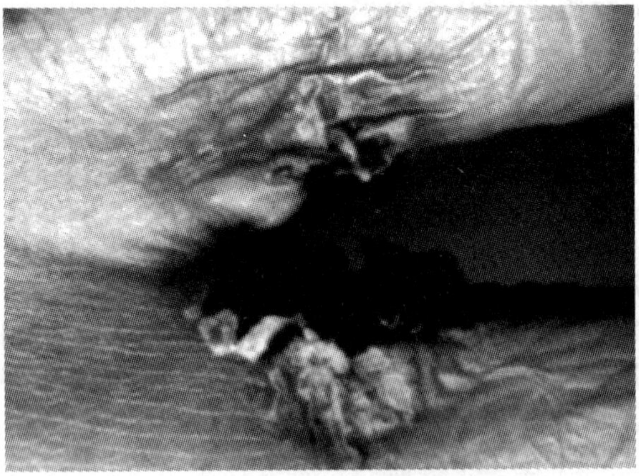

图 6 - 6　电流斑

电流斑的形态常反映导体与人体接触部分的形状,若接触电线长轴,形成线状或沟状电流斑。若皮肤与导体接触不完全,或电击时被害人曾移动过,则电流斑的形态发生改变,难与导体形状相吻合。

光镜下见电流斑中心表皮变薄、致密，染色深。热作用强时，中心部表皮广泛破坏、脱落缺失，创面前有金屑碎屑沉积。周围残留的表皮变厚，各层特别是基底层细胞及细胞核纵向伸长，呈栅栏状或漩涡状的扭曲变形，细胞长轴与电流方向一致，这是由于电流的极性作用所致(图6-7)。毛囊、汗腺与毛细血管内皮细胞亦呈极性化，核变细长、深染，汗腺与毛细血管腔塌陷，甚至变成实体状细胞条索。角质层厚的电流斑，在角质层内有空泡形成，多数空泡汇集，呈蜂窝状。真皮胶原纤维肿胀、均质化，甚至凝固性坏死。坏死和出血分布不均，靠近皮肤附近变化更明显，系电流沿皮下血管、结缔组织内阻力小的途径通过而留下的痕迹，为诊断电击伤的特征之一。

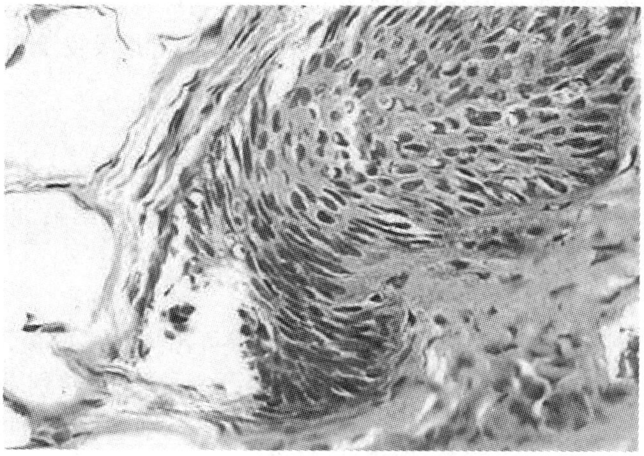

图6-7 电击造成细胞核纵向伸长，呈栅栏状或漩涡状

值得注意的是，细胞核拉长不是电流斑特有的特征，也可以见于烧伤边缘部、干燥以及由巴比妥中毒或冻伤引起的水泡，不过程度不同。

2. 皮肤金属化

又称金属异物沉积(electric metallization of skin)，是指电极金属在高温下熔化或汽化后，金属微粒沉积于受损皮肤表面或深部皮下组织的现象。不同的电极金属可产生皮肤不同的颜色改变(图6-8)。如接触铜导体，皮肤呈淡绿色或黄褐色；接触铁导体，呈灰褐色；接触铝导体呈灰白色。皮肤金属化现象出现与否和电流作用时间及强度有关。产生金属化

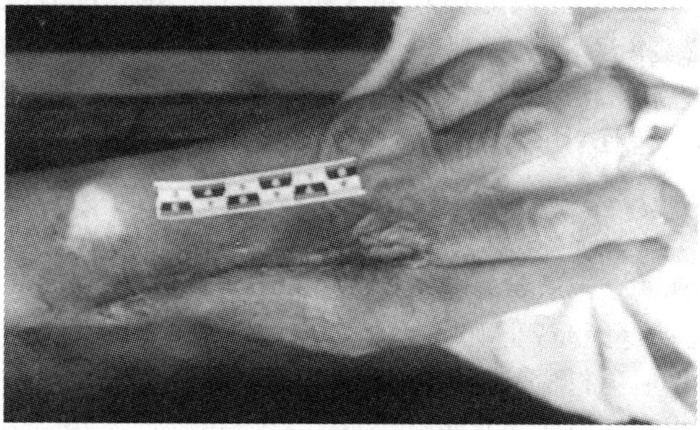

图6-8 皮肤金属化

的电击时间至少在10秒以上;高电压低电流、持续的电火花出现是产生皮肤金属化的重要因素。交流电电击后,在电流的入口或出口处均可出现,而在直流电电击后,金属附着物只存在于阴极接触部位。金属化现象往往需要放大镜或显微镜观察,当该现象不明显时,可进一步采用微量化学、发射光谱、扫描电镜及中子活化分析测定等方法进行分析。

3. 电流烧伤

电烧伤(electric burn)多发生在接触高压电时,在皮肤与高压电源之间形成电弧或产生火花的高温,温度可达3000~7000℃,加上衣服燃烧的火焰烧伤共同作用。电流烧伤可使电流斑颜色变黄或黄褐色,直至炭化变黑。高压电所致严重烧伤可以完全掩盖电流斑,范围广泛,累及整个肢体或更大面积。电弧烧伤组织的病变区与周围正常组织间的界限极为分明,通常看不到一般烧伤所具有的过渡区烧伤深度不等现象,常累及皮下组织、肌肉,有时深达骨质,骨组织熔化,形成“骨珍珠”。

4. 电击纹(lightning mark)

电击后在人体表面可形成树枝状或蜘蛛网状的红色条纹,电击纹多见于高压电,尤其是超高电压形成的机制,可能是电击时皮下血管扩张、麻痹、充血的结果,也可能是高压电或闪电放光后的“泼溅”引起皮肤浅度烧伤的结果。

(二)内部征象

电击死者常显示窒息死亡的一些征象,多数死者可出现胰腺间质出血。内脏充血、水肿、点状出血。心脏及大血管内血液呈暗红色流动性。心外膜下,特别是主动脉瓣底部内膜下,有点状或斑块状出血。左、右心房扩张。心肌纤维可见断裂,嗜酸性染色增强和明显的不规则波浪状排列,间质水肿及多数肌溶性坏死灶,有时可见心肌间质血管细胞核拉长,呈栅栏状排列,有时血管发生破裂、出血及血栓形成。心脏损伤的机制目前尚未完全阐明,实验室检验有一定的诊断价值,心电图有明显改变,S-T段降低和T波高耸。在致死性电击中,表现为室颤。电击后,患者血清肌酸激酶及同工酶活性明显升高。

电流直接通过脑时,可发生脑损伤,脑组织收缩,最明显的反应是高温使之凝固、变硬。由电流直接作用或由邻近水肿组织压迫所致的周围神经损伤极为常见,受累的神经纤维肿胀、弯曲、断裂,此类损伤多为可逆性,但严重的神经损伤,有时引起该神经支配组织坏死,肢体坏疽,而不得不截肢。

电流刺激引起肌肉收缩,剧烈不协调的肌肉收缩可使肌肉撕裂甚至骨折,高压电击时,由于电流热效应而产生骨坏死、胶原破坏和无机物熔化。熔化的特殊产物即所谓骨珍珠(osseous pearls),系磷酸钙融合形成,呈珍珠大的小体,灰白色,内有孔腔,多在受损骨的表面。扫描电镜下,熔化骨的无机物质表面呈砖样图像,被认为是电流作用的一个指征。高压电电击伤,还可引起肝、肺、肾、胰腺、肠、胆囊等出血坏死。

三、死亡机制

电击死是电流损伤的直接后果。电流直接引起心脏功能障碍,低电压15~60Hz交流电极易引起心电紊乱,心室纤颤而死。部分是因为电流直接作用于心血管中枢及迷走神经或冠状动脉引起死亡。电流侵犯脑干和颈髓上段,可致中枢性呼吸麻痹;电流致呼吸肌痉挛可引起窒息死亡。也可因广泛损伤致挤压综合征引起肾衰竭死亡,相对少见。呼吸麻痹后可呈现假死现象,即电流性昏睡(electric lethargy)。此时心脏仍可保持微弱的跳动,及时抢救,可望复苏。此外高压电可造成电烧伤,伴随继发休克、脂肪栓塞或内部器官破裂而死亡;触电后，还可由高坠而死亡。

四、法医学鉴定

(一)电击死的确认

1. 案情调查

向有关人员了解事情发生的经过、当时的天气情况、湿度情况、跳闸情况、电源电压、电流性质等情况，这些都有利于电击死的确定。

2. 现场勘验

凡疑为电击死案例，到达现场后首先应该切断电源，然后再进行现场勘验和尸体检验。应该注意尸体所处的位置、衣服状况以及鞋袜有无击穿等，并且与电力部门专家对电器电源进行检测。

3. 尸体检验

现场对尸体进行初步检验后，应在充足的照明和设备条件下进行解剖，仔细寻找电流斑，这是关键的一步。同时应该排除机械性损伤、窒息或中毒。

尸体检验如果发现电流斑和全身窒息征象并排除了其他种类的暴力死和疾病死，结合触电现象，一般不难鉴定死因。有些案例电流斑不甚明显或需进一步认定时，可用的实验方法有钙盐沉积染色、化学显色法、原子吸收光谱法及扫描电镜(能)谱仪法等。各种方法都有各自的优缺点。非典型电流斑产生的原因很多，如：①潮湿皮肤或油污皮肤接触电源；②水中电流损伤；③电流接触体表面积很大；④电压较低，如低于 110V 时。

(二)死亡方式的确定

电击死多属意外，自杀电击较少见，他杀也有，甚至还有其他原因致死后伪装电击死亡的。电击死亡方式的判定，应根据现场勘验和案情调查，结合尸体检验所见等情况综合分析认定。

1. 意外电击死

多发生于家庭和工业用低电压，家庭中发生的意外电击死常由于手触摸了磨损或破坏的电线造成，工业用电则由于违反技术操作规程，设计装配不良等引起。意外电击均可见典型的电流斑。高压电意外常见于直接触及高压线或在高压电下工作，感应电击死亡。医源性触电也属意外，诊断或治疗中，使用医疗电器不慎而发生意外。

判定意外电击死时还要注意两种可能：一是用其他手段，如投毒谋害后，伪装电击死现场，因为电流斑也可在死后形成；二是把电击杀人伪装成由于违反劳动保护和技术安全规则而造成的劳动事故。

2. 自杀电击死

多见于男性及精神病患者(如抑郁症)。现场大多在室内，一般保持原始电击现场及特殊设计的电路。多用双极接触，如电线缠绕双腕；或一极接上肢，一极接下肢；或一极接心前，一极接后背；也有缠绕颈部的。

偶见用高压电自杀者，长导线一端缠绕肢体，另一端系一重物(如砖石)，抛在高压输电线上，也有爬上支撑高压线的铁塔上抓高压线而自杀者。触电者常在电休克时坠落，由高坠伤导致死亡。

3. 他杀电击死

多数趁被害人无防备或睡眠中突然袭击。现场被破坏，电源工具被隐藏，而后伪装成其他死亡现场,或伪装成意外电击死现场。对疑为他杀电击死者,要注意检查身体隐蔽部位有无电流斑或其他暴力痕迹。有时因多次反复电击,可造成身体多处电击伤痕形成;有时凶手用药水涂敷电流斑,以掩盖罪行。

(三)电击死鉴定的注意事项

1. 凡疑为电击死亡案,到达现场后应首先切断电源,然后再进行现场勘查和尸体检验,以防止继发性电击伤亡事故发生。

2. 及时了解电源电压、电流种类。索取有关资料,检测电路及电器结构、安装情况,有无漏电、漏电原因等。这方面工作,应由职业劳动管理部门的技术人员负责进行。

3. 详细检查死者衣服有无撕裂、烧坏;鞋袜有无击穿,有无铁钉熔化等。

4. 现场对尸体进行初验后,要及时进行尸体解剖,仔细寻找电流斑或可疑皮肤电流损伤部位,并取材作组织学检查及金属微量分析等。不可单凭镜下局部表皮细胞的极化现象即认定电流斑,需对尸体各器官进行全面检查,以辨明其真正的死亡原因。

【思考题】

1. 烧死的尸体征象有哪些表现?
2. 烧死与死后焚尸的鉴别。
3. 电击死的尸体征象有哪些表现?
4. 电流斑的特征?

第七章　猝死概述

一、猝死的定义

猝死(sudden and unexpected death)又称急死(sudden death),是指由于潜在的疾病或功能障碍而引起的突然的意外的死亡。猝死可能是潜在的器质性疾病发展的结果,也可能是由于器官功能失调如心室纤颤或心脏骤停,因此,又称为猝死综合征(sudden death syndrome)。

猝死可发生于任何年龄,但有两个高峰期,出生后至6个月龄及30～50岁。猝死者男性显著多于女性,可见于各种不同的职业。

二、猝死的特点

(一)发病突然、死亡急骤

猝死者从疾病发作或恶化到死亡之间的时间短暂,对这一时间的长短尚无统一认识。为了便于死因统计,我国依照WHO建议定为24小时以内。实际上,有不少猝死经过时间很短,法医学工作中所遇到的猝死案例,死亡大多数发生在症状发作后1～2小时之内。其中死亡发生迅速的,如症状发作后1分钟之内发生的死亡,称为即时死(instantaneous death),这种死亡多因心脏疾病所致。

(二)意外性

猝死的另一特点是意外性,指死亡发生是死者亲属、邻居、同事,甚至主治医生都未预料到的。死者生前看起来似乎健康,甚至年轻体壮,或者虽有一些疾病但症状显著轻微,或呈慢性病程,没有料到会很快发生死亡,因而常被人怀疑为暴力性死亡,意外性是猝死的最主要特征。

(三)自然性与非暴力性

猝死的基本属性是自然死亡,猝死的根本原因是潜在的、能致死的自然疾病,属非暴力性死亡。判断猝死,必须排除暴力死亡,并查明致命性的疾病或功能障碍。多数猝死者生前均有潜在性的疾病或器质性病变,只是症状轻微,未引起本人或家属的注意。

(四)多有诱因

多数猝死的发生有某种因素起着诱发作用,即所谓诱因。这些因素对完全健康的人本无危害,或危害较小,可是对患有潜在的严重疾病的人而言,却能诱发疾病发作、恶化甚至猝死。常见诱因如下:

1. 精神、心理因素

狂喜、愤怒、忧伤、悲哀、思虑、恐惧、惊吓、争吵、情绪激动等因素,是引起猝死的常见诱因。有的心脏病患者在情绪激动时，交感神经兴奋性增高而引起急性心力衰竭或心室纤颤导致猝死；或者通过副交感神经、迷走神经兴奋性增高引起心率减慢乃至心脏停搏导致猝死。

2. 气温骤变

一、二月气温和相对湿度较低、气压高、干燥、体表水分蒸发快，体内血细胞比容和全血黏度增高，对老年人特别是患高血压病和动脉硬化的人，容易诱发脑出血、脑梗死。寒冷还可以引起小动脉收缩、血压升高、心脏负荷突然增大而猝死。

3. 体力活动

剧烈的体力活动或过度疲劳，如疾跑、登高、游泳、殴斗、搬抬重物等，可使心脏负荷突然增加，对患有潜在性心血管病者，可引起心室纤颤、心脏停搏或脑出血而猝死。

4. 其他

暴饮暴食可诱发部分急性出血坏死性胰腺炎及冠心病患者突然死亡。饮酒后突然死亡则需依据具体情况作具体分析判定。酒后争吵、斗殴或游泳等剧烈活动可引发患有潜在的心、脑血管疾病者突然死亡。

三、猝死的原因

几乎所有系统的疾病均有引起猝死的可能，但其发生率有所不同，据国内外统计资料表明，成人猝死以心血管系统疾病占首位，呼吸系统或神经系统疾病居次，消化、泌尿生殖系统和内分泌系统疾病较少，但泌尿生殖系统的猝死女性显著多于男性，其中羊水栓塞是青壮年孕妇猝死最常见的原因；新生儿和婴幼儿猝死则以呼吸系统疾病为主。

四、猝死的法医学鉴定

猝死为自然死亡，原不涉及法律问题，但有些在休息或睡眠中发生，易被怀疑为中毒死；有些在工作或劳动中发生，或在医疗过程中或之后短时间内发生死亡的，易引起纠纷，临床医生难免会卷入这些纠纷中；还有些案例，在与人争吵、口角、殴斗、厮打以及不明情况下突然发生死亡，被怀疑为暴力死，甚至他杀，易引起纠纷；也有犯罪嫌疑人故意用暴力手段致人死亡后，伪报猝死以逃脱罪责。以上种种情况，为了查明死因，澄清死亡性质，均应进行法医学鉴定。

（一）案情调查与现场勘查

了解死前发病情况，调查病历、临床检查、化验报告等，以及向死者家属、亲友、单位同事了解死者的既往史、家族史、死前表现及死亡时间等。应注意所了解到情况的客观性、可靠性和可信性，尤应注意被调查人包括家属是否隐瞒或夸大病情、伤情等。

死亡可发生在旅游或出差途中，如旅馆、车站、码头、轮船等公共场所，也可发生在医院或家里，有时独居一室，或有家属、朋友在一起。勘查现场时应注意现场有无搏斗现象，有无血迹、残余食物、饮料、药物或呕吐物等，并应做有关物证检查和毒物化验（含药物鉴定）。尤其是与他人争吵、斗殴、遭受轻微损伤而突然死亡者，要注意观察损伤的情况，并做好取证。

（二）尸体检验

尸体检验尤其是解剖检验是查明死因、判定猝死原因的关键，必须进行全面的尸体检验，并提取检材进行病理组织学检查、毒物分析检查、生化检查等。猝死尸体一般病理所见有：

1. 尸斑

尸斑显著,呈暗紫红色,并随着死后时间的延长而加重,甚至在尸斑内有散在的青紫淤点或出血点。

2. 心脏及大血管

血液呈暗红色,流动不凝,一般无鸡脂样凝血块形成,右心及腔静脉扩张、淤血,肺、肝、肾、脾等器官也多显著淤血。

3. 点状出血

见于心脏和肺脏浆膜、胸腺被膜、肾盂黏膜,有时也可见于咽喉黏膜下、肠及肝被膜、眼结膜、面部皮肤等。

4. 其他

可见,心肌纤维断裂,末梢动脉呈收缩状,管腔变小,内容空虚。这种现象多见于肺、肝、肾、脾等内脏的末梢动脉。

导致猝死的潜在性疾病大多有明显病理形态学改变,但也有部分可能没有明显的病理形态学改变而表现为功能障碍,如抑制死;或对其死因尚有不同的认识,如婴儿猝死综合征、青壮年猝死综合征等。因此,需要更加仔细地检查和检测,诸如心脏传导系统、脑干检查,免疫组织化学检查以及离子检测分析等,包括钾、钠、镁、钙等离子的比值检测。鉴于猝死案例常缺乏临床资料,有必要作死后生化检验,留取血、尿、脑脊液、眼球玻璃体液以及器官组织等做糖、酶、激素、离子、酸碱度以及免疫学、病原学检查。在某些情况下,死后化学测定可能提供有重要意义的检验结果,例如有些生化物质(如胆碱酯酶)在死后相当长的时期内仍保持稳定性。

(三)死因分析

死因分析的最终目的是分析各种原因在死亡过程中的主次位置、各自因果关系及其责任"参与度"等。一定要注意不能将死因与死亡机制相混淆,猝死的死因是指原发的疾病这样的病变实体,而死亡机制(mechanism of death)是指死因引发的危及生命的病理生理功能紊乱,即原发疾病引起的最终导致死亡的病理生理过程。常见的死亡机制有:心律失常,循环衰竭,呼吸衰竭,肝、肾衰竭,中枢神经系统功能障碍,水、电解质、酸碱平衡紊乱,多器官功能衰竭等。

根据猝死案例的法医学检查结果,死因分析意见大致有以下几种情况:

1. 猝死原因明确,尸检所发现的内部器官的器质性病变显著,其性质、部位和程度足以说明猝死的原因,并可排除致命性的暴力性损伤,包括外伤、机械性窒息、毒物中毒等,如通过解剖发现死者生前有心肌梗死致心脏破裂或脑中风、脑内大出血等。

2. 死因基本肯定,虽然这些疾病本身并不一定引起猝死,但若其范围、程度较广泛而严重,排除其他致死原因时,仍可解释为猝死原因。如小儿间质性肺炎、重度慢性心瓣膜病。

3. 解剖未发现致死性病变,病变轻不足以确定死因,须结合症状确定死因。如冠状动脉轻度硬化,心脏有缺血性心肌改变,生前有心绞痛发作史,在排除暴力死亡和中毒死亡后,则可判定冠心病为其死因。又如有癫痫史,可推断癫痫发作引起猝死。

4. 病史和病变均不能说明死因者,采用排除法,通过案情调查、现场勘验、尸体解剖、微生物学检验及毒物分析等,排除暴力死因,然后做出猝死"死因不明"的结论。

5. 若猝死疾病与损伤并存,如猝死发生在饮酒及争吵、斗殴之后,尸体常存在不同程度的损伤;发生在医疗过程中或之后,对医疗因素及所用药物存有疑问等。因此,应分析损伤、酒精和药物对死亡发生的作用,这就需要更加专业的法医学死因分析。

需要引起注意的是,目前许多疾病的病理变化并没有特异性,即使存在显著的病理改变,也不一定就是真正的死亡原因,因此,在猝死死因的法医学鉴定中,多数情况下需采用排除法,在排除其他可能的死因后再作出结论性的意见。

【思考题】

1. 猝死的概念。
2. 简述猝死的特点。
3. 引起猝死的常见疾病有哪些?
4. 猝死的常见诱因有哪些?
5. 如何对怀疑猝死的案例进行法医学鉴定?

第八章　中　　毒

第一节　概述

一、毒物和中毒的概念

(一)毒物的概念

毒物(poison,toxicant)是指以较小剂量进入机体,在一定条件下,能引起机体功能性障碍和器质性损害的化学物质。

毒物与非毒物只是一个相对的概念,二者的区别关键在于生物体受到损害时所需的剂量大小。没有在任何条件下均可引起中毒的毒物。毒物与非毒物并无绝对的界限,只是以剂量多少相对区别。人们日常生活所必需的水、食盐,若摄入过量对机体也有危害。在科研工作中,研究者为了较客观地评价一种化学物毒性的大小,常通过动物实验来观察和计算,其中一个常用的指标就是半数致死量(LD_{50}),其含义为在实验动物群体中,能引起半数动物死亡的剂量。一般而言,半数致死量越小,则该化学物的毒性越大。

毒物与非毒物的相对性还表现在二者在一些特殊情况下可以相互转化,同一物质在某些条件下可以引起中毒,而在另一些条件下却是无毒的,如苦杏仁甙口服有毒,静脉注射则无毒;相反,蛇毒口服无毒,而注射则呈剧毒。毒物与药物之间也无截然分界,有的"毒品与药物"事实上是同一物质,但一字之差,却显示出不同的使用方法,如医生给癌症晚期病人使用适量杜冷丁,杜冷丁就是药物,而一个人随意使用杜冷丁,那他使用的便是毒品。吗啡、砷等药物应用适量有治疗作用,应用过量时导致可中毒。另外即使是一般被视为无毒的物质,如食盐,一次服用0.2~0.25kg也可导致电解质紊乱而致人死亡。又如水,如短时间内输液过多,可导致急性肺水肿和脑水肿,致所谓"水中毒",临床和法医工作中都可见到水中毒的情况。所以,一种物质有毒无毒是相对而言的。

(二)中毒的概念

中毒(poisoning,intoxication)是指由毒物的作用导致机体的组织器官发生器质性损害和功能性障碍而出现的疾病状态。因中毒致死者称为中毒死。中毒按其发生、发展的过程可分为急性中毒和慢性中毒。大量毒物短时间进入体内,很快引起中毒症状,甚至死亡,称急性中毒。小剂量毒物经常性逐渐地进入体内,经过较长时间,在体内蓄积达中毒浓度,出现中毒症状，称为慢性中毒。介于急性和慢性中毒之间的，称为亚急性中毒。毒物与中毒是相互关联的，毒物是中毒的基础，中毒是毒物在体内的表现形式。

（三）毒物的毒性及其分级

毒性（toxicity）用来表示一种毒物造成机体损害的能力，因此，根据毒物对人体及动物致死量的大小，可将毒物的毒性分为5级（见表8－1）。

表8－1　毒物的毒性分级

毒性分级	大鼠一次经口 LD_{50}（mg/kg）	对人的可能致死量	
		g/kg	60kg体重的总量（kg）
剧毒	＜1	＜0.05	0.1
高毒	1～	0.05～	0.3
中等毒	50～	0.5	30.0
低毒	500～	5.0	250.0
微毒	5000～	＞15	＞1000

二、毒物的分类

毒物的种类繁多，目前尚无一个完善、全面的分类方法。为法医学鉴定中毒的需要，在分析中毒症状及病理变化时，宜采用按毒理作用的分类；在作毒物分析检验时则采用按毒物化学性质的分类；为追溯毒物的来源、用途及其对机体的作用时宜采用混合分类。本章以毒物的毒作用方式为主，结合其来源和用途进行如下综合分类：

（一）腐蚀性毒物：对所接触机体局部有强烈腐蚀作用的毒物，如强酸、强碱、酚类。

（二）金属毒物：指以损害器官组织的实质细胞为主，并产生不同程度形态学变化的金属毒物。如砷、汞、钡及其他重金属盐类等。

（三）呼吸功能障碍性毒物：指能引起呼吸功能障碍，发生窒息的一类毒物。如氰化物、一氧化碳、硫化氢，亚硝酸盐等。

（四）脑脊髓功能障碍性毒物：指能引起脑和脊髓功能障碍的毒物。如醇类、催眠及麻醉剂等抑制脑和脊髓的药物；士的宁、烟碱、咖啡因等兴奋脑和脊髓的药物。

（五）农药：指主要用于防治农作物病虫害及去除杂草的药剂，如有机磷、有机汞、有机氧、有机氮、氨基甲酸酯类等。

（六）杀鼠剂：指主要用于杀灭鼠类的毒物，如磷化锌、敌鼠钠盐、杀鼠灵、敌鼠强等。

（七）有毒动物：指整体或部分器官组织具有毒性的动物，如蛇毒、河豚、斑蝥、蟾蜍及鱼胆等。

（八）有毒植物：夹竹桃、曼陀罗、雷公藤及毒蕈等。

（九）细菌和真菌性毒素：指致病微生物产生的毒素。如酵米面黄杆菌外毒素A、肉毒杆菌毒素等。

三、中毒的原因

（一）自杀中毒

中毒是国内外最常见的一种自杀方式，尤其多见于女性，自杀的动机多种多样，如患病不治、生活困难、家庭不和、情场失意、思想狭隘、畏罪厌世等。自杀中毒时毒物进入机体的途径以口服常见，不少直接服用毒物的原形而不论其有无强烈的刺激性，这个特点显然不同于其他类型中毒。另一个特点是自杀者所用的毒物量多数都很大，常远远超过该毒物的一般中毒致死量，同时使用几种毒物自杀也较多见，有时达 3～7 种。自杀所用的毒物一般为易于获得、众所周知的毒物，有的与其职业有密切的关系。农村以农药、杀鼠剂、有毒动植物较多，城市多为催眠镇静安定药、灭蚊杀虫剂、家用煤气，慢性疾病患者常因一次大量服用治病用的药物而致死。

(二)他杀中毒

他杀中毒在法医实践中较少见，他杀的目的有报复、奸情、图财等。投毒所使用的毒物多选择无色、无味、毒性高的毒物。一般将毒物混在饮料、食物或药物中，同时投放几种毒物的情况也在增多。投毒途径仍以经胃肠道多见，但胃肠外途径投毒者也不少见，如各种方式的注射，塞入阴道、肛门，滴入外耳道等。他杀投毒多为一次给予较大剂量毒物的急性中毒，但罪犯为了遮人耳目采用小剂量多次投毒致亚急性或慢性中毒的案例时有发生。

(三)意外中毒

意外中毒是各类中毒中最常见的一类中毒，可发生在工农业生产时，如有毒气体的突然泄漏；挥发性农药气体被误吸；配制农药时农药经皮肤被吸收等。日常生活中发生的意外中毒更多见，如将砒霜、碳酸钡误当成碱面(碳酸氢钠)做面食；将亚硝酸盐误当作食盐；剧毒农药贮放不当污染了粮食、食油或食物；误食有毒动植物或被有毒动物咬伤；煤气泄漏或排烟不畅等。

(四)药物滥用

药物滥用是指为了寻求欣快、陶醉等情感，超过治疗需要而长期反复使用某种药物或化学物而成瘾的状况。滥用药物的种类很多，包括麻醉剂、中枢神经兴奋、致幻剂、催眠镇静安定药、镇痛剂、酒精及麻醉剂的溶解剂，有人将烟草也列入滥用药物。药物滥用常致慢性中毒，不仅使滥用者身体遭受严重的危害，也带来诸多社会问题，已受到许多国家的强烈关注。广义的滥用药物还包括过量饮用酒精。

(五)医疗事故

药物用得适当可以治病，使用不当反而可引起中毒。使用药物时剂量及单位是否正确；用药的方法与速度是否合适；用药者有无习惯性、耐受性或过敏反应。

(六)食物中毒

霉变、腐败的食物可引起机体中毒，如鱼或肉类蛋白质，经细菌的作用，所产生的有毒物质，总称尸碱，因它主要为尸体腐败时产生的，不慎吃了这种含有尸碱的腐败食物，就会引起剧烈的胃肠刺激症状。霉变酸菜的亚硝酸盐类含量较高，多食可致肠源性青紫病。

(七)环境污染

环境污染是当今全球关注的严重社会问题，由此导致的公害常危及人类的身体健康和生命安全，这些问题有时也会涉及法医学鉴定。

四、毒物在体内的过程

毒物在体内的过程包括毒物的吸收、分布、代谢和排泄。

(一)毒物的吸收

毒物经各种途径进入血液循环的过程称为毒物的吸收。主要经消化道、呼吸道、皮肤黏膜、注射吸收。

了解毒物吸收途径的特点及影响毒物吸收的因素，对解释中毒的发生与否、发作时间的快慢、致死量问题、推断毒物进入机体的时间、毒物化验检材的采取以及判断中毒性质等都有密切的关系。

（二）毒物的分布

毒物吸收后随血液循环分布到全身各组织器官，最初毒物在各组织器官的分布取决于组织的血液灌注率，血供越丰富的器官，毒物量越多。但最终决定毒物在各组织器官分布多少的因素，主要为毒物与组织器官亲和力的大小。如一氧化碳主要蓄积在血液中；砷化物主要蓄积在肝、毛发、指甲中；有机磷农药大量蓄积在脂肪中。提取毒物化验检材时，应当选择其分布浓度最高的器官组织。

了解毒物在体内的分布情况，对于选择采取检材及化验时处理检材，均有重要的意义。对结合形式的毒物化验时需先进行水解，根据各组织中的浓度可推断毒物进入机体的量和时间。

（三）毒物的代谢

毒物进入机体后，在组织细胞酶的作用下发生变化，这就是毒物的代谢。多数毒物通过代谢变为低毒或无毒的产物，也有少数毒物代谢产物的毒性反而增强。若毒物分析时从体内检测出毒物的代谢产物，亦可作为鉴定毒物的依据。代谢主要在肝脏内进行，其方式有氧化、还原、水解与结合。

了解毒在体内的代谢，具有如下法医学意义：①有助于评价毒物分析结果，了解毒物检验结果为阴性的原因。②毒物代谢产物的检出，可作为毒物进入机体的证据。③研究毒物代谢的动态规律，有助于推断毒物进入机体的时间。④对结合型毒物，检验分析时必须进行特殊的处理。

（四）毒物的排泄

肾脏是毒物及其代谢产物的主要排泄器官。一些毒物也可随胆汁，汗液、消化液出体外。肺可排出气态或挥发性毒物，如一氧化碳、酒精等。

了解毒物的排泄具有重要的法医学意义：①了解排泄途径及其损害所致的病理变化，可作为尸检诊断的形态依据。②收集适合于毒物化验的检材。③评价毒物分析结果，如不同时间采集的尿液，其毒物的含量可能不同。

五、影响毒物作用的因素

并非所有毒物进入机体后都能引起中毒。同一中毒事件中，不同的人中毒表现常常不同，中毒症状也轻重不一。有的中毒死亡，有的可能并无明显中毒症状。其原因在于毒物的毒作用发生有一定的条件，了解这些条件对分析中毒案件有很大的帮助。影响毒物作用的因素可以分为两大类。

（一）毒物本身的因素

1. 进入体内的毒物量

毒物毒作用的强弱通常与其进入体内的剂量呈正相关，即常说的剂量－效应关系（dose-effect relationship）。一般进入体内的毒物剂量越大，毒物毒作用就越强，中毒症状也会越重。

理论上，“剂量”（dose）应指毒物及其代谢产物在作用部位的浓度或剂量，即所谓“内剂量”(internal dose)。由于内剂量常不易测定,故一般都以毒物接触或给予的剂量(浓度)来表示,也称为“外剂量”(external dose)。法医学实际工作中应注意,毒物剂量应是进入机体的量,而不是口服量的多少,因为口服毒物后中毒者可能因呕吐而排出部分毒物。

2. 毒物的理化特性

它决定毒物被机体吸收的量和速度,从而影响毒性作用的强弱和速度。毒物有固态、液态和气态三种,气态毒物进入呼吸道后很易透过总面积很大的肺泡膜,迅速弥散入血液循环中,故挥发性或气态毒物毒性作用发生很快且强。较大量汞蒸气被吸入后,可迅速发生中毒或死亡。但金属汞因不溶于胃肠液,口服后随粪便排出,一般不致中毒。液态毒物有水溶性和脂溶性之分,一般易透过皮肤和黏膜被吸收入血,故其毒性作用发生较迅速严重。固态毒物因溶解性不同,其毒性作用发生的快慢和强弱差异颇大。溶解性越高,则毒作用发生越快越显著。酸性、碱性或脂性溶液的环境,可以影响固体毒物的溶解性。

3. 毒物进入机体的途径

毒物进入机体的途径不同,吸收的速度也不同,其顺序一般为:心血管内注射 > 呼吸道吸入 > 腹腔注射 > 肌肉注射 > 皮下注射 > 口服 > 直肠灌注。直接注入脑脊液的部分毒物,毒物作用发生极快。某些毒物,如苦杏仁苷,静脉注射无毒,而口服后因胃酸作用产生氢氰酸而有毒。反之,如氯筒箭毒碱或蛇毒,经口服无毒,注射则有剧毒。

4. 毒物的相互作用

两种或两种以上毒物同时或先后作用于机体,并相互影响它们对机体的毒作用,称为毒物的相互作用。大致可以分为联合作用和拮抗作用。联合作用中有四种情况:

(1)独立作用(independent effect)

指两种或两种以上的毒物同时或先后作用于机体,由于其各自毒作用的受体、部位、靶器官等不同,且所引起的生物学效应也不会相互干扰,从而表现为各毒物的各自毒效应。

(2)相加作用(additive effect)

指两种毒物联合作用时的毒作用为各单项毒物毒性的总和,可简单理解为 $1+1=2$ 的关系。这类毒物的化学结构多数比较近似,或属同系化学物,或毒作用相似,或均作用于同一器官、系统。如同时给予两种有机磷农药,它们对胆碱酯酶的抑制就呈相加作用,另外丙烯与乙烯、氰化氢与丙烯,大部分刺激呼吸道的刺激性气体,也常表现为相加作用。

(3)协同作用(synergistic effect)

指当同时接触两种有类似毒性效应的毒物时,其毒作用超过两者分别作用之和,可简单理解为 $1+1>2$ 的关系。如同时接触四氯化碳和乙醇,由于两者都是作用于肝脏的毒物,其对肝脏的损害远远超过两种毒物分别给予的总和。

(4)增毒作用(potentiation)

指一种化学物本身并无某种毒性效应,但当其与另一化学物同时给予时,可使另一化学物的毒性增强,可简单理解为 $1+0>1$ 的关系。如异丙醇本身并无肝脏毒性效应,但若同时给予四氯化碳,就会使四氯化碳的肝脏毒性大大增强。

(5)拮抗作用(antagonistic effect)

是指两种毒物作用于机体时,一种毒物干扰另一种毒物的毒性,使其毒性减弱,或者是两种毒物彼此干扰使对方的毒性作用减弱,所产生的毒性效应低于各个毒物单独毒性效应的总和,可简单理解为 $1+1<2$ 的关系。例如酸与碱、阿托品与吗啡、毛果芸香碱、有机磷、抑制与兴奋脑脊髓功能毒物之间,都有明显的拮抗作用。

在法医学实践中，联合（混合）中毒的案例时有发生，其法医学意义在于进入体内单独一种毒物的剂量虽未达到中毒致死量，但两种有联合作用的毒物同时或先后进入体内时则能引起中毒或死亡，尤其是乙醇本身既可以致人昏迷，又可以溶解多种毒物（尤其是安眠类药、麻醉剂），掩盖其他毒物的气味，并产生协同作用。实践中如怀疑有这种情况时，应注意检查同时存在的两种毒物。

5. 毒物在环境中的相互作用

除上述在机体内的相互作用外，毒物也可以在环境中发生相互作用而发生毒性的改变。一般的毒物经过较长时间的存放，毒性均会减低。如氰化物与空气中的二氧化碳结合，部分变为无毒的碳酸盐而毒性降低；挥发性毒物因自然挥发而毒性变弱；酸雾与碱气发生中和作用，但有时毒性较低的毒物如甘汞（HgCl）可氧化成毒性大的升汞（$HgCl_2$）；多种气体在紫外线下相互作用，形成毒性比单一气体大的光化学烟雾。

（二）机体的因素

1. 年龄

一般来说，儿童和老人由于其生理特点，往往较年轻人易于中毒，且中毒程度和后果也相对较重。常常在低于一般中毒致死量或中毒致死血浓度的情况下发生中毒或死亡。但也有例外的情况，如儿童对阿托品的耐受量就较成人大。

2. 体重

体重越大者所需中毒的毒物量越大。

3. 性别

妇女在妊娠、哺乳或月经期时对毒物较敏感，反应也强烈。

4. 健康状态

有潜在性疾病个体的抵抗力下降，尤其是心、肝、肾有疾病时，更容易发生中毒且后果严重。由于肝脏、肾脏是毒物代谢和排泄的重要器官，如果有疾病，则因毒物的代谢和排泄受阻，对毒物的耐受减低。正因为如此，临床上对于有肝、肾疾病患者的用药十分注意。

5. 营养状况

营养不良、饥饿、消瘦、过度肥胖等能降低对毒物毒作用的耐受性；营养良好、体质健壮者对毒物毒作用的耐受性相对较强。

6. 习惯性或耐受性

长期使用同样的毒物，机体对该毒物的反应逐渐减弱，可以习惯或成瘾，并能耐受常人的中毒剂量，甚至超过致死剂量的毒物。如经常饮酒者，会出现习惯性，一次可饮入超过中毒致死量的酒精而不醉酒或中毒死亡。长期吸食吗啡、海洛因、可卡因等毒品者以及经常服用巴比妥类者可产生习惯性或耐受性。一般来说，0.1～0.25g 的吗啡可以致死，但对于成瘾者却能一次服用 1g 以上。对于乌头有习惯性者，耐受乌头碱的能力可比常人大数倍。

7. 过敏性

与习惯性相反，指有的人因为遗传因素或免疫反应的缘故，接受治疗量的药（毒）物后，出现与一般人有质的差异的中毒反应。过敏性分两种，一种是遗传因素所致过敏，称为特异质；另一种是由于接触某种药物致敏后，再次用药所致的过敏，称为变态反应。对某种毒物过敏者，低于中毒量的该毒物进入机体内也能引起反应，甚至发生死亡。如青霉素过敏，蜂蜇伤后迅速死亡者，主要是过敏反应的结果。

8. 体内蓄积

一些分解或排泄慢的毒(药)物可在体内蓄积,如反复使用,尽管每次使用的量并不大,也可发生蓄积中毒而出现类似其急性中毒的表现,如洋地黄类药物。

第二节　中毒的法医学鉴定

凡遇到中毒或疑为中毒的案件需解决以下问题:①确定是否发生了中毒;②确定何种毒物引起中毒;③确定进入体内毒物的量,并判断是否足以引起中毒或死亡;④分析毒物进入机体的时间、途径和形式;⑤推断中毒或中毒死亡方式,是自杀、他杀、意外灾害抑或其他类型中毒。因此,必须了解案情、勘查现场、检验尸体、收集检材做毒物分析,在掌握完整资料的基础上,进行综合分析做出结论。

一、中毒情况调查

应及时、准确、详细地向中毒者家属及周围知情人了解与中毒有关的情况。

(一)一般情况

中毒者姓名、性别、年龄、职业、嗜好、生活习惯,有可能接触到何种毒物,农村应重点了解有无滥用农药情况,中毒者最近思想情况,有无自杀动机。

(二)中毒发生经过

发现中毒时间、中毒症状。中毒者如经救治,则需了解救治情况及救治结果。中毒者若死亡,则需了解服毒至发病时间、死亡时间及死亡前后有无特殊表现。

(三)中毒者的健康状况

中毒者平时的健康状况,是否患有疾病,病史资料及近期病情,中毒前几天内服药情况和药物来源,有无偏方治病及药物滥用。

(四)中毒者饮食情况

中毒者最后一次进餐情况,时间、地点、食物种类及共餐者的情况。

(五)多人中毒应统计中毒的发生率

集体食物中毒时,立即着手可疑食物的追踪调查,鉴别是细菌性还是化学性食物中毒。化学物质泄漏也常造成现场多人中毒,甚至周围居民发生中毒。应及时查明中毒原因,澄清事故的性质和责任,组织紧急救援措施,并防范类似中毒事件的发生。

(六)中毒者的家庭和社会关系

在中毒死亡事件发生前后,死者家属有无异常行为表现,以及有无其他因果关系。

二、中毒案件现场勘查

中毒案件现场勘查的重点主要是在现场收集可供毒物化验用的检材,以及对中毒性质进行分析。

(一)现场有无特殊气味,最好采取气样,以备测定有毒气体使用。收集中毒者呕吐物、排泄物、剩余食物、药品、盛装过毒物的纸包及药瓶等。注意提取餐具(如杯子、盘子、饮料瓶)上的指纹。

(二)现场有无遗书、信件、日记及医药书籍等。

（三）注意现场有无家禽、牲畜及蚊蝇等中毒死亡的情况。

三、中毒的症状分析

不同的毒物由于其不同的毒理机制，进入机体后，可出现不同的症状。人们通过有关症状特点，可推测为何类、何种毒物中毒。以此为尸体解剖、收集毒物化验检材作好有关准备，并为毒物化验提示方向和线索。因此，临床和法医工作者掌握有关毒物中毒的症状特点，对有关案件的快速、准确处理会有很大的帮助。

常见中毒症状所提示的一些毒物的中毒如下：

（一）无明显特殊症状的快速死亡

氰化物、有机磷、高浓度氨气、一氧化碳。

（二）消化系统症状

如恶心、呕吐、腹痛、腹泻等，可由多种毒物引起，如腐蚀性毒物、金属盐类、农药、多种有毒动植物等，应与霍乱、胃肠炎、菌痢等消化系统疾病鉴别。

（三）神经系统症状

1. 昏迷：中枢神经抑制剂（包括安眠药、麻醉剂等）、一氧化碳、硫化氢、有机磷、氰化物。

2. 抽搐：农药（如有机磷）、氟乙酰胺、毒鼠强、异烟肼、马桑、士的宁等。

3. 瘫痪：可溶性钡盐、一氧化碳、乌头、蛇毒、河豚。

（四）心血管系统

如心律失常、心源性休克等，可由乌头、氟乙酰胺、夹竹桃等引起。

（五）呼吸系统

1. 呼吸加快：士的宁、甲醇。

2. 呼吸减慢：阿片、吗啡、海洛因、一氧化碳、酒精。

3. 肺水肿（口鼻泡沫）：有机磷、刺激性气体。

（六）泌尿系统

少尿、无尿等，可考虑升汞、四氯化碳、磷化锌、砷化氢、蛇毒、鱼胆、斑蝥、雷公藤。

（七）皮肤

1. 发绀：亚硝酸盐、氯酸盐。

2. 黄疸：磷化锌、四氯化碳、砷化物、毒蕈、苍耳子、鱼胆。

3. 色素沉着、角化：慢性砷中毒时，皮肤上有所谓呈雨点样色素沉着，皮肤呈古铜色，指甲出现白色横纹。

4. 腐蚀斑：腐蚀毒、高浓度氨气。

（八）眼睛

1. 瞳孔散大：阿托品、酒精、氰化物。

2. 瞳孔缩小：有机磷、阿片、吗啡、海洛因、氯丙嗪。

3. 视力障碍：甲醇、钩吻、阿托品。

（九）凝血障碍：敌鼠钠盐、蛇毒

（十）特殊气味：有机磷、磷化锌、酒精、苯酚、甲酚、氨水

除通过上述单一症状分析毒物外，有些毒物可引起多方面的症状，综合这些症状同样也能帮助毒物的推测和分析。如出现瞳孔缩小、肌纤维震颤、口吐白色泡沫、多汗及呕吐物中有大蒜样臭味等表现，应考虑有机磷农药中毒；出现极度口渴、呕吐物及呼气中有电石气臭

味等表现应考虑磷化锌中毒;出现口舌、四肢发麻,心律不齐、室性心动过速或期前收缩等应考虑乌头中毒;进食后出现低钾综合征(软瘫)应考虑可溶性钡盐中毒;出现出血倾向的应考虑敌鼠钠盐中毒等。

上述中毒症状对于临床工作者,尤其是急诊科医师正确的诊断和救治同样相当重要。临床上常易将中毒误诊为疾病的情况如下:

(一)急性异烟肼、士的宁、毒鼠强、氟乙酰胺中毒,由于其强烈的抽搐而易误诊为癫痫、破伤风。

(二)急性砷化物(砒霜)中毒时,由于其强烈的上吐下泻而易误诊为霍乱、急性胃肠炎等。

(三)急性可溶性钡盐(氯化钡、碳酸钡)中毒时,由于其血钾低和软瘫表现而易误诊为低血钾软病、周围性瘫痪等。

(四)敌鼠钠盐中毒时因其出血倾向,易误诊为过敏性紫癜、血友病、再生障碍性贫血等。

(五)急性铅中毒时因强烈的腹绞痛而易误诊为急性胆囊炎、急腹症。

(六)慢性砷化物中毒时因皮肤变黑,易误诊为原发性肾上腺皮质功能减退。

(七)多种毒物中毒(如磷化锌、四氯化碳等)可致中毒性肝病,易误诊为急性暴发性黄疸性肝炎。

四、现场勘验

现场上如中毒者尚未死亡,应立即现场或送医院抢救。对中毒死亡的现场,应注意尸体的衣着,口袋内有无残留毒物、药物和遗书。在现场发现有呕吐物、剩余食品、饮料、药品、注射器、酒瓶、餐具等时,要高度警惕中毒的可能性,除应注意在酒瓶、餐具上收集指纹外,还应注意将上述物品作为毒物化验的检材,进行分别妥善包装和送检。

五、尸体剖验

虽然中毒死者的尸体大多无明显特殊征象能提供中毒的类型,但认真地进行尸体检查有时仍能找到一些有价值的征象。

(一)中毒尸体检验的法医学意义

1. 有助于及时查清中毒原因、组织抢救措施。在群体性中毒事件则有助于防止中毒病例的进一步发生和扩散。

2. 由于犯罪手段的日趋智能化和多样化,在实际工作中常有投毒作案伪报自然疾病引起死亡的案例,通过尸检可查明中毒原因,揭露可能存在的犯罪行为。

3. 澄清死因,解除怀疑。在工作实践中也有将自然疾病致死疑为中毒致死,特别当案情经过或症状表现有偶合或相似的情况时,更易引起怀疑,只有通过尸检才能解除怀疑。

4. 通过尸检说明中毒死因,明确法律责任,可为医源性或非法行医所致药物中毒、职业中毒诊断、劳动保护、保险、赔偿等问题的依法合理解决提供科学依据。此外,总结中毒的尸检病例资料也可反馈补充相关学科的内容,提高中毒的临床诊疗水平。

(二)中毒尸体解剖的注意问题

1. 解剖台预先冲洗干净,所用器械、手套等预先洗净、晾干,不得沾染各种消毒药液或其他化学药品。

2. 准备收集检材的容器,以玻璃容器为宜。塑料袋的缺点是可透过挥发性毒物,且从塑料袋溶解出来的物质可能混淆检验结果。容器必须能密封,以防止挥发性毒物逸散,又可防止液状检材外溢,造成运输困难。玻璃瓶口不要用橡皮塞,因其可溶解于某些毒物(如氯仿和酚)中。抽吸检材的注射器及玻璃容器应先用肥皂或洗衣粉洗刷,清水冲洗,再用蒸馏水冲洗后,晾干备用。

3. 怀疑中毒的尸体,在尚未收集供毒物分析所用检材以前,一律不得用水冲洗。

4. 对疑为中毒致死的尸体,应按常规全面系统地进行尸体解剖。尽管多种急性毒物中毒在形态学上常无特异性,但全面的尸体解剖仍是鉴定中毒的必要步骤。如在解剖时发现中毒病变,则不仅是中毒鉴定的根据,也能为毒物分析提示方向;同时只有通过解剖,才能完善地收集多种、足量的检材,供毒物化验用。此外,通过全面观察各器官的病变,能发现死者生前患有的潜在疾病,才有可能对中毒致死还是自然疾病致死进行鉴别。

5. 因法医病理工作所见中毒多数通过胃肠道途径,应由主持尸检者亲自检查消化系统。先观察食管黏膜有无腐蚀、坏死。剪开胃时注意有无特殊气味、胃内容物的性状及胃黏膜的变化;如经洗胃或中毒时间较长的案例,须注意检查十二指肠、空肠及其内容物。某些毒物(如无机汞化合物)可经结肠排泄,须注意检查结肠病变。

(三)中毒尸体的病理变化

1. 尸表征象

(1)衣着:在腐蚀性毒物中毒时,注意衣服上有无农药、酒精、氨水等特殊的气味,注意衣服口袋内有无残留药物。

(2)瞳孔改变:有机磷农药中毒时瞳孔可缩小(<3mm)、吗啡中毒时虽然瞳孔可缩小似针尖样,但尸检时往往不易看到,另外,瞳孔缩小可见于脑桥出血,应注意鉴别。阿托品、甲醇中毒者可出现瞳孔扩大。

(3)皮肤改变:磷化锌、砷、毒蕈中毒可出现黄疸;敌鼠钠盐中毒可出现出血点;慢性砷化物中毒时可出现雨点样色素沉着。

尸斑颜色在一氧化碳中毒时呈樱桃红色;氰化物中毒呈鲜红色;亚硝酸盐中毒时呈蓝灰色或巧克力色。

腐蚀性毒物中毒时皮肤出现的腐蚀斑痕,硫酸为黑色,硝酸为黄色;苛性碱中毒时,局部皮肤出现肿胀并有滑腻感;氨水和高浓度 NH_3 可以引起皮肤的化学烧伤,出现红斑、水泡等。

在一些死于胃肠外途径注射中毒尸体上,应注意发现针孔痕迹,并结合临床有无注射史及注射部位,考虑有无注射方式投毒可能,必要时应切开针痕所在部位,观察有无肌肉出血和坏死。此外,应注意发现并鉴别局部的咬痕。

(4)尸僵:痉挛性毒物中毒死亡者尸僵较强,如异烟肼(雷米封)、士的宁中毒时死者可能保持抽搐状,有机磷农药中毒时,腓肠肌、肱二头肌、腹直肌挛缩。

(5)口腔:除腐蚀情况外,在慢性铅、汞中毒时牙龈可出现铅线、汞线;如有大蒜或电石味时,考虑有机磷农药或磷化锌中毒;同时注意口腔内有无残留药粒。

(6)女性尸体注意外阴有无腐蚀,阴道内有无毒物及腐蚀。有通过在阴道内塞入毒物致中毒死亡的案例,也有为堕胎或医治妇科疾病而自行或请游医将药物或毒物塞入阴道致意外中毒死亡。

2. 内部征象

(1)胃肠道:注意特殊气味,如酒、磷化锌、有机磷农药、苯酚、甲酚、氨水、氰化物等;酸、碱、酚、氰化物、敌敌畏、纯亚硝酸盐、砷化物等毒物中毒时胃肠黏膜可出现腐蚀痕;磷化锌、As_2O_3中毒时,胃内可出现沉淀物(生前如有洗胃则可能无沉淀);无机汞中毒时结肠可出现溃疡。

(2)肌肉:一氧化碳中毒时胸大肌可呈鲜红色。

(3)肝脏:肝脏作为体内主要解毒器官,多种药物或毒物可致中毒性肝病。在肝脏的切面上可出现红黄相间的改变,体积缩小和重量下降,此时应考虑磷化锌、四氯化碳、砷化物、毒蕈、苍耳子中毒。不同的毒物引起的肝脏病变在显微镜下有时各有其特点,如磷化锌中毒时肝细胞的坏死主要在肝小叶外围带,四氯化碳、砷化物、氯仿等多引起肝小叶中央区肝细胞变性和坏死。

实际工作中,常有将中毒性肝病误诊为急性暴发性病毒性肝炎的,因此对中毒性肝病和病毒性肝炎须进行鉴别。

(4)尿色:红(血)色尿考虑斑蝥、砷化氢、蛇毒、乙胺丁醇中毒;深绿色尿可见于酚、水杨酸盐中毒;黄色尿可见于苦味酸、非那西汀中毒。

(5)心脏:砷或汞化合物、夹竹桃可引起左心内膜下条纹状或点片状出血。值得注意的是心内膜下的出血并非中毒所特有,还可见于失血性休克、高热等。

(6)肺:刺激性气体(SO_2、NO_2、Cl_2、NH_3)及安妥可致肺水肿;液氨中毒可致气管、支气管黏膜呈假膜样坏死。

(7)肾脏:肾脏是毒物排泄的主要器官,多种药物和毒物均可导致肾脏的损害,引起中毒性肾病。如升汞、砷化物、磷化锌、酚、磺胺类、雷公藤、毒蕈、斑蝥、鱼胆、蛇毒等。有些毒物引起的中毒性肾病在显微镜下有一定的特点,如铅中毒时在近曲小管上皮细胞出现核内嗜酸性包涵体;有机汞中毒时,因排钾过多,在近曲小管上皮细胞胞浆内出现大的空泡变性(水样变性);砷化物、蛇毒等溶血性毒物可致血红蛋白尿性肾病,在肾小管管腔内出现橘红色的血红蛋白管型,以髓质多见,雷公藤可引起多发性肾乳头坏死,在慢性汞中毒引起慢性中毒性肾病时,肾脏重量减轻,表面可出现不规则的凹陷性瘢痕,切面见皮质变薄,皮髓质界限不清。

六、检材提取

收集有关检材,进行有关毒物的定性和定量检测。在怀疑有中毒可能的案件中,除了要有收集毒物化验检材的思想准备外,还要注意根据案情(尤其是中毒症状)、现场及尸体检验的初步印象,有的放矢地收集一定量的不同检材,进行不同方式的保存,以提高毒物化验的速度和精确度。一般的中毒案件,可常规收集呕吐物、胃及胃内容物、心血、肝脏等。但有些毒物由于其进入体内后的分布、组织亲和性、代谢等因素的影响,其毒物化验检材的收集有一定的要求。如急性酒精中毒时,一般提倡收集外周静脉血;急性氯丙嗪中毒时提倡收集尿和脑组织;吗啡、海洛因中毒时注意收集胆汁;慢性砷化物中毒时注意收集毛发、指甲和骨骼等。

常见毒物化验所需检材的量,一般对于大的实质性器官,如脑、肝取1/3(约0.5kg);双侧性器官如肾、肺取一侧;骨骼、肌肉取0.2kg;血液取50~100ml;尿、胆汁取全部;胃肠内容取0.5kg。

收集的检材应及时进行毒物化验。如条件不允许时,一般检材应注意装满、密封容器,放低温下保存,尤其是氰化物、一氧化碳等易挥发的毒物。一般不应加防腐剂保存,但怀疑乌头中毒时，可在检材中加纯酒精，但注意将所用酒精同时送作对照检验。福尔马林液只适用于固定组织标本，供病理切片检查用，不能加入毒物化验检材中。若尸检当时没有保存化验检材，仅保存经福尔马林液固定的脏器组织时，对某些毒物（如金属毒、巴比妥类、氯喹及亚硝酸盐等）仍能检出，但需取所用福尔马林液作为对照样品送检。

送检的检材要密闭封签，注明死者姓名、检材名称、收集日期，及经手人签字或盖章。随同检材另附一份材料，说明案情、中毒症状、尸检所见及化验目的，提出建议重点化验哪一种或哪几种毒物，或仅要求排除常见毒物中毒。

临床医护人员，尤其是急诊科工作人员，可以根据具体情况，收集患者的呕吐物、尿液、血液等，在临床没有检测条件时，可送相关的法医学毒物分析实验室检测。

七、毒物分析的结果评价

毒物分析除了普通的化学分析法外，近年来，由于技术手段的发展，气相色谱、液相色谱、质谱、中子活化、原子吸收光谱、分光光度等测定也被广泛应用，大大提高了检测的灵敏度和准确性。

近年来，除单一毒物中毒外，使用两种以上药物混合中毒者渐见增多，以农药、催眠镇静药多见。由于两种以上药物混杂，其中各种药物的性质、结构和药理作用不同，进入体内途径以及在体内的吸收、代谢、排泄情况也各异，因此毒物化验在提取、纯化和检测方法上较单一药物要复杂得多。其关键是所用的提取纯化方法要确保各种药物均能提取出来，然后根据具体情况，再选择适宜的检测方法。

从体内检出的毒物量（或血浓度）达到中毒或致死的水平，且有关症状和病变与检出的毒物相一致，此时一般可作出该毒物中毒死亡的结论。但应注意，有时某些死于机械性损伤、窒息或疾病的死者体内，亦可检出毒物，有时毒物的量可能还相当大。这主要见于用有毒的药物治病，或先服毒再用其他手段自杀者；或者罪犯先投毒致受害人昏迷后再用其他方式加以杀害，并伪装成意外或自杀等。

法医毒物分析的结果对确定是否中毒或中毒死亡能起关键性作用，但还有很多因素可以影响毒物化验的结果；因而阳性结果不一定能肯定中毒，而阴性结果也未必能排除中毒。应考虑毒物分析所用的方法是否具有特异性，一般一种检验方法（尤其是化学方法或硅胶薄层分析）尚不能绝对定性，因为有的不同毒物对某一化学反应有共同的反应，内脏和体液等检材中的杂质也可能在薄层上显示干扰色斑，由此原因导致的鉴定结论失误时有所见。

如毒物分析结果为阳性或强阳性，特别是含量测定已达到致死血浓度，一般可肯定为中毒死。如毒物化验结果呈弱阳性时应考虑下述几种可能：

1. 毒物是否作为药用进入机体，化验结果与全部案情调查材料及症状是否吻合？

2. 毒物有无可能在死后进入机体，采取检材过程中有无毒物污染？

3. 尸体组织腐败产物可混淆毒物化验结果，如腐败尸体的血液中可检出少量氰化物，多种细菌能产生乙醇，但其浓度一般在100mg%以下，如超过100mg%，则应考虑是否为生前服入。

4. 毒物分析操作是否正确？仪器、试剂是否纯净？盛装检材的容器有无污染？

5. 某些金属元素，如砷、汞、铅、锌等，在正常人体组织中也含有微量，因此，只有通过较精确的毒物定量，与组织中的正常含量进行对比，才能解释毒物化验结果。

如毒物化验结果为阴性，则需考虑下述几种可能：

1. 收集检材是否及时？所取检材的种类是否合适、齐全，如迁延性 CO 中毒死者 CO 已自体内排出，血液中不能检出 HbCO。又如通过臀部肌肉注射敌敌畏中毒致死案例，尸检仅取胃内容物化验，则结果阴性。

2. 毒物因尸体腐败而分解消失。如挥发性毒物在尸体内经过一段时期后即不能检出，乌头碱也易因尸体腐败及碱性作用而被分解。

3. 毒物因加入防腐剂而被破坏。如氰化物中毒死者，尸体经福尔马林液防腐处理或脏器标本经福尔马林液固定，则氰化物迅速被破坏而不能检出。

4. 某些毒物(如部分有毒动植物)目前尚无适当的毒物检验方法。

5. 毒物化验及技术操作是否正确？选用的化验方法是否灵敏？

中毒的法医学鉴定不能单纯依靠毒物化验结果，对每一个具体案例必须根据案情调查、现场勘查、临床资料、尸体解剖及病理切片检查所见，再结合毒物分析及其他检验结果，进行综合评定。

八、中毒尸体挖掘取材的价值

部分经过土葬或掩埋的尸体，事后经过一段时间，又怀疑为中毒，此时能否挖掘尸体并进行取材和毒物化验，成为衡量是否值得挖掘的关键。一般应该考虑毒物种类、尸体埋葬的环境条件、季节等因素。

一般挥发性毒物很快从尸体消失，故挖掘进行毒物化验的意义不大。但有机磷农药曾有尸体埋葬半年后检出的案例，氰化物也有埋葬数月后检出的案例。

多种非挥发性毒物，可随尸体腐败而分解破坏。但曾有巴比妥、番木鳖碱中毒尸体埋葬 10 多年后检出毒物的案例。另外，钩吻和奎宁也能从死后数年的尸体腐渣中检出。

金属毒物不因尸体腐败而分解破坏，如砷可以从埋葬多年的尸体中检出。

一氧化碳中毒者因血液腐败较慢，故曾有埋葬数月尸体的血中查出 HbCO 的案例。毒鼠强中毒尸体有埋葬 2 年后检出的案例。

挖掘尸体进行毒物检查的，应该注意避免周围泥土污染，要取周围泥土作对照。检材以胃、肝、肾或相当于该部位的腐烂肉泥为宜，也可收集毛发、骨骼等，分装备检。同时注意收集棺木、衣物、液体等作对照检验。

【思考题】

1. 毒物和中毒的概念。
2. 毒物进入机体的途径有哪些？
3. 简述影响毒物作用的因素。
4. 简述常见毒物的毒理作用及中毒尸体征象。

第九章　法医学尸体检验

第一节　概述

一、法医学尸体检验的概念

法医学尸体检验(postmortem examination of forensic cases,medicolegal autopsy)是法医学鉴定人受司法机关或有关部门的委托,依照法律规定,对死者身体进行全面系统的检查和剖验。其目的是查明死因、判断死亡性质、推断死亡时间和损伤经过时间、分析及认定致伤工具,对无名尸体,碎尸或白骨还要进行个人识别。为刑事侦查提供线索,为量刑定罪和民事裁判提供依据。同时,尸体解剖积累的资料,可促进法医学和医学的发展。

法医学尸体检验是法医工作者的一项基本技能,它包括现场尸体检验、尸体外表检验和尸体解剖检验三个步骤。按尸体情况分为一般尸体检验和特殊类型的尸体检验。法医学尸体检验既要应用病理学的检查方法和技术,又要明确每一个案例的检验目的,注意其特殊性。在法医学尸体检验工作中要以严谨的科学态度、认真细致的工作方法、实事求是的思想作风和吃苦耐劳、勇于探索的精神,做好每一次尸体检验,力求尸检诊断的准确性和可靠性,不断提高尸体检验操作的水平和法医检案鉴定的质量。

二、尸体检验对象及原则

尸体检验对象包括:①涉及刑事案,必须经过尸体解剖始能判明死因的尸体和无名尸体需查明死因及性质者;②急死或突然死亡,有他杀或自杀嫌疑者;③因工、农业中毒或烈性传染病死亡涉及法律问题的尸体。

尸体检验原则:1. 系统性:法医学尸体检验应强调系统性,全面系统尸体检验包括衣着、尸体外表检验、尸体解剖,不仅是解剖胸腔、腹腔、颅腔等三腔,还应包括颈部、脊柱、盆腔及其他案件所需要检查的部位和项目,并提取必要、足量的病理和毒化等检材以备检验、复核。从尸体检验得出的结论是客观证据,在许多案件的侦破和审判中起着关键的作用,尸检一定要全面系统,只有这样才会发现有价值的证据,否则容易发生遗漏,造成错误的结论。2. 规范性:法医学尸体检验一定要规范,严格按照操作程序进行,不要遗漏部位,尸检不全可能得出错误的结论或者遗漏重要的证据,或有时将一些有价值的证据人为地破坏,达不到剖检的目的。在这方面有许多经验教训可借鉴。

三、法医学尸体检验的程序

法医学尸体检验应按照全面系统的要求,从外向内、从上到下、从前到后逐步进行。首先进行现场尸体检验,其次是尸体外表检验,最后进行尸体解剖检验。虽然各个步骤检验的内容和重点不同,但它们之间相互联系。

(一)现场尸体检验

在作案或发现尸体的场所进行现场勘验及尸体外表检查,发现并采集有关物证的过程称现场尸体检验。通过现场尸体检验可确证死亡、获得案件的初步印象和有关线索。

(二)尸体外表检验

对尸体的一般情况、尸体现象、体表特征、病变或损伤等进行仔细检查。

(三)尸体解剖检验

凡经过现场尸体检验和尸体外表检验仍不能确定死因或尚须解决其他有关问题者,应做全面系统的尸体解剖。

(四)特殊类型的尸体检验

包括碎尸、无名尸体、强奸尸体等检验的要求、内容和方法,均不同于一般的尸体检验。

四、法医学尸体检验的注意事项

法医学尸体检验是一项严肃的工作,在进行尸体检验时一般应注意以下几点:

(一)尸检前必须证明确已死亡。

(二)应尽早进行尸体检验,争取在尚不需要进行防腐处理时进行尸体检验。

(三)尸检前详细了解案情,了解案发经过、死者的姓名、性别、年龄、职业、种族、住址及文化程度等一般情况,了解生前病史、损伤及发现尸体的经过和要求尸检解决的问题。

(四)做好所收集的各种书证、物证检材的登记、保存工作,以防混淆、遗漏,并注意留取一定检材备用。

(五)检验、记录规范化。应全面系统地检验,操作规范、方法得当,定位确切具体,测量准确量化,描述用专业术语,记录清晰整洁。若有数人参加一起检验,则要明确分工,互相密切配合。

(六)凡有价值的物证检材均应采取,并标明取材位置、方法,分别包装、编号送检。

(七)对现场、有关物证、尸体上的损伤及病变拍照时要注意其拍照的范围、距离、部位、角度和背景,编号和标尺位置应摆放适当。

第二节　尸体检验的方法

一、现场尸体检验

在作案或发现尸体的场所进行现场调查、勘验及尸体外表检查。其目的是首先确定被检查对象是否死亡,若未死亡,应立即就地抢救或迅速送往附近医院抢救;观察尸体所处环境和方位,判断有否移尸;发现和获取证实犯罪及与罪犯、死者有关的证据。还应注意发现和提取现场上一切可疑物品。初步检查尸体,推测死亡时间,以获得对死因、案件性质的大致印象和有关线索。

二、尸体外表检验

（一）尸体衣着检查

包括衣着的特征标记、缝制工艺、质料、颜色、新旧程度，有无反穿或钮扣脱落，有无异物附着，破损处与尸体损伤部位是否吻合，衣袋内有无信件、印章、遗书、钥匙或者其他票据等。佩戴饰物的类型和特征。

（二）尸体一般情况的检查

了解死者姓名、种族、确定其性别、年龄、身高、发育和营养状况。检查个人特征，如体型、面容、肤色，有无文身、义齿、痣、疣、瘢痕、畸形等；有无水肿、黄疸、出血斑点及肿块等病理改变；尸体现象出现的部位、类型、程度、范围及形态特征；有无损伤，损伤的部位、数目、形态特征、大小、分布、方向及深度，损伤周围和创腔内有无附着物和异物。

（三）尸体各部位的检查

1. 头部：发色、发长及发型，颜面是否肿胀、发绀或点状出血；眼结膜有无出血点，角膜有无瘢痕，瞳孔大小及是否等大、等圆，球结膜有无增厚及颗粒；耳或鼻腔有无出血、异物，鼓膜是否完整；口腔有无异物或异味，舌尖位置，唇、颊黏膜颜色，有无损伤或腐蚀，牙齿数目、排列和磨损情况及义齿等。

2. 颈项部：有无索沟、扼痕、皮下出血及创伤，颈椎有无脱位或骨折。

3. 胸腹部：是否对称，肋骨有无骨折或其他异常，腹壁有无波动感，女尸腹壁有无妊娠纹。

4. 腰背部：有无外伤或压痕，脊柱有无变形。

5. 肛门及会阴部：观察会阴部及外生殖器的发育状况、有无病变和损伤。女性尸体要观察外阴部有无血痕、精液附着，检查处女膜是否破裂，阴道内有无异物，必要时采取阴道内容物备检。

6. 四肢：有无外伤、骨折、脱臼、咬痕、针孔及抵抗伤。手中是否握有物品，指甲与甲缝有无毛发、血迹等。

三、尸体解剖

（一）尸体解剖术式

1. 头部解剖术式（成人）：从一侧耳或乳突上方经颅顶向另一侧耳上方或乳突切开头皮，深达颅骨，把头皮向前剥离至眉弓，向后剥离至枕骨结节处。用刀自额部眶上缘2cm处作一锯线，向两侧延伸经耳郭上缘切断两侧颞肌，沿锯线将颅骨锯开，用丁字凿掀开颅盖骨（图9－1）。

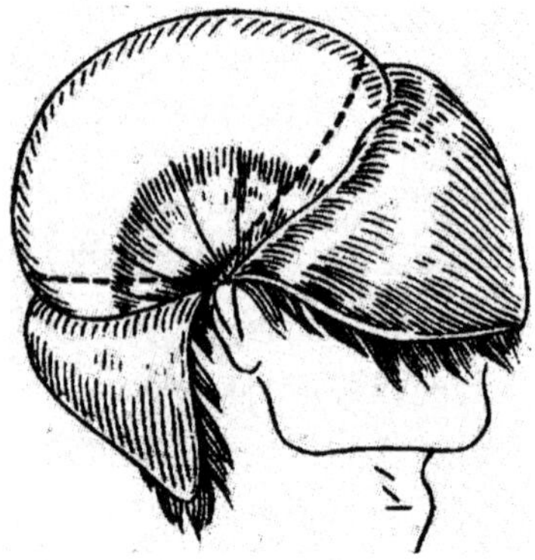

图9－1　头部的解剖术式

2. 胸、腹腔解剖术式（图9－2）

（1）直线切法：从下颌下缘正中线开始，向下沿颈、胸、腹正中线绕脐左侧至耻骨联合上缘切开皮肤及皮下组织。必要时可自此向一侧或两侧腹股沟延长。一般常用此方法。

（2）T字弧形切法：先从左肩峰经胸骨上切迹至右肩峰做一弧形横切口，再在弧线中点向下作直线切口，绕脐左侧到耻骨联合上缘。此术式的优点是可以保持颈部外形完整。

(3)Y 字形切开法:分别从左右耳后乳突垂直向下切至锁骨上缘,再向前内方切开至胸骨切迹处会合,其余胸腹部切口同直线切法。颈部有损伤,如索沟、扼痕和创伤时,采用本术式。

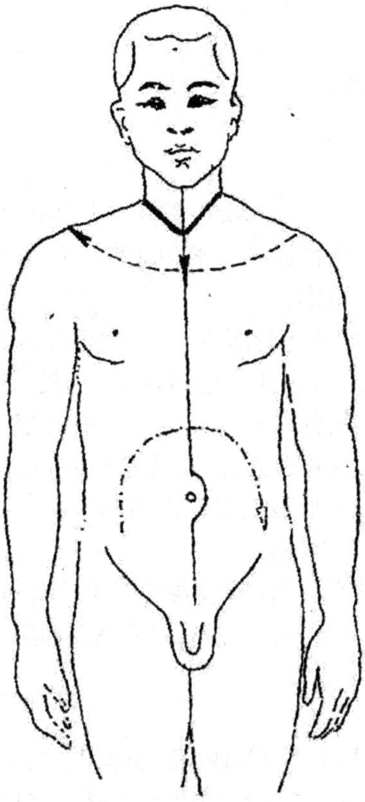

图 9-2　颈、胸、腹部的解剖术式

(二)尸体解剖程序

法医学尸体解剖时应按操作程序进行规范化尸体解剖。但因不同案例的要求不同,其操作程序可有区别。

1. 腹腔——盆腔——颈部——胸腔——颅腔:此顺序是将腹腔、盆腔脏器组织取出后再将颈部和胸腔脏器组织一起取出,最后解剖颅腔。

2. 腹腔——盆腔——胸腔——颅腔——颈部:疑是缢、勒及扼颈致死者应采取此程序进行尸体解剖,以免在切开颈部软组织时被血液污染,影响对颈部损伤、出血的观察。

3. 颈部——胸腔——腹腔——盆腔——颅腔。这种操作顺序既可将颈胸部脏器一并取出,再取腹腔、盆腔脏器,也可将颈胸部脏器连同腹腔、盆腔脏器一起取出,然后在体外做分别检查。

上述几种不同的尸体解剖程序可以灵活应用,以不破坏损伤和病变,有利于查明死亡原因、死亡机制、死亡方式为原则。

(三)检查内容

在剖开颅、胸、腹、盆、脊髓腔及颈部后,观察各体腔内有无异常气味、积血、积液,其量及性状。各脏器的位置、颜色、大小正常与否,有无损伤及病变。同时还应检验血管、淋巴结及各脏器的包膜有无异常。继而剥离取出这些内脏器官进行检查,包括称取重量,观察其表面及切面情况等。

剖验工作结束后，于体腔充填填充物，缝合切口，将尸体冲洗干净并穿衣整容。

第三节　特殊类型的尸体检验

一、身份不明尸体的检验

对身份不明的尸体进行检验，除要解决一般法医尸体解剖应解决的问题外，还应以个人识别为重点，为查找尸源及认定死者提供线索和证据。具体方法如下：

（一）拍摄死者的全身和面部照片；

（二）详细检查衣着服饰特征及随身所带物品，尽可能发现有关线索；

（三）重点检查尸体外表的个人特征。包括性别、身长、体型、体重、营养及发育状况、有无畸形，头发类型及特点、脸型、肤色、眉、胡须、齿列、有无龋齿和义齿，手足的职业特点、指甲长短和形状，唇、甲有无染色，皮肤有无文身、特异瘢痕和其他病理改变等；

（四）捺印死者十指指纹，提取血液毛发作血型测定；

（五）女尸要检查处女膜及有无妊娠。

最后根据案情调查、现场勘查、尸体检验综合分析，推测死者的年龄、职业和生前居住区，提出个人识别的依据，确定死因、死亡时间，判断案件性质。

二、碎尸的检验

尸体受暴力作用而被分解成数段或数块，称为碎尸。碎尸的目的，大多为毁灭罪证掩盖罪行。另一些属交通事故、飞机失事、爆炸等原因造成。碎尸一般为无名尸体，除按无名尸体检查外，还应注意以下几点：

（一）碎尸案的现场可能有杀人、碎尸和转移、丢弃碎尸块几种现场。故在勘验现场时，应尽量找全尸块，以便获得个人识别和扩大侦破案件的线索。

（二）检查尸块所用包装物的种类及其附着物，并留作物证。

（三）种属鉴定，所发现的碎尸块是否为人的肢体和脏器组织。

（四）根据尸块形态特征及断端间的吻合程度，测定各尸块组织的血型，以确定是否属于同一个体。

（五）根据尸块断端特征，附着物及遗留物推测碎尸的方法、手段与作案工具等。

（六）确定死者的性别、年龄、身高、容貌及其他个人特征。

（七）根据尸体现象及其他检验结果，推断死亡时间，判明生前伤与死后伤。各尸块发现时间可能不同，发现地点的自然条件可能差别较大，尸块死后变化差别也较大。推测死亡和碎尸经过时间应考虑上述影响。

【思考题】

1. 简述法医学尸体检验的目的。
2. 简述法医学一般尸体检验的步骤和方法。
3. 简述碎尸案尸体检验的方法。

第十章　法医物证检验

第一节　概述

一、法医物证的概念

法医物证是指对案件的真实情况有证明作用的生物性物质，常见的有人体组织器官、分泌物和排泄物，如血液、精液、唾液、阴道分泌液、尿液及其斑痕，毛发、骨骼、牙齿、脏器、肌肉、皮肤等。有时还涉及与案件有关的动物血液、骨骼、毛发以及植物的叶、花粉及种子等。

法医物证检验是利用遗传标记系统的多态性对生物性检材进行种类、种属和表型鉴别，以便对事主做出肯定或否定的判断，以达到个人识别及亲权鉴定的目的。

二、法医物证检验的作用

（一）有助于确定案件性质。如未婚妇女被害，其阴道内或衣裤上精液（斑）的检出，可以肯定发生过性行为，或属强奸杀人。幼女的阴部或衣裤上检出精斑，即确定为奸幼案。

（二）有助于认定犯罪嫌疑人。如在被害人身上提取的精斑属 A 型，经 DNA 指纹图比对与某嫌疑人相同时即可认定该犯。某凶杀案中的嫌疑人在其家中及其所穿衣服上发现多处血迹，经检验血型与死者相同而与本人不同时，嫌疑人又不能提供血迹的真实来源，该人很可能是犯罪嫌疑人。

（三）提供犯罪嫌疑人特征，作为侦查线索。如对各种斑迹确定血型或性别，应该在该血型和性别的范围内发现嫌疑人。

（四）根据物证的分布及其血型和性别检验结果，对现场重建及对犯罪人数和活动过程做出分析。

（五）物证可以帮助审查犯罪嫌疑人口供和被害者及证人的陈述。可以证明嫌疑人是否有罪或排除嫌疑人，如嫌疑人衣服上血斑是本人的血或家中其他人的血，则应排除疑点。

（六）亲权纠纷案可以通过血型检验或 DNA 遗传指纹比对，确定是否存在亲权关系。

（七）物证检验可以提供无名尸体及高度腐败无法辨认的尸体的遗传学特征，对查找其身源提供遗传学上的依据。

三、法医物证的发现、提取、包装、保存及送检

（一）法医物证的发现

法医物证检材分散于各处、没有固定的地方，大部分是在现场勘查中发现的，也有在搜查嫌疑人、作案工具及检查被害人时发现的。发现法医物证后，首先要拍照、摄像，并记录发现的时间、地点、发现人的姓名、物证名称、数量、颜色、形状以及依附物名称和附着部位等。

1. 血痕

血痕多附着于物体的表面，在现场的地面、草丛、墙壁、家具、衣服、鞋袜、被褥、蚊帐和凶器上，或人体头发间、指甲缝里，个别案件还需拆开物体才能发现，如刀身与刀柄结合部的沟缝内，地板缝内或家具缝内。在检查衣帽时，应特别注意衣缝、口袋、纽扣眼以及皱褶等处，对鞋类，则需检查鞋底和鞋面结合部的缝隙。黑暗现场上的血痕，可用鲁米诺喷雾法寻找血痕。

2. 精液

精斑及精液与阴道分泌液的混合斑多附着在受害人的衣裤、外阴部、大腿内侧、阴毛及阴道内，以及现场的床单、被褥、枕巾与地面等处。

3. 唾液

唾液斑多存在于手帕、毛巾、咬痕、烟蒂、烟斗、信封口或邮票背面等处。

4. 毛发

毛发多在现场的床单、被褥、枕头、枕巾、地面或受害者的手中。强奸受害者阴毛处可用梳子梳理出强奸犯的阴毛。

5. 皮肤及其他脏器组织碎片

可见于被害人或罪犯指甲内。发生交通事故时，肇事车辆，特别是轮胎上，可能遗留有遇难者的血痕、毛发及组织碎块。

（二）法医物证的提取

1. 法医学物证检材提取的一般规则

（1）检材均应直接提取，易携带物品应整体采取，不易携带的物品，应采取转移提取的方法提取生物检材。

（2）根据检材附着的不同载体，应用擦拭、剪切、刮削、吸附、浸泡、锯凿、挖取等方法提取。

（3）不同部位的各种检材应分别提取，单独包装，使用标准的物证袋或物证标签贴封，做好标记和编号。

（4）提取的检材必须详细登记案件名称、提取地点及时间、提取方法、检材名称、数量、形状、颜色、提取人、保存方法等。

（5）检材提取者必须戴手套持洁净器具，如刀、剪、镊子或竹木类工具等取材，禁止赤手触摸检材。

（6）凡是从各种载体上提取的检材，均应提取检材附近的空白对照。

（7）提取的新鲜体液应取部分检材尽快检验，其余部分应制成纱布斑迹，人体组织应干燥或冷冻保存。

（8）提取的各种体液性的检材应在阴凉通风处自然干燥成纱布斑迹，禁止加热烘干。

（9）提取的检材在包装和携带运送过程中应避免互相摩擦、冲撞及失落，易碎检材防止

挤压和震动,易散失的检材严密包装。

2. 法医学物证检材的提取方法

(1)血液和血痕的提取

①各种纺织物品上的遗留血痕,小件的可以整件提取;如不便整件提取或血痕附在较大件的物品可将血痕剪下送检并记录其所在部位,同时剪取血痕附近的空白织物一并送检。

②树叶、草叶等小件载体上附着的血痕均可以整件提取送检。较大的木质类载体的血痕,可根据载体的情况采取切削薄片状部分或锯掉端、角处等方法提取有血部位的检材,或者采取转移提取的方法提取。

③光滑水泥地面、铁质或木质器具、漆面上、玻璃上、陶瓷、塑料、光洁的金属物品等质地致密的载体上的检材除附着在较小、易于提取的物品上可以整件包装送检,否则均需要擦拭或刮取。擦拭方法是根据血量的多少,准备适当大小的纱布块或纱线,用蒸馏水浸润(不要留多余水分)后仔细擦拭血痕,将血痕转移至纱布块(线)上,在阴凉处晾干。记录提取部位后包装送检,并同时在血痕附近的空白载体上用上述的方法提取空白检材一并送检。

④质地松软的载体如沙灰墙、泥土中的血痕的提取,将血痕尽量全部提取并尽可能少混带载体物,如沙灰墙上的血痕只能刮下送检,刮下的时候应尽量将全部血痕刮下不混或少混沙灰,同时需在附近取空白沙灰检材一并送检。泥土上血痕尽量挖出带血的完整土块,勿使土块破碎,包装时勿挤压冲撞。

⑤凶器上血痕的提取一般应尽量整件提取,如凶器较大可按照在较硬载体上的血痕提取法提取血痕,并提取空白检材一并送检。

⑥身体上附着的血痕的提取,在皮肤表面的血痕可以用纱线转移提取;如在指甲缝中的血痕可将指甲小心剪下送检并同时将无血的指甲剪下做空白对照;附着在头皮上的血痕可连同头发剪下。

⑦有关人员的对照血样的提取,可从耳垂、指尖或静脉取血 0.2ml,装入消毒试管内并加入少量生理盐水做好标签,同时取 0.2ml 血液直接涂于干净纱布上,将阴凉处晾干做好标签后送检。

⑧在尸检时提取尸体血样,腐败尸体取心腔血,未腐败尸体取末梢静脉血 3 ~ 5ml,装入消毒试管内,同时提取血液 1 ~ 2ml 涂在纱布上制成血痕。在发生案件现场留有尚未干涸的血迹的,可取少量血迹加入生理盐水中以便提取血细胞。

⑨通过血型检验鉴定亲子关系,取各被鉴定人静脉血 3 ~ 5ml,其中 2 ~ 4ml 加入含四乙酸酒石酸钠(EDTA)的试管内,EDTA 不仅抗凝,而且具有抑制 DNA 酶和防腐的作用,用枸橼酸钠抗凝也可,但不宜用肝素,因肝素不利于 DNA 分离。血液干燥后制成血痕保存亦可。

⑩冰雪上血痕,提取带血的冰雪块,放在纱布上待其融化,干燥。

(2)精斑的提取

①衣物、被褥等各种织物及卫生纸上遗留的可疑精斑提取的方法与相同载体上血痕的提取方法一致。注意做好记录并提取空白检材。

②被害人阴道内外精斑的提取一般用纱布块(也可以使用棉球)擦拭转染提取。纱布块不要太大,提取时需注意先外后内,分段提取。先擦拭外阴部的斑迹,阴道内由外向内直至后穹窿部位分三段用纱布转染。检材提取后于阴凉处晾干,做好记录后送检。也可以用刮板或玻片刮取流出的精液,自然晾干。棉球提取的阴道内精液也可涂在洁净玻片上晾干,做好标记后送检。在医院冲洗阴道时应收集最初的洗液,装入洁净瓶内,经纱布吸干备检。

③野外强奸现场的精斑常遗留在树枝、草等植物或土地上。在植物上的取整件或取精斑遗留处的枝段送检，遗留在土地上的按遗留在土地上的血痕的提取方法提取。

④遗留在较硬载体上的精斑提取法与血痕提取法相同。

涉嫌强奸的案件在送检精斑时需提取被害人、嫌疑人及有关人员（丈夫）等的唾液一并送检。

（3）唾液斑提取

①新鲜唾液的提取：让提供唾液者清水漱口后目视酸性果品，待唾液自然流出 1～2ml，收集在洁净的试管或小烧杯内，置冰冻保存，做好标记。也可将提取的唾液用纱布吸附后自然晾干，或唾液供者清水漱口后取 $5\times5cm^2$ 纱布块放入口中待其浸湿后取出晾干，装入物证袋。

②烟蒂唾液斑提取：发现可疑与案件有关的烟蒂均应用镊子提取，按不同提取部位分别装入物证袋，做好标记。

③对可疑的用于堵嘴的手帕或衣物等均应整件提取，如有湿润部位应用彩色笔标出部位，晾干后包装。大件衣物可以剪下可疑部位并取附近处空白，做好标记。

④对尸体或活体皮肤上留有咬痕或可疑被舔吻部位，如乳头、口唇等可用浸湿的棉拭子或纱布擦拭，同时擦拭附近部位作为空白，晾干，装入物证袋。

⑤可疑留有犯罪嫌疑人唾液的口杯茶具等均可用湿润棉拭子擦拭其边缘部位，同样取近处空白，晾干，装入物证袋。

⑥含有胶液的信封口或邮票背面可疑遗留唾液斑时，对该信封和邮票应整件提取，装物证袋，送检。

⑦手帕、毛巾等均可留有使用者本人的唾液，在案件中的手帕或毛巾可以整件提取，做好标记送检。

（4）毛发的提取

①毛发的提取，不管是遗留在何处的毛发（身上、地上、衣物上、凶器上等），一经发现分别提取，装入纸袋同时做好记录。严禁不同部位毛发混在一起。提取时应注意细心查找，提取动作轻柔，避免将黏附在载体上的毛发拉断，也防止将毛发上的附着物擦掉。如果毛发在载体上黏附较紧，有可能时应将载体一同提取。

②对照毛发最好与检材毛发提取自同一部位（比如同是头发或同是阴毛），对照毛发的提取量不应少于 5～10 根。

（三）法医物证的包装及保存

不同的检材应分别包装、编号，包装物外注明检材名称、来源、数量和采集日期。避免混淆和交叉污染。生物性检材如果包装和保存不善，容易发生变性、分解、真菌及细菌生长。新鲜的血液、唾液、精液、人体组织、器官等可盛于洁净的玻璃或塑料容器中冷藏或冷冻，不要加入会引起蛋白质沉淀、变性或凝固的防腐剂；潮湿的血痕、唾液斑、精斑及阴道内容物，应在阴凉处晾干后，用干净纸质物证袋分别包装、干燥保存；同时防止酸碱、化学试剂及一些物理因素对检材的影响。

冷冻是保存 DNA 最好的方法，在 －70℃或液氮中，DNA 可以无限期保存，如组织已用福尔马林固定，应尽快用生理盐水冲洗后冷藏。

（四）法医物证的送检

取得检材后要尽快送检，离体检材时间越长，蛋白活性下降越明显。送检时，应附委托书,载明委托单位、委托人、案情、检材件数、送检目的及报告寄发单位与地址。如系复验,应将原鉴定书或其复印件一并附上。在送检物证的同时,应根据案件的不同情况附送必要的对照标本,如被害人和嫌疑对象及相关人员的血液、毛发、唾液等。

(五)法医物证检材的检验程序和要求

1. 检验前应根据送检人员的介绍或函寄的委托书,仔细核对每份检材的包装情况、检材的数量和种类是否与提供的送检物品清单相符。若相符则按送检要求及时检验,若发现异常情况或检材不足,应及时与送检机关联系,说明情况或要求补寄检材,得到答复后再进行检验。

2. 根据送检要求和检材的不同类型,制定检验方案和步骤。一般先作直观检查及物理检查等不破坏检材的检验,然后才进行化学或分子生物学检验。检验时应尽量节省检材,并保留相当部分检材以备复验或再鉴定时使用。

3. 必须采取有效措施防止污染。在查看检材或检验时,不要用手直接触摸检材。检验时所用工具和器皿必须清洁。在剪取一件检材后,应将剪镊等工具仔细擦洗干净,再剪取另一件检材;PCR 前和 PCR 后的操作必须分别在两个不同的实验室进行,以免互相污染,造成错误。

4. 检验完毕要向委托单位提交鉴定书。鉴定书由绪言(写明送检单位、日期、目的、案情摘要、检材、检验日期等)、检验方法和结果、分析说明、鉴定意见等几部分组成。最后由两名以上鉴定人签名,鉴定单位盖章。剩余的检材应妥善保管,或退还委托单位。

第二节 遗传标记

在法医物证鉴定中,主要依据人体组织、细胞上各种遗传标记进行个人识别和亲权鉴定。在发现 DNA 遗传标记之前,主要采用血型血清学遗传标记,即传统的血型(blood group)进行法医物证鉴定。广义的血型是指由遗传决定的人类血液的个体差异,包括红细胞血型、白细胞血型、血小板型、血清蛋白型和酶型等。个体间遗传差异的本质是编码基因产物的 DNA 分子结构在不同个体或等位基因之间存在差异,称为 DNA 多态性。DNA 遗传标记具备遵循孟德尔遗传规律和终身不变等遗传标记特征。自 Jeffreys1985 年首例应用 DNA 指纹鉴定亲权成功后,大量的 DNA 遗传标记被开发,并越来越广泛地应用于法医物证鉴定中。

应用于法医学鉴定的遗传标记大致可作如下分类:

- 遗传标记
  - 基因产物水平遗传标记
    - 细胞表面遗传标记(红细胞血型、白细胞血型、血小板型等)
    - 蛋白质的遗传标记(血清型、红细胞酶型、血清酶型、分泌等)
  - DNA 水平遗传标记
    - DNA 序列多态性
    - DNA 长度多态性

一、基因产物水平的遗传标记

基因产物水平的遗传标记主要是指血液遗传学上的差异,简称血型。血型物质系人体中具有血型抗原特异性的物质。它不仅存在于红细胞和其他组织细胞上,而且还存在于体液和分泌液中，因此，目前血型的概念已不仅是狭义的红细胞血型，而扩展为各种血液成分的遗传多态性标记。迄今在人类血液中检出的遗传标记多达500余种，其中法医鉴定中常用的包括红细胞血型、白细胞血型、血小板血型、血清型、酶型等。各类血型又分为许多独立的血型系统。血型是人类血液的一种个体特征，一般终身不变，具有遗传性，因此，在个人识别和亲子鉴定中具有重要意义。

(一)红细胞血型

红细胞血型是指由遗传决定的红细胞表面抗原的差异。红细胞血型检测主要依靠血型特异性抗体与相应抗原的血清学反应(如凝集试验、凝集抑制试验和Coombs试验等)结果判断血型。法医鉴定常用的红细胞血型主要有以下几种：

1. ABO血型

ABO血型系统是1900年由Landsteiner发现的人类第一个血型系统。在输血、器官移植、人类遗传学及法医学研究中具有重要意义。ABO血型有A、B和H抗原，ABO血型抗原位于红细胞膜上，正常个体血清中必含有与自身红细胞ABO抗原不相对应的抗体。因此用已知标准抗血清测定红细胞上的抗原(正试验)，或用已知标准红细胞测定血清中的抗体(反试验)，可以确定ABO血型的四种普通表现型(还有许多亚型)：即A型、B型、AB型和O型(见表10－1)。

表10－1　ABO血型的分型

	已知抗体			标准红细胞		分型
	抗－B	抗－A		A型	B型	
被检红细胞	+	－	被检血清	－	+	A型
	－	+		+	－	B型
	+	+		－	－	AB型
	－	－		+	+	O型

ABO基因座位于人类第9号染色体(9q34)，主要有A、B和O三个等位基因，A和B为共显性，A、B对O为显性，O为隐性。ABO血型的表型与基因型的关系是：A型为AA或AO；B型为BB或BO；AB型为AB；O型为OO。A型和B型的基因型不能直接用凝集反应来确定，但可通过家系调查来推定或通过DNA分型技术直接检测。ABO血型抗原决定簇是多糖，它们并不是基因的直接产物，而是由基因表达产生的不同糖基转移酶，以H物质作为基础物质催化生成的不同糖链。ABO血型抗原不仅以醇溶性糖脂类的形式存在于红细胞及其他组织细胞上，也可以水溶性糖蛋白的形式存在于部分人的血清、精液、唾液等体液与分泌液中。根据人的分泌液中是否含有A、B、H血型物质，而分为分泌型(Se)和非分泌型(se)。分泌液中含有与ABO血型一致的血型物质者，称为分泌型，不分泌或微量分泌血型物质者，称为非分泌型。因此，也可以通过对体液进行检测判定ABO血型。

2. MN血型

M抗原与N抗原是Landsteiner等于1927年用人红细胞免疫家兔制备特异性抗血清时发现的，是第二个被发现的人类血型系统。MN血型的M、N两种抗原，以糖蛋白的形式存在于红细胞膜表面上，用已知抗－M、抗－N抗体检测未知的红细胞抗原，根据凝集反应分为M型、N型和MN型3种表型。MN基因座位于第4号染色体(4q28～31)上，M、N两个等位基因符合常染色体共显性遗传。

3. Rh 血型

Rh 血型是最为复杂的人类血型之一，5 种常见抗原 D、C、c、E、e 构成 18 种表现型。其中 RhD 抗原具有很强的免疫原性，在输血、新生儿溶血和母婴妊娠不合中具有重要的意义，因此临床上根据 RhD 抗原的有无分为 RhD(+)和 RhD(−)两种型。Rh 基因座定位于第 1 号染色体(lq36. 13 − p36. 1)上，由紧密连锁且高度同源的 RhD 基因和 RhCE 两个亚基因座组成，它们分别编码 RhD 以及 RhCcEe 蛋白。RhCE 基因座的四种等位基因 RhCE、RhCe、Rhce、RhcE 属常染色体共显性遗传。

Rh 血型抗原为膜内镶嵌蛋白，相应的 Rh 抗体多为不完全抗体。因此，常用抗人球蛋白试验(Coombs test)鉴定 Rh 血型。

(二)血清蛋白型

血清蛋白型(the polymorphism of serum protein)又称血清型(serum types)，是指由遗传决定的人的血清中存在的同一种蛋白质的个体差异，表现为氨基酸排列顺序的差别，进而导致蛋白质的二级结构和立体构象的不同。根据分型原理不同，血清型可以分为两大类：一类为血清蛋白的抗原多态性遗传标记，是指同一种属不同个体血清蛋白抗原性的差别，如免疫球蛋白的同种异型 Gm(γ 链)、Am(α 链)、Em(ε 链)及 Km(κ 链)等，通常用特异性抗血清分型；另一类为血清蛋白的电泳多态性遗传标记，是指同一种属不同个体间血清蛋白多肽链中部分或个别氨基酸不同，引起电泳迁移率发生变化构成的多态性，可根据蛋白染色或免疫印迹技术显现的电泳谱型不同分型。

法医物证鉴定常用的血清型系统有：结合珠蛋白(HP)型、维生素 D 结合蛋白(Gc)型、α_1 − 抗胰蛋白酶(Pi)型、转铁蛋白(Tf)型、间 − α − 胰蛋白酶抑制剂(ITIH1)型和补体成分等(见表 10 − 2)。

表 10 − 2　法医物证鉴定常用的血清型

血型系统	生理功能	染色体	等位基因	常见表型
HP 型	HP 和 Hb 结合复合物，使 Hb 中的铁得以储存和再利用	16	HP * 1 HP * 2	1 型 2 − 1 型 2 型
Gc 亚型	结合和转运维生素 D 及其代谢产物	4	Gc * 1F Gc * 1S Gc * 2	1F 型　2 − 1F 型 1F1S 型 2 − 1S 型 1S 型　　2 型
TfC 亚型	参与铁得吸收与转运，并与锌的吸收与转运有关	3	TfC * 1 TfC * 2	C1 型 C2C1 型 C2 型
PiM 亚型	维持蛋白酶与蛋白酶抑制物之间的平衡，保护组织免受蛋白水解酶的分解	14	PiM * 1 PiM * 2 PiM * 3	M1 型 M3M1 型 M2M1 型 M3M2 型 M2 型
ITIH1 型	抑制多种丝氨酸蛋白水解酶活性	3	ITIH1 * 1 ITIH1 * 2 ITIH1 * 3	1 型　2 − 1 型 2 型　3 − 2 型 3 型

（三）红细胞酶型

红细胞酶型即红细胞的同工酶多态性，是指由遗传基因决定的、具有相同催化活性的酶分子一级结构在同一种属不同个体间的遗传差异。检测红细胞酶型常用以红细胞溶血后的血液或血痕浸出液为检材，根据酶蛋白分子的大小和所带电荷量的不同，通过电泳使之分离后，利用酶活性催化底物反应显带，并根据电泳谱带位置、谱带数目和谱带强弱判断血型。这种电泳分离结合特异的酶组织化学染色的方法称为酶谱技术（zymogram technique）。常用的电泳方法是琼脂糖凝胶电泳和聚丙烯酰胺凝胶等电聚焦技术。随着基因组计划的完成，大部分红细胞酶型的遗传学基础已阐明，使红细胞酶型的 DNA 分型得以实现。

法医物证鉴定常用的红细胞酶型有：红细胞酸性磷酸酶（EAP）型、酯酶 D（ESD）型、葡萄糖磷酸变位酶 1（PGMI）型、乙二醛酶 I（GLOI）型和谷丙转氨酶（GPT）型等（见表 10－3）。

表 10－3　法医物证鉴定常用的红细胞酶型

血型系统	生理功能	染色体	等位基因	常见表型	
EAP 型	正磷酸单酯＋水 EAP↓ 磷酸＋醇	2	EAP＊A EAP＊B	A 型 BA 型 B 型	
ESD 型	酯＋水 ESD↓ 脂肪酸＋醇 0	13	ESD＊1 ESD＊2	1 型 2－1 型 2 型	
PGM1 亚型	葡萄糖－1－磷酸 PGM1↓ 葡萄糖－6－磷酸	1	PGM1＊1＋ PGM1＊1－ PGM1＊2＋ PGM1＊2－	PGM1　1＋型 PGM1　1－型 PGM1　1－型 PGM1　1＋型 PGM1　1－型	PGM12－1＋型 PGM12－1－型 PGM12＋型 PGM12＋1－型 PGM12－型
GLOI 型	甲基乙二醛 GLOI↓ S－乳酸谷胱甘肽	6	GLOI＊1 GLOI＊2	1 型 2－1 型 2 型	
GPT 型	丙氨酸＋丙酮酸 GPT↓ α－酮戊二酸＋谷氨酸	16	GPT＊1 GPT＊2	1 型 2－1 型 2 型	

（四）白细胞血型

人类白细胞膜上存在三类不同的抗原：红细胞血型抗原（ABH、Le^a 和 Le^b 等）、白细胞本身特有抗原（CD^4 和 CD^8 等）及代表个人特异性且与其他组织共有的同种抗原——人类白细胞抗原（human leukocyte antigen，HLA），又称为移植抗原（transplantation antigen）或组织相容性抗原（histocompatibility antigen）。

HLA 系统是迄今发现的最复杂的人类遗传标记。HLA 基因定位于第 6 号染色体短臂（6p21.31），形成一组紧密连锁的基因群，称为主要组织相容性复合体。其中 HLA－I 基因区已识别命名的基因座有 8 个，包括 HLA－A、B、C、E、F、G、H 及 J，迄今共检出 1062 个等位基因。HLA－I类抗原是一种膜糖蛋白，主要包括HLA－A、B和C基因的产物，由一条重链和一条轻链构成。该类抗原分布广泛，存在于所有有核细胞中，并以可溶性方式存在于自身血清或初乳中。HLA－Ⅱ基因区已识别命名的有30多个基因座和686个等位基因。HLA－Ⅱ类抗原主要包括DR、DQ、DP等基因座的产物，由α和β两条糖蛋白链构成。该类抗原的组织分布比HLA－Ⅰ类抗原少得多，主要表现在如B细胞、巨噬细胞和其他抗原递呈细胞的表面。

HLA的遗传特征：①共显性遗传，HLA每个基因座上均有众多的复等位基因，以HLA－Ⅰ、Ⅱ类6个主要功能基因A、B、C、DRB1、DQBl、DPB1计算，共有1570个等位基因，各个基因座上的基因随机组合，形成HLA型系统高度的遗传多态性，在个人识别和法医物证鉴定中具有非常重要的意义；②单体型遗传，是指位于同一条染色体上的HLA各基因座的基因紧密连锁构成基本的遗传单位，完整地由亲代传给子代；③连锁不平衡，是指某些单体型观察频率高于或低于期望值的现象。因此，在法医学数据分析中，不同基因座的累积概率不能简单使用各基因频率的乘积，而应使用单体型频率计算。

HLA抗原分型主要应用微量淋巴细胞毒试验和混合淋巴细胞培养两种方法，前者用于检测HLA－A、B、C、DR和DQ基因座的抗原，后者用于检测HLA－DP基因座的抗原。随着PCR技术的成熟和HLA复合体各等位基因核苷酸顺序的阐明，对HLA多态性的研究已经由经典的血清学方法转为DNA分型，在更深层次上揭示了HLA基因的遗传多态性。

二、DNA水平的遗传标记

（一）DNA的结构与功能

DNA是生物的遗传物质，其基本结构是由4种脱氧核糖核酸（以下简称核苷酸）通过磷酸二酯键聚合而成的多核苷酸链。核苷酸由磷酸、脱氧核糖和碱基三个部分组成，其中碱基有腺嘌呤（A）、鸟嘌呤（G）、胞嘧啶（C）和胸腺嘧啶（T）四种类型。绝大部分（98%）DNA存在于细胞核内的染色质中，核内DNA分子是由两条反向平行排列的多核苷酸链，以碱基配对的原则（A与T，G与C）通过氢键彼此相连，并围绕同一中心轴盘旋形成的双螺旋结构。极少部分DNA存在于核外线粒体中，线粒体DNA呈闭环双链结构，分子裸露，没有核基因组那样复杂的结构。

生物体的遗传信息表现为DNA分子中核苷酸的排列顺序，并以密码子的形式编码在DNA分子上。在细胞分裂过程中，DNA分子双链间的氢键断裂分开，然后每条多核苷酸链各以自己为模板，按照碱基互补原则合成新的互补链（半保留复制），把遗传信息从亲代传给子代；在细胞生命过程中，DNA中的两条多核苷酸链总有一条作为模板，将遗传信息转录给mRNA，mRNA再将信息翻译成蛋白质，决定蛋白质的特异性。

（二）DNA多态性的分子学基础

DNA多态性是指DNA区域中等位基因（或片段）存在两种或两种以上形式，其本质是生物体在进化过程中DNA的核苷酸排列顺序改变的结果。DNA多态性可分为长度多态性和序列多态性。

1. 长度多态性（length polymorphism）

DNA长度多态性是指在两条同源染色体上，同源DNA片段的核苷酸排列数量存在的个体差异。DNA长度多态性是由于片段插入、缺失或重复序列数目变异所致，其中约占整个基因组20%～30%的重复序列是导致DNA长度多态性的最常见原因。

以多拷贝形式存在的 DNA 序列称为重复序列,大多存在于基因内非编码区或基因附近。根据重复序列结构和分布特点可分为以下三类:

(1)散在重复序列:单拷贝 DNA 序列以其单体形式散在地分布于整个基因组中称为散在重复序列。由于其分布间隔片段大小不同又可分为短片段型和长片段型。

(2)串联重复序列:具有特定的重复单位,各重复单位头尾相连形成的重复序列称为串联重复序列,又称为卫星 DNA。由于结构分布上的不同,卫星 DNA 又被分成 4 类:大卫星 DNA、中卫星 DNA、小卫星 DNA 和微卫星 DNA。小卫星 DNA 和微卫星 DNA 具有极高的多态性,是法医学鉴定的重要遗传标记。

小卫星 DNA(minisatellite DNA)是由许多长度为 6 ~ 70bp 的串联重复单位组成的 DNA 序列,重复单位的重复次数在不同个体间有极大差异,重复次数少至数次,多至数千次,故又称为可变数目串联重复序列(variable number of tandem repeats,VNTRs)。这类重复可能源于减数分裂期间的同源染色体或染色体内部的不对等交换。在构成上,小卫星 DNA 最大的特点是同一小卫星的各个重复单位内含有一个约 10 ~ 15bp 长的保守序列,即核心序列;不同的小卫星 DNA 之间其核心序列有极高的同源性,在低杂交条件下可以相互杂交。以核心序列多聚体为探针进行限制性片段长度多态性分析时,能同时检测多个位点小卫星 DNA 多态性,这便是多位点 DNA 指纹图分析的理论基础之一。小卫星 DNA 重复单位的重复数目遵循孟德尔遗传规律遗传。

微卫星 DNA(microsatellite DNA)是一类更简单的寡核苷酸串联重复序列,重复单位为 2 ~ 7bp,重复次数在 10 ~ 60 次,又被称为短串联重复序列(short tanden repeats,STRs)。微卫星 DNA 的产生主要是 DNA 复制过程中滑动,或 DNA 复制和修复时滑动链与互补链碱基错配,导致一个或几个重复单位的缺失或插入。STR 分布广泛,在人类基因组中约存在着 5 万 ~ 10 万。STR 实质上属于 VNTR,同样具有极高的多态性,亦按孟德尔定律遗传。

(3)倒位重复序列:重复单位是互补序列,并在同一条 DNA 链上呈反向排列的重复序列称为倒位重复序列。倒位重序列根据两个互补拷贝之间是否存在间隔序列又可分为有间隔重复序列和无间隔重复序列两种形式。

2. 序列多态性(sequence polymorphism)

DNA 序列多态性是指在两条同源染色体上,同源 DNA 序列长度相等,但个别核苷酸存在的个体差异。单个核苷酸的变异所引起的 DNA 序列多态性,称为单核苷酸多态性(single nucleotide polymorphism,SNP),它是人类可遗传的变异中最常见的一种。这种变异由碱基的替代、插入或缺失所致。

SNP 用作遗传标记具有以下优点:①SNP 在人群中是二等位基因性的,在任何人群中其等位基因频率都可估计;②它在基因组中的分布较微卫星标记广泛得多;③与串联重复的微卫星位点相比,SNP 是高度稳定的,尤其是处于编码区的 SNP(cSNP);④部分位于基因内部的 SNP 可能会直接影响产物蛋白质的结构或基因表达水平,因此,它们本身可能就是疾病遗传机制的候选改变位点;⑤易于进行自动化分析,缩短了研究时间。由于 SNP 具有以上优点,所以其应用范围较微卫星标记更加宽广,它对法医学、群体遗传学、遗传性疾病等的研究都将产生不可估量的影响。

(三)DNA 多态性的检测技术

1. DNA 指纹技术

DNA 指纹(DNA fingerprint)是指将人类基因组 DNA 用特定的限制性内切酶消化后,

经电泳分离、萨森印迹转移，然后用已知序列小卫星 DNA 探针根据碱基互补原则与未知基因组 DNA 杂交，所显示出的由一系列不等距离、相互间隔的多条电泳谱带组成的高度多态性图谱。图谱中的每一条谱带代表一个特定长度的 DNA 片段，不同个体之间的差异在图谱中主要表现为谱带位置、数目和密度强弱的差异。DNA 指纹的实质是基因组 DNA 的限制性片段长度多态性，它的个体特异性取决于所用限制酶的识别序列特异性和探针的特异性。（见表 10－4）

表 10－4　几种多基因座探针及检测结果

探针名称及核心序列	限制酶	个体平均片段数(Kb)	无关个体偶合概率
33.6[AGGGCTGGAGG]$_{18}$	Hinf I/Hae Ⅲ	11(4～20)	3.0×10^{-9}
3.15[AGAGGTGGGCAGGTGG]$_{29}$	Hinf I/Hae Ⅲ	15(4～20)	3.0×10^{-11}
JL－02[NGG]$_{5}$[GAGGTG]$_{3}$	Hinf I	16(＞4.3)	6.6×10^{-15}
MZ1.3[GGTGGGGTGGTGGTCGGTGTGGCCGGC]$_{47}$	Hinf	18(4.3～23)	6.0×10^{-12}

（1）DNA 指纹的基本操作过程

①DNA 的提取：凡有核细胞均可提取 DNA。从生物性检材中提取 DNA 的原则是尽可能地保持 DNA 分子的完整性，尽可能地除去检材中的蛋白质、多糖和脂类等成分。

②限制酶消化：限制性核酸内切酶（restriction endonuclease，RE），又简称限制酶或内切酶，是一类能识别双链 DNA 分子中特定核苷酸序列，并在特定部位以内切方式水解 DNA 链的核酸水解酶。由于人类基因组 DNA 分子极大及个体间核苷酸顺序的差异，不同个体基因组 DNA 用同一种限制酶切时，产生的 DNA 片段的长度和数目有差异。这种由于 DNA 限制酶识别的序列核苷酸结构发生改变，导致酶切位点的产生、消失或移位，酶切所产生的限制性片段数目和长度改变所呈现的 DNA 多态现象称为限制性片段长度多态性（restriction fragment polymorphisms，RFLP）。

③电泳分离：基因组 DNA 经限制酶消化成为数百万长短不等的片段，不同长度的片段电泳迁移率不同，利用电泳技术可将酶切片段按分子量从大到小分离。

④萨森印迹转移：酶解 DNA 片段经电泳展开在凝胶的不同位置上，由于凝胶介质机械强度低，无法承受以后的操作，故将已分离的 DNA 片段从凝胶原位转移结合在一张固相滤膜上，这个过程称为萨森印迹转移。

⑤分子杂交：分子杂交是特异性探针与待测 DNA 多态片段在复性条件下形成稳定异源 DNA 双链的过程。DNA 指纹技术应用的核酸探针是指示跟踪物（同位素和非同位素）标记的、能与互补靶核酸序列退火杂交的已知核苷酸片段。DNA 指纹的探针有两类：多位点探针（multi-locus probe，MLP）和单位点探针（single-locus probe，SLP），前者指在低强度杂交条件下可同时检测基因组 DNA 中多个 VNTR 位点的探针，多位点探针检测得到的 DNA 图谱称为 DNA 指纹，后者指在高强度杂交条件下，只检测出基因组 DNA 中单个 VNTR 多态片段的探针，单位点探针检测得到的 DNA 图谱称为 DNA 纹印。

⑥指纹图显示：同位素标记探针杂交后，利用同位素的放射线在 X 线片上的成影作用检测杂交信号，称为放射自显影。非同位素标记探针杂交后，根据标记物种类的不同选择相应的方法显谱。

(2)DNA 指纹的基本特征

①体细胞稳定性:同一个体的血液、唾液、精液以及各器官组织 DNA 指纹图是一致的,并且对同一个健康人来说是终身不变的,这是法医学应用的基本前提。

②个体高度特异性:不同个体 DNA 分子水平上遗传本质的差异,决定了同一种限制酶消化基因组 DNA,某一个体与另一个体的等位基因片段在数量和长度上是不可能相同的,从而产生具有个体特异性的 DNA 指纹图。

③按孟德尔遗传规律遗传:通过大量的家系调查证明,子代 DNA 指纹图中所有等位基因带都可以在双亲的指纹图中找到,片段的传递符合孟德尔遗传规律。

2. 聚合酶链式反应

聚合酶链式反应(polymerase chain reaction,PCR)技术是近年来发展起来的一种快速的体外扩增特异 DNA 片段的技术,是依赖于靶 DNA 序列侧翼上所结合的两个寡核苷酸引物在体外由 DNA 聚合酶催化合成特异性 DNA 片段的方法。PCR 技术的主要目的是从生物体的整个基因组 DNA 中获取足够量的特异性片段,以供进一步分析。PCR 技术因具有灵敏度高、特异性强、操作简单、快速等优点,被誉为第二代 DNA 分型技术。

(1)基本原理:PCR 技术的基本原理与体内 DNA 复制的过程相似,在耐热 DNA 聚合酶作用下,以一对特异性序列 DNA 短片段作为引物,利用加热和冷却交替的循环程序,有选择地放大基因组内某一小区段。

PCR 技术由 3 个基本反应组成的循环过程:

①变性:通过加热使模板 DNA 双螺旋配对碱基间的氢键断裂,形成两条单链 DNA。

②退火:使反应体系温度下降至适宜温度时,人工合成的寡核苷酸引物,依碱基互补的原则,与所要扩增的靶 DNA 的双侧翼结合。

③延伸:在 DNA 聚合酶和 4 种脱氧核糖核苷酸底物及 Mg^{2+} 存在的条件下,聚合酶催化以引物为起始点的 5'端向 3'端方向 DNA 链延伸反应。

以上 3 个步骤构成一个完整 PCR 循环。每经过一个循环,模板 DNA 拷贝数目增加一倍,随着循环次数的增多,目的 DNA 的数量呈指数级增加,经过 n 次循环后,目的 DNA 的拷贝数达到 2^n。短时间内在试管中即可获得数百万个特异 DNA 片段。

(2)反应体系:标准的 PCR 反应体系一般选用 50 ~ 100μl 体积,其中主要包括:

①模板 DNA:模板 DNA 是 PCR 的起始底物,对于 PCR 产物的特异性、产量等有重要影响。由于 PCR 高度灵敏,对模板 DNA 的量要求相对不高。扩增单拷贝基因时,基因组 DNA 常用量为 0.05 ~ 1.0μg,约含 10^2 ~ 10^5 个模板 DNA 分子。在一定范围内,适当增加模板 DNA 量,可提高 PCR 产量,但模板 DNA 量过高,容易出现非特异性产物。

②引物:引物(primer)是指 DNA 聚合酶启动 DNA 合成时必需的一段短的寡核苷酸。PCR 扩增的靶 DNA 在基因组中的位置及长度是由引物限定的,因此引物的优劣直接关系到 PCR 的特异性与成功与否。PCR 引物的设计应考虑下列原则:(a)引物的特异性要好,与非特异扩增序列的同源性不能超过 70% 或有连续 8 个互补碱基同源,特别是 3'端与模板 DNA 一定要配对;(b)引物的长度要适当,一般以 15 ~ 30bp 为宜。引物过短会使特异性降低,过长则增加成本,并降低特异性;(c)引物的碱基组成分布尽可能随机,避免出现嘌呤、嘧啶的堆积,G + C 的含量宜在 45% ~ 55%;(d)引物自身不应有互补序列,防止叠成发夹结构;两引物间不应有互补序列,以防引物二聚体的形成,尤应避免 3'端的互补重叠。

反应体系中引物的浓度为 0.2 ~ 1.0μmol/L,更高的引物浓度会在异位引导合成,使非特异扩增产物增加;若引物浓度过低,则扩增产物量降低。

③TaqDNA 聚合酶:TaqDNA 聚合酶是从一种嗜热性真菌中分离出来的,分子量约为 93kD 的 DNA 聚合酶,其突出特点是对合成 DNA 具有比较高的最适温度(70 ~ 75℃)。TaqDNA 聚合酶具有 5′→3′催化活性,可依碱基互补原则,催化引物按 5′→3′方向合成 DNA 链。一般在 100μlPCR 反应体系中 TaqDNA 聚合酶的用量为 1.25U,酶量过多会使非特异性产物增加,而酶量过少,则会使目的产物产量降低。

④dNTP:PCR 反应需要三磷酸脱氧核苷酸,即 dNTP(dATP、dGTP、dTTP 和 dCTP),反应体系中各种 dNTP 的浓度为 50 ~200μmol/L。dNTP 浓度过高能促进碱基的错误掺入,过低会影响扩增产物的产量。

⑤反应缓冲系统:标准 PCR 缓冲液中含有 50mmolKCl、10mmol Tris-HCl(pH8.4)、1.5mmol$MgCl_2$和 100μg/ml 白明胶。PCR 缓冲液的变化通常会影响扩增结果,特别是 Mg^{2+},其浓度对扩增的专一性和扩增量都有重大影响,应按要求予以严格控制。

(3)反应参数:正确选择变性、退火和延伸的温度、时间及循环次数等参数是保证 PCR 成功的关键。

①适宜的变性条件是 95℃/30s。变性不完全往往是 PCR 失败的常见原因,变性温度过高或持续时间过长,则会因 TaqDNA 聚合酶活性降低和 dNTP 分子被破坏,减少 PCR 产量。

②退火的温度和所需时间的长短取决于引物的碱基组成、长度、浓度与模板 DNA 的匹配程度。一般退火温度比引物的 Tm 值[Tm =4(G+C)+2(A+T)]约低5℃。退火温度越高,所得产物的特异性也越高,但扩增效率下降;降低退火温度虽可以提高扩增产物量,但引物延伸的错配碱基会增加。退火时间为 30 秒,足以使引物与模板 DNA 之间完全结合。

③延伸温度通常在 72℃ ~75℃,此时 TaqDNA 聚合酶具有最高活性。PCR 的延伸时间取决于目的片段的长度和浓度,若目的片段在 2kb 以内时,72℃条件下延伸 1 分钟足够。

④循环次数一般 25 ~30 次比较合适。循环次数过多,易引起非特异产物量的增加。

(4)扩增产物分析:根据扩增片段多态性产生的分子学基础不同,法医学鉴定中常用的 DNA 分型技术主要有以下几类:

①AMP-FLP 技术:扩增片段长度多态性(amplified fragment length polymorphism,AMP-FLP)系指不同个体基因组 DNA 经 PCR 扩增获得的 DNA 片段长度不同而形成的遗传多态性,其多态性主要来自基因组中小卫星或微卫星位点。

可变数目串联单位序列(VNTRs)位点具有极高的遗传多态性。等位基因片段的大小取决于 VNTRs 片段重复单位的数目,不同等位基因片段长度的差异是重复单位长度的整倍数。PCR 扩增产物经简单的琼脂糖凝胶电泳,EB 染色或聚丙烯酰胺凝胶电泳硝酸银染色,便可依据片段的大小区别不同的等位基因。表 10 -5 中列出了法医物证鉴定中常用的部分 VNTR 位点。

表 10 -5 常用的 VNTR 位点

位点	D1S80	D1S118	D1S111	ApoB3'	HRAS	Co12A1	D17S30
染色体定位	1p35 - p36	1q	1q23	2p23 - p24	11p15.5	12q14.3	17p13.3
等位基因	22	9	14	11	17	10	11
杂合度	0.79	0.68	0.76	0.70	0.68	0.81	0.73

短串联重复序列(STR)是当前法医学领域最为广泛应用的遗传标记系统。人类基因组DNA中STR位点含量丰富,估计有20万~40万个,每隔6~10kb就会出现一个,其中约有半数具有遗传多态性。STR位点的突出特点是基因座多,片段短,多态性高,在个人识别与亲权鉴定中实用价值极高;其次不同STR位点的扩增片段长度相差不大,为多个STR位点的复合扩增创造了条件。法医物证鉴定常用的常染色体STR基因座和Y染色体STR基因座见表10-6、表10-7。

表10-6 常见的常染色体STR基因座

基因座	重复序列	多态片段(bp)	基因座	重复序列	多态片段(bp)
vWA	AGAT	126~166	D7S820	AGAT	212~244
TPOX	AATG	224~252	CSF1PO	AGAT	291~327
THO1	AATG	129~203	D13S317	AGAT	165~197
D16S539	AGAT	264~304	D3S1358	AGAN	103~147
D21S11	TCTA/G	172~264	D12S391	AGAT/C	205~265
D18S51	AAAG	275~323	Penta E	AAAGA	379~472
D8S1179	TCTA	174~206	Penta D	AAAGA	376~441

表10-7 常见的Y染色体STR基因座

基因座	重复序列	多态片段(bp)	基因座	重复序列	多态片段(bp)
DYS19	CTAT/C	186~206	DYS393	AGA/GT	120~132
DYS385	GAAA	357~405	DYS456	AGAT	100~124
DYS389 Ⅰ	TCTG/A	243~259	DYS458	GAAA	111~139
DYS389 Ⅱ	TCTG/A	359~383	DYS439	AGAT	116~256
DYS390	CTG/AT	203~227	DYS437	TCT(A/G)	181~200
DYS391	TCTA	279~291	DYS438	TTTTC	133~340
DYS392	ATT	239~260	DYS448	AGAGAT	279~341
D5S818	AGAT	119~151			

单个STR基因座的等位基因数少,信息量有限,若用复合PCR扩增技术(multiplex PCR)将多组引物加入同一反应体系中,固定dNTP、Mg^{2+}以及变性温度和循环次数,调节各组引物浓度进行同步扩增,一次扩增即可获得几个STR位点的信息,既提高了个人识别能力,又能节约检材,缩短检测时间,减少成本消耗,尤其适用于法医学鉴定。

进行复合扩增时,应选择不同染色体上的STR位点,避免基因连锁,同时还要求所选择的STR位点可以在同一扩增体系和相同的反应条件下扩增。复合扩增产物的联合分型方法有两种:即银染检测系统和多色荧光标记检测系统。银染检测系统将扩增产物经电泳分离后银染显谱、判断分型,只能根据扩增片段长度的不同来区分各等位基因,因此,要求组成复合扩增体系的各个STR基因座等位基因片段长度范围互不重叠,复合体系中基因座数目也不宜过多，一般为 3～4 个。这种方法操作简单、成本低、便于推广。多色荧光标记检测系统是用荧光染料标记引物后作复合扩增，不同的扩增产物带有不同颜色，在同一凝胶板上电泳分离后，即使等位基因片段长度相互重叠的基因座，也可以根据等位基因片段所带的荧光颜色不同加以鉴别。该方法采用仪器检测，避免人为误差，但试剂要求较高。目前已开发有可同时检测 16 个 STR 基因座的复合扩增体系，明显提高了检测的信息量。

②PCR-ASO 技术：将 PCR 扩增产物变性后，通过斑点印迹使解链的扩增产物固定在尼龙膜上，再用等位基因特异性寡核苷酸（allele specific oligonucleotide，ASO）探针，分别与尼龙膜上的 PCR 扩增产物杂交，然后依据探针标记物（同位素、酶或生物素）进行显谱。PCR-ASO 技术判型准确，结果可靠，操作简易可行，是检测等位基因序列多态性应用最早最成熟的技术，已成功地应用于 HLA 系统的 DNA 分型。

③AS-PCR 技术：等位基因特异性 PCR（allele specific PCR）技术是根据等位基因中某一碱基的差异，设计一系列 3’端第一个碱基分别与各等位基因的特异性碱基相匹配且长度各不相同的引物，进行扩增反应。引物 3’端末位碱基必须与模板 DNA 碱基互补才能进行 DNA 扩增，通过扩增产物长度的分析，便可简单地进行等位基因分型。

④PCR-SSP 技术：是根据等位基因中某一碱基的差异，设计一系列 3’端第一个碱基分别与各等位基因的特异性碱基相匹配的序列特异性引物（sequence specific primer，SSP），进行扩增反应。引物 3’端末位碱基必须与模板 DNA 碱基互补才能进行 DNA 扩增，通过扩增得到的产物是有无可简单地进行特异性等位基因。

⑤PCR-RFLP 技术：选择能够识别靶 DNA 序列中特定碱基序列的限制性核酸内切酶消化 PCR 扩增产物，由于不同个体扩增产物碱基序列的差异，导致酶切位点产生或消失，消化后 DNA 片段的数目和长度不同。通过电泳分离，根据电泳谱带的位置和数目可判定基因型。

⑥MVR-PCR 技术：即小卫星变异作图（minisatellite variant repeat mapping），根据一些小卫星内部存在的碱基差异设计分别扩增两种重复单位的下游引物，而上游引物为共同引物。两个扩增体系均扩增出一系列不同长度的片段，经电泳分离检测，按片段长度依次排列，比较两泳道相应位置有或无片段进行分型。MVR-PCR 最大的特点是高度的多态性，而且数字化信息利于计算机管理与保存。

⑦DNA 序列测定法：PCR 扩增的 DNA 片段，可以用多种方法进行碱基序列测定，常用的方法是在 PCR 技术上发展起来的耐热聚合酶双脱氧核苷酸末端终止法，其原理是以待测单链 DNA 为模板，在 4 种寡核苷酸（dNTP）和双脱氧核苷酸（ddNTP）以一定比例存在的条件下，引物和模板 DNA 结合，在 TaqDNA 聚合酶催化下，按碱基互补原则从 5’端向 3’端延伸，合成新的 DNA 链。随着反应的进行，ddNTP 掺入到新合成 DNA 链中，它们虽然可以通过 5’－3 磷酸基团结合到延长着的 DNA 链上，但由于 3’－OH 已被脱氧，下一个 dNTP 不能与之形成磷酸二酯键，故 DNA 链不能继续延伸。ddNTP 与 dNTP 竞争随机掺入到 DNA 链中并终止反应，产生一系列具有相同 5’末端，而 3’端分别以模板链的每一个 A、C、T 或 G 处为终止末端的不同长度的 DNA 片段。最后进行变性聚丙烯酰胺凝胶电泳分离，可精确分辨长度仅相差一个碱基的不同片段。目前已能对 DNA 片段自动测序，用微型电子计算机扫描读序并记录。

3. DNA 芯片技术

DNA 芯片（DNA chip）是指同时处理分析大量 DNA 片段的技术，可广泛应用于基因诊断、基因制图、基因表达和 DNA 序列分析等领域。该项技术具有操作简单、自动化程度高、检测效率高,应用范围广、成本相对低的优点。因此,DNA 芯片的出现将使法医 DNA 分析技术进入了一个新的阶段。

经典的 DNA 芯片又称生物集成模片、DNA 列阵或寡核苷酸微芯片,是基于杂交测序的原理上发展起来的。其基本原理是先在载体上固定一系列寡核苷酸探针,再与靶 DNA 扩增产物作杂交,或将不同的靶 DNA 分子固定在载体面上,然后与不同的探针杂交。杂交信号的检测是根据杂交分子或未杂交分子所发出的不同波长的光实现的。不同区域的荧光信号在芯片上组成荧光分布的谱型可被激光共聚焦显微镜激发和检测,经电脑应用特制的软件处理可得出 DNA 的序列及其变化情况。此类 DNA 芯片将传统的序列分析由常规的系列凝胶方法转移到大规模矩阵对应扫描方式,高精密度微加工技术为其提供了必不可少的技术支撑。进一步开发该项技术的潜力,避免 DNA 芯片的假阳性和假阴性结果的干扰,解决 DNA 芯片与现有 DNA 遗传标记的兼容性问题将是今后研究的重点。

与经典 DNA 芯片检测原理不同的另一类 DNA 芯片——将 PCR 和毛细管电泳结合起来的毛细管列阵电泳芯片已经开发成功。

第三节　血痕检验

血液在体外干燥后形成的斑迹称为血痕(bloodstains)。血痕是最常见的检材。在凶杀、斗殴、抢劫、盗窃、碎尸、灾害事故等现场、致伤物、受害人与嫌疑人的衣物上常能发现血痕。

血痕检验需解决下列问题:①送检检材是否是血;②若是血,是人血还是动物血;③若是人血,则测定遗传标记进行个人识别;④其他检验,如出血量、出血时间、及出血部位推断等。

血痕检验一般遵循以下程序:①肉眼检查;②预试验;③确证试验;④种属鉴定;⑤遗传标记测定及性别鉴定;⑥出血部位、出血量、血痕陈旧度等推断。

一、肉眼检查

肉眼检查主要观察血痕的数量、分布、位置、大小、形状、范围、色泽、它们的相互关系以及它们与现场其他物品的相互关系等,以推测案件的性质、发案时间、案件发生的过程、被害人与加害人双方的搏斗情况、位置关系、尸体被移动情况、加害方式以及加害人的行踪等。帮助调查人员重构案件的发生过程,为案件的侦破提供线索。

血痕的形状与出血者的体位、行走方向及出血部位等有关,血滴的形状受血液滴落的距离和方向影响,血液从 10cm 高度垂直滴落时呈圆滴状,边缘光滑。血液从 50cm 高度垂直滴落时,血滴边缘呈明显的锯齿状。血液从 100cm 高度垂直滴落时,血滴边缘呈放射状,周围有溅出的逗点状或线条状小血痕。非垂直滴落时,锐角侧边缘光滑,钝角侧中锯齿状可有溅出和小血痕(图 10 - 1)。受伤后行走中滴落的血滴为一边呈锯齿状的圆形或椭圆形血滴,锯齿边缘的方向为伤者行走的方向(图 10 - 2)。动脉出血在时,压力高,大量血液喷射到墙上成流注状血痕(图 10 - 3),量较少时,常形成喷溅状血迹(图 10 - 4)。静脉出血时,血液向低位缓慢流下,可在受伤害者身上出现流注状血迹。

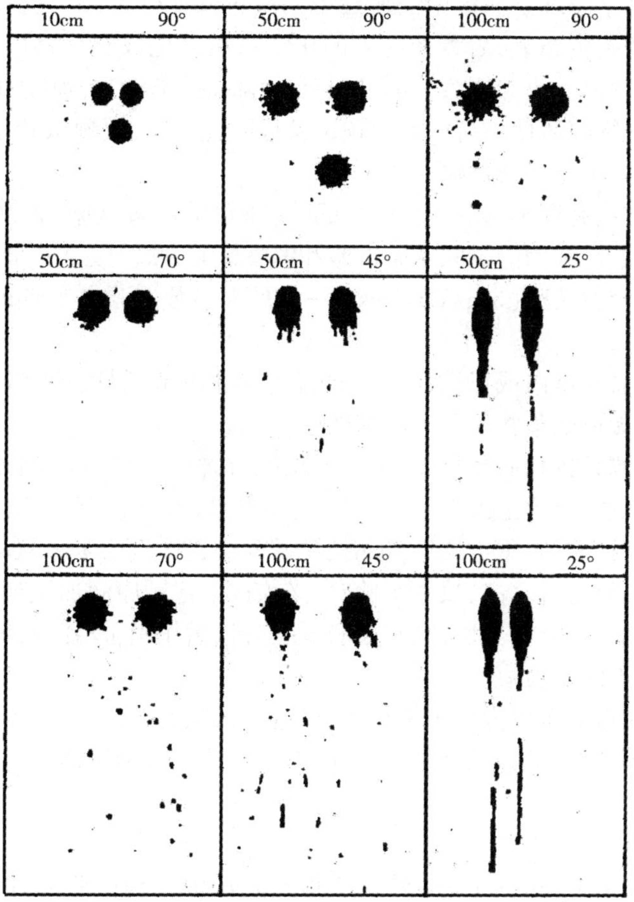

图 10－1　血液从不同角度与高度滴落形成的血滴形状

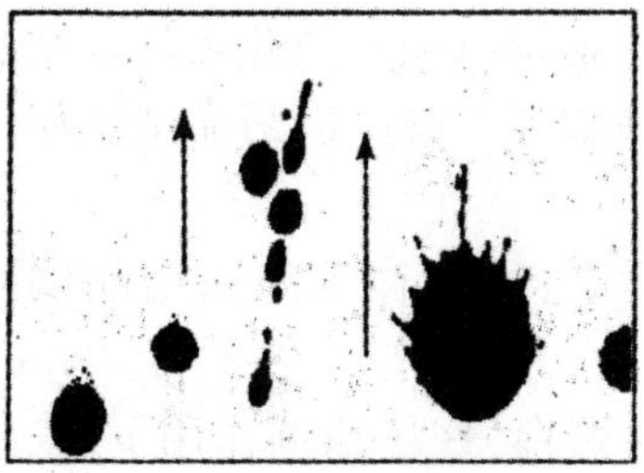

图 10－2　受伤者步行时滴落的血滴箭头提示行走的方向

图 10－3　墙壁上的流注状血痕

图 10－4　动脉出血形成的喷溅状血痕

二、预试验

预试验(preliminary test)的目的是要从大量的可疑血痕中筛除不是血痕的检材。很多斑痕外观与血痕相似,如油漆、酱油、染料、铁锈、化学药品、植物汁及果汁斑等,肉眼难以区别。通过预试验,可迅速将大部分不是血痕的检材排除。

血痕预试验的基本原理是血痕中的血红蛋白或正铁血红素具有过氧化物酶活性,能使过氧化氢分解成水及新生态氧,后者使加入的化学物质氧化成有色物质。发生颜色反应为预试验阳性,不发生颜色反应为阴性。有些物质,如脓液、鼻涕、排泄物、植物汁及植物过氧化物酶等具有过氧化物酶活性。可使血痕预试验呈阳性反应,故预试验呈阳性反应时,说明待测物可能是血痕,但不能确证血痕。

血痕预试验的方法有联苯胺试验、酚酞试验、邻联甲苯胺试验、鲁米诺试验、孔雀绿试验、氨基比林试验等。最常用的是联苯胺试验和酚酞试验,联苯胺试验最灵敏。

联苯胺试验:联苯胺试验(benzidine test)一直是大多数实验室首选的血痕预试验,该方法灵敏、简便、快速。

原理:血痕中的血红蛋白或正铁血红素具有过氧化物酶活性,能将过氧化氢分解,释放出新生态氧,后者将无色联苯胺氧化为联苯胺蓝。

方法:用洁净的滤纸折角后擦拭检材可疑部位,在滤纸上依次滴加冰醋酸,联苯胺无水乙醇饱和液,1 ~2 分钟后无蓝色反应,再加 3% 过氧化氢,立即出现翠蓝色为阳性反应。

化学氧化剂如高锰酸钾、重铬酸钾、甲醛、铁锈等能直接将联苯胺氧化为联苯胺蓝,但蓝色反应出现在未加过氧化氢之前,故作实验时,必须按上述顺序滴加试剂,不能颠倒。

联苯胺试验的优点是方法灵敏,缺点是联苯胺有致癌作用,操作时需小心防护。联苯胺试验阴性的检材,可排除是血痕。

预试验的试剂对血痕有较大的破坏作用,经过预试验的血痕,一般不能再作血痕的种属试验和血型检验。因此,不能将试剂直接滴在衣物、凶器或其他物体的斑痕上进行检验。

三、确证试验

确证试验(conclusive test)的目的是证明检材是血痕。预试验阳性的检材并非都是血痕,确证试验是要证明预试验阳性的检材是血痕。血痕确证试验检测的是血红蛋白或其衍生物。确证试验阳性,表明检材中含有血红蛋白或其衍生物,可以判断为血痕。

确证试验灵敏度一般都不太高,真菌生长、细菌污染、洗涤、日晒后的血痕,确证试验往往呈阴性反应。

常用的确证试验方法有血色原结晶试验(hemochromogen crystal test)、氯化血红素结晶试验(hemin crystal test)、显微分光镜检查及显微镜下查找血细胞等。其中以结晶试验使用最多。

血色原结晶试验:血色原结晶试验系由日本人高山所建立,故又称为高山结晶试验(Takayama crystal test)。

原理:血红蛋白在碱性溶液中分解为正铁血红素和变性珠蛋白,在还原剂作用下,正铁血红素还原为血红素,后者与变性珠蛋白或其他含氮化合物(如吡啶、氨基酸等)结合,形成血色原结晶。

方法:剪取少量检材,置载玻片上,分离纤维或将血痂压碎,盖上盖片,加 1 ~2 滴高山试剂,加微热,室温放凉后镜检,若出现樱桃红色菊花状、星状或针状结晶为阳性反应。

微量新鲜血痕和存放条件较好的陈旧血痕均能形成典型结晶。污染严重和含量很少的血痕,不易形成结晶。经高温作用的血痕可形成颗粒状、大小形态不一的非典型结晶,或仅出现樱桃红色而无结晶形成。此时可用显微分光镜检查,若发现血色原特有的吸收线,可以确认检材是血痕。

高山试剂久置失效，每次试验时应用对照血痕测试试剂，避免因试剂失效而产生假阴性结果。

四、种属鉴定

血痕种属鉴定（species identification）的目的是确定血痕是否是人血。只有确定了血痕是人血痕，才能进一步检测血痕的遗传标记进行个人识别。从现场提取的检材中，非人类的生物性斑痕会干扰鉴定结果。例如，动物血中含有与人血遗传标记相似的物质，如 A 及 B 样抗原。若不进行种属鉴定，直接测定血痕的 ABO 血型，误将动物血判为人血而测定遗传标记。这样的个人识别将错误地排除罪犯，或将与案件无关的人划为嫌疑对象，将案件的侦察与审判工作引入歧途。因此，血痕检验必须作种属鉴定，而且结果必须准确。

种属鉴定常用的方法有免疫学、生物化学及分子生物学方法。免疫学方法包括沉淀反应、酶免疫分析等；生物化学与分子生物学方法包括等电聚焦、纤维蛋白溶解试验、血红蛋白碱变性试验及 DNA 分析等。

（一）*免疫学方法*

1. 沉淀反应

可溶性抗原与对应抗体在电解质存在的条件下发生特异性结合形成抗原抗体复合物，并出现沉淀线的现象称为沉淀反应。用沉淀反应进行血痕种属鉴定时，常用含特异性抗人血红蛋白或抗人血清蛋白抗体的血清。前者称为抗人血红蛋白血清，后者称为抗人血清蛋白血清，分别由人血红蛋白和人血清蛋白免疫动物获得。抗人血红蛋白血清不仅具有种属特异性，而且还具有脏器特异性，因此，既可用于血痕的种属试验，又可用于血痕的确证试验，从而可省略确证试验。但抗人血清蛋白血清则不具有脏器特异性，只能用于种属试验，而不能省略血痕的确证试验。抗血清质量的好坏直接关系到种属鉴定结果是否可靠。用于血痕种属鉴定的抗血清要求效价高、特异性好，其中抗体特异性是关键。

用沉淀反应进行血痕种属鉴定的方法有多种，包括环状沉淀反应，琼脂双向扩散，琼脂单向扩散以及对流免疫电泳等。

环状沉淀反应（ring precipitation）：

原理：可溶性抗原与相应抗体相遇且比例合适时，形成抗原抗体复合物，在抗原与抗血清的界面出现可见的白色沉淀环。

方法：反应管中加入抗血清，将血痕浸出液用毛细吸管层叠于抗血清的上面，保持两液界面清晰，室温静置 1 小时内观察结果。若两液接触面出现白色沉淀环为阳性反应，无沉淀环形成为阴性反应。试验需以已知人血痕浸液作阳性对照；检材无血痕部位的浸出液和常见动物血痕浸出液及生理盐水为阴性对照。此方法的优点是操作简便，快速灵敏。

2. 酶联免疫吸附试验（enzyme linked immunosorbent assay，ELISA）

原理：人类免疫球蛋白 G（IgG）具有种属特异性。鼠抗人 IgG 单克隆抗体能与人 IgG 结合形成抗原抗体复合物。若事先用辣根过氧化物酶标记单克隆抗体，抗原抗体复合物中的鼠抗人 IgG 单克隆抗体就含有辣根过氧化物酶。通过酶促使底物显色，可以观察抗原抗体反应。

方法：将血痕浸出液点样在硝酸纤维素膜上，加辣根过氧化物酶标记的鼠抗人 IgG 单克隆抗体与之反应。洗去游离的单克隆抗体后，用底物显色。若为人血痕，检材浸液中的人 IgG 与酶标抗人 IgG 单克隆抗体结合成抗原抗体复合物，经底物显色后呈阳性反应。若检材不是人血痕,则无lgG与酶标抗人IgG单克隆抗体结合,底物不显色,呈阴性反应。此法的优点是操作简便,特异性好,结果容易保存。

(二)分子生物学方法

原理:针对人类基因组中具有种属特异性的DNA序列,采用能特异扩增的引物,通过PCR方法对血痕DNA扩增,根据有无相应的扩增产物判断是否是人血。Alu序列为哺乳动物基因组的中度重复序,每个重复单位300bp,在170bp处有限制性内切酶Alul的识别位点,故命名为Alu家族。Alu家族DNA序列有种属特异性。

方法:检材DNA提取用Chelex-100法。PCR引物序列为:Alu9.1 5'-GGCACTTT-GGGAGGCCAAGG和Alu9.2 5'-TACAAGCTTGTGCCACCATGCCAAC。扩增体系50μl,含20nDNA、10×PCR缓冲液5μl、0.2μmol/ml引物、200μmol/LdNTP、1.5mmol/LMgCl2、0.45% Triton-100、1UTaq酶。PCR循环参数为94℃变性5分钟后,94℃30秒、55℃30秒、72℃1分钟循环30次,然后在72℃保温10分钟。PCR扩增产物用2%琼脂糖凝胶电泳,EB染色,紫外灯下观察扩增结果。扩增产物为130bp的特异性片段。本法优点在于DNA比蛋白质稳定,检测结果客观,易于判断。

五、血痕的个人识别

确证人血痕后,测定血痕中的遗传标记可进行个人识别。20世纪主要检测基因表达产物水平的遗传标记,如红细胞血型、红细胞酶型、血清蛋白型等。近年来,通过检测DNA遗传标记使血痕的个人识别的概率大大提升。目前,不但在血痕遗传标记与嫌疑人不同时能排除嫌疑人;也可以在血痕遗传标记与嫌疑人相同时,为血痕是嫌疑人所留的假设提供科学证据。

(一)基因表达产物水平的遗传标记测定

1.血型测定

血型测定是法医血痕个人识别的传统检测项目。其中,ABO血型被列为首选的红细胞血型,特点在于:①红细胞膜上ABO血型抗原密度高,抗原性强,仅需少量检材就能分型;②ABO血型抗原决定簇为糖链,对环境中理化因素的影响有较强的抵抗力,即使陈旧血痕也能分型;③ABO血型抗原不仅分布在红细胞膜上,也广泛分布在人体各种组织器官中,为结果比对提供了广泛的检材来源。

血痕中红细胞已经失去正常形态,不能用检测血液中红细胞血型的方法分型。测定血痕中ABO血型抗原常用三种方法,即吸收试验、解离试验及红细胞粘连试验。其中,吸收试验结果最稳定。

吸收试验(absorption test):

原理:当血痕有A、B抗原时,能与相应的抗-A、抗-B抗体发生特异性的抗原抗体反应,使抗血清中的游离抗体减少或消失,不再与相应的指示红细胞发生凝集反应或凝集反应强度明显减弱。若血痕中无A、B抗原,则不能抑制抗血清中的相应抗体,抗体与指示红细胞的凝集反应强度不改变。根据抗血清与血痕反应前后效价改变的情况,推测血痕所含的A、B抗原,判断血痕的ABO血型。

方法:取血痕分为三块,大小约为1cm×0.5cm,剪碎,分别加效价为32的抗-A、抗-B血清及抗-H试剂各4滴,充分混合。置4℃冰箱12~24小时后,离心取上清液测定吸收后的抗体效价。检材无血痕部分作为阴性对照,已知A、B、O型血痕作阳性对照。待测血痕吸收后抗体效价比阴性对照低 3 级以上为吸收试验阳性；待测血痕吸收后抗体效价与阴性对照相同为阴性。综合抗 – A、抗 – B 血清和抗 – H 血清吸收结果，判断血痕所含的 A、B、H 抗原及 ABO 血型。如表 10 – 8 所示，检材 2 无血痕处吸收抗 – A、抗 – B、抗 – H 后，效价均未下降；有血痕处抗 – A 下降 5 级，抗 – H 下降 3 级，抗 – B 未下降，表明检材 2 血痕有 A 和 H 抗原，不含 B 抗原，为 A 型血痕。

表 10 – 8　吸收试验测定血痕的 ABO 血型

抗血清稀释倍数																			
	抗 – A + A 红细胞						抗 – B + B 红细胞						抗—H + O 红细胞						
检材与对照	2	4	8	16	32	64	2	4	8	16	32	64	2	4	8	16	32	64	血型判定
未吸收的抗血清	+	+	+	+	+	–	+	+	+	+	+	–	+	+	+	+	–	–	效价明确
已知的 A 血痕	–	–	–	–	–	–	+	+	+	+	+	–	+	–	–	–	–	–	对照正确
已知的 B 血痕	+	+	+	+	+	–	–	–	–	–	–	–	+	–	–	–	–	–	
检材 1 无血部位	+	+	+	+	+	–	+	+	+	+	+	–	+	+	+	+	–	–	
检材 1 有血部位	+	+	+	+	+	–	+	+	+	+	+	–	–	–	–	–	–	–	O 型
检材 2 无血部位	+	+	+	+	+	–	+	+	+	+	+	–	+	+	+	+	–	–	
检材 2 有血部位	–	–	–	–	–	–	+	+	+	+	+	–	+	–	–	–	–	–	A 型
检材 3 无血部位	+	+	+	+	+	–	+	+	+	+	+	–	+	+	+	+	–	–	
检材 3 有血部位	+	+	+	+	+	–	–	–	–	–	–	–	+	–	–	–	–	–	B 型
检材 4 无血部位	+	+	+	+	+	–	+	+	+	+	+	–	+	+	+	+	–	–	
检材 4 有血部位	–	–	–	–	–	–	–	–	–	–	–	–	+	–	–	–	–	–	AB 型

吸收试验是测定血痕 ABO 血型抗原的经典方法，结果稳定可靠，但要求检材量较多，若检材量太少，常出现假阴性结果。一些血痕基质对抗血清试剂有非特异性吸收作用，试验时必须设置基质检材对照。

2. 其他蛋白质遗传标记测定

血痕中可检测的常用红细胞酶型有 PGM1、EAP、EsD、GLOI、GPT 等，可检测的常用血清型有 Gm、Km、GC、Hp、ORM、FXIIIB、Pi、Tf、AHSG、PLG 等。分型方法与血液样品基本相同，仅样品有时需作适当处理。

（二）DNA 多态性分析

测定血痕的 DNA 多态性可进行个人识别。血痕的 DNA 分析方法与血液相同，能否成功的关键是血痕 DNA 提取。从血痕中提取 DNA 的方法有许多种，常用的有三种方法，即 Chelex – 100 法、盐析法及酚氯仿法。最常用的 DNA 遗传标记是 STR，从血痕中提取 DNA 后，经 PCR 扩增特定 STR 基因座，扩增产物经电泳分析，以人类等位基因分型标准物为对照，可判定血痕的 STR 型。常用 STR 基因座有 FGA、D5S818、D7S820、D13S317、D16S539、TPOX、D3S1358、CSF1PO、D8S1179、TH01、VWA、D18S51、D21S11 等。

（三）性别鉴定

性别鉴定也是血痕个人识别的手段之一。性别鉴定的试验结果能与男女外观相联系，因此性别鉴定常给案件侦破提供有价值的线索。

检测血痕性别的方法较多,包括检测 X、Y 染色质鉴定性别、检测性激素鉴定性别、检测 H - Y 抗原鉴定性别以及 DNA 水平的性别鉴定等,与传统方法比较,DNA 水平的性别鉴定有明显优点。其中,PCR 扩增 amelogenin 基因 X - Y 染色体同源特异片段鉴定性别是当前常用方法。

PCR 扩增 amelogenin 基因 X - Y 染色体同源特异片段鉴定性别:

原理:人类牙釉质蛋白 amelogenin 的基因为 X 染色体与 Y 染色体共有。X 染色体上 amelogenin 基因(以下简称 Amel - X)位于 Xp22,而 Y 染色体上 amelogenin 基因(简称 Amel - Y)位于 Yllp22.2。由于存在不同程度的碱基缺失,人类 Amel - X 与 Amel - Y 的内含子长度不同。针对 Amel - X 或 Amel - Y 碱基缺失部位两侧的 X、Y 染色体同源序列设计引物,可以用 PCR 扩增 X、Y 特异性片段。由于 X、Y 染色体碱基缺失不同,PCR 扩增的 X、Y 特异性片段长度不同,据此可进行性别鉴定(见表 10 - 9)。

表 10 - 9 PCR 扩增 amelogenin 基因 X - Y 染色体同源特异片段鉴定性别

PCR 扩增目标	PCR 引物	PCR 产物大小(bp)
X、Y 染色体同源的 Amelogenin	5' - CCCTGGGCTCTGTAAAGAATAGTG - 3'	X = 106 Y = 112
基因第一内含子,该区 X 染色体有 6bp 缺失	5' - ATCAGAGCTTAAACTGGGAAGCTG - 3'	

方法:检材 DNA 提取用 Chelex - 100 法。PCR 扩增体系为 50μl,含 10 × PCR 缓冲液 5μl,0.2mol/L 引物,0.2mmol/LdNTP,1UTaq 聚合酶。PCR 循环参数为 94℃变性 5 分钟后,94℃1 分钟、62℃45 秒、72℃45 秒循环 30 次,最后于 72℃保温 10 分钟。PCR 产物用聚丙烯酰胺凝胶电泳分离,银染显带检测。

根据 Amelogenin 基因第一内含子同步扩增检测 X、Y 特异性片段鉴定性别的优点有:①在人类基因组中是单拷贝序列,性别鉴定特异性高。②扩增序列在 X 与 Y 染色体上均为单拷贝并且片段相差小,PCR 对 X 与 Y 染色体扩增效能相同,检测灵敏度一致。③PCR 扩增法灵敏度高,可对 pg 量 DNA 作出准确的性别鉴定,对陈旧或腐败检材提取的降解 DNA 有效。④用一对引物于同一管中同步扩增检测 XY 特异性片段,男女都有 PCR 扩增产物,不存在因扩增失败而误判的潜在风险。⑤可与其他 STR 位点复合扩增,通过复合扩增可同时判定检材性别及其他 STR 基因型,节约检材及试剂。⑥用琼脂糖凝胶、变性、非变性 PAG 电泳、荧光分析等多种方法可鉴定,各种条件的实验室均可开展。

人类 Amelogenin 基因存在多处碱基缺失,针对 Amel - X 或 Amel - Y 碱基缺失部位两侧的 X、Y 染色体同源序列设计引物的部位有多处,扩增 Amelogenin 基因鉴定性别的引物有数对。同理,也可选 X、Y 染色体同源的其他基因进行鉴定性别,如 X、Y 染色体着丝粒 C 带保守重复结构或 X、Y 染色体同源 ZFX/ZFY 锌指蛋白基因。

应当注意,用 PCR 仅仅分析 Y 或 X 一种染色体作血痕性别鉴定是危险的。因为缺乏内对照,扩增失败时可能会误将男性判为女性,或误将女性判为男性。性别鉴定时应注意避免。

六、其他检验

根据案情,有时需进行出血量、出血时间、及出血部位推测等。根据血痕大小可以估计出血量，必要时作实验室检验。根据血痕的干燥程度和颜色，可以推测出血时间。新鲜血液呈鲜红色，干燥后因形成正铁血红蛋白，很快呈暗红色，有光泽，随后逐渐变为正铁血红素，呈暗褐色、褐色及褐灰色。根据血中伴随物可以推测出血部位。鼻出血可见鼻毛及纤毛柱状上皮细胞，胃出血可见食物残渣、胃黏膜上皮细胞，头部出血可混有毛发或脑组织等。

【思考题】

1. 什么是个人识别？个人识别需要解决的问题有哪些？
2. 法医物证检验的作用是什么？
3. 血痕检验一般遵循的程序是什么？
4. 血痕检验需要解决的问题是什么？

下篇　法医学铁路损伤勘验

第十一章　法医学铁路损伤勘验概论

第一节　铁路损伤概述

一、铁路损伤的概念

狭义的铁路损伤(railway injury)是指火车机车、车辆和附属设备及其运载的货物在运行过程中或静止状态下致人体组织结构的破坏或功能发生障碍。

具体而言,人体被火车撞击、车轮辗压、车辆或货物的挤压、车辆附件勾挂、拖拉或因跳车、攀爬列车脱手跌下、抢道通过、躲避来往车辆时的跌倒、钻车底部时列车启动以及电气化铁道接触网电击伤等致伤者,总称为铁路损伤。

二、铁路损伤的研究内容

(一)铁路交通事故损伤

1. 铁路机车车辆在运行过程中与行人、机动车、非机动车、牲畜及其他障碍物相撞致人体损伤。损伤主要表现为撞击伤和辗轧伤,这是铁路交通事故中最常见的损伤。

2. 铁路机车车辆发生冲突、脱轨、火灾、爆炸造成人员的伤亡。铁路行车伤亡事故造成的人员损伤,类型复杂多样,损伤严重,死亡率高。

3. 铁路机车车辆装载的货物挤、砸、埋压造成人员的伤亡。损伤主要表现为挤压伤、砸压伤、埋压伤,常发生于货物列车运行时或装载货物时。

4. 铁路接触网电击造成人员的伤亡。电气化铁路接触网的电压高达27. 5kv,人体接近接触网导线时造成的高压电击损伤。

5. 高速运行列车造成人员的伤亡。因受害人翻越、穿越、损毁、移动铁路线路两侧防护围墙、栅栏或者其他防护设施穿越铁路线路,被列车撞击、辗压造成人身严重损伤。

(二)铁路上发生的自杀事件损伤

受害人利用运行列车故意结束自己的生命。铁路上发生的自杀事件常见的致死方式有卧轨自杀、钻车自杀、跳车自杀、撞车自杀、利用车辆连接时进行自杀。

1. 卧轨自杀。卧轨自杀是铁路上常见的自杀方式之一,常发生在站、场的边线或市区的僻静区段。卧轨自杀者多采取俯卧位,上身(头颅,上肢)在道心,下肢在道外。但是,也有个别自杀者提前钻入车辆下,当列车缓慢启动时,钻车辗轧致死,这样就出现下肢留在道心、上肢在道外的现象。

2. 撞车自杀。采取这种自杀方式者,可反映出自杀者的决心,因身体和火车相碰损伤严重。火车速度较高时,可把尸体撞出几十米远,甚至滚落路基。而自杀者为了减少心理上的恐惧,也采取了多种方法,如有的紧捂双眼,背向列车,坐在道心被车撞死;有的堵塞外耳道,头包衣物撞车。损伤的程度因撞车的方式各异。

3. 钻车自杀。钻车与撞车自杀,在某些情况下似乎无很大区别,但钻车自杀常常是在列车缓慢行驶中发生,地点以站场较常见。车辆的撞挂伤较轻,主要为车轮的辗轧损伤。

4. 跳车自杀。多从车窗、车门等部位脱离车体,坠落于路基上。从损伤形态上鉴别较困难,有时可携带遗书。

5. 利用车辆连接作业时进行自杀。利用车辆连接作业时,在车钩处挤压而死很罕见。发生的地点大多在调车作业的货场、编组场及解体线上。车辆互相连接编组时,自杀者将躯体静立在停止的车钩一侧,当另一车辆连接时,即被车钩挤压而死。如车钩不摘开,人体可被挤在车钩中。

6. 用其他手段自杀未遂而又利用铁路自杀。自杀者采用缢、切、刺等其他手段自杀未死,又利用铁路进行自杀的案件比较少见。死者身上可见多处损伤,易与他杀伪装铁路交通事故相混淆。

7. 在列车上或在列车旁自缢死亡。铁路上有时可见在旅客列车的厕所内自缢死亡,或在货物列车旁利用盖货物的帆布中缆绳吊死自杀。死者因机械性窒息死亡,尸体检验具有窒息死亡的一般尸体征象,颈部有绳索的压迫痕迹和典型的缢沟特点。

(三)铁路上发生的他杀案件损伤

一些犯罪分子利用铁路上容易发生铁路交通伤亡事故的特点,杀人后移尸、抛尸于铁路线上,达到伪装和逃避罪行的目的。

1. 移尸。移尸的方式:(1)将受害者致死(昏)后,移尸于钢轨上伪装铁路交通事故伤亡和自杀现场;(2)把尸体移到货车上,埋在煤堆、货物里;(3)将尸体碎尸后伪装成行李、包裹,置放于车站行李寄存处、垃圾箱、旅客列车等人员流动性大的公共场所。

2. 抛尸车下。抛尸的方式:(1)罪犯将受害者致死(伤)后推下火车,伪装跳车、扒车的铁路交通事故伤亡;(2)罪犯在车上行凶抢劫,或强奸后将受害者致伤(致死),推(抛)下火车;(3)威逼受害者自己跳车摔伤、摔死;(4)罪犯在受害者准备跳车时,用脚踢、踩受害者使其坠落车下形成伤亡。

3. 乘人不备推入股道。罪犯将受害人引入铁路上,乘人不备将受害人推入股道,造成被运行列车撞击或辗轧损伤,此类案件单从法医损伤学角度难以区分自杀、他杀,必须结合现场勘验情况、现场调查情况综合分析,才能确定案件性质。

对法医学铁路损伤的研究,可以正确判断死亡原因、死亡方式、判明死亡性质,对铁路交通事故伤亡、自杀和他杀案件,能够做出客观公正的鉴别。另外,旅客的伤亡事故涉及事故赔偿、保险赔偿,铁路职工的伤亡事故涉及工伤问题也需要进行法医学检验鉴定。

第二节　铁路交通事故损伤的概况

一、铁路交通事故损伤的伤亡概况

铁路交通事故随着铁路的诞生而产生,中华人民共和国成立前无完整统计资料可查。据统计,1949 年至 1959 年 10 年中铁路交通事故的发生率较低。自 1960 年以后的 15 年中,铁路交通事故损伤呈逐年上升势态,年发生数在 6 万 ~9 万例。70 年代末到 1982 年处于相对稳定阶段,年发生数为 10 万例左右。自 1982 年起又逐年上升,火车相撞事故频繁,如 1988 年一季度连续发生四起旅客列车相撞事故,造成了 600 余人伤亡。随着铁路牵引动力及各项设备的发展变化,列车牵引重量增加,运行速度提高,行车密度加大等原因,铁路交通事故的发生率一直居高不下。截至 1996 年,铁路交通事故造成的人身损伤的年发生数已达 16 万例左右,其中当场死亡 5 万余例,入院后死亡 3 万例,每天有 2 起以上机动车与火车相撞事故发生。

近年来,随着铁路基础设施的改善和路外宣传力度的加大,铁路交通事故伤亡又呈逐年下降的趋势。2001 年至 2005 年全路共发生铁路交通事故伤亡 60,037 件(年均 12,007 起),伤亡 60,670 人(年均 12,134 人),其中:死亡 40,532 人(8106 人)、重伤 17,015 人(年均 3403 人)、轻伤 3096 人(年均 619 人)。2006 年至 2012 年,全路铁路交通事故年发生数下降至 2016 件,年伤亡人数下降至 1896 人,年均死亡人数下降至 1419 人。

2014 年 5 月 23 日,国家铁路局政府网站发布《2013 年铁路运输安全监管报告》。至 2013 年年底,全国铁路营业里程达 10.3 万公里,其中高速铁路运营里程达到 1.1 万公里。2013 年,全国铁路没有发生铁路交通特别重大事故,事故率、事故死亡率均比 2012 年下降,全年铁路运输安全总体稳定。报告显示,2013 年,国家地方铁路发生重大事故 1 件;全国铁路交通事故 10 亿吨公里事故率为 1.253,比 2012 年下降 5.2%;全年铁路交通事故死亡人数 1336 人,比 2012 年下降 5.7%;10 亿吨公里死亡率为 0.336,比 2012 年下降 7.7%。

国家铁路局公布的《2014 铁路安全情况公告》显示:2014 年铁路交通事故死亡人数 1232 人,同比减少死亡 104 人,下降 7.8%;10 亿吨公里死亡率 0.3148,同比下降 9.4%。从国家铁路局公布的"十二五"其间铁路交通事故 10 亿吨公里死亡率变化趋势图上可以看出,铁路交通事故 10 亿吨公里死亡率呈下降趋势。(详见图 11-1)。

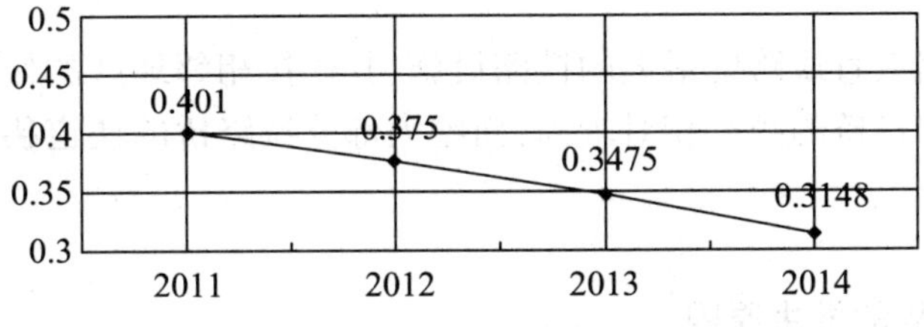

图 11-1　"十二五"铁路交通事故 10 亿吨公里死亡率变化趋势

二、铁路交通事故损伤的高发地段

据统计及文献报道表明,铁路交通事故损伤多发生于铁路道口、站内、车站两头、区间、隧道口附近、弯道、列车交汇处、铁路桥等处。

(一)道口

铁路与公路或其他道路形成的平面交叉道路称平交道口(level crossing),由高架跨越的道路为立交道(flyover crossing)。全国有6万余处平交道口,其中有万余处无人看守道口(non-guarded open crossing)。虽然国家每年将人口密集地带的平交道口改为立交道口,增设道口设施和人员,但多集中在大城市或部分中等城市,由于诸多原因,短期内尚难完善。道口是行人上线、上道、穿越铁路的必经之地,也是行人相对集中的地点,由于行人在道口处视线、听觉受阻或遇紧急情况无法避让、机动车与火车抢道等原因,导致铁路交通事故的发生,铁路交通事故损伤的40%~50%发生在道口。

(二)车站内

全国一、二等车站每天有14,000多辆货车和千余对旅客列车及大量的铁路工程车辆和特种列车运行。车站内列车通过量大,调度、编组频繁,人员流动量大,在客运高峰期尤甚,若穿越铁路或钻、爬列车等极易发生伤亡事故。2001~2005年发生铁路交通事故伤亡6万例中,车站内发生11,621件,占事故总数的17.59%。

(三)区间

据统计在铁路线路行走或横越线路是伤亡事故发生的主要原因。2001~2005年发生的铁路交通事故伤亡6万例中,区间有44,385件,占事故总件数的73.2%,其中在线路上行走、坐卧和穿越股道占了85%以上。

(四)隧道口

隧道口是机车司机视线的一个盲点,司机在隧道中依靠机车灯照的可视距离只有50~100m左右,当机车临近隧道口附近时,因光线作用,隧道口处附近的视线模糊,不易发现行人,即使在发现行人后鸣笛,行人在穿越或停留隧道口附近的道心时间超过3秒,也无法避免事故的发生。

(五)弯道处

铁路弯道直径为800~1200m时,司机的前方可视距离为300~500m,司机在发现行人后鸣笛,行人在8秒以内仍停留在轨道上,将无法避免铁路交通事故发生。

(六)列车交汇处

复线列车交汇时,机动车或行人跨越股道,只看到临近一侧列车通过,而被对侧线路通过的列车撞击。

(七)铁路桥

铁路桥作为线路上直线跨度最大的铁路设施,其连接相邻地区的作用相对明显,行人从铁路两侧纵向和横向过桥的频率相对较高,而绝大部分铁路桥的便道狭窄,行人很难避让列车,容易发生人员伤亡。

三、铁路交通事故的发生原因

(一)行人在铁路线路上行走、坐卧

2001~2005年发生的铁路交通事故伤亡6万例中,在铁路线路上行走坐卧42,748人,占事故总伤亡人数的70.4%。

(二)穿越站场

2001~2005年发生的6万例铁路交通事故伤亡中,穿越站场引起的有9592人,占事故总伤亡人数的15.8%。

(三)抢越道口

2001~2005年发生的铁路交通事故伤亡6万例中,机动车辆抢越道口发生在有人看守道口250人,占事故总件数的0.4%;无人看守道口2884人,占事故总伤亡人数的4.75%;行人抢越道口417人,占事故总伤亡人数的0.68%。

(四)扒车、钻车、跳车

2001~2005年发生的铁路交通事故伤亡6万例中,因扒车、钻车、跳车死亡的有1302人,占事故总伤亡人数的2.1%;员工过失伤亡10人,占事故总伤亡人数的0.01%。

(五)患有疾病

2001~2005年发生的6万例铁路交通事故伤亡中,生前患有精神病、盲、聋、哑人员873人,占事故总伤亡人数的1.4%。

(六)自杀

2001~2005年发生的铁路交通事故伤亡6万例中,自杀死亡1549人,占事故总伤亡人数的2.55%。

(七)其他

2001~2005年发生的铁路交通事故伤亡6万例中,其他原因引起死亡的有1047人,占事故总伤亡人数的1.7%。

四、铁路交通事故损伤的特征

铁路交通事故损伤是在列车运行和线路这一特定环境中发生,主要是机械性损伤,少数烧伤、电击伤等,损伤的特点有撞击伤、辗压伤、摔跌伤、挤压伤、砸击伤、伸展伤、电击伤等。铁路交通事故损伤易出现在尸体体表突出部位,发生多部位、多脏器和多类型的复合损伤,具有损伤程度重,死亡率高的特点。

(一)铁路交通事故损伤的基本特征

1.铁路交通事故损伤多属于钝器伤。由于铁路及其列车的结构特点,对人体造成的损伤多表现为钝器伤的特点,常见有擦伤、挫伤、挫裂创、骨折、肢体断离等。

2.损伤程度严重。铁路交通事故损伤的严重程度与运行列车的速度和载重有关,随着铁路运输事业的飞速发展,列车运行密度不断增加,行车速度不断提高,牵引车辆和重量不断增加,一旦发生事故,对人体造成的损伤程度加重,死亡率呈上升趋势。据统计,2001~2005年全路发生铁路交通事故伤亡60,037件,伤亡60,670人,其中:死亡40,532人、重伤17,015人、轻伤3096人。死亡>重伤>轻伤,这种伤亡比例明显不同于道路交通事故损伤(road traffic accident injury)。

3.颅脑损伤居首位。列车碰撞人体时,头颅会发生加速和减速运动并伴有颅骨变形或骨折,由于颅骨与脑组织之间的结构特点,两者之间发生相对位移使颅骨撞击脑组织形成冲击伤和对冲伤。同时由于头颅过度前后运动,使颅颈交界处的韧带、关节、骨骼以及椎管内的脊髓亦可发生损伤。如某铁路公安局对2004~2008年被火车撞击事故的750例综合分析,头部挫裂创伴颅骨骨折681例,占92.2%;开放性、粉碎性颅骨骨折593例,占79.1%,这是铁路伤亡事故中死亡率高的主要原因。

4.复合伤、多发伤发生率高。列车运行发生事故,在惯性、挤压、撞击、坠落及烧灼等外力作用下,复合伤、多发伤相当常见。其中以颅脑、四肢、颈椎、胸部、腹部重要脏器损伤最常见，一旦发生大出血、休克、开放性胸腹伤、颅内血肿等严重损伤，伤员可在极短时间内死亡。

（二）高速列车致人员损伤的特点

高速列车由于行驶速度快，运动能量大，结构复杂，硬度强等特点，其损伤具有以下主要特点：

1. 撞击伤严重。由于列车行驶的速度快，撞击人体后形成的损伤严重，多形成多发粉碎性骨折及组织碎裂伤，颅腔、胸腔、腹腔开放性损伤，内脏破裂等。

2. 辗压伤多断裂。行人或旅客在钻车、抢道、跳车时被高速运行的列车车轮辗压，辗压部位常见于颈部、腰部和四肢。辗压部位多完全断裂，且断缘整齐，断端组织挫碎，肌肉及血管收缩，骨骼呈粉碎状，完整的尸体少，大多数尸体支离破碎，残缺不全，面目全非。

3. 摔伤、拖擦伤严重。从高速列车上跳车坠落或被火车撞击摔倒时，人体与路基、树木、电杆、桥、隧道等物体相碰撞，使人体外表形成广泛的多方向性擦挫伤；或人体遭机车、车辆碰撞后，人体挂在机车某些突出部件上继续行驶，使人体与地面物体摩擦形成严重的拖擦伤。

4. 肇事线路距离延长。由于列车运行的速度快，制动距离延长，行走或横过铁路的人预料不到或躲避不及，被列车撞击后拖挂、辗压的距离长，一般都在几百米或上千米不等，人员损伤严重，死亡率高。

五、铁路交通事故的相关概念

铁路机车车辆在运输活动中发生的交通事故主要有两类：一类是铁路机车车辆与行人、机动车、非机动车、牲畜及其他障碍物相撞导致的事故；另一类是铁路机车车辆发生冲突、脱轨、火灾、爆炸等影响铁路正常行车的事故。

铁路管理部门将铁路机车车辆与行人、机动车、非机动车、牲畜及其他障碍物相撞致人员伤亡，称为路外伤亡事故。将铁路机车车辆在运行过程中发生的冲突、脱轨、火灾、爆炸等影响铁路正常行车的事故，称为铁路行车事故（train operation accident）。

1. 冲突（collision）是指铁路列车、机车、车辆、动车组、自轮运转设备互相间或与固定设备、移动设备间发生正面、侧面冲撞，并造成其破损；在列车运行、调车作业中，因人为失职或设备不良等原因，挤坏或拉坏机车、车辆、动车组、自轮运转设备并造成严重损伤；机车、车辆冲撞造成集装箱、货物窜动，撞坏、挤坏车辆，均视为冲突事故（collision accident）。

2. 脱轨（derailment）是指铁路机车、车辆、动车组、自轮运转设备在运行过程中，车轮落下轨面（包括脱轨后又自行复轨）。

3. 火灾（fire accident）是指列车起火造成机车、车辆、动车组、自轮运转设备破损（面积达到 $5m^2$ 及以上）、影响使用（失去基本功能），或发生货物、行包烧毁等情形。

4. 爆炸（explosion）是指电力机车、内燃机车、动车组、自轮运转设备以及客车、货车等移动设备和固定设备在运行过程中发生爆炸，造成人员伤亡，机车、车辆设备损坏变形，直接影响铁路正常行车的情形。

第三节 我国铁路交通事故损伤检验的概况

一、中国铁路及铁路警察历史的回顾

铁路警察是中国现代警察的一个警种，从其最初雏形到现在已有120余年的历史。百余年来，铁路警察由铁路兴起而生，随着铁路的发展而发展，走过了服务铁路、维护社会和铁路治安、保卫铁路运输安全的漫长里程。

1825年，英国发明家斯蒂芬逊发明了蒸汽机机车，开创了铁路运输事业。中国领土上出现的第一条铁路是1876年英国人建成的窄轨轻便铁路（吴淞铁路，全长15km），当年7月3日正式通车营业后，8月即发生了一起火车轧死行人事件。1881年，开平矿务局修建了唐胥铁路，揭开了中国人自己修建铁路的序幕。

1888年，在唐胥铁路出现的"弹压""巡夫"便是当今铁路警察的雏形，后有袁世凯在天津、山海关设立的两个警务段。1905年8月北京车站发生爆炸案，当时主办京汉、沪宁铁路大臣唐绍仪仿照关外铁路兴办巡警。此后1908年随着陆续建设的京奉、京汉、京绥、胶济、正太等路段分别设置铁路巡警或类似巡警职能的护勇、巡查、弹压或巡务，后徐世昌奏经清朝廷批准统一称为"巡警"。

1913年，铁路主管机关交通部特设"铁路巡警教练所"，以解决铁路警务人员的不足，同年9月以大总统教令公布铁路警察的服装，此后陆续在铁路区段设立警察所、警察段、护路队等组织。1920年各铁路局陆续设立警务处，1923年下半年交通部成立铁路警备事务处，国务院成立督办铁路警备事宜处，下拨陆军两个旅归其指挥，年底将警备事务处改为路警总局。1932年5月，经行政院批准，铁道部成立路警管理局，统一管理铁路警察事宜，管辖各路警机关。1936年，国民政府军事委员会以铁路警察关系国防、军运等至关重要，为确保铁路交通安全将铁甲车队划归路警统辖，并将路警管理局改为铁道部铁道警队总局和交通部警队总局，抗战前夕兼并为军委会交通警备司令部。抗战开始后铁路警察在日本侵略者的铁蹄之下和铁路一样支离破碎。1940年起，仅存的铁路警防指挥部被戴笠领导的军委会水陆交通统一巡检处所取代。抗战胜利后于1946年4月重新成立了交通警察总局。翌年国民党又在东北三省成立了第二交通警总局，管理东北铁路警察组织及警务事宜。

1946年7月，在中国共产党的领导下，东北铁路总局成立，陈云同志兼任局长，组建由哈尔滨铁路工人组织的自卫队，以保护铁路的安全。新中国的铁路警察始建于1947年，黑龙江解放后在哈尔滨成立了东北铁路公安处。1948年东北三省解放，又成立了东北铁路公安局。随着新中国的诞生，1949年铁道部公安局成立，作为公安部的派出机关领导全国铁路的公安保卫工作，1954年铁道部公安局并入公安部十局，1975年以后逐步加强。2009年7月8日，铁路公安在职民警整体纳入国家公务员编制。

随着我国高速铁路建设的飞速发展，2012年年底，我国已经完全开通了四横四纵客运专线，时速在200公里以上的高速铁路里程达到了12万公里。全国18个铁路公安局的人民警察担负着管辖内运营铁路线的安全保卫工作，为保障铁路改革发展稳定，促进铁路现代化建设作出了应有贡献。

二、国内铁路交通事故损伤检验的历史

无论是清政府洋务派还是国民党统治时期对发生在铁路上的案件,因军阀南北混战、帝国主义侵略,特别是在日本帝国主义的铁蹄之下所发生的案件都是由军阀、国民党军委会插手,无视损伤的检验和事实,为统治阶级服务。例如,1905年9月24日上午“少年中国强学会”成员吴樾在前门车站的爆炸案;1913年3月20日10点45分,袁世凯策划的担任国民党代理事长的宋教仁在上海北站被枪杀案;1922年3月21日,陈炯明策划的广九站枪杀广东革命军总参谋长邓铿案;引发英、美、法、意、比等外国公使团联合向北京政府提出严重抗议的1923年5月6日凌晨临城土匪劫车案;1928年6月4日约5时30分日本人在南满铁路陆桥(立交)桥下爆炸控制北洋政府4年之久的安国军大元帅张作霖专列案,爆炸后日本关东军枪杀了两个无辜的中国人抛在现场附近,并伪造了一封“北伐军东北招抚使的信”塞在尸体的衣服里,企图给北伐军栽赃;1931年7月23日7时上海北站宋子文遇刺案等。旧军警只是用来镇压工人、农民的工具,尸体解剖和法医鉴定技术在铁路交通事故中根本不能得到应用,至于老百姓在铁路上伤亡案件更是无人过问,不是让老百姓擦去现场的血迹,就是打骂撵走了事,根本谈不上对损伤的检验鉴定。

三、新中国铁路交通事故损伤检验的基本情况

新中国成立后,铁道部公安局即设立八课两队的建制,侦察和技术设在治安课下。1951年铁道部公安局干校(北京轧面胡垌)即开办刑事技术综合培训班,全路有60人参加了培训,为期半年,结业后回到各个公安处法纪股兼职从事刑事技术,使铁路刑事技术工作从此建设和发展起来。铁路系统最早有专职法医是在1955年,司法部上海法医研究所法医专业班毕业后的法医分配到各铁路局专门运输检察院做法医工作,当时只是作有关案卷的审查,法医现场勘验很少,1958年铁路运输专门检察院撤销,人员调入地方,法医工作也随之停止。值得一提的是,1959年南昌铁路局从卫生专业毕业生中挑选人员送入公安部人民警察干部学校(沈阳)学习法医专业,从此使铁路公安机关有了专职法医检验鉴定人员。之后,昆明、吉林铁路公安处也相继培训了法医、司法化验人员。20世纪60~70年代,铁道部公安局唐山干部学校多次培训刑事技术人员。特别是在1978年党的十一届三中全会以后,随着全国科技大会的召开,铁道部公安局设置了综合技术处,指导全路的刑事技术业务建设,各铁路局公安处相继成立刑事科学技术科,使铁路刑事科学技术工作得到了健康有序的发展。1980年铁道部公安局与山东省公安干部管理学校联合举办了法医专业培训班,全路各公安局、处和铁道高级人民法院共有20余人参加了专业培训。此后,全国高等院校法医专业毕业生陆续分配到铁路公安局、处,法医工作在全国铁路公安系统开展起来,形成了稳定的法医队伍。

近20年来,铁路公、检、法部门的法医技术人员在工作实践中不断地总结,撰写了大量有关铁路交通事故损伤检验和研究的学术论文,丰富了法医学损伤检验的内容,繁荣了铁路法医事业的发展。近几年铁路公安局大力支持和扶持各铁路公安局法医专业实验室建设,法医工作人员的专业培训,使法医人员的专业技能和水平大幅度增高,在铁路刑事案件的侦破中发挥着重要的作用。

2000年后,铁道警察学院陆续成立了刑事技术专业、公安技术系,其培养的刑事技术专业人才分布在全国铁路各公安局、处,刑事技术工作在全国铁路公安系统开展起来,形成了

稳定的刑事技术队伍,为法医学铁路损伤勘验提供了人才梯队。

总之,我国铁路法医学检验鉴定事业已取得了一定的成绩,随着我国高速铁路的发展,需要更多有志于铁路法医学事业的人员,为我国铁路事业的发展、安全运营不断努力工作。

第四节 铁路交通事故损伤的分类

目前法医学领域尚无统一的铁路交通事故损伤的分类方法,根据实际工作需要,可以按照损伤的形成原因、损伤发生的现场、成伤的方式进行分类。

一、按损伤的形成原因分类

(一)直接火车损伤

直接火车损伤(direct train injury)是指人体被列车辗轧、挤压、撞击以及车辆附件勾挂拖拉等原因所形成的损伤。

(二)间接火车损伤

间接火车损伤(indirect train injury)是指从行驶的列车上跳车、钻车、攀爬列车脱手跌下、躲避来往车辆不及摔跌等原因所形成的损伤。

(三)其他原因

在铁路运输过程中因各种原因发生的人身伤亡,如电气化铁路接触网电击伤、货物移位挤压伤等。

二、按损伤发生的现场分类

(一)车内人员损伤

车内人员损伤(occupants injury)主要见于两种情况:一是列车突然刹车或减速,货物因惯性移位挤压或砸压人体;二是列车脱轨后翻滚,撞击、挤压或砸压人体造成的损伤。主要包括撞击伤、摔跌伤、挤压伤、砸压伤。

(二)车外人员损伤

车外人员损伤(vehicle personal injury)是指列车在运行或调车作业中撞轧车外人体或与其他车辆相撞,造成相关人员损伤。车外人员损伤比车内人员损伤的发生率高,情况也较复杂,主要包括辗轧伤、撞击伤、坠车伤。

三、按损伤方式分类

(一)撞击伤

撞击伤(impact injuries)是指机车、车辆撞击人体所致的损伤,包括车外碰撞和车体内部物件对人体碰撞引起的损伤。

(二)辗轧伤

辗轧伤(run-over injury)是指车轮推辗和压轧人体造成的损伤。一般来讲,人体被车轮辗轧前都伴有碰撞和刮擦现象,在极少数情况下人体躺卧在轨面上被车轮辗轧,可能不会伴有碰撞和刮擦现象。

（三）拖擦伤

拖擦伤（dragging injury）是指由于运行列车擦蹭或被运行列车拖挂，使人体受到列车及周围铁路设施等外力作用拖擦形成的大面积擦伤。

（四）坠车伤

坠车伤（injury due to fall from train）是指人体因某种原因离开运行的列车，自高处坠落碰撞在地面或地面上的物体所导致的减速性损伤。

（五）抛掷物伤

抛掷物伤（throwing injury）是指列车上人员向车下抛物或车上物品脱落砸伤路边行人以及车下人员向列车上抛物击中车上人员而造成的损伤。

（六）挤压伤

挤压伤（crush injury）是指机车车辆相撞后车内部件的变形和滑移对人体挤压或车上装载的货物因惯性移位挤压人体形成的损伤。

（七）砸压伤

砸压伤（tamp injury）是指列车所载货物倾倒后砸压人体形成的损伤。

（八）埋压伤

埋压伤（bury injury）是指用大型机械装载煤炭、矿石等散装货物将车内人员埋压，或车内袋装货物倒塌将车内扒乘人员或押运人员埋压引起的损伤。

（九）烧伤

烧伤（burn injury）是指在列车或候车室内火灾、爆燃或化学物质泄漏等高温因素造成人体的损伤。

（十）爆炸伤

爆炸伤（explosion injury）是列车车厢或候车室内的爆炸物品爆炸造成人体的损伤。

（十一）接触网电击伤

接触网电击伤（catenary system electrical injury）是指人体接近接触网导线，电流击穿空气，与大地构成回路形成电弧而引起的人体损伤。

（十二）其他方式

在铁运输过程中还可发生一些其他的意外伤害如硅铁中毒、溺油、饥饿死等。

四、按损伤形态分类

铁路损伤从根本上说主要是机械性损伤，因此，在损伤形态上符合机械性损伤的基本形态。

（一）擦伤

擦伤（abrasion）是指致伤物与体表摩擦致表皮的一部分或全部与其真皮层脱离而形成的损伤。擦伤是铁路交通事故中最为常见的一种损伤，除伤及表皮外，也可伤及真皮层。擦伤可单独存在，亦可与挫伤、挫裂创相伴而存在。擦伤可反映出致伤物表面的特征和力的作用方向，在铁路交通事故损伤的法医学检验中具有重要的法医学意义。

（二）挫伤

挫伤（bruise）是指钝性外力作用于人体造成的以皮内或皮下软组织出血为主要改变的闭合性损伤。广义的挫伤亦包括内脏器官如脑、心、脾、肺、肠及系膜、肝、肾等的出血性改变。

(三)创

创(wound)是指强大的暴力造成的皮肤全层和皮下组织甚至肌肉直至内脏破裂的损伤。在铁路交通事故损伤中,对创的检验主要是区分创的种类如钝器创、锐器创、火器创,同时对于创内异物的检验应特别注意与现场周围是否一致。

(四)骨折

骨折(fracture)是指骨组织解剖结构连续性和完整性发生破坏。在铁路交通事故损伤中,骨折可发生于全身各部位骨骼,以四肢长骨、颅骨、肋骨、椎骨等多见。

(五)关节损伤

在铁路损伤中,最常见的关节损伤(Joint damage)是关节脱位,即组成关节各骨的关节面失去正常对合关系,称为关节脱位或脱臼。外伤性脱位常合并有骨折。高位颈椎脱位致脊髓损伤有时可造成死亡。

(六)内部器官破裂

内部器官破裂(visceral laceration)是指内脏器官的裂伤,包括实质器官和空腔器官的破裂。

(七)肢体离断

肢体离断(dismemberment)是指巨大暴力使人体各部遭到广泛而严重的损伤并断离,在铁路交通事故中肢体离断多见于辗轧伤、撞击伤。

【思考题】

1. 铁路损伤的概念是什么?
2. 铁路损伤研究的内容是什么?
3. 铁路交通事故发生的原因是什么?
4. 铁路交通事故损伤基本特征是什么?

第十二章　辗　轧　伤

第一节　概述

一、辗轧伤概念

辗轧伤(run-over injury)是指列车车轮在钢轨上运行(滚动、滑动)时辗轧人体形成的损伤。辗轧伤是较为常见的一种铁路交通事故损伤。人体在车轮和钢轨之间被辗轧时,被辗轧部位发生变形,人体组织被车轮推挤、辗轧,当车轮辗轧的压力、剪切力超过人体组织的弹性限度,可使组织结构的完整性遭到破坏、断离。

二、常见的辗轧伤形成方式

(一)人体提前横卧在钢轨上被辗轧

(二)提前钻入停留列车底部等待列车启动时被辗轧

(三)在列车慢行中钻入车轮下被辗轧

(四)钻越停留列车翻越股道时,列车启动被辗轧

(五)从运行列车上坠车后身体侵入钢轨被辗轧

(六)从客车车厢内过道检修口处坠落后被辗轧

(七)人体被机车撞击后辗轧,或撞击后挂在机车车辆突出部位随列车运行过程中坠入轨道被辗轧

(八)人体被车轮辗轧后,又被车底部件挂拉、翻滚,形成多部位辗轧伤

三、列车辗轧时常见的身体姿势体位

人体被列车辗轧时的姿势体位多变,常见的有以下 10 种方式(图 12－1):

(一)仰卧位颈部、下肢同时被辗轧

(二)俯卧位颈部、下肢同时被辗轧

(三)俯卧位头向道心,臀部或下肢被辗轧

(四)仰卧位头向道外,臀部或下肢被辗轧

(五)仰卧位头向道心,躯干部被辗轧

(六)俯卧位头向道外,躯干部被辗轧

(七)仰卧位头向道心,辗轧颈部

(八)俯卧位头向道外,辗轧颈部

(九)俯卧位头向道心,辗轧颈部
(十)钻车时躯干和下肢同时在同一钢轨上被辗轧

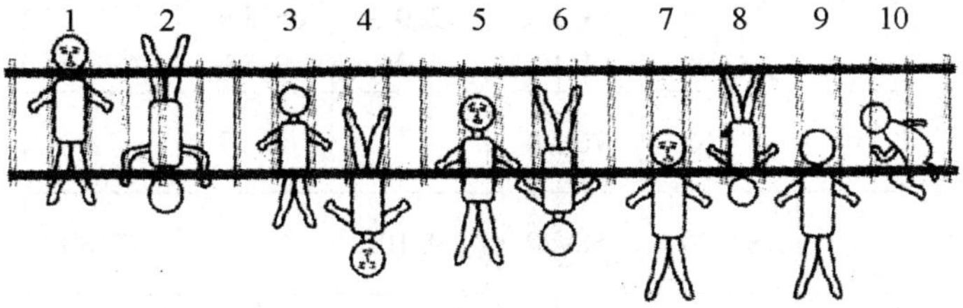

图 12－1　人体被机车车辆辗轧常见方式

四、辗轧伤的统计学分析

辗轧伤是铁路交通事故损伤较为常见的一种损伤,郭志铭等对 520 例铁路交通事故损伤进行了统计分析,其中有辗轧损伤的 171 人,占 26.31%。法医工作者在铁路交通事故损伤的检验实践中发现辗轧伤多见于卧轨自杀者,其次是钻车意外。石家庄铁路公安处的法医技术人员对于52 例自杀者的情况进行分析:卧轨 25 人,撞车 14 人,钻车 10 人,跳车 3 人;黄谷新对 33 例卧轨自杀者进行统计分析发现,其年龄段为 20～40 岁,男女之比为 2∶1,白天 12 例,夜间 21 例;肖发民对 30 例卧轨自杀案件进行统计分析发现,卧轨自杀者的年龄段分布在 13～46 岁,其中小于 20 岁者 1 人(3.23%),20～29 岁者 21 人(67.74%),30～39 岁者 6 人(19.35%),大于 40 岁者 3 人(9.68%),男女之比为 2.1∶1,从发案的时间段来看,白天 14 例,夜间 16 例。来自日本的统计资料表明卧轨自杀者随着年龄的增长呈下降趋势(表 3－1)。关于卧轨自杀的死亡率方面,国内统计资料多未将卧轨自杀列入其中,日本的统计资料表明卧轨自杀的死亡率高达 91.7%(表 12－1)。

表 12－1　日本自杀手段年龄分布(1971)(%)

年龄	服毒	煤气	自缢	溺水	切刺	高坠	枪击	卧轨	其他
0～14	1.64	8.19	59.01	1.64		6.56		9.84	3.27
15～24	17.35	28.03	27.71	7.09	0.29	5.45	0.65	10.57	5.91
25～34	15.89	18.91	17.93	7.71	2.86	4.51	0.62	10.81	4.02
35～44	15.77	11.80	43.20	5.21	3.92	4.87	0.65	8.14	5.53
45～54	12.90	8.80	54.01	9.68	3.64	6.00	2.67	10.00	6.80
55～64	9.73	5.00	61.56	12.37	2.54	3.38	0.23	4.07	1.11
65⁺	6.04	2.47	69.56	15.24	1.17	1.76	0.10	2.44	1.12
不详	14.41	1.80	34.23	14.41		19.81		27.92	3.60
趋向	－	－	＋	＋	－	－	0	－	－

表 12－2 自杀手段的死亡率(%)

地区	服毒	煤气	自缢	溺水	切刺	高坠	枪击	卧轨	资料来源
香港 1953～1955	11.3～28.8		77.4±3.58	13.5±2.10	12.9±4.26	65.8±3.85			Yap,PM;1958;48
上海 1980～1985	12.50	42.10	87.82	70.00		66.27			卜俊等;1987
法国	0.50		84.20	58.30	9.10		77.80		Mauries,etal;1989
日本 1963	39.00	62.90	99.00	86.80	54.00	85.00	63.50	91.70	冈崎,转自稻村博;1977;52

第二节 辗轧伤形成机制

一、致伤物的形态特征

列车辗轧人体的致伤物主要是车轮和钢轨。车轮压装在车轴上呈两轮一轴的状态,称为轮对。车轮与轨面接触的部分称为踏面,踏面有 1∶20 的斜坡,其作用为使车辆的重心落在线路的中心线上,以克服或减轻车辆的蛇形运动以及顺利通过曲线。车轮内侧突起的部分为轮缘,它的作用是引导车轮的运行方向,防止车轮脱轨,保证车辆的安全运行。车轮的尺寸规格详见图 12－2 及表 12－3。钢轨的作用是直接承受车轮压力并引导车轮的运行方向,因此,钢轨应当具有足够的强度和耐磨性。钢轨主要包括轨头、轨腰和轨底三个部分。

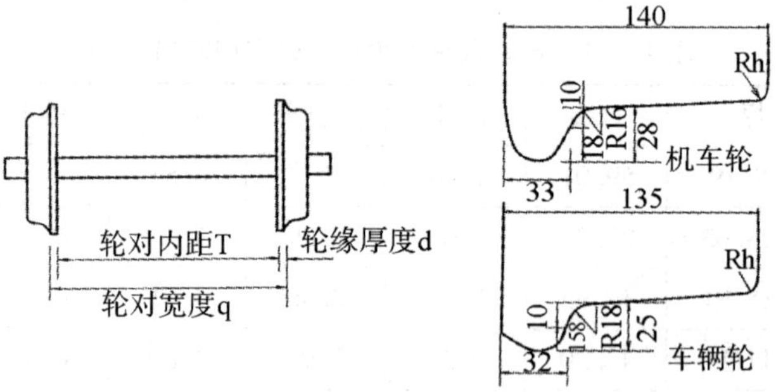

图 12－2 车轮结构图

表 12－3 轮对尺寸(mm)

名称	轮缘高度 f	轮缘厚度 d		轮背内侧距离 T			轮对宽度 q		
		正常	最小	最大	正常	最小	最大	正常	最小
机车轮	28	33	23	1356	1353	1350	1422	1419	1396
车辆轮	25	32	22	1356	1353	1350	1424	1421	1394

列车车轮在钢轨上运转时,接触表面上的质点以滑动和滚动相结合的方式作相对运动,有学者通过有限元法对轮轨滚动接触时的轮轨关系进行了分析,使滚动接触理论得以不断

深入和发展(图 12－3)。同时对车轮和钢轨之间力的作用关系进行分析研究,可对于轮轨之间力的作用形式有进一步的了解。列车运行时,在轮轨之间主要有纵向的压缩力、剪切力,横向的压力和前后方向的摩擦力(图 12－4)。

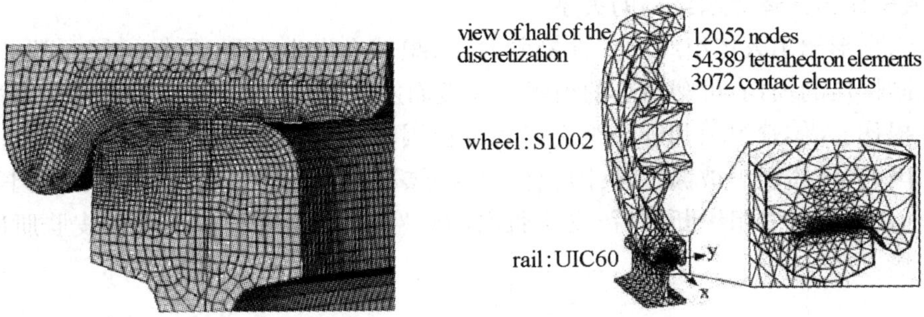

图 12－3　轮轨接触关系的三维有限元分析模型

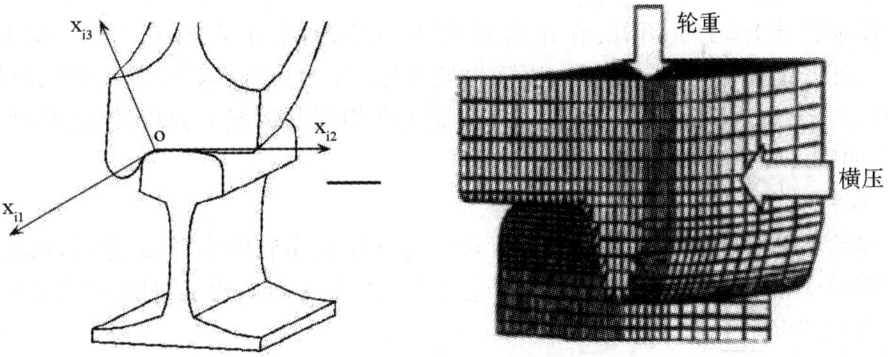

图 12－4　轮轨之间的作用力分析模型

二、辗轧伤的力学分析

列车辗轧人体时因车辆行驶速度、载重量、线路的曲率半径、人体被辗轧时的姿势和部位不同,辗轧伤形成的机制和特点也不相同。列车在运行过程中,车轮和钢轨共同作用于人体,被辗轧的组织常表现为两种或两种以上的变形形式的组合,如压缩变形、剪切变形、扭转变形。

(一)压缩变形

压缩变形(compression deformation)是指人体受到在同一轴线上的两个大小相等、方向相反的外力作用所引起的变形。在列车辗轧开始时,人体组织受车轮辗轧的压力和车轮向列车前进方向的推力作用,同时人体又受轨面及轨枕的反方向的摩擦力及向上的支持力作用,使被辗轧的人体组织发生压缩变形。

(二)剪切变形

剪切变形(shear deformation)是指使物体截面发生相互滑动的外力作用引起的变形。当人体位于车轮与钢轨之间时,人体组织受车轮轮缘和钢轨平面之间剪切力的相互作用而发生剪切变形。

(三)扭转变形

扭转变形(torsion deformation)是指物体两端的横截面上,分别作用着大小相等、方向相反的力偶时，物体即会发生扭转变形。当车轮辗轧人体时，皮肤肌肉的弹性较大，车轮转动时可使人体组织发生扭转变形。

三、辗轧伤与人体组织结构的关系

当组织变形超出人体组织的弹性极限时，组织就会发生断裂，根据组织可塑性的不同，而发生不同性质的损伤，可塑性小的组织先断裂而发生脆性损伤，可塑性大的组织后断裂而发生蠕性损伤，人体软组织和骨组织交界的部位因较大的弹性变形和能量的耗散而引起韧性损伤。因此，人体组织被辗轧时，因骨组织的可塑性小而先发生断裂，皮肤、肌肉等可塑性大的组织后断裂，当骨组织断裂后，皮肤肌肉的弹性较大，车轮转动时可使皮肤肌肉组织发生扭转变形。

四、辗轧伤的影响因素

（一）列车的重量

根据压强公式 $P=F/S$ 可知，在作用面积（S）相同的条件下，作用力（F）越大，则压强（P）越大。钢轨的宽度为 70～75mm，因而辗轧人体组织的车辆越重，车轮辗轧时作用于人体的压强较大，常造成组织挫碎、离断。在其他条件相同的情况下，空车辗轧时对人体的损伤程度轻，而重车辗轧时的损伤程度重。

（二）列车运行速度

由于车轮转动时的转动能 $Ek=1/2mr^2\omega^2$（式中 R 指车轮的半径，ω 指运动的角速度），转动能释放后作用于人体也可加重损伤程度，因此，列车运行的速度越快，损伤程度越重。

（三）辗轧车辆的数量

列车由多节车辆组成，多次辗轧形成能量释放不断叠加，因此辗轧的车辆数越多，损伤程度越重。

（四）线路的曲线半径

当列车在弯道处运行时，为了克服离心力的作用，铁路线路设计时，外股钢轨高于内股钢轨，使轨面形成一定的倾斜角来克服离心力的作用，速度越高离心力越大，速度越低离心力越小。因此，当列车在弯道运行时，因列车运行速度的不同，车轮对内、外股钢轨的压力不同，两侧钢轨上形成的损伤也有所不同。当列车运行速度高于设计速度时，则弯道外股钢轨上所受到的作用力较大，内股钢轨上所受到的作用力较小；当列车运行速度低于设计速度时，则弯道内股钢轨上所受到的作用力较大，外股钢轨上所受到的作用力较小。

第三节　辗轧伤的分类

一、根据被辗轧时人体活动情况分类

（一）动态辗轧伤

动态辗轧伤是指人体在抢越铁路、扒车、跳车、钻车等时，被铁路机车车辆辗轧形成的损伤。以肢体最为多见，根据受伤时的体位不同，可形成以下几种形态的损伤：

1. 单纯横断形肢体离断。此类损伤多系钻车时，列车低速启动所致，肢体与路轨相垂直，被辗轧部位皮肤组织常缺损 15～20cm，创面平整，断端皮肤常有挫伤带。

2. 斜形肢体离断。辗轧时肢体呈斜形置于钢轨上,由于同钢轨垂线之间夹角的存在而使辗轧的范围变大,被辗轧部位皮肤组织缺损可达 30 ~ 70cm,常伴有拖擦伤,故创面不平整。

3. 复杂性肢体离断。损伤时肢体常屈曲或人体多部位受辗轧。同一肢体表现多处辗轧损伤,或多肢体的辗轧伤。此种损伤创面广泛,皮肤与软组织大面积的撕脱和挫碎,常在钻车时形成此损伤。

(二)静态辗轧伤

静态辗轧伤是指人体在被辗轧前已卧于轨面而无活动时形成的损伤,多见于卧轨自杀。此种辗轧伤最显著的形态特征是创口对位良好、创缘相对整齐。据实际案例统计,卧轨自杀者多采用俯卧位,上身位于道心的姿势,躯干部位被辗轧。

二、根据损伤形态分类

(一)典型辗轧伤的损伤形态

典型辗轧损伤可分为皮肤、骨骼完全断离辗轧伤和骨骼断离粉碎、皮肤不完全断离辗轧伤。

1. 完全断离辗轧伤。完全断离辗轧伤的皮肤、骨骼完全断离辗轧伤分为轨内侧断端、轨外侧断端(图 12-5)。辗轧断端的形态特征与列车行驶的速度、辗轧的车辆数、车辆的重量有很大的关系。速度高、载重量大,其断离缘就比较整齐,反之断离缘不整齐。道心内侧断端上缘往往附着轮缘的油垢,同时可见车轮转动时轮缘所形成的表皮剥脱,表皮剥脱的方向与列车前进的方向相反。下侧断离缘皮肤上可形成条形的挫伤带,有时由于皮肤的滑动在挫伤带的外侧可见到与之相垂直的梳状条形挫伤。

图 12-5 辗轧颈部完全断离

2. 不完全断离辗轧伤。由于列车行驶速度较慢、空车或辗轧的车辆量数较少时,骨骼断离粉碎、皮肤不完全断离,形成不完全断离辗轧伤。由于皮肤的韧性较大呈现连而不断,相应的骨质均呈粉碎性骨折,有的仅剩皮层相连,两断端可对折或反复多周旋转。多发生于颈部和胸腹部(图 12-6),尤其是颈部辗轧不完全断离时,常可见到仅剩颈部皮层相连。

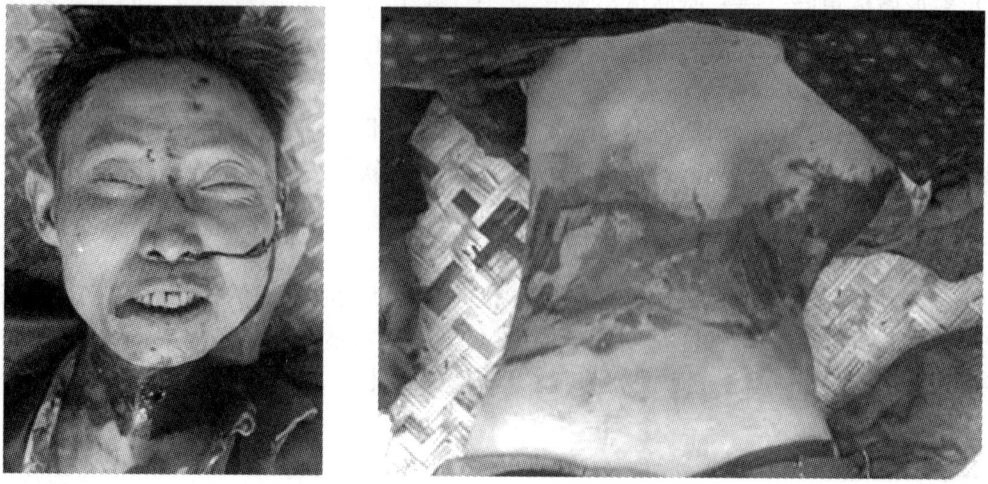

图 12－6　辗轧颈部、腹部不完全断离

皮肤不完全断离辗轧伤，主要有上下两个辗轧挫伤带，即车轮辗轧挫伤带和轨面衬垫挫伤带。轮面形成的挫伤带往往有明显的轮缘痕，主要在轨内侧缘可检见表皮剥脱，表皮剥脱的方向与列车运行时的方向相反。轨面所形成的挫伤带常因伴随有骨骼（脊柱）衬垫而形成的洞状裂创（图 12－7），衣服、纽扣、皮带（扣）等服饰可因钢轨平面的作用而在皮肤上形成相应的花纹印痕（图 12－8），尤其是钢轨平面衬垫形成的洞状裂创可作为辗轧时轨面一侧的特征性损伤，在推断辗轧体位时有很大的帮助。

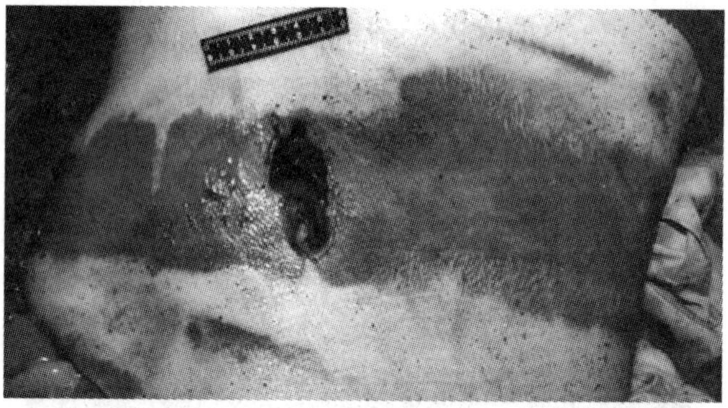

图 12－7　仰卧位辗轧时，轨面在背部皮肤上形成的洞状裂创

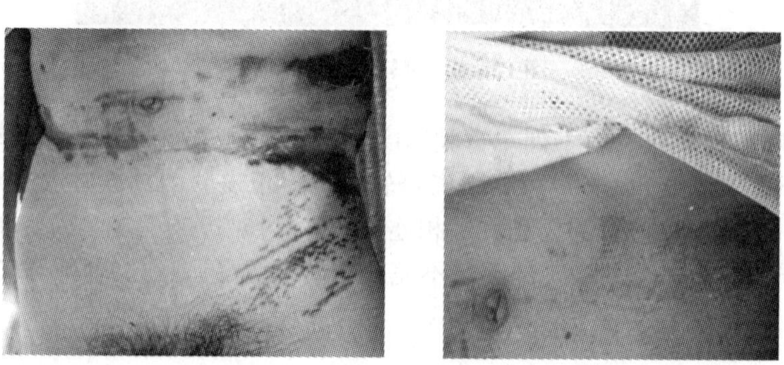

图 12－8　俯卧位辗轧时，皮带扣及衣着在腹部皮肤上形成的印痕

（二）辗轧伤的特殊损伤形态

1. 闭合性皮肤撕脱伤。当人体软组织丰厚部位被车轮辗轧时，由于皮肤的弹性大于皮下组织，所以皮下组织先损伤断裂，造成皮下血管损伤，易形成袋状血肿。

2. 开放性软组织撕裂伤。在铁路辗轧伤中，开放性软组织撕裂伤的发生率较高，达31.5%，多见于四肢开放性骨折。

火车辗轧所致的软组织撕裂伤的形态特征是：(1)环状撕脱创。一般多发生在小腿，车轮辗轧时造成皮肤裂开，呈环状撕脱，仅剩下皮下组织和肌肉，皮肤全层缺失，其宽度与轮面宽度相一致。(2)半环状撕脱创。肢体皮肤呈半环状大面积裂开，撕裂范围超出轮面宽度，超过肢体周径的一半以上。(3)S状撕脱创。多见于肢体被辗轧时皮肤呈现S状或螺旋状裂开，大多是在车轮碾过的同时，肢体也在转动的情况下发生皮肤撕脱性损伤。

3. 擦伤。由于列车运行的速度较高，路基上的道砟、轨枕高低不平，当人体被车轮辗轧时，与辗轧作用面相对应的一侧（与路基接触部位）与道床摩擦，形成擦伤（abrasion injury）。特点是擦伤部位易发生在骨骼突出的部位；擦伤的方向与身体受力方向（车行驶方向）相反；开始处擦伤较重，呈片、块状，逐渐变轻，呈点、条状。平交道口处辗轧伤，由于人体位置较高，列车走行部件可在上侧皮肤的接触部位形成片状的皮肤擦伤。

4. 伸展创。伸展创（small parallel injury）是指车轮辗轧人体时，由于车轮转动强力牵拉组织，使疏松组织过度伸展裂开形成伸展创。当运动的车轮辗轧人体时，车轮的旋转作用及车轮对人体的摩擦力，使受压部位附近的皮肤组织受到极大的牵拉，当牵拉超过皮肤的抗拉极限时，形成浅小的撕裂创。伸展创常与皮肤纹线（Langer线）的方向一致，与皮肤组织特定的生物力学性质有关，皮肤由表皮和真皮组成，表皮主要起屏障作用和产生摩擦力，对皮肤的拉伸力几乎无作用。真皮位于表皮之下，其主要成分是基质、胶原纤维、弹力纤维和脂肪，其中胶原纤维是皮肤的主要力学元素，是皮肤纹线的基础。伸展创的形成与Langer线直接相关，一般情况下，沿Langer线方向皮肤的延伸性差而皮肤的刚度却最大，在皮肤纹线方向加载外力时表现出更高的应力响应和较小的破坏应变。而垂直于皮肤纹线方向的外力作用时，因胶原纤维分布的差异而产生较大的破坏应变，因此伸展创多系与皮肤的纹线垂直方向上的外力作用有关，形成与皮肤纹线相互平行的皮肤表浅裂伤。

伸展创多发部位在颈部以及四肢与躯干相连处的屈侧，如腹股沟、腋前、颈部、腹部等处。这与这些部位皮肤的生物力学特性有关，相对其他人体组织而言，皮肤具有较大的伸长率，躯干与四肢移行部位屈侧皮下有较厚的脂肪、肌肉等软组织，使皮肤可在体表发生一定的位移，同时，躯干与四肢相连部位的关节活动度较大，当皮肤受到沿切线方向的牵张力或过度屈曲形成的弓背部张力作用时，外力使皮肤过度拉伸，超过皮肤张力的限度，在其薄弱处形成伸展创。

伸展创可呈片状或环带状，肉眼观察皮肤表面可见多数细小郓裂群，其走行方向与皮肤纹线的方向一致，创底露出真皮而呈红色，死后因干燥渐渐变深褐色呈皮革样化。严重的伸展创，皮肤完全撕裂，形成裂创（图12-9）。

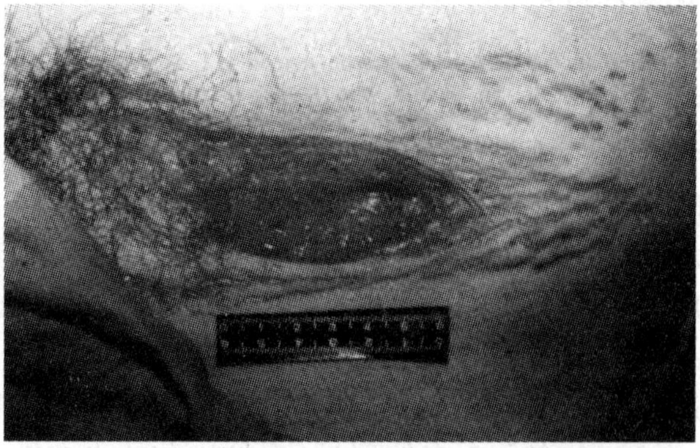

图 12－9　辗轧腹部时在腹股沟部形成的伸展创

第四节　辗轧伤的特征

辗轧伤可发生于人体的多个部位，以颈项部、躯干部及四肢多见，发生辗轧伤的体位常见有俯卧位和仰卧位两种。

一、形态特征

（一）起点伤

起点伤指列车辗轧人体时，人体最先受力部位的损伤，该损伤由车轮开始作用人体时形成。尸体检验时的典型表现多有皮肤挫灭，形成多个不规则的游离小皮瓣、组织间桥，皮肤局部缺如、撕裂，外观常为一洞状的损伤缺口。皮肤未挫灭的，可有明显的折皱痕，沿折皱痕皱折，手捏有渐厚感。

（二）轨面伤

轨面伤指钢轨轨面对人体作用所形成的损伤。车轮辗轧人体未断离时，可在皮肤上形成条状挫伤带，宽 7～8cm，有时可见到有衣物花纹印痕。辗轧过程中尸体因移位可造成挫伤带变宽。

（三）轮面、轮缘伤

轮面、轮缘伤指列车车轮辗轧人体时车轮踏面、轮缘在人体上形成的损伤。辗轧未断离者，踏面在人体上常形成宽度约 8cm 以上的挫伤带，轮缘则形成一条与踏面伤基本平行的宽约 2cm 的表皮剥脱伴随皮肤挫伤。因轮缘的作用面积较小，所形成的损伤相对较重。常见到因躯体移位或多个车轮重复辗轧而致两种损伤重叠变宽。

（四）终点伤

终点伤指车轮碾过躯体即将脱离人体时，在人体上下侧皮肤上，因轨面与车轮踏面的挤压，可形成上下对称性的挫伤带。在挫伤带的交界处，受挤压作用影响，内部组织器官常有移位。当压力增加突破皮肤的表面张力限度后，应力的释放可形成狭长的裂伤，皮肤复位后，类似锐器损伤，表现为皮肤的皲裂，裸露深层挤压后的深红色肌肉组织。若超过皮肤的弹性限度后，皮肤的全层可爆裂，形成开放性创口，伴随着内脏组织的破裂，形成大片血迹，该创口的皮肤多无缺如，创口内可有内脏组织裸露、脱出，复位后基本覆盖创口，在终点处的血迹常较起点处的血迹多。

辗轧肢体可致皮肤大片状剥脱、撕裂，裸露皮下肌肉、骨骼组织形成剥脱伤，此种状况多系有骨骼衬垫时形成。

二、头面部的特征

头面部多见颅骨粉碎性骨折。双侧球睑结膜苍白，出血、水肿情况较少见，尤其是辗轧颈部时少见，若无外伤则无出血情况。若头部未受伤，耳腔内无异物，鼻腔内无或有少许血性液体溢出。

辗轧颈部时，可见舌尖位于齿间的状况，可能与颈部受宽大的车轮挤压，舌根部向上移位造成。口唇黏膜可见有牙齿咬伤，可反映出死者自杀的心理痕迹。

口腔内腺体分泌亢进，多有流涎现象，有时溢出分布于口角、面部一侧，呈流注状，此种现象多发生于卧轨自杀的伤亡现场，可能与自杀者在自杀前情绪激动、交感神经系统兴奋有关。

颜面部一侧多有灰尘和挫擦伤，视体位变化，有时可波及耳郭及颞部。依据辗轧当时的体位，面部偏转的方向多可反映出列车运行的方向，通常情况下，仰卧位辗轧颈部完全断离时，面部朝向列车运行的方向；俯卧位辗轧颈部完全断离时，面部背向列车运行的方向。

头部若无移位，多无严重损伤，辗轧移位时头部可有拖拉、滚落形成的磕碰伤。因此，在下颌部、颧部等部位可见有擦挫伤形成。

三、颈项部辗轧伤

颈项部辗轧伤多在卧轨自杀时形成，多形成辗断创，以俯卧位多见。断端皮肤挫伤出血，颈部肌肉、血管、神经组织挫碎断裂，颈椎粉碎性骨折，皮肤、肌肉组织收缩，创周伴环状挫伤带，有时在颈部皮肤处可遗留狭长的皮瓣，据此可分析辗轧的方向。偶有不完全断离者，系因空车慢速辗轧、车轮辗轧的次数较少或弯道处低速行驶时外股钢轨上辗轧形成的剪切力较小，仅皮肤相连，在皮肤上形成宽 7～8cm 的皮肤挫伤带，在轨面一侧皮肤上常因钢轨平面与椎体的挫压作用而形成洞状裂创，颈椎粉碎性骨折。

四、躯干辗轧伤

由于车轮辗轧和钢轨衬垫作用，躯干辗轧伤的创面呈宽条状，典型的躯干辗轧伤分上下两创缘，上创缘由车轮作用，形成宽约 10cm 的挫伤带以及轮缘形成的表皮剥脱，表皮剥脱可反映出力的作用方向，据此可以推断出列车运行的方向。下创面与轨面接触形成挫伤带宽为 6～8cm。躯干辗轧伤可造成脏器挫裂甚至挫碎，脏器可因挤压而发生移位。

在不完全性断离的辗轧伤中，因钢轨平面的接触面小，车轮弧形踏面的作用面大，损伤多数表现为上侧皮肤连接而下侧创缘断离。轨道外的上侧皮肤无轮缘形成的表皮剥脱，在道心内的上侧皮肤可见轮缘形成的表皮剥脱，在下侧皮肤上有时可看到因轨面与人体椎骨挫压皮肤形成的洞状裂创。下侧皮肤上挫伤带往往一侧平直，系因钢轨内缘形成（图 12－10），有时还可因辗轧时滑动形成梳状的表皮剥脱（图 12－11）或衣物的花纹印痕。被辗轧部位的组织完全断离者，断离创面有条带状的表皮剥脱及皮肤出血，软组织挫灭明显，皮肤卷缩，皮下脂肪层外露，断离血管、神经收缩于肌肉组织内，尤其在粉碎性骨折断端显露较明显，具有明显的生活反应。辗轧部位断面均有大量黑色油污附着。在辗轧部位可形成多发性的肋骨骨折，胸腔器官的严重损伤、破裂、脱出或移位。躯干部辗轧伤多在腋窝或腹股沟部有伸展创形成。

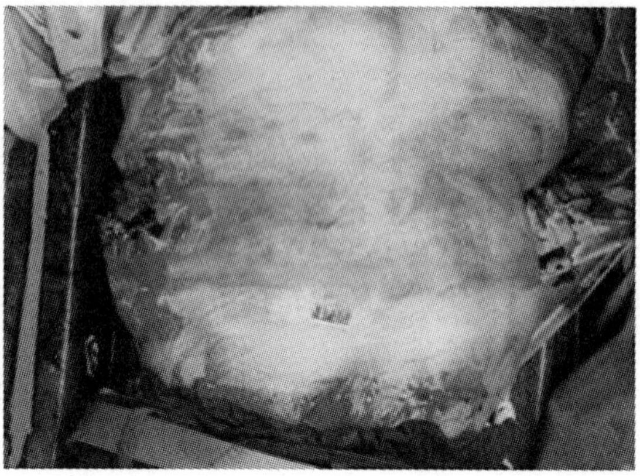

图 12－10

仰卧位辗轧胸部皮肤未断离，轨面在背侧皮肤形成的挫伤带，下缘平直，系钢轨内侧缘的作用特征

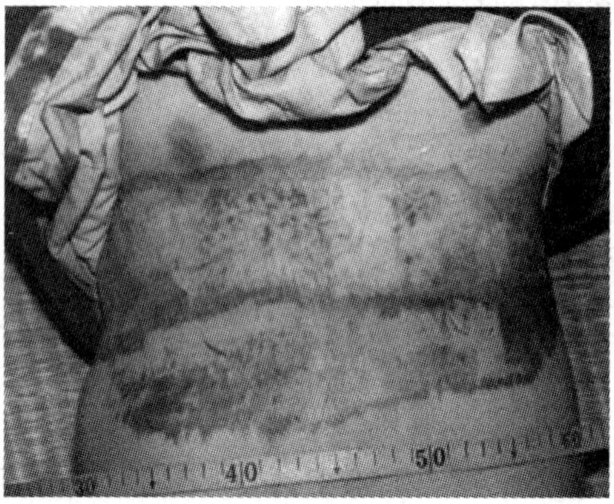

图 12－11

俯卧位辗轧胸部，轨面在腹侧皮肤形成的挫伤及表皮剥脱，上缘平直反映钢轨内缘的作用特征，下缘系皮肤滑动时由钢轨外侧缘形成的梳状表皮剥脱

五、肢体辗轧伤

肢体辗轧伤多见于钻车意外，97%的肢体离断伤是由火车直接辗轧所致，被辗轧肢体的范围和创面与肢体和钢轨的夹角、车速有直接关系，肢体与钢轨呈垂直状态时，肢体被辗轧后其缺损面积和范围在12～15cm，而肢体与钢轨形成的夹角越小，肢体组织缺损的范围越大。若在列车启动或进出站被辗轧，因车速较慢，创面范围较小，污染也较轻，一般无多发性损伤；若时速超过30km，创面较大，污染较重，软组织撕脱或剥脱面积较大且较深，少部分伤者伴有多发性损伤；时速60km以上时，则造成大面积组织缺损及软组织广泛撕裂多肢体离断严重常伴有其他损伤。

以一组368例肢体离断伤为例，多肢体离断者73例，发生率占本组19.84%，肢体离断的类型复杂，如双上肢、同侧上肢与下肢、双下肢、一侧上肢与对侧下肢、一侧上肢与双下肢，这是其他肢体离断伤所罕见的。

368例中有443个肢体离断，创面最大范围达131cm，其中以30～50cm最为多见。火车辗轧致肢体断离伤多发生于下肢，小腿部位辗轧的发生率高达60%，大腿部位辗轧伤的发生率达25%。

据杨化报道：2005年4月24日1时26分，张家界开往南宁的旅客列车上，一名旅客从一卧铺车厢过道中部的缺口处坠落后被列车辗轧，造成左上肢从肩关节下10cm断离，左下肢自左腹股沟以下断离，右上臂骨折，右足自踝关节处断离，后经抢救存活。经法医临床学鉴定为一级伤残。

单纯肢体断离者，创面的大血管周围可见到凝血块，可能是由于伤后急剧失血，动脉血压迅速下降，有效循环量骤减，机体应激反应和凝血机制迅速形成所致。同时被辗轧的血管有时回缩，被周围软组织堵塞，有的则与肌腱等软组织相互结袢成绳索状缠绕，这一创面形态较为特殊，显然有阻止出血的作用。

肢体断离的创面长短参差不齐，色泽污暗，可见油污、道砟、路基上的杂物，甚至粪便附着于创面，肌腱可从离体肢体中抽出，骨折断端多伴有纵形襞裂性粉碎骨折。

第五节 钻车伤亡

钻车伤亡指行人受停靠列车阻挡，从列车底部钻越时，因列车突然启动运行辗轧人体而造成的人员伤亡，就死亡方式而言属意外事件。

一、钻车伤亡的发生规律

钻车伤亡多发生于白天，与人们日常生活的作息时间相关。周边环境中有横穿的线路或对侧有目的地；中心现场常在靠近居民区的停有列车的站区股道上；发现尸体的位置基本上为辗轧发生地；事故现场多为列车的中部位置，距两端相对较远，对同一辆车而言多选择底盘高，车体下方部件障碍物少的部位。现场血迹多分布于辗轧点处的钢轨及道砟、轨枕上，多见喷溅状及流注状血痕。勘验中发现钻车伤亡尸体多无较远的拖挂移位。

钻车者多有携带物，携带物一般为小件物品，多散落在辗轧处的股道内外，有的仍在尸体身上或手中。肇事列车通常较长，血迹、人体组织多在初次辗轧的车轮、钢轨、枕木等处出现，血迹的形态可呈喷溅状或流注状。

二、钻车伤亡的损伤特征

钻车意外伤亡尸体的姿态多为俯卧位，辗轧损伤可与人体呈横向或纵向分布。根据其头面朝向及尸块分布位置等多项特征，能辨明其来去的方向。钻车时单纯颈部被辗轧的罕见，损伤多波及肢体，检验中可发现一肢体因蜷曲而出现的两个辗轧伤。

躯体背侧可有对应的磕碰、挂擦伤；对应衣物上有擦挫锈痕，或挂、撕破损痕；面部可有擦挫伤或黑色油垢附着，多位于面中部、鼻部、唇部等突出部位处，下颌角舌下肌群处多无擦挫痕，双手掌部、双肘外侧及膝部可有挫伤。

钻车伤亡可见骑跨式辗轧，尸检时可见死者有一下肢被辗轧，双下肢呈骑跨式位于钢轨两侧，躯体长轴大致与钢轨平行，躯体可能被纵向、斜向辗轧，此种损伤姿态称为骑跨式辗轧。骑跨式辗轧是钻车意外伤亡的动态反映，在确定死亡性质时有较重要的参考意义，也是区别于卧轨自杀的一个典型特征。

钻车辗轧与卧轨自杀者在现场状态及损伤形态有不同的表现（见表 12－4）。

表 12－4 卧轨自杀与钻车意外伤亡的鉴别

类别	卧轨自杀	钻车意外
发生时间	无固定时间	白天多发，日常生活作息时间区段
现场环境	常相对僻静区域，线路较站区多	周边环境中有交叉的小路或对侧有居民区、生活区等可能的活动目的地；能提供临时停车、近居民区的站区股道上；事故前有列车停靠

续表

类别	卧轨自杀	钻车意外
伤亡位置与列车的关系	线路上、机车前、列车的任何部位	列车编组较长；事故地点远离列车两端
携带物品	多无；物品多不在尸体旁边	多有；小件易携带品；物品应在尸体旁边，甚至在手中
主观目的	有自杀动机	跨越铁路，走捷径，无自杀动机
尸体姿态	俯卧或仰卧位，无骑跨式体位	俯卧位，可与线路垂直或平行，可见骑跨式
辗轧走向	辗轧伤创缘多与人体长轴垂直	辗轧伤可与人体呈横向、纵向或斜向分布
辗轧位置	颈和胸、腹部多见，多不波及腋部或下肢，肢体辗轧伤以上肢多见，多不波及两个以上肢体	颈、头部罕见；可见骑跨式辗轧伤；横向辗轧时以腹部以下部位居多；可见单纯双下肢辗轧伤
头部损伤	面部一侧多有挫伤及黑色油垢附着，下颌部多有挫伤，头部可有损伤	面部挫伤及灰尘痕多分布于面中部区域，下颌部多无挫伤，头部多无损伤
肢体状况	可有避免辗轧的保护性意识反映；辗轧颈部时双下肢多呈伸直状态	无避免辗轧的保护性意识反映，肢体摆放被动、不自然；下肢多蜷曲
手部状况	手部多有擦痕或触地的灰尘痕，可有手握道砟、扒钢轨的状况	手部可有触地的灰尘痕，无手握道砟、扒钢轨的状况，手内可能握有随身携带物品

第六节　辗轧伤的法医学鉴定

辗轧伤的法医学鉴定主要包括辗轧伤的确定、尸体姿态的勘验、死者衣物的静态勘验、现场痕迹勘验、现场血痕勘验、列车运行方向判断、列车运行速度判断、生前伤与死后伤的判断、死亡方式推断等内容。

一、确定是否为辗轧伤

从现场和尸体损伤特征判定辗轧伤并不困难，但应注意死后的辗轧和尸体多次被辗轧的损伤。

（一）根据尸体现场有被车轮辗轧的征象判断

由于列车的质量重、速度快，现场尸体上的衣服可被撕扯而破损或因热作用而有灼热痕迹，衣服上也可有黑色油垢附着，衣缝处可见缝线绽裂痕迹；尸体开放性损伤处有辗轧形成的喷溅血迹。

（二）根据人体损伤有无辗轧伤的特征判断

列车辗轧的共性特征有：

1. 皮肤上有宽为 7 ~ 8cm 的条形挫伤带；
2. 颈、腋、腹股沟处的伸展创；
3. 多发粉碎性骨折；
4. 脏器的严重破裂；
5. 内脏器官脱出体外；

6. 肢体较大的撕裂创；
7. 尸首分离，肢体离断或组织呈挫灭状态；
8. 体表可见服饰的特殊印痕。

二、尸体姿态的勘验

（一）心理痕迹的反映

辗轧伤多见于自杀。自杀的目的是摆脱痛苦，不是寻求痛苦，在潜意识下，有不自觉的保护性行为，在体感因素的作用下，会最大限度地减少损伤、减轻痛苦，因此，自杀时的心理因素会在现场留下的痕迹中有所反映，如身着新衣、双手捂脸、双手抱胸、手扒钢轨、手握道砟等。

（二）辗轧部位的选择

就辗轧体位而言，自杀者多会选择可致命的躯体部位辗轧，以颈部和胸腹部多见。据肖发民报道，在30例卧轨自杀案件中，头颈部被辗轧9人（29.03%），躯干部15人（48.39%），四肢6人（19.35%），头、下肢同时辗轧1人（3.23%）。

（三）体位姿态的选择

常见有仰卧、俯卧位两种，未见有侧卧的报道，分析其原因，一是为保护性选择，最大限度地减少与列车的冲突；二是侧卧位时因重心较高而稳定性差，车轮辗轧作用后最终必致仰卧或俯卧位。

无论何种姿势，其目的都是辗轧人体重要部位，除辗轧过程的体位变化外，均不应有多余的损伤。若不考虑辗轧时的体位变化，自杀者躯体姿势多与钢轨垂直；俯卧位时，常俯卧于轨枕上或枕间的道砟上，而不选择如左半身在轨枕上、右半身在道砟上的体位。仰卧位时，常躺于枕间的道砟上，未见有过骑跨钢轨式的自杀姿势。

（四）头颅位置

若辗轧颈部致尸首离断，头颅的最终位置还受列车运行速度、列车擦剐部位、现场地势以及障碍物的分布等诸多因素的影响，变化较大。一般情况下，因车轮向前的推挤外力作用，仰卧位时，面部多朝向列车运行的方向；俯卧位时，面部多朝向列车驶来的方向。

（五）双上肢的姿态

仰卧位辗轧颈部时，双上肢多呈自然下垂位，平放于躯体两侧；辗轧胸腹部时，双上肢多呈前臂上举、上臂外展位。俯卧位辗轧颈部时，双上肢多呈前臂屈曲放于胸前或躯体两侧状；辗轧腹部时，双上肢多呈上臂外展、前臂屈曲位。

辗轧时因死者心理因素双手多呈握拳或用力状态，尸检时多见因肌肉痉挛状态。双手可紧扒轨枕、或握有道砟，典型意义的为双手伸过钢轨底部反扣钢轨（俯卧位辗轧颈部时），反映了当时紧张心理或为减少列车部件冲击而发生的行为。

颈部辗轧瞬间，人尚处于行为能力状态，随着体位的变化、位移和损伤的加剧，常因保护性动作而致一上肢遭到辗轧，检验实践中发现，损伤肢体以列车运行方向的肢体居多，可能与外力的方向及列车车轮的阻碍有关，这也反映了一种生活状态。此种情况多发生于一侧肢体，未见有双上肢同时被辗轧的报道。

（六）双下肢姿势

卧轨辗轧颈部时可见双下肢伸直、外展，两足自然外旋，双下肢曲屈情况罕见。辗轧胸腹部可见有双下肢屈曲的表现。

若死者被辗轧后有明显移位，其下肢可随躯体移位而发生倾斜，辗轧断端向列车运行方向偏移,足尖多偏向原始位置。

三、死者衣物的静态观察

(一)衣服皱褶情况

由于车轮转动时常撕扯衣服造成皱褶,其大体走向和力的方向基本一致,分析时应注意与其相对平整面相结合。因此,观察记录衣物情况,着重分析衣物皱褶的情况是否与躯体的姿态相符,是否与辗轧的过程相符,有无反常、异常状况;反之,可从衣物的变化来推测辗轧的过程,作为整个现场勘验的一个信息点。

(二)附着物情况

衣物上常见的附着物有油垢、灰尘等,特殊的附着物如枯叶、杂草等。作为附着物,其本身反映一种信息,我们要考虑其来源,尤其为现场本身没有的附着物,可从分析其形成是否符合死者的生活状态,是否与本事件有关。如从死者膝部、脚面部、双肘部等处的痕迹分析,提示其辗轧前的趴下体位是否为自己形成。笔者曾检验一例俯卧位卧轨的尸体,死者背部附着的枯草与尸体身旁的枯草一致,据此分析,死者卧轨时经历了先仰卧后俯卧的体位转变过程,同时也反映了死者自杀时的心理痕迹(如图 12-12)。

图 12-12

俯卧位辗轧颈部,双手反扣钢轨,衣服背侧黏附的枯草与道心内的枯草一致,提示了死者卧轨时先仰卧后俯卧的体位转变过程,反映自杀时的心理

四、现场痕迹的勘验

现场痕迹的勘验重点是找到死者生前的行为痕迹,其中包括辗轧起始点、辗轧过程中的动作痕迹、车辆辗轧拖拉痕迹等。

现场轨枕上可有与列车运行方向一致的擦划痕。道砟可见翻动痕迹,脚部道砟可有蹬蹭痕迹。钢轨上可有抓擦痕、衣物在轨腰上形成的擦痕,此种痕迹在衣物、皮肤上呈铁锈色,容易发现,现场可见辗轧时形成的毛发、组织、衣物残片等。拖挂移位的尸体在道钉、扣件上可见明确反映方向性的灰尘、油垢痕迹及衣物纤维、碎片的遗留,要注重此类痕迹起始处的勘验。注意因来往列车的影响,衣物的方向性可能因逆向列车的原因而改变其原有拖挂方向。

五、现场血痕的勘验

现场血痕的勘验目的是为了反映辗轧时的动态特征,分析列车运行的方向,提示生前损伤,确定是否为原始现场,确定辗轧点。

轨腰上血迹的分布及周边喷溅血痕的特征可反映出辗轧人体的位置,可有喷溅状血痕、拖擦状血痕和流注状血痕的反应。

(一)喷溅状血痕

喷溅状血痕是指由于动脉血管破裂,心脏收缩产生的压力和血管壁的弹力作用,血液喷射而出，而形成的尖端指向喷射方向的类似惊叹号的血痕。列车辗轧形成的喷溅状血迹常分布于轨腰和车轮上。喷溅状血痕常提示生前辗轧的特征，同时，由于列车运行，使血液离开血管后获得一定的冲量，能够反映出列车运行的方向。

(二)拖擦状血痕

列车辗轧人体时因列车向前移动，而形成拖擦状血迹，可见沿列车运行方向分布拖擦状血痕及内脏溢出的拖擦痕迹。拖擦状血痕能提示列车运行的方向。

(三)流注状血痕

尸体最终呈静止状态时，会从其断端流溢出血迹，形成流注状血痕，为一种静态的血痕形态。尸体在辗轧过程中会出现动态的流注血痕，此是列车快速运行的标志，符合辗轧伤的特征。

肇事机车的风管、排障器、车轮等部件上可有转移血痕、人体组织，列车部件上的血痕形态主要为擦拭状、喷溅状，同时机车、车辆部件上可见原有附着油污形态的擦划痕迹。

六、列车运行方向的判断

在复线铁路线上发生的辗轧伤的列车运行方向不难判断，但发生在站场、编组场、单线铁路上的辗轧伤常需确定列车运行的方向，以判断事故发生的时间，结合运行图分析出事故车辆。一般情况下，可根据以下几个方面进行分析：

(一)根据道心内血迹喷溅的方向分析

列车辗轧人体造成动脉血管断裂，血液在心脏的压力下喷出血管外，形成喷溅状血痕。同时由于列车的运行而使其获得一定的冲量，从而反映出列车运行的方向。

(二)根据道心内外尸块纵轴与钢轨的夹角以及辗轧未断离者尸体侧弯的方向分析

由于车轮辗轧人体时产生向前的推挤力，而使道心内尸块与钢轨的夹角变小，断端朝向列车运行的方向(图 12－13)。而辗轧未断离者可因车轮的推挤作用，而使尸体侧弯，从而提示列车运行的方向(图 12－14)。

图 12－13

人体被列车辗轧断离后，道心内尸块与钢轨的夹角变小，断端朝向列车运行的方向

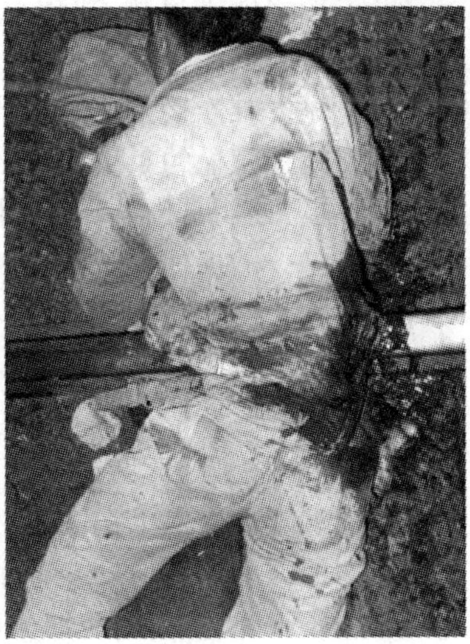

图 12－14

人体被列车辗轧不完全断离者，因车轮的推挤作用，而使尸体侧弯，提示列车运行的方向

(三)根据被辗轧躯体表面表皮剥脱的方向分析

由于车轮在辗轧人体时处于不停地转动状态,可在人体上形成表皮剥脱,其方向与列车运行的方向相反。

七、列车运行速度的分析

列车运行速度可通过以下几个方面分析:

(一)根据道心内血迹溅落的距离分析

列车辗轧人体造成血管断裂,血液在流出血管时,由于列车的运行而使其获得一定的动能,车速快者获得的动能大而溅落的距离远,车速慢者获得的动能小而溅落的距离近。

(二)根据道心内外尸块与辗轧侧钢轨的距离分析

由于列车运行速度快时,车轮的转动能较大,从而传递给人体的能量较大,辗轧断离后尸块获得的初速度也越大;反之,车运行速度慢时,车轮的转动能较小,从而传递给人体的能量较小,辗轧断离后尸块获得的初速度也越小。因此,若尸块若紧贴钢轨,则车速较慢,若距钢轨较远,则车速较快。

(三)根据皮肤断离的程度分析

列车辗轧时皮肤不完全断离则车速较低,如列车启动时速辗轧人体可发生不完全断离。完全断离则车速较快。

八、生前辗轧伤与死后辗轧伤的判定

生前辗轧有明显的生活反应,可见辗轧断端皮肤回缩(图12-15),挫伤带出血明显,现场血泊大,有时还可在轨腰部见到喷溅状的血迹;在辗轧颈部致高位脊髓断离,还可见到下肢痉挛性伸直,或舌位于齿列间;有时可见尸体肌肉痉挛,如:手抓道砟等异物、双手反扣钢轨等现象。组织学观察见断端皮肤创缘内血管扩张,间质出血明显。免疫组织化学染色见纤维连接蛋白呈阳性分布。

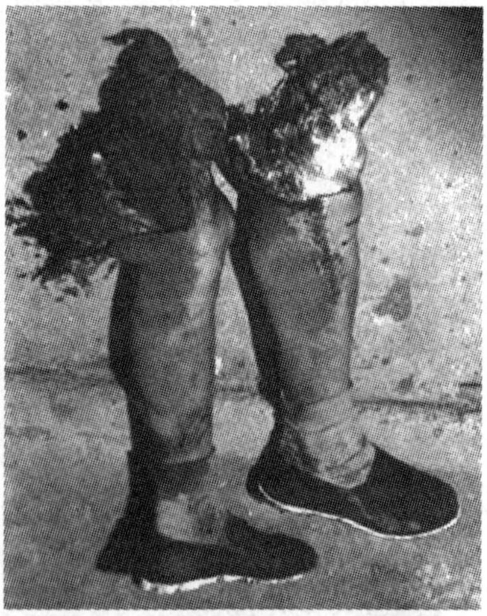

图12-15 生前辗轧皮肤收缩

死后辗轧无明显的生活反应,创口出血量少,辗轧断端皮肤回缩不良,挫伤带出血少,尸体上还可发现与铁路机械性损伤不相符合的损伤,如:窒息、中毒、锐器、火器伤等。

九、死亡方式判断

辗轧伤多数为自杀,死者往往身着新衣,尸体旁放有死者的衣物或交通工具,可见到双手反扣钢轨,或手握石块现象。意外的辗轧伤多发生在铁路站场或平交道口停留的列车下,由于钻车时车辆启动,辗轧人体所致。他杀的辗轧伤见于犯罪嫌疑人采用其他手段将受害人致死后移放于钢轨上或停留的列车车轮下辗轧,有的犯罪嫌疑人杀人后移尸铁路伪装成卧轨自杀或钻车意外事故。

十、辗轧伤检验的法医学意义

(一)确定案件性质

对于铁路线上发现的断离尸块,通过检验可以区分生前辗轧还是死后辗轧,是铁路列车辗轧还是汽车辗轧所致，或是杀人后碎尸及医院截肢术后的肢体，这些对于确定案件的性质具有重要的作用。

(二)推断辗轧形成的条件

根据损伤程度的不同可以分析辗轧车辆的重量、数量或速度。根据损伤形成的特点可分析列车行驶的方向，判断事故发生的时间，结合运行图分析出事故车辆，以便访问司乘人员。

(三)有利于事件的重建

根据对辗轧伤的检验，可以分析辗轧时的体位和姿势，如俯卧位辗轧还是仰卧位辗轧，是头在道心还是脚在道心，辗轧时的车速以及列车是否采取制动措施等，这些对于铁路交通事故的重建有重要的意义。

【思考题】

1. 辗轧伤形成机制？
2. 动态辗轧伤有何特点？
3. 静态辗轧伤有何特点？
4. 伸展创的概念及特征？
5. 辗轧伤的法医学鉴定？

第十三章　撞　击　伤

第一节　概述

一、撞击伤的概念

撞击伤(impact injury)是指运行的机车车辆直接撞击人体,或在运行列车上的人体撞击物体所形成的损伤。

撞击伤是最常见的铁路交通事故损伤之一。由于运行列车质量大、速度快,列车各部件坚硬且多棱角,撞击人体后易造成严重的损伤。

二、撞击伤的发生原因

(一)行人、车辆抢越平交道口

平交道口人流、车流较多,是铁路交通事故的高发地点,常发生列车撞击损伤。常见的发生原因有:死伤人员急于抢道,没有很好瞭望;或在横过线路时集中精力思考某个问题,疏于观察瞭望而被火车撞击;儿童在平交道口玩耍被火车撞击;机动车抢越平交道口被快速通过的列车撞击造成机动车上人员伤亡。

(二)沿线路行走

铁路沿线村民有时为抄近路或散步而在道心、轨枕头或轨面上行走,冬季天冷时又用围巾紧裹头部、耳朵;夏季常戴草帽遮凉,顺着列车前进的方向或逆向行走,因弯道、山洞、桥梁造成观望不便,一旦发现列车已躲闪不及,遭撞击致死。如在轨枕头或轨面行走,可被火车撞出轨外,皮肤挫擦伤、骨折严重。如行走于道心,可被火车撞击辗轧碎裂,衣服亦可被车辆部件挂拉剥脱,甚至人体组织碎块或衣服碎片附着在机车车辆上,随之运行。另外,在大的调车作业场所,溜放车辆,声音响动较小(俗称哑巴车),行人稍不注意,就会被撞击致死。

(三)横穿股道

有一些人上下班、学生上学、农民赶集,为了走近路,经常跨越股道,由于列车运行速度越来越快,使行人躲闪不及,而被火车撞击。

(四)坐、卧钢轨

夏季天气炎热,坐在铁路边休息,或头枕钢轨入睡,被列车撞击死亡,这种现场多在支线或中间站,经调查了解,死者多是附近人员,现场可遗留死者劳动工具、乘凉所带的扇子等物。偶有醉酒人头枕钢轨酣睡,被火车撞击、辗轧。

(五)铁路员工违规施工

铁路工人违规作业,发生撞击事故,造成人员伤亡。2008 年 1 月 23 日 20 时 48 分,北京开往四方的 D59 次动车组列车,运行至济南铁路局管内胶济线安丘至昌邑间时,撞上了正在线路上施工的工人,造成 18 人死亡,9 人受伤。原因是施工人员违章提前进入作业区线路,正常运行的 D59 次动车组在时速 200km/h 通过时,撞击了正在该处进行移动轨道施工的作业人员,导致多人伤亡。

(六)病残人员

患癫痫病、精神疾病的人员,在铁路边逗留,失去正常控制,造成铁路交通事故。有的脱去衣服,裸体在路基上乱跳、乱唱、乱舞;有的把钢轨当马骑追火车;有的撑开双臂站在道心阻挡火车而被撞死。这种现场有的很乱、损伤各异,超出正常人的想象范围,缺乏规律性。

(七)身体体位超限

偶见有扒乘人员站于货物列车顶上,因体位超限,当列车通过桥梁、隧道时被撞击死亡。

三、撞击伤的统计学分析

据肖发民、王树斌于 1996 年对 11,677 名因铁路交通事故造成的伤亡人员进行统计分析发现:车辆抢越道口 798 人,占 6.8%;行人抢越道口 710 人,占 6.1%;在线路行走或横过 6203 人,占 53.1%;被列车撞击的伤亡人员达行车伤亡总数的 66%。据郭志铭对 520 例路外伤亡事故的损伤类型分析:撞击伤 286 人,占 44%;摔跌伤 102 人,占 15.69%;两者有一定差距,分析可能与统计时对撞击伤的包含范围及统计样本差异有关;从致伤方式的起因考虑,撞击后多有摔跌过程,把郭志铭统计的撞击伤、摔跌伤合并,则为 388 人,占 59.69%,两者基本一致。可见在铁路损伤中,撞击伤的发生频率较高,其中在线路行走或横过被撞击所占比例亦在 50% 以上。

第二节 撞击伤的形成机制

一、撞击伤形成的力学原理

撞击伤是一种运动性损伤,列车撞击人体是一个复杂的过程。撞击伤可分解为两种损伤过程,列车撞击人体后首先对人体形成加速性损伤,如多部位的冲击伤,常造成内脏挫裂伤、颅脑损伤以及承重肢体的损伤;当人体被抛出后再摔跌、碰撞至地面、轨枕、道床、线路附属结构等,而形成减速性损伤,即摔跌伤。

由于列车的质量较大,运行的速度较高,根据动量守恒定理,人体被列车撞击后短时间内所获得的速度较高,加速度 a 大,根据力学原理 $F = ma$ 推理,列车撞击人体时撞击力巨大。同时,当人体被撞击后抛出摔落至地面时,高速运动的人体在短时间内速度变为 0,人体获得的冲力也相当巨大。

实践中发现,列车撞击时的即时速度、列车撞击部位及形态、撞击瞬间人体重心的位置、人体的姿态、人体承力部位、人体被抛掷后有无障碍物及落地的客体状况等诸多因素与其损伤结果有较大的关系。

二、撞击伤组织结构的变化机制

人体被撞击后的损伤程度不仅取决于受损组织的解剖结构特点、撞击能量的大小和撞击方式,而且还取决于冲力压缩的变形量和变形率,以及压力波在体内的传播所的行程。如撞击腹部时,腹腔急剧的内向变形移位使受撞击部位的血管(如腹主动脉、下腔静脉等)产生较大的压缩变形,部分撞击能量以液体压力波的形式向血管丰富的脏器传输,而造成一定程度的损伤。

三、撞击颅脑的损伤机制

学者对颅脑撞击伤的研究较多,有学者根据实验和计算机模拟证明,在外力撞击颅脑时,脑组织内部产生应力,并能使远侧出现空腔,接着空腔突然猛烈塌陷,造成颅脑损伤。有临床医学工作者在临床治疗中发现多数额叶、颞叶的挫伤是在无颅骨骨折时发生的,其原因可能是空腔效应和剪切应变作用。Fujiwara 等综述了头部被撞击后发生对侧挫伤的几种假说:(1)当发生转动时,由于脑的滞后而产生颅内剪切应变;(2)颅骨的解剖学特点具有重要作用;(3)脑和颅骨间的相对运动使颅内出现压力梯度,由此形成空腔;(4)因颅骨变形和头部运动时产生的加速度而形成变形压力,由此造成脑损伤(brain injury)。

第三军医大学与天津大学根据人体颅脑几何尺寸,制作颅脑冠状面、矢状面的整体和组合条件下的光弹性模型。结果显示,在撞击瞬间,可清晰地看出脑模型在受载后光弹性条纹的分布,而这些条纹的扩散分布过程反映了应力波在模拟脑中的传播和分布过程。通过计算分析发现,应力最大部位(应力集中点)在闭合性颅脑损伤中是发生骨折、脑挫伤、撕裂伤的常见部位,说明剪切应力是造成上述损伤的主要原因。

四、撞击胸部的损伤机制

Lau 等将狗开胸后直接暴露心脏,用一铝制小圆柱锤直接撞击心脏。结果显示,在心脏收缩期末,以 5m/s 的速度、5cm 的距离撞击心脏表面时,7 只动物无一只发生心脏破裂;相反,在舒张期末进行同样撞击时,7 只动物中有 6 只发生心脏破裂,其原因是舒张期时:(1)心室压低(0.67kPa),故撞击后易变形;(2)该期心室硬度为收缩期的 1/4,故撞击后易吸收能量;(3)厚度为收缩期的 1/3,故撞击后易破裂;(4)心腔内血液多,致使心脏离开撞击介面的加速度降低,因而使撞击的有效打击力增加。但是,当撞击速度增至 15m/s 时,即使撞击距离缩短至 2cm,无论哪一期撞击,都会造成心脏破裂。

五、撞击腹部的损伤机制

肝脏损伤的程度取决于撞击速度和被压缩的程度。有研究表明,在撞击速度为 1.7m/s 条件下,腹部被压缩 60% 以上才能造成轻微的损伤。撞击速度提高至 12m/s 时,压缩 16% 即可产生严重的肝损伤。

六、撞击四肢的损伤机制

机车排障器低速撞击下肢,可形成楔形骨折,尖端指向列车运行的方向,列车运行速度加快,撞击下肢还可形成横断骨折、螺旋形骨折。Amis 等研究了肘部撞击性骨折的机制,认为屈曲角不同,损伤类型也不同:(1)肘部呈 80°屈曲时沿前臂碰撞,会发生桡骨头和喙突骨折;(2)90°屈曲时直接碰撞肘部可发生鹰嘴骨折;(3)超过90°屈曲时多发生肱骨骨折。

第三节　撞击伤致伤方式

一、直立行走时被列车撞击

(一)沿线路行走时被撞击

沿列车运行方向行走时被撞击较多见,主要是机车头部的直接撞击。电力、内燃机车的排障器距轨面10cm左右,加上钢轨的高度,均在人体胫腓骨段范围,因此,机车排障器多撞击在人体小腿部位,然后是躯体的背侧和其他部位。动车组机车排障器位置靠后,不易先撞击到人体。

道心内的行人被撞击后,尸体多分布于轨道内,小腿部可出现撞击损伤,这是道心行走者发生铁路交通事故的显著特点,被车辆撞击部位相应衣着处有明显长条形或片状黑色油污印痕,这是排障器碰撞的典型特征。人体被卷入列车底部后,因受车底部件的碰撞、拖挂,造成人体开放性、粉碎性骨折,躯体可断离,甚至碎裂。人体组织碎块及血迹在现场分布距离较长,在撞击点以远道心的轨枕、道钉、道砟、钢轨内侧,可见到散落的人体组织碎块(如溅落状血迹、飞溅的脑组织、肌肉、骨块以及毛发、内脏、断肢等)和衣着碎片,在道心的轨枕、道砟上还可见到拖擦痕迹。道心内撞击时,无论何种类型的机车和车辆,在其排障器上和车辆前端部件上,都可出现撞击人体而形成的撞擦痕迹。在机车底部或车辆前端底部的部件,车轮内侧粘附有血迹、人体组织、毛发及衣着碎片等。携带物品在现场上的散落状况比较杂乱,多以线路为中心,分布于线路的中央及两侧。衣物的脱落,距离长短不一,范围较大,一般均分布于撞击点之远的区域。

行走于轨枕头上的人被撞击后,尸体多被撞击至同侧路基下,尸体可相对完整,损伤为单侧一次性撞击损伤。伤亡者的血迹、人体组织、穿戴物、携带物均散落在伤亡者的同侧。在事故机车部件上,可发现碰擦痕迹。

(二)抢道、横穿轨道时被撞击

抢道、横穿轨道时,人体与机车前进的方向垂直,撞击部位多分布于躯体一侧,在腿部的外侧或内侧可检见排障器的损伤。身体上部与机车接触面较大,多为内部组织的损伤,如皮下出血,锁骨、肋骨、盆骨多发性骨折,脏器破裂出血。尸体的位置无特定的规律,携带物品散落的密集区域或血迹集中的部位可能大体反映出被撞击时的位置。人体与机车接触部位可附着黑色油垢,这是区分撞击伤与其他铁路交通事故损伤的重要标志。此特征也可帮助推测人体当时所处的位置和姿势。

二、坐、卧钢轨上被列车撞击

炎热季节生活区中的居民在轨道处纳凉,儿童在钢轨上玩耍、醉酒的人躺卧轨道上、施工人员坐在轨道上休息时,被快速通过的列车撞击。现场可见有纳凉时抽过的烟头、火机、茶杯、扇子、儿童的玩具等物品,铁路职工被撞击时可能有施工人员的作业工具。尸体多分布于撞击时一侧的钢轨附近或同侧路基处。撞击伤亡者身上也可能有被排障器直接撞击的损伤。坐、卧钢轨上被列车撞击后躯体多被排出线路,人体组织抛溅的距离小,相对集中。

第四节 撞击伤的形态特征

撞击伤的形态学特征因撞击速度、撞击物表面的形态以及人体受撞击部位等不同而异。以擦伤、挫伤、创、骨与关节损伤、伸展创、剥脱创、摔跌伤为多见。

一、擦伤

机车部件与人体体表撞击时致表皮的一部分或全部与真皮层脱离而形成擦伤。撞击伤所致的擦伤有多种类型,常见有擦痕、撞痕、压擦痕。通常擦痕的起始端较深,末端浅,擦伤的形态特征尤其是翘起翻卷的表皮剥脱可提示外力作用的方向,有时可反映出致伤物的形态特征。

二、挫伤

机车部件接触面积较大或机车速度较慢,作用于人体软组织较丰满部位或有软物衬垫处而形成皮肤挫伤。挫伤形态一般都有外轻内重的特点,外表常表现为表皮剥脱、皮下出血。深部组织表现为严重出血,肌肉、脂肪组织挫碎,内脏破裂、骨折等。

三、创

机车撞击伤属钝性损伤,基本特点是创口形态不规则,创缘不整齐,常伴有表皮剥脱和皮下出血,创缘皮肤上常有黑色油垢附着,创角钝圆,常伴撕裂,创壁粗糙不整齐,创底不平,创腔内有组织间桥和异物附着。机车撞击所形成的挫裂创多分布于头部,四肢以及排障器直接撞击的部位等处。

四、骨与关节损伤

机车撞击人体使骨的完整性和连续性遭到破坏或关节结构破坏形成骨折和关节损伤。发生在撞击着力处的骨折为直接骨折(direct fracture),远离着力点处的骨折为间接骨折(indirect fracture)。骨折的好发部位为下肢骨、颅骨,其次是肋骨、骨盆、脊椎骨。关节损伤多见于髋、膝、踝等下肢大关节处。

五、伸展创

在列车撞击过程中,常伴随有伸展创的形成(见图 13-1)。就其形成方式而言,可归为两类,一是人体自身的极度变形而造成的,如撞击过程中巨大暴力致躯干、四肢等处过度伸屈致弓形变,在弓背部位的应力最集中,容易形成伸展创。二是外力直接作用处产生切线拉伸力而造成,如列车钝性构件撞击并深入人体牵拉周围皮肤、肌肉,在撞击以外的部位形成伸展创。

撞击形成伸展创常见的部位是腹股沟部、下腹部、腋窝以及撞击点相邻的皮肤等部位。伸展创可呈片状或孤立性分布。片状者小裂创之间大体走向一致,孤立性形成的走向多较长。

伸展创长度自点状、线状至 20~30cm 不等;伸展创的行走方向受人体大体结构、皮肤受牵拉力的作用方向、朗格氏线(langer line)走向等综合因素的影响,在人体上多横行分布。伸展创多和皮肤的皱褶、皱纹重合,伸展创的创角延伸方向即是皮肤的皱褶、皱纹的走向,这是伸展创的重要特征。片状分布的伸展创如"精雕细刻"一般,易于识别;孤立性伸展创易与

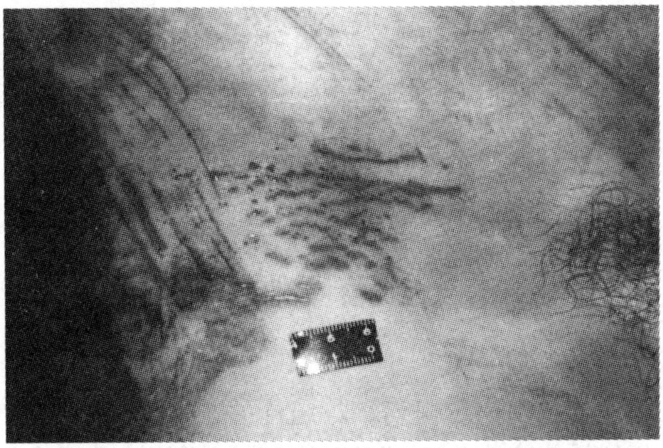

图 13－1　背侧被列车撞击,躯体产生弓形变,
在右侧腹股沟形成的伸展创

表浅划伤相混淆,应注意有无人体受巨大钝性暴力的作用情况,对应损伤部位的衣物上有无类似的划破痕迹,创口哆开程度的大小,创口的方向是否和皮肤皱褶、皱纹重合,附近组织有无潜在的出血情况等来区别,必要时需进行组织学检验。

六、剥脱创

剥脱创(striping wound)指机车车辆撞击后合并擦刮性外力作用,在人体肢体上形成条带状、片状皮肤剥脱。在机车车辆撞击伤中剥脱创的形成多由排障器或车辆上有棱角、棱边的部件直接撞击、擦刮而形成。剥脱创多见于下肢、头部、上肢等处,以下肢多见,且形态典型。特别是在肢体游离状态撞击,或沿头部切线方向撞击时,直接受力部位的皮肤易形成裂创。头部多形成较大的皮瓣创。剥脱创延伸的方向可提示撕扯外力的方向和力的作用痕迹。其形态依撞击时人体体位的改变而异,长短、宽度不一,自几厘米至几十厘米不等。大体观为人体局部皮肤呈带状、块状或片状缺损,深部肌肉组织裸露,缺损的创缘参差不齐,创周或皮肤空缺区内可有黑色油污附着。对应的衣物上可有撕裂及大量挫碎的皮肤组织,裸露的肌肉组织可有挫伤淤血或有出血不明显的皮肤剥脱缺损特征。

七、摔跌伤

机车车辆撞击人体后,摔落于轨道外或路基下形成摔跌伤。行走于轨枕上的人体被撞击后,尸体多被撞击、摔跌于同侧路基下。人体被撞击后,身体下部由于地面摩擦力作用,速度减慢,而身体上部由于惯性作用,前冲力大,摔倒时头部最先撞击地面,损伤以头顶部、前额部最为严重,常见颅骨粉碎性骨折(见图 13－2),头皮上有多处不规则挫裂创,创口形状大小不一,边缘有表皮剥脱,常见骨折断端,创口附近及地面上可见大量血迹,颅骨凹陷或粉碎性骨折十分常见。

图 13－2　摔跌形成的颅骨粉碎性骨折

人体被撞击后摔跌地面,常伴有滚动、摩擦,体表可能形成大面积擦伤,可反映力的作用方向。

八、撞击碎裂伤

高速列车的速度高、质量大、质地坚硬，撞击人体时可造成人体组碎裂，同时，人体卷入列车底部，常被车辆底部悬挂部件钩挂、拖拉，使人体组织碎裂，散落于线路上，或嵌顿于列车部件上随列车运行。

第五节　人体各部位撞击伤

撞击伤可造成人体多部位损伤。据刘钢等统计的750例撞击伤致骨折的案件中，人体致伤部位的发生率由高到低依次为头面部、四肢、躯干，因撞击造成离断损伤的发生率由高到低依次为四肢、躯干、颈部。

一、颅脑损伤

在撞击伤中，颅脑损伤多见，且多系致命性损伤。张天增(1989年)对2000例铁路交通伤的损伤部位进行统计分析，结果显示，颅脑损伤(含并发其他损伤)最为多见，共1286例，占64.35%。赵绍忠、张天增统计的2000例火车创伤(1996年)中，颅脑损伤963例，发生率48.2%，其中特重型209例，占颅脑损伤的21.7%，死亡197人，死亡率高达94.26%。笔者认为该统计样本为医院内救治的样本统计，也可能有一些院前死亡的样本未统计在内，因此撞击致颅脑损伤的有关实际发生率可能远大于上述统计结果。

当机车车辆撞击人体头部时，头部作为一个整体共同承受暴力的作用。由于力的大小不同，作用部位不同，可通过不同机制引起头皮、颅骨及脑的损伤。

(一)头皮损伤

在列车撞击过程中可形成头皮损伤(scalp injury)。从其成伤机制分析有两种，一是头皮被直接撞击时，常表现为擦伤、局部挫伤、血肿、头皮裂创。裂创呈条状、星芒状、瓣状创口，创缘挫伤，组织挫碎严重，创周常伴有血肿形成。头皮损伤处的毛发可因受力而脱落、嵌入颅骨内或黏附于车辆部件上。二是头颅的正常解剖结构破坏、极度变形。爆裂时随着应力的释放，头皮变形超过其弹性限度时亦发生爆裂，形成碎片、剥离、剥脱，在头皮部可形成条状，星芒状，瓣状游离皮瓣，有时可在现场发现块状脱落头皮组织。

(二)颅骨骨折

火车撞击时造成的颅骨骨折(skull fracture)，主要是外力作用使颅骨发生了不同程度的变形，当颅骨的应变超过其强度极限时，形成骨折。

有学者的研究表明，4.5kg重的物体撞击颅骨引起颅骨骨折的阈速度为(指物体能造成颅骨骨折时最小的撞击速度)4.35m/s(尸体试验资料)。列车的质量大、速度高，因此，列车撞击人体后常导致严重的颅骨骨折。

1.颅骨局部变形。外力作用于颅骨后使受力部位遭到超过其强度极限的力，引起颅骨局部发生不可复性变形。由于颅骨内板上产生的应力较外板上的应力大，所以，内板更易发生骨折，随着外力的进一步加大，颅骨变形进一步加大，引起颅骨外板骨折。

颅骨局部变形引起的颅骨骨折常不仅仅局限于外力作用的部位，其骨折线可沿最大拉伸应变的垂直方向扩展，常在颅骨的薄弱区形成骨折，如颞骨、翼点等处。

2. 颅骨整体变形。颅骨整体变形是指引起颅骨整个球体的形态发生改变，导致颅骨发生骨折。引起颅骨整体变形的外力较大，同时由于颅底的结构复杂，弹性差，骨性连接疏松，易使应力集中，相比较而言，颅盖骨较多见。

3. 崩裂性骨折。由于巨大暴力作用于颅骨造成广泛的粉碎性骨折，头颅基本生理结构毁坏，头颅崩开，极度的损伤形成一种爆裂效应表现，多由于直接外力作用形成。它是列车撞击伤中致命性的损伤，多为开放性的损伤。

铁路撞击伤造成颅骨崩裂性骨折(bursting fracture)的形成机理是高速运行的机车撞击颅骨使颅骨加速运动或者撞击人体摔跌使高速运动的头颅摔跌在地面上的减速运动，颅骨产生严重变形。巨大的外力使颅骨的解剖结构完全毁损，随着骨折后应力的释放，头皮极度变形超过其弹性限度时亦发生爆裂，颅腔内压力骤减，伴随着撕裂的头皮、剥离的碎骨片、已挫碎或大块的脑组织被甩离人体，形成开放性颅脑损伤(见图 13-3)。

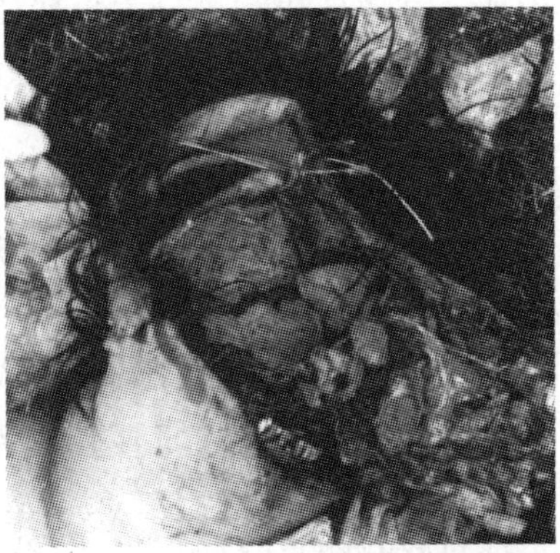

图 13-3 撞击形成颅骨崩裂性骨折

崩裂性颅骨骨折损伤检验见头皮创口呈弧形、线形，一侧创缘可伴有多个大皮瓣，创缘较整齐，创角锐利、有表浅的撕裂痕迹，头皮易从帽状腱膜处撕脱呈片状掀离。颅顶骨多呈片状粉碎性骨折，骨折形态极不规则，大面积的骨片嵌入脑组织，撞击区域或更远处可见到崩裂的碎骨块；受特殊的解剖位置的影响，颅底的骨折线多和外界冲击力的方向一致，可反映出力的方向性。骨折线参差不齐与头皮上的裂创多不能很好地对应、吻合。脑组织外溢，广泛脑挫裂伤，脑膜广泛撕裂；特别严重的是，部分或全部脑组织脱离颅腔，大部分颅骨缺如，仅留下颅底部分和残缺游离的头皮皮瓣，面部失去基本形态，不可辨认。尸检可见现场地面及车体上有大量的脑组织及毛发、溅落血迹黏附。

4. 对冲性骨折。颅骨受力后由于力沿颅盖或颅底传导到对冲部位，使对冲部位的颅骨发生变形而骨折。对冲性骨折(contrecoup fracture)最常发生在枕部受碰撞时，对冲部位的颅前窝眶板发生的骨折。

(三)脑损伤

1. 头颅骤然加速时形成的冲击损伤。人体被撞击后发生骤然位移或被抛掷，头颅沿力的方向获得加速度，由原来的静止状态变为运动状态，或者原有速度提高。在加速运动时，颅骨较脑组织先移动，此时在着力点处，脑组织与颅骨先发生撞击，而着力点的对侧，由于颅腔形成的空隙使压力突然下降而造成负压，由此发生吸引性损伤。

2. 运动的头颅骤然减速时形成的对冲损伤。运动的头颅撞击到铁路基础设施等坚硬的物体时，会突然减速。在减速运动中，颅骨运动骤然变化时，由于惯性作用，脑组织仍会保持其原来的运动状态，这时也会产生着力点的撞击伤和对侧的负压性损伤。这种着力点对侧发生的脑损伤，称为对冲伤。

3. 头颅变速时形成的颅脑旋转运动撕裂伤。大脑受伤后可产生旋转运动，根据物理学原理，离重心越远，旋转的幅度越大，大脑在旋转运动时由于颅骨内面与颅底结构的差异，易在脑底部形成脑损伤。旋转运动还可使脑组织受撞击后旋转产生离心作用力，以及惯性的作用均可造成脑组织的损坏。

4. 躯体被撞击后翻滚作弧形运动时的离心力损伤。在撞击过程中，颅脑的运动呈复杂的曲线轨迹，相对于脑组织来说，往往受到颅骨、脑膜的外力作用，从而造成颅脑损伤。

5. 流体冲击伤。胸腹部在撞击瞬间，局部形成超压作用，体腔内的血液向脑部移位，促使脑实质发生损伤。实际检案中，常可见到即使颅脑表面无明显损伤，大体观察脑组织亦无明显损伤，但仍可自脑室内检见血性液体。

6. 闭合性特重型颅脑损伤。本处所述的闭合性特重型颅脑损伤主要从颅脑损伤特别严重，损伤后保留了头颅的基本结构形态而言。头颅的闭合性损伤多非撞击过程中直接受力形成。其形成机制可分为直接受力和间接受力两种方式。一是头面部虽有直接受力损伤，但体表损伤相对较轻，颅脑损伤严重，颅脑的基本解剖学结构存在。此种损伤可能与大的平面撞击，因毛发、衣物等衬垫，多次擦蹭、磕碰、摔跌等形成方式有关。二是头面部未直接受到外力的作用，体表无明显损伤，但颅内损伤严重。此种损伤可能在撞击过程中，躯体受力变速，牵拉头部急骤变速，在运动过程中颅脑受强大的变形、旋转、离心力的作用形成严重颅脑损伤。

检验见头面部有轻微挫伤或裂伤，头皮基本完整，头颅结构存在，颅顶骨有或无多发性骨折。脑组织失去其原有解剖学结构，扭转移位，毁损程度严重，可见有视神经束、颈髓完全断离、小脑幕撕裂等。笔者曾检见头颅形态完好，颅顶骨完好，但颅底骨完全性横断骨折，骨折处呈哆开明显，脑组织呈完全性挫碎。表现出典型的巨大间接外力作用痕迹，人力、工具和物体难以形成此类损伤。

二、颈部损伤

机车车辆撞击伤中，颈项部的直接撞击伤较少见。头部被直接撞击时，对颈椎有较大的荷载作用；躯干部被撞击时，头部发生相对急剧的变速和位移，或纵向方向的过度牵拉、压缩，颈部产生过屈或过伸的单一或往返动作，引起颈部过屈或过伸，常导致颈部肌肉损伤、椎间盘突出、椎体及椎间关节的脱位、骨折，脊髓挫伤或断离等。

撞击导致的脊髓损伤常常是致命性的，多造成高位颈髓损伤与脑损伤并存，尤其是脑桥、延髓损伤同时存在，具有损伤严重、死亡迅速、损伤相对隐蔽及死亡率较高等特点。

因颈部位置特殊，解剖难度大，在法医学检案实践中容易漏诊、漏检。笔者曾统计在能确定头部有外伤史的50例列车撞击伤中，在47例中均可在颈部检见损伤，并可依据颈部损伤分析死亡原因。

损伤检验时可见到颈部活动度异常、项部按压可有骨折感、项部检见关节突隆起；解剖检验见项部颈椎脱位，两侧肌肉广泛性条带状出血灶及韧带撕裂，颈椎浅筋膜下及两侧肌肉出血灶或见椎前筋膜下弥漫性出血。尸检时充分暴露颈段脊髓，先抽其脑脊液看是否为血性，用手触摸颈髓有无变软带，剪开硬脊膜后看有无撕裂及断裂。脊髓的损伤与颈椎的损伤并不一定能一一对应。有时脊髓损伤也可能不伴有脊柱骨折或变形。检验时要充分暴露颈椎，除去软组织观察；同时要把气管等联合取出后观察颈椎前侧损伤情况。

三、躯干损伤

列车直接撞击人体可形成广泛的内脏器官损伤，因人体被撞击时的位置、姿势不同而异，损伤特征以闭合性损伤为主，具有外轻内重，损伤广泛的特点。躯干撞击伤除了在坐卧钢轨等姿态下的排障器直接撞击形成的损伤外，多为机车头部的大平面外力直接作用所致。

(一)胸部损伤

胸部损伤(chest injury)是机车撞击伤中常见的损伤,胸部面积较大,受伤的机会较多,列车巨大的撞击作用,造成胸廓变形、骨折并伤及内部器官损伤,可直接导致呼吸、循环功能障碍,胸腔大出血等,从而迅速引起死亡。肋骨受直接暴力的作用,可出现多发性肋骨骨折(rib fractures),肋骨断端易刺破肺脏,伴有大量的胸腔出血。

(二)肺损伤

撞击损伤中肺损伤(lung injury)以肺挫伤和肺裂创多见,尸检常见肺膜下伴有大面积的挫伤、出血斑或肺部裂创。肺部受巨大暴力撞击的瞬间,胸廓整体变形,容积减小,胸腔内的压力骤然增加,压力解除后,变形的胸廓弹回,胸腔内的压力急剧下降,整个过程所产生的变形可致肺部的组织产生爆裂效应,造成广泛性的肺损伤。肋骨断端的刺入导致大失血,亦为常见的死亡原因。

(三)心脏损伤

列车撞击所致的心脏损伤(cardiac injury)多为闭合性的钝性损伤,胸部特别是心前区受到钝性外力作用后,胸廓完整,但心脏的组织结构和(或)功能受到破坏。其形成原因有钝性暴力直接作用于心前区,造成心肌挫伤,或者胸部受撞击后,心脏受到胸壁、脊柱的挤压而引起破裂、挫伤等。间接暴力作用形成的心脏损伤多见于列车撞击人体的瞬间,腹部、胸部等处的血液骤然涌入心腔或大血管内使其压力剧增造成心脏破裂,或者心脏在被外力作用时处于舒张期间,外力沿血液传导,导致广泛性的心脏挫伤。常见的心脏损伤有心肌挫伤、心脏破裂、室间隔破裂、房间隔破裂等。

(四)腹部损伤

列车撞击人体造成的腹部损伤(abdominal injury)主要是胃肠挫伤、破裂或撕裂伤。胃肠充满食物时,其位置下移,受液体压力传导的作用,人体受撞击后易发生破裂,由于压力均衡地向四周扩散,破裂点不一定位于受力处,常位于胃肠壁较薄弱处。

(五)肝损伤

肝是一个体积较大、弹性较小、不易移动的实质性器官,撞击腹部最容易形成肝脏损伤(liver injury),可有不同的形态改变:被膜与实质同时破裂(真性破裂)、被膜下破裂、中心性破裂,可伴有肝周围韧带撕裂等,破裂口可呈条状、星芒状、龟裂状,其中心与力的作用点一致。

(六)脾脏破裂

由于列车撞击产生的外界暴力较大,常造成脾脏破裂,或者脾脏在受外力作用后撞击在胃、膈肌、脊柱、胸后壁、肋骨等处形成损伤。

四、肢体损伤

机车直接撞击肢体的损伤多见于小腿中下段。横穿轨道时,机车易撞击在小腿的外侧,单侧多见(见图 13-4);沿轨道行走易撞击在小腿的前侧或后侧;枕木头处行走时单侧多见;道心内行走时一般以双下肢同时被撞击多见,且损伤位于同一平面,创口距足底的高度反映了伤者行走时的位置高度(见图 13-5)。肢体撞击伤多为开放性,呈长条形挫裂创和骨折。典型的损伤是胫、腓骨的骨折,当车速较慢时,人体承重一侧的小腿表现为胫、腓骨的楔形骨折,楔形底面为作用点,而楔顶指示撞击方向。若时速较快时,则造成横断骨折,损伤处到足跟的距离即为机车排障器的高度。下肢楔形骨折在指示撞击方向的同时,也提示人体的直立位置状态，所以是鉴别撞击伤时人体体位的重要依据。撞击部位的衣物多伴有黑色油垢附着。现场勘验机车排障器上常黏附有人体皮肤组织、血液等。

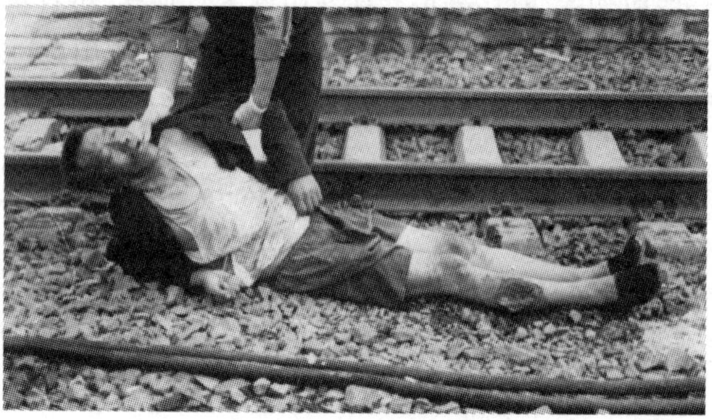

图 13-4　横穿轨道时，下肢外侧的撞击伤，单侧多见

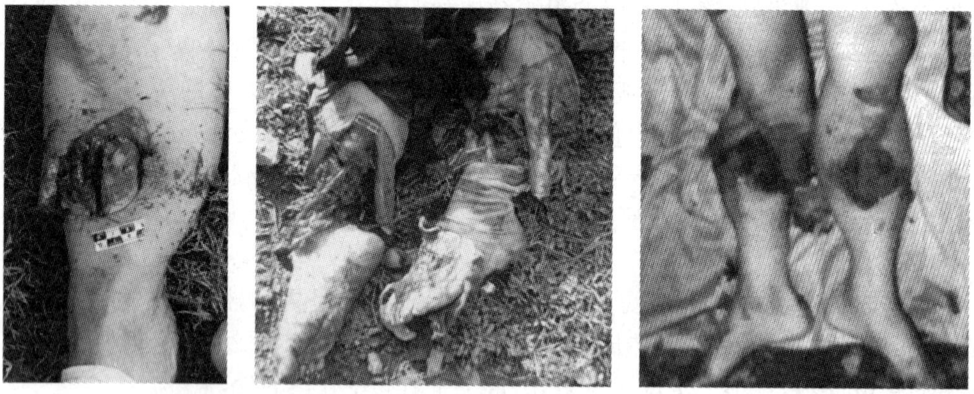

图 13-5　顺线路行走时，撞击伤多位于小腿的前侧或后侧，枕木头处行走时单侧多见，道心内行走时双侧多见且损伤位于同一平面

人体在站立或行走时，足部承受重力较大，此时被列车撞击，受巨大撞击力作用，躯干向受力的方向发生位移，足部因受体重及地面摩擦力的影响，其发生位移的时间和速度较躯干迟缓，因此容易在活动度较大、相对较脆弱的脚踝部形成应力释放，造成踝关节脱位、挫伤、胫腓骨骨折、距骨骨折等间接性损伤，此种损伤严重者可使胫腓骨远端自关节腔内脱出、趾尖、足背挫碎、鞋面撕裂，或在鞋底上留有明显的暴力擦划痕迹。此种损伤在踝关节周围的皮肤上无暴力直接作用的损伤。检验中发现的踝关节及足部的损伤多为列车撞击人体后的继发性损伤。踝关节处的间接暴力损伤，对承重腿的判断意义重大。

第六节　撞击伤的法医学鉴定

一、现场勘验

撞击伤现场的勘验必须解决此尸体现场是否为原始现场，对能反映出列车运行方向和速度的痕迹、物品应进行仔细勘验，推断撞击点的位置、大体范围，揭示尸体位置姿态、遗留物品、衣物、人体组织的分布规律，勘验时应始终围绕撞击过程的连续性这一主线。

(一)撞击点的勘验

撞击点的勘验包括肇事列车、人体被直接撞击的部位以及撞击瞬间在线路上的特定位置。对肇事列车的勘验尤其重要,常能提供强有力的物证,对于案件的定性起到决定性的作用。通过对人体被撞击部位、损伤程度和形态特征以及线路上的血迹形态及人体组织的勘验,可分析出撞击发生瞬间人体的姿态和位置。

线路现场的勘验常在撞击方向确定后,通过反推的方法确定。撞击点多分布于轨枕、道砟上擦挫痕迹起始端,或现场血迹、人体组织的起始处稍近端。

(二)撞击过程的勘验。

1. 人体组织的分布规律。应从以下几个方面分析,一是人体组织分布的位置。如在道心内行走者被列车撞击后,人体组织特别是脑组织、颅骨碎片等主要分布于道心内部或稍偏向一侧钢轨,位于相应钢轨内侧如扣件、轨腰内侧等处;在枕木头处行走被撞击时,溅落的人体组织多分布于钢轨外侧。二是人体组织、血痕的形态及方向。撞击后飞溅的人体组织常可反映出列车运行的方向。如溅落的人体组织常分布于枕木运行方向的近侧面或上面。三是人体组织分布的距离。人体组织的飞溅距离、车速及人体被撞击时的体位高低有关。由于撞击过程的复杂性以及撞击后可能有拖拉等情况,在勘验时要注意区分,找到能反映其实质性的特征、现象。

2. 携带物品的分类及意义。意外撞击致死者所携带物多为小件物品、随身物品,相对轻便,有的能反映出死者被撞击瞬间的姿势体位或行为动机,对分析案件性质有一定的帮助。常见有反映行为目的生活用品类,如赶集用的菜篮、菜等;排除侵财目的贵重物品类如随身提包、手机、钱物等;反映身份特征、行为动机类的,如捡拾物品、耕种工具等。

3. 中间障碍物的勘验。铁路线是立体结构,人体受撞击后的运行过程,会受到铁路基础设施如道砟、信号机、公里标、线杆等强力阻挡并形成严重损伤,在此类客体上多留下较明显的擦划痕迹、人体组织的黏附等,勘验时应翔实记录并结合损伤进行分析。

(三)终止点的勘验

撞击瞬时发生后,人体多意识丧失或死亡,随后的运动常表现出无行为能力的运动征象。终止点的勘验应从尸体所处的地理位置及尸体姿态来捕捉信息。尸体所处的位置表明人体被撞击后运动过程的终止,尸体的姿态体位是动态的撞击损伤后的静止表现。其姿态的形成、固定应与现场地理环境相一致。

二、衣着检验

死者衣物的检验重点检验衣物破损的部位、衣物上附着物、衣物短少状况以及衣物口袋内的物品。

衣物的破损分布无特定的规律,常见破损的部位为人体突出部位的衣物,如关节处、腿部的损伤处,衣着破损多表现为撕裂、擦挫毁损的特征,和尸体上对应的损伤基本一致。衣物上附着物多为污垢、油垢、铁锈、道砟碎屑及油漆类等物质。衣兜内的物品常可反映死者的身份信息。

撞击后的尸体常见死者鞋子脱落,鞋底多有明显的擦划痕迹,可据此分析擦划痕迹的形成过程及相对应的客体硬度、密度等特征,鞋面多有破裂、撕裂。

三、损伤检验的注意事项

列车撞击人体形成的损伤程度严重,多表现为严重的组织碎裂,在损伤检验时应注意以下问题:(1)列车在不同的环境条件撞击人体所形成的损伤形态各异,因此,损伤检验时应结合不同的现场情况,根据损伤形态推断致伤物。(2)因列车撞击人体是一个能量传递、释放的过程,因此,尸体检验时应进行系统、详细地解剖检验,一般情况下须进行颅腔、胸腔、腹腔的解剖,必要时需进行脊髓腔的解剖。(3)对于尸体时见到的锐性损伤,应认真分析其形成原因、生活反应,推断致伤物,判断案件性质。(4)撞击伤可伴随有拖擦伤、辗轧伤、摔跌伤等复合性损伤,检验时应认真分析其损伤机制。(5)对于撞击形成的囊性盲管状损伤,应对创腔、创壁进行解剖检验,注意发现提取创内异物。

四、法医学鉴定的意义

(一)确定死亡原因

机车车辆撞击人体是一个复杂的过程,多形成复合性损伤,以机车车辆直接撞击伤和人体与地面的摔跌、碰撞伤为主。通过检验可以确定撞击伤的死亡原因。撞击伤以下肢骨折和内脏器官损伤为主,损伤严重程度与车速有关,撞击伤引起死亡的原因主要是颅脑损伤、内脏器官破裂大出血而死亡。

(二)确定案件性质

撞击伤多为意外事故,现场常在平交道口,偶见利用撞车自杀,在实际工作中应注意他杀或道路交通事故以及其他原因死亡后移尸铁路造成的死后撞击伤鉴别,撞击后的摔跌伤需同坠车伤鉴别。

(三)个人识别

通过对特有生理特征的辨认,DNA 检材的提取、检验、查询,死者十指指纹提取、指纹库查询等工作来完成未知名尸体的辨认工作。

【思考题】

1. 撞击伤现场勘验的思路是什么?
2. 撞击伤中有哪些特殊性的损伤?
3. 下肢撞击伤的特点是什么?

第十四章　坠　车　伤

第一节　坠车伤概述

一、坠车伤的定义

坠车伤(injuries due to fall from train)是指人体因某种原因从运行的列车上坠落到地面或其他物体上所致的减速性损伤。坠车伤可发生在自杀、旅途性精神病的意外事件中,也有采用其他手段谋杀后抛尸车下,伪装成自杀或意外事故的个案。

二、坠车伤的高发地点

据统计,坠车可发生于列车运行中,也可因坠车者发现坐过站或因长途乘车后精神错乱产生幻觉而发生跳车;个别是因为列车运行中车门未上锁而坠车。

三、坠车伤的形成机制

坠车伤的能量主要包括坠落产生的势能和列车运行带来的动能。根据物理学冲力公式:

$$F = \frac{m\sqrt{v^2 + 2gh}}{\Delta t}$$

式中,F 是人体受到的碰撞冲力,m 是人体质量,g 是重力加速度,h 是坠落的高度,v 是坠落速度,Δt 为碰撞开始至人体静止时间。根据公式可知,当人体重量一定时,坠落所受的碰撞力大小受坠落速度、碰撞时间、坠落的高度三种因素的影响。坠车伤中坠落速度一般和列车运行速度正相关,因此,在坠车伤中,人体的重量越大,列车运行的速度越快,坠落高度越高,碰撞时间越短,形成的损伤越严重。

人体由运动的列车上坠落至地面时,受地面物体对人体产生的反作用力,使人体产生强烈振荡,可造成人体多部位、多种形态的严重损伤。其反作用力的大小和下降势能与高速运动动能有关。因列车距地面的高度一定,因此,其受力的大小主要取决于列车运动的速度、地面的性质,列车运行的速度越快,地面硬度越高,人体坠落后地面对人体的反作用力也越大。

四、坠车伤的死亡原因

坠车伤的死因通常为严重颅脑损伤、重要脏器的破裂或出血导致的失血性休克死亡。有时坠车伤者可见寰枢椎脱位、高位脊髓断离而死亡；也可因坠落所致的长骨骨折而引起脂肪栓塞死亡。

第二节　影响坠车伤的因素

坠车伤发生在列车运行中，其形态及损伤程度与列车运行的速度、线路状况、体重、人体着地部位、着地方式，以及接触地面的性状等因素有很大的关系。

一、列车行驶的速度和坠落的高度

人体从运行的列车上跳车或坠车，车速越快，坠落时的动能越大，接触地面时人体获得的反作用力就越大。坠落的高度越高，势能越大，接触地面时人体获得的反作用力也就越大。反作用力瞬间作用于人体，引起强烈的冲撞、撕裂、挤压、摩擦和震荡作用，造成人体多种广泛的损伤。

二、地面的性状

如接触地面为道床、轨枕、道砟或水泥等硬质地面，损伤严重；如坠落在疏松的沙土地、柔软草地以及草堆之类的物体上，则损伤可相对较轻。若从运行在桥上的列车中坠入水中可因水的浮力作用和缓冲时间长而使损伤程度减轻；若桥下无水或水较浅时则因坠落高度的增大而使损伤程度加重。

三、人体着地的姿势和部位

坠车时人体着地接触部位或坠车姿势与损伤的程度、类型有密切关系，着地部位和姿势不同，其损伤程度和类型也不同。常见坠车着地的部位是头部、足跟和臀部。

如果头部(尤其枕部)着地，头皮、颜面部可发生挫裂创，颅骨受压引起颅骨和颈椎骨折及脑挫裂伤或颅内出血、脑干损伤、脑组织碎裂而较快死亡，即使车速不高，也会造成严重损伤。笔者曾检验一押运人坠车死亡的案例，该押运人站在停留的高边货物列车上，在车辆挂钩连接时不慎坠落于车下铁路道砟、道床上，由于头部先着地造成颅脑损伤死亡。

双足着地，双侧跟骨可发生对称性骨折及四肢长骨螺旋形骨折，有时脊椎、胸骨与肋骨结合处以及关节部位脱位，常见的有第1、2肋骨近胸骨处骨折以及髋关节骨折脱位。

臀部着地，有衣物及丰满的脂肪和肌肉组织衬垫，对暴力有一定缓冲作用，有时体表损伤轻微而内部常有盆骨骨折，外力沿着脊柱传导，使颅底枕骨大孔出现环状骨折，肋骨近椎骨处骨折，脊椎骨压缩、爆裂型骨折。

躯干部着地，如车速不高，因接触面积大，压强较小，其损伤较同样条件下损伤轻。常造成胸部广泛性肋骨骨折，胸、腹腔内脏器官损伤，躯干部的损伤多集中在一侧或一面。

手掌着地，常造成上肢长骨及手部多发性骨折、关节脱位。

有跳车经验的常选择恰当的姿势跳车，所受损伤较轻甚至没有损伤，如铁路调车作业人员在 30km/h 以下速度跳车时常无损伤。

四、中间障碍物作用

在坠落过程中，若有中间障碍物的阻挡，可因中间障碍物的性状不同而对损伤产生不同程度的影响。若有中间障碍物能使下落势能分段递减，使落于地面时与地面的作用力减小，所造成的损伤也相应较轻。若坠落的人体在着地之前撞击到路标、护桥栏、电杆等坚硬物体，既改变了下落的姿势又受到了中间障碍物和地面的双重撞击力，必将造成严重的损伤，如：肢体断离、内脏破裂。例如：黄某，19 岁，首次乘车探亲，因紧张恐惧疑有人抢劫，由列车车窗跳出，先撞击在护桥栏上落于桥下，致全身多发性骨折，骨盆变形，颅脑、内脏多发严重损伤。

五、线路的曲线半径大小

如在弯道行驶时，坠车者离开列车后由于离心力的作用而改变运动方向，因此，从弯道内侧坠车时，可能会坠入列车车底下被辗轧挂拉，从而形成更加严重的损伤，在弯道外侧坠车时，由于离心力的作用而坠落到远离线路的地方，曲线半径越小，离心力越大，损伤越重，曲线半径越大，离心力越小，损伤越轻。

第三节 坠车伤的特征

一、损伤形态

(一)擦伤

人体坠车触地时，由于地面的不平整和人体在地面向前移动的速度较大，与地面发生滚动、摩擦，在人体体表突出部位易形成较大面积的擦伤，因受力不均擦伤程度轻重不一，多有平行条状摩擦，具有动态感，可以反映出力的作用方向(见图 14－1)。

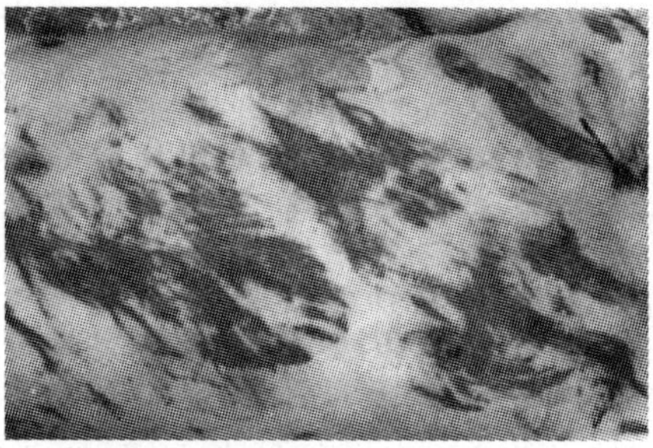

图 14－1 在高速运行的列车上跳车，道砟在体表形成的大面积片状擦伤

(二)挫裂创

人体从快速运行的列车上坠落，在身体触地的部位，受力较大处常形成挫裂创(laceration)，由于路基地面上的道砟作用，挫裂创口多不规则，创缘不整齐伴挫伤带，创内有组织间桥、可附有挫碎的组织、异物和油垢等。

（三）游离皮瓣创

铁路路基上有很多诸如轨枕、螺栓、道砟等坚硬的突出物体，铁路坠车者触地时的速度很快，身体由于惯性作用力继续前移，很容易在着地部位形成游离皮瓣创。创缘一侧伴有明显的挫伤带而另一侧挫伤带不明显，皮瓣翻转的方向可以反映出力的作用方向，进而可推断出列车运行的方向（见图 14－2）。

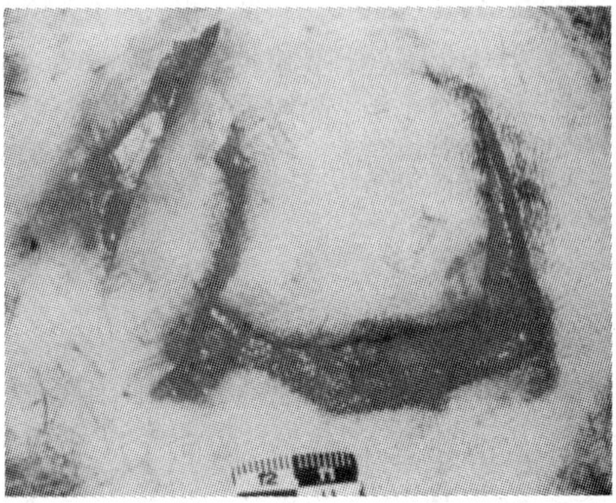

图 14－2　头部接触轨枕形成的游离皮瓣创

（四）骨折

1. 颅骨骨折。坠车形成的颅骨骨折分为直接骨折或者间接骨折，头部着地可直接造成颅骨骨折，一般为崩裂性骨折；下肢或臀部着地时，由于暴力向上沿脊柱传导，可形成颅底枕骨大孔周围的环形骨折。颅脑损伤是由于坠落过程中直接撞击力的传导，减速过程中的线性撞击力导致局部头皮损伤、骨折和局部脑组织损伤。在坠车伤中，对冲性损伤即损伤部位在撞击部位的对侧较常见。有文献报道高处坠落致颅脑损伤发生率为 41%～45%。不同的高度颅脑损伤的发生率不同，坠落高度小于 3m 时，颅脑损伤发生率为 14.8%，3～8m 时发生率为 18.9%，大于 8m 时发生率为 7.3%。

2. 脊柱骨折。坠车时由于头颈部及足臀部的纵向暴力传导至脊柱的某一节段而引起颈、胸、腰椎多发骨折，关节脱位，韧带撕裂等，其损伤主要表现为压缩性损伤或过屈性损伤，多见于颈椎及腰椎。脊柱损伤机制有三点：一是屈曲压缩性损伤，受到屈曲暴力或垂直压缩暴力时，脊柱被动屈曲，使前方椎体承受很大的压缩负荷，而使椎体骨折（压缩、碎裂）；二是屈曲牵张损伤，暴力使脊柱极度屈曲，造成脊柱前方压缩后方牵张；三是如果存在旋转暴力，会出现脊柱骨折旋转脱位。尸检时因脊柱损伤常为严重复合伤的一部分，且有时因内脏器官损伤足以构成死亡原因而容易被忽视，在法医学检验中必须注意。尸体解剖前，有条件时应先拍 X 线片，检查脊柱损伤的部位和程度。

坠车伤造成脊柱骨折，暴力的方向和大小与脊柱骨折部位及类型有密切关系。当暴力沿脊柱长轴传导，使椎体受挤压，可形成椎骨的压缩性骨折；当暴力垂直于脊柱长轴，可使椎骨分离、折断，或发生错位，同时可能伴有肌肉、韧带、椎间盘、关节囊或关节突的损伤，从而导致脊柱脱位、骨折等。

坠车造成的脊柱骨折常可出现两种情况。一种是脊柱的某个部位为直接着地点，撞击力直接作用于一个或几个脊椎，这种损伤多集中在脊柱的背侧，轻者仅可见棘突，椎弓和横突的骨折，如撞击特别强大时，整个脊椎呈粉碎性骨折。另一种是着地点不在受损伤的脊椎部位，可能在下肢、臀部或肩背部，发生的多是椎体的“楔形”骨折，或椎体上（下）缘的“三角形”骨折。这是因为当坠落停止时,在着力点以上的脊柱各椎骨仍具有大于受力点处的速度,此时受到阻力的脊柱出现以受力处为支点的弧形过屈运动,在弧行弓顶的椎骨内侧的椎体受到同时来自上下两个方向的挤压力。如果这个挤压力超过了受压椎体所能承受的强度时,受压椎体发生变形,形成“楔形”骨折。躯干下部及下肢着地形成的脊柱过屈方向是由后上向前下,在过屈运动中受力点以上的椎骨向后移位,其椎体上缘作用在上一个椎体的下骨面上,而导致上一椎体的下骨面向前形成似“三角形”骨折。如向后移位的椎骨是在受力点以下,形成“三角形”的骨折,则是移位椎体下缘作用在下一个椎体的上骨面所致。

3. 肋骨骨折。坠车所致的肋骨骨折广泛发生,呈一致性和对称性。肋骨骨折多发生在骨质薄弱部、肋弓顶和与其他骨骼相关节处。胸廓作为一个整体是具有弹性的骨性结构,其横断面为环形。当外力作用时,其可通过变形和沿两侧传导外力来缓解作用力。但当外力足够大,超过其弹性变形的限度,首先在骨质薄弱部和弓顶发生骨折。在变形运动中肋骨与其他骨骼相关节处的活动受相邻骨的限制,在外力的作用下也易产生骨折。坠车时胸廓受到间接传导来的外力作用,这样受力部位对侧胸廓所受到的传导力,往往比其同侧受作用力大,所受损伤也较严重(见图 14－3)。

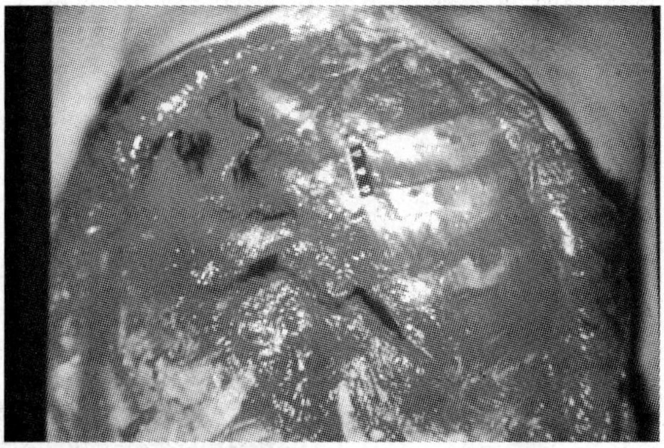

图 14－3　跳车造成肋骨骨折

4. 骨盆骨折。骨盆为一环形的骨性结构体,当某一点受到外力作用时,作用力可向环两侧传递。在骨盆的骨性环上坐骨粗大,耻骨相对薄弱,一般臀部着地的作用点多在坐骨附近,但很少见坐骨骨折,而多见的是耻骨、尾骨骨折,骶髂关节分离和耻骨联合分离。这些部位的骨折,常是认定臀部着地的重要依据。客货列车上坠落的人体,如臀部先着地,其骨盆常发生开放性或闭合性的粉碎骨折。

5. 下肢骨折。坠落时人体以足跟着地多发生下肢骨骨折,最典型的特征是跟骨粉碎性骨折及四肢长骨粉碎性骨折(见图 14－4)。因坠落着地时产生高能量,有时易引起胫骨近端粉碎骨折,易造成复杂的膝关节内骨折或严重的软组织损伤。

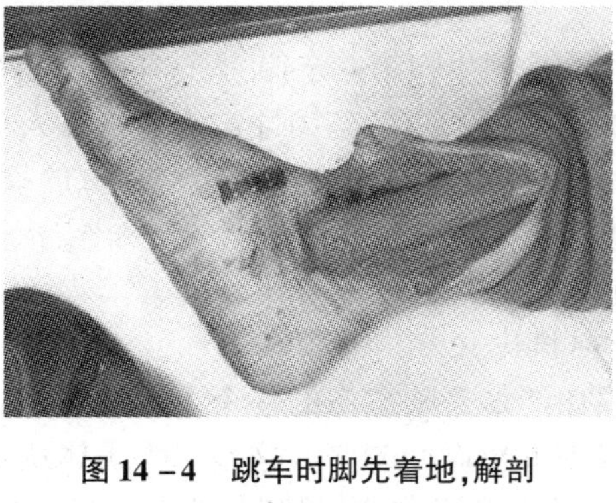

图 14－4　跳车时脚先着地,解剖见胫骨下端粉碎性骨折

（五）内脏的破裂

内脏常因坠落时冲力的传导和受挤压而导致腹腔内压的瞬间增高与脏器的强烈震荡，或内脏器官惯性移位而韧带系膜过度牵拉，从而使弹性差的器官如肝、脾等脏器破裂。

1. 心肺损伤。当人体从运行的列车上坠落身体撞击地面时，血液可从身体其他部位急剧向胸腔移动，使心腔内压力骤然升高，而导致心脏及主动脉破裂。肋骨骨折的断端也很容易刺破心、肺组织形成创伤。

2. 腹腔脏器损伤。肝、脾、肾在腹腔内位置相对固定，可塑性小，坠落时产生的振荡力极易形成脏器破裂。如果胃、肠等空腔脏器处于充盈状态，坠落时可因胃肠与腹腔之间形成的压力导致胃肠破裂。肠系膜根部的撕裂、脏器韧带的撕裂及固定部位的脱离常被认为是高坠损伤的特征。从高速运行的客货列车上坠落的人体，由于惯性作用，常造成腹腔脏器撕裂、挫碎（见图 14－5）。

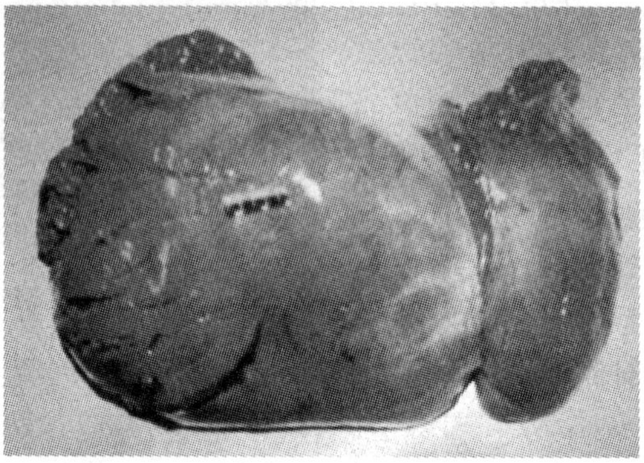

图 14－5　坠车损伤造成肝脏组织的破裂

（六）其他复合损伤

列车在运行过程中可对人体形成多发复合性损伤，因具体条件的不同而不同。如在复线铁路上坠车时坠入对侧线路后被辗轧或被撞击而形成新的损伤；坠车后被机车车辆部件挂拉衣服而形成拖擦伤。因此应结合现场勘查情况具体分析每一处损伤的成伤机制，作出正确的鉴定意见。

二、损伤基本特征

坠车伤属钝性暴力损伤。按照牛顿第三定律，人体坠落与物体发生碰撞，等于与人体相同重量的物体以自由落体的速度所产生的碰撞冲击力打击在人体上，同时由于碰撞过程十分短暂，因而往往人体在瞬间受巨大的暴力作用而形成严重的损伤。所以坠车伤与其他钝器伤有明显的不同。坠车伤又由于其发生碰撞地点的特殊性，形成条件不同于一般坠落伤，故有其自身的特点，归纳如下：

（一）体表损伤较轻，内部损伤重

体表损伤轻微而体内损伤严重是坠车伤的一个主要特征。从列车上坠落时，体表突出部位可有大面积表皮剥脱或皮下出血的改变。这是因为人体从运行的列车上坠落至地面，由于惯性作用，依然会保持原来的运动状态，受到与地面的摩擦和撞击。当人体所受的外力未超过皮肤的弹性极限时，皮肤全层结构不发生破坏。人体内脏器官受力的传导以及体腔内压的改变而产生压缩变形，导致内脏器官损伤较重，常见多发性闭合骨折、肝、脾破裂等。

(二)损伤广泛多发

坠车伤符合减速运动损伤的特点,既可见于人体着地部位,也可发生于远离着力点的部位。如下肢或臀部着地时,在枕骨大孔周围出现放射性线状骨折,颈椎出现压缩性骨折;一侧躯干着地时,双侧的肋骨均可发生骨折;枕部着地常在对侧额极和颞极发生对冲性脑挫伤,枕叶挫伤轻或无。由于坠地时人体躯干从高速到突然停止运动,内部器官由于惯性作用,仍可继续前进,因此各器官的系带和血管,如脾蒂、肝蒂、肺门和肠系膜根部等处可见挫伤或撕裂伤。

文献显示坠落死亡者胸腔或腹腔积血量占 90% 以上,颅脑损伤占 76%,肝脏损伤占 98%。坠落产生广泛而多发性损伤的原因一般认为有三种机理:

1. 碰撞冲击力的传导作用。如足位坠落时,冲击力沿下肢骨、脊椎传至枕骨大孔,使脊椎"突入"颅内而形成枕骨大孔周围的骨折。

2. 人体的挤压变形。人体坠落碰撞的瞬间由于大平面的挤压使人体发生变形,无论是侧位,仰位还是卧位坠落时,胸腹腔均受挤压而产生在胸骨端和脊椎端的肋骨多发性骨折。

3. 体腔压力改变与内脏移位。腹腔内脏器官常因坠落时冲击力传导和受挤压而导致腹腔内压的瞬间增高和脏器的强烈移位震荡,从而使弹性较差的组织器官如肝脏、脾脏、肾脏等器官发生爆裂性损伤破裂。

有文献称复合伤多见于坠落高度 3m 以上的情况,单一伤常见于 3m 以下的情况,以四肢骨折为主。坠落伤存在年龄差异,成人主要为四肢骨折和脊柱的损伤,儿童主要为颅脑外伤和内脏的损伤。内脏的损伤中以脑、脾、脊髓、肝等实质器官多见,肠、胃、肺等空腔器官较少见。

(三)损伤一次性受力过程可以形成

尽管坠车伤具有广泛多发的特点,但均是一次巨大作用力所致。这里的一次是指碰撞过程从开始到结束的整个时期。坠落时,虽然体表和内部损伤广泛严重,但其外力作用的方向或方式是一致的,可以用一次外力作用形成机制解释。

(四)损伤分布特定

坠车伤具有复杂的特点,但在坠车现场可以用高坠伤和摔跌伤特点进行分析。高坠时损伤分布并非在直接受力处,有与坠落体位密切相关的特定区域分布特点,特别是皮肤和骨骼的损伤,常沿力作用方向造成远端组织器官损伤。实践中,法医工作者常据此来推断坠落时的体位。如人体以臀部坠落时,下肢的损伤较轻微,而骨盆及其以上部位的损伤严重;人体以足位坠落时,下肢骨骼损伤最为明显(尤以踝关节为甚),并可波及脊柱和颅底,但上肢损伤轻微;人体以头部坠落时,主要表现为颅脑损伤和颈椎损伤的特点,较少累及胸、腰、脊椎及下肢骨。必须指出,这种特定区域分布特点多适用于坠落后的骨骼损伤,而对于胸腹腔脏器则并不如此。同样,摔跌过程中的翻滚、撞击形成的损伤,可反映力的作用过程动态性的特点。

检验尸体时若发现损伤与上述特点不一致,应仔细分析其产生差异的原因,注意是否有附加的损伤或其他加害手段。

第四节　坠车伤的法医学勘验

坠车伤的法医学鉴定任务主要是确定是否为坠车伤,是生前坠落或是死后坠落,同时法医还要仔细进行现场勘验,确定有无其他性质的损伤,最后通过现场勘查、尸体检验分析从而判断死亡性质。

坠车伤以意外事故或旅途性精神病患者居多,在运行的列车上将人推下车的杀人案件较少见,但此类案件仅从损伤特征难以定性,必须仔细勘验现场、全面细致检验尸体,结合案情调查综合分析,不能仅根据尸体上的损伤判断;要注意与极少数他杀后抛尸车下,伪装意外坠车死亡的案件相鉴别。

一、坠车现场勘查

坠车现场以意外事故或自杀者居多,在运行的列车上将人推下车的杀人案件较少见,但此类案件仅从损伤特征难以定性,必须仔细勘验现场、全面细致检验尸体,结合案情调查综合分析,不能仅根据尸体上的损伤判断;极少数他杀后抛尸车下,伪装意外坠车死亡,应注意鉴别。

铁路坠车现场的勘验因列车已开走,所以,起落点和车辆上的痕迹勘验难度较大,主要是研究着地点的勘验,注意地面性状和血迹分布情况,行李衣物和尸体的位置关系。如沿列车运行方向先发现尸体,后发现衣物及行李,则命案的可能性较大。若先发现行李及衣物,则命案的可能性较小。自行跳车者常将随身携带物扔下或背捆在身上,多在自家附近跳车导致意外死亡。自杀跳车者现场很少有随身携带物,个别死者衣服内装有遗书。在现场路肩道砟上,常遗留有明显的间断分布的翻动痕迹,在线路一侧呈直线分布。

着地点的表面性状对坠车伤的形成有直接影响,尤其是地面的软硬程度、平整情况等。可根据不同地点或物体的状况,分析其与尸体上的损伤有无矛盾,借以判断坠落的性质。有时,在尸体周围可找到坠落者的物品,如钢笔、手表、钥匙等。

尸体坠落的地点对坠车伤形成影响,如从运行中的车顶、车门、车窗上坠落的尸体,多位于铁道两侧的路基和路肩处,尸体多有翻滚,衣服撕裂、剥脱严重,体表正面、背面及两侧面均有擦剐、碰撞、撕裂伤,颅骨、躯干、四肢多发性的粉碎骨折严重。

坠车的现场勘查要确定以下几点内容:

1. 是否为坠车损伤。
2. 生前坠落还是死后坠落。
3. 鉴定有无其他性质的损伤。
4. 通过现场勘验、尸体检验分析判断死亡性质。

二、尸体检验

(一)尸体位置和姿势观察

法医应详细观察、记录尸体躺、卧姿势,头脚方向,四肢摆放情况。同时要观察线路道砟滚动痕迹、研究尸体位置与线路、股道、列车运行方向的相互关系。

（二）衣物检查

坠落者的衣着上可粘有异物，如泥土、青草、黑色的灰尘和油垢等；受震荡外力的作用，坠落时可造成衣服沿衣缝撕裂、撕拉破裂或道砟擦剐、翻动、磕碰痕迹；因胸腹腔压力瞬间增大而使腰带或女性胸罩系带断裂；鞋底可见与地面摩擦形成的明显擦痕，同时鞋子开裂或鞋底黏附与现场相符的泥土；手表停走（往往指出坠落时间）等现象，如图 14－6 和图 14－7 所示。

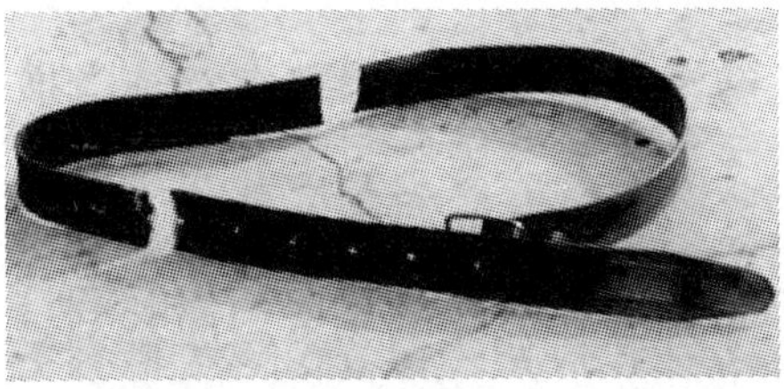

图 14－6　铁路坠车者腰带断裂

图 14－7　铁路高坠者鞋面开裂

（三）损伤检验

损伤检验应系统、全面，判断致命伤与坠车的关系，区分生前伤和死后伤，认定损伤是否符合坠车伤的特点，能否用坠车特点对全部损伤的机制进行解释。因坠车引起严重而广泛的多发性骨折，如颅骨、肋骨、四肢、骨盆、椎体骨折等，骨折的机理应该是一致的，能用一次外力作用过程的形成来解释，否则应引起警惕。对不能用坠车解释的损伤，应根据损伤形态特点，分析判断损伤是坠落者自己所为、他伤、中间障碍物致伤还是坠车后滚动所致。

尸体检验损伤符合坠车伤的特点：主要表现为损伤外轻内重，尸体外表大面积的擦伤、挫裂创，创腔内常见与现场相一致的附着物；内脏器官破裂，固定韧带、系膜易发生撕裂出血。

他杀抛尸伪造坠车伤亡的尸体，现场出血量少，尸体多有两种以上的致命伤，尸体常有与现场不符合的附着物，尸体现象与损伤时间不相符合，死者双手有时可见抵抗伤痕。

（四）着地点的判断

1. 损伤最重的部位为坠落接触地面的部位。如颅骨粉碎性骨折碎骨片最多处，然后再研究损伤特征，观察创内附着物的情况。

2. 对冲性骨折的对侧或沿力传导的反方向。如颅前凹对冲性骨折，则着力点在枕部；枕大孔周围环状骨折或腰椎压缩性骨折则为下肢或臀部着地。

3. 若发现下肢长骨嵌插性骨折，常提示损伤肢体先着地。如股骨头骨折、踝骨骨折，则着地部位为骨折的下肢。

三、物证检验

为了查明坠车伤亡案件的性质，实际工作中通常要提取和送检现场相关物品，进行物证检验。首先要提取 DNA 检材，利用 DNA 数据库对死者进行个体识别。在铁路坠车伤亡案件中，常规 DNA 检材一般是血液或血痕。对于现场新鲜的血迹，可以用清洁试管加抗凝剂注入新鲜血液，摇匀后放入冰壶冷藏，尽快送检，也可用干净纱布沾附新鲜血液，自然晾干后分别包装送检。对于血痕的提取，如果在衣服、帽子、鞋袜、道砟等较小物体上，可采取整件提取，在铁轨、枕木等固定、不易携带的物体上时，可采取刮、擦等方式无损提取。提取物证过程中要分门别类、分别包装，不能混装，防止污染和霉变，并详细记录发现的地点、时间、数量。

法医检验时还应常规提取死者心血及胃内容物，检验有无酒精、镇静剂等毒物或毒品存在；必要时还应注意提取现场、死者衣物及尸体上黏附的微量物证（如油渍、泥土等），进行理化常规检验及扫描电镜或X线能谱检验，这对判定案件性质，亦有很大价值。

四、法医学鉴定的意义

（一）确定坠车伤亡事件的性质

通过法医学鉴别，正确判断坠车伤亡事件的性质，是意外坠落还是被他人推下，或鉴别是生前坠车还是死后抛尸。

（二）与其他高坠现场的尸体相鉴别

如与从铁路跨线桥坠入线路的尸体和其他方式死亡移尸铁路的尸体相鉴别。

（三）与其他铁路交通事故相鉴别

（四）根据死亡时间及现场情况判断坠车的车辆及运行方向

【思考题】

1. 影响坠车伤有哪些因素？
2. 坠车伤的基本特点是什么？
3. 坠车伤的法医学鉴定应解决哪些问题？

第十五章　货物移位造成的人体损伤

第一节　挤压伤

一、挤压伤的概念

广义的挤压伤是指人体被作用面较大的重物挤压所产生的一系列损伤性病理形态学和病理生理学变化。挤压伤多发生于地震、山崩、塌方、爆炸、建筑物、防空洞、矿井倒塌、重型机械挤压等意外事故及交通事故。

货物移位造成的挤压伤是指机车车辆在行驶过程中紧急制动或车辆编组连接时,因惯性作用而使车上装载的货物移位或行车事故时对人体挤压所造成的损伤。

挤压伤是由巨大或沉重的物体撞击或压迫机体而造成的皮肤和深部组织器官的广泛损伤,多发生在头部、胸腹部和四肢,而致人死亡。

二、形成原因

(一)车上货物移位

机车车辆制动或连接时,机车车辆装载的货物因惯性移位而挤压押运人员或扒乘人员造成死亡(见图15-1)。

图15-1　扒乘人员由于列车的紧急制动,方钢移位将其挤压伤亡

(二)车厢变形扭曲及货物倒塌

列车脱轨翻车时因车厢变形扭曲及车厢内行李物品的倒塌挤压人体导致伤亡。

（三）货物列车门滑动

货物列车门在列车启动时自动滑动关闭，将站立在门口的人挤压致伤亡。

（四）在车辆编组连接时，车钩挤压人体致伤亡

三、形态特征

（一）皮肤和软组织的损伤

巨大的重物挤压人体外表可形成物体压迫的痕迹（见图 15 –2），造成表皮剥脱和皮下出血，肌肉组织因压迫造成缺血坏死，当碰撞和挤压力较大时可出现挫裂创。皮下组织和肌肉不易形成大的血肿。

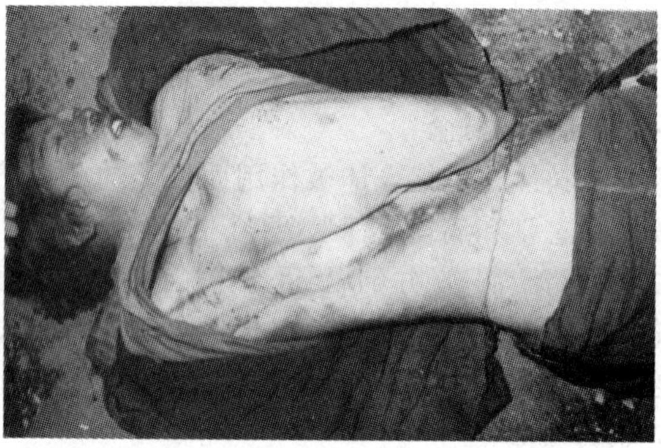

图 15 –2　集装箱底边砸压人体形成的条状压痕

（二）骨折

暴力撞击和挤压常常造成头颅骨粉碎性骨折（见图 15 –3）、胸廓多发性骨折、四肢部位的粉碎性骨折，甚至伴有肢体离断。

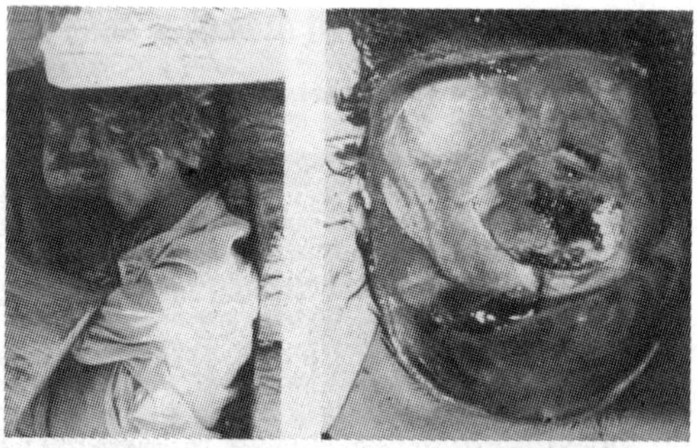

图 15 –3　列车运行时，圆木移动，撞击造成颅骨骨折，颅脑损伤死亡

（三）内脏器官的损伤

胸、腹部直接受到挤压可造成胸腹腔主要脏器的破裂出血而引起死亡。

（四）创伤性窒息

胸部（有时是胸腹部）突然受压（如货物移位、车辆碾轧、人群踩踏等）引起声门突然紧闭，气道和肺内空气不能与外界相通，致使胸腔内压力骤然升高，右心受压，迫使静脉血液回流受阻，从而造成上胸部、颈部、面部皮肤黏膜血管破裂出血以及脑组织缺氧血症。严重者可引起

颅内静脉出血、脑水肿而导致昏迷、心脏骤停死亡。创伤性窒息者多伴有胸部损伤的特点，如多发性肋骨骨折、气胸、血胸、心脏挫伤等。因创伤性窒息引起的死亡称挤压性窒息死。

挤压性窒息死的尸体征象：

1. 头、面部青紫肿胀。因重物的挤压，呼吸功能发生障碍，头、面部静脉回流受阻，使头、面部明显青紫肿胀。

2. 皮肤及眼结膜点状出血。皮肤的细小出血点可在面、颈及肩部出现，眼穹窿部的结膜下出现点状甚至是斑状出血。

3. 肺胸膜和心外膜下也可出现点状出血。

四、挤压综合征

（一）挤压综合征概念

挤压综合征是指人体骨骼肌因各种机械性损伤导致缺血、变性、坏死，进而出现肌红蛋白血症、高血钾症、一过性肌红蛋白尿、急性肾功能衰竭为主要特征的临床症候群。挤压综合征的命名源于 1944 年英国的 Bywaters 和 Beall。他们根据伦敦受空袭、房屋倒塌而损伤存活的病人出现肢体肿胀、全身循环衰竭、深褐色尿以及肾功能衰竭等现象，证实骨骼肌损伤是导致深褐色肌红蛋白尿及其肾脏损伤、肾功能衰竭的根本原因。由于肌组织损伤是因房屋倒塌砸压所致，故冠以挤压。由于挤压综合征的病理生理本质上是尿中非生理性的肌红蛋白异常增高，所以任何导致骨骼肌组织损伤，释放肌红蛋白的原因均可引起挤压综合征，而非仅限于重物挤压，故近年来逐渐将当初命名的概念外延加以扩展，如在法医学实践中常见软组织大面积挫伤等。挤压综合征缺乏及时有效的治疗，死亡率相当高。

（二）挤压综合征形成机理

挤压综合征是由于肢体肌肉受挤压后局部组织发生变性、坏死、出血、肿胀；毛细血管损伤或因缺血、缺氧导致渗透性增加，血浆大量渗入组织间隙，致受伤局部严重肿胀、血液循环（主要是微循环）障碍，组织灌注减少，进一步缺血、缺氧加重坏死，出现恶性循环；坏死肌肉和组织释放大量肌红蛋白、肌酸、肌酐、酸性代谢产物、血管活性物质和组织毒素，被吸收入血液后导致全身循环障碍性代谢紊乱，出现氮质血症、代谢性酸中毒、高血钾和高血磷，有毒成分经肾小管排出时使肾小管变性、坏死，肌红蛋白等阻塞肾小管形成色素管型，引起少尿等现象。又因出现全身多器官功能障碍的恶性循环，而出现一系列的代谢性酸中毒、高血钾、氮质血症、肌红蛋白血症和肌红蛋白尿症、少尿等全身循环衰竭和急性肾功能衰竭为主要特征的临床表现和病理变化。

（三）挤压综合征的主要病理学特征

1. 皮肤。皮肤肿胀、紧张、发亮、可见红斑、水泡及挫伤等，往往能反映作用物的损伤形态特点，如条形、不规则形挫伤等。

2. 肌肉。挫伤、出血、坏死，呈弹性丧失的鱼肉状，往往深层较浅层更明显。

3. 神经。外观神经变细、变扁，呈带状，神经束与周围组织粘连。

4. 肾脏。肉眼观肾脏肿大，皮质切面苍白、发亮，髓质呈暗红色。

5. 其他脏器。主要表现为组织细胞间质水肿、弥漫性出血灶、淤血及营养不良性改变。

五、挤压伤死亡的原因

（一）严重的颅脑损伤

在受伤当时死亡，主要是头部受挤压致严重的颅脑损伤死亡。

（二）重要器官破裂

挤压胸腹部可引起主要脏器（如肺、心、肝、脾、大血管等）的破裂死亡。

（三）窒息

挤压胸腹部，影响呼吸可引起挤压性窒息死亡。

（四）挤压综合征

挤压综合征引起肾功能衰竭死亡。

六、法医学鉴定

挤压死多见于意外事故，一般均有明确的事发原因及相应的现场，尸体被挤压于移位的货物之间且有与挤压情况相一致的损伤。

（一）检验要点

1. 人体有明显被货物挤压的现场状态，尸体上有明显的挤压伤或明显的挤压窒息征象。

2. 死亡是因挤压伤直接造成。

3. 对于肢体挤压致死的受害人，在确定死因时应注意鉴别是创伤性休克、失血，还是挤压综合征致死。

4. 挤压综合征鉴定：有挤压伤史，有大面积严重皮下出血及肌肉出血、坏死；临床经过在48小时以上；有少尿、血尿、浮肿、急性肾衰表现；尸检肾肿大，镜下肾小管内可见蛋白管型。

（二）意外事故挤压死亡与他杀死亡的鉴别

挤压伤多见于意外事故，但在法医检案实践中偶见有利用其他手段致死后移尸至列车上伪装成挤压伤死亡以及犯罪分子在货车上抢劫后采用其他手段使受害人丧失抵抗力后又被移位的货物挤压死亡的案件，这样的案例现场可能会出现以下一些现象，实践中要注意认真分析。

1. 现场较凌乱，有打斗迹象，有时现场还可发现凶器或其他可疑的痕迹和物品。

2. 尸体的姿势及位置异常，不符合生前无戒备时挤压致死的状态。衣兜或携带的包裹有人为翻动的痕迹。

3. 死者衣着较洁净，双手及身体上较干净，无扒车及在车上久留而黏附的污垢。

4. 尸体上有多处致命伤，除有物体挤压所形成的损伤外，还有些严重损伤存在于移动的货物没有接触的部位，损伤的部位及形状不能用挤压伤来解释。有时在衣服及对应处尸体上可检查发现锐器损伤。

5. 根据尸体现象推测出的死亡时间，与调查出的列车运行时间有较大差别。

6. 尸体有中毒征象，或者在现场呕吐物、死者胃内容物、血液以及肝、胃组织中可检出某种毒物。

第二节　砸压伤

一、砸压伤的概念

砸压伤（tamp injury）是指铁路装卸作业、运输过程，以及行车事故中，质量较大的物体以一定高度砸压人体造成的损伤。

二、形成原因

(一)货物倾倒砸压人体

列车在行驶过程中紧急制动或车辆编组连接时,因惯性作用而使车上装载的货物倒塌或掉落,砸压扒乘人员、押运人员(见图 15－4 和图 15－5)。

图 15－4　货物列车装载的钢架在行驶中翻倒,砸死躺卧在车底板上的扒乘人员

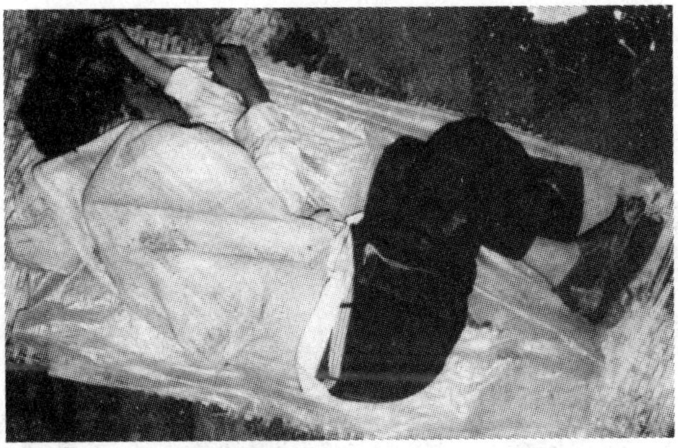

图 15－5　吊起钢架后原始躺卧状况及钢架砸压痕

(二)吊装货物时砸压人体

在货场内用吊车装载大件货物时砸压车厢内人员而形成的损伤。如对集装箱装卸作业时将车厢内熟睡的扒乘人员直接砸压死亡。

(三)行车事故后砸压人体

铁路机车车辆在运行过程中发生的冲突、脱轨等行车伤亡事故中,砸压人体。

三、形态特征

(一)皮肤挫裂创、软组织挫灭

人体皮肤在被物体砸压后呈现出形态各异的表皮剥脱、皮下出血、挫裂创。皮肤和肌肉组织的砸压伤,致伤时间相对较长,在受伤部位可能暂时不出现组织反应,当砸压物移开后,由于伤处血管受损,血液循环发生障碍,液体渗入组织间,造成局部肿胀,使已经损伤破坏的组织进一步缺血缺氧,造成组织坏死。

(二)骨折和脏器破裂

砸压伤可造成人体多处严重粉碎性骨折,其骨折没有固定模式。重压常常导致脑、心、肺、肝、脾等实质脏器破碎,一般空腔脏器,如胃肠道、膀胱等破裂者较少。

(三)砸压部位严重变形

由于砸压物体质量较大、速度较快,常造成人体被砸压部位严重变形。

(四)砸压水疱

人体被砸压损伤,往往见到损伤处皮肤出现水疱,易发生在皮下脂肪不发达的部位,例如:肩、髋部,尤其是夏天和高温天气,皮肤被砸压后更易出现水疱,砸压伤的边缘有散在的出血点,并在周围的健康皮肤上出现散在水疱,有时毛细血管破裂会出现血性水疱。

(五)创伤性窒息

胸部或腹部被重物砸压后限制呼吸运动而发生创伤性窒息。

四、法医学鉴定

砸压伤多为意外事故造成,通过现场勘查、调查访问及全面的尸检一般不难进行准确的鉴定。但在检验时应注意排除他杀或其他事故致死后为逃避责任又移尸至货车上,导致被吊装或倾倒的货物砸压的案件。检验时应注意以下几点:

(一)现场特征

在现场有较庞大的砸压物,伤亡人员直接砸压于较大物体之下,移去砸压物后,尸体姿势符合生前无戒备时(见图 15 - 6)被砸压致死的情况。现场上可有死者携带的物品,尸体附近的车厢底板、边板、集装箱上可见血迹。有时可出现多人一次性被砸压致死。

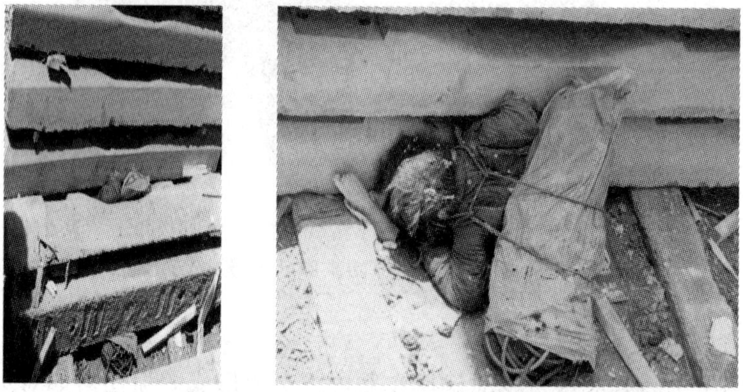

图 15 - 6 货场捡拾人员,捡拾时被移位的轨枕砸压致死,尸体姿势为生前无戒备状况

(二)损伤特征

受损皮肤常出现不规则的挫裂创,软组织不同程度的挫碎,人体被砸压部位扁平变形,多发生深部粉碎性骨折或破碎。在被砸压处皮肤边缘或受压较轻部位的皮肤可出现皮下水泡。人体被砸压部位损伤都较严重,而其他部位无损伤或仅有轻微擦伤。局部皮肤可有擦伤和皮下出血,内脏器官受压造成破裂。

(三)砸压死与他杀的鉴别

1. 尸体的姿势。移去砸压物后尸体是否符合生前无戒备时被砸压致死的状态。

2. 砸压伤是否为生前伤。

3. 尸体上有无其他致命伤。除有物体砸压所形成的损伤外，还有些严重损伤存在于移动的货物没有接触的部位，损伤的部位及形状不能用砸压伤来解释。有时在衣服及对应处尸体上可检查发现锐器损伤。

4. 尸体有中毒征象，或者在现场呕吐物、死者胃内容物、血液以及肝、胃组织中可检出某种毒物。

第三节 埋压伤

一、埋压伤的概念

埋压伤（bury injury）是指在铁路装卸作业、运输过程，以及行车事故中，因散装或袋装货物倒塌埋压人体引起的损伤。

二、形成原因

货物列车上装载货物的埋压多见于意外事故（contretemps），主要见于用大型机械装载煤炭、矿石等散装货物将车内人员埋压或押运袋装货物（粮食、化肥），押运人在垒起的袋子后面避风时被倒塌的货物埋压胸腹部阻碍了呼吸运动，最终引起窒息死亡，也可因主要脏器（如心、肝、脾）的破裂死亡（见图 15－7）。

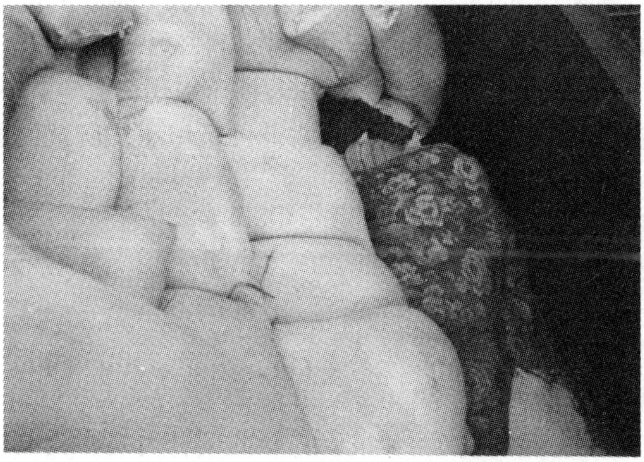

图 15－7 粮食押运人躺在粮食袋凹陷处睡觉时被倒塌的粮食埋压致窒息死亡

除事故性埋压死以外，也偶有罪犯埋压被害人（如货车抢劫案中将受害人捆绑后压于粮食袋下）致窒息死亡的。也有采取其他手段致人死亡后，将现场伪装成灾害性埋压死现场，如将被害人掩埋于运煤的货物列车中。例如，某男，27 岁，将某女强奸扼颈窒息死后，移尸埋至附近火车站到达的运煤车内，卸煤时被发现尸体，解剖后发现颈部肌肉出血，窒息征象明显，阴道分泌物检出精子。

三、形态特征

胸腹部受埋压致死，一般体表窒息征象较为明显，颜面部青紫、肿胀；球睑结膜於点性出血，常见点状或小片块状出血。颜面、口腔黏膜、颈部、前胸、肩部等处有散在的皮下出血。有时出血点较为密集，范围较大。埋压受挤压的部位可出现明显的皮下、软组织内以及肌肉内的出血，并可合并肋骨、胸骨、锁骨及其他骨骼的骨折，内部器官也可因严重挤压发生不同程度的损伤，如肺破裂、气胸、血气胸、肝及脾的破裂等。内脏器官除受压力的直接作用所导致的损伤外，也会因窒息缺氧而发生一系列病理改变。常见的变化有：上呼吸道内有现场货物的颗粒（如煤灰等）；内脏器官的淤血；黏膜、浆膜、脑膜的淤点状出血；胸腹腔内的积液增多，组织间隙内水肿等。

四、死亡机制

胸腹部受压死亡机制是胸腹部受压使肋骨不能上举，膈肌不能下降，呼吸运动明显受限，肺内无法进行气体交换，造成人体较长时间缺氧，窒息致死。一般成年人胸腹部受到40～50kg、健壮者受到80～100kg的压力时，可导致死亡。如果仅仅胸部受压，腹部不受压时，其死亡的速度明显减慢，一般要30～50分钟可逐渐发生窒息死亡。

五、法医学鉴定

埋压死的法医学鉴定要确定是否是埋压死，并确定是意外事故死亡还是他杀。

（一）鉴定埋压死要点

1. 身体各部位所受的损伤符合埋压伤的病理形态特征；

2. 现场状况，如粮食袋、化肥袋的倒塌、翻车与埋压损伤形成特点一致；

3. 有胸腹部受压引起的明显窒息征象，死亡原因是埋压伤所致的窒息而不是损伤的其他后果。

（二）鉴别埋压死与他杀死的注意点

1. 损伤特征与埋压伤是否相符；

2. 死者有无抵抗伤存在；

3. 有无明显的窒息征象；

4. 有无伪装现象；

5. 是否有生前被掩埋的生活反应，如气管甚至支气管内是否检出与被埋压物相符的物质（煤灰、面粉等）。

【思考题】

1. 什么是挤压伤？

2. 什么是砸压伤？

3. 挤压伤的形态特点是什么？

4. 埋压伤的法医学鉴定要点有哪些？

第十六章　铁路接触网电击损伤

第一节　概述

一、铁路接触网电击损伤的概念

电气化铁路接触网电击损伤(catenary system electrical injury)是指人体接近接触网导线,电流击穿空气,与大地构成回路形成电弧而引起人体组织、器官的损伤和功能障碍。

接触网电击损伤多发生于攀爬列车人员、火车押运员以及检修时违章、违规操作人员。接触网电击伤多为意外事故,但在法医学实践中也遇到利用接触网电击自杀的案例,而利用铁路接触网电击他杀的案例尚未见有报道。

二、电气化铁路的组成

电气化铁路(electrified railway)是应用电能作为牵引动力能源的一种现代化交通运输工具,由电力机车(electric locomotive)牵引列车运行,电力机车本身不带电源装置,其依靠的能源由一套供电系统提供,又称牵引供电系统(见图 16 - 1)。它主要由牵引变电所、接触网和电力机车三大部分组成。其中接触网主要由接触悬挂、支持设备、支柱与基础三部分设备组成(见图 16 - 2)。

当列车运行时,电力机车顶部的受电功和接触悬挂作滑动接触的过程中产生电能。我国电气化铁路采用单相工频交流制供电,《中华人民共和国铁路技术管理规程》第 142 条规定,接触网的最高工作电压为 27. 5kv,瞬时最大值为 29kv,最低工作电压为 20kv,非正常情况下不得低于 19kv。接触网导线周围空间的电磁场不平衡,雷雨、闷热天气的感应较大,在最危险的情况下,接触网的感应电压可高达 6kv 左右,当电力机车通过时,机车前后 200m 范围内的感应最严重,为了保证作业人员的安全,在雷雨天气或潮湿天气,禁止在网上进行作业。

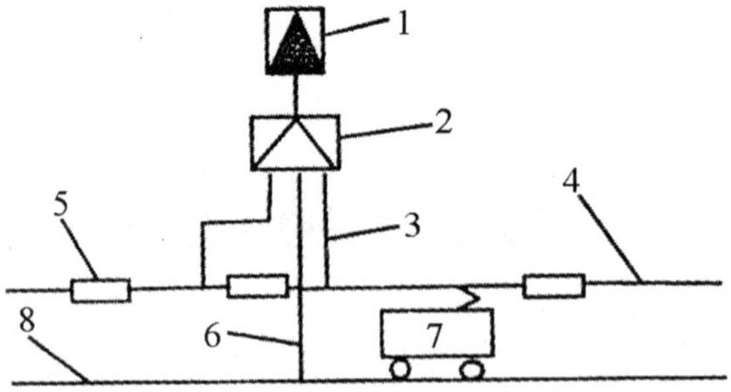

图 16－1　牵引供电系统

1－区域变电所　2－牵引变电所　3－馈电线
4－接触网导线　5－分相绝缘器　6－回流线
7－电力机车　8－轨道

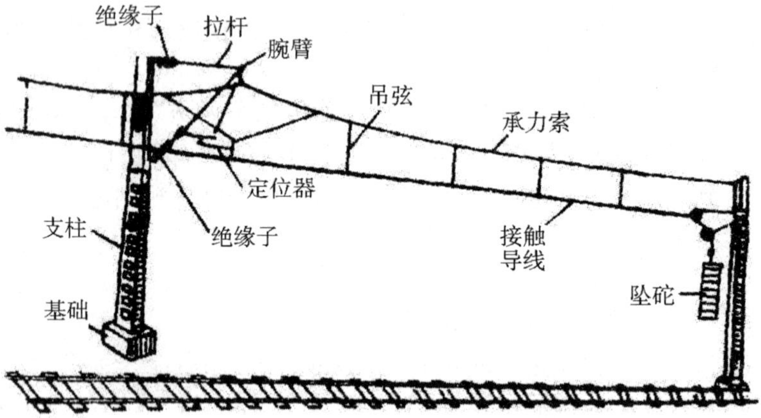

图 16－2　架空式链型悬挂接触网结构

三、接触网电流性质、强度及电压

(一)接触网电流性质

电气化铁路有直流制和交流制两种。直流制的优点是控制比较简单,对通信系统没有干扰,容易实现再生制动,缺点是供电电压较低,使得机车效率较低,接触网截面积大,牵引变电所距离短,运营费用高,就世界范围内而言,直流制电力牵引一直处于发展中。

交流制中又有单相低频(25Hz)与单相工频(50Hz 和 60Hz)之分,我国采用单相工频(50Hz)交流制供电。单相工频交流制是 20 世纪 50 年代以来发展最迅速的一种牵引供电制度。其优点是:(1)不需要变换频率,由工业电网中直接供电,能节省铁路牵引供电设备的投资,是目前最经济的一种牵引供电;(2)它的电压高达 27. 5kv,可以减少牵引变电所的数目,缩小接触网导线的截面积,节省基建投资和运营费用;(3)可为沿线铁路车站集中装卸机械和养路机械等设备及铁路沿线地方工业提供电源。它的缺点是对铁路沿线的通信设备产生强电对弱电的干扰。

(二)接触网电流强度

在电力机车运行中,接触网导线上通过的电流可高达 200A 至 300A。

（三）接触网电压

在工频单相交流制电气化铁路中，由牵引变电所将电力系统中高电压（110kv 或 220kv）变成为电力机车适用的单相电（27.5kv），然后通过接触网送给电力机车，由此可知接触网电压为 27.5kv。

四、接触网电击损伤的形成原因

（一）人员及其携带的非绝缘物体接近接触网导线，接触网对人体放电

非绝缘体距接触网导线的距离小于空气绝缘间隙时，可引发接触网导线放电引起接触网电击损伤。我国机车车辆中心高度限界规定为 4800mm。装载的货物超出机车车辆限界值称之为超限货物。根据超限的程度，超限货物又分为一级超限、二级超限和超级超限。一级超限的高度为 4900mm，二级超限的高度为 5000mm，5000mm 以上者为超级超限。接触网带电部分与装载的货物之间应保持 350mm 的绝缘距离。货物列车最大装载高度为 5300mm，实际上货物列车的正常装载高度仅为 4800mm。接触网导线的高度是指在最大驰度时接触网线与两轨面连线间的距离，工作高度应在距轨面高度 5700～6500mm 依次来确定接触网线的高度。在带电的接触网下攀登机车、客车、棚车、保温车及罐车车顶，违反规定使用高边车自动台上的手闸，在敞平车装载的货物上站立、装卸、捆绑货物或用非绝缘体物件检测货物高度时，人与带电体之间的距离不足规定的最小安全距离，形成带电体对人体放电。如押运人站在保温车顶上检查冰盐情况；机动车装载货物高度超限，随车人员在货件上站立通过电气化铁路平交道口；行人手持竹竿、彩旗，畜力车赶车人高扬马鞭通过道口。

（二）人体碰触绝缘损坏的电气设备

接触网支柱及其金属结构一般不带电，当其接地线及绝缘损坏时，瞬间带有高压电，如有人坐、靠在接触网支柱上可触电。

（三）人站在接地电流通过的地面上

电气设备发生接地故障时，接地电流由接地点作半球状向大地扩散，使大地表面各点的电位不同。此时，人若站在接地电路回路上，两脚间受到地面上不同点之间的电位差（即跨步电压），致使双脚抽筋而跌倒，并因电流经过人体而被电击。

（四）误操作时强烈的电弧作用人体

当接触网带负荷的情况下（有电力机车运行）操作隔离开关时，因隔离开关本身没有消弧装置，将产生强烈的电流，可致电击损伤。

五、铁路接触网电击损伤的形成条件

（一）天气条件

易发生在阴雨潮湿的天气，由于阴雨潮湿天气时，空气的绝缘性能下降，接触网导线的安全距离下降而容易发生接触网电击伤。

（二）高发人群

发生的人群以扒车、偷盗货物、偷盗回流电线、自闭回流线、货物押运人多见。

（三）触电方式

电气化铁路接触网电击伤的触电方式以人员近距离接近接触网导线为多数，当人体近距离（350mm 内）接近接触网导线时，极易发生瞬间电弧击伤，有时可造成供电中断，列车停车。

第二节 铁路接触网电击伤的机理

目前公认的铁路接触网电击伤的形成机理有两种:一种是电流通路上的焦耳热产生的热损伤;另一种是电流对具有电极性的组织成分的直接破坏作用,即非热作用。它们之间的基本区别是能量传递给组织的机理不同。铁路接触网电损伤的机制和病理生理学特点较复杂,热作用和非热作用是形成损伤的主要机理。

一、热作用

热作用是指电流作用于机体产生的焦耳热对机体各组织器官造成损伤。电弧烧伤或因电火花引燃衣物造成的烧伤,亦属热作用烧伤。铁路接触网电损伤是身体与接触网有一定的距离(350mm 内)时身体接近和远离电源的部分之间存在电位差,有瞬间电流通过机体,造成较大面积烧伤。其损伤机理为:在电场的作用下,带电离子会沿着电场方向定向移动,在运动过程中与其他离子或分子发生碰撞,并进行动量交换,产生热能。当足够大的动量传递到细胞膜上时,由于细胞膜的脂双层主要靠水合作用结合在一起,分子所产生的动量超过了细胞膜的水合作用力,导致细胞膜脂双层的破坏,对小分子物质渗透性增加。当机体温度超过生理温度6℃以上时,细胞膜就会被破坏,造成机体的损伤。电能在体内转换成热能,热量的产生与电流强度和组织电阻成正比,即组织损伤程度与电流的大小和组织的电阻有关。

动物实验证实,皮肤对电流的阻力是对深部组织的一种绝缘。电源接触皮肤后,在起始阶段,电流强度缓慢上升,反映出皮肤的电阻逐渐降低。在第二阶段,电流强度快速呈陡峭上升,与皮肤电阻的下降完全一致,表现出电流无阻碍地通过身体内部组织。第三阶段,电流强度又突然降低,表现出电损伤的严重性,即组织的干燥和炭化。此时组织已不再是导体而是绝缘体,电流不再通过,不再有皮肤和深部组织的继续损伤。

二、非热作用

非热作用是电流对带电荷的或者具有电偶性的组织成分的直接破坏,其作用方式有电穿孔和电流作用蛋白质变性两种。

(一)电穿孔

电穿孔是指电流通过人体组织细胞时,细胞膜的磷脂质双分子层破坏,使细胞膜上产生许多小孔,造成膜通透性增加。有学者研究观察到电流所致的孔洞近似于规则的圆形,孔洞直径在0.6μm~1.3μm,较小的孔洞边缘光滑,而较大的孔洞边缘则不光滑,并可见有细胞膜样的碎块。

在生物物理学和生物技术领域,电穿孔是电击伤的一个重要机制。有关电穿孔的研究已经成为人们非常关注的一个课题,研究者注意到以下四个问题:跨膜电势的测量;电穿孔的动力学的影响及其特性(大小、结构、数量);细胞膜渗透和崩解的理论;继发因素的影响(如离子类型、细胞的生长阶段)。

1. 跨膜电势的测量。国外学者通过实验测量蛙骨骼肌细胞膜上蛋白通道的电流和传导性时发现,电穿孔的电势阈值是-250mv~-300mv,而在-600mv的电势下,导致20%的钠通道电流和30%的钾通道电流减少。引起钠、钾通道蛋白损伤的电压比引起细胞膜电穿孔的电压要高。研究者认为有两个可能的解释:一是脂质双分子层仅由水合作用而没有化学结合力维持,而通道蛋白的氨基酸和亚基之间是通过化学键结合在一起的;二是在外加电场的作用下脂双层和通道蛋白上的电荷密度和分布不同。所有文献表明可逆的电穿孔电势阈值在 -250mv ~ -350mv;而不可逆的电穿孔电势约在 -540mv 以上。

2. 电穿孔的动力学。主要包括时间的影响、电穿孔的特性(如大小、结构、数量)等,电穿孔主要受场强、场强的数目以及持续时间的影响。有学者对中国仓鼠卵巢细胞渗透性研究时发现,在细胞能够生存下来的前提下,场强是诱导细胞膜渗透性的决定性参数,并且能控制细胞表面物质交换发生的程度。脉冲数目的增加扩大了渗透性比率。脉冲持续时间对大分子的渗入也是至关重要的,而且当脉冲数目恒定时,脉冲之间的时间间隔对大分子的交换也有重要影响,时间间隔越短,细胞膜损伤越大,大分子的渗透性越高。

3. 细胞膜渗透和崩解的理论。因为细胞浆和细胞外液有相同的离子浓度,是电的良导体,而细胞膜的电传导性比周围介质低 106 ~ 108 倍。如把细胞膜看作一个绝缘壳,隔离了高传导性的细胞浆和细胞外液,这样对于细胞浆来说,细胞外部的电流在很大程度上被细胞膜屏蔽掉了,即电流不进入细胞浆。这种屏蔽作用限制了细胞浆内的电压下降。如果细胞膜是完全绝缘的,细胞浆内的电压将是完全一致的。当电流经过细胞时,细胞外表面电压发生改变,诱导产生跨膜电压。在正常生理条件下,通道蛋白的门控电势在 50mv 左右变动,当跨膜电势达到脂双层崩解所需电势之前,一些电压敏感通道蛋白会开放。蛋白通道一旦开放,就要经受超过其阈值的电流,然而这些开放的电压敏感通道蛋白并不能阻止跨膜电势达到脂双层崩解的程度。当电压继续增大,导致细胞膜上被诱导的跨膜电压继续增高,电压对细胞膜的作用力超过了细胞膜的水合作用力,造成细胞膜上的电穿孔。随着跨膜电势的增大,一方面电穿孔的数目越来越多,并且在电压的作用下互相融合成为大的不可逆的电穿孔,造成细胞膜完整性的破坏;另一方面电穿孔的增多使离子大量进入细胞内,导致细胞内渗透压的增高,当渗透压超过细胞的承受极限时,细胞就崩解坏死。有学者认为细胞膜上的电穿孔对脂双层和膜蛋白来说是一种保护性机制,当跨膜电势增大时,电流通过这些孔洞进入细胞内限制跨膜电势的增长,阻止细胞膜的永久性损伤。一旦孔洞形成,它们往往可以存活数秒到数分钟,提供细胞内外水、离子、大分子交换的通路。电穿孔的形成由两个参数决定,一个是细胞膜的表面张力,另一个就是脂双层孔洞边缘的自由能。

4. 继发性因素的影响。目前对离子研究较多的是钠离子、钾离子、钙离子和氯离子。对于非特异性离子,电穿孔在细胞膜上的密度无明显差异。有学者研究发现单个离子的浓集对细胞膜的电穿孔有影响。

在巨大电能造成的强大电场范围内,机体细胞膜脂质双分子层结构产生异常裂孔,造成细胞损伤直至坏死,这种非电热效应产生的损伤,称为"真性电损伤"。这有助于解释电烧伤组织,如肌肉的"渐进性坏死"和神经的迟发损伤等一系列难以用传统的"电热效应""容积导电""微循环及酶活性异常改变"等理论解释的现象。电穿孔是电流通过人体组织细胞时所形成的具有特征性的形态学变化,用它来进行电击死的法医学鉴定具有积极的意义。

(二)电流作用蛋白质变性

哺乳动物的细胞膜中蛋白质约占 30%,许多结构膜蛋白跨越整个细胞膜。通常这些具有酸性、碱性基团组成侧链的蛋白质会受到电场直接作用。除此之外,这些氨基酸侧链具有电偶特性,能沿跨膜蛋白形成一个大的电偶,这个电偶可在电场方向上形成较大的电偶力矩。如果场强足够大(≥500mv)则会引起其构象的变化,引起化学键的断裂,造成不可逆转的损伤。对电损伤的生物学机制进行的研究中,证实电流作用蛋白质变性是细胞损伤的一个重要机制。

第三节 铁路接触网电击死的死亡机制

接触网电击人体后常表现为大面积的电烧伤,损伤重者可当即死亡,有的表现为延迟性(数分钟或数小时)死亡或死于晚期并发症。铁路接触网电损伤的死亡机制可能是多方面的,在不同情况下触电,其死亡机制也不相同(见图 16-3)。

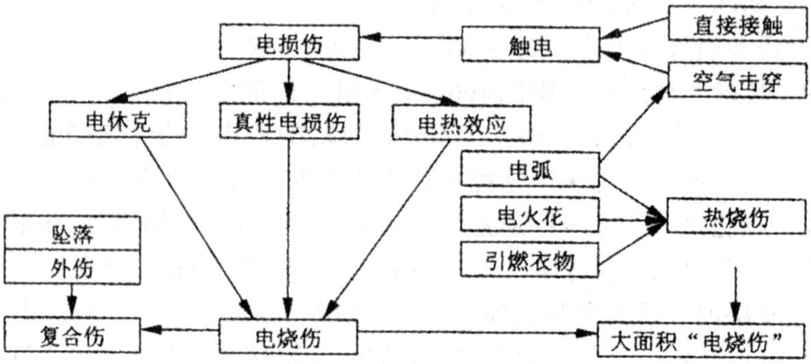

图 16-3 接触网电损伤的类型及机理

一、心室纤维性颤动

电流作用于心脏后,常发生心室纤维性颤动而死亡。由于电流刺激,具有自律兴奋性的心肌细胞又获得兴奋性,故在心肌内形成许多起搏点而引起心室纤维性颤动。引起心室纤维性颤动的时间与电流强度有关,电流强度越小,引起心室纤维性颤动所需的时间越长;电流强度越大,所需时间越短。高压电对心脏的影响是由于呼吸停止、缺氧而继发引起心室纤维性颤动。有的电击死亡者可死于心脏骤停,而非心室纤维性颤动。有人主张较低电压触电时常致心室纤维性颤动,高压电则常引发心脏骤停而死亡。

二、呼吸麻痹

电流作用于呼吸中枢,损害脑干及颈髓上部,使呼吸中枢麻痹而死亡,或直接作用于呼吸肌呈强直性痉挛,导致呼吸衰竭或窒息而死亡。接触网强大电流作用于人体,导致延髓中枢高度抑制或呼吸肌持续痉挛,呼吸麻痹后可呈现假死状态,即由呼吸停止引起的“电流性昏睡”,表现为呼吸、心跳处于极度微弱状态,呈现出窒息征象,若能及时正确抢救,则可能复苏。

三、电休克

电休克是一种特殊类型的休克。铁路接触网电损伤引起的电休克是由多种因素所致,包括电流刺激神经系统引起的原发性休克;大面积软组织烧伤、骨折、出血和内脏损伤等所致的创伤性休克;大面积皮肤烧伤后毛细血管渗透性增加所引起的低血容量性休克。三种因素可以同时并存。电损伤后休克的发生率远高于一般热力烧伤。

四、高坠伤

高空作业的线路工、电力机车工作的铁道系统职工、爬攀油罐车、客车的扒乘人员或爬电线杆偷盗回流线的人，当身体接近接触网造成电烧伤的同时或伤后，由于肌肉强烈收缩，导致瞬间的意识丧失，人体从列车顶上或电线杆上坠落，形成严重的高坠损伤。高坠损伤中最常见的为各类软组织挫伤，多发粉碎性骨折、颅脑损伤、闭合性或开放性胸、腹部脏器损伤。

五、并发症

铁路接触网电击伤的并发症较多，常见的有以下几种。

（一）急性肾功能衰竭

急性肾功能衰竭是电烧伤后比较常见的并发症，其原因如下：

1. 电烧伤后大量肌肉坏死和红细胞破坏产生肌（血）红蛋白血症，游离的肌（血）红蛋白刺激肾小管引起痉挛，在酸性环境下易在肾小管中沉淀析出进而堵塞肾小管。同时肌红蛋白对肾脏有较强的毒性，尤其在血容量不足，尿量少时毒性更大。
2. 电流通过肾脏直接造成损伤，导致肾脏血管痉挛或栓塞。
3. 烧伤组织毒素及伤后感染的毒素作用。
4. 早期未及时获得充分的液体复苏。早期应用血管收缩药物，以及不适当地在血容量不足时进行长时间手术、大量应用对肾脏有毒性的抗生素等。

（二）感染

电烧伤后引起深部肌肉坏死，造成了一个厌氧环境，为破伤风芽孢杆菌、梭状芽孢杆菌等感染提供了合适的条件，尤其在合并外伤时更易并发破伤风和气性坏疽。

（三）继发性出血

继发性出血是电烧伤常见并发症之一。继发性出血以动脉出血为主，电烧伤时电流常沿血管传导，损伤血管壁，引起血管内膜损伤，弹力纤维断裂、分离，或血管中层损伤导致动脉管壁形成假性动脉瘤。

第四节　铁路接触网电击伤的形态学变化

一、衣服改变

电气化铁路接触网电击死亡的尸体，全身衣服出现不同程度的烧损，以化纤质衣服熔解破损最严重，其次是棉质衣服，真丝质衣破损较轻。

二、尸体外表改变

（一）电弧烧伤

由于人体接近接触网导线，空气击穿放电，接触网导线与人体之间可形成电弧产生高温，形成电烧伤（arc burns）。电弧温度可高达3000～7000℃，多数都表现为明显的烧灼伤。这与一般的电击伤亡中明显不同，与一般380v工业电压和220v民用电压形成了鲜明对照。其烧灼的征象是皮肤大面积严重烧伤，表皮层黑色坏死，大片状裂开剥脱，真皮层暴露，组织凝固性坏死，部分肢体炭化（见图16－4）。头面部烧伤伴毛发竖起，眼睑结膜充血。

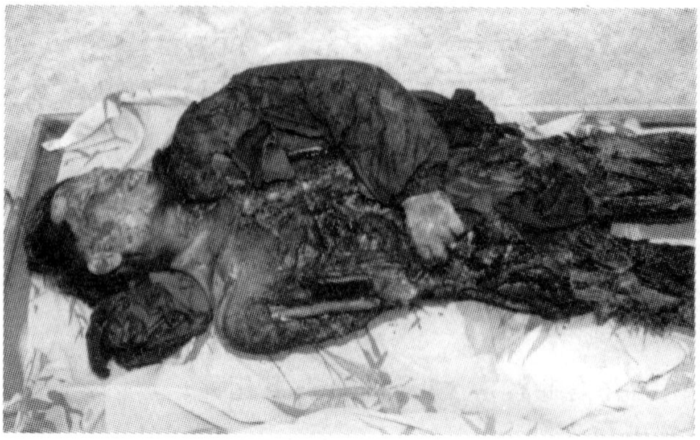

图 16－4　接触网电损伤造成皮肤、肌肉组织炭化

组织学检验：可见表皮凝固性坏死，细胞核与真皮胶原纤维固缩，表皮与真皮及真皮内组织固缩而呈蜂窝状。毛囊及汗腺上皮细胞极性化明显，细胞核拉长，周围组织固缩，可见空泡形成，许多空泡呈蜂窝状。真皮血管充血，伴有小灶性出血。值得注意的是，电烧伤的组织学变化中真皮层的组织坏死和出血分布不均，皮肤附件（如毛囊）的变化较为明显，可能是电烧伤时电流沿皮下血管、神经组织等真皮层内电阻较小的途径通过而留下的痕迹。因此，检验时对于皮肤的烧伤部位也应取材进行切片观察。

（二）电流出口

电流通过人体时因电阻的变化可使组织发生破裂而形成电流出口，出口形态多样，可呈圆形、椭圆形、线形或常见于足底部，呈中央凹陷为暗红色，边界清楚略微隆起为灰白色的类圆或椭圆形形态（见图 16－5）。光镜下观察可见染色较深，表皮层与真皮间有空隙形成呈蜂窝状，上皮细胞核拉长，紧密排列，真皮毛囊、汗腺与毛细血管内皮细胞核呈极性化变细长，同时其管腔消失，胶原纤维发生凝固性坏死，组织及细胞间出现许多空泡（见图 16－6）。出口部位的衣服及鞋也可被击穿。

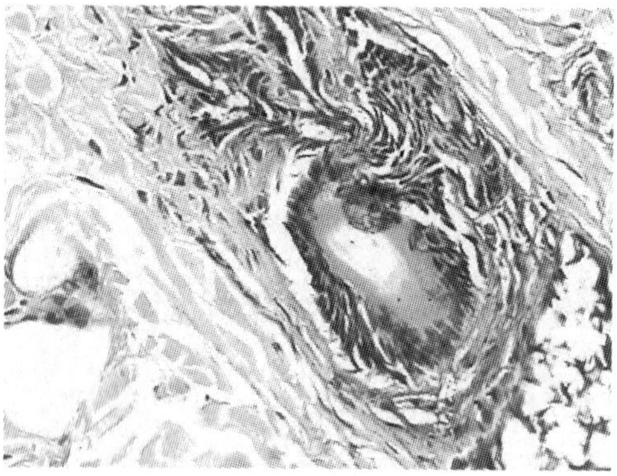

图 16－5　脚底皮肤电流出口

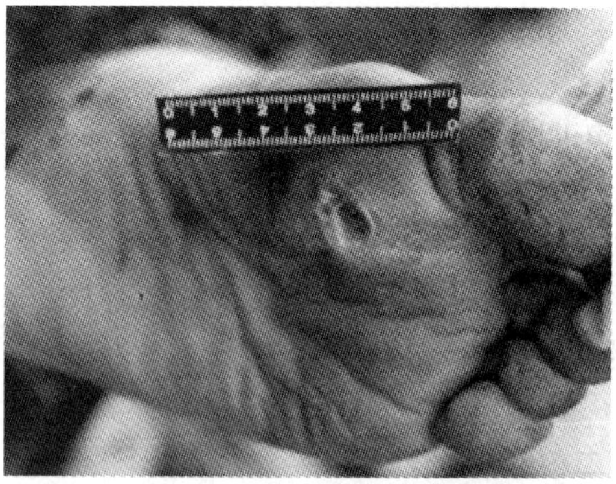

图 16－6　电流出口处皮肤上皮细胞呈极性化改变，组织及细胞间出现空泡改变

（三）电击纹

高压电击时，由于皮下血管麻痹、扩张、充血，面部、胸部、背部皮肤易见树枝状或蜘蛛网状的电击纹（ceraunographic mark）（见图 16－7）。

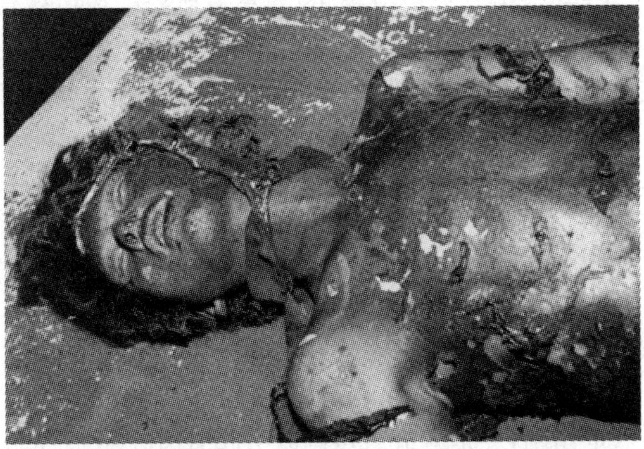

图 16-7　接触网电击伤造成皮下血管扩张呈网状

（四）毛发直立竖起

由于立毛肌痉挛或静电作用导致头发直立竖起，似用梳子梳理过。

（五）电击撕裂创

接触网因其电压较高，电击人体时可将人体的四肢、躯干击断撕裂，形成电击撕裂创（electric tearing wound）。其损伤特点是有较大的组织缺损，创面呈黑褐色，组织收缩，创缘、创壁、创底不整齐。

（六）皮肤金属化

皮肤金属化（electric metallization of skin）又称金属异物沉积，人体皮肤接触电极处时，由于高温使电极金属熔化，金属颗粒沉积在皮肤表面和深部。皮肤金属化颜色与电极端金属色泽相同。如在某夜晚一货物运输列车上盗窃者，手持金属手电筒在棚车顶部行窃时，不慎触电身亡。其所持电筒手掌部呈灰色金属色泽，电筒可见金属熔化现象，在其腰间系有的金属腰带，断端呈熔化状态，皮肤处有相应金属色泽，这在接触网电击伤中尤为常见，可能与接触网高电压和强电流及接触时间有关。金属化现象可帮助分析死亡者生前被电击时的状态和活动情况。

（七）电流性水肿

电流性水肿（electric edema）是指在接触网电击的烧伤区可见明显的局部肿胀，有时可见整个肢体及男性外生殖器水肿。

三、尸体内部改变

（一）心血管系统

肉眼观血液呈暗红色流动性，心房扩张，光镜下可有心肌纤维断裂，呈波浪状排列，有间质水肿及心肌溶解坏死灶形成，有时可见心肌间质及血管的细胞核拉长，呈栅栏状排列；心肌纤维广泛断裂，间质出血，小血管周围水肿，心肌灶性坏死，心房心肌坏死累及心内膜时有微小附壁血栓形成；房室结细胞核空泡变，胞浆呈深伊红性；电镜下可见心肌纤维闰盘撕裂，心肌 I 带消失，肌节缩短，超收缩带形成，或 I 带扩大，肌节拉长，Z 线移位；肌原纤维溶解等。免疫组化染色可见心肌肌红蛋白片状脱失。

电烧伤部位的血管内皮细胞内出现空泡和内皮脱落，内皮下水肿，内弹力膜失去弹性，呈弛张状态，管腔高度扩张，管内有形成分聚集，甚至有血栓形成。较重时，内膜破坏，中膜细胞核扭曲；严重时，血管壁全层凝固性坏死，仅保存纤维支架及组织影像，血栓形成。电烧伤中心部位血管病变最严重，向两侧逐渐减轻，但血管病变常超出软组织损伤的范围。

（二）神经系统

触电后立即死亡者，大体观察一般无特殊改变。如存活一段时间，可呈脑缺氧的继发性改变。电流直接通过脑时，高温可使之凝固变硬。受累的周围神经纤维肿胀、弯曲、断裂。脑组织、第四脑室底、蛛网膜下腔有时可见出血。神经细胞尼氏小体消失，泡浆内有空泡形成。神经髓鞘可发生肿胀、坏死，相应组织细胞同样可发生坏死、溶解。电流作用时间稍长的电击伤，脑组织还可有凝固性坏死。

（三）肌肉

电流对横纹肌具双重作用：一是电流直接刺激引起肌肉收缩；二是电流产生的局部热作用造成电热伤。同一强度的电流同时作用于伸肌和屈肌，由于屈肌强于伸肌，多表现为屈曲状，如斗拳状姿势，手指弯曲紧握。剧烈的不协调的肌肉收缩可导致肌肉撕裂。高压电击时可见肌肉不同程度的烧伤。光镜下，损伤区域肌纤维呈螺旋状、均质、横纹消失，嗜酸性增强，颗粒、空泡变性，竹节样收缩带形成乃至凝固性坏死。在 M－G 三色染色下，粗线状收缩带呈强嗜酸性，有分支和开岔，成片分布，连成网状。免疫组织化学染色可见肌红蛋白节段性缺失，纤维连接蛋白阳性。

按烧伤程度不同，肌肉组织有不同表现，高温时肌肉组织可发生炭化，肌组织在水分蒸发时发生的凝固性收缩，常使躯体屈曲状，呈现拳斗姿势。

（四）骨与关节

剧烈的肌肉收缩可致骨折、脱臼。由于骨折，可发生脂肪栓塞。接触网高压电击时，骨骼因遭受电流的热效应而坏死，胶原破坏和无机物熔化，由磷酸钙融合形成如珍珠大的小体，灰白色，内有空腔，多在受损骨的表面，即所谓“骨珍珠”。扫描电镜下，熔化骨的无机物质表面呈砖样改变，被认为是电流作用的一个指征。骨组织在受到高温热效应时，同样可以发生改变，如造成骨胶原破坏、骨坏死。

（五）其他

常见肺水肿与点状出血，胃肠出血，肾小球毛细血管破裂出血、肾淤血、肾小管蛋白管型，肝淤血，也可发生内脏破裂，尤其是肠破裂。此外，尚有腹壁破裂、局灶性肝、胰、胆囊坏死，腹膜后大片肌坏死，肝门静脉破裂出血等。

第五节　铁路接触网电击死的法医学鉴定

对接触网电击死亡案件的鉴定应主要解决两个问题：一是要确定是否是接触网电击致死；二是在明确了电击死亡后，需进一步确定电击死的致伤方式。

一、接触网电击死亡的确认

经过系统的法医学检验，如果发现有明确的电弧烧伤、电流出口、全身窒息征象、并排除了其他各类暴力死、中毒死和疾病死，结合详细的案情调查和明确的触电现场，一般不难作出电击死的鉴定。必要时，可进一步通过组织学、组织化学及扫描电镜等检查，综合分析判断，作出接触网电击的鉴定。

（一）案情调查

向有关目击者了解事件发生经过，如死者的衣着情况，是穿衣、戴手套或穿鞋，还是赤足、赤膊。死者衣裤是否着火，有无异常的响声或火光。同时还要向铁路接触网工区了解有无停电、跳闸的记录。应注意潮湿情况，当时天气情况、空气湿度等，这对判断接触网电击死有很大价值。

（二）现场勘查

凡疑为电击死的案例，现场勘查时应将本务车辆转至支线后通知接触网工区首先切断电源，再进行现场勘查和尸体检验，以防止继续发生电击伤亡事故。

勘验接触网电击死亡现场时应对尸体所在位置，衣服有无撕裂、烧坏，鞋底有无击穿，车顶上或接触网线杆上有无烧灼痕进行认真勘查。在接触网电击发生的现场中，均可以发现电击伤亡者，一般根据现场检验，不难确定为电击伤。也有案例报道，被电击者遭遇电击后由车体上坠落地面，当时并未死亡，而是相隔数小时后发生死亡，被电击者全身衣着呈碎片状，为裸露状态，有活动行为，能回答他人问话。

（三）尸体检验

尸体检验应在有充足照明和检验设备条件的地点进行，仔细寻找有无电流出口。同时既要注意排除机械性损伤、机械性窒息或中毒等暴力致死的情况，也要排除心、脑等疾病猝死的可能。为此要全面系统地进行尸体解剖、组织学检查及毒物化验检查。如果发现电烧伤、全身窒息征象，排除了各种暴力死和病死，结合案情和触电现场，一般不难鉴定死因。电弧电击伤有时容易和烧伤混淆，但电流损伤不仅存在电流的高温作用征象，还伴随有电流的其他作用（如电离作用）所致损伤，故二者形态上有一定的差异，可资鉴别。

二、死亡方式判断

（一）意外电击死

对于意外触电有时现场本身即能说明问题。如在阴雨、潮湿天气，押运人和扒在车顶部的人被电击；也有站在公路跨铁路的桥上向桥下接触网撒尿而被电击。意外电击者电烧伤多发生四肢或体表裸露部位。曾有一例在盗窃铁路接触网回流线时，恰遇列车通过，而被电击致死，右手呈严重电烧伤，并呈握钳状态。

（二）自杀

偶见用铁路接触网电自杀者，死者用长的导线一端缠绕肢体，另一端系一重物（如砖石），抛向接触网电线上；也有爬上接触网线杆用手抓高压线，触电者可因电弧电击伤死亡或者因电休克坠落后造成高坠伤死亡。

（三）他杀

因接触网的固有安装情况，不可能形成人为他杀。利用接触网电击杀人者目前尚未有相关报道。

三、接触网电击死鉴定的注意事项

（一）做好安全防护

凡疑为接触网电击死案例，首先应切断电源或将事故车辆移至无电区，在远离电源的条件下进行现场勘查和尸体检验，以防止继续发生电击伤亡事故。

（二）确认触电者是否死亡

电击案件现场应根据触电者的生命体征或尸体现象确认是否死亡，排除假死（apparent death）现象。若触电者未死，应立即进行抢救。

（三）仔细了解现场情况和案件经过

触电现场应向有关人员详细了解事件发生经过，及时了解电源电压、电流种类并注意环境湿度等。仔细检查现场有无漏电情况，调取有关资料。

（四）详细的法医学勘验

详细检查死者穿着的衣服有无撕裂、烧坏；鞋底有无击穿，鞋底的铁钉有无熔化；随身携带的金属物品有无熔化等。解剖检验时应提取损伤处的皮肤及重要脏器作病理、毒物检材，以备检验。

【思考题】

1. 引起铁路接触网电击损伤的原因和条件是什么？
2. 接触网电击死的死亡机制是什么？
3. 接触网电击伤的电流斑的形态特点是什么？
4. 接触网电击死的法医学鉴定的注意事项是什么？

第十七章　抛 掷 物 伤

第一节　概述

一、抛掷物伤的概念

抛掷物伤(cast injury)是指列车上人员向车下抛物或车上物品脱落砸伤路边行人,以及车外人员向列车上抛掷物体,击中车上人员而造成的损伤。

抛掷物伤多数因意外或过失造成,其严重程度与列车运行的速度、抛掷物体的质量、硬度、形状、方向以及人体受力部位等情况有密切的关系。

常见抛掷物的种类有砖石类、玻璃瓶、金属物品、木料、煤块、脱落的车辆配件等,其中以砖石类抛掷物伤最为常见。

二、抛掷物伤的形成原因

(一)车上抛掷物体击中地面上的人体

车上抛掷物体时,由于被抛掷物随列车运动的速度、重力加速度和抛出时速度的共同作用,物体击中人体的速度加快,可造成严重的损伤。

(二)车下人员石击列车时,造成车上人员损伤

车下人员石击列车时,被抛掷物以一定的速度击中列车上人员,可造成车内人员的损伤。

(三)车上物品脱落击伤行人

常见有两种情况,一是列车行驶过程中货物、加固货物的三角木、车辆部件等脱落击伤行人;二是列车交会时由于速度较快、风力大使货物脱落击伤行人或者交会列车上的乘车者。

第二节　抛掷物伤的损伤机制和损伤特征

一、损伤机制

抛掷物击中人体时所形成的损伤主要与列车运行速度、被抛物体的硬度和质量、人体受伤部位以及衣着情况有关。

(一)列车运行速度

被抛物体击中人体时冲力的大小可根据物理学冲力公式 $F = mv/\Delta t$

计算。式中，F是冲力，m是被抛物体的质量，v是被抛物体击中人体时的速度（可视为列车的速度），Δt是碰撞作用的时间。根据这一公式，车速越快，人体所受的冲击力也就越大，所受损伤也就越重。

（二）被抛物体的硬度和质量

被抛物体的硬度和质量，对于损伤形成及其后果影响很大，从上述公式中可看出，m越大，则冲力越大。被抛物体的质地越硬，其碰撞的作用时间越短，其冲力越大，人体所受的损伤则越重。

（三）人体受伤部位

受伤部位与损伤有密切的关系，常见的受伤部位是头部、胸部和腹部。如头部受抛掷物打击致伤时，头皮可发生挫裂创，颅骨变形引起颅骨骨折及脑挫裂伤、颅内出血、脑组织损伤或脑干损伤而死亡，击中胸部时可导致心脏破裂死亡，击中腹部时有的仅见轻度皮肤损伤，但可造成腹腔脏器破裂死亡。（见图17－1）

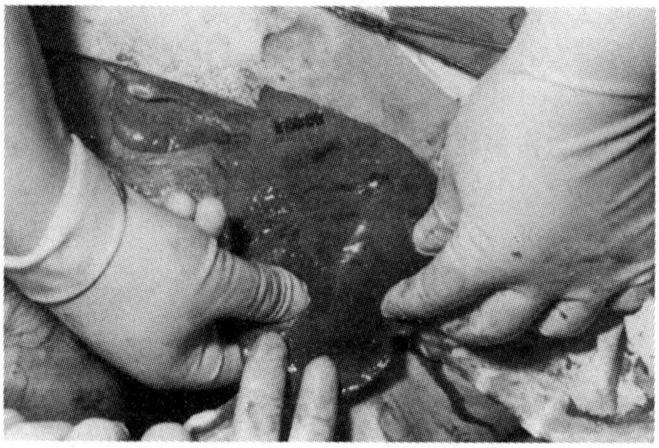

图17－1　车上抛物造成肝脏破裂

（四）衣着情况

人体着装较厚时可因衣服的衬垫，对暴力有一定缓冲作用，而使碰撞时间延长，从而减小了冲力，其损伤较同样条件下损伤轻。

二、损伤特征

（一）体表损伤较轻，内部损伤重

抛掷物伤形成的体表损伤主要是片状擦伤及挫伤及挫裂创形成，但骨质和内脏损伤重，常伤及影响生命的重要器官，因此死亡率很高。

（二）损伤一次形成

损伤分布具有一定的特征，以头面部及胸部多见，可用一次外力形成来解释，其外力作用的方向或方式是一致的，有时可见被抛掷物碎裂后形成的附加性损伤。

（三）可见传导性外力形成的间接性损伤

因被抛掷物体的速度较快，作用于胸腔或腹腔时可因瞬间压力的增大而造成其他脏器的损伤。如车上抛掷石块击中地面行人致人死亡的案例，尸体检验见体表损伤轻微，解剖检验见死者心脏破裂（见图17－2）。

图 17－2 车上抛石造成心脏破裂

（四）有被抛掷物碎块而形成的附加损伤

人体被抛掷物品击中后可发生碎裂而造成其他的坠加性损伤，如被抛掷物体为酒瓶等易碎物品时，可形成锐性创口（见图 17－3）。

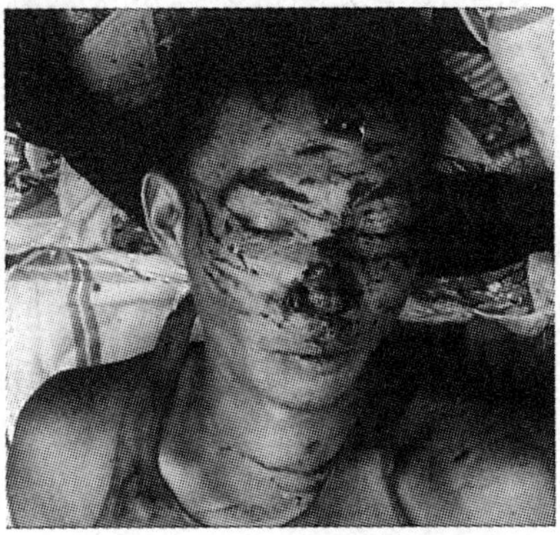

图 17－3 车上抛掷酒瓶碎裂后形成的玻璃割伤

三、石击列车致伤的基本特点

石击列车致伤是指在列车运行中，车下人员用石块投掷列车，击碎车窗，砸伤车内人员的损伤。

（一）石类的特征

无论石的大小、形状、质地以及成分有多大的差异，但其都有一个共同点：表面粗糙且凹凸不平。

（二）石类损伤的形态特点

1. 头面部擦伤严重：损伤部位最常见于头面部，形成不规则的片状擦挫伤，挫伤区可见粗糙石面所致点状擦痕或线条状平行排列、方向一致的梳状擦痕，擦痕由重而轻，有明显的方向性。也可形成圆形、条形、三角形表皮剥脱和皮下出血。

2. 一击多伤：由于石表面的凹凸不平，作用于人体组织时因受力大小及接触面的不同而引起不同的损伤，尤其是头面部本身结构不平坦，石击伤常常形成多处甚至多种不同类型的损伤。头部可形成不规则的片状擦伤，轻重程度不一致。挫裂创多呈不规则形，也可呈条形、棱形、三角形，创口大小不等，深浅不一，创缘不整齐。着力大部位形成不规则的孔状骨折或凹陷性骨折。一击多伤有时是鉴别石击抛掷物伤的主要依据。

3. 挫裂创不规则：由于石块表面形态不规则，形成大小不一、形态多样的挫裂创，如短条形、星芒状等，常表现为创口不规则，创缘皮肤挫伤明显，创角较锐利，创腔有组织间桥。在创的类型上形成数种不同性状特点的创口，应与多种物体多次打击人体形成的损伤相鉴别。

4. 创内异物：由于石头表面粗糙，在击中人体过程中因震动受力而极易脱落，或者在与人体骨骼组织碰击时发生折断，因此，石头在形成皮肤挫裂创或骨折的同时，常在创口或创腔内遗留石头的碎屑或黏附在石块上的其他成分如石灰、砂土等，这对于鉴定石类损伤也具有重要价值。

第三节　抛掷物伤的法医学鉴定

抛掷物伤的法医学鉴定必须详细勘验现场、细致全面地检验损伤，结合案情调查综合分析每一处损伤形成机制，不能仅根据体表上的损伤简单进行判断。

一、现场勘验

抛掷物伤的现场勘验对确定案件性质极为重要。在勘验抛掷物伤现场时，常可在现场发现被抛物体，若被抛物为酒瓶或塑料等易碎物品时，也应注意提取碎片及其上的指纹或附着物。有时可在现场发现多种物体，可根据不同地点或物体的状况，分析其与尸体上的损伤有无矛盾，结合损伤的形态认真分析，确定致伤物。对于货物列车上或铁路沿线的尸体，若现场周围未发现能够形成损伤的物体，应结合调查情况综合分析，扩大勘查范围。笔者曾检验过一例从铁路跨线桥上抛掷石块砸伤运行列车上的扒乘人员后，石块弹起后落在后方相邻车厢内的案例。

二、损伤检验

全面进行尸体检验及损伤检验，对损伤的形成原因进行分析，判断尸体周围物体与损伤的关系对抛掷物致伤的法医学鉴定具有重要的意义。

（一）外表检查

1. 头部。多有明显损伤，损伤程度可由擦伤、挫伤、头皮血肿直至颅骨骨折。因被抛物体的速度较高，头皮擦伤和挫伤是常见的损伤，且擦伤有一定的方向性；头皮血肿与击中人体的部位有关。旅客列车上的人员损伤以额面部及眼部较多，常发生于紧靠车窗的座位上，常形成额部挫裂创和眼部挫伤（见图 17－4）。同时，车窗玻璃碎裂时还可形成点状的面部皮肤挫伤。车上人员向车下抛掷酒瓶击中路边行人时也可形成锐性创口。

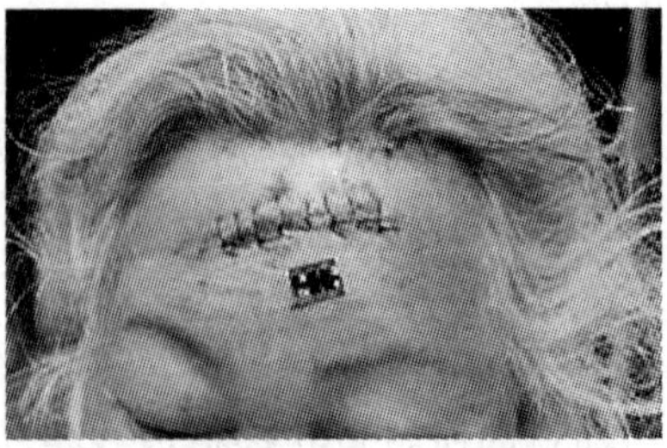

图 17－4　石击列车造成额部挫裂创

2. 颈项部。较为少见，常因车上抛物伤及他人造成颈部损伤，可见颈部皮肤及深层肌肉出血，颈椎棘突骨折，从车上抛掷较大物体击中头顶部时可造成颈椎椎体的压缩性骨折。

3. 胸部。胸部可见有皮肤挫伤伴擦伤、出血、肋骨骨折，有时发生锁骨骨折、胸骨骨折。胸部皮肤较少发生挫裂创，个别案例可见皮下血肿。

4. 背部。可见皮肤擦伤、挫伤及血肿，有时可见脊柱骨折。

5. 腹部。因有衣物及腹部脂肪的缓冲而使受力减轻，外表损伤较轻，有时体表仅见轻微擦伤，而腹腔脏器可见多发性破裂。体表损伤轻，内部器官损伤重，是其特点之一。

6. 四肢。较少见，主要是被击中后摔倒形成的摔跌伤，可表现为轻度的皮肤擦伤及挫伤。

(二)解剖所见

1. 头部。头皮下出血、颅骨骨折及颅内出血较多见，最常见的是颅盖骨折、颅底骨折，大多呈线状，亦可为凹陷性骨折。抛掷物造成的头面部损伤主要是额骨和鼻骨骨折，眼、口腔损伤出血。

2. 胸部。抛掷物伤及胸部时可见心、肺挫伤，甚至心脏破裂，心内膜、心外膜可见点状出血或斑块状出血，心肌断裂或心脏全层破裂。在吸气状态被击中时，由于肺泡内压急剧上升，可造成肺膜下气泡形成，肺泡和部分小支气管破裂，发生气胸。

3. 腹腔。由于高速运动的物体击中人体时，可使一些实质性器官，尤其是肝、脾或肾脏发生破裂，如胃内容物充盈可见到幽门部黏膜下出血，甚至破裂。

旅客列车上的抛掷物伤多有其他旅客证实，确定抛掷物伤并不困难，困难的是货物列车上或者客车上抛物砸伤路边行人，多无目击证人，且车辆已开走，各种现场条件变化较大，因此，对每一例疑为抛掷物伤的案例均应结合现场勘查和案情调查，认真分析每一处损伤的成伤机制，以及现场周围能否发现与损伤相符的物体后，方可作出结论。

例如，某年9月在襄渝线路肩发现一具男尸，检见面部右侧有7.0cm×0.7cm横行皮肤擦伤，前端附着木屑，帽状腱膜下有11.0cm×6.0cm的出血，右颞部有“L”形骨折。根据损伤的方向、程度和附着物质分析，损伤是木质物体由上往下重力打击形成，后查实是列车邮政人员在列车运行中违章向下抛卸木料，击中路间行人的头部导致颅脑损伤死亡。

【思考题】

1. 引起抛掷物伤的原因是什么？
2. 抛掷物伤的机制是什么？
3. 石击列车致伤的特点是什么？

第十八章　其他特殊类型的伤亡

第一节　硅铁中毒死亡

硅铁是硅和铁按照一定比例组成的硅铁合金，是以焦炭、钢屑、石英（或硅石）为原料，用电炉冶炼制成。硅铁的化学成分中除硅、铁以外，还含有铝、钙、磷、硫、锰、铬、碳等，有时还含有微量的砷。硅铁产品可以用于钢铁冶炼、铸造、其他铁合金、化工等多个产业。

一、中毒原因

硅铁中除含有硅、铁元素外，还含有磷、砷、硫及其他杂质，在贮存、运输或震荡磨碎过程中，遇水或空气湿度过大时，所含杂质会分解并释放出磷化氢、砷化氢、硫化氢等有毒气体。在寒冷的条件下，尤其是在骤冷条件下硅铁极易脆裂，加之震动，会发生明显的龟裂现象，其内部会出现大量裂纹，这种硅铁在运输过程中遇到空气中的水分，水进入到硅铁内部的裂缝中，与聚集在各晶粒间的磷、砷、硫等杂质反应，生成剧毒磷化氢、砷化氢、硫化氢等气体。剧毒磷化氢、砷化氢等气体经呼吸道进入人体内达到一定浓度就可致人中毒甚至死亡。磷化氢气体产生的反应方程如下：

$$Ca_3P_2 + 6H_2O = 3Ca(OH)_2 + 2PH_3 \uparrow$$

铁路运输硅铁通常是作为无毒货物运输，多用敞篷列车装运，为防盗常常有人在车上押运。在押运硅铁途中，押运人员宿于敞车篷布之下，由于篷布内相对封闭，空气不流通，如遇到雨雪天气，硅铁遇潮、水等会释放出有毒气体。硅铁产生的磷化氢等气体聚集在车厢内不易散发，当磷化氢等气体达到一定浓度时，就会导致押运人员中毒死亡。这类案件多发生于冬季，死者常位于较狭小、封闭的空间内，而且与硅铁直接接触，死者生前长时间在车内活动和休息。

二、中毒症状

硅铁中毒常累及呼吸系统和神经系统，磷化氢属高毒类气体，人体吸入磷化氢后，首先刺激呼吸道致气管黏膜充血、水肿，肺泡壁充血、渗出，严重时有广泛的点状出血，肺泡充满血性渗出液，这是发生急性肺水肿的病理基础。磷化氢经肺泡壁吸收而至全身，影响中枢神经系统、心、肝、肾等器官。急性磷化氢中毒发病较快，数分钟内即可出现严重中毒症状，主要表现为头晕、头痛、乏力、恶心、呕吐、食欲减退、咳嗽、胸闷，并有咽干、腹痛及腹泻等。重度中毒除上述临床表现外，还可有下列表现中的一种或多种：昏迷、抽搐、肺水肿、休克、明显心肌损害及明显肝、肾损害等。

某年12月17日，押运员赵某（男，20岁）被发现死于一高边车篷布上。现场情况：车为高边敞车，其一端用篷布遮盖，车内装有用集装袋整齐包装的硅铁，包装袋上有剧毒标志及"硅铁""POISION"等字样，尸体旁的包装袋上有黄色呕吐物痕迹，其中有方便面碎段。车内硅铁袋上有方便面、暖瓶以及装衣服的提包等物品，均摆放整齐，车厢外底部不时有水滴落。尸体检验见死者穿着整齐，尸斑暗红色，双眼球睑结膜轻微充血，口唇暗红色，双手指端发绀，肛门处有黄色粪便排出。全身未检见任何损伤及骨折，解剖见心外膜下点状出血，心血暗红色流动性，肝脏稍大，暗褐色，质地较硬。病理检验：心、肝、肺、肾呈中毒性改变，提取心血作毒物分析，可检出磷化氢的代谢物亚磷酸，未检见其他常见毒物。

三、死亡机理

砷化氢气体吸入后随血液循环分布到全身各脏器，血液中的砷化氢与血红蛋白结合，形成血红蛋白过氧化物，通过谷胱甘肽氧化酶的作用，使还原型谷胱甘肽氧化成氧化型谷胱甘肽，从而使红细胞膜的通透性发生改变，导致红细胞破裂，引起溶血。硅铁急性中毒机理是中枢神经系统抑制和呼吸功能衰竭及其他器官损害。急性中毒可因肺水肿及心搏骤停而死亡。慢性中毒时可有骨骼脱钙及代谢障碍，如磷毒性的骨坏死，可能因磷作用于骨的哈佛氏管壁，使其变厚而压迫血管，致使骨质缺乏营养而坏死。

四、毒物检验

硅铁引起的中毒死亡案例，对检材进行毒物检验时，经常检不出常见毒物。提取心血作为检材进行检验时可在心血中检出亚磷酸，这是因为磷化氢在体内会很快氧化的缘故，所以在死者内脏及心血中常检出其代谢物亚磷酸，即提示生前曾吸入磷化氢气体。对于经常从事硅铁押运工作的押运员，由于长期多次少量吸入上述有毒气体，还可能有慢性中毒的表现，在其头发中可检出超标的磷、砷等元素。

五、法医学鉴定

在铁路运输硅铁矿石中发生押运人员硅铁中毒导致死亡的事件，在法医学勘验中需要判明死亡原因、毒物的种类和中毒的性质。这类现场一般不凌乱，无搏斗痕迹及可疑物品，多遗留有呕吐物痕迹，现场车内装载的硅铁较湿或在途中曾淋过雨雪。尸体检验尸斑呈暗红色，皮肤、口唇紫绀，遗精、遗便。内部征象有心外膜下出血及心血暗红色流动性等窒息征象，内脏器官病理检验呈中毒性改变，无任何损伤及致命性疾病。

第二节　罐车内有毒气体损害死亡

一、罐车的结构特点

罐车是一种较常见的货物运输车辆，车体为卧式圆筒形，专用以装运液体、液化气体和压缩气体等货物，也有少数罐车是用来装运粉状货物的。罐车按用途分为水罐车、轻油罐车、粘油罐车、润滑油罐车、酸类罐车、液化气体罐车、食油罐车及其他罐车；按卸车方式不同分为上卸式罐车和下卸式罐车。

二、中毒原因

罐车运输封闭较严、通气性差，且车内装运的货物多是具有挥发性的有机物，在车内作业时，如清洗罐体或对罐体进行防腐除锈作业等，若操作不当，容易引起吸入性中毒或爆燃等意外事故。个别是在偷盗罐车内运输物质时引起中毒死亡。

罐车运输物质多是具有挥发性的有机物，有毒物质较多，主要是挥发性气体状态被人体经呼吸道吸入，进入血液循环后迅速分布到全身各器官，在吸入过程中对气管—支气管黏膜、肺泡有直接的刺激和腐蚀作用，造成气管—支气管黏膜、肺泡结构的损害，对心脏、肝脏、肺脏、肾脏、脑组织也有明显的损害作用。中毒时呈短暂的兴奋状态，有步态不稳、精神兴奋的表现，随后转为抑制，呼吸困难、四肢发绀、呈抑制状态，因呼吸功能和中枢神经抑制而死亡。

三、现场勘验

罐车有毒气体中毒死亡现场，死者多处在罐体内，罐内有残余的易挥发液体，现场遗留有作业工具及呕吐物痕迹。死者一般穿着整齐，衣服上有呕吐物痕迹，体表无损伤或仅有较轻的擦伤、挫伤等，有明显的窒息及中毒征象。

罐车内气体意外爆燃的案例也时有发生，现场车多系装运易燃易爆品的罐车，车内常有残留的易燃易爆品挥发出的气体和空气的混合物。多系施工人员在工作中违规作业，产生明火，如静电摩擦火花、交直流电短路火花或吸烟等均可使现场车内的易燃易爆混合气体发生爆燃，现场有较大面积的火烧痕迹。现场勘查时，可在现场找到作业工具及易燃易爆气体来源，有时还可找到烟头、电路短路熔痕等产生明火的证据。现场作业人员常有严重烧伤或当场死亡，死亡者的尸体上有明显的烧伤或烧焦等尸体征象。

四、法医学鉴定

铁路罐车装载和运输物质过程中，因各种原因致人体中毒和死亡的案例时有发生。在法医学鉴定过程中通过现场勘验、尸体检查，分析罐车内装载物质对人体损害的作用方式及性质，这不仅涉及案件的定性，还关系到事件的重建、分析及民事赔偿等相关问题。

第三节　饥饿死亡

一、饥饿死亡的概念

由于各种原因引起机体摄取食物不足，导致营养缺乏、机体功能障碍，称为饥饿，因饥饿导致的死亡称为饥饿死亡。

二、死亡原因

在铁路运输过程中，有些车辆（如保温车）隔音效果好，若人员被意外长时间困于空车内，就会因缺乏食物和水导致完全性饥饿而死亡。保温车又称冷藏车，车内设有制冷装置，能够使车内货物保持必要的温度，可以用来装运易腐货物，如鲜鱼、肉类、水果、蔬菜等。为了保持车内的温度，保温车的车体封闭良好，夹层装有隔热材料，这种材料不仅隔热，而且隔音。扒乘人员在进入空的保温车后，若铁路工作人员在给车门施封加锁时未能发现车内人员，就会将其困入车内，因为保温材料的隔音作用，车内呼救的声音无法传出，而车辆回送后再次启用往往需要经过数日或数十日之久。在此期间在车外不易发现车内有人，等下次使用该车时，车内被困人员或奄奄一息，或已死亡，甚至已产生霉变和腐败。

三、法医学鉴定

这类意外死亡的现场，通过尸体检验，结合现场勘查和调查访问情况，对死亡的原因和性质不难认定。尸检时，尸体常极度消瘦，干缩，有的已霉变或腐败，衣着完整，常躺卧于车门附近，面部及双手等外露部位较脏，粘附有较多灰尘，尸表无损伤或仅有少量表浅擦伤，解剖可见胃、肠、膀胱等器官空虚或仅有少量排泄物，有时可在胃内容物中发现常人不会食入而现场可以获得的物品，如纸张、布条等。

现场勘验时，车门从外部锁死，车内有死者携带的行李及物品，摆放较整齐，车内有死者生前活动的痕迹，无搏斗迹象，无食物和水，车门和车壁板上可有踢打和敲击的痕迹。调查车辆的运行、使用和车门施封加锁的时间，常常时间较长，具有长期与外界隔绝的前提条件。如果现场能够找到充足的食物和水，则应考虑系因疾病导致的死亡。

【思考题】

1. 硅铁中毒的原因是什么？
2. 如何对罐车有害气体损伤现场进行勘查？
3. 饥饿死亡的法医学鉴定有哪些？

第十九章　铁路群体性伤亡事故的法医学勘验

第一节　概述

一、铁路群体性伤亡事故的概念

铁路群体性伤亡事故是指铁路交通事故及突发性事件造成群体性人员伤亡，且死亡人数在 3 人或以上，伤亡人群之间多为无亲缘关系的随机个体。铁路群体性伤亡事故常见运行列车脱轨、撞击或者列车运行过程中的突发性事故，造成人员伤亡的事件。近年来，铁路群体性伤亡事故时有发生，给国家和群众的生命财产安全造成了很大的损失（见表 19－1），特别重大的事故如 2011 年 7 月 23 日晚上 8 时 30 分 05 秒发生的“7·23”甬温线特别重大铁路交通事故，在甬温线浙江省温州市瓯江特大桥上，由北京南站开往福州站的 D301 次列车由后方与杭州站开往福州南站的 D3115 次列车发生同向动车组列车追尾事故，后车 D301 次四节车厢从桥上坠下。造成 40 人死亡、172 人受伤，中断行车 32 小时 35 分，直接经济损失 19,371.65 万元。

表 19－1　铁路部分群体性伤亡事故概况

发生时间	事故概况	伤亡情况
1978 年 12 月 16 日	南京开往西宁的 87 次在陇海线杨庄车站与西安开往徐州的 368 次拦腰相撞	死亡 106 人，重伤 47 人，轻伤 171 人
1981 年 7 月 9 日	成昆线尼日至乌斯河间的利子依达铁路大桥被泥石流冲塌，正在通过的 442 次列车 2 台机车、1 辆行李车和 1 辆客车坠入大渡河内	130 人失踪和死亡，146 人受伤
1988 年 1 月 17 日	三棵树开往吉林的 438 次旅客列车，运行至拉滨线背荫河车站时因列车制动失灵冒进信号，与进站的 1615 次货车发生正面冲突	死亡 19 人，重伤 25 人，轻伤 51 人
1988 年 1 月 24 日	昆明开往上海的 80 次特快列车，运行至贵昆线且午至邓家村间，列车颠覆	死亡 88 人，重伤 62 人，轻伤 140 人
1988 年 3 月 24 日	南京开往杭州的 311 次旅客列车，运行到沪杭外环线匡巷车站，与正要进站的长沙开往上海的 208 次旅客列车发生正面冲突	死亡 28 人，重伤 20 人，轻伤 79 人

续表

发生时间	事故概况	伤亡情况
1992 年 3 月 21 日	211 次旅客列车在浙赣线五里墩车站冒进、冒出信号，与进站的 1310 次货车发生冲突相撞	死亡 15 人，伤 25 人
1993 年 7 月 10 日	北京开往成都的 163 次旅客列车，运行至京广线新乡南至七里营间，与前行的 2011 次货车发生尾追冲突	死亡 40 人，重伤 9 人
1997 年 4 月 29 日	昆明开往郑州的 324 次旅客列车，运行到京广线荣家湾时，与停在该站长沙开往茶岭的 818 次旅客列车相撞	死亡 126 人，重伤 45 人，轻伤 185 人
2008 年 1 月 23 日	北京开往青岛四方的动车组 D59 次列车运行至胶济线安丘至昌邑间时，发生群体性路外交通事故	死亡 18 人，受伤 9 人
2008 年 4 月 28 日	北京开往青岛的 T195 次列车运行到胶济铁路周村至王村之间时脱线，与上行的烟台至徐州 5034 次列车相撞	死亡 71 人，受伤 416 人
2011 年 7 月 23 日	北京南开往福州的 D301 运行甬温线温州境内，与杭州开往福州南的 D3115 次动车发生追尾事故	死亡 40 人，受伤 172 人
2014 年 4 月 13 日	黑河开往哈尔滨的 K7034 次旅客列车运行至绥北线海伦至东边井区间时发生脱线事故	受伤 15 人

根据事故造成的人员伤亡数量将铁路交通事故的等级分为特别重大事故、重大事故、较大事故和一般事故。2007 年 7 月 11 日国务院第 501 号令公布的《铁路交通事故应急救援和调查处理条例》第 9 条第 1 款规定，造成 30 人以上死亡，或者 100 人以上重伤，为特别重大事故；第 10 条第 1 款规定，造成 10 人以上 30 人以下死亡，或者 50 人以上 100 人以下重伤，为重大事故；第 11 条第 1 款规定，造成 3 人以上 10 人以下死亡，或者 10 人以上 50 人以下重伤，为较大事故；第 12 条规定，造成 3 人以下死亡，或者 10 人以下重伤，为一般事故。

随着我国高速铁路的建设及运行，铁路行车事故所致的群体性伤亡事故日益引起社会各界的重视，由于铁路群体性伤亡事故发生情况复杂，人员损伤程度严重，伤亡人员多，给法医学尸体检验工作增加了检验难度和工作强度。

二、铁路群体性伤亡事故的发生原因

(一) 两车相撞

列车运行中因信号故障、线路设备损坏、操作失误、制动失灵等原因，使运行的列车与前方动态或静止的列车相互撞击，造成机车、车辆破损，人员伤亡。2008 年 4 月 28 日，凌晨 4 时 48 分，北京至青岛的 T195 次与烟台至徐州的 5034 次旅客列车相撞，T195 次列车有 9 节车厢脱轨，5034 次列车有 5 节车厢脱轨，部分车厢严重变形，造成 416 人受伤，70 人死亡。

(二) 列车撞击侵线人员

列车通过人口密集路段时，撞击辗轧行人，造成人员伤亡。2008 年 1 月 23 日 20 时 48 分，北京开往四方的 D59 次动车组列车，运行至济南铁路局管内胶济线安丘至昌邑间时，撞上了正在线路上施工的工人，造成 18 人死亡，9 人受伤。原因是施工人员违章提前进入作业区线路，正常运行的 D59 次动车组在时速 200km/h 通过时，撞倒正在该处进行移动轨道施工的作业人员，导致人员伤亡。

(三) 列车脱轨

由于机车、车辆和线路设备原因，或者指挥调度失误，导致列车脱轨，造成人员伤亡。2001 年 4 月 20 日早晨 6 时 15 分左右，北京开往齐齐哈尔的 T47 次旅客列车在黑龙江省境内的安达火车站发生重大脱轨事故,车头和13节车厢出轨,造成2人死亡,2人重伤,25人轻伤。

(四)火车与汽车相撞

火车通过道口时,因未采取封闭措施或通过无人看守道口时,恰遇汽车上道,导致火车与汽车相撞,造成人员伤亡。

(五)列车火灾事故

旅客携带易燃易爆危险物品进站上车发生意外,导致起火燃烧,也有因列车设备使用管理不当,如电线断路、锅炉干烧等原因导致车厢起火,烧死或烧伤旅客。

(六)自然灾害

因山体滑坡、泥石流、线路下沉、桥梁坍塌、地震、飓风等原因,导致列车严重受损,人员伤亡。

(七)置放障碍物或破坏铁路设施

犯罪嫌疑人在轨道上置放石头、铁块、煤气罐、水泥路桩、树木、横跨铁路的钢丝绳等物,致列车脱轨、翻车导致人员伤亡。破坏铁路设施,拆卸铁轨与枕木之间螺钉,致列车脱轨,造成行车伤亡事故。2014年4月13日3时17分,由黑河开往哈尔滨的K7034次旅客列车运行至绥北线海伦至东边井区间6节车厢发生脱线事故,事故造成15人受伤。犯罪嫌疑人故意破坏铁轨,拆卸铁轨与枕木之间的固定螺栓,造成列车脱线事故。

三、铁路群体性伤亡事故的伤亡特征

由于铁路群体性伤亡事故系同一种原因导致的多人伤亡,其损伤特征是同一起群体性伤亡事故的不同人体具有共同的损伤特点,但又因事故当时人员所在位置不同、体位不一及个体年龄、性别、胖瘦等因素出现某些差异。

(一)两列车相撞人员伤亡的特点

由于列车质量重,加上运行速度快、惯性大,撞击时产生巨大的冲击力,导致车内人员严重的损伤。其特点是人体支离破碎、严重挤压伤、粉碎性骨折、头颅、躯干严重变形、四肢断裂扭曲。根据车厢受冲击部位的不同,其损伤程度有所不同,靠近冲撞部位的车厢人员损伤更严重,有的会因为车厢变形,人体被夹在车厢的某些部位,使人体严重变形。

(二)列车撞击线路上人员伤亡的特点

列车撞击铁道线上的行人是铁路发生最多的一类铁路交通事故,有以下特点:

1. 现场特点。列车撞轧线路上的人员伤亡在钢轨、道心、枕木、道砟等部位遗留有凝固性血液(若损伤大动脉,可见喷溅状血液)、组织碎块、衣服碎片或者死者随身携带的物品,其范围大小与列车速度密切相关,在未提速之前,这些物品分布仅几十米远,列车提速后可分布几百米远,而高速铁路动车组撞人,其现场分布范围可达几公里远(见图19-1)。

图19-1 铁道线上遗留的尸体组织碎块等

2. 衣着特点。火车撞击可见死者衣着零乱、大面积破裂、挫碎，有铁锈、油垢污染(见图19－2)。

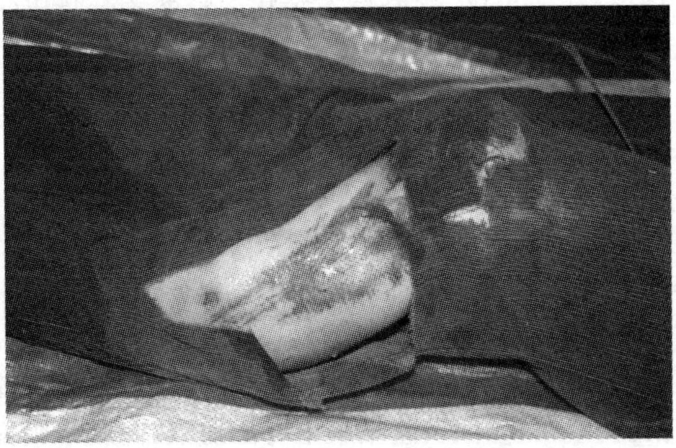

图19－2　死者衣服挫碎情况

3. 损伤特点。火车撞击多造成人体广泛而严重的擦伤、挫伤、挫裂创，使尸体面目全非，损伤部位皮肤肌肉常被油泥污染。损伤分布零乱，无规则，以人体突出部位较多见。内部损伤往往形成开放性损伤，使颅骨崩裂，胸腔外露，腹腔脏器挫碎等(见图19－3)。

图19－3　火车撞击辗轧的尸体

(三)列车脱轨翻车人员伤亡的特点

列车在运行过程中脱离轨道，使车厢产生剧烈震动或倾斜、车体变形挤压以及行李物品坠落翻滚导致大量的人员伤亡，其损伤特点以碰撞伤、挤压伤、砸压伤以及震荡伤居多。

(四)火车与汽车相撞造成人员伤亡的特点

火车撞击横过铁路的汽车大致有以下几种情况：一是发生撞击后火车立即停下，对汽车及人员造成的损害相对较轻。二是汽车被火车撞击后发生侧翻，使汽车造成破损和人员伤亡的严重事故。三是汽车被火车撞击中心部位后，汽车瞬间被推出较长距离，导致汽车严重破损，车内人员伤亡严重。

(五)列车火灾事故人员伤亡的特点

列车火灾系车厢发生火灾后，旅客不能及时逃离现场，严重烧伤而致死亡；车厢内缺氧，一氧化碳中毒，呼吸困难，窒息死亡；有时旅客为了逃生，纷纷往列车一端拥挤而发生踩踏、挤压而死亡。其伤亡特点如下：

1. 外表烧伤特点。根据车厢烧毁程度和燃烧时间的不同，其尸体烧伤程度表现不同，严重者导致整具尸体被烧焦，甚至炭化，骨骼呈木炭状。轻度者全身皮肤红肿，大面积水泡形成，局部皮肤全层坏死。

2. 呼吸道特点。可见气管内有大量的烟灰吸入，气管壁黏附黑色颗粒状物，气管被堵塞。呼吸道黏膜严重充血、出血、坏死。

3. 肺部特点。车厢内烧死者，其肺部可见明显的肺充血、出血、气肿、水肿，由于吸入CO的原因，肺脏切面呈樱红色。

（六）自然灾害事故造成群体性伤亡的特点

自然灾害可导致列车脱线、列车分离、倾斜颠覆，严重者导致车厢被泥土、泥石流掩埋，甚至坠入江河中，其伤亡情况因灾害的性质不同而变异较大。因躯体掩埋者常出现颜面、颈部及上胸部皮肤明显淤血、紫绀，颜面及睑结膜下有出血点，内脏浆膜面有明显出血点，内脏淤血、水肿，气管内有血性泡沫。受重物压迫者，可使受压者胸腹部产生表皮剥脱、皮下出血和肌层出血，甚至有挫裂创和程度不等的肋骨骨折，皮肤呈现物体的压陷痕迹，体表和内脏有明显的窒息征象。被泥石流掩埋及坠入水中致死者，则有明显的窒息症状。

第二节　铁路群体性伤亡事故的法医学勘验

铁路群体性伤亡事故的法医学勘验是铁路公安局、处技术部门法医技术人员的重要任务，平时就要有“大任务”的思想意识，要与相关部门一起制定铁路群体性伤亡事故处置的预案，并加强演练，在设备器材方面要有必要的准备，勘查检验设备处于良好状态，以保证应急处置的需要。接到发生铁路群体性伤亡事故报告后，要与其他刑事技术人员一起，携带勘验设备器材，迅速赶赴现场。

一、勘验任务

铁路群体伤亡事故由于伤亡人员多、损伤严重、性质复杂，必须通过深入、仔细、认真、全面的现场勘查和尸体检验，解决以下问题：

（一）确定死亡原因

在铁路群体伤亡事故中确定死亡原因是法医要解决的最基本问题，法医要通过尸体外表检验、解剖检验、病理检验及理化检验等方法，确定每具尸体的死亡原因，为事故定性和处理提供科学依据。

（二）确定损伤性状

通过损伤检验，确定死伤者在损伤当时所处的位置、姿势、致伤物的形状、质地、作用力的方向、大小，损伤对人体造成的后果等。

（三）确定死亡时间

铁路群体性伤亡事故由于死亡人员多，其死亡时间亦存在差异，需要法医进行判断。铁路群体性伤亡事故一般有明确的事故发生时间，大多数死亡者都是在事故发生当时死亡，且尸体现象一致，但也有在事故当时仅造成伤害，延续至事故救援或医院抢救治疗过程中死亡，这些都需要法医对每具尸体做出死亡时间判断。

（四）确定伤亡人数

铁路群体性伤亡事故由于伤亡人员多，现场范围大，尸体损伤惨重，存放分散，参加抢救伤员的医疗机构多，加之人为因素的影响，使伤亡人员统计工作复杂化。法医要与有关部门一起，对每具尸体从现场编号、检验鉴定、信息采集、遗物包装等方面进行核对。对损伤惨重，面目全非，支离破碎的尸体，要用人类学、解剖学等方法进行鉴别，确保尸体数量的准确性。对伤者的统计，要与医院等部门配合，对抢救伤员所涉医院进行详细了解，对每名伤者进行检验鉴定，分别确定其损伤程度和伤残等级。

（五）参与事故调查

法医要在事故调查组的统一组织下，参与事故调查，参加事故分析会，从法医学角度对事故原因提出分析意见。

（六）参与善后处理

法医要配合事故善后处理组开展尸体辨认、身份确认等工作，确保尸体个体识别工作的准确性。

二、勘验要求

（一）了解案情，收集相关信息

首先要了解事故的基本概况、发生时间、地点、现场救援情况及当时的气候情况；了解事故伤亡人员的大致人数、种族、国籍等情况。

（二）参与现场勘查，熟悉现场情况

进入事故现场后要观察现场的条件、方位、范围及特点，注意伤亡人员及其分布特点，弄清事故基本概况，对遇难者，首先确定是否死亡，如未死亡，应立即就地抢救或送往附近医院治疗。

（三）固定尸体位置，逐一进行编号

首先要对每具尸体所在的位置用文字描述、绘图、照相、录像等方法进行固定，并注意尸体与周围物体的关系，有无死者遗留物品等。对有多具尸体的现场，要对每具尸体逐一编号，编号顺序可按勘验先后，也可从现场或车厢的一端向另一端依次编号。

对于完整尸体，首先进行尸体编号、登记，对于破坏严重的尸体、尸块，应将所收集的尸块按照解剖部位进行合并查对。尸体难以合并时，应将不同的尸块分别包装、编号存放，并绘制简图标明发现地点，这对于爆炸案件的调查尤为重要。

（四）详细照相录像，收集相关物品

对尸体面貌特征、发型、衣着、体表特征等分别照相、录像，仔细检查衣着，注意发现证明身份的有效证件。对尸体周围的遗留物品，如手机、钥匙、鞋帽及行李等一并收集提取，将尸体分别装入编号的塑料袋内运离现场冷藏。

（五）注重尸表检验，发现个体特征

铁路群体性伤亡事故尸体大多数通过尸体外表检验即能确定死亡原因、损伤性质等问题。尸表检验时，还应注意尸表特征，如体表瘢痕、痣、畸形、有无手术疤痕、妊娠纹、纹身等，并逐一对这些体表特征进行细目照相、录像，为尸体辨认提供准确详细的资料。勘验时应填写遇难者识别表（见表19－2）和遇难者检验信息登记表（见表19－3）。同时，需请死者家属或亲属提供有关死者个体特征性情况，填写失踪人员调查表（见表19－4），以便同一认定，查明死者身份。

表 19－2　遇难者识别表

<table>
<tr><td>编号</td><td></td><td rowspan="3">（遇难者照片）</td><td>辨认结果</td><td>已辨认、未辨认</td></tr>
<tr><td rowspan="2">遇难者姓名</td><td rowspan="2"></td><td>检验者</td><td></td></tr>
<tr><td>复验者</td><td></td></tr>
<tr><td colspan="3">遇难日期　　　　　　　　　　地址</td><td colspan="2"></td></tr>
<tr><td colspan="3">Ⅰ发现时间</td><td colspan="2">尸体在失事地点的位置</td></tr>
<tr><td>性别（男、女）</td><td colspan="2">大致年龄</td><td>身高</td><td>肤色　　　血型</td></tr>
<tr><td>体态（胖、中、瘦）</td><td colspan="2">虹膜颜色</td><td colspan="2">头发颜色和特征（染色、长、短、直发、卷发、谢顶、秃顶）</td></tr>
<tr><td colspan="5">Ⅱ衣着情况（颜色、质地、式样、商标、附件等）</td></tr>
<tr><td colspan="3" rowspan="4">Ⅲ遗物（珠宝、货币、信件、手表、项链等）</td><td colspan="2">证件（工作证、身份证、护照）</td></tr>
<tr><td colspan="2">捺印指纹者签名</td></tr>
<tr><td colspan="2">鉴定结果</td></tr>
<tr><td colspan="2">鉴定者签名</td></tr>
<tr><td colspan="5">Ⅳ牙齿情况（颜色、排列情况、大小、义齿、龋齿等）</td></tr>
<tr><td colspan="5">Ⅴ体貌特征（面貌特征及文身，痣、疣、瘢痕、畸形等）</td></tr>
<tr><td colspan="3">Ⅵ损伤情况</td><td colspan="2">死亡原因</td></tr>
<tr><td colspan="3">Ⅶ亲友辨认根据</td><td colspan="2">辨认者签名及单位或住址</td></tr>
</table>

表 19－3　遇难者检验信息登记表

<table>
<tr><td colspan="3">编号</td><td colspan="2">性别（男、女）</td></tr>
<tr><td colspan="5">尸体来源</td></tr>
<tr><td colspan="5">年龄（婴幼儿、少年、成年、老年）</td></tr>
<tr><td colspan="5">死亡原因</td></tr>
<tr><td colspan="5">重要遗物（项链、戒指、手镯、证件、钱包、手机、其他）</td></tr>
<tr><td colspan="5">检材提取（血液、肌肉、软骨、指甲、牙齿、长骨）</td></tr>
<tr><td rowspan="2">检材处理</td><td>保存情况</td><td colspan="3"></td></tr>
<tr><td>送检情况</td><td colspan="3"></td></tr>
<tr><td>检验人签名</td><td></td><td>检验时间</td><td colspan="2">年　　月　　日</td></tr>
<tr><td colspan="5">备注</td></tr>
</table>

表 19－4　失踪人员调查表

姓名		性别		身高		体态		体重	
出生年月				单位/地址					
Ⅰ头发颜色和特征	颜色　　发型(长、短、直卷、谢顶、秃顶)								
Ⅱ面部特征						面部或生活照片			
Ⅲ牙齿情况	颜色、排列情况、大小、义齿、龋齿等								
Ⅳ体貌特征	有无体征特征(文身、痣、疣、瘢痕、畸形、手术、接种等)								
Ⅴ衣着情况	颜色、质地、样式、商标、附件等								
Ⅵ遗物证件	珠宝、货币、手表、项链、工作证、身份证、护照等								
Ⅶ提供者									

(六)及时解剖尸体,确定有关问题

对于外表检验不能确定死亡原因和损伤性质等问题的尸体,亲属初步辨认后提出有关疑问,如子宫上环、怀孕、某处骨骼有金属固定等需要验证时,应及时进行解剖检验,必要时提取各部位组织做病理检验和理化检验。检验尸体时应填写遇难者尸体解剖记录(见表 19－5)。

表 19－5　遇难者尸体解剖记录表

检验编号:	检验地点:
体重:	提取检材(心血、肝、尿、肌肉、胃内容等)
解剖所见(头、颈、胸、腹、四肢等)	
解剖时间　　　　解剖者　　　　记录者	

(七)全面提取检材,采集指纹信息

铁路群体性伤亡事故中的尸体有相当一部分是不完整的,有的甚至支离破碎,面目全非。这些尸体无法从外表进行辨认,必须通过 DNA 检验进行确认。这就要求工作人员在检验时要认真填写"利用 DNA 检验技术查找遇难人员申请表"(见表 19－6)和"失踪者亲属样本登记表"(见表 19－7),以便其亲属对遗体进行认领和确认死者身份。

另外有的铁路群体性伤亡事故(如火灾、爆炸等)其肇事者本身有可能死亡,因此,提取痕迹物证时,除应收集与查明死因、死亡方式、个人识别有关的生物检材、指掌纹等物证外,还应注意发现和收集与判断事故性质有关的检材和物证,如衣服、手、指甲中的微量附着物。

表 19-6　利用 DNA 检验技术查找遇难人员申请表

<table>
<tr><td colspan="2">受理单位</td><td colspan="4"></td><td>受理编号</td><td></td></tr>
<tr><td rowspan="3">申请人</td><td>姓名</td><td></td><td>性别</td><td></td><td colspan="2">申请时间</td><td></td></tr>
<tr><td colspan="2">证件名称和号码</td><td colspan="3"></td><td>联系电话</td><td></td></tr>
<tr><td>地址</td><td colspan="4"></td><td>邮编</td><td></td></tr>
<tr><td colspan="2" rowspan="4">遇难人员
基本信息</td><td>姓名</td><td></td><td>性别</td><td>年龄</td><td></td><td></td></tr>
<tr><td>遇难地点</td><td colspan="5"></td></tr>
<tr><td rowspan="2">其他信息</td><td>重要物证</td><td colspan="2"></td><td></td><td></td></tr>
<tr><td>其他个体特征</td><td colspan="2"></td><td></td><td></td></tr>
<tr><td>受理单位的声明</td><td colspan="7">1. 遇难人员亲属血样采集范围为遇难人员的父亲、母亲、配偶、子女,认真填写此表后,严格按照血样采集的有关规定进行亲属血样等生物学样本的采集。
2. 此表由遇难人员亲属代表填写,一个遇难者只能填写一张表格。不得在不同单位对同一遇难人员提出查找申请。
3. 家属能确认遇难地点,但公安机关在该地段未提取到遇难遗体生物学检材的,暂不符合查找条件,建议通过其他方式查找。
4. 未知名遇难人员亲属血样采集范围为遇难人员的亲生父亲、母亲、子女及配偶。
亲属签字:
年　月　日</td></tr>
</table>

表 19-7　失踪者亲属样本登记表

<table>
<tr><td>编号</td><td colspan="7"></td></tr>
<tr><td colspan="8">失踪人员信息</td></tr>
<tr><td>姓名</td><td colspan="2"></td><td>性别</td><td colspan="2">□男　□女</td><td>年龄</td><td></td></tr>
<tr><td>可能遇难地点</td><td colspan="7"></td></tr>
<tr><td>身高</td><td colspan="2"></td><td>特征描述</td><td colspan="4"></td></tr>
<tr><td colspan="8">亲属信息</td></tr>
<tr><td>姓名(1)</td><td colspan="2"></td><td>性别</td><td></td><td>与失踪者关系</td><td colspan="2"></td></tr>
<tr><td>姓名(2)</td><td colspan="2"></td><td>性别</td><td></td><td>与失踪者关系</td><td colspan="2"></td></tr>
<tr><td>姓名(3)</td><td colspan="2"></td><td>性别</td><td></td><td>与失踪者关系</td><td colspan="2"></td></tr>
<tr><td>姓名(4)</td><td colspan="2"></td><td>性别</td><td></td><td>与失踪者关系</td><td colspan="2"></td></tr>
<tr><td colspan="8">其他信息</td></tr>
<tr><td>联系人</td><td></td><td>通讯地址</td><td colspan="3"></td><td>联系电话</td><td></td></tr>
<tr><td>采集人</td><td></td><td>采集单位</td><td colspan="3"></td><td>采集时间</td><td>年　月　日</td></tr>
<tr><td>备注</td><td colspan="7"></td></tr>
</table>

三、个体识别

个人识别也称个人的同一认定,即根据人体生理、病理、个人特征进行人身同一认定。法医学的个人识别是运用医学的原理和方法,认定尸体、尸骨、碎尸块是否属于某人,从而为辨认死者提供科学依据。其主要内容有检验个人特征、推断性别、年龄、身长、职业范围。通过 DNA 检验技术、死者的一些随身物品,如衣服、首饰、钱包、车票等进行人身同一认定。铁路群体性伤亡事故中由于伤亡人员较多,人员损伤严重,加之腐败、现场污染等影响,给个体识别工作增加了难度。一般情况下,群体性伤亡的个体识别工作应从以下几个方面进行:

(一)收集生前资料

在取得失踪人员名单之后,结合列车座位分布图,向失踪人员的家属、单位、朋友等处了解失踪人员的生前情况,如身高、体态、衣着、手术史、电话号码、指纹等。收集时可向亲属及单位发放统一印制的表格,要求逐项填写相关内容。

(二)收集死后资料

死后资料的收集实际上从到达事故现场就已开始,在多数情况下,应着重收集以下内容:

1. 尸体着衣和面貌照片;
2. 尸表特征性记录,如发型、颜色、体表瘢痕、文身、妊娠、义眼、义齿、假肢、畸形和手术的记录;
3. 衣着、珠宝首饰、通讯记录等个人物品的所有记录;
4. 指纹;
5. DNA 血样;
6. 人类学方法测量有关数据,如身高、体重、体型、年龄估计等。

(三)生前和死后资料的比对

主要通过对生前和死后的资料进行比对,如相貌辨认、衣着辨认、指纹比对、亲权关系认定、DNA 检验、牙科识别等。在比对时必须严格进行质量控制,明确确认性证据和支持性证据的差异,在证据充分确凿的基础上,确认某具尸体的身源。

(四)移交遗体

移交遗体(包括随身携带财物的移交)要在事故调查小组同意后方可进行,一般由当地政府和铁路部门负责,首先移交极易识别的,或不需要旁证即可确认的尸体,此时应填写遇难人员亲属辨认确认遗体身份登记表(见表 19－8),并要求家属在对尸体、遗留物认领及尸体处理协议书上签字,以免尸体处理不当,激化矛盾。尸体火化前应办理公证,包括车次、事故时间、死亡时间、死亡原因等。辨认难度较大的尸体要等遗传学检验鉴定结果出来后,经验证后再移交。

表 19－8　遇难人员亲属辨认确认遗体身份登记表

<table>
<tr><td colspan="2">受理单位</td><td colspan="2"></td><td>受理编号</td><td colspan="2"></td></tr>
<tr><td rowspan="3">辨认人之一</td><td colspan="2">姓名</td><td></td><td>申请时间</td><td colspan="2"></td></tr>
<tr><td colspan="2">证件名称和号码</td><td></td><td>联系电话</td><td colspan="2"></td></tr>
<tr><td colspan="2">地址</td><td></td><td>邮编</td><td colspan="2"></td></tr>
<tr><td rowspan="3">辨认人之二</td><td colspan="2">姓名</td><td></td><td>申请时间</td><td colspan="2"></td></tr>
<tr><td colspan="2">证件名称和号码</td><td></td><td>联系电话</td><td colspan="2"></td></tr>
<tr><td colspan="2">地址</td><td></td><td>邮编</td><td colspan="2"></td></tr>
<tr><td rowspan="4">遇难人员基本信息</td><td>姓名</td><td></td><td>性别</td><td></td><td>年龄</td><td></td></tr>
<tr><td>遇难地点</td><td colspan="5"></td></tr>
<tr><td rowspan="2">辨认条件</td><td colspan="2">重要遗物</td><td colspan="3"></td></tr>
<tr><td colspan="2">其他个体特征</td><td colspan="3"></td></tr>
<tr><td>确认声明</td><td colspan="6">上述辨认人______、______经过公安机关提供的未知名遗体的有关技术资料进行检索辨认，认为______市______县______镇______村（街道）发现的编号为__________的遇难人员遗体身份系姓名为______，性别______，年龄______，住址______________，与辨认人关系为______。
亲属签名：　　　　　　　　受理单位（印）：
年　月　日　　　　　　　　年　月　日</td></tr>
</table>

四、注意事项

（一）服从事故现场的统一指挥，分工明确

铁路群体性伤亡事故因伤亡人数多，工作量大，法医工作要统一组织，分工合作，服从现场指挥。应充分估计死伤人数，迅速组织力量相当的法医、技术人员参加现场勘查。

（二）同相关部门紧密配合，迅速完成现场勘验

铁路群体性伤亡事故涉及抢险救援、恢复通车、勘查取证、善后处理等一系列工作，参与的部门多、人员广，法医工作涉及方方面面，工作中要注意与相关部门的协调配合。

（三）全面仔细勘查现场，注意证据的收集

铁路群体性伤亡事故虽然多属意外，但其中也有利用铁路实施犯罪，伪装成铁路伤亡事故，以逃避罪责者，因此，应认真对现场和尸体进行勘验和检查，寻找罪与非罪的证据，必要时通过现场实验，进行论证分析，从中发现和揭露真相。

（四）全面系统尸体检验，注意损伤形成的方式

因铁路群体性伤亡事故情况复杂，伤亡人员所处的方位、姿势不同，故各人的受伤情况不同，因而死因可能各异，既可死于机械性损伤，也可能死于窒息、电击或烧伤。因此，应注意检验损伤的部位、损伤形成的方式，结合现场情况，进行综合分析。铁路群体性行车事故损伤具有广泛性，在检验事故损伤的同时，要注意检验有无人为暴力形成的损伤，从中发现

“意外”死亡的被害人。

(五)尸体、遗留物编号检验工作要仔细、全面,一次完成,避免重复和遗漏

对尸体分别拍照、录像、提取指纹,仔细检查衣服(包括夹层),做到尸体、遗留物、照片、检材、骨灰、墓地的编号统一,不重复。对所检验尸体按死亡时间分别提取血样、肌肉、肋软骨、牙齿、长骨等生物检材,按规定保存、及时送检,以免随着时间的延长,高温、遗体被水浸泡和微生物侵染等因素会造成DNA降解,从而影响DNA的检验结果,如涉及人体碎片组织的收集应尽早完成,以防因组织腐败导致DNA破坏、碎断。对保存沾染血液的衣物时,首先要使血迹干燥,再放入物证袋内保存。

铁路火灾、爆炸等事故中,肇事者往往就在事发现场,死伤者中很有可能包含了肇事者,而且损伤往往较严重,因此检验中应注意鉴别。

【思考题】

1. 铁路群体性伤亡事故的发生原因有哪些?
2. 铁路群体性伤亡事故的勘验任务是什么?
3. 铁路群体性伤亡事故个体识别有哪些内容?
4. 在处理铁路群体性伤亡事故中要注意哪些事项?

第二十章　铁路上的自杀、他杀与鉴别

第一节　铁路上的自杀案件

在铁路交通交通事故的处置过程中，常常见到利用铁路自杀、他杀移尸铁路伪装成铁路交通事故以及在铁路上杀人伪装成铁路交通事故的案件，铁路交通事故现场勘验人员应对其进行鉴别，辩明是否为铁路交通事故，为事故的处理提供依据。

一、铁路上自杀案件的类型

自杀死亡案件的勘验与研究是法医学的重要学术问题。受固有的环境及运行列车规律影响，在铁路上实施的自杀案件表现出一定的规律性。铁路上常见的自杀手段有卧轨自杀、撞车自杀、钻车自杀、跳车自杀、利用铁路附属设施自杀，另外还有一类在利用其他手段自杀未遂时，在铁路上实施的多手段、多方式自杀的情况。常见的利用铁路自杀事件的分类如图20－1所示。

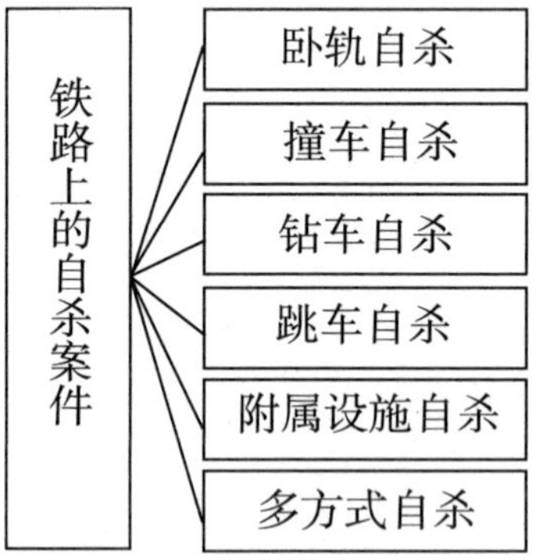

图20－1　铁路上的自杀事件分类

（一）卧轨自杀

卧轨自杀是指主动躺卧于运行列车前方或静止列车下方的轨道上被列车辗轧导致死亡的自杀方式。此种方式是借助列车辗轧、剪切的力量致人体机械性损伤而死亡。损伤的主要表现特征为机械性辗轧损伤，躯体、肢体常表现为离断伤的特征。

卧轨自杀中选择的辗轧部位从其有效性、人体的解剖结构特征、列车与线路的构造等因素出发,最适宜的部位为颈部、胸腹部,此两处亦是典型卧轨自杀的首选部位,偶见选择辗轧头部的案例。

1. 卧轨自杀的心理痕迹勘验。卧轨自杀者,自杀手段相同,致伤的线路结构、构造类似,致伤机制相同;在实施自杀过程中,受心理、生理等方面的影响,自杀者主观上或潜意识中会选择类似的场景或姿态,具有类似的心理痕迹反映。

在卧轨自杀的事件勘验中,要强调自主动作和意识状态的反映,重点寻找其心理作用留下的各类客观痕迹,从而解读其死亡过程。可从卧轨自杀的心理痕迹入手,作为现场勘验的指导思路。在此所述心理痕迹的表现,也是一种生活反应特征,可据此判定死者的意识状态,对于确定死亡性质有较大的作用。

2. 自杀者的体感因素反应。体感因素可具体表现在初始躺卧地点和辗轧体位的选择上。自杀者多选择躺卧地点相对干净,无粪便、垃圾及大量油垢等使人体感不良的物品处。躺卧的地点还与地面的结构有关,多选择平坦,适宜于躺卧的位置。若道砟较高,与轨枕落差大则不适宜于躺卧;除非轨枕与道砟相平,否则多不会选择半侧躯体轨枕、半侧躯体道砟的躺卧方式。卧轨自杀的"舒适"体位有仰卧、俯卧两种;俯卧位时,常爬于轨枕上或枕间的道砟上;仰卧位时,常躺于枕间的道砟上。

3. 自杀者自主性动作反应。卧轨自杀者在实施卧轨动作时会形成一些特殊体位的痕迹,这些痕迹体现了自杀者的自主性动作,反映了其自杀前的自然心理及未受外界干扰的状况,对于确定死亡性质有较大的意义。

卧轨者在平缓躺下时,多有双手先撑地、双膝部承重等动作,此时手部、双膝部多有浮灰附着,此种痕迹要注重对称性分布的特点。检验中发现,卧轨者双手多没有因反射性保护动作、捂压伤口而黏附血痕,推测可能与死亡迅速有关。

手臂、手腕、肘部等处常可见到喷溅状血痕的反应,此种喷溅血痕反映了喷溅部位与辗轧伤口的位置关系,可据此反推其原始放置位置(见图 20－2)。卧轨者若携带有物品,如交通工具、帽子、多余的衣物等多在线路附近安然静态的放置,不受辗轧过程的影响;这种现象是自杀者有意识或潜意识下的选择,对于确定死亡性质有较大的参考意义。

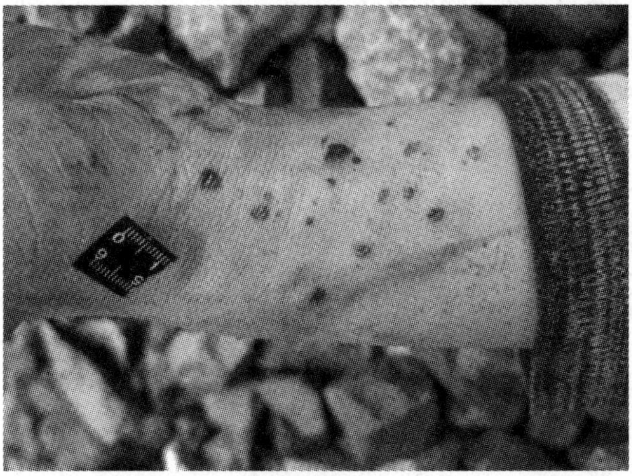

图 20－2　俯卧位辗轧颈部时在左腕部形成喷溅状血迹,提示左手在颈部附近

对自杀者附近脚印的发现、提取往往对案件定性有决定性的作用。勘验时还应注重检验死者的鞋上有无在铁路上行走所擦蹭的特有的铁锈、油垢灰尘痕。

4. 自我保护性心理反应。从心理学上来讲，自杀属于有意死亡，在潜意识下，自杀者有不自觉的保护性行为，会尽量避免多余的损伤，如不愿躺在有碎酒瓶的部位，此心理状态会在现场留下痕迹的反映。

卧轨自杀者无论采取何种姿势，其目的是辗轧颈、胸腹部，除辗轧过程的体位变化导致其他损伤外，常没有多余的损伤，这应为自我保护心理的外在表现。初始躺卧位置，自杀者躯体姿势多与钢轨垂直，少见跨越钢轨式（一侧轨辗腿一侧辗头）、骑跨钢轨（躯体与钢轨平行爬于一侧钢轨上）的自杀姿势。卧轨辗轧时双上肢的姿势、位置会避开辗轧，结合个人习惯及体感、舒适度等因素而自然摆放，呈现出较规律的体位姿态。双下肢的摆放整体呈现自然伸直的状态，罕见曲屈的情况。有明显移位的尸体，其下肢可随着躯体移位发生倾斜，辗轧断端向列车运行方向偏移，足尖多指向原始位置；下肢若出现屈曲的情况，多系挣扎或受现场环境影响造成。

在卧轨自杀案例报道中未见有如下自杀体位，辗轧颈部时把双上肢上举放于钢轨上，辗轧胸腹部时双上肢外展平放于钢轨上，可能是自我保护的心理作用所致。

5. 自杀者的紧张性心理反应。卧轨自杀者在被列车辗轧时的紧张心理常在体表有一定的反映，常见有腺体分泌亢奋、肌肉紧张等表现。卧轨自杀者，在各种感官的作用下，有一定的恐惧感，可刺激唾液腺异常分泌，分泌的腺液自口腔内流出时，可在口唇周围、枕木、道砟处形成斑痕。检验时可见面部流柱状斑痕、口腔接触客体上的斑痕（见图 20 – 3），此种斑痕呈微白或微黄色，因其富含蛋白，易与其他斑痕区别。此种痕迹的发现可以作为生前辗轧、具备意识状态的佐证。因皮肤长时间和线路接触，在接触的客体上可形成汗液印痕，此种印痕是瞬时物证，未及时发现容易灭失，勘验时可着重检验手、脸及口鼻部接触的客体。

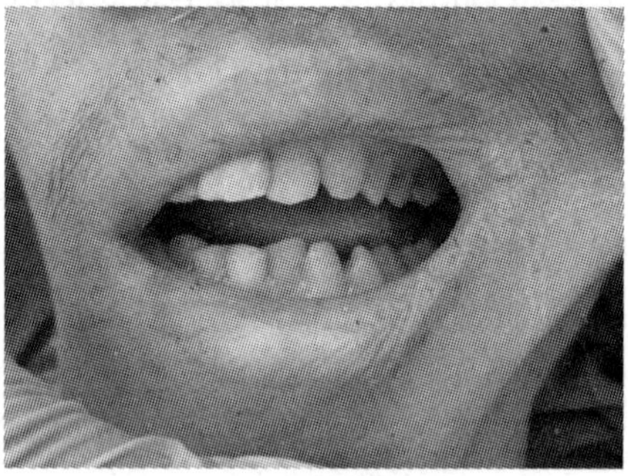

图 20 – 3　左口角唾液腺呈流注状斑痕

卧轨自杀者口唇部可有咬伤，因紧张所致的咬痕是具有明确生活反应的损伤，在上下嘴唇部可见到暗紫色、红色的黏膜破损、出血、小血肿。

上肢肌肉紧张可发生挛缩、痉挛。检验中可发现手部抓持物体，如手握道砟或手指伸入道砟缝中，扒抱枕木、钢轨。双肘部可有因辗轧时肌肉紧张与客体擦挫形成的挫伤。注意枕木上可能有擦划痕、扒划痕，钢轨上可有抓擦痕（见图 20 – 4）。下肢的肌肉紧张表现为足部的蹬蹭。勘验中可发现鞋尖部（俯卧位）、鞋跟部（仰卧位）的蹬蹭痕迹，如皮鞋皮子表面点、线、片状划伤、剥皮，灰尘擦痕等（见图 20 – 5）。此种损伤或痕迹反映的是一种主动施力过程，也是一种行为反映，有助于认定自杀、区别移尸。

图 20－4 枕木上手指扒痕

图 20－5 鞋尖部蹬蹭痕迹

(二)撞车自杀

撞车自杀是指主动站立、蹲坐于运行列车前方轨道上与列车发生碰撞导致死亡的自杀方式。此种方式是自主抢占轨道,被动与运行的列车接触,借助列车的巨大动能导致人体机械性损伤而死亡。

由于列车的质量大、速度快、硬度大,造成撞车自杀者的损伤程度重,呈多发性、粉碎性。站立于股道中间者,可能被列车多次撞击、拖拉、辗轧,可致躯体支离破碎,场面惨烈,是典型的暴烈自杀手段。撞车自杀的死亡率高,有效性显著。采用撞车的自杀方式,可反映出自杀者的决心。

撞车自杀案件的特点:卧轨自杀所致人体损伤部位可有一定的选择性,撞车自杀损伤部位不可自主决定,没有选择性。相对于意外撞击事故而言,尽管撞车自杀是一种主动的选择方式,因其具备前者所有的损伤特征,特别是站立在线路上被驶来的列车撞击的自杀方式很难与意外事故相区分,实践中也多被定为意外事故,这也可能是此类案件报道较少的原因之一。

一般来讲,撞车自杀者身上多不携带行李,更不会携带反映生活目的、行为意图的物品,无太多的贵重物品。发现现场周围有死者生前徘徊的鞋印、吸过的烟头、坐卧的印痕等可提示自杀的可能。发现死亡前有其他自伤手段、有患绝症的病理发现、现场有遗书等对于撞车自杀的定性有强烈的支持作用。

现场调查访问有助于案件性质的鉴别。依据司机、目击者的材料,“站立、蹲坐于铁路轨道上,鸣笛不下道”,无疑会有更大的说服力;对于目击者所述“列车来临时突然上道被撞死”的则难以确定是抢越线路意外伤亡还是撞车自杀。有一案例,一妇女在家中生气后,目击者发现其“哭泣着翻越铁路护栏进入线路”,不久被列车撞击身亡;亦有一站区内男子伤亡案例,监控捕捉到该男子把行李自站内扔到护墙外,不久被列车低体位撞击死亡。类似情况在鉴别死亡性质时有一定的参考意义。

站立位被列车撞击自杀的现场表现与行人被意外撞击的现场无本质的区别。据肖发民报道:“自杀者为了减少心理上的恐惧,也采取了多种方法,如有的紧捂双眼,背向列车,坐在道心被车撞死;有的堵塞外耳道,头包衣物撞车。”头包衣物等细节的检验,无疑有助于自杀性质的客观判断。蹲坐于股道内枕木上自杀的案例,其体位判定可依据排障器的特殊部位损伤而定。

案例:2011 年 6 月 9 日 0 时 46 分,D354 次列车运行至十堰车站站内将一名青年男子当场撞死(见图 20－6)。中心现场跨度约 20m,该区间道心内散落有大量人体组织及颅骨碎片,间断形成自西向东的擦划痕迹、喷溅状及擦拭状血迹;散落有“红金龙”牌烟头一枚、红色气体打火机一个、“红金龙”香烟一包、蓝色运动鞋一双;在路肩处发现“雪圣”牌可乐两瓶

(一瓶已打开,一瓶已空)(见图20-7)。在现场道心内水泥枕木上发现有与现场遗留鞋底相似的多次、往返踩踏成趟足迹(见图20-8、图20-9)。

尸体检验:死者为男性,尸体位于道心内,呈仰卧位,头东脚西。颅骨开放性碎裂、脑组织外溢(见图20-10),双上肢多发性骨折,右足自脚踝关节上方离断,左足踝关节处开放性骨折(见图20-11),后背部可见大面积擦挫伤。死者右侧裤兜内发现一部"国维E518"手机(有手机卡,无电池)。

据附近一村民到派出所反映,6月8日晚7时许有一特征和死者类似的陌生人给其3000多元钱,司机反映"死者在列车来临时经鸣笛不下道"。

图20-6 尸体位于道心内提示行走道心

图20-7 线路附近发现的2个饮料瓶

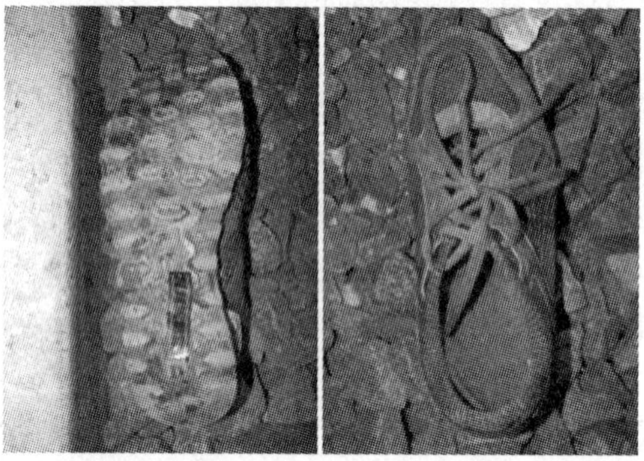

图20-8 线路上脱落的鞋子

图20-9 枕木上静电吸附的往返行走足迹

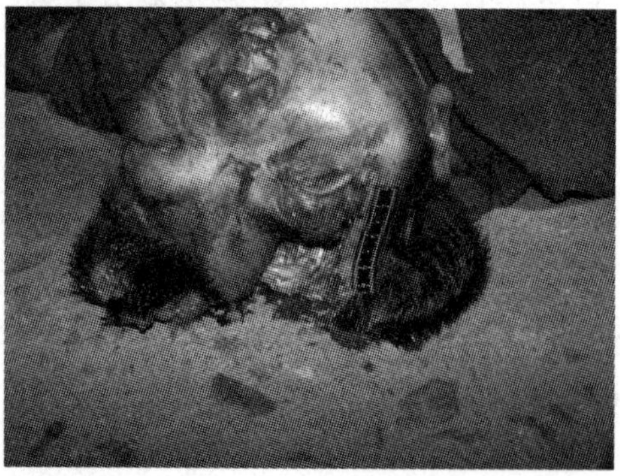

图20-10 头颅崩裂性骨折

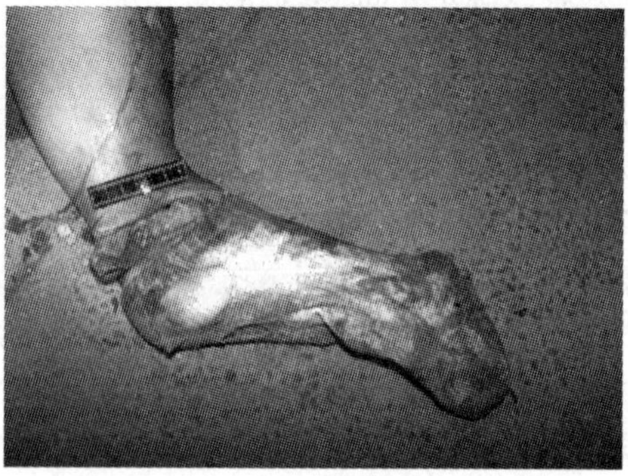

图20-11 左踝部开放性骨折

本例依据损伤可分析出死者系站立体位,被列车从背部撞击,很难区分是意外还是自杀。但饮料瓶上提取到死者手印,证明了物品与死者的相关,未开启的饮料被抛弃,提示死者心理状态的异常。依据足迹分析死者生前在股道中间多次往返踩踏,往返足迹反映了死者具备意识状态,应认识到在此的危险性,提示了心理的异常。依据现场勘验情况及尸体检验情况结合调查材料分析,本例死者具有自杀的倾向性。

(三)钻车自杀

钻车自杀是指在列车运行时,自杀者突然钻入轨道导致伤亡的自杀方式。以钻车方式导致伤亡的多属自杀。受机车车轮密集、空间狭小限制,自杀者多不会选择自机车车轮下钻入。以机车为界钻车自杀可分为自机车前部钻车和机车后部钻车两种方式。

选择在机车前部钻车,机车司机多能发现。受列车车速、钻车时机的影响,自杀者可能被列车撞出轨道,此类方式可列入行走枕木头时撞击伤亡;钻入机车底部者,多选择辗轧胸腹部,其致伤特征以辗轧为主,可归结为卧轨自杀的范畴来勘验。

选择在机车后部钻车伤亡多属自杀,肇事列车司机不能发现,尸体的发现者多是后继列车司机或线路工作人员。肇事列车底部应该未封闭,以货物列车多见。列车常规速度运行时,人体多不能钻进车底部,而被列车走行部位撞出。若列车运行速度缓慢,自杀者可完成钻爬的动作,导致辗轧伤亡。

(四)跳车自杀

跳车自杀是指从运行列车上跳车导致伤亡的自杀方式。铁路上以跳车的方式导致人身伤亡的案(事)件中,多数情况为“渴望下车,车不停”而采取的措施,应属意外伤亡范畴。真正意义上的跳车自杀极罕见。跳车者多从车窗、车门等部位脱离车体,坠落于路基上。从损伤形态上确定伤亡方式较困难,有时可从尸体上发现自杀者携带的遗书,对死亡方式的判断有一定的帮助。

(五)在铁路场所采用其他方式自杀

自杀最传统的方式是服毒与自缢,占 80% ~90%(何兆雄,1997)。利用铁路场所进行自杀,也以服毒与自缢的方式常见。肖发民曾报道有利用车辆连接时进行自杀的情况,此类自杀手段极少见。

1. 在铁路场所服毒自杀。现场常见于线路、站区两头、废弃房屋内,未见有在列车上的报道。其特点是自杀者选择较僻静的空间环境,如线路两侧的排水沟内、路基上茂密的草丛中、厂房顶部等隐蔽部位,尸体现场的发现往往有一定的滞后性。自杀者多系附近居民或职工,身份易于识别。

现场常发现有毒物包装物、盛装物、瓶盖等物品,男性还常见酒瓶、烟头、饮料瓶等物品,可见到自杀者生前的活动轨迹;服毒者常有呕吐的现象,观察呕吐物、分泌的涎液的位置及形态,可提示死者生前的活动情况,涎液的方向可反映死者的体位变化;曾有一例死亡后仍紧紧抓握躺卧处的杂草。现场勘验要围绕自主动作、自主选择来开展,注意对服毒后尚有行为能力阶段活动轨迹的勘验。

尸体检验要围绕是否为误服、灌服、投毒展开调查。尸体上多无其他损伤,口唇周围、衣襟前后无其他异物分布。

案例:2009 年 7 月 20 日 7 时 41 分,焦柳线 545km +265m 上行左侧排水沟内(见图 20 - 12),发现一名女性尸体(见图 20 - 13)。经勘验:中心现场位于线路排水沟内,排水沟距焦柳上行线左侧轨 2.9m,排水沟东侧高 47cm,西侧高 90cm,深 47cm,宽 1.05m;尸体双脚并排朝南,臀部朝北,头面部贴于双小腿部,双上肢曲屈放于双大腿间,在双脚下方,发现有双足后跟压痕，呈相对平静状态(见图20－14)。在尸体右小腿下，发现一个写有“虎蛙”字样的瓶盖，在尸体双脚南侧80cm处，发现一个160g“虎蛙”牌先优杀虫剂药瓶，无瓶盖，在尸体臀部下方，发现黑色、蓝色塑料袋各一个，已形成压痕(见图20－15)。

死者上身衬衣胸前部衣襟处10cm×6cm范围内有小片状斑渍；尸体已高度腐败，尸体表面大量表皮触之剥脱。尸僵缓解、尸斑呈暗褐色，分布于胸、臀、大腿下侧等未受压部位，压之不褪色。死者颜面部呈污黑色，双眼突出、球睑结膜严重充血、高度腐败，有蝇卵附着；口、鼻部有大量污渍附着，口、鼻腔内有污水溢出，可嗅及浓烈农药气味，口唇周围黏膜部分硬化。心血和现场提取的药瓶中均检出“甲胺膦”成分。

经调查，死者冯某，女，72岁，于7月17日与女儿发生口角，7月17日下午5点左右在同村小商店购买了一瓶“虎蛙”牌先优杀虫剂，当晚18时许离家出走。

图20－12　现场位于排水沟内，相对隐蔽不易发现

图20－13　尸体原始姿态

图20－14　尸体姿态呈现静态死亡

图20－15　臀部垫坐的塑料薄膜

本案的发生地点相对隐蔽，在排水沟内，有接触网杆和水泥台阶遮挡，过往列车均未发现。尸体姿态自然、呈坐姿位，身上衣物整洁、自然，尸斑分布状况等符合静态死亡特征。臀部下方的黑色、蓝色塑料袋，叠放平铺自然，符合自己垫放坐卧形成。双足后跟在泥土上的压痕、臀部下方的塑料袋压痕、农药瓶及瓶盖分布位置、死者口唇部流涎的形态分布均与发现死者时的体位状况相符。在尸体附近双脚南侧和右小腿下发现了药瓶和瓶盖。该杀虫剂气味浓烈、刺激气味大，药瓶内无残液，该情况不符合投毒或误服等常规药物致死情况，符合自主行为特征。尸体口鼻、双手处未见明显损伤，胸前衣服等处未发现药液抛洒痕迹，排除他人强行灌药，符合自服状况。结合心血的毒化分析结果及现场尸体下方死亡的大量蝇虫、

死者口鼻部农药气味及体表无损伤状况，认定死者系服用“甲胺膦”自杀死亡。

2. 利用铁路场所自缢。利用铁路场所自缢的，多借助线路上信号机杆扶梯的钢架、接触网电杆或旅客列车的厕所内（见图 20－16）、货物列车上可悬挂的部位（见图 20－17）完成缢吊过程。线路上的多呈悬位，列车上的受空间限制可呈立、蹲、跪、坐、卧等体位。货物列车上缢吊的绳索来源多就地取材。

死者因机械性窒息死亡，尸体检验具有窒息死亡的一般尸体征象，颈部有绳索的压迫痕迹和典型的缢沟特点。旅客列车厕所内缢吊者多锁闭车门，缢索常自带或利用自己随身衣物、皮带，常选择水管、门窗等可缢吊部位。现场平静，无搏斗迹象，可有死者的逗留痕迹及行李等物品。

图 20－16 在列车厕所内自缢

图 20－17 利用货车加固绳自缢

（六）多方式自杀

绝大多数自杀者仅采用一种自杀方法，也有少数自杀者采用两种以上的方法，对于此种复杂的自杀方法称为多方式自杀，也叫复杂自杀。本文所述多方式自杀单指用其他手段自杀未遂后又利用铁路完成自杀过程的案例。此类案例因尸体损伤复杂，和铁路损伤明显不符合，常被怀疑为他杀而引起重视，其实质是自杀与他杀的鉴别。

1. 多方式自杀的鉴别。首先要对损伤进行分类，依照造成损伤有无目的性，可分为有目的性的损伤行为和无目的性的损伤行为两大类。损伤行为分析的前提是对损伤的类型、损伤的工具、形成损伤的方式以及损伤形成时间等准确认识。

无目的的损伤是指列车撞击、辗轧过程中人体不能控制的损伤。对于多方式自杀尸体来说，把列车形成的损伤区别出来是为了更有效地分析其致伤意图。勘验时，先对铁路列车形成的损伤，结合现场情况，综合判断是否符合借助铁路自杀的一般规律。

有目的的损伤行为作用于人体上，其实质是区分该损伤行为是攻击性损伤或是自伤。常见的掐颈、捆绑等手段形成的损伤，明显为他人攻击或束缚手段，易于鉴别；使用工具形成损伤，多为致命性的损伤，多方式自杀的尸体无此类损伤。

死亡原因的确定，列车撞击、辗轧造成的损伤是巨大钝性暴力导致的机械性损伤，多是绝对致命伤，具有损伤严重、死亡迅速的特点。铁路线上的多方式自杀尸体绝大多数是借助铁路设施完成的自杀，是自杀的终结，其最终的自杀手段符合铁路交通事故损伤特征，死亡原因系铁路机械性损伤导致。这种对其致伤过程的分析,有利于对死亡性质的准确判定。

2. 自杀未遂的特点。自杀未遂(attempted suicide)或称为自伤(self-inflicted damage),从不同的研究目的出发又可称为准自杀、非致死性蓄意自伤、蓄意自伤、自残、局部性自杀等。法医学界从自杀者死亡性质、死亡结果上考虑时常使用自杀未遂的概念,在分析研究致伤机理方面多使用自伤的称谓。

有学者认为:"自杀未遂导致自杀身亡的决定因素有三:自杀意图的致死性;自杀手段的致死性;预后不良。"自杀的不成功,通常来说是这些因素出了纰漏。多方式自杀的方式在"预后不良"方面则稍有不同,此类自杀未遂性自伤有时后果很严重,如先服用大量毒药,由于难以忍受痛苦而采取撞车的快速死亡方式,并非药物的致死性不能达到。

铁路上常见的多方式自杀前期所采用的手段多系切腕、切颈、服毒等。自杀未遂导致的损伤是带有明确的动机在自己身上实施的损伤。和造作损伤的目的不同,不是为转移视线的伪装欺骗行为,而是因工具不适或心理、疼痛等诸多原因导致的自杀未遂。其主要特点是:损伤的位置自己能够达到,其损伤位置、走向、分布具有一定的规律性,特别是表现在肢体上的损伤;体表可见到损伤程度显著轻微的损伤。自伤存在试切、犹豫、速度缓慢、避免破损衣着等特点。自伤的现场多在铁路附近或死者家中,致伤工具多遗留在原始现场中。

前期服毒者,现场勘验同单纯服毒自杀相同,注意药品、药瓶、包装物、瓶盖、盛装物及常规痕迹物证的处理,还应调查药品来源。要对毒物的致死性、毒物作用动力学机理进行分析研究;有服用除草药草甘膦未死后撞车身亡的案例,可能是对除草药对人体毒害机理、毒害结果不清,应属自杀使用手段致死性问题。

3. 自伤后的行为能力。行为能力(acting capability)是指人有意识、有目的的生理活动性。自伤的后果可能轻微,也可能很严重。多方式自杀中,前期自杀未遂的后果至少应具备两点:一是损伤的不致死性,至少是不能立即致死;二是伤后应具备一定的行为能力,且该行为能力可以满足其下一步自杀手段的实施。

自伤后的行为能力赋予了更大的勘验空间,可为解读死亡性质提供有力支撑,也提示了铁路上所见的多方式自杀案件的现场不止一个。伤者可能对原始现场进行清理、打扫;对造成的损伤多有处理或救护的过程,尸体检验时可见到手部、衣物上的血痂痕迹及清理痕迹。曾见报道:在铁路多方式自杀的尸体上,腕部切割伤后简单擦拭处理、腕部损伤被缝合包扎、头部损伤仅用医用纱布衬垫后上戴帽、腕部及颈部损伤用床单类布条简单扎缚的情况(见图20-18)。上述情况有的是自救护措施,有的应为掩盖行为。总之,多方式自杀中,发现自伤后有意识行为、有目的的表现及行为说明利用铁路自杀之前,已有多次自杀行为,在死亡方式判断方面的说服力更强。

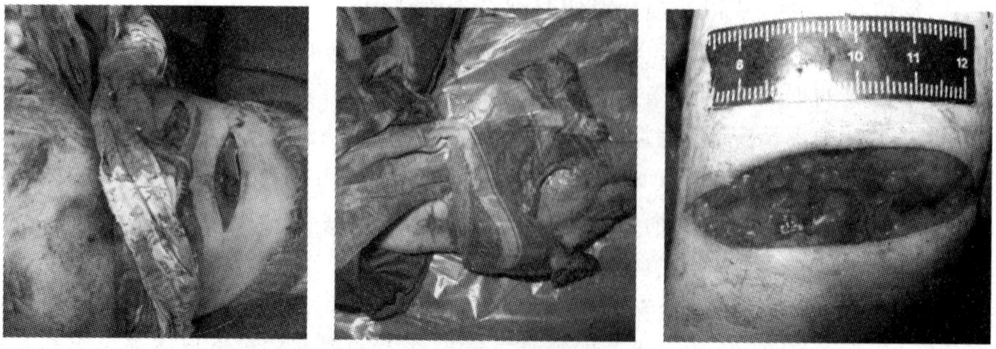

图20-18 颈部、腕部切割伤后用布带缠绕后利用铁路自杀

4. 自杀手段的转换。自杀行为的酝酿一般要经历厌世情绪、自杀意念、自杀意图、自杀行动这几个阶段。每一具体的阶段都有若干种应激、诱导发生新的变化，向下一阶段发展。前期自杀未遂产生的疼痛和心理负担有可能成为新的应激因素，诱导其向下一阶段发展。

多手段自杀是在第一种自杀未有效或者说未能有效执行的情况下，采取的补救措施或重新选择。自杀者既然要选择自杀死亡，不采用这种方法便采用别种方法。自杀未遂也是对已使用过的自杀手段的否定与重新校正。从某种角度讲多种自杀手段表现在一具尸体上，对于法医检案来说，则意义重大，自杀方式转移、自杀手段的重新选择并实施有助于死亡性质的判断。

多方式自杀中各手段间有一定的时间、次序先后和死亡机理相互转变的关系。各手段的实施在时间上可有或长或短的间隔，表现为损伤部位血痂的形成、伤口出现感染现象、药瓶上有血手印出现，甚至有的有救治痕迹等。

铁路沿线多方式自杀未遂最终选择铁路损伤自杀死亡，究其原因，可能与铁路自杀死亡迅速、痛苦小，可被动接受，以及效果显著、致死率高有关。

多方式自杀中面对复杂的自杀方式、离奇的自杀手段，若能根据人体损伤的表现，结合自杀心理分析出人体活动和行为的动态变化，重建损伤形成的经过，越是离奇、复杂的方式自杀的可能性越大。

二、铁路上自杀案件的特点

自杀已成为当今世界三大社会病（吸毒、性病、自杀）之一。随着研究的深入，有更多的学者认为自杀属于一种疾病，自杀病学是一个学科群，自杀是人在生物、心理和社会方面的不良状态。自杀方式的选择取决于自杀手段的致死性和易获得性。自杀手段的选择同自杀率变化有关，有效性和可接受性是自杀手段的本质属性。铁路上的自杀案件其自杀手段表现出一定的个性特征。

（一）利用铁路自杀的方式分析

黄谷新统计112起伤亡案例中，自杀33例，占29.5%；高占久统计52例自杀案件，卧轨25例（48%），撞车14例（27%），钻车10例（19%）；文学尧统计53例自杀中，卧轨41例（77.4%），碰撞列车6例（11.3%），站立道心列车碰撞6例（11.3%），其中男性38例（71.7%），女性15例（28.3%）；自杀者中青年多于老年。以上资料表明在铁路自杀案件中，自杀者主要选择卧轨的方式，撞车的次之。

（二）借助铁路自杀的有效性

有效性即致死性，指采用一种手段来实施自杀，至少其本人会认为此种手段能达到目的，认为该种手段是有效的；否则，该手段不会被自杀者所采用。根据致死性的强烈程度不同，自杀手段可分为暴烈手段和温和手段两种。暴烈手段的致死性高，作用快；温和手段的致死性低，作用慢。卧轨自杀、撞击列车自杀应属暴烈手段范畴，利用铁路偏僻场所实施的部分自杀方式属温和手段，如防护网草丛内的服毒。暴烈手段和温和手段有时界线不太明显，有时可互相转化，例如切割动脉、服食安眠药后又撞击列车死亡的，由温和转变为暴烈；也可因对暴烈性手段产生恐惧心理而自杀未遂，转而采用相对温和的自杀手段。

据日本学者统计卧轨自杀的死亡率高达91.7%，和其他自杀手段比较，位于前列。随着列车运行速度的提升，借助铁路巨大动能而致严重机械性损伤的自杀手段，其致死率亦在不断攀升，和道路交通事故相比而言，借助铁路自杀的有效性还表现在列车制动距离较长、列车运行轨迹的不可变，导致列车司机时常不能有效地避免各类伤亡的发生。

（三）借助铁路自杀的可接受性

有效性能否成为唯一手段，还要受可接受性所制约。自杀手段的可接受性来自传统、习惯、体感、方便、思想状态五个方面的因素。

1. 传统因素。传统的自杀手段是自缢、投水、服毒，在多数地区这种手段仍然占主要比例，占80%～90%。铁路的发展历史不长，借助铁路自杀不算是传统手段，但在某一固定时期，它具有很大的效仿性。相对于其他自杀方式而言，它不具备群体性的特点。

2. 习惯因素。自杀手段的习惯因素主要是指要符合自己的生活习惯和知识体系，表现为生活在铁路沿线附近，至少是自杀者对于铁路并不陌生，以铁路沿线居民为主。

3. 体感因素。体感因素主要表现在对死亡过程痛苦的预见及可接受性。对借助铁路撞轧损伤自杀的体感认知上有一定的差别，有的自杀者认为利用铁路自杀死亡过程快，痛苦少，有的认为死亡惨烈，躯体毁损严重，体感不适。体感因素在自杀过程中会有较多的体现，在死亡的选择过程中会留下痕迹，是勘验铁路自杀案件的主要指导思路。

4. 方便因素。方便因素是指自杀手段选择的简单易行，铁路撞击、辗轧死亡方面应具备一定的方便性，特别是对于生活、工作在铁路沿线的个体而言。

5. 思想状态因素。思想状态的因素受偶然因素影响较大。具备了自杀企图，了解铁路运输方式的个体，会表现出针对性地选择利用铁路自杀的倾向；一个具有强烈自杀意愿的个体，偶然看到列车亦可能诱发撞击或卧轨手段的选择。

（四）铁路自杀可接受性的外在表现

铁路上自杀案件的可接受性在实际案例中，会有客观的表现形式，确切地说表现在自杀地点的选择、性别差异、年龄段差异及辗轧、撞击部位的差异上。

1. 自杀地点的选择。卧轨、撞击多选择僻静的场所，常发生在站、场的边线或线路中的僻静区段。实际检案中发现，借助铁路自杀者常在进入线路的途径附近实施，如站区两头、平交道口、立交的桥梁、公路附近等。就具体地点而言，多为相对僻静的地方；夜间案例的发生稍多于白天，分析可能是选择了时间概念上的“僻静”特性。

2. 性别的差异。在各类暴烈手段自杀的选择上，常出现性别的差异。然而借助铁路线路自杀的性别差异并不太悬殊。以撞车方式死亡的多为男性，卧轨死亡的案件中男女性别差异不大。

3. 年龄段的分布。卧轨自杀的年龄分析，据黄谷新统计33例卧轨自杀，年龄集中于20～40岁；肖发民分析年龄集中于13～46岁；文学尧统计53例自杀中，青年多于老年；日本学者统计年龄集中于25～45岁。各种材料表明卧轨自杀的年龄段集中于青年、中年时期，高危人群为25～35岁。

4. 自杀体位的差异。撞击列车自杀最易选择的是站在线路上被驶来的列车撞击，钻撞运行列车的则相对较少。卧轨自杀最易接受的体位是俯卧位，辗轧胸腹部，头部在道心内；辗轧颈部的比率小于胸腹部；仰卧位小于俯卧位；头部位于道心外小于头部位于道心内；女性多不易接受辗轧颈部，仰卧位辗轧颈部更是少见。

第二节 铁路上的他杀案件

一、铁路上的他杀案件分类

根据《公安机关办理刑事案件程序规定》(公安部令第127号)第23条之规定,铁路公安机关管辖铁路系统的机关、厂、段、院、校、所、队、工区等单位发生的刑事案件,车站工作区域内、列车内发生的刑事案件,铁路沿线发生的盗窃或者破坏铁路、通信、电力线路和其他重要设施的刑事案件,以及内部职工在铁路线上工作时发生的刑事案件。实际工作中,在伤亡性质未判明之前,铁路公安机关要先期受理一些管辖有争议的案件。铁路上常见的他杀案件依据尸体发现的场所可分为:机关、厂、段等处的他杀案件、站区他杀案件、线路他杀案件、列车上他杀案件。以上分类依据命案的发生是否为第一现场,均可分为原始现场和移尸现场。线路移尸现场根据尸体来源情况,可以分为从列车上抛下的尸体现场和地面杀人后移入线路的尸体现场。

近年来,全国铁路系统命案发生绝对数呈明显下降趋势,每年约20起。经对2005~2013年全国铁路公安系统850例精品案件进行分析,盗窃380例,涉毒111例、旅财88例、抢劫74例(16例为麻醉抢劫)、拐卖29例、故意杀人28例、涉枪涉爆15例、抢夺5例、绑架5例、伤害4例、强奸3例、其他108例。850例精品案件反映了铁路公安机关管辖范围治安问题较多,违法犯罪随机性大、突发性强、社会危害面广,案件涉及空间广,证据形成条件差,破案难度大等特点。

铁路系统的机关、厂、段、院、校、所、队、工区等单位发生的他杀案件,具备一般他杀命案的特点,以下仅对具有明显铁路特点的几类案件进行介绍。

二、站区他杀案件

站区他杀案件主要包括车站工作区域、火车站及周边繁华区域发生的他杀案件。主要包括铁路站区原发命案、站区内移尸命案。此类案件发生在公共场所,取证困难,破案难度大,社会负面效应显著,以侵财型案件居多。

(一)站区他杀案件的特点

1. 发案环境复杂。车站是进出城市的大门,车站周边地带交通便捷、人员流动性大,人员成分复杂。铁路站区常是各类涉毒、涉赌、涉黄、网络犯罪、侵财等违法犯罪的聚集、交易、中转场所,治安环境复杂,作案后易于逃离,易发生抢劫、诈骗、强奸等恶性案件。站区涉案人员多有前科,常表现出胆大妄为、不计后果的作案特点。

2. 被害人身份不明。铁路刑事案件发生后,面临的第一个问题是被害人的身份不明。案件发生后,尸源不明确,案件性质不清,犯罪行为人与被害人之间因果关系不明,这是铁路他杀命案侦破的难点之一。同时,先期大量警力投入尸源查找,未能直接围绕案件的主要矛盾开展工作,势必影响侦破时机,延缓案件的侦破。

3. 多为有准备、有预谋的犯罪。除少数激情杀人案件外,车站周边地区发生的抢劫、仇杀、强奸案件的犯罪嫌疑人在作案前多有准备、有预谋,犯罪嫌疑人通常对现场环境比较熟悉,或提前踩点;作案后多能较顺利地逃走。常在作案前准备相关作案工具,多自带刀、枪、胶带、手套等。

4. 作案目标随机性大。作案人在预谋实施犯罪后,在选择作案目标时常有不确定性。如某年11月24日某车站酒店内发生的强奸、抢劫杀人案中,犯罪嫌疑人带着剔骨刀、单面刀片、钢丝绳、透明胶带等在火车站附近转悠，寻找作案目标。在跟踪一男子作案未遂后看到被害人，见被害人长相文静、单身一人，尾随其来到车站酒店，看着其办理入住手续后尾随到房间门口，被害人几次没将房门打开，便请尾随犯罪嫌疑人帮忙开门，开门后即胁迫其进屋继而实施抢劫，又心生邪念强奸被害人，后杀人灭口。

5. 现场勘验条件差。站区是公共场合，人员众多。现场多为水泥地面，现场留痕条件差，作案过程短暂，多数现场除遗留一片血泊和少许滴落血迹外多无其他物品遗留。因运营需要，现场多不能封存或长久封存，失去反复勘验条件。

（二）站区他杀案件的现场勘验

站区他杀案件的现场勘验必须强化快速反应机制，闻警而动，建立完善的处置预案。站区特别是“2014·3·1”昆明暴恐案件的发生，对铁路公安系统的快速反应机制提出更高的要求。铁路辖区案件突发性强，破案机会稍纵即逝。处置不当，常造成破案进程延缓，成本加大，可能变成死案、悬案。基层民警接警后要立即奔赴现场，采取现场保护措施，抢救性固定原始现场、提取易毁灭、丢失的物证，向受害人、周边旅客了解第一手资料，记录知情人的联系方式；加强信息的沟通与汇报。技术人员要强化学习，深谙此类案件的特点，及时指导基层民警作好先期处置工作。

1. 站区现场。对于简单现场不能主观臆断，简化勘验程序。要强化足迹的处理，备足静电吸附用品及物证保管设施，对地面采取地毯式的吸附并保存，存备以后甄别；强化血迹的勘验、提取、分析检验，对血泊进行多部位、多点位的提取检验，确定有无嫌疑人受伤后遗留的血迹；现场有无搏斗痕迹，犯罪嫌疑人身上、衣着上可能留下什么痕迹。加强视频查缉工作，对其案前的活动场所、触摸物品、逗留地点进行勘验。

对于移尸案件的包装物要强化物证的综合利用，注意微量物证的收集。碎尸案件紧紧围绕与第一现场有联系的痕迹物证、与犯罪嫌疑人有联系的痕迹物证、能反映尸源的痕迹物证开展工作。注意观察尸体包裹物的新旧程度，提取包裹物上遗留的脱落细胞、微量物证及异常附着物，注意各类产品的型号、产地及销售渠道。

2. 旅馆现场。注意勘验房门入口处、窗户等部位有无破坏痕迹，对于面向走廊部位不易清理的地方应认真勘验，寻找、发现破坏工具的痕迹，寻找发现足迹和手印；强化特殊动作的勘验和认识，如惠州“6·17”抢劫杀人案中一犯罪嫌疑人怕响声，脱掉鞋子赤足跟随另一犯罪嫌疑人身后进入现场，留下赤足印痕。仔细勘验被侵犯的客体，记载丢失的财物及其特征，对于被触摸、翻动、移动和破坏处以及被抢财物的客体注意发现手印、足迹、工具痕迹和脱落细胞、微量物证；注意对垃圾桶、厕所、马桶四周的勘验；对遭到捆绑、堵嘴的被害人，要勘验捆绑方式、堵嘴所用物品，并提取、保存；注意对物证的综合利用，如封口胶带上的指纹处理、脱落细胞提取、断端整体分离痕迹提取及胶带成分物证等的分析。注意潜血手印、足迹的处理；特别是对于犯罪分子触摸、翻动的钱夹等物品要综合分析，做好物证的综合利用。如某车站强奸、抢劫杀人案中现场虽被清理过，但是仍在受害人的背包内部口袋里侧提取到一枚指纹，通过指纹库查询比对，查找到犯罪嫌疑人。

3. 尸体检验工作。对于重伤危急人员从送医院开始要有专人陪同，配合侦查人员抓紧时间询问案件最关键、最紧要的问题，如犯罪嫌疑人是谁，伤者身份等情况；送医院后注意对伤者衣物的保存和检验，注意对原始损伤的固定，有条件时先行提取伤者的指甲残留物；强化伤者个人识别特征的固定及手印、生物检材的提取，注意身份证件、车票、手机、等可反映伤亡者身份的物品并记录。

尸体检验时注意对饰物的观察,如颈部项链拉扯的痕迹、耳环、戒指等;对于宾馆内尸体主要确定死亡时间,推断致伤工具,查明死亡性质;确定是用什么方式致死,是缢死、勒死、刺死还是其他手段致死,死者有无抵抗伤、威逼伤;对于未知名尸体、尸块、尸骨或腐败的尸体要查清死者的个体特征,以便查找尸源;研究作案过程,分析被害人是在什么状态下被害,犯罪行为人采用的杀人手段和方法;刻画犯罪嫌疑人的形象,包括犯罪动机、人数、嫌疑人的条件等;若发生抢劫后又实施强奸行为的要分析作案的目的和动机。

三、线路他杀案件

(一)线路原发他杀案件

1. 概念:线路原发他杀案件是指在铁路线附近及其附属设施内以第一现场发生的杀人犯罪活动,发现尸体的位置为犯罪的原始现场,现场所处的空间多为室外现场。

2. 一般特点:此类案件案发时间多在晚上或深夜。现场多处于野外,留痕条件较差;案件发现迟滞,现场易受外界环境破坏。案发地点常相对空旷或偏僻无人,目击者少;也有发生在偏僻的铁路线与平交道路相汇处,人员复杂,如在城乡结合部,则外来流动人口较多,线路上发生的人身伤害案件以抢劫为主,抢劫时遭到反抗多被致伤致死,案件性质多为抢劫杀人。线路他杀案件多系有准备、有预谋的犯罪活动,犯罪嫌疑人对周边较熟悉,或者提前踩点,对于逃跑方向、位置的把控较好。

3. 勘验要求:(1)犯罪实施现场的勘验。详细记载铁路线路与周边村庄、道路、小径、便道的关系。勘验发现尸体的地点,寻找现场遗留的足迹和搏斗痕迹;目前,大多数线路枕木、排水沟盖板上的足迹均可利用静电吸附的方式提取;勘验人员注意行走于道砟上,避免对现场足迹的破坏。

寻找犯罪遗留物品和被遗弃的物品,图财类案件,现场可有遗弃的提包、钱夹、手机套、银行卡等物品,这些物品多被触摸、翻动过,遗留犯罪嫌疑人痕迹的条件较好,即使发现手套印痕,也要对其印痕进行生物检材提取。铁路现场道砟上细小物品如弹壳、纽扣、钱币、手机卡、烟头等易掉入下层道砟缝隙内,勘验时应静、动结合,注意发现和提取。

设有防护网的线路,要加强对防护网的勘验,寻找破坏、翻越、蹬蹭痕迹,注意对纤维、橡胶等微量物证和脱落细胞的提取。防护网外侧田地内注意对立体足迹的发现和嗅源的提取。

对于现场血迹要详细描述,仔细研究其形成规律,分析与案件的关系。如宜昌车站“8·7”杀人案件,死者在线路护坡上被犯罪嫌疑人用锐器割伤颈部后,自己走入股道后倒下,发现尸体后,顺着其行走时形成的趟状滴落血迹,直接找到伤害现场。2011 年 4 月 14 日开远线路抢劫杀人案中现场发现了大量分布的滴落状血迹,经检验后确定为猪血,及时矫正了勘验和侦查方向。

(2)犯罪实施后现场的勘验。主要是沿着犯罪嫌疑人逃跑路线的追踪勘验,追踪和搜索外围现场,寻找犯罪和交通工具痕迹及其他物证;注意逃跑路线上草丛、池塘内的勘验,搜查遗弃的作案工具。如 2011 年 2 月 6 日桂林车站伤害致死案中,通过视频发现犯罪嫌疑人逃跑时自桂林站南头防护网处翻出站外,经勘验在防护网上提取指纹一枚,在防护网约 40m 远的围墙边发现一把手柄上带血的钳子。

(3)犯罪预备现场的勘验。犯罪分子在作案前可能有预谋、踩点,注意发现作案前逗留、准备、隐藏的痕迹;扩大搜索范围,对较远处可能有的生活轨迹,如烟头、饭盒、筷子等勘验提取。宝鸡机务段南大门外铁路地下通道“12·27”持刀抢劫案,在现场附近提取到一张写有电话号码的纸条,分析到可能系案发前犯罪分子在现场滞留时不慎掉落,以此为线索侦破了案件,抓获7名犯罪嫌疑人。

(4)尸体检验。尸体上多无铁路交通事故形成的损伤,因在铁路沿线发案,尸体上可能有油垢、铁锈等附着物,搬运尸体前注意对尸体的保护,先对尸体的详细姿态、血迹形成状况及尸体与周围物证痕迹的位置关系固定、记录后再动态勘验和转移尸体,易污染的物证如指甲拭子等可以先行提取。此类尸体死亡原因多较明确,因处野外,注意室外环境的影响,如2011年1月23日霍林郭勒火车站出站口处一男子死亡,系23日零时以后被人拉至霍林郭勒火车站南端的地下通道内拳打脚踢,上衣、裤子和皮鞋被脱掉,5时许发现被害人时已死亡。检验死者胸部有5根肋骨骨折,头面部多处挫伤,当日当地气温 -20.9℃ ~ -22.5℃,导致被害人在多种因素下死亡。

(二)抛尸案件

1. 概念:本节所述抛尸案件是指自列车上将尸体或尸块抛入线路的状况。抛尸案件中发现尸体的线路为关联现场,列车可为杀人的原始现场或移尸现场;抛弃整个尸体者的第一现场多在列车上,抛弃尸块者多为地面杀人碎尸后携带到列车上又被抛入线路。

2. 抛尸的一般特点:(1)现场勘验。抛尸案件线路现场具备列车撞击、坠车案事件的一般特点,在线路上可表现为连续的擦挫痕迹、人体组织呈线状散落分布、脑组织的喷溅情况,有明显的方向性,尸体遇到线路设施的阻挡可形成碰撞痕迹。尸体的姿态表现与撞击、坠车尸体无本质的差别。根据尸体的碰撞方向,来源位置、碰撞的强烈程度,推测运行列车方向及速度。在发现尸体部位多无散落的行李,勘验中注意收集死者的各类衣着如鞋子、帽子散落及短少情况,并详细记录其位置,查看物品的先后顺序及位置,分布规律是否在线路的一侧,或两侧均有。查看鞋底有无擦挫痕迹及破损、撕裂状况。

根据现场勘验,查找首次坠落点,查看首次坠落点处是否有血迹及血迹的形态、方向是否符合首次损伤的出血特征;查看坠落点前侧有无血迹特别是滴状血迹的出现。

扩大现场的搜索范围,沿线路前后查找有无行李的遗留,查看被气流冲击移位的物品;尽量收集齐各类人体组织,特别是颅骨片及毛发、头皮等组织。

发现可疑车辆后,查看车厢内有无异常痕迹、有无行李遗留及人员扒乘情况。碎尸后自列车上抛运尸块的情况案发性质明了,抛运尸块者多有包装物,应重点勘验列车车厢、车门、车辆连结处等有无擦蹭痕迹及血迹附着。

(2)尸体检验。抛尸案件的尸体有的毁损很严重,特别是头颅常形成崩裂性开放性骨折,应及时收集颅骨崩裂性骨折形成的碎片、毛发、头皮等组织,尽量复原,为模拟画像、颅骨复原奠定基础。

查看死者的衣物是否齐全,有无短少,如鞋子等,查看死者口袋内有无贵重物品,有无反映身份特征的物品,口袋有无翻动迹象;衣物上血迹形成状况是否有体位性反映,是否有异常物品附着。

尸体上多无列车直接撞击的痕迹,部分可形成辗轧损伤;结合现场,查看除现场条件可形成的损伤外,有无其他附加损伤;各类损伤中有无人为工具类致伤特征;双手部有无异常附着物;查看各类损伤的生活反应状况,死后不久抛尸,尸体上可能也有一定的生活反应,注意各类损伤的生活反应有无差别。

3. 抛尸案件与坠车伤亡的鉴别。抛尸无疑为刑事案件,坠车伤亡多为意外事故,罕见他杀;抛尸案件与坠车伤亡均是人体从运行的列车上坠下,以较高的速度与线路及其附属设施发生碰撞；它们之间有较多的类似处，但也有实质的区别；可从以下几个方面鉴别。

（1）现场遗留物品的鉴别。自行跳车者对于自身物品的处理，是为了抛下车后再拥有，物品还要寻找，不是抛弃、扔掉不要。自行跳车者在跳车之前会将大件物品先抛掷车下，小件物品、贵重物品可能随身携带；物品常有包装，整体抛下，基本没有缺少，尸体随身衣物如鞋子多无短少情况；易损坏、贵重的物品还有一定的保护措施，如把手机包裹好装在深层衣物内；抛下物品多在线路的一侧；从运行顺序上，跳车者现场先发现死者物品，后发现尸体或尸体与物品在一起的情况；物品的散落处应有所选择，多是易发现寻找的地方，会有意避开河流、桥梁、山崖等处。抛尸者对于物品的处理，先将尸体抛下列车，再将物品扔下车，不会和尸体一块抛弃，多不先抛弃物品；根据物品位置有可能出现在线路的不同侧；抛弃前物品多被翻动过，可能零散抛弃，没有贵重物品；抛弃地点可能在物品易毁损、丢失处。

自行跳车是为了脱离运行的列车，不是自杀；在跳车前会选择适合的时机，对跳车时间、地点、车速等有一定的选择，以期减轻损伤；自行跳车白天居多，抛尸常在夜晚；自行跳车者多选择有软护坡、草丛或较平缓无障碍物的站台等处，多在目的地附近，会避开桥梁、隧道等地势险要处，与物品不会有太远的间隔；常选择弯道、上坡、车站附近等列车速度缓慢处；抛尸则无上述选择，相反多不在站区等人员稠密处抛尸。

（2）衣着及尸体损伤的鉴别。自行跳车者多从车辆乘降梯、车辆的最低部位下跳，客车上坠落者多是翻越车窗后双手悬吊于车窗外后松手坠落，衣物上可检见符合人体翻越行为形成的条带状擦蹭灰尘痕迹；检案中常发现跳车的试探性痕迹，常在坠落点前的道砟上形成沟状擦划痕迹，有时伴有鞋子的脱落，鞋底部多有较严重的擦划痕迹，鞋面部常有撕裂破损；此种痕迹距钢轨 80cm～90cm，方向与钢轨平行，是跳车的典型特点，而抛尸现场则不具备。自行跳车者多足部先着地，下肢在肌肉紧张状态下承受较大力量的冲击，常在足部形成具有明显方向性的剥脱损伤、脚踝脱位，时常伴有膝关节、髋关节的压缩性骨折和鞋子的破损，坠车者几乎没有鞋子穿着完好的。

自行跳车者倒地时双手常有反射性的保护动作，因力量较大在手掌部常出现开放性的挫裂伤伴灰尘、污垢附着，此种损伤不是常规工具类凶器可以形成；上肢可能出现典型的 Colles 骨折、Smith 骨折或 Barton 骨折的损伤情况（见图 20－19）。以上损伤反映了跳车过程，也提示了意识行为能力，是抛尸现场的尸体所不具备的。

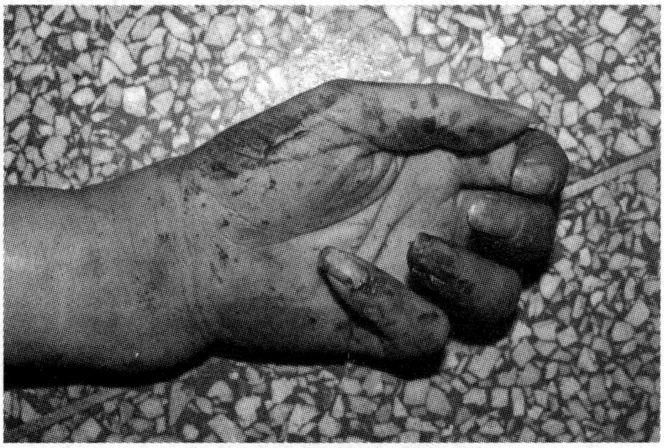

图 20－19　坠车时撑地致左腕 Colles 骨折，手掌部有灰尘擦挫痕迹

(3)血迹形态的鉴别。自行跳车者的损伤是在坠车后形成,在坠落点之前不应有血迹出现,包括初始坠落点也时常无血迹的反应,双手部多无涂抹血迹或血痂;在尸体的原始姿态中,坠车者损伤处血迹单一,常只有符合当时体位的血迹形态,口鼻部可有吹溅血迹形成。抛尸现场在坠落点前可能有滴状血迹的反应,在坠落点处可能有四溅的血迹形成,死者衣物身上可能有反映体位的流注状血迹;抛尸现场尸体损伤处血迹形态复杂,可能有血迹方向的改变、血迹的湿润程度不一、局部血痂形成、涂抹血迹等形态。

(4)损伤生活反应的鉴别。坠车伤亡形成的损伤系坠车过程形成,各损伤均有明显的生活反应,且生活反应表现程度基本一致;抛尸现场中,尸体后期在坠车过程中形成的损伤生活反应不明显或无生活反应。对于碰撞强烈,损伤严重的尸体,特别是颅脑崩裂的尸体,自行跳车者器官、组织内多无明显凝血块、水肿情况,胸腹腔内虽有损伤也多无大量积血;抛尸者若先期颅脑、或躯体受钝性暴力作用死亡,可有明显的凝血块、充血水肿、大量积血的情况。

(5)致伤方式的鉴别。自行跳车者损伤系巨大机械性暴力作用形成,致伤方式单一。抛尸案件尸体致伤方式复杂除机械性损伤外,还可有机械性窒息存在,致命伤常为窒息。抛尸案件尸体可有人为钝器打击形成的损伤,程度较轻,创腔和创缘内无油污痕迹,具有连续性、重复性;体表可有徒手伤形成的皮下出血、血肿、熊猫眼等情况,女尸可能有性侵害迹象,双手部可有抵抗伤反映;抛尸时可能有分布位置不符合人体主动活动时的擦挫损伤形成;口鼻、颈部可能有捂压、扼勒痕迹,尸体有窒息征象存在。

(6)可疑列车的勘验鉴别。可疑列车上抛尸案件可发现第一现场,可有血迹及搏斗痕迹的反映,车上可见其全部或部分物品,可能有脱落的纽扣、鞋子、致伤工具的遗留,可找到和尸体附着物一致的物品。自行跳车者若从旅客列车上跳下,车上可有知情人或目击者,现场无异常痕迹形成。

(三)铁路移尸案件

1. 概念:移尸是犯罪嫌疑人或者其他人员为躲避侦查或转移人们的视线而实施的有目的的伪装行为。移尸案件的伪装主要是死亡性质的伪装,拟将凶杀伪装成自杀或者意外。铁路移尸案件主要是指将尸体移至铁路沿线或铁路设施内的伪装行为。

从移尸的意图来区分,移尸的情形可分为三类:一是藏匿型移尸。将尸体藏匿于隐蔽场所或物体内,期望尸体不被发现,或延迟尸体发现时间。如某年 6 月 28 日宜昌鸦鹊岭三合村 7 组铁路过水涵洞内发现一具女尸,颈部有打成死结的布条扎捆,头部已白骨化。2006 年 2 月 5 日牡丹江铁路公安处辖区林密线一涵洞内发生移尸案件,破案后证实发案日期为 1 月 16 日。二是伪装型移尸。犯罪嫌疑人移尸的目的是伪装成铁路交通事故,以逃避打击,尸体移放位置明显,易发现。铁路沿线的移尸多是此种类型,比如道路交通事故移尸、意外殴打致死后移尸、吸毒致死后怕麻烦而移尸等。三是处理型移尸。主要目的是让尸体脱离第一现场。

2. 铁路移尸的一般特点:(1)现场勘验。他杀移尸案件,多选择在夜深人静时移尸,多无目击者。铁路线上的移尸地点多有小路或便道相邻或移尸现场多位于远离城镇、村庄的偏僻区间;也有犯罪嫌疑人选择死者经常行走的铁路人行便道上,表象上更贴近铁路交通事故的意外死亡,此种选择也提示了犯罪嫌疑人与死者的熟识。一般情况下,线路移尸现场和第一现场多较近,据文学尧报道 14 例移尸案件,第一现场距铁路线上尸体现场最远不超过 1 公里,最近的就在移尸处的铁路旁。

移尸过程可能会有移尸工具,从破获案件分析,移尸工具多为自行车、三轮车类,也有道路交通事故致死后用汽车移尸铁路。受铁路线路特殊环境的影响,特别是有防护栅栏的线路,运输工具多不能直接到达线路,尸体最终需要人工抬、背、抱、拖才能移入,此时会在尸体和线路上形成新的痕迹。

移尸现场往往比较平静,没有动态的血迹,无搏斗痕迹;尸体周围很少有遗留物,被害者的携带物品少或无;身上若遗留贵重物品如手机、钱财等可能提示案件的性质及犯罪企图;现场附近可能有移尸包裹物遗弃。

应注意对现场血迹的勘验,常在线路护栏或台阶等处可有移尸时形成的擦拭状血迹(见图 20－20),尸体周围路基上常有拖拉、擦拭痕迹,可见到间断的滴状血迹;尸体上若有开放性损伤,在其原始移放位置应有血迹或血泊形成。

移尸案件中关联现场的血迹、痕迹可直接引导、指向第一现场,第一现场的发现往往成为整个案件的突破口,有时原始现场多会被犯罪嫌疑人清理。

图 20－20　移尸时在护栏外侧遗留擦蹭血迹

(2)尸体检验。尸体现象对于移尸案件的鉴别有时可起到独特的作用,注意尸体现象与案件发现时间、姿势、死因的相悖之处;尸斑与体位的差异、各部位尸僵的不均衡差异、甚至尸冷的出现,均有较强的提示作用。尸体上可能有与现场不吻合的附着物,如植物碎屑、泥土等微量物证,甚至有捆绑物存在;纽扣可有脱落、缺失,扣袢撕裂、破损。尸体衣物原始姿态中可能有异常皱褶、方向不一的翻卷情况。衣物上可能有反映特殊体位状态的痕迹和附着物,如双膝部跪姿的灰尘痕迹、肘部擦划磕痕灰尘痕迹。衣物可能有鞋、袜、内裤、胸罩等的短少或异常错位穿着情况。注意衣物上的血痕分布情况,特别是可反映体位变化的流注状血迹、鞋面上的滴状血迹、鞋底部的转移血迹、双手部有捂压伤口的浸染、涂擦血痕等多对案件性质的判断有强烈的提示作用。

移尸案件尸体上的损伤可能有徒手、工具类人为形成的损伤,如锐器伤、火器伤、掐扼痕迹、皮下出血等,有些可检见窒息、中毒现象存在。尸体上常可发现两种以上的致命性损伤,可能会出现窒息、中毒死亡。致伤过程要综合考虑、研究损伤的形成机制有无可疑之处。

3. 移尸路基现场勘验鉴别。线路路基上的尸体,其来源有三:一是铁路交通事故形成;二是自杀遗留;三是移尸案件。铁路交通事故遗留路基尸体主要有两种情况:一是行走枕木头被列车撞飞至路基;二是从列车上坠落形成。对移尸路基案件与行走枕木头被列车撞击的现场可进行如下鉴别。

(1)报案情况不同。线路尸体的发现多由机车司机报警,撞击行人的情况司机多有明确的表述,可有停车的记录;对于路基上发现的尸体,不影响行车,司机报告情况会很明了,一般不停车。

(2)现场勘验。多数铁路线路是复线,列车走行方向固定,铁路交通事故形成的损伤都有明确的方向性。依据现场具体环境,观察其方向性有无异常,特别是尸体在障碍物(如公里标、接触网电杆等)附近,看尸体所在位置是否与列车撞击尸体来源方向一致。移尸案件无肇事车辆,可疑车辆上无撞击痕迹、无擦蹭痕迹、无血迹、人体组织等遗留。

相对列车撞击来说，移尸尸体的放置为静态的，两类尸体的原始姿态有显著的区别。撞击尸体最后的位置是尸体运动过程的终止，通常由所处的地理环境来决定，此处多是尸体最后一次损伤的形成地方；尸体的形态多是一种“损伤式”形态，如肩、髋关节的撕裂、脱位性扭转、躯体折叠等，呈现出人类日常生活所没有的异常状况，这种“奇特”姿势不是人为移尸所能做到的。撞击尸体衣物的皱褶、翻卷状况也会表现出动态过程，和移尸时摆放的尸体有较大差别。有时尸体所处的特殊环境决定非人力可以达到。

移尸现场的另一个特点是现场的不完整性，现场无被害者活动轨迹，没有足迹的遗留；现场中无撞击点、无撞击过程；现场无运动过程形成的擦划痕迹及道砟翻滚情况，没有方向性明显的血迹喷溅、脑组织喷溅；尸体最终位置多无较大的血泊形成。

撞击现场可能有死者较多的携带物品，其散落的密集区域多在伤亡者的同侧；沿列车运行方向多先出现衣物后出现尸体，基本呈带状分布；物品上多有撞击痕迹。移尸现场随身物品少或无，物品上多无撞击破损痕迹，多无贵重物品。

（3）尸体检验。人体被列车撞击后衣物的脱落多遗留在现场中，衣物上常有撕裂破损痕迹，并附着有污垢、油垢、灰尘以及红、白、黄或蓝色等油漆擦挫痕迹，擦挫痕迹内可夹杂因衣物皱褶而形成的空白区域；鞋子可破损并有擦划痕迹及油垢、铁锈附着。移尸尸体衣物可出现短少情况，多无严重撕裂、破损，可有现场不具备的异物附着。

移尸案件无列车直接撞击的损伤特征，损伤相对较轻，无伸展创、双踝部骨折撕裂等铁路特有损伤；手掌、足底部可有血迹、灰尘附着；下肢多无开放性损伤，较少伴有骨折，常以挫伤出血、磕碰损伤为主；颅骨等部位的损伤处无油垢、灰尘附着，骨质内无道砟碎屑嵌顿。

4. 移尸轨道现场的勘验鉴别。移尸轨道上的尸体若没被列车辗轧即被发现，其勘验同移尸路基案件。人体在轨道上躺卧被列车辗轧，主要是解决躺卧者的意识状态问题，其实质是与卧轨自杀的鉴别。此类尸体相关毒化检验是必检项目之一。鉴别移尸轨道现场的前提是掌握好卧轨自杀现场的特点。两者除有移尸案件的一般区别外还有以下特点：

（1）现场勘验。移尸现场多不在站区内，多发生在夜晚，卧轨自杀则可发生在多个地点及时间段内；自杀者遗留物品多在路基，不受辗轧的影响；移尸者多无物品，若有物品可能在尸体旁边。

移尸多放在线路上，首先被机车撞击辗轧，最早发现尸体的多是机车司机，勘验人员遇到的多系变动现场，应对发现人员详细询问尸体原始姿态状况；自杀者还可在列车启动前爬于车下轨道上，可只被车辆辗轧，此时，在尸体上看不到排障器或排石器作用的痕迹，本次列车司机不能发现。

自杀者躯体多在枕木上或两枕木间的道砟上，身体和枕木平行，多呈仰卧或俯卧位，下肢多平伸；移尸者躯体可能斜跨枕木、可能和钢轨呈平行放置，也可能在车轮辗轧不到的轨道中间，可呈现侧卧姿势，下肢可呈屈曲状。

原始躺卧位置处自杀者可遗留扒抓痕迹或蹬蹭痕迹，躺卧位置多较干净，可在枕木上遗留自己足迹，原始位置多无血迹。移尸者可能放置在有油垢等污秽物品上面，可能遗留他人足迹，原始位置处可能有滴状血迹、血泊形成。

（2）尸体检验。卧轨自杀者衣物完整，多穿戴完好，鞋子脱落少；双手部可有灰尘痕迹，无血迹涂抹状况；多选择辗轧颈部、胸腹部，死亡原因系列车辗轧导致；肢体多有意不被列车辗轧，损伤有明显的生活反应，肘关节等处常有挫伤。

移尸者的衣帽、鞋子破损及血迹黏附状况可与人体损伤不对应，如手部抵抗伤，有的可能被捆绑、用麻袋装尸体现象(见图20-21);有的仅有肢体被辗轧,而单纯肢体辗轧的损伤不能立即致命,辗轧胸腹部或颈部时肢体多被附带辗轧,肘关节等处无挫伤,辗轧伤的生活反应不明显或无,出血少。

图20-21 他杀后装麻袋内移尸轨道遭列车辗轧

四、列车他杀案件

(一)货物列车上他杀案件

1. 概述:货物列车上他杀案件是指发生在货物列车上的他杀案件。此类案件包括在货物列车上发生的杀人案件和他杀后移尸货物列车的命案;此类案件尸体多被列车拖运一段距离后才发现,尸体位移是列车机械运动的结果,尸体的发现地与犯罪行为人之间没有必然的联系。

2. 货物列车上他杀案件的特点。(1)因果关系隐蔽。犯罪行为人与被害人间的因果关系不突出,受偶然因素影响较大,列车上直接发生的杀人案件多是临时起意或现场环境因素诱发、激情因素导致。

(2)尸源难以确定。货物列车上杀人案件中多数受害者身份不明,尸体的个人识别是重点,也是难点,多数案件未侦破的原因之一系尸源无法确定。列车途经地区停靠地点多,运行线路长,加上被害人本身可能系流动人口,尸源查询困难,应加强尸体的个人识别工作,尽量提供确切线索。

(3)案件多属激情犯罪。列车上的图财杀人、强奸杀人多属激情犯罪,案件的发生带有很大的突然性,杀人的工具多为就地取材,或徒手作案,最常用的方法是砸、勒、扼等方法。男性被害者多头部被钝器攻击,女性被害者多口鼻部、颈部被捂、掐或勒颈。

(4)现场环境的动态变化。列车长途运行导致自然环境的不断变化,可能在短短几天内的天气状况、气温状况的变化较大。

(5)关联现场难以查找。由于列车的运动造成中心现场与外围现场的分离。原本有机统一的案件现场被割裂成孤立的几个部分,给全面勘验现场带来了困难。如死者的衣物、手机、行李等若在作案过程中被犯罪嫌疑人随机扔掉很难查找。

3. 勘验要点:(1)列车现场的勘验。货物列车车厢的勘验多采用由外及内的程序进行,先查看车厢四壁有无异常痕迹,车门的加固及破坏情况,车厢乘降梯、车顶部有无异常痕迹及附着物;其次查看车内现场各类痕迹物证的分布情况、尸体情况、车厢内壁痕迹物证情况。

货物列车上发案的车厢以敞车为主，可能与敞车易于攀登有关。发现尸体在货物车厢内多属第一现场，此类现场范围比较集中，案件性质的反映比较明显。尸体周围遗留有喷溅血迹、毛发和其他遗留物。对尸体原始姿态要详细记录，结合人体生活习惯和损伤机理仔细分析尸体原始姿态的形成，该姿态与移尸的方式、方法的联系，有无不符合点；要充分认识尸体现象中尸斑、尸僵的形成规律，判断有无移尸的痕迹；分析死者身上捆绑物的来源，是有预谋的还是就地取材。列车上杀人勒颈常用的物品多为死者本身衣物，如领带、胸罩、衣服等，还有用皮带捆绑肢体；查看有无行李遗留车上的情况，行李有无翻动迹象；对货物要详细检查，必要时采取过筛的方式，以发现细小物品；要注意对列车上各类生物检材的提取，如烟头、痰迹、粪便等。

(2)关联现场的勘验。关联现场主要包括邻近的列车车厢的勘查，列车途经线路的搜索，以及具备尸体上附着物来源的场所，查看有无行李及物品抛弃，若该列车与其他车次列车有集中停靠或会车的情况，还应针对其他列车开展勘验工作。

(3)尸体检验工作。货物列车上杀人案件多采用机械性窒息的暴力方式，尸体外在损伤常表现为皮下血肿、挫伤、擦伤。详细检查尸体的损伤，考虑其致伤方式及过程，是否在特定环境下形成，在发现尸体的现场上能否形成，有无异常情况；看损伤出血状况，是否和现场相符，有无大的血管破裂而无喷溅状血迹的状况。

货物列车上的尸体多因发现不及时呈现腐败变化，要注意对指纹、牙齿、DNA 检材、生理特征、病理特征、衣物特征、附属物品的详细记录。

要对死者的衣物进行详细的检查，看衣物有无短少情况，口袋有无翻动迹象，看其衣物穿着状况与本地气候是否适应，和列车沿途经过的什么地方相适应；结合沿途天气状况，看有无雨雪浸泡的痕迹。移尸至列车的案件第一现场多在铁路站区或临时停靠点附近，可依据尸体上提供的附着物信息如煤灰、草屑、泥土等，来推测原始现场的环境。

查看死者手、足、鞋底附着物状况，有无扒车形成的灰尘痕迹，有无在线路或攀爬列车时形成的铁锈痕迹，勘验鞋底的附着物是否和现场一致。

(二)旅客列车上他杀案件

1. 概述：旅客列车上的他杀案件多以激情杀人为主，偶有旅途精神病杀人案件；近年来，随着列车环境的改善、安全检查和实名制的实施，旅客列车移尸案件、软席杀人抢劫类案件没有发生。

2. 一般特点。以激情杀人为主，常因琐事引发口角导致，部分因列车治安原因伤害致死。旅客列车上的致伤工具多用水果刀、酒瓶、刀片或其他就地取材类工具。犯罪嫌疑人多被当场抓获，致伤工具也多遗弃在现场中。案件常有较多目击者，因果关系明了。

因诱发旅途精神病而产生的伤人行为，攻击的对象为陌生人或物，没有明确的攻击对象和作案动机，没有鲜明的出发点，多不能意识到其行为的危害性，不能对危害行为进行有效的控制。对于大多数病人来说，一旦脱离了列车，环境得到改变，神经症状就会逐渐好转或消失，但也有下车后仍自杀、杀人的案例。

3. 勘验要点。旅客列车车厢内他杀案件，犯罪嫌疑人多被当场抓获，现场勘验和调查访问要紧密结合，围绕着嫌疑人在列车上的活动轨迹、杀人过程来勘验，着力反映整个案件的过程。要注意特殊动作、特殊体位的针对性勘验，特别是车窗、车壁、行李架、茶几、厕所门、把手等易留下手印处的勘验；注意勘验和收集与案件相关的饮料瓶、果核、烟头、指甲、毛发等检材；对于座位下面、厕所顶部、水池下面易于藏匿凶器的地方要注意搜查。列车上客体多为非渗透性，血迹表现以血泊、喷溅的流柱状为主，随着列车运行产生的晃动，现场血迹可能改变形态。

第三节　铁路人身伤亡案(事)件的鉴别

一、铁路人身伤亡现场勘验的影响因素

(一)铁路人身伤亡现场勘验的不利因素

1. 铁路人身伤亡现场的分离性。发生在线路上的伤亡事故，由于列车的运行，往往造成现场的分离。如线路上撞击、辗轧人员伤亡的现场应有车、人、线路三者构成，列车离开后，造成现场分割。列车上杀人抛尸造成列车现场和尸体现场的分离；列车上伤亡案件中物证的抛弃使完整的现场无限地被分割。客观上，现场空间、时空的分离，割裂了现场间的联系，造成了侦查线索的中断，铁路伤亡现场的分离性往往使部分现场不能勘验或不能及时勘验。

2. 现场保护、现场勘验服从于恢复运输秩序。铁路是国民经济大动脉，运输生产具有联动性。铁路人身伤亡案(事)件发生后，现场保护和勘验服从于维护正常的运输秩序；现场可能被局部破坏、甚至完全灭失，勘验过程多会受到运输生产的干扰，相关物证的提取只能以不破坏正常运输秩序为前提；特别是高铁运输线路，只能在夜晚“开天窗”时段进行勘验。站区现场的勘验也多因维护旅客的有效乘降而受到限制。

3. 专职技术人员到达现场的迟滞性。铁路人身伤亡现场分布点多、线长、面广。案(事)件发生后，铁路专职技术人员多不能及时到达现场，少则几小时，多则几十小时，往往错失了最好的勘验时机，造成物证的灭失、毁损。

4. 现场客体留痕条件差，物证易灭失。铁路现场客观环境多由粗糙、坚硬的物质构成，现场客体留痕条件差，痕迹多不明显，常规痕迹物证不易提取；遇到桥梁、山洞等恶劣环境物证易毁灭，加上野外现场多，受外界环境影响大，现场轻质物证如车票、钱物等易受气流、天气等影响而灭失。客观的现场环境造成了铁路人身伤亡现场物证提取率低下。

5. 铁路损伤复杂，检验难度大。铁路人身伤亡的损伤，因致伤部件繁多，损伤严重，创伤变异大，呈多发性、复合性损伤，有时尸体毁损严重，失去检验条件。由于致伤机理复杂，难以模拟和重建；各类案件混杂，造成正确区分自杀、他杀、意外事件等死亡性质的难度较大。

(二)铁路人身伤亡现场勘验的有利因素

1. 现场构成稳定、研究对象单一。铁路现场环境的构成相对稳定，站、车、线的设施、设备有相应的设计参数，构成了相对稳定的现场格局。现场构成的稳定增强了现场勘验工作的针对性；研究对象单一，有利于经验的积累和专项问题的解决，为研究铁路人体损伤奠定了基础。

2. 铁路运输计算机管理系统为研究现场情况提供了依据。铁路运输计算机管理系统如铁路运输管理信息系统(TMIS)、铁道部调度指挥信息系统(DMIS)、铁路客票发售和预定系统(PMIS)、车号自动识别系统(ATIS)等相关的专业信息系统的查询与分析，以及“机车运行记录”与机车、站区的各类录像监控设备的记录情况为案(事)件现场的研究提供了可靠的依据。

3. 部分铁路现场环境相对封闭，适宜痕迹、物证的保存。铁路现场部分为偏僻或封闭空间，现场受闲杂人员破坏概率小，痕迹物证可保存完好。实践工作中，如隧道内的足迹、烟

头、矿泉水瓶、抛弃的作案工具、使用物品等在案发后仍可长时间保存完好。

4. 现场类似，损伤独特，规律性强。铁路交通事故损伤多为机械性损伤，现场构成稳定、致伤机理相同，决定了铁路交通事故损伤能表现出很强的规律性。如铁路交通事故损伤多为钝性损伤，多会有油垢、铁锈等附着物；相同的作案环境、类似的作案目的决定其作案手法、特点有诸多共同之处。

二、铁路交通事故人身伤亡案（事）件的鉴别要求

（一）杜绝“先入为主”的思维定式

铁路上人身伤亡绝大多数为意外或自杀，受习惯思维影响，接报案情的不确切与误导往往导致重视程度不够，勘验马虎、尸检疏漏，草率下结论。勘验时不能带有主观的色彩，不能带有“先入为主”的思维定式，不能简化、省略必要的勘验程序和操作步骤。

（二）强化先期勘验与保护工作

铁路人身伤亡现场勘验，客观上存在专职技术人员到达现场的迟滞性，要求人身伤亡案（事）件发生后，基层所、队民警必须及时到达现场并开展现场的保护工作。铁路专职技术人员到达现场后先期固定与勘验，对于易毁损或拟恢复畅通的现场痕迹与物证进行抢救性勘验。要不断强化基层民警及线路防护人员的现场保护意识，适当普及刑事技术知识。

（三）加强联动协作机制

针对铁路人身伤亡现场的分离性，铁路各所、队间、各公安处间要强化协作机制，发挥地缘优势，对相关现场进行勘验，互相配合、互为补充。

（四）综合分析、逐项排除

铁路人身伤亡性质的鉴别是一项综合分析，逐项过滤的勘验思维过程，必须熟练掌握各类伤亡的特征，各类损伤形成的机制。勘验过程牢记铁路运动性损伤的特点，强调过程的连续性，既要分析某种致伤方式的符合性，又要逐个排除其他方式的可能性。

三、铁路人身伤亡案（事）件的分析鉴别

（一）从接报案情上分析

对于多数铁路人身伤亡情况，列车司机都可目睹全部过程，报案时常有“轨道上有一行人，鸣笛不下道被撞击”“列车来临时，突然上道被撞击”“线路上有异物被撞击”“发现线路旁边有一具尸体”等语言描述，对于司机报案情况的详细分析与准确把握，能够初步判定人身伤亡的性质。先期案情的详细掌握，可以有效地结合到现场勘验中去，找出符合点及差异点，科学的分析论证。

（二）从现场的方位环境分析

铁路上人身伤亡案件发生的现场环境与案件性质息息相关，有时现场环境的位置决定了案件的性质，如站区附近人行地下通道内的人员伤亡多系他杀案件；发生在站区股道内辗轧死亡的多属交通事故或自杀类；发生在车顶部电击事件多为意外事故；发生在村落间的平交道口处撞击案件多为铁路交通事故。

有些现场环境决定了只有死者自己才能形成，其伤亡性质只有自杀或自伤。2006 年 5 月 24 日 21 时许，太原开往商丘的 2504 次客车锁闭的厕所内，一名双手被反绑背后、眼睛和嘴巴被黄色胶带缠住的中年男子，浑身是血，蜷缩在地板上。伤者自诉被人拉进厕所、用胶带缠住了嘴巴和眼睛、割下双耳、背部被扎一刀。然而现场勘验表明，在此特殊环境下，其所

述作案过程的矛盾、疑点众多，从而揭露了其造作伤的事实。

有些尸体的现场环境决定了死者自己不能达到，必须是抛尸或机车巨大力量的撞击作用。如排水沟盖下的尸体，只能是他人所为；零散货物下的尸体明显系人为形成；有些沟堑、深凹处的尸体明显不是人力所能形成。

（三）从现场周边的遗留物分析

自杀者多在现场周边遗留有生活、活动轨迹和相关物品，如脱下外套折叠整齐放于路肩上，交通工具安稳的放置一边。在铁路线附近耕作时被撞击死亡，附近田地内有其劳动时的工具或茶杯等物品。有时是明显多余的物品反映了其心理活动，如有一卧轨自杀者在线路上用道砟堆积一圆锥体，堆积动作本身表明了死者具备行为能力，表明了其意识状态完好，面对潜在危险仍长时间坐在线路暗示着其心理状态异常，现场周边的活动轨迹与其死亡性质多有直接的联系。

（四）从中心现场的概况分析

现场的动态与静态表现，与案件性质密不可分。铁路交通事故造成的伤亡属运动性损伤，现场系一种动态的表现，此类现场最终表现为动态情况；他杀案件现场上可有搏斗、抵抗痕迹，物品可能伴有移位，血迹种类多，中心现场表现的是动态过程；移尸现场中尸体与现场是各自孤立存在的，与现场不能融为一体，是静态的表现；自杀案件中现场无搏斗痕迹，其物品与血迹是在自杀手段实施中形成的，看似乱实则为静态现场。

（五）从尸体的原始位置和姿态上分析

尸体的原始位置和姿态反映的是死者死亡前的状况或被抛尸后的状态。杀人案件中，被害人可能有抵抗、躲避的动作；货物列车上他杀案件，尸体可能被捆绑、被货物堆压；移尸案件中，尸体可能被装入包箱内、封闭于寄存处、列车上、水沟内，尸体可能被简单放置、摆布。自杀案件中，可表现出自杀手段实施时的顺延动作，可固定其最终的状态，如服毒的濒死期手抓杂草、卧轨时手扒钢轨等。

（六）从伤亡人员携带物品上分析

伤亡人员携带物品与案件性质有密切的关系。例如，有一大学生在线路上被列车辗轧死亡，在其短裤左右口袋内均装有玻璃块，应为带入现场内，玻璃放在口袋内明显不适，对衣物和人体有潜在威胁，又无明确生活价值，携带此类物品与其死亡性质应有一定的参考价值。

（七）从衣物的损伤特征及附着物分析

铁路交通事故伤亡中，伤亡者的衣物表现出尸体最后由动态到静止的变化过程，其皱褶及擦划痕迹均与现场和尸体的姿态相对应。衣物上常黏附铁路损伤所特有的油漆、污垢等附着物，此类痕迹多是在动态情况下形成，多会表现出中空的褶皱痕迹；衣物上多有破损、鞋底部常有明显的擦划痕迹、脱落情况。

自杀案件中衣物多整齐、整洁，若系多方式自杀的案件，尸体上腕、颈等处有损伤而对应的衣物上可没有破损；服毒自杀者的衣物上可能有呕吐物附着。他杀案件衣物上可有搏斗时形成的掉扣、开线、撕裂；性侵尸体衣物多不完整；移尸案件可有衣物反穿、衣扣错位、衣物穿着不对位的情况，也可能出现鞋子、袜子的短少，尸体上可能附着有原始现场的微小物品，借此可推测原始现场的环境。如在一起利用铁路撞车自杀的案例中，死者在纵火杀人后利用铁路自杀，现场遗留的鞋面上查见有高温烧灼痕迹，这种痕迹是铁路交通事故所不能形成的痕迹，据此可推断死者生前的行为轨迹（图 20－22）。

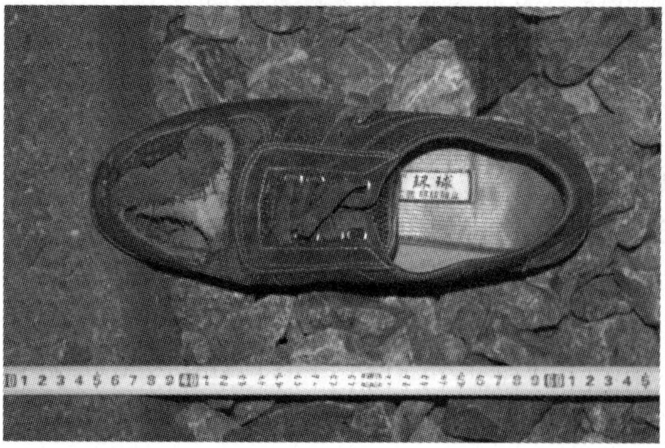

图 20－22　纵火杀人后撞车自杀鞋子上烧灼痕迹

(八)从血迹形成状况分析

血迹是人身伤亡现场中最重要的痕迹物证。血迹在分析、判断是否为原始现场、是否移尸、伤亡人员在现场的活动情况、有无行为能力等方面有重要意义。

1. 从血迹遗留部位分析。铁路交通事故伤亡多因外力巨大,死亡迅速,双手部常无捂压伤口的动作,虽然开放性损伤较多,双手掌部多无血迹黏附;他杀尸体因有抵抗、保护性动作,双手部常有大量血迹黏附,损伤对应的衣物上也常有反映体位状态的流柱状血迹形成。先有损伤才有血迹出现,在移尸现场中,虽然尸体被列车撞击、辗轧推移了,但在尸体移尸的原始位置处多有血迹的形成,在移尸过程中可在线路护栏、路肩等死者不可能到达的地方留下血迹。不该出现血迹的地方出现了血迹本身就是一种异常现象,常可提示案件性质,如有一例他杀移尸案件中在死者的裤子上发现了血足迹,在铁路交通事故中不可能在死者裤子上形成血足迹(见图 20－23)。

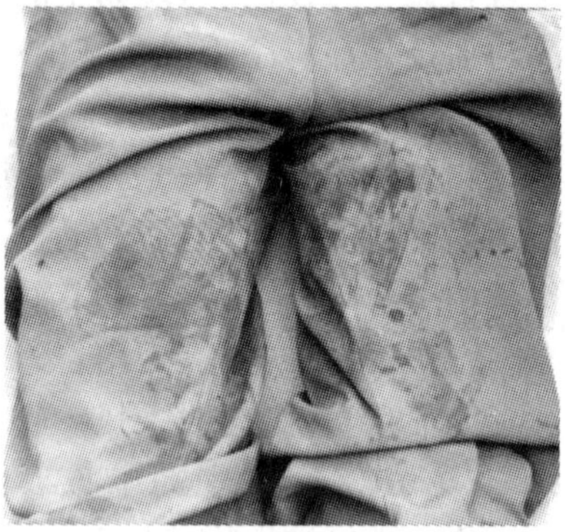

图 20－23　移尸案件衣物上有血足迹遗留

2. 血迹与行为能力关系分析。不同类别血迹的形成,反映了伤亡者当时的生活状态和行为能力,依据血迹的判断可有效反推死者当时的状态,从而判断死亡的性质。如撞击瞬间在口鼻部的吹溅血迹形成,表明了损伤当时的生存状况;创口流注状血迹的形成表明了体位情况;损伤后手掌部捂压血迹的出现,表明了损伤当时的意识。而血迹的被动形成或擦拭则揭示外来力量的参与。

3. 血迹与损伤关系分析。血迹的出现与损伤的形成是相辅相成的,特定情况下,血迹可反映损伤的方式。先采用切割的多方式自杀者手掌部、衣物上多有血迹的形成,反映了致伤的顺序;而没有开放性损伤的尸体身上出现了血迹,可能提示着其他案件的发生。躯体在列车作用过程中形成损伤,随着体位的变化其创口处血迹亦发生变化;反之,可依据变化的血迹推测损伤是在列铁路交通事故过程中形成;铁路交通事故中若撞击瞬间已造成个体死亡,则后续损伤多不会有太明显的出血情况。

(九)从常规的痕迹物证分析

虽然铁路沿线客体粗糙,留痕条件差,不能放弃传统的手印、足迹检验。发现死者的活动痕迹,遗留于现场固定的客体上,对于判定是否原始现场有较大的作用。随着设施的改善,多数枕木、排水沟盖板、高铁线路路肩上可遗留下足迹;部分防护栏上可遗留下触摸痕迹。现场提取的足迹、手印是分析案情性质的有利证据(见图 20-24)。

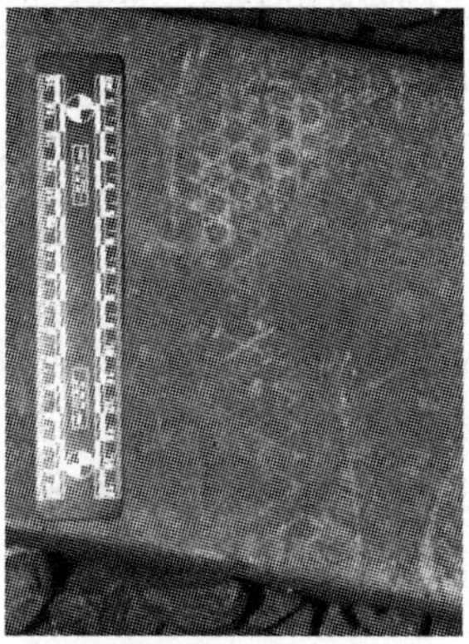

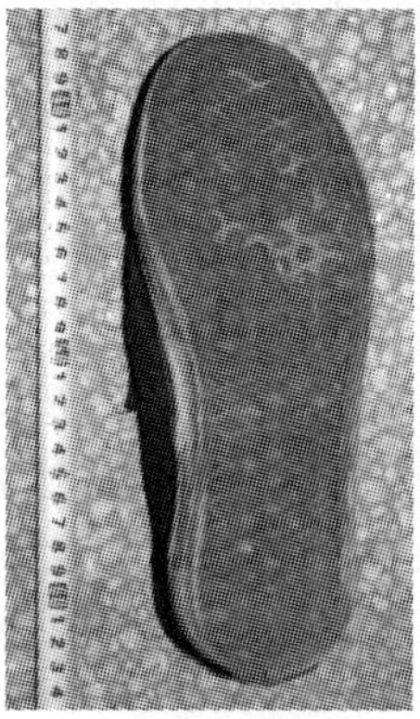

图 20-24　卧轨自杀在枕木上行走遗留足迹

(十)从尸体现象的变化分析

尸体现象的发生、发展有一定的规律,能较好地反映死亡时间、死前姿态、死亡机理等客观情况。有时单从尸体现象的迥异,即可对死亡性质判断起决定性的作用。例如,尸斑形成部位与原始姿态的不一,常提示尸体的移动;铁路交通事故发生的时间与死亡时间的极大差别,可直接认定案件的性质。移尸现场中肌肉松弛状态下形成的印压痕迹可提示第二现场环境。

(十一)从损伤机制分析

1. 特殊障碍物的损伤。铁路交通损伤在辗轧、撞击过程中会受到障碍物的阻挡而形成新的损伤,如在轨道内撞击、辗轧、拖拉过程与枕木的磕碰损伤,撞击过程中公里标、护栏等附属设施的损伤,中间障碍物的阻挡显示了损伤的过程,提示了致伤物。

2. 伸展创。伸展创的形成多是因人体自身的极度变形而造成,如巨大暴力致躯干、四肢等处过度伸屈,在拱形造型人体应力最集中的皮肤区域处形成伸展创。伸展创常见部位在四肢与躯干相连处,如腹股沟、腋前等处。伸展创的形成提示了暴力作用方向,常在直接撞击时形成,腹股沟部伸展创的形成常提示着背部受到巨大暴力作用,对推测人体受力时的姿态和体位有较大的作用。

个别伸展创可形成深阔的创口,或表现为单个的裂伤,极易与锐器损伤混淆,如腕部、颈部等,此类变异伸展创有的系关节处过度变形皮肤遭拉伸所致,有的系体表受到切线力量作用,皮肤嫩薄部位撕裂破损,形成创口,因系间接损伤,创角锐利,创缘无挫伤,创内可有组织间桥。

锐性损伤是铁路交通事故损伤不具备的,对于判断死亡性质有决定性的意义。有的损伤在短时间内不易观察,可用酒精脱水、放置一段时间后再观察,也可让其形成轻度的皮革样化后再观察。有的损伤呈锐器伤特征,难以抉择,经过冷冻存放后创周隐性的挫伤带可能会表现出来。

3. 手部保护性损伤。保护损伤是指人体出于自我保护的需要所受到的损伤。闵建雄将保护损伤分成主动和被动两种方式:主动保护损伤是指行为主体直接采用消除伤害因素的方式来避免伤害时形成的损伤,最常见的是夺取致伤物。被动保护损伤是指行为主体采用保护自己要害部位的方式而形成的损伤，最常见的如用手护住头部，或者用前臂抵挡致伤物。主动保护时以手掌的损伤居多，被动保护是以手背或前臂外侧损伤为主。人体上出现保护行为而导致的损伤，至少表明人体受到攻击时还具备一定的行为能力。

4. 承重腿损伤。列车撞击时，人体在站立位或蹲位状态，下肢承担体重，此时躯体受巨大暴力作用，可在下肢上表现出特殊的损伤，排障器撞击时可在小腿部形成直接的开放性损伤伴皮肤挫伤及骨折；踝关节处可表现为间接的脱位、骨折，畸形处皮肤无损伤或被骨折断端自内向外刺伤；脚部可出现鞋子破损、脱落，脚掌部擦挫毁损伤。以上损伤有助于分析姿态体位、推测意识形态、判定案情性质。

5. 严重的颅脑闭合性损伤。列车撞击致人体飞出时，若头颅未直接遭到撞击，受躯体拉动急骤作移位、旋转，颅脑因急骤变形、旋转，受冲击力、剪切力的作用，脑组织可能遭到严重毁损，表现为组织移位、挫碎、视神经、脊髓拉断、小脑幕撕裂等情况。和一般他杀案件颅脑损伤有别，此类损伤严重，伤亡者立即致命，各类损伤器官多无较大量的出血，特别是多无凝血块的形成。

6. 道砟损伤。道砟是线路上最常见的致伤客体，铁路交通事故损伤中道砟的损伤占有很大的比例，在他杀案件中道砟多不作为致伤工具，因此有效地区别于道砟损伤，有利于判定案件性质。坠车案件中，常在体表形成方向大体一致，深浅不一的片状动态擦挫伤（见图20－25）。一般的铁路交通事故可在头部形成多个裂创，创内常有道砟表面污垢黏附，致颅骨骨折的在骨折处可有道砟碎屑附着。

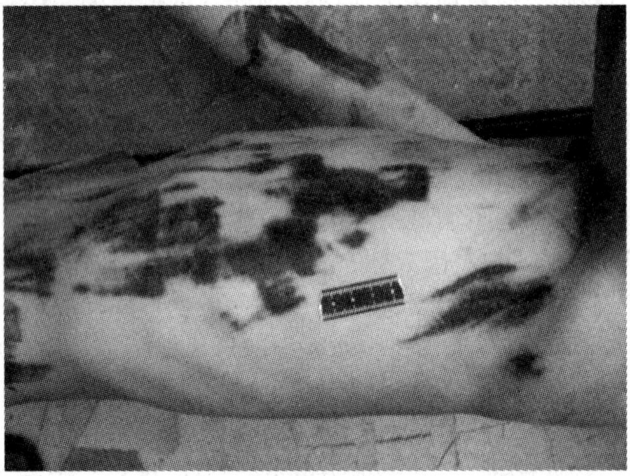

图 20－25　坠车时道砟在体表形成的擦挫伤

7. 死后伤。自杀或铁路交通事故所致的人员伤亡，损伤处多有明显的生活反应。而他杀后移尸遭到辗轧、撞击或自列车抛尸所导致的损伤多无生活反应形成。此种损伤的特征，有利于区分案件性质。

（十二）从死亡原因分析

铁路交通事故所导致的意外事故或自杀案件，其死亡原因多系钝性巨大机械性暴力导致；他杀案件的死亡原因多样化，可能为机械性窒息、中毒、锐器砍刺失血死亡等情况；死亡原因不同导致死亡性质迥异。

(十三)从现场与损伤的有机结合上分析

铁路交通损伤是复杂的运动伤,有的损伤离开了现场很难判断是否为人力工具形成、是否人为加害形成。损伤只有放到特定的现场才有很大的意义,将现场和损伤串联起来才能形成一个个局部的判断,很多局部的判断有机地结合,才能使局部判断变为整体判断。列车上对应破损及血迹的检验可推测死者的致伤部位及损伤程度,而线路上特定障碍物的检验又为损伤找到了确切的致伤依据。

【思考题】

1. 铁路上常见的自杀方式有哪些?
2. 铁路上常见的他杀方式有哪些?
3. 移尸案件有哪些特点?
4. 铁路人身伤亡案事件勘验的一般程序有哪些?

参考文献

[1]侯一平:《法医学》,高等教育出版社2004年版。

[2]郭景元、李伯龄:《中国刑事科学技术大全法医物证学分册》,中国人民公安大学出版社2002年版。

[3]贾静涛主编:《法医学概论》,人民卫生出版社1998年版。

[4]林子清:《法医学》,中国人民公安大学出版社2015年版。

[5]郭景元:《现代法医学》,科学出版社2000年版。

[6]祝家镇:《法医病理学》(第2版),人民卫生出版社2000年版。

[7]赵子琴主编:《法医病理学》,人民卫生出版社2004年版。

[8]王保捷:《法医学》(第5版),人民卫生出版社2008年版。

[9]闵建雄:《法医损伤学》,人民卫生出版社2001年版。

[10]黄光照:《法医毒理学》,人民卫生出版社2004年版。

[11]黄光照:《中国刑事科学技术大全法医病理学分册》,中国人民公安大学出版社2002年版。

[12]吴梅筠:《法医物证学》,人民卫生出版社1999年版。

[13]肖发民:《法医学铁道损伤图谱》,郑州大学出版社2003年版。

[14]杨庆恩:《DNA在法庭科学中的应用》,中国人民公安大学出版社1994年版。

[15]张鸿祺等主编:《灾难医学》,北京医科大学、中国协和医科大学联合出版社1993年版。

[16]郑秀芬:《法医DNA分析》,中国人民公安大学出版社2002年版。

[17]王萍、肖发民、李伟:《法医学铁道损伤勘验》,中国人民公安大学出版社2009年版。

[18]王萍:《法医学铁道损伤勘验》,中国人民公安大学出版社2015年版。

[19]李伟、齐麟:《铁路交通事故现场勘验》,中国铁道出版社2015年版。

图书在版编目(CIP)数据

法医学铁路损伤勘验/王萍主编. --北京:
法律出版社,2017
ISBN 978-7-5197-1448-2

Ⅰ.①法… Ⅱ.①王… Ⅲ.①铁路运输-伤
亡事故-法医学鉴定 Ⅳ.①D919.4

中国版本图书馆CIP数据核字(2017)第237690号

河南省"十二五"普通高等教育规划教材

法医学铁路损伤勘验
FAYIXUE TIELU SUNSHANG KANYAN

王 萍 主编

策划编辑 李峰沄
责任编辑 屈 瑶
装帧设计 李 瞻

出版 法律出版社
总发行 中国法律图书有限公司
经销 新华书店
印刷 三河市龙大印装有限公司
责任校对 郭艳萍
责任印制 陶 松

编辑统筹 学术·对外出版分社
开本 787毫米×1092毫米 1/16
印张 23.25
字数 550千
版本 2017年12月第1版
印次 2017年12月第1次印刷

法律出版社/北京市丰台区莲花池西里7号(100073)
网址/www.lawpress.com.cn
投稿邮箱/info@lawpress.com.cn
举报维权邮箱/jbwq@lawpress.com.cn
销售热线/010-63939792
咨询电话/010-63939796

中国法律图书有限公司/北京市丰台区莲花池西里7号(100073)
全国各地中法图分、子公司销售电话:
统一销售客服/400-660-6393
第一法律书店/010-63939781/9782
西安分公司/029-85330678
重庆分公司/023-67453036
上海分公司/021-62071639/1636
深圳分公司/0755-83072995

书号:ISBN 978-7-5197-1448-2
定价:75.00元